테러리즘 강의:
테러리즘, 대테러리즘, 국토안보

LECTURES ON TERRORISM:
TERRORISM,
COUNTERTERRORISM, AND HOMELAND SECURITY

윤태영

박영사

머리말

　　세계 각지에서 테러조직들은 폭력적 극단주의에 기반을 두고 그들의 정치적 목적을 달성한다는 명분하에 무차별 테러행위를 자행하고 있으며 공격행태가 진화하고 있다. 또한 자생적 국내 테러리스트 활동 및 초국가적 범죄조직들의 불법적 활동의 증가는 주요국의 국토안보에 심각한 악영향을 미치고 있다. 테러리즘 예방과 대테러리즘 활동은 주요국과 국제사회가 함께 수행해야 할 공동의 핵심적 과제이다.

　　2001년 9/11 테러 이후 심각한 비대칭적·비전통적 위협에 직면한 국제사회는 폭력적 급진주의 이데올로기로 무장한 초국가적 테러조직들의 다양한 위협 및 공격을 예방하고 대응하기 위해 노력하고 있다. 9/11 테러 이후 특히 미국을 중심으로 한 국제사회는 지속적인 테러와의 전쟁을 전개했고, 2011년 5월 알 카에다 지도자 '오사마 빈 라덴(Usama bin Laden)'이 사살됨에 따라 '알 카에다(Al-Qaeda)'의 세력과 위협은 급격히 약화되었다. 그러나 알 카에다는 궤멸되지 않고 대신에 거점을 분산시켜 알 카에다의 구조는 다층화되었고 여전히 테러를 자행하고 있다. 2014년 6월 국가 수립을 선포한 '이슬람국가(ISIS: Islamic State of Iraq and Syria)'는 기존의 극단주의 이데올로기를 대체하는 새로운 세력으로 국제테러를 주도했다. 미국 주도 국제동맹군은 ISIS 격퇴 작전을 통해 2019년 3월 ISIS가 점령한 영토를 탈환했으나, 시리아·이라크·아프가니스탄·아프리카 등에서 ISIS의 추종세력이 무장활동을 전개하고 있다.

　　최근의 테러리즘 동향은 '이슬람국가(ISIS)', '이슬람국가 호라산(ISIS-K)', '알 카에다(Al-Qaeda)', '보코하람(Boko Haram)', '알 샤바브(Al Shabaab)' 등의 테러조직들을 중심으로, '종교기반 급진주의 사상(religious radicalism)'에 기반을 둔 '폭력적 극단주의(violent extremism)'를 확산시키고 있고, 테러리즘의 표적이 '소프트 타깃(soft target)'에 집중되고 있다. 또한 '자생적 테러(homegrown terror)'의 증가 및 '외국인테러전투원(FTF: Foreign Terrorist Fighters)'의 귀환과 이동으로 인해 테러행위는 국제안보에 심각한 위협이 되고 있다.

　글로벌 사회에서 주요 테러조직들의 테러공격은 초국가적이고, 비전통적이며 비대칭적인 위협이기에 새로운 대응체계와 전략이 요구된다. 이러한 새로운 테러리즘 위협환경하에서 미국과 영국 등 주요국들은 테러리즘 관련 법률 제정과 대테러리즘 체계를 강화하고 있다. 미국은 2001년 9/11 테러 이후 국토안보체계를 개편했고, 효과적인 대테러리즘 작전을 수행할 수 있는 역량의 향상을 위해 관련 법령을 제정하고 안보, 국가정보 및 대테러리즘 체계의 대대적인 개혁을 단행했다. 영국도 2005년 7/7 런던 테러를 계기로 테러리즘 관련 법률을 마련하고 대테러리즘 체계를 개선했다. 또한 이들 국가들은 새로운 양상의 복합적인 글로벌 테러리즘 위협에 대처하기 위해 강화된 대테러리즘 전략을 수립하고 실행하고 있다.

　한국도 기업 및 국민의 해외 진출 규모가 매년 확대되고 있는 상황에서 교민, 상사주재원, 여행객, 기자, 선원 등이 테러 위협에 노출될 가능성이 높아지고 있다. 특히 2004년 6월 김선일 피살사건과 2007년 7월 아프가니스탄 피랍사건 당시 대테러리즘 활동에 많은 문제점이 나타났다. 이에 따라 한국 정부는 2016년 3월 '국민보호와 공공안전을 위한 테러방지법'을 제정하였고 국가 차원에서 테러예방 및 대응체계를 공고화하고, 국무총리 소속의 대테러센터를 중심으로 대테러리즘 업무를 총괄적으로 기획·조정하는 제도적 기반을 마련했다.

　이러한 테러리즘 환경의 급격한 변화와 위협의 고조에 따라 한국 학계와 언론에서 테러리즘에 대한 연구와 관심이 고조되었고, 대학교에서도 테러리즘에 대한 강의가 개설·운영되고 있다. 그러나 테러리즘에 대한 포괄적이고 체계적인 교재가 여전히 부족한 실정이다. 이러한 점을 고려하여 대학교에서 테러리즘 강의교재의 성격을 띤 『테러리즘과 대테러리즘』을 2014년에 출판했다. 이번에 출판하는 『테러리즘 강의: 대테러리즘, 대테러리즘, 국토안보』는 그동안 변화한 테러리즘 위협 환경, 대테러리즘 체계와 전략, 강화되고 있는 국토안보 활동을 반영하여, 이전 책의 내용과 구성을 전면적으로 수정했다. 이 책의 일부 내용은 필자가 수행했던 기존의 연구 결과들을 대폭 수정·보완한 것이다.

이 책은 테러리즘 분야를 테러리즘, 대테러리즘, 국토안보 영역으로 구분하고, 주요 내용을 14개의 장으로 구성했다. 1부 '테러리즘 이해'에서는 1장부터 6장에 걸쳐 테러리즘의 정의, 역사와 시대별 특징, 원인, 유형, 테러조직과 테러자금, 테러리스트 활동과 전술을 서술했다. 2부 '대테러리즘 이해'에서는 7장부터 11장에 걸쳐 대테러리즘 활동, 인질 협상과 구출작전, 미국·영국·한국의 대테러리즘 체계·전략·활동을 분석했다. 3부 '국토안보 이해'에서는 12장부터 14장에 걸쳐 국토안보 위협과 미국 국토안보부의 활동, 초국가적 위협과 주요국의 국경안보 활동, 핵테러리즘 위협과 핵안보 활동을 살펴보았다. 특히 이 책에서는 2001년 9/11 테러 이후 초국가적·비대칭적 위협의 증가로 인해 강조되고 있는 국토안보, 국경안보, 핵안보 활동에 관한 내용을 소개했다.

필자는 이 책에서 테러리즘, 대테러리즘, 국토안보의 이론과 실제에 대한 방대한 저서, 학술논문, 정부문서, 언론보도 등의 자료를 최대한 정리·분석하려고 노력하였으나, 여전히 아쉬움을 느끼고 있다. 향후 추가적인 연구를 통해 부족한 점을 보완하고자 한다. 이 책의 출판을 도와주신 박영사 안종만 회장님, 안상준 대표님, 박세기 부장님, 정성혁 대리님, 이면희 위원님께 감사드린다.

특히 국가안보와 군의 발전을 위해 헌신하신 아버지, 멀리 떨어져 지내는 아들을 위해 항상 기도해 주셨던 그리운 어머니께 이 책을 바친다. 그리고 일상의 삶 속에서 사랑과 용기를 주는 아내와 두 아들에게 고마운 마음을 전한다.

2022년 3월
윤태영

차례

3부

국토안보 이해

1부

테러리즘 이해

1장

테러리즘 정의

1절 테러리즘 정의의 다양성과 어려움

21세기 국제사회가 직면한 가장 심각한 위협 중의 하나는 테러리즘이다. 특히 2001년 9/11 테러 이후 테러리즘은 초국가적이고 비전통적이며 비대칭적 위협으로 진화하고 있다. 테러리즘 개념에 대한 정의는 불법적 폭력 행위의 실체를 밝히고 예방 및 대응 방안을 수립하기 위해 중요하다.

그러나 테러리즘에 관한 정의는 다양하나 보편적이고 합의된 정의가 없는 실정이다. 많은 학자들과 주요국 관련 기관들이 다양한 정의를 사용하고 있다. 라쿠어(Walter Laqueur)는 자신이 내린 정의를 포함하여 100개 이상의 정의가 제시되고 있다고 주장하고 있다.[1] 이렇게 다양한 정의를 사용하고 있는 이유는 정치적 목적과 폭력의 범위에 대한 한계를 구분하기 어렵고, 이념 대립, 종교 · 민족 간의 갈등 및 집단 간의 이해관계에 따라 상반된 견해가 제기될 수 있기 때문이다. 또한 테러리즘 행위에 대해서 역사적, 정치적, 종교적, 범죄 환경의 변화와 입장 차이에 따라 논란이 제기된다. 이념적, 인종적, 종교적 성향의 특성 또는 민족적 입장에 따라 테러리즘은 규탄 받을 폭력적 행위로 볼 수 있고, 또는 자유와 민족해방을 위한 투쟁으로 간주되기도 한다. 즉 상황에 따라 "한 사람에게 있어 테러리스트는 다른 사람에게는 자유의 투사(One Man's Terrorist is Another Man's Freedom Fighter)"라는 논란에 빠질 수 있다.[2]

테러리즘의 개념을 명확하게 정의하기 힘든 이유도 바로 여기에 있다. 따라서 자신이 추종하는 주관적인 관념을 넘어서 특정한 폭력행위가 테러리스트의 행동인지 또는 자유의 투사로서 행동인지를 판단하는 기준이 중요하다. 일반적으로 테러리스트와 자유의 투사의 행동을 판단하는 객관적 기준은 ① 폭력의 대

---

1   Walter Laqueur, *The New Terrorism: Fanaticism and the Arms of Mass Destruction* (New York: Oxford University Press, 1999), p. 5.

2   거스 마틴(Gus Martin) 지음, 김계동·김석우·이상현·장노순·전봉근 옮김, 『테러리즘: 개념과 쟁점』 (서울: 명인문화사, 2008), p. 2.

상, ② 폭력의 수단, ③ 행동을 정당화하는 명백한 주장의 존재 여부이다.[3] 그러나 특정한 폭력행위의 다양한 동기, 유형, 수준에 따라 테러리스트와 자유의 투사를 구분하기 어려운 경우가 많고, 자유의 투사 행위에 대한 정당성을 평가하는데 역사적·정치적·군사적 고려가 작용하여 논쟁적 이슈가 되고 있다.[4]

일반적으로 테러리즘은 "정치적 목적 달성을 위한 폭력의 사용 또는 폭력의 위협"을 의미한다.[5] 테러리즘의 폭력 전술은 폭파, 방화, 항공기 납치, 무장공격, 납치, 인질사건 등을 포함하는데 많은 경우 무고한 민간인을 대상으로 한다. 테러리즘에 대한 다양한 입장은 테러리스트들이 폭력을 사용하려는 목적과 원인에 대한 시각 차이에서 기인한다. 통상적으로 테러리즘은 정치적 정당성을 주장한다는 점에서 일반적 범죄행위와 구별된다. 테러리즘의 동조자들은 특정한 집단이 겪고 있는 핍박과 고통에 대해 일반대중의 관심을 이끌어 내는 유일한 수단은 폭력밖에 없다고 주장한다. 반면 테러리즘의 피해자들은 민간인에 대한 무차별적 폭력행위는 정당하지 않다고 주장한다.[6]

이렇게 테러리즘에 대한 의견에 차이가 나는 가장 중요한 이유는 테러리스트들의 목적과 수단의 도덕성에 대해 상이한 의견이 존재하기 때문이다. 크렌쇼 (Martha Crenshaw)는 테러집단이 사용하는 폭력의 도덕성을 판별하기 위해서는 목적과 수단의 도덕성을 검토해야 한다고 한다. 첫째, 테러집단이 추구하는 목적의 민주성 여부이다. 특권층만을 위한 불평등 정권의 창출 또는 지속을 위한 것인지, 타인의 자유를 박탈하기 위한 것인지, 불의·속박·불평등을 강화하기 위한 폭력인지 여부가 폭력의 도덕성을 판별할 수 있는 기준이다. 테러리즘은 테러집단이 바로잡으려는 불의보다 더 악화된 불의를 초래하지 말아야 한다. 둘째, 테

---

3   이춘근, "테러리스트와 자유의 투사," 자유기업원, Digest, 2001.10.12, 01-26, No. 157, p. 2.
4   테러리스트와 자유의 투사 논란에 대한 자세한 내용은 마틴(2008), pp. 14-16; 김재명, "21세기 국제정치 화두 테러리즘," 『신동아』, 2004년 5월호 참고.
5   Bruce Hoffman, *Inside Terrorism*, Third Edition (New York: Columbia University Press, 2017), pp. 2-3.
6   제임스 D. 키라스, "테러리즘과 지구화," 존 베일리스·스티브 스미스·퍼트리샤 오언스 편저, 하영선 외 옮김, 『세계정치론』, 제5판 (서울: 을유문화사, 2012), pp. 456-457.

러수단의 도덕성도 검증 문제이다. 테러 대상이 도덕적으로 중요하고, 물리적 목표와 인명살상 간의 차이를 고려해야 한다.[7] 이렇게 다양하고 논란이 많은 테러리즘 정의에 대한 이해는 테러리즘과 다른 형태의 범죄적 폭력사건, 게릴라전, 비정규전 등과 구별하여 국가의 대테러리즘 정책을 수립해야 하기에 중요한 문제이다.

2절   테러리즘 정의

1. 학자들의 정의

테러리즘 연구의 저명한 학자들의 테러리즘에 대한 정의를 소개하면 다음과 같다. 라쿠어(Walter Laqueur)는 "테러리즘은 무고한 사람들을 대상으로 정치적 목적을 달성하기 위한 무력의 불법적 사용"이라고 정의한다.[8] 미국 조지타운 대학교의 호프먼(Bruce Hoffman) 교수는 "테러리즘이란 정치적 변화를 추구하기 위해 폭력 또는 폭력의 위협을 통해 공포의 의도적 촉발과 이용"이라고 정의하고 있다.[9] 영국 세인트 앤드류스 대학교의 윌킨슨(Paul Wilkinson) 교수는 테러리즘이란 "테러리스트들의 정치적 요구를 달성하기 위해 개인이나 집단, 공동체 또는 정부에 대해 테러를 자행하는 행위이며 살인과 파괴 및 그 위협을 조직적으로 사용하는 행위"라고 정의하고 있다.[10]

---

7   키라스(2012), p. 457. Brigitte L. Nacos, *Terrorism and Counterterrorism: Understanding Threats and Responses in the Post-9/11 World* (New York: Pearson Longman: 2006), p. 29 참고.

8   Jonathan R. White, *Terrorism and Homeland Security*, Seventh Edition (Belmont: Wadsworth Cengage Learning, 2012), p. 10.

9   Hoffman(2017), p. 44.

10   Paul Wilkinson, *Terrorism and Liberal States* (New York: New York University Press, 1986),

미국 컬럼비아 대학교 나코스(Brigitte L. Nacos) 교수는 "테러리즘은 표적으로 삼은 대중과 정부의 행태와 행동에 영향을 미치기 위해 의도적으로 민간인들이나 비전투원들을 목표로 삼는 집단이나 개인에 의한 정치적 폭력 또는 폭력의 위협"이라고 정의한다.[11]

한편 테러와 테러리즘의 개념을 구분할 필요가 있다. 테러의 사전적 의미는 '극도의 공포'이며, 테러란 직간접적인 경험을 통해 나타나는 극도로 불안한 심리적 상태이다. 윌킨슨은 테러란 '주관적 경험'이며, '마음의 상태' 또는 '심리적 효과'를 의미하는 데 반해, 테러리즘은 조직적인 사회적 활동의 일환으로 계획적이고 의도적으로 테러를 심리전의 한 형태로 사용하고자 하는 테러집단이나 테러정권의 조직적 폭력행위라고 설명한다.[12] 그러나 언론이나 학계에서 일반적으로 사용하는 테러라는 용어는 테러리즘의 약어 또는 동의어로 사용하기도 한다.

2. 주요 국가 관계기관 및 법률의 정의

주요 국가의 정부기관은 테러리즘을 다양하게 정의하고 있다. 미국은 관계 부처마다 서로 다른 테러리즘에 대한 정의를 사용하고 있다. 매년 '국가별 테러리즘 보고서(Country Reports on Terrorism)'를 발표하고 있는 국무부는 미국 법전 제22편 제2656조 f(d)항의 테러리즘 정의를 사용하고 있다. 이에 따르면 테러리즘이란 "준국가 단체들 또는 비밀요원들이 비전투 목표들에 대해 사전에 치밀하게 준비된 정치적 동기를 지닌 폭력"이라고 정의하고 있다.[13] 2021년 10월에 발

---

　　　p. 56, 이태윤, 『현대 테러리즘과 국제정치』 (파주: 한국학술정보, 2010), p. 56 재인용.

11　　Brigitte L. Nacos, *Terrorism and Counterterrorism*, Sixth Edition (New York: Routledge, 2019), p. 37.

12　　김태준, 『테러리즘: 이론과 실제』 (서울: 봉명, 2006), p. 27. 최진태, 『대테러학원론』 (서울: 대영문화사, 2011), p. 17; 이태윤(2010), p. 52 참고.

13　　United States Code, "Title 22—Foreign Relations and Intercourse," 2018, p. 96; U.S. Department of State, "Country Reports on Terrorism 2020," December 2021, p. 313. Hoffman(2017), p. 32 참고.

표된 '2020년 국가별 테러리즘 보고서(Country Reports on Terrorism)'의 통계정보 부록에 따르면, 다음 3가지 기준을 충족하는 비국가행위자가 수행하는 폭력행위를 테러리즘이라고 정의하고 있다. 첫째, 폭력행위는 정치적, 경제적, 종교적 또는 사회적 목표를 달성하는 것을 목표로 한다. 둘째, 폭력행위에는 직접적인 피해자보다 더 많은 청중에게 다른 메시지를 강요하거나 위협하거나 전달하려는 의도의 증거가 포함된다. 셋째, 폭력행위는 비전투원을 대상으로 하는 한 국제인도법의 규범을 벗어나 발생하는 것이다.[14]

　　미국 합동참모본부의 '국방부 군사 및 관련용어 사전'에서는 "테러리즘을 종교, 정치, 또는 다른 이념적 신념에 의해 동기가 부여되어, 정치적 목적을 달성하기 위해 정부 또는 사회에 공포심을 유발하고 강압하기 위한 폭력의 불법적 사용 또는 폭력사용 위협"이라고 정의하고 있다.[15] 합동참모본부의 합동교범 3-26 '대테러리즘'에서는 "비국가 행위자는 불법적인 폭력을 사용하여 국가 또는 주민에 영향을 주어 목적을 달성하고, 국가 행위자는 국가 간의 합법적인 갈등이 존재하지 않을 때 불법적인 폭력행위를 사용하여 효과를 창출할 수 있다. 테러리즘은 그 자체로 이데올로기나 전쟁의 한 형태가 아니다"라고 설명하고 있다.[16] 연방수사국(FBI)은 테러리즘이란 "정치적 또는 사회적 목적을 달성하기 위해 정부, 민간인 또는 그들 일부분에 대해 위협하거나 강압할 목적으로 인명이나 재산에 대한 무력 또는 폭력의 불법적 사용"이라고 정의하고 있다.[17]

　　한편 영국 정부는 '2000년 테러리즘법(Terrorism Act 2000)'에서 테러리즘을 "정치적, 종교적 또는 이념적 목적을 달성을 위해 정부에 영향을 미치거나 일반대중을 협박하기 위한 행위의 실행 또는 위협을 가하는 것"이라고 정의하고, "사

14　　Development Services Group, Inc., "Annex of Statistical Information: Country Reports on Terrorism 2020," October 29, 2021, pp. 1-2.

15　　Office of the Chairman of the Joint Chiefs of Staff, "DOD Dictionary of Military and Associated Terms," As of August 2021, p. 215.

16　　U.S. Joint Chiefs of Staff, "Counterterrorism," Joint Publication 3-26, 24 October 2014, p. I-5.

17　　Hoffman(2017), p. 32. 김태준(2006), pp. 23-24; 마틴(2008), p. 10 참고.

람에 대한 심각한 폭력, 재산에 대한 심각한 피해, 사람의 생명에 위험 유발, 건강 및 일반대중의 안전에 대한 심각한 위험 야기, 전자통신시스템에 대한 심각한 장애 및 혼란 초래" 등이 테러리즘 행위에 포함된다고 규정하고 있다.[18]

독일 형법에서는 테러행위를 직접적으로 정의하고 있지 않으나, 형법 제129a조 제2항을 통해 테러리즘 정의를 추론하면, "공중을 심각하게 위협하거나, 정부 당국 또는 국제기관에 폭력의 사용 또는 그러한 협박을 통해 불법적으로 강압을 행사하거나 국가나 국제기관의 근본적인 정치·헌법·경제·사회적 구조를 중대하게 손상·파괴하려는 의도를 가지고 행한 행위"를 의미한다.[19]

한편 국제연합(UN: United Nations)은 1994년 12월 9일 '테러 근절을 위한 조치(Measures to Eliminate International Terrorism)' 결의안에서 국가들의 이견으로 테러리즘에 대한 합의된 개념 정의를 하지는 못했지만, 테러리즘을 "일반 공중이나 특정 단체 또는 특별한 사람들에게 정치적 목적 등으로 공포 분위기를 조성하기 위해 계산되거나 의도된 행위로, 정치적·철학적·이념적·인종적·종교적 등의 어떠한 구실을 달더라도 어떤 상황에서도 정당화될 수 없는 행위"라고 기술했다.[20] 1999년 12월 9일 채택된 '테러자금조달의 억제를 위한 국제협약(International Convention for the Suppression of the Financing Terrorism)'의 제2조 제1항에서는, 테러행위란 "부속서에 열거된 조약의 범위에서 각각의 조약이 규정한 범죄를 구성하는 행위" 및 "그 밖의 행위로서 그 행위의 목적이 그 본질이나 경위상 사람을 위협하거나 정부·국제기구로 하여금 어떤 행위를 하도록 또는 하지 않도록 강제하기 위한 것인 경우로서 민간인이나 무력 충돌 시 적대행위에 적극적으로 가담하지 아니한 그 밖의 자에 대하여 사망이나 중상해를 야기하려는 의도를 가진 행위"라

---

18   The Stationery Office, "Terrorism Act 2000," p. 6. 제성호, "영국의 테러방지법과 테러대응기구," 『저스티스』, 제114호(2009), p. 275; 김영호, "각국 대테러 관련법의 제정동향 및 추세," 『대테러정책연구논총』, 제6호(2009), p. 93 참고.

19   제성호, "독일의 테러방지법과 테러대응기구," 『법학논문집』, 제41집 제1호(2017), pp. 73-74. 법무부, 『독일형법』, 2008.5, pp. 118-119 참고.

20   한희원, "국가안보와 대테러정책: 미국 국가대테러센터(NCTC)에 대한 심층 연구," 『대테러정책연구논총』, 제8호(2011), p. 542.

고 정의하고 있다.[21]

　또한 2002년 국제연합(UN) 총회는 테러리즘에 대해 "어떠한 수단이긴 긴에 불법적이고 의도적으로 ⓐ 누군가를 사망 혹은 심각한 상해에 이르게 하거나, 또는 ⓑ 대중이 사용하는 장소, 국가나 정부 기관, 공공 교통 체계, 기반구조 설비 혹은 환경에 대한 심각한 위해, 또는 ⓒ 이 조항의 ⓑ에서 언급한 자산, 장소, 시설에 중대한 경제적 손실을 가지고 올 수 있는 위해를 야기했다면, 그리고 그러한 행위가 본질적으로 대중을 위협하거나 정부가 국제기구로 하여금 어떠한 행위를 하게 하거나 못하게 할 때 이 협약의 의미 안에서 범죄를 범한 것"이라고 표현했다. 2005년에는 9월 13일 국제연합(UN)의 '국제테러리즘 대책회의(Comprehensive Convention on International Terrorism)'에서 테러에 대한 단일 개념화를 시도했으나, 이 결의안 초안은 "일반시민과 비전투원을 상대로 하는 고의적 살상행위는 어떠한 경우에도 정당화되거나 합법화될 수 없다"고 결론 내리는 데 머물렀다.[22]

　미국 '국토안보부(DHS: Department of Homeland Security)'의 지원을 받고 있는 메릴랜드 대학교의 '테러리즘과 테러리즘대응 연구 국립컨소시엄(START: The National Consortium for the Study of Terrorism and Responses to Terrorism)'이 구축·운영하고 있는 '글로벌 테러리즘 데이터베이스(GTD: Global Terrorism Database)'는 테러리즘을 "공포, 강압 또는 협박을 통해 정치, 경제, 종교 또는 사회적 목표를 달성하기 위해 비국가행위자가 불법적인 힘과 폭력을 통해 위협하거나 실제로 사용하는 것"이라고 정의하고 있다.[23]

21　외교부, 조약정보: 다자조약, "테러자금조달의 억제를 위한 국제협약". 도중진·이진국·이천현·손동권, "테러자금조달의 억제를 위한 법제도 설계방안에 관한 연구," 금융정보분석원 용역과제, 2006.11.30, p. 14 참고.

22　한국공법학회·송석윤, "인권보호 강화를 위한 테러방지법 개정방향 연구용역 보고서," 2018, p. 12.

23　Global Terrorism Database, "Defining Terrorism," https://www.start.umd.edu/gtd/.

3절 한국 테러방지법의 테러리즘 정의

한국의 '국민보호와 공공안전을 위한 테러방지법(약칭: 테러방지법)' 제2조에서는 테러를 다음과 같이 정의하고 있다. "테러란 국가·지방자치단체 또는 외국 정부(외국 지방자치단체와 조약 또는 그 밖의 국제적인 협약에 따라 설립된 국제기구를 포함한다)의 권한행사를 방해하거나 의무 없는 일을 하게 할 목적 또는 공중을 협박할 목적으로 하는 다음 각 목의 행위를 말한다.

가. 사람을 살해하거나 사람의 신체를 상해하여 생명에 대한 위험을 발생하게 하는 행위 또는 사람을 체포·감금·약취·유인하거나 인질로 삼는 행위

나. 항공기와 관련된 다음 각각의 어느 하나에 해당하는 행위

1) 운항 중인 항공기를 추락시키거나 전복·파괴하는 행위, 그 밖에 운항 중인 항공기의 안전을 해칠 만한 손괴를 가하는 행위

2) 폭행이나 협박, 그 밖의 방법으로 운항 중인 항공기를 강탈하거나 항공기의 운항을 강제하는 행위

3) 항공기의 운항과 관련된 항공시설을 손괴하거나 조작을 방해하여 항공기의 안전운항에 위해를 가하는 행위

다. 선박 또는 해상구조물과 관련된 다음 각각의 어느 하나에 해당하는 행위

1) 운항 중인 선박 또는 해상구조물을 파괴하거나, 그 안전을 위태롭게 할 만한 정도의 손상을 가하는 행위(운항 중인 선박이나 해상구조물에 실려 있는 화물에 손상을 가하는 행위를 포함한다)

2) 폭행이나 협박, 그 밖의 방법으로 운항 중인 선박 또는 해상구조물을 강탈하거나 선박의 운항을 강제하는 행위

3) 운항 중인 선박의 안전을 위태롭게 하기 위하여 그 선박 운항과 관련된 기기·시설을 파괴하거나 중대한 손상을 가하거나 기능장애 상태를 일으키는 행위

라. 사망·중상해 또는 중대한 물적 손상을 유발하도록 제작되거나 그러한

위력을 가진 생화학·폭발성·소이성(燒夷性) 무기나 장치를 다음 각각의 어느 히나에 해당하는 차량 또는 시설에 배치하거나 폭발시키거나 그 밖의 방법으로 이를 사용하는 행위

1) 기차·전차·자동차 등 사람 또는 물건의 운송에 이용되는 차량으로서 공중이 이용하는 차량

2) 1)에 해당하는 차량의 운행을 위하여 이용되는 시설 또는 도로, 공원, 역, 그 밖에 공중이 이용하는 시설

3) 전기나 가스를 공급하기 위한 시설, 공중이 먹는 물을 공급하는 수도, 전기통신을 이용하기 위한 시설 및 그 밖의 시설로서 공용으로 제공되거나 공중이 이용하는 시설

4) 석유, 가연성 가스, 석탄, 그 밖의 연료 등의 원료가 되는 물질을 제조 또는 정제하거나 연료로 만들기 위하여 처리·수송 또는 저장하는 시설

5) 공중이 출입할 수 있는 건조물·항공기·선박으로서 1)부터 4)까지에 해당하는 것을 제외한 시설

마. 핵물질, 방사성물질 또는 원자력시설과 관련된 다음 각각의 어느 하나에 해당하는 행위

1) 원자로를 파괴하여 사람의 생명·신체 또는 재산을 해하거나 그 밖에 공공의 안전을 위태롭게 하는 행위

2) 방사성물질 등과 원자로 및 관계 시설, 핵연료주기시설 또는 방사선발생장치를 부당하게 조작하여 사람의 생명이나 신체에 위험을 가하는 행위

3) 핵물질을 수수(授受)·소지·소유·보관·사용·운반·개조·처분 또는 분산하는 행위

4) 핵물질이나 원자력시설을 파괴·손상 또는 그 원인을 제공하거나 원자력시설의 정상적인 운전을 방해하여 방사성물질을 배출하거나 방사선을 노출하는 행위."[24]

---

24 국가법령정보센터, "국민보호와 공공안전을 위한 테러방지법(약칭: 테러방지법)," [시행 2021.7.20.] [법률 제18321호, 2021.7.20., 일부개정].

4절 테러리즘 정의의 공통요소

테러리즘 개념에 대한 정의가 학자와 주요국 정부기관의 시각에 따라 다양하게 정의되고 있기에, 테러리즘 정의의 공통요소를 파악하는 것이 중요하다. 바실렌코(V. I. Vasilenko)는 테러리즘 정의는 다음과 같은 5가지 요소로 구성되어 있다고 제시하고 있다. 첫째, 사회적 또는 정치적 목적이다. 둘째, 테러리스트 행위의 주체는 개인, 테러리스트 조직, 국가기관이다. 셋째, 폭력이 가해진 대상은 테러리스트 행위나 목적, 물질적 가치, 재산, 생산설비 등과 관련이 없는 피해자이다. 넷째, 테러수단을 사용하여 압력을 가하는 표적은 정부 또는 국가기관, 정치인 또는 조직, 그리고 테러리스트가 권력구조에 (간접적) 압력을 가하여 위험을 인식하게 하는 개인 또는 대중이다. 다섯째, 직접적인 테러리스트 행위는 위협, 특정 조건을 충족하기 위한 해당 구조에 대한 요구, 폭력행위, 물건의 압수 또는 파괴, 물질적 가치 등이다.[25]

필라(Paul Pillar)는 미국 국무부의 정의를 기준으로 테러리즘 정의의 4가지 요소를 제시하고 있다. 첫 번째 요소는 사전모의로 이는 의도와 행동을 달성하기 위한 사전 결정이 있어야 한다. 두 번째 요소는 정치적 동기로, 이는 재화의 획득이나 복수를 하기 위해 동원되는 범죄적 폭력을 제외한다. 세 번째 요소는 표적이 비전투원으로, 이는 테러리스트들이 자기 스스로 폭력으로부터 보호할 수 없는 사람들을 대상으로 공격한다는 것이다. 네 번째 요소는 가해자가 준국가 단체들이거나 비밀요원들로 행위자에 따라서 테러리즘과 정상적인 군사작전과 구별된다.[26]

마틴(Gus Martin)은 학자들의 주장과 주요국 관계기관들이 테러리즘에 대해

---

25   V. I. Vasilenko, "The Concept and Typology of Terrorism," *Statutes and Decisions: The Laws of the USSR and Its Successor States*, Vol. 40, No. 5(September-October 2004), p. 49.

26   Paul R. Pillar, "The Dimensions of Terrorism and Counterterrorism," in Russel D. Howard and Reid L. Sawyer(eds.), *Terrorism and Counterterrorism: Understanding the New Security Environment* (Guilford: The McGrow-Hill Companies: 2004), pp. 24-25.

정의한 내용의 공통적 요소로 ① 무력의 불법적 사용, ② 정치적 동기, ③ 국가 히위 행위지, ④ 연약한 민간인과 소극적 군사목표에 대한 공격, ⑤ 비정규적인 수단, ⑥ 목적의식을 가지고 대중에게 영향을 미치려는 행위 등 6가지를 제시하고 있다.[27]

국가별로 각국은 법령을 통하여 테러리즘에 대한 다양한 개념정의를 하고 있는데, 공통적 구성요소는 ① 행위의 성격(불법행위), ② 범행 주체(개인·단체·국가), ③ 목적(정치·민족··종교 등), ④ 의도 및 결과(공포심 유발, 개인·정부에 대한 압력행사 등), ⑤ 공격대상(피해자), ⑥ 수단(WMD·사이버·납치) 등을 포함하고 있다.[28]

한편 슈미트(Alex P. Schmid)와 용만(Albert J. Yongman)은 테러리즘의 정의에 대한 학문적 합의를 도출하기 위해 109가지 테러리즘의 정의를 분석하여 22개의 공통요소와 용어 사용빈도를 추출했다. 용어 사용의 빈도순으로 열거하면 다음과 같다.

▶ 표 1-1 테러리즘의 109가지 정의 요소의 빈도

빈도순	테러리즘 정의 요소	빈도(%)
1	폭력, 무력	83.5
2	정치적	65
3	공포, 두려움	51
4	위협	47
5	심리적 효과와 예상되는 반응	41.5
6	피해자와 표적의 차이	37.5
7	의도적, 계획적, 체계적, 조직적 행동	32
8	전투, 전략, 전술의 방법	30.5
9	인도주의적 제한 없는 비정상, 규칙 무시	30
10	강압, 강요, 순응 유도	28
11	공표적 측면	21.5

---

27   마틴(2008), p. 10.
28   외교부, 글로벌안보협력, "테러리즘의 발생원인," 2008.3.13.

12	독단, 비인격적인, 무작위성, 무차별	21
13	피해자 측면에서 민간인, 비전투원, 중립, 외부인	17.5
14	협박	17
15	피해자의 결백	15.5
16	가해자 측면에서 단체, 운동, 조직	14
17	상징적 측면, 타인에 대한 시위	13.5
18	폭력 발생의 계산 불가능, 예측 불가능, 의외성	9
19	비밀성, 은밀성	9
20	폭력의 반복성, 연쇄적 또는 활동적 특징	7
21	범죄자	6
22	제3자에 대한 요구	4

출처: Alex P. Schmid and Albert J. Jongman, *Political Terrorism: A New Guide to Actors, Authors, Concepts, Data Bases, Theories, & Literature* (New Brunswick, NJ: Transaction Publisher, 1988), pp. 5-6. Bruce Hoffman, *Inside Terrorism*, Third Edition (New York: Columbia University Press, 2017), p. 35 참고.

이상과 같이 테러리즘 개념에 대한 합의된 정의가 힘든 상황에서 다양한 테러리즘 정의의 공통적 요소를 이해하고 식별하는 것이 중요하다. 이와 관련하여 호프먼(Bruce Hoffman)은 테러리즘과 다른 유형의 범죄 및 비정규전을 구별하고 테러리즘을 정의하는 데 핵심적인 5가지 요소를 제시하고 있다. 첫째, 테러리즘은 목적과 동기에서 불가피하게 정치적이다. 둘째, 테러리즘은 폭력적이거나 폭력을 가하겠다고 위협한다. 셋째, 테러리즘은 직접적인 피해자나 목표물을 넘어 광범위한 심리적 영향을 미치도록 설계된다. 넷째, 테러리즘은 식별 가능한 지휘계통이나 음모적 세포조직을 가진 조직에 의해 수행되거나, 테러리스트 운동이나 그 지도자, 또는 둘 모두의 이념적 목표에 영향을 받거나, 동기를 부여받거나, 영감을 받은 개인 또는 소규모 집단에 의해 수행된다. 다섯째, 테러리즘은 준국가 단체 또는 비정부 단체에 의해 자행된다.[29]

29   Hoffman(2017), pp. 43-44.

2장

테러리즘의 역사와 시대별 특징

테러리즘의 역사와 시대별 특징에 대한 구분과 설명은 매우 다양하다. 라쿠이(Walter Laqueur)는 테러리즘의 기원인 고대 로마시대, 19세기에 러시아, 독일 등에서 나타난 현대적 또는 전통적 테러리즘 및 게릴라전, 제1차 세계대전 전의 무정부주의 및 좌익 테러리즘, 제1차 세계대전 이후 1920-1930년대의 극우 테러리즘, 제2차 세계대전 이후 중동과 아시아에서 독립을 위한 민족주의 운동, 1960년대 후반 이후 라틴 아메리카, 독일, 이탈리아 등에서의 좌익 테러리즘, 1970년대 이후 터키, 팔레스타인, 아일랜드, 스페인 등에서의 민족주의적·분리주의적 테러리즘, 탈냉전기 포스트모던 테러리즘 등으로 구분하고 있다.[1]

호프먼(Bruce Hoffman)은 프랑스 혁명시기를 시작으로 19세기 제정 러시아의 무정부주의 운동 및 영국과 아일랜드의 도시 테러리즘, 제1차 세계대전 이전 민족주의자 운동, 1930년대 이탈리아, 독일, 러시아 등의 전체주의 국가의 등장, 제2차 세계대전 이후 아시아, 아프리카, 중동에서의 민족주의·반식민주의 운동, 1960-70년대 민족주의 및 종족적 분리주의에 기반한 이념적 활동, 1980년대 이란, 이라크, 리비아, 시리아 등의 반서방 국가지원 테러리즘, 1990년대 초 마약 테러리즘(narco-terrorism), 탈냉전 이후 회색지대 현상(gray area phenomenon), 2001년 9/11 테러 이후 상황 등으로 구분하고 있다.[2]

나코스(Brigitte L. Nacos)는 고대 로마시대, 19세기 제정 러시아 시기, 제1차 세계대전과 제2차 세계대전 사이의 우익운동, 제2차 세계대전 이후 시기의 민족자결주의 운동, 1968년 이후 현대 테러리즘 출현, 탈냉전기 및 1995년 이후 재앙적 테러리즘(catastrophic terrorism)의 등장 등으로 구분하여 설명하고 있다.[3] 한편

---

1   Walter Laqueur, *The New Terrorism: Fanaticism and the Arms of Mass Destruction* (New York: Oxford University Press, 1999), pp. 10-35; Walter Laqueur, "Postmodern Terrorism," *Foreign Affairs*, Vol. 75, No. 5(September/October 1996) 참고.

2   Bruce Hoffman, *Inside Terrorism*, Third Edition (New York: Columbia University Press, 2017), pp. 3-21 참고. 1990년대 탈냉전과 세계화의 부정적 영향으로 등장하는 탈이데올로기성 테러리즘, 국제 마약밀매 및 초국가적 조직범죄 등의 확산을 '회색지대 현상(GAP: Gray Area Phenomena)'이라고 말한다. 김우상·조성권, 『세계화와 인간안보』 (서울: 집문당, 2005), p. 152.

3   Brigitte L. Nacos, *Terrorism and Counterterrorism*, Sixth Edition (New York: Routledge, 2019), pp. 47-60 참고.

라포포트(David C. Rapoport)는 현대 테러리즘의 시기를 4개의 물결로 구분하고 있다. 제1의 물결은 1880년대 러시아에서 발생한 '무정부주의 물결(anarchist wave)', 제2의 물결은 1920년대부터 40년간 지속된 '반식민적 물결(anticolonial wave)', 제3의 물결은 베트남전 이후 '신좌익 물결(new left wave)', 제4의 물결은 1979년 이란 혁명과 소련의 아프가니스탄 침공 이후 등장한 '종교적 물결(religious wave)'이다.[4]

　　2장에서는 ① 테러리즘의 기원, ② 19세기부터 제1차 세계대전(1914-1918)을 거쳐 제2차 세계대전(1939-1945)까지 20세기 전반의 테러리즘, ③ 제2차 세계대전 이후 특히 1968년 이후 현대 테러리즘, ④ 2001년 9/11 테러를 기점으로 뉴테러리즘으로 구분하여 설명한다. 아울러 최근 발생하고 있는 테러위협의 변화 양상과 특징을 살펴본다.

1절　테러리즘 기원

　　테러리즘의 역사는 인류의 역사만큼이나 오래되었다. 가장 오래된 테러리즘의 대표적인 사례는 기원전 44세기 줄리어스 시저 암살사건과 기원전 1세기 로마의 지배에 저항하는 유대계 젤롯-시카리(Zealots-Sicarii: Scarii는 라틴어 sica 단도에서 온 말로 자객을 의미) 조직의 테러리스트들이 예루살렘에서 대낮에 단검을 이용하여 로마관리를 살해하여 결국 대규모 대중 폭동으로 이어진 사건 등이다. 또한 초기의 고대 테러리즘은 정치적·종교적 목적에 의해 국왕 살해자, 폭군 살해자, 힌두

4　David C. Rapoport, "The Four Waves of Modern Terrorism," in Audrey Kurth Cronin and James M. Ludes, eds., *Attacking Terrorism: Elements of a Grand Strategy* (Washington, D.C.: Georgetown University, 2004), pp. 46-62. David C. Rapoport, "The Four Waves of Rebel Terror and September 11," in Charles W. Kegley, Jr., ed., *The New Global Terrorism: Characteristics, Causes, Controls* (Upper Saddle River: Person Educations, Inc, 2003), pp. 37-45 참고.

교의 폭력배 및 무슬림 암살자들로부터 발생했다.[5]

대리리즘이라는 용어가 처음 등장한 것은 프랑스 혁명(1789~1799) 시기였다. 테러리즘은 1793-1794년 자코뱅파가 주도한 정부가 반혁명 세력에 대항하기 위해 시행한 '공포정치(Reign of Terror)'에서 비롯되었다.[6] 당시 영국의 정치가이자 철학자인 버크(Edmund Burke)가 프랑스 혁명 기간의 폭력적 공포정치로 불리는 체제를 묘사하기 위해 당시 정부의 폭력적 행위를 '테러리즘'이라고 설명했다. 이러한 공포정치는 혁명 이념의 목표를 촉진하기 위해 수행하였던 국가 테러리즘의 사례로 볼 수 있다.[7]

2절   19-20세기 전반 테러리즘

본격적인 근대 테러리즘은 1880년대 무정부주의자로 알려진 좌파 혁명가 그룹으로부터 시작되었다. 19세기 전반의 러시아는 정치적으로는 차르(Czar)의 지배를 받는 전제국가였고, 경제적으로는 농노제가 여전히 유지되었고 서유럽 사회들에 비해 자본주의의 발달이 현저히 지체된 상황이었다. 알렉산더 2세

---

5   Audrey Kurth Cronin, "Behind the Curve: Globalization and International Terrorism," *International Security*, Vol. 27, No. 3(Winter 2002/03), p. 34; 신성호, "21세기 정보혁명과 네트워크 테러리즘: 척도 없는 네트워크 테러의 한계에 대한 비판적 고찰," 『국제정치논총』, 제46집 3호 (2006), p. 33. Cindy C. Combs, *Terrorism in the Twenty-First Century*, Eighth Edition (New York: Routledge, 2018), p. 21; Jessica Stern, *The Ultimate Terrorists* (Cambridge: Harvard University Press, 1999), p. 15; 거스 마틴(Gus Martin) 지음, 김계동·김석우·이상현·장노순·전봉근 옮김, 『테러리즘: 개념과 쟁점』 (서울: 명인문화사, 2008), p. 30 참고.

6   Hoffman(2006), p. 3; Combs(2018), p. 21.

7   마틴(2008), p. 30; Jonathan R. White, *Terrorism and Homeland Security*, Sixth Edition (Belmont: Wadsworth Cengage Learning, 2009), p. 123. 리처드 페인(Richard J. Payne) 지음, 조한승·고영일 옮김, 『글로벌 이슈: 정치·경제·문화』, 제4판 (서울: 시스마프레스, 2013), pp. 112-113 참고.

는 새로운 경제적·사회적 제도를 창출함으로써 정치적 안정을 유지하기 위해 위로부터의 체제개혁을 단행했다. 1876년에 결성된 대중적 혁명집단인 '토지와 자유당'은 급진적 학생들을 농민 가운데 침투시켜 농민들의 계급의식을 고취함으로써 대규모의 농민반란을 유도했다. 일련의 체포와 공개재판을 거치면서 '토지와 자유당'에서 분리된 '인민 의지당(Narodnaya Volya/People's Will)'은 농민층에 대한 선전·선동 작업을 포기하고 테러리즘을 전술로 선택하게 되었다. 그들은 결국 1881년 3월 1일 폭탄테러를 통해 알렉산더 2세를 암살했다.[8] 이러한 유형의 테러리즘은 미국, 유럽 및 특히 구 오스만제국 지역에서 전개되었다. 전제 정부의 몰락과 새로운 정치권력의 분산을 위한 노력은 19세기와 20세기 테러리즘 발생의 기회를 제공하였고, 제1차 세계대전 촉발 원인 중의 하나가 된 세르비아의 테러리스트가 1914년 6월 28일 보스니아 사라예보에서 오스트리아 황태자 페르디난트(Franz Ferdinand)를 암살한 사건으로 절정에 이르렀다.[9]

이 시기에는 좌파적 무정부주의자들의 테러리즘과 함께 다양한 그룹의 민족주의적 테러리즘이 나타났다. 영국에 대한 아일랜드 민족주의자들의 투쟁과 오스만 제국의 억압에 대한 아르메니안 민족주의 운동 등이 그 사례이다. 19세기에 나타난 러시아, 독일 등에서 나타난 전통적 테러리즘 및 게릴라전, 제1차 세계대전 이전의 무정부주의 및 좌익 테러리즘 등 근대 테러리즘은 이념적 투쟁의 산물로 발생했다. 대표적인 무정부주의·사회주의 이념가인 바쿠닌(Mikhail Bakunin), 하인젠(Karl Heinzen), 모스트(John Most) 등은 억압적 지도자와 정부에 대항한 혁명을 위해 폭파, 암살, 살인 등 폭력적 행위의 정당성을 주장했다.[10]

제1차 세계대전까지 테러리즘이 좌파 이데올로기의 영향을 받았다면, 제1차 세계대전과 제2차 세계대전 사이 1920-1930년대의 테러리즘은 파시즘의 등장으로 인한 우익의 영향을 받아 전개되었다. 이 시기 테러리즘의 추세는 더

---

8 배영수 편, 『서양사 강의』 (서울: 한울 아카데미, 2000), pp. 451, 458; 마틴(2008), p. 33; White(2009), pp. 129, 135.
9 Cronin(2002/03), p. 35. 신성호(2006), p. 34 참고.
10 Nacos(2019), pp. 48-49; White(2009), pp. 130, 132; Laqueur(1999), p. 12.

이상 정부와 정치지도자를 겨냥한 혁명운동과 폭력이 아니라, 이탈리아 파시스트, 독일 니치 및 리시아 스탈린 정권 등 전체주의 국가와 독재자들의 자국민에 대한 대규모 탄압으로 전개되었다.[11]

3절　현대 테러리즘

제2차 세계대전 이후 유럽의 지배에 반대하는 다양한 민족주의·반식민주의 그룹의 테러활동이 1940년대 후반과 1950년대에 아시아, 아프리카 및 중동지역에서 전개되었다. 20세기 중반의 급격한 탈식민지화 경향 속에서 이스라엘, 케냐, 사이프러스, 알제리 등에서 식민 지배국에 대항하여 테러리즘을 수단으로 하는 민족주의자의 정치적 독립운동이 발생했다.[12] 특히 베트남에서 베트콩의 저항으로 인한 미국의 패배는 전 세계 반식민주의 운동에 영향을 미쳐 1970-1980년대의 신좌익 테러리즘 물결을 일으키는 계기가 되었다. 이 시기 테러리즘은 국제적인 미디어 기술의 발전과 테러조직의 국제적 조직화 경향에 영향을 받았다. 이러한 테러리즘 환경의 변화는 이란, 리비아, 북한 및 소련연방 국가들이 좌파 민족주의 테러리즘을 비밀리에 지원하는 국가후원 테러리즘을 촉진하는 양상으로 나타났다.[13]

특히 1968년은 현대 테러리즘(modern terrorism)이 출현한 시점으로 기록되는데, 이는 테러리즘 성격이 극적이었고, 폭력의 규모와 강도가 과거에는 볼 수 없었던 국제 테러리즘 양상이 나타났기 때문이다.[14] 그 계기가 되었던 상징적인 사

11　　Laqueur(1999), p. 21; Nacos(2019), p. 49; Hoffman(2017), p. 14.

12　　Hoffman(2017), p. 16.

13　　Cronin(2002/03), pp. 36-37. 신성호(2006), p. 34 참고.

14　　Nacos(2019), p. 52. 테러리즘 연구의 저명한 학자인 호프먼(Bruce Hoffman)도 현대 테러리즘의 출현을 1968년으로 보고, 그 계기가 된 사건을 PFLP의 이스라엘의 민간 항공기(El Al) 납치라고 설명

건은 1968년 7월 22일 '팔레스타인해방인민전선(PFLP: Popular Front for the Libera-tion of Palestine)' 소속 3명의 테러리스트가 로마를 출발하여 텔아비브로 향하는 이스라엘의 항공기(El Al)를 처음으로 공중 납치하여, 유대인 32명이 5주간 인질로 억류된 사건이었다. 첫 시도에서 기대 이상의 성공을 거두자 PFLP는 더욱 과감해져서, 1968년 12월 26일 PFLP 소속 테러리스트가 아테네 공항에서 이스라엘 항공기(El Al)에 총격을 가해 1명이 사망하고 1명이 부상당했다.[15]

1969년 몇 차례에 걸쳐 이스라엘 항공기를 공격하던 팔레스타인해방인민전선(PFLP)은 1970년 9월 6일 유럽 각 공항을 출발해 미국 뉴욕으로 향하던 항공기 4대를 연달아 공중 납치했다. 사흘 뒤인 9월 9일 PFLP는 봄베이를 출발해 런던으로 향하는 영국항공 775기를 납치했다. 국제사회를 공포로 몰아넣은 동시다발 공중납치 사건 당시 4대의 항공기중 TWA 741기와 스위스항공 100기는 요르단에, 팬암 93기는 이집트에 각각 강제착륙 당했다. 납치범들의 요구조건은 이스라엘과 스위스, 서독, 영국에 수감된 팔레스타인 동지들의 석방이었다. 다행히 인질로 잡힌 승객과 승무원들은 모두 석방되었으나, 항공기 3대(TWA 741기, 스위스항공 100기, 팬암 93기)는 테러리스트들에게 폭파되었다.[16]

항공운송의 증가, 텔레비전을 통한 소식 전달 및 광범위한 정치적·이념적 이해관계로 테러리즘은 1968년에 지역 내 현상에서 초국가적 위협으로 확대되었다. 특히 민간항공기 납치는 테러리스트 단체의 의도와 잘 부합되는 것으로, 테러리스트들은 납치된 항공기를 활용하여 기동성을 확보했다. 항공기가 소속된

한다. Hoffman(2017), p. 65.

15   Israel Ministry of Foreign Affairs, "1967–1993: Major Terror Attacks," https://www.mfa.gov.il/mfa/aboutisrael/maps/pages/1967-1993-%20major%20terror%20attacks.aspx; Hoffman(2017), p. 65. 『동아일보』, "[책갈피 속의 오늘], 1968년 이스라엘 항공기 첫 공중납치," 2009.9.24 참고.

16   『주간동아』, "[커버스토리 21세기 전쟁 테러 vs 반테러] 공격 받은 미국 테러가 인류를 노린다," 303호, 2004.12.22, https://weekly.donga.com/List/3/all/11/66602/1; Pierre Tristm, "The 1970 Palestinian Hijackers of Three Jets to Jordan," Updated January 31, 2019, https://www.thoughtco.com/palestinian-hijackings-of-jets-to-jordan-2353581. Wikipedia, "Dawson's Field hijackings," https://en.wikipedia.org/wiki/Dawson%27s_Field_hijackings 참고.

국가들은 인질의 안전을 위해 납치범의 요구에 굴복했다. 이러한 관행은 항공기 납치를 부추기는 결과를 초래하여 항공기 납치 횟수가 1966년 5회에서 1969년 94회로 증가했다.[17]

20세기 중반의 현대 테러리즘의 특징은 '무작위적 폭력(random violence)'이다. 특히 1970년대 이후 테러리스트들은 자신들의 불만과 상관없는 일반인을 표적으로 삼는 일이 많아졌다.[18] 한편 시청자들이 텔레비전 보도를 통하여 테러리즘의 현장을 집에서 목격할 수 있게 되면서 테러리스트 조직의 요구와 주장이 널리 알려지게 되었다. 특히 1972년 뮌헨 올림픽 당시 '검은9월단(BSO: Black September Organization)'이 자행한 인질사건으로 인하여 국제사회는 팔레스타인의 문제와 주장을 인식하게 되었다.[19]

특히 뮌헨 올림픽 당시 이스라엘 선수단 인질사건은 1968년부터 본격화된 현대 테러리즘의 사건 중 가장 비극적인 사건의 하나로 기록되고 있다. 1972년 9월 5일 제20회 뮌헨 올림픽 기간 중에 팔레스타인 테러단체인 검은9월단(BSO) 소속 8명의 테러리스트들이 올림픽 선수촌의 이스라엘 선수 숙소에 난입하여 이스라엘인 선수 1명과 코치 1명을 살해하고, 남은 9명을 인질로 붙잡았다. 검은9월단(BSO)은 범행 성명을 발표하고, 이스라엘에 수감된 팔레스타인 양심수 234명의 석방을 요구했다. 이 사건은 협상과 인질구출 작전 과정에서 테러리스트 5명을 사살하고 3명을 생포하였으나, 이스라엘 선수단 11명 전원과 서독 경찰 1명이 사망하는 최악의 결과로 종결되었다.[20]

하지만 유사한 테러사건의 반복이 대중과 언론매체의 관심을 지속적으로 끌지 못하자, 테러리스트들은 대중의 관심과 언론매체의 주목을 이끌어내기 위

---

17   제임스 D. 키라스, "테러리즘과 지구화," 존 베일리스·스티브 스미스·퍼트리샤 오언스 편저, 하영선 외 옮김, 『세계정치론』, 제5판 (서울: 을유문화사, 2012), p. 459.

18   Stern(1999), p. 17.

19   키라스(2012), p. 459.

20   『연합뉴스』, "〈역사속 오늘〉 핏빛으로 얼룩진 뮌헨올림픽," 2015.9.5; 『국방일보』, "평화의 축전 최대의 비극 연출: 뮌헨올림픽 테러사건," 2007.6.19. Wikpedia, "Munich massacre," https://en.wikipedia.org/wiki/Munich_massacre 참고.

해 더욱 극적인 방법을 동원하는 사건을 기획했다. 팔레스타인해방인민전선 (PFLP) 소속 테러리스트인 '카를로스 자칼(Carlos the Jackal)'로 알려진 산체스(Ilich Ramirez Sanchez)는 1975년 12월 21일 오스트리아 비엔나에서 '석유수출국기구 (OPEC: Organization of the Petroleum Exporting Countries)' 관계자 3명을 살해하고 60여 명을 인질로 삼았다. 또한 OPEC 본부 건물에 텔레비전 카메라가 도착할 때까지 인질과 함께 기다리기도 했다.[21]

한편 1970년대 급진적 좌파 이데올로기의 확산과 더불어 미국에서 '웨더언더그라운드(Weather Underground)'의 베트남전 반전운동, 독일 '바더 마인호프 (Baader-Meinhof Group)'의 반자본주의 운동, 프랑스·일본 적군파(RAF: Red Army Faction)와 이탈리아의 붉은여단(Red Brigades)의 좌파활동, 중남미에서 반미 및 좌파활동 등이 전개되었다. 또한 중동에서 '팔레스타인해방기구(PLO: Palestine Liberation Organization)', '스페인에서 조국과 자유(ETA: Euskadi ta Askatasuna, 바스크족 분리주의단체)'를 중심으로 한 민족분쟁, 북아일랜드에서 '아일랜드공화군(IRA: Irish Republican Army)'을 중심으로 한 종교분쟁 등이 전개되었다.[22] 1976년 6월 27일 팔레스타인해방인민전선(PELP)과 독일 적군파 바더 마인호프 테러리스트들은 에어프랑스 항공기를 우간다 엔테베 공항으로 납치했고, 1977년 10월 13일 독일 적군파가 고용한 테러리스트들은 루프트한자 항공기를 소말리아 모가디슈 공항으로 납치했다.

1979년 이란의 '이슬람 혁명'은 초국가적 테러리즘의 분기점이 되었다. 팔레스타인 문제로 인해 이스라엘이 여전히 주요한 공격 대상이었지만, 미국의 상징적 건물인 대사관이 초국가적 테러리즘의 주요한 공격 목표가 되었다. 1979년 11월부터 1981년 1월까지 미국인 52명이 이란 주재 미국 대사관에서 인질로 억류되어 있던 사건이 발생했다. 1980년부터 1990년까지 '이슬람성전기구

---

21   키라스(2012), p. 459; 조성관, "테러현장에 늘 그가 있었다," 『주간조선』, 2013.7.8; 『주간동아』, "테러는 미디어를 먹고 큰다," 303호, 2004.12.22, https://weekly.donga.com/List/3/all/11/66604/1. 마틴(2008), p. 240 참고.

22   조성권, "국제정치와 테러리즘," 미네르바정치연구회 편, 『국제질서의 패러독스』(고양: 인간사랑, 2005), pp. 273-274.

(Islamic Jihard Organization)'와 같은 테러집단이 미국 동조자·시민을 대상으로 자행한 주요 공격으로는 1983년 4월 18일 레비논 주제 미국대시관 폭파시건(미국인 17명 포함 사망 86명, 부상자 100여 명)과 1983년 10월 23일 레바논 미국 해병대 기지폭파(241명 사망) 등이 있다. 1985년 6월 14일에는 레바논의 시아파 무장투쟁조직인 헤즈볼라(Hezbollah) 연계 테러리스트가 아테네에서 로마로 가는 미국 TWA 847 항공기를 납치하여 미국인 1명이 희생되고 39명의 인질이 17일 동안 억류되었던 사건도 발생했다. 또한 독일 적군파(RAF)와 이탈리아 붉은여단(Red Brigades)과 같은 테러집단은 차량폭탄 공격, 암살, 납치 등을 주로 수행했다. 이 기간 중 나타난 테러리즘의 몇 가지 특징은 첫째, 테러 공격의 빈도는 줄었지만, 테러의 강도는 강화되었고, 대상은 무차별적이었다. 둘째, 아일랜드공화군(IRA)과 같은 일부 테러집단은 더욱 정교한 테러리즘 전술을 갖추었다. 셋째, 자살공격을 감행하려는 의지가 강화되었다.[23]

냉전 종식과 소련의 붕괴 이후 마르크스·레닌주의를 추종하는 집단에 대한 지원이 사라졌다. 또한 서유럽 국가들은 반테러리즘법을 시행하고 대테러리즘 조직을 강화했다. 초국가적 테러공격은 공격에 직접 관여하지 않는 테러집단에게는 국내적인 정치적 목표를 달성하는 데 역효과를 초래했다. 팔레스타인해방기구(PLO)는 초국가적 테러공격을 포기하고, 이스라엘의 과도한 대응을 유도하기 위해 대중봉기에 집중했다. 바스크족 분리단체인 조국과 자유(ETA)와 아일랜드공화군(IRA)은 협상수단으로 테러공격을 시도했지만, 주로 정치적 협상을 추구했다. 이와 같이 좌파 테러리즘은 규모와 강도 측면에서 감소했지만, 21세기에 접어들어 글로벌 연결망을 가진 '알 카에다(Al-Qaeda)'의 활동 강화로 호전적 이슬람 테

---

23   제임스 D. 키라스, "테러리즘과 지구화," 존 베일리스·스티브 스미스 편저, 하영선 외 옮김, 『세계정치론』, 제3판 (서울: 을유문화사, 2006), p. 499; 키라스(2012), p. 459; U.S. Department of State, Bureau of Diplomatic Security, "History of the Bureau of Diplomatic Security of the United States Department of State," October 2011, pp. 269, 271; U.S. Department of State, Rewards for Justice, "Act of terror: TWA Flight 847 Hijacking." https://rewardsforjustice.net/english/twa_847_lebanon.html; 『서울신문』, "34년 전 TWA 847편 하이재킹, 미국인 처형한 레바논 남성 그리스서 체포," 2019.9.22.

러리즘이 등장했다.[24]

4절 21세기 뉴테러리즘

1. 뉴테러리즘의 전개 양상

　탈냉전기에 접어든 안보환경의 변화 양상은 우선 냉전 종식 이후 강대국 간 이념적 대결과 재래식 전면전쟁의 가능성은 낮아지고 있는 반면, 민족, 인종, 종교, 문화, 자원, 경제 등 다양한 요인에 의한 갈등과 소규모 분쟁이 증가했다. 아울러 탈냉전기 세계화의 추세 속에서 냉전기의 전통적 안보 위협인 주권국가에 대한 영토위협과 같은 국경문제와 이념적 대결 등은 감소하면서 국제테러, 국제조직범죄, 마약밀매, 난민문제, 해적행위 등 다양한 초국가적 위협이 등장했다. 이러한 초국가적 위협은 군사력과 외교와 같은 기존의 표준화된 수단으로 간단히 해결하기 힘든 문제이다.

　전통적인 테러리즘은 인질·납치, 암살, 차량·선박·항공기 납치 및 폭파 등 다양한 전술을 통해 테러리스트의 목적을 달성하려 해왔다. 과거 냉전기의 극우·극좌파 간 이데올로기 대립으로부터 주로 발생한 테러리즘 위협은 ① 국가기반시설의 핵심 부분에 대한 집중, ② 군사적 목표보다는 민간 피해에 집중, ③ 구소련 및 여타 국가 조직들의 테러리스트 그룹에 대한 기술과 전술에 대한 훈련, ④ 특정 국가의 정부 및 재력가들로부터의 재정 및 병참 지원, ⑤ 정보와 정보기술에 대한 용이한 접근, ⑥ 대량살상 기술에 대한 용이한 접근 등의 요인으로 지난 수십 년 동안 상당한 변화를 거쳤다.[25]

24　키라스(2006), pp. 499-500; 키라스(2012), p. 460.
25　William R. Schilling, ed., *Nontraditional Warfare: Twenty-First Century Threats and*

　　이러한 배경하에 탈냉전기에 접어들어 민족적·종교적·문명적 갈등, 미국의 지역패권에 대한 반대요인 증대 및 무차별적 대량 인명살상 등의 특징을 지닌 뉴테러리즘(new terrorism)이 등장했다. 뉴테러리즘 대두의 계기가 된 사건들은 1993년 2월 26일 뉴욕 세계무역센터 폭발(6명 사망, 1,042명 부상), 1993년 3월 뭄바이 증권거래소와 인도항공 본사 건물 등 연쇄폭발(250여 명 사망, 2,000여 명 부상), 1995년 3월 옴 진리교의 도쿄 지하철 신경가스 공격(12명 사망, 5000여 명 중독), 1995년 4월 오클라호마시 연방정부 청사 폭파(168명 사망, 5,00여 명 부상), 1998년 8월 케냐와 탄자니아 주재 미국대사관 폭파(247명 사망, 4,000여 명 부상) 등이 있다. 이렇게 무차별적 대량 인명살상의 새로운 테러리즘이 대두되는 가운데 2001년 테러리즘의 역사적 전환점으로 기록되는 9/11 테러가 발생했다. 알 카에다 소속 테러리스트 19명에게 공중 납치된 4대의 미국 항공기가 세계무역센터 쌍둥이 빌딩 2곳과 국방부에 충돌하고, 펜실베이니아 서부 생스빌에 추락하여, 사망자만 93개국 출신 2,997명(뉴욕 세계무역센터 2,753명, 국방부 184명, UA 93 비행기 40명)에 달하는 재앙적인 테러공격이 발생했다.[26]

뉴테러리즘(New-Terrorism)[27]

- 1999년 당시 미 국방부가 후원하는 민간연구소인 '랜드(RAND) 연구소'에서 처음 사용한 용어로 최근의 테러가 종래의 테러 양상과 달리 무차별화·대형화되는 현상을 지칭
- 1995년 일본 '옴 진리교'의 도쿄 지하철 사린가스 살포, 미국 9/11 항공기 자살충돌 테러가 대표적인 사례

　　9/11 테러사건의 배경과 특징 측면에서 보면, 이 사건은 다른 어떤 단일 사건보다 현대세계가 얼마나 지구화(globalization)되었는지를 보여준다. 첫째, 9/11

Responses (Washington, D.C.: Brassey's Inc, 2002), pp. xvi, 6.

26　National September 11 Memorial & Museum, "9/11 FAQs," https://www.911memorial.org/911-faqs.

27　국가정보원, 대테러용어, "뉴테러리즘(New-Terrorism)," https://www.nis.go.kr:4016/AF/1_6_4/list.do.

테러는 미국이라는 특정 국가에서 발생한 사건이지만 전 세계에서 실시간으로 볼 수 있었다. 세계무역센터와 충돌한 두 번째 비행기의 화면은 텔레비전에서 수없이 방송되었다. 이 사건은 사망자 2,997명으로 상징되는 것보다 훨씬 큰 영향을 미친 사건이었다. 둘째, 당시 대중에게 덜 알려진 알 카에다라는 조직의 이름으로 19명에 의해 테러공격이 자행되었다. 그러나 이 조직은 국가나 국제기구가 아닌, 50개 이상 국가에 기반을 두었다고 주장하는 과격한 무슬림의 연합으로 지구화된 조직이었다. 셋째, 테러공격은 지구화된 세계에서 첨단 기술의 일부인 휴대전화, 국제은행 계좌 및 인터넷에 의해 조정되었고, 핵심 테러리스트들은 지구화의 특징인 항공여행을 통해 용이하게 국경을 넘나들었다. 넷째, 이 사건에 대한 반응은 전 세계적으로 즉각적이고 복합적이었다. 일부 아랍과 무슬림 국가는 서양을 대표하는 미국이 공격당한 데 환호했지만, 대다수 많은 국가들은 심한 충격에 빠졌고 미국에 즉각적인 추모와 애도를 표시했다. 다섯째, 테러공격은 미국 본토에 있는 군사적·경제적으로 상징적인 건물에 대해 자행되었다. 국방부가 미국 군사력의 심장부라면, 세계무역센터는 전통적으로 세계 금융 네트워크의 상징적 건물이었다. 여섯째, 테러공격의 표적은 미국 본토의 건물이었지만, 세계무역센터 공격으로 93개국이나 되는 많은 국가의 국민들이 사망했다. 아홉째, 알 카에다 지도자 오사마 빈 라덴(Osama bin Laden)이 왜 테러공격을 지시했는가에 대한 많은 이견이 있다. 상당수 전문가들은 사우디아라비아 정권에 대한 미국의 지속적인 지지 및 사우디아라비아에 주둔한 고문관들을 지목했지만, 빈 라덴은 팔레스타인 주민이 겪는 핍박을 언급한 적이 있었다.[28]

2001년 9/11 테러사건 이후 지역적 패권국가, 소위 불량국가, 테러조직 등의 핵 및 생화학 무기를 포괄하는 '대량살상무기(WMD: Weapons of Mass Destruction)' 획득을 위한 시도 가능성은 탈냉전기에 등장한 가장 불안정한 요소이다. 또한 이들 행위자들은 전자통신, 장거리 미사일, 첨단 재래식 무기 등의 체계에 접근이 용이하

---

28   존 베일리스·스티브 스미스 편저, 하영선 외 옮김, 『세계정치론』, 제4판 (서울: 을유문화사, 2009), pp. 11-12.

게 되었고, 동시에 사용까지 가능하게 되었다.[29]

　　2001년 9월 30일 발표된 미국 국방부의 '4년주기 국방검토보고서(QDR: Qua-drennial Defense Review Report)'에서 지적된 9/11 테러사건 이후 변화된 안보 환경은 다음과 같다. 첫째, 미국은 대량살상무기(WMD)와 같은 비대칭적 전쟁 수단을 포함하는 광범위한 능력을 가진 적들의 도전에 처할 수 있다. 특히 9/11 테러사건은 미국의 지리적 위치가 인명, 영토 및 기반시설에 대한 직접적인 공격으로부터 더이상 안전할 수 없다는 것을 극명하게 보여주었다. 둘째, 약소국 또는 실패한 국가의 영토로부터 발생되는 마약밀매, 테러리즘 및 국경을 넘어 확산되는 도전과 위협이 증가했다. 셋째, 비국가행위자의 힘과 군사력이 확산되었다. 일반적으로 테러단체는 국가의 지원과 보호를 받거나 은신처를 제공받았으나, 9/11 테러사태로 증명된 사실은 일부 테러단체들이 국가의 지원 없이도 테러를 감행할 수 있는 자원과 능력을 가지고 있다는 것이다. 넷째, 세계화시대에 들어 '화생방·핵 및 고성능폭발(CBRNE: Chemical, Biological, Radiological, Nuclear, and Enhanced High Explosive)' 무기 및 탄도미사일의 확산이 보편화되었다. 또한 CBRNE 무기기술, 운반수단, 개량된 재래식 무기의 급속한 확산은 향후 예상되는 테러리스트의 공격에 이들 무기들이 사용될 수 있는 가능성을 높이고 있다.[30] 따라서 9/11 테러사건 이후 국제사회는 테러조직 또는 비국가 및 초국가 행위자들의 비대칭적 수단과 능력을 통한 대량살상무기(WMD) 또는 CBRNE 무기의 확산과 공격 가능성, 전자전, 게릴라전, 테러활동 등 심각한 '비대칭적 위협(asymmetric threats)' 및 '비전통적 위협(nontraditional threats)'에 직면하게 되었다.

　　2001년 9/11 테러 이후 2011년 5월 오사마 빈 라덴 사살까지의 알 카에다 또는 기타 테러조직은 세계 각지에서 자행한 대표적인 테러사건을 정리하면 다음과 같다.

29　　Schilling, ed.(2002), p. 2.

30　　U.S. Department of Defense, "Quadrennial Defense Review Report," September 30, 2001, pp. 3-6.

2001년 9/11 테러 이후 2011년 5월까지 대표적 테러사건[31]

- 2002년 10월 12일, 인도네시아 발리 쿠타 해변에 있는 한 나이트클럽에서 폭탄테러 발생, 202명 사망
- 2004년 3월 11일, 스페인 마드리드의 통근 열차에서 연쇄 폭탄테러 발생, 191명 사망
- 2005년 7월 7일, 영국 런던 지하철·버스 연쇄폭탄 테러발생, 52명 사망, 700여 명 부상
- 2006년 7월 11일, 인도 뭄바이 기차역과 통근 열차에서 퇴근시간대 7건의 연쇄 폭탄테러 발생, 200명 이상 사망
- 2006년 10월 16일, 스리랑카 콜롬보 부근에서 해군 호송 버스를 상대로 한 타밀 반군(LTTE)의 자살 폭탄테러 발생, 103명 사망
- 2007년 10월 19일, 파키스탄 남부 카라치 시내에서 부토 전 총리를 태운 차량 행렬을 노린 것으로 보이는 차량 폭발사건 발생, 139명 이상 사망
- 2008년 11월 26일, 인도 뭄바이에서 자동무기와 수류탄으로 무장한 세력의 테러공격, 188명 이상 사망
- 2009년 8월 19일, 이라크 바그다드의 재무부, 외무부 청사 인근 폭탄테러, 100여 명 사망
- 2010년 4월 18일, 이라크 알 카에다 지도자 '아부 아유브 알마스리', '아부 오마르 알바 그다디', 이라크 정부군 공격으로 사살
- 2010년 5월 10일, 이라크 힐라 등 지역서 폭탄테러로 70여 명 사망
- 2010년 5월, 알 카에다의 아프가니스탄 사령관이자 조직 서열 3위인 '무스타파 아부 알 야지드', 미군의 무인기 폭격으로 사망
- 2011년 5월 1일, 미국 특수부대, '오사마 빈 라덴' 사살

9/11 테러 이후 국제사회가 당면한 뉴테러리즘의 전개 양상과 추세는 첫째, 뉴테러리즘은 전 세계에 걸쳐 자행되고 있으며, 테러분자의 조직이 더욱 소규모화, 분산화 및 비집중화되고 있어 포착과 무력화가 곤란해지고 있다. 둘째, 그들은 첨단화되고 있는 인터넷과 미디어의 사용으로 개인적 접촉의 위험 없이 통신, 충원, 훈련, 지원 획득, 선전 확산 등을 용이하게 수행하고 있다. 셋째, 테러행위와 국제범죄가 점차로 중첩되고 있으며, 나아가 테러분자들은 그들의 적

대적 대상에게 재앙적 공격을 가하기 위해 대량살상무기(WMD)의 확보와 사용 의
도를 천명하고 있다.[32]

2. 뉴테러리즘 특징[33]

1) 요구조건 · 공격주체 불명으로 추적 곤란

과거의 테러는 식민지 세력의 잔재를 청산 또는 자본주의 체제를 타도한다
는 뚜렷한 목표를 가지고 있었으며, 이들은 테러를 자행한 뒤 통상 성명을 통해
자신들의 얼굴을 알리면서 요구조건을 당당히 밝혔다. 대표적 집단은 팔레스타
인해방기구(PLO), 아일랜드공화군(IRA) 등으로, 이들은 이미 어느 정도 정치적 목
표를 달성하여 기존 체제에 흡수되는 추세에 있었다.

그러나 뉴테러리즘에서는 극단주의자들이 서방에 대한 반감, 특히 미국에
대한 적대감이나 '거대한 사탄 문화'와 지역패권에 대한 반대 등 추상적인 이유
를 내세워 테러를 감행하는데, 테러집단 자신과 비호세력을 보호하고 공포효과
를 극대화하기 위해 요구조건 제시도 없고 정체도 밝히지 않는 소위 '얼굴이 없
는 테러'를 자행하여, 색출·근절이 더욱 곤란해지고 있다.

2) 전쟁 수준의 무차별 공격으로 피해의 확대

과거의 테러는 요인암살, 항공기·인질 납치, 중요시설 점거 등 상징성을 띤
대상을 공격함으로써 자신들의 대의명분을 선전하고 공포심을 유발하는 수법을
선택하여 많은 희생자를 내기보다는 극단적 수단을 동원한 의사소통 행위의 측
면이 강했다.

---

32 The White House, "National Strategy for Combating Terrorism," September 2006, p. 4;
Raphael F. Perl, "International Terrorism: Threat, Policy and Response," *CRS Report for
Congress*, Updated January 3, 2007, p. 6.

33 국가정보원, "뉴테러리즘의 특징과 외국의 대테러 강화동향," 2001.11, pp. 1-6 수정·인용.

반면 뉴테러리즘은 전쟁의 한 형태로서 자행되며, 전쟁에서는 적의 궤멸이 목적이므로 무차별적인 인명살상으로 상대방에게 최대한 타격을 가하려고 기도하여 피해가 상상을 초월한다. 알 카에다 지도자 '오사마 빈 라덴'은 1990년대 중반 '미국과의 전쟁'을 선포한 바 있다.

3) 그물망 조직으로 무력화 곤란

과거의 전통적인 테러조직은 카리스마적인 지도자가 지배하는 수직형 체제로서 정점의 지도부를 제거하면 테러조직을 무력화할 수 있었다. 반면 뉴테러리즘에서는 상대가 단일화된 조직이 아니라 여러 국가·지역에 걸쳐 그물망 조직으로 연결된 이념결사체로서 인터넷 비밀사이트·전자메일·채팅룸 및 첨단 이동통신 등을 연락 수단으로 활용한다. 또한 중심이 다원화되어 하나의 중심을 제거해도 다른 중심이 그 역할을 대신하므로 조직의 무력화가 어려운 특징이 있어 '정보화 시대의 망전쟁(Netwar)'으로 불린다. '오사마 빈 라덴'의 알 카에다 조직은 세계 34개국에 세포조직을 보유하여, 동기요인을 제거해도 조직의 무력화는 어려울 것으로 판단된다.

4) 테러의 긴박성으로 대처시간 부족

9/11 테러의 경우 수년에 걸쳐 항공기 조종술을 습득하도록 하는 등 치밀한 준비 과정을 거쳤으나, 정작 테러시간은 초대형 여객기를 납치하여 빌딩에 자살충돌 및 추락하기까지 40-80여 분 만에 상황이 종료했다. 따라서 대처시간이 절대 부족함에 따라 더욱 신속하고 효과적인 대테러리즘 체계의 확립이 필요한 상황이다.

5) 테러 장비가 따로 없어 방어 곤란

전통적 테러장비(무기)로는 저격용 총기나 폭발물 등이 사용되어 공항만이나 행사장 보안검색을 강화할 경우 어느 정도 색출이 가능했다. 그러나 9/11 테러에서는 별도의 테러장비가 없이 서류절단용 칼만으로 여객기를 납치하여 빌딩에 충돌시키는 초유의 수법을 구사했다. 우리 생활 주변의 모든 문명의 이기들이 그 지배권만 탈취되면 모두 테러장비가 될 수 있어 방어·색출에 어려움이 따른다.

6) 대량살상무기 사용으로 새로운 대처방식 필요

과거 화생방 무기의 사용은 1차·2차 세계대전, 걸프전 등 주로 전쟁이나 대규모 분쟁에서 사용되었다. 1995년 일본 옴 진리교의 도쿄 지하철 독가스 살포 사건을 시작으로 9/11 테러 이후 처음으로 세균무기(탄저균)를 사용하여 인명피해가 극대화되었다. 특히 세균을 사용하는 생물테러는 저렴한 비용과 엄청난 인명 살상 효과로 '빈자의 핵'으로 불리고 있으며, 전통적 테러와는 전혀 다른 대처방식이 필요하다.

7) 언론매체의 발달로 공포의 확산 용이

현대는 개방화 시대로 언론에 대한 상황통제가 어려울 뿐 아니라 '글로벌 통신(global communication)' 시대로 지구촌의 어느 한쪽에서 발생한 사건도 반대쪽으로 신속히 전파된다. 9/11 테러에서는 CNN이 24시간 상황을 보도했고, 국내에서도 거의 모든 방송국이 정규 프로그램을 중단하고 보도함으로써 테러범들이 노리는 공포가 확산되었다. 특히 TV는 테러사건 현장의 생생한 동영상 화면을 방영하여 극심한 공포감을 유발했다.

8) 사건 대형화로 정치적 부담 증대

종전의 테러는 협상팀·특공대의 투입으로 대부분 현장 처리가 가능했다. 반면 뉴테러리즘에서는 사건이 국가적 재난으로 인식될 만큼 대형화됨에 따라 최고통치자의 결심을 받아야 할 경우가 많아져 정치적 부담이 증대하고 있다. 부시대통령은 테러의 긴박성을 감안하여, 피랍 항공기 격추명령 권한을 공군 장성들에게 위임했는데, 실제 민간여객기 격추시 커다란 정치적 문제의 야기도 가능한 상황이었다.

9) 중산층 · 인텔리를 충원, 테러의 지능화

1990년대까지의 테러 행동대원들은 대부분 사회적 소외계층 출신으로 기초 교육조차 받지 못한 경우가 많았다. 그러나 뉴테러리스트들은 비교적 풍요로운 중산층 출신들로 대부분 대학 재학생 이상이고, 특히 공학 또는 과학 분야 전공자들이 선호된다. 이 경우 비행기 조종이나 폭탄의 기능 등에 대한 이해도가 높아 임무 성공률이 높아진다. 실제 9/11 테러리스트 중 한명인 무하마드 아타 역시 변호사인 아버지와 대학교수인 형제 사이에서 유복하게 자란 함부르크 대학의 도시공학과 학생이었다.

또한 과거에는 중동과 북아프리카, 서남아시아 등 이슬람권 국가에서 테러 행동대원을 직접 모집했으나, 최근에는 유럽과 미주권의 이민 2세들을 충원하는 경향으로 바뀌고 있다. 이들은 테러 실행 전부터 각종 범죄기록을 갖고 있던 과거의 테러리스트들과는 달리 전혀 범죄흔적이나 정치적 활동이 없어 경찰과 정보기관의 감시망에 좀처럼 잡히지 않는다. 또한 뉴테러리스트들은 정신병적인 종교적·정치적 신념으로 무장하고 테러를 감행하는 경우가 많아 더욱 위험하다.

▶ 표 2-1 뉴테러리즘 및 전통적 테러리즘 특징 비교 분석

구분	뉴테러리즘	전통적 테러리즘
요구조건	• 요구조건·공격주체가 불명확 • 테러범·테러조직 추적의 어려움 　– 서구 열강·미국에 대한 반감 　– 종교·문화적 저항과 이질감 　– 공포·두려움의 확산과 증가	• 뚜렷한 목적의식을 가지고 있으며 설명을 통하여 주체를 밝힘 　– 탈식민주의와 민족해방 　– 반자본주의

구분		
공격수준	• 현대 대량살상무기·항공기 등과 같은 장비를 활용하기에 전쟁수준의 피해 발생 • 무차별적인 대량살상이 목표이기에 피해의 확산 　– 항공기 납치가 1차적 목표 　– 납치한 항공기를 도구화하여 2차목표를 타격	• 상징적인 선전효과를 기대할 수 있는 대상의 선정 　– 요인암살 　– 인질납치 　– 항공기·주요시설·기관
집단 및 조직	• 정보통신기술을 활용하여 세계 전 지역을 Network로 연결하여 조직을 관리 • 다양한 국가에 분산된 결사체 조직으로 인터넷 전자메일·대화방을 이용한 조직 　– 조직 파악과 무력화 어려움	• 일정한 거점의 지도자를 통한 피라미드 조직체 운영 • 무력에 의한 진압과 소탕 가능
대응시간	• 수개월·수년간의 준비 기간을 통하여 테러리즘을 준비하지만 폭력행위는 돌발적이고 신속하게 자행되기에 대응시간 부족 • 돌발적인 테러 공격과 테러범의 사망 등으로 인하여 테러리즘 대응 실체가 존재하지 않거나 긴박성으로 인하여 대응 실패 　– 사전예방 이외의 대응방안이 없음	• 공격시간의 협상 또는 공격 후협상 등으로 인하여 협상이나 현장 소탕 가능
수단 및 무기	• 공격 수단의 다양화로 인하여 예방과 대응에 한계가 발생 　– 대량살상무기(WMD) 등을 활용 　– 미사일 등을 사용 　– 사이버 공간을 대상으로 활용	• 칼·총기류·폭발물 등과 같은 재래식 무기와 전쟁 무기 사용 　– 사전예방과 훈련의 가능
언론매체의 활용	• 테러리즘 현장을 실시간 공개 또는 생중계하여 공포·두려움 확산 효과를 극대화함 • 테러리즘의 수사의 한계 발생	• 대중·언론매체를 테러리즘의 목적이나 협상조건 제시 등의 수단으로 활용
사건의 규모	• 국가적 재난으로 발전 • 정치·경제적 부담과 파탄	• 국지적 해결 가능 　– 훈련에 의한 진압 　– 협상팀과 복구요원 활용 가능

출처: 김상겸·이대성, "북한의 뉴테러리즘과 대응책," 『통일정책연구』, 제18권 2호(2009), p. 73.

　　한편 마틴(Gus Martin)에 따르면 뉴테러리즘은 기존 전통적 테러리즘의 전형적인 특징인 ① 분명하게 식별 가능한 조직들 또는 움직임들, ② 일반적으로 휴대용 무기와 폭발물인 재래식 무기의 사용, ③ 특정 계층이나 민족·국가적 집단을 옹호하는 노골적인 불평, ④ 비교적 정확한 목표 선택 등과는 대비된다고 지적하고 있다. 뉴테러리즘의 특징은 ① 명령과 통제에서 최소한의 연결을 가진 느슨한 세포기반 네트워크, ② 고강도 무기와 대량살상무기(WMD)의 습득, ③ 정치적으로 모호한 종교적인 또는 불가사의한 동기, ④ 사상자를 극대화하는 비대칭

적 방식, ⑤ 인터넷의 능숙한 이용과 미디어에 대한 교묘한 조종 등이다.[34]

하워드(Russell D. Howard)는 2001년 9/11 테러 이후 대두되고 있는 뉴테러리즘의 특징은 과거의 테러리즘과 여러 측면에서 다르다고 지적하고 있다. 첫째, 9/11 테러에서 나타났듯이 본토에 대한 공격 양상이 강하게 나타나고 있다. 둘째, 뉴테러리즘은 대량살상의 특징을 보이고 있다. 과거 테러리즘은 주목을 끌고자 하는 의도에서 대량살상은 아니었으나, 뉴테러리즘은 더욱 폭력적인 양상으로 전개되고 있다. 셋째, 오늘날의 테러리스트들은 초국가적이고 비국가 행위자들로서 국제적으로 활동하면서 서방세계를 파괴하려는 의도가 강하다. 넷째, 새로운 테러리스트들은 과거에 비해 범죄단체 및 특정 국가들과 연계되어 비교적 풍부한 재정적인 지원을 받고 있다. 다섯째, 오늘날의 테러리스트들은 무슬림 극단주의 그룹 중심으로 아프가니스탄, 유럽 및 중앙아시아 등지에서 잘 훈련된 특징을 띠고 있다. 여섯째, 새로운 테러리스트 조직은 네트워크화되고 세포조직화되어 과거에 비해 침투하기가 어려워지고 있다. 일곱째, 뉴테러리즘에서는 대량살상무기(WMD)에 대한 사용 가능성이 높아지고 있다. 여덟째, 테러리즘 행위의 결과로 공식적 항복이나 패배 또는 휴전 등이 없이 승리에 대한 기준이 모호해지고 있다.[35]

5절 최근 테러리즘 동향

2001년 9/11 테러 이후 미국의 테러와의 전쟁은 알 카에다의 궤멸을 목표로 아프가니스탄에 거점을 둔 알카에다 본부(Al-Qaeda Central)를 집중적으로 타격하였고, 2011년 5월 알카에다 지도자 오사마 빈 라덴 사살로 인해 알 카에다 세력과 위협은 급격히 약화되었다. 그러나 알 카에다는 궤멸되지 않고 대신에 거점

---

34   마틴(2008), p. 50.
35   Russell D. Howard and James J. F. Forest, eds., *Weapons of Mass Destruction and Terrorism* (New York: MaGraw-Hill, 2008), pp. 7-8.

을 분산시켜 알 카에다의 구조는 다층화되고 있고 여전히 테러를 자행하고 있다. 권역별 직계 프랜차이즈(Affiliates) 테러조직으로 알제리·리비아 등을 거점으로 하는 '알 카에다 마그렙지부(AQIM: Al-Qaeda in the Islamic Maghreb)', 예멘을 근거지로 하는 '알 카에다 아라비아반도지부(AQAP: Al-Qaeda in the Arabian Peninsula)', 이라크 중북부를 거점으로 하는 '이라크 알 카에다(AQI: Al-Qaeda in Iraq, ISIS와 직접적 연계)' 등이 활동하고 있다.[36]

특히 2014년 6월 29일 국가수립을 선포한 '이슬람국가(ISIS: Islamic State of Iraq and Syria)'는 시리아와 이라크 북부 주요지역을 점령하고 기존의 극단주의 이데올로기를 대체하는 세력으로 국제테러를 주도했다. 그러나 미국 주도 국제동맹군은 격퇴작전을 통해 2019년 3월 ISIS 점령 영토를 탈환했다. 또한 2019년 10월 27일 이슬람국가(ISIS)의 지도자 '알 바그다디(Abu Bakr al-Baghdadi)'가 미국의 군사작전 중에 자폭하여 사망했다. 그러나 ISIS는 시리아, 이라크, 아프가니스탄, 아프리카 등에서 추종세력이 무장활동을 전개하면서 인터넷을 통해 계속 이슬람 극단주의를 유포하고 있다.[37]

이와 같은 상황에서 최근의 테러리즘 동향은 '이슬람국가(ISIS)', '이슬람국가 호라산(ISIS-K)', '알 카에다(Al-Qaeda)', '보코하람(Boko Haram)', '알 샤바브(Al Shabaab)' 등의 테러조직들을 중심으로 '종교기반 급진주의 사상(religious radicalism)'에 기반을 둔 '폭력적 극단주의(violent extremism)'를 확산시키고 있고, 테러리즘의 표적이 하드 타깃(hard target)에서 소프트 타깃(soft target)으로 전환되고 있다. 또한 '자생적 테러(homegrown terror)'의 증가와 '외국인테러전투원(FTF: Foreign Terrorist Fighters)'의 귀환 및 이동을 특징으로 하는 최근 테러행위는 국제사회 안보에 심각한 위협으로 남아 있다.[38]

---

36   인남식, "ISIS 3년, 현황과 전망: 테러 확산의 불안한 전조(前兆)," 『주요국제문제분석』, 2017-24, 국립외교원 외교안보연구소, 2017.6.23, p. 11. 인남식, "최근 시나이반도 자폭테러사건과 이슬람 테러리즘 동향," 『주요국제문제분석』, 2014-05, 국립외교원 외교안보연구소, 2014.3.5, p. 8 참고.

37   『연합뉴스』, "미 시리아서 IS 점령지 소멸 선언, 전선에서 교전은 지속(종합2보)," 2019.3.23; 『연합뉴스』, "IS 수괴 알바그다디 사망 이후는, 점조직식 연명할 듯(종합)," 2019.10.28.

38   이만종, "2018년 테러 전망," 『정세와 정책』, 세종연구소, 2018년 1월호, p. 10; 외교부, "글로벌 안보협력 개요: 테러리즘 대응," http://www.mofa.go.kr/www/wpge/m_3991/contents.do.

이러한 테러리즘 위협에 대해 국제연합(UN)을 중심으로 한 국제사회는 테러리즘을 조장하는 빈곤, 취약계층의 소외, 과격화 선동 등 테러리즘의 경제·사회·이념적 근본원인에 대응·예방하기 위해 '폭력적 극단주의 대응(CVE: Countering Violent Extremism)' 및 '폭력적 극단주의 예방(PVE: Preventing Violent Extremism)'을 위한 노력을 강화하고 있다.[39]

하드 타깃과 소프트 타깃[40]

- 하드 타깃: 대통령·총리·외교관 등 요인, 경찰·군인·정보원 등 보안요원, 공무원 등 정책에 직접적 연관이 있는 인원 및 정부청사·군시시설·외교공관 등 경비 수준이 상대적으로 높아 공격이 쉽지 않은 정부 관련 시설을 지칭, 과거 팔레스타인 계열 테러단체 및 극좌테러단체들의 주공격 대상
- 소프트 타깃: 이슬람 극단주의 테러단체는 이슬람과 관련 없는 시설인원도 모두 테러 대상으로 삼고 있는데, 정치와 전혀 상관없는 민간인과 쇼핑센터·나이트클럽·지하철역·대중교통수단 등 경비 수준이 낮아 외부공격에 취약한 민간시설을 지칭

자생적 테러(homegrown terrorism)[41]

- 자국 국민 또는 자국 국민들이 조직한 테러집단이 자국정부와 국민을 상대로 자행하는 테러 유형 자생테러 용어는 미국에서 처음 등장(homegrown terrorism) 하였는데, "미국이나 미국의 어떤 소유물 내에서 태어나거나 성장하거나 기반을 갖고 활동하는 어떤 집단이나 개인이 정치적, 사회적 목적들을 위해 미국정부, 미국시민 또는 그것의 어떤 부분을 위협하거나 강요하기 위해 무력이나 폭력을 사용하거나 계획하는 것"을 의미
- 전통적으로 한 국가 안에서 발생하는 테러를 지칭하기 위해 국내테러(domestic terrorism)라는 용어를 사용하였으나, 최근에는 이러한 용어와 뚜렷이 구분되는 현상을 지칭하기 위해 자생테러라는 용어를 사용

---

39   외교부, "글로벌 안보협력 개요: 테러리즘 대응".
40   대테러센터, "주간 테러동향," 2018.11.16, p. 3.
41   국가정보원, 대테러용어, "자생테러," https://www.nis.go.kr:4016/AF/1_6_4/list.do.

2019년 9월 발표된 미국 '국토안보부(DHS: Department of Homeland Security)'의 보고서는 최근 테러위협의 변화 양상과 특징을 다음과 같이 정리하고 있다. 첫째, 9/11 테러 이후 더욱 다양한 행위자와 동기부여가 안보에 심각한 문제를 제기하고 있다. 국내 테러리스트, 인종적·민족적 폭력적 극단주의, 반정부·반권위주의 성향의 폭력적 극단주의, 기타 폭력적 극단주의 이데올로기 등으로부터 동기가 부여된 테러위협이 증가하고 있다. 둘째, 폭력적 극단주의 단체는 인터넷과 소셜미디어의 일상적 사용 환경을 활용하여, 전 세계에 자신의 메시지를 전파하고 취약한 사람들을 유인하는 온라인 커뮤니티를 육성하고 있다. 온라인 공간에서 웹을 사용하여 공격에 대한 기술정보를 수집하기 때문에 폭력적 극단주의자들의 테러공격 운영 능력이 향상되었다. 셋째, 전 세계의 무장그룹은 9/11 공격 당시 조잡하거나 이용할 수 없었던 기술을 보다 활발하게 사용하고 있다. 예를 들면, 무인항공기시스템(UAS)의 범위와 탑재량의 개선으로 이슬람국가(ISIS)와 같은 테러단체가 드론(drone)을 사용하여 보안군에 대한 폭발물 투하, 적대세력 감시 및 항공 비디오 기능을 사용하여 선전활동을 촬영할 수 있게 되었다. 무인 시스템은 테러리스트의 '화생방·핵(CBRN: Chemical, Biological, Radiological, and Nuclear)' 물질의 배치를 잠재적으로 촉진할 수 있다.[42]

---

42   U.S. Department of Homeland Security, "Strategic Framework for Countering Terrorism and Targeted Violence," September 2019, p. 8.

3장

테러리즘 원인

일반적으로 테러리즘의 발생 원인으로는 국가억압, 사회적 불평등, 빈곤, 부패, 종교적 분쟁 및 민족적 분쟁 등이 제시되고 있다. 이러한 원인들은 테러활동의 확대와 정당화에 사용되고 있다. 그러나 정치적 자유, 민족해방, 불평등 극복을 추구하는 과정에서 반드시 테러리즘이 발생되는 것은 아니고, 또한 전략으로서의 테러리즘은 어떤 정치적 목적 달성을 위해 정치적·사상적 측면과 지역적·조직적 측면 등 다양한 양상을 취하고 있기 때문에 보편적이고 포괄적인 발생 원인의 파악은 어려운 것이 사실이다.[1]

테러리즘의 원인에 대해서는 많은 학자들이 서로 다른 요인으로 설명하고 있다. 테러리즘 원인에 대한 설명 모델은 심리적, 구조적, 문화적, 이념적, 종교적, 정치적, 경제적, 문명적, 국제체제적 측면에서 다양한 요인들이 제시되고 있다. 화이트(Jonathan R. White)는 테러리즘의 원인을 ① 사회적 과정, ② 심리적 과정, ③ 정치적 과정, ④ 종교적 과정으로 구분하고 있다.[2] 키라스(James D. Kiras)는 테러리즘의 원인을 지구화의 영향과 연관지어 ① 문화적 요인, ② 경제적 요인, ③ 종교적 요인으로 분류하고 있다.[3] 휘태커(David J. Whittaker)는 테러리즘의 동기를 합리적 동기, 심리적 동기, 문화적 동기로 구분하고 있다.[4] 나코스(Brigitte L. Nacos)는 테러리즘의 원인에 대한 보편적 모델은 없다고 지적하면서 여러 학자들이 제시한 테러리즘의 원인을 ① 합리적 선택 요인, ② 개인적 성향과 경험 요인, ③ 사회적 상호작용의 결과 요인으로 정리하여 구분하고 있다.[5] 크랜쇼(Martha Crenshaw)는 테러리즘 발생 원인을 고려할 때 사회 하위그룹이 느끼는 정치적, 사회·경제적, 종교적 불만 등 전제조건(precondition)과 테러리스트 행위들 야기하는

---

1   외교부, 글로벌안보협력, "테러리즘의 발생원인," 2008.3.13.

2   Jonathan R. White, *Terrorism and Homeland Security*, Sixth Edition (Belmont: Wadsworth Cengage Learning, 2009), p. 23.

3   제임스 D. 키라스, "테러리즘과 지구화," 존 베일리스·스티브 스미스·퍼트리샤 오언스 편저, 하영선 외 옮김, 『세계정치론』, 제5판 (서울: 을유문화사, 2012), pp. 460-463.

4   David J. Whittaker, ed., *The Terrorism Reader*, Third Edition (Oxford: Routledge, 2007), pp. 18-20.

5   Brigitte L. Nacos, *Terrorism and Counterterrorism*, Sixth Edition (New York: Routledge, 2019), p. 139.

특정한 사건을 의미하는 촉발요인(precipitant)을 고려해야 한다고 주장한다. 테러리즘의 직접적인 촉발요인으로는 ① 다수 시민의 하위그룹에서의 불만, ② 정치적 참여의 제약을 제시하고 있다.[6] 마틴(Gus Martin)은 테러리즘의 원인을 ① 심리학적 요인, ② 사회학적 요인, ③ 정치적 의지 요인으로 설명하고 있다. 심리학적 요인은 개인적 동기와 집단 역학성에 관한 포괄적인 설명을 제공한다. 사회학적 요인은 집단 간의 역학성, 특히 집단적 폭력으로 치닫는 갈등 사례에 초점을 둔다. 정치적 의지 요인은 극단주의자들이 변화를 강요하기 위해 최적의 전략으로 테러리즘을 선택한다는 합리적 모델에 근거하고 있다.[7]

3장에서는 여러 학자들의 테러리즘 원인에 대한 모델과 분류 중에서 마틴(Gus Martin) 및 키라스(James D. Kiras)의 테러리즘 원인에 대한 설명을 중심으로 소개하고자 한다. 마틴의 설명은 일반적인 또는 근대 및 현대의 테러리즘의 발생 원인을 이해하는 데 도움이 되고, 키라스의 설명은 탈냉전 이후 지구화(globalization) 시대에서 발생한 2001년 9/11 테러 이후의 테러리즘 발생 원인을 이해하는 데 도움이 된다.

1절 심리적 요인

1. 개인적 수준과 집단적 수준

테러리즘에 대한 심리학적 접근은 내적 심리학적 역동성이 개인과 집단행

---

6   Nacos(2019), p. 150; Martha Crenshaw, "The Causes of Terrorism, Past and Present,"
     in Charles W. Kegley, Jr., ed., *The New Global Terrorism: Characteristics, Causes, Controls*
     (Upper Saddle River: Perason Educations, Inc, 2003), pp. 93-95 참고.

7   거스 마틴(Gus Martin) 지음, 김계동·김석우·이상현·장노순·전봉근 옮김, 『테러리즘: 개념과 쟁점』
     (서울: 명인문화사, 2008), pp. 57-60, 66, 78.

동에 미치는 영향에 대한 포괄적 분석을 제시하고 있다. 즉 어떤 이유로 개인이 정치적 폭력이라는 전략을 취하고, 집단이 폭력적 운동을 계속히는지에 대한 설명을 제공하기 위해 개인적 동기와 집단 역동성에 관한 이론을 사용한다. 이러한 접근은 도덕적 신념 및 선과 악의 단순한 이분법적 정의와 같은 개념을 사용한다. 일반적으로 전문가, 정책수립자, 일반인 등 많은 사람들은 테러리즘은 정신 이상자나 소수 과격파의 징후라고 추정한다. 이러한 가정은 테러리즘은 근본적으로 비합리적인 행위이며, 정신적으로 이상이 있는 개인이나 집단만이 테러리즘을 전략으로 선택한다는 것에 기반을 둔다. 그러나 또 다른 전문가들은 비록 개인과 집단이 독특한 심리적 과정에 의해서 테러행위를 하지만 그들의 행위가 반드시 병적이거나 비합리적인 것은 아니라고 주장한다.[8]

첫째, 개인적 수준에서 보면, 정치적 폭력은 한 개인이 인생에서 경험한 어떤 중대한 사건의 결과로 설명하고 있다. 즉 특정 사건으로 인해 개인은 반사회적인 감정을 품고, 그들은 자신의 환경을 개선하기 위해 적극적으로 활동하거나, 자신의 불행한 상황에 대한 원인을 찾아 시정하거나 이에 대해 복수하려는 욕망을 가진다. 지금까지 연구 결과를 보면 테러리스트들이 정신질환을 앓고 있다는 근거는 없다고 한다. 그러나 테러리스트들에게서 심리학적인 공통점을 찾아볼 수 있다는 연구가 있다. 포스트(Jerrold Post)의 1998년 연구에 따르면 250명의 독일 좌파 테러리스트들에게서 공통적으로 '분절된 가족 출신', '특히 부모와의 심각한 갈등', '소년원 전과', '교육적으로나 종교적으로 실패한 양상' 등이 나타난다고 설명하고 있다.[9]

9/11 테러 이후 대테러전을 수행하면서 주된 관심사는 현재 테러리스트이거나 미래에 테러리스트가 될 가능성이 큰 유형의 집단에 대한 특징을 찾아내려는 것이었다. 지금까지 밝혀진 바로는 일반인들과 뚜렷이 구별되고 테러리스트들에게서 공통적으로 나타나는 이상 징후나 특징 들은 존재하지 않는다. 테러리스트들은 여러 다양한 성장환경과 가정환경을 가지고 있고, 지적 수준, 사회·환

---

8   마틴(2008), pp. 60, 62.
9   마틴(2008), pp. 60-61. Nacos(2019), p. 141 참고.

경적 배경, 성별, 국적 등이 서로 다르고 이질적이다. 따라서 어떤 유형의 사람들이 테러리스트이거나 장래에 테러리스트가 될 가능성이 높을 것이라고 구분하기가 어렵다. 다만 1980년대 활발하게 활동했던 독일의 적군파와 같은 서유럽 공산주의 계열 테러리스트들의 경우에는 이들 대부분이 상당히 자유방임적이고 아버지의 권위가 미약한 가정환경에서 성장하였으며, 대학교육을 받고 일정부분 지적수준을 갖춘 그룹에서 사회에 적응하지 못한 사람들이 테러리스트가 되었다는 공통점이 나타났다. 그러나 이러한 유형 분류는 서유럽과 미국 또는 일본에 한정된 테러리스트들에게만 설득력이 있으며, 나머지 대부분의 테러리스트들에게는 적용이 힘들다. 특히 이슬람 극단주의 테러리스트들의 경우 이들은 여러 이질적인 개인들의 집합이기에 위와 같은 유형의 분류는 설득력이 없다.[10]

그러나 몇 가지 연구에서 밝혀진 바에 의하면 테러공격에 가담할 가능성이 상대적으로 높은 위험군을 식별할 수 있는 징후들이 있다. 첫째, 이들의 상당수는 20대 초반에서 30대 후반의 남자들로 대부분 이슬람 지역 출신이거나 이민 2·3세대들이고 이슬람 문화권에 더 큰 동질감을 갖는 자들이다. 둘째, 이들은 평소에 이슬람 종교에 대해 상당히 적극적이고 종교적으로 엄격하다는 특징을 보이고 있다. 셋째, 이들은 세속적인 서구적 생활양식과 문화 그리고 개인주의나 자유 등의 주제에 대해 상당히 비판적이며 경멸적인 태도를 취한다. 넷째, 이러한 부류의 특정 개인이 갑자기 이슬람 전통복장을 벗고 청바지 등의 서구적 복장을 착용하고 그동안 길러왔던 수염을 깎는 등의 행태를 보인다면 이것은 이 사람이 자행할 테러공격이 임박했다는 징후로 볼 수 있다. 대체로 테러공격이 임박했을 경우, 이들은 테러행위 시 자신의 노출을 피하고 일반대중과 자연스럽게 섞이기 위해 복장과 용모를 바꾸는 경우가 이전의 여러 차례의 폭탄공격 시 공통적으로 나타났다. 다섯째, 이슬람 극단주의자들을 파악하는 데 중요한 단서가 되는 것은 이들의 사회학습 과정이다. 테러리스트들은 대부분 새로 이주한 국가에 살거나 이주자의 2·3세대들로 이주국가의 주류사회에서 받는 소외감과 외로움을

---

10   윤민우, 『테러리즘의 이해와 국가안보』 (서울: 진영사, 2011), pp. 84-86.

해소하고 정서적 유대감을 갖기 위해 이슬람 사원을 찾아간다. 이들은 사원에서 이슬람 교리 공부와 기도 등 종교적 활동뿐만 아니라 식사, 주거, 운동, 레크리에 이션 등 비종교적인 활동을 함께하면서 동료로서의 결속을 다지고 서로를 극단 화시키는 경향을 보이고 있다.[11]

예를 들면 파키스탄에서 학생들은 마드라사(Madrassa)라는 신학교에 다닌다. 주로 사우디아라비아와 전 세계 무슬림 자선단체의 지원을 받아 가난한 학생들 에게 가족을 대신하여 음식, 주거지, 의복을 공급하고 교육한다. 학생들은 코란 을 공부하고 서구, 특히 미국을 증오하는 주입식 교육을 받는다. 많은 테러리스 트들이 마드라사를 졸업한다. 그러나 예외도 있는데 미국, 스페인, 영국을 공격 했던 테러리스트들은 빈곤층 출신이 아니라 대부분 중산층 출신이었다.[12]

둘째, 집단적 수준에서 보면, 개인은 한 집단에 소속되고자 하는 필요에 의 해서 집단에 소속됨으로써 자신의 사회적 지위를 인정받는다. 따라서 테러집단 내에서 만장일치가 요구되고 의견 차이가 용납되지 않게 된다. 타협안은 거절되 고 테러집단은 과격주의 입장을 취하게 된다. 이러한 집단적 역동성의 중요한 결 과 가운데 하나는 테러행위자 스스로가 정치적 폭력을 끊임없이 합리화한다는 점이다.[13]

심리학적 설명에서는 개인과 집단 수준에서 정치적 폭력이 시작되는 원인 과 그 폭력이 지속되는 과정에 대한 일반화를 시도하고 있다. 첫째, 테러리즘은 폭력적이거나 비교적 덜 폭력적인 행동의 선택 방안 중에 합리적으로 선택하는 하나의 방법이다. 둘째, 테러리즘은 하나의 기술로써 집단 결속력과 집중력을 유 지하기 위한 집단적 연대가 개인을 능가한다. 셋째, 테러리즘은 하나의 과정으 로, 억압받는 사람들에 대한 존경심을 형성해가고 상대적으로 약자였던 자가 강 자가 되는 과정을 통해 주목받는 것 자체를 추구한다. 넷째, 테러리스트들은 스

---

11   윤민우(2011), pp. 88-89.

12   리처드 페인(Richard J. Payne) 지음, 조한승·고영일 옮김, 『글로벌 이슈: 정치·경제·문화』, 제4판 (서울: 시스마프레스, 2013), p. 114.

13   마틴(2008), p. 61.

스로를 엘리트의 선구자라고 간주한다. 다섯째, 테러리즘은 정치적 폭력을 정당화하기 위한 방법을 제공한다. 그들이 표적으로 삼는 상징적인 건물은 민간인들로 가득 차 있더라도 정당한 목표물이 되며 개별적 희생자는 억압된 체제를 상징하게 된다.[14]

2. 정치적 폭력의 도덕성

테러리스트에게 테러리즘은 도덕적으로 용납 가능한 전략이며, 정의로운 동기(motives)를 추구하기 위해 선택된 특정한 방법이다. 그들의 동기는 ① 테러리스트의 도덕적 신념, ② 단순화된 선과 악의 이분법, ③ 유토피아 추구, ④ 자기희생의 규범, 4가지로 살펴볼 수 있다. 첫째, 테러리스트의 도덕적 신념은 그들이 투쟁동기의 정당함에 대해 가지고 있는 모호한 확신이다. 그들은 자신의 목표와 목적은 훌륭한 원칙에 의거하고, 사용하는 수단은 절대적으로 합당한 것으로 간주한다. 이러한 신념은 2가지 상황에서 비롯되는데, 우선, 한 집단은 도덕적으로 부당한 취급을 받았다고 여기고 강력하고 악하고 부도덕한 적이 그들에게 대항한다고 생각한다. 예를 들면 라틴 아메리카의 좌파 반란자들은 군사적 개입, 경제적 침투 및 역내 억압정권에 대한 지원 등의 오랜 역사적 배경 때문에 미국을 제국주의적 적으로 상정한다. 또한 특정 집단 스스로가 본래부터 도덕적으로 우월하다고 여기는 경우에도 도덕적 신념이 생성될 수 있다. 도덕적 신념은 이념적 신념, 인종·민족적 가치, 또는 종교적 믿음에서 비롯될 수 있다. 특히 종교적 믿음이 있는 경우 확실히 그 동기가 성스러운 것으로 간주된다.[15]

둘째, 테러리스트는 보편적으로 자신의 동기는 고결하고 수단은 합당하다고 믿는 반면, 반대세력은 무자비한 악을 대변한다고 간주한다. 이렇게 선과 악의 단순한 이분법적 구분을 하고 나면, 투쟁 과정에서 사용되는 방법은 그들의

---

14   마틴(2008), pp. 61-62.
15   마틴(2008), pp. 69-70.

고귀한 목적과 목표를 위한 동기에 의해 정당화된다.

셋째, 테러리스트는 유토피아(utopia), 즉 이상사회를 추구한다. 허무주의적 반체제인사들의 경우 기존체제의 파괴 그 자체로 목적을 정당화한다. 종교적 테러리스트들은 계율, 도덕성, 종교적 믿음의 가치를 반영하는 신의 인도를 받는 사회를 형성하기를 원한다. 정치적 테러리스트들은 자신들의 이념적 가치관에 의해 이상적인 사회를 정의한다. 모든 테러리스트들에게는 약속된 선(유토피아)이 현재의 행위보다 훨씬 더 중요하기에 현재의 행위가 얼마나 폭력적인지 여부는 상관없이 결과가 수단을 정당화한다고 믿고 있다. 이러한 형태의 사고방식은 특히 종교, 인종·민족주의자 및 이념적 테러리스트 사이에서 공통적으로 나타난다.

넷째, 테러리스트는 동기의 정당성에 대한 믿음을 가지고, 이에 따라 살고자 하기에 자기희생의 규범을 택한다. 자기희생의 규범은 이를 믿는 자를 정화시켜주기 때문에 규범의 한도 내에서는 테러행위를 포함하는 어떠한 행위도 정당화된다. 또한 그들은 상식적으로 용납되기 어려운 행위에 대한 책임도 면제를 받는다는 믿음체계를 택한다.[16]

3. 테러리스트와 인질 사이의 감정전이

심리학적 측면에서 테러리스트와 인질 사이의 감정전이와 관련해서 2가지 신드롬(증후군)이 있다. 탈출할 방법 없이 격리되어 생존의 위협을 받는 상황에 처한 인질이 인질범에게 우호적인 감정전이(transference)가 일어나는 현상을 '스톡홀름 신드롬(Stockholm Syndrome)'이라고 한다. 이와 반대로 인질범이 인질의 상황을 동정적으로 인식하고 공격적 태도가 완화되는 현상을 '리마 신드롬(Lima Syndrome)'이라고 한다.

---

16   마틴(2008), pp. 72-74.

1) 스톡홀름 신드롬(Stockholm Syndrome)

1973년 8월 23-28일 스웨덴 스톡홀름의 한 은행에서 2명의 인질범이 3명의 여자와 1명의 남자 은행원을 인질로 잡고 6일간 경찰과 대치하는 사건이 발생했다. 이 사건 도중 인질범들은 만약 공권력이 4명의 인질을 구출하려 시도한다면 이들을 살해하겠다고 위협했다. 한편으로 인질범은 인질들에 잘 대해주어 심지어 그들이 친절하게 배려해준다고 여기기 시작했다. 이러한 과정에서 인질 모두가 인질범에게 연민을 느끼기 시작하였고 점차 그들의 입장에 공감하게 되었다. 인질이 풀려난 이후에도 수개월 동안 인질들은 인질범의 편을 들었고, 그들에게 불리한 증언은 하지 않겠다고 했고 법적대응을 위해 모금을 하기도 했다. 여성 인질 중 한 명은 실제로 인질범과 약혼까지 했었다. 이 사건 이후 테러범에 의해 피랍된 인질이 오히려 테러범을 이해하고 감정적으로 동화되는 현상을 '스톡홀름 신드롬'이라고 불리게 되었다.[17]

그러나 스톡홀름 신드롬이 하나의 일반적인 현상인지에 대해서는 이견이 존재한다. FBI 데이터베이스에 따르면 73%의 인질들은 스톡홀름 신드롬의 징후를 전혀 보이지 않는다고 조사되었다.[18]

2) 리마 신드롬(Lima Syndrome)

1996년 12월 17일 페루 좌익단체인 '투팍 아마루 혁명운동(MRTA)' 소속 테러분자 4명이 일본왕 생일 축하 리셉션이 개최되던 페루주재 일본 대사관에 무단 진입했다. 이후 테러분자들은 1997년 4월 23일까지 126일간 각국 주요인사 400여 명을 인질로 억류하고 함께 생활하면서 차츰 인질들에게 동화되어 인질

---

17   국가정보원, 대테러용어, "스톡홀름 증후군," https://www.nis.go.kr:4016/AF/1_6_4/list.do; 마틴(2008), p. 62-63.

18   Nathalie de Fabrique, Stephen J. Romano, Gregory M. Vecchi, and Vincent B. Van Hasselt, "Understanding Stockholm Syndrome," *FBI Law Enforcement Bulletin*, Vol. 76, No. 7(July 2007), p. 12.

들의 가족과 안부편지를 주고받고, 미사를 개최하는 등 인질의 어려움을 이해하고 우호적인 관계를 형성했다. 이렇게 테러리스트들이 인질의 고통과 이려움을 이해하고 인질들과 감정적으로 동화되는 현상을 '리마 신드롬'이라고 한다.[19]

2절   사회적 요인

사회학적 접근에서 테러리즘은 상대적으로 취약한 집단의 유일한 전략으로 선택되는 집단적 현상이다. 본질적으로 불리한 입장에 처한 집단은 자신들이 보기에 유일한 선택이라고 여겨지는 테러리즘이라는 방법을 선택하여 스스로의 권리를 주장한다. 이러한 테러리즘의 선택 과정에 대해 '구조적 이론(structural theory)'과 '상대적 박탈이론(relative deprivation theory)'이 유용한 분석을 제공한다.

첫째, 구조적 이론은 서비스, 평등한 권리, 민간보호, 자유 또는 삶의 질 문제와 연관된 집단의 접근 권한에 영향을 미치는 사회적 조건(구조)을 밝혀내려는 것으로, 이를 테러리즘의 원인 차원에서도 적용할 수 있다. 구조적 혁명이론은 구조적으로 취약한 국가에서 혁명이 발생할 가능성이 더 크다고 강조한다. 경제·군사적 갈등과 같은 문제에 봉착한 정부는 반란세력에 더 취약하다. 대중의 불만, 엘리트 계층의 이간, 점증하는 갈등이 사회를 혁명 직전의 상황으로 몰고 가는 주요 원인이다.[20]

둘째, 상대적 박탈이론은 "집단적 행위에 가담하는 개인의 결정이 박탈과 분노의 감정"에서 비롯된다고 주장한다. 집단의 기대치는 상승하는 반면에 지속적으로 억압을 받거나 열등한 지위를 유지하게 되면 집단은 정치적 폭력으로 대

---

19   국가정보원, 대테러용어, "리마 증후군," https://www.nis.go.kr:4016/AF/1_6_4/list.do; 김태준, 『테러리즘: 이론과 실제』 (서울: 봉명, 2006), p. 42.

20   마틴(2008), pp. 57-58.

응할 수 있다. 부당한 사회질서 속에서 정치적 폭력에 가담하게 되는 집단의 동기는 다른 집단과의 관계에 있어 자신들이 상대적으로 박탈당한다고 여기는 데 있다. 이러한 관점에서 보면 현대 테러리즘이 발생하는 원인은 제2차 세계대전 이후 신생국들이 정치적·사회적·경제적으로 급격하게 근대화를 진행하는 과정에서 겪게 되는 상대적 박탈감에서 찾을 수 있다. 상대적 박탈이론이 설득력을 가지고 있으나, 다음과 같은 단점을 지닌다. 공격적 행위는 상대적 박탈이라는 조건이 충족될 때만 드물게 일어나고, 집단행동보다 개인행동을 설명하기에 더 적합하다. 또한 상대적 박탈과 정치적 폭력 사이의 연결고리가 경험적 연구로 밝혀지지는 않았다.[21]

3절   정치적 의지 요인

정치적 의지(political will)의 행위는 무엇인가를 변화시키려는 시도이다. 혁명주의자의 관점에서 보면 상대를 패배시킬 수 있는 특정한 전술과 수단을 채택하는 하나의 선택이자 합리적 결단이다. 최후의 승리를 위해 요구되는 것은 오직 최종 목표를 달성하고자 하는 정치적이고 전략적 의지뿐이다. 따라서 테러리즘은 개별적 반란집단의 경험을 바탕으로 하는 선택적 과정이며, 목표를 달성하고자 하는 정치적 과격파에 의해 선택된 하나의 수단이자 계획적인 전략이다. 마르크스 혁명 전략의 진화는 정치적 의지의 본질을 잘 설명하고 있다. 마르크스(Karl Marx)는 역사와 인간의 사회적 진화는 필연적으로 혁명 노동계급의 승리로 끝나게 되는 진리라고 주장했다. 레닌(Vladimir Lenin)은 공산당과 같은 조직적이고 훈련된 조직이 자본주의를 붕괴시키고 노동계급을 승리로 이끌 것으로 여기고, 인민

21   마틴(2008), pp. 58-59; 김태준(2006), p. 35.

을 적절히 가르치고 이끌면 그들의 정치적 의지가 역사를 만들어 낼 수 있다고 주장했다. 마오쩌둥이 이끈 중국혁명 당시 '인민의 전쟁(people's war)'이라는 개념이 정치적 의지의 행위에 의한 혁명적 변화 이론을 잘 설명하고 있다.[22]

한편 새로운 테러리즘의 도래를 촉발하는 정치·환경적 요인을 고려할 필요가 있다. 2001년 9/11 테러 발생 당시 '테러리스트와 자유의 투사' 논란은 전 세계적으로 서방국가, 특히 미국의 행동이 어떻게 인식되는지를 적절히 보여준다. 9/11 테러가 발생하자 많은 미국인과 서구인들은 이를 서구적 방식의 문명에 대한 공격이라 간주했다. 이후 미국 주도의 대테러 전쟁은 새로운 야만주의(barbarism)로부터 문명을 보호하기 위해 필요한 전쟁이라는 명분을 내세웠다. 미국의 공식적 입장에서 볼 때 이 전쟁은 단순히 민주주의와 자유의 적에 대항하는 반작용이다.[23]

그러나 대다수 무슬림들은 시각이 달랐다. 9/11 테러의 발생 원인은 대체로 4가지 요인으로 요약된다. 첫째, 미국의 이스라엘에 대한 지원과 이스라엘과 팔레스타인 사이의 폭력의 악순환으로 이슬람 과격세력의 분노를 초래하게 되었다. 둘째, 세계화의 진행이 이슬람세계와 서방 세계 간의 경제적 불균형과 빈부격차를 확대시켜 이에 대한 불만이 폭력의 형태로 나타났다. 셋째, 과격 이슬람 원리주의자들은 자신들의 민주주의 실패, 민중정부의 수립 실패, 압제적 왕조정권에 대한 불만을 미국의 향해 표출했다. 넷째, 이슬람 문화와 서구문화의 차이로 인한 갈등과 이슬람 세계의 반서구적 성향 때문이었다.[24]

22 　마틴(2008), p. 66.
23 　마틴(2008), p. 67.
24 　이태윤, 『현대 테러리즘과 국제정치』(파주: 한국학술정보, 2010), pp. 283-286; 최운도, "9.11 테러사건의 원인분석과 미국의 세계전략 전망," 한국국제정치학회 2001년도 연례학술대회 발표논문, 2001년 12월 14-15일, pp. 2-4.

4절   문화적 요인

문화는 무력투쟁을 추구하는 호전적인 이슬람주의가 저발전 국가에서 성공적인지를 설명하는 요인 중의 하나이다. 지구화(globalization)와 시장자본주의가 연계된 사회적 변화가 새로운 국제체제에서 소수민족의 정체성과 종교적 소수자의 가치를 압도하는 양상을 보이고 있다. 그러나 경제적 낙오 집단은 흔들리는 정체성과 가치를 지키기 위하여 상이한 규범을 가진 타인과 자신을 구분하려 한다. 지역적 차원에서 보면, 이는 자신들의 정체성을 지키기 위해 노력하는 과정에서 상이한 종교 또는 소수 민족적 집단 간의 갈등으로 전개될 수 있다. 헌팅턴(Samuel P. Huntington)의 '문명충돌론(The Clash of Civilizations)'에 따르면, 가장 중요한 단층선(fault line)은 서방문명과 이슬람 문명 사이에 놓여 있다. 이슬람 문명은 "페르시아만 지역에서 서방의 주둔과 군사적 우위로 수욕을 당했고 분개하고 있으나, 자신의 운명을 스스로 결정하지는 못하고 있다"고 주장하고 있다.[25]

그는 서양문명과 이슬람 문명이 갈등을 야기하는 원인을 두 가지 요인으로 설명한다. 첫 번째 갈등 요인은 종교적·문화적 특성 때문이다. 가톨릭·개신교에 바탕을 둔 서양문명과 이슬람 문명은 유일신을 숭배하며, 강한 목적론적 역사관을 내포한다는 공통점이 있다. 그러나 문제는 이들이 숭배하는 유일신이 서로 다르다는 데서 비롯된다. 두 번째 갈등 요인은 인구이다. 대다수 이슬람 국가에서 젊은 층의 인구 증가가 절정에 달하는 2000-2010년에 기독교 대 이슬람 문명의 갈등이 증폭될 가능성이 있다고 전망했다. 젊은 층의 증가는 이슬람 원리주의 테러리즘과 폭동에 필요한 인력을 제공하며, 역사적으로도 젊은 층의 인구가 많은 사회는 변혁의 상황을 맞이하는 사례가 많다. 특히 오사마 빈 라덴 주도의 2001년 9/11 테러공격에 대한 미국의 아프가니스탄에 대한 보복적 '테러와의 전쟁(War on Terror)'과 2003년 3월 후세인 제거를 위한 이라크전 수행 과정을 보

---

25   키라스(2012), pp. 460-461.

면서, 일부학자들은 이것을 서구문명인 미국과 이슬람 문명의 아프가니스탄 및 이라크가 부딪치는 일종의 '문명의 충돌'로 해석했다.[26] 미국의 부시 행정부는 문명을 미국적 자유와 민주주의에 근거한 선의 기준과 연계하는 방향으로 재정의했다.[27] 부시 대통령은 테러와의 전쟁 당시 "우리 편이 아니면 우리의 적"이라는 이분법으로 전 세계를 구분했다.

그러나 헌팅턴의 주장에 대한 비판론자들은 헌팅턴이 가정하는 이슬람 세계의 동질성은 없다고 주장한다. 이슬람 문명 내부에는 서방세계에 공동으로 대항하기 위해 필요한 협력을 저해하는 사회적·신학적으로 심각한 충돌선도 존재한다고 반론을 제기하고 있다.[28] 문화는 순수하게 동질적이거나 정적이지 않으며, 서로 부분적으로 중복되고 유동적인 것이다. 분쟁은 세계지도상의 문명 사이에서보다는 아프리카 또는 이슬람 내의 분쟁에서 보듯이 오히려 문명 안에서 더 많이 일어났다. 일부 비판론자들은 9/11 테러 이후에 일어난 사건들은 이슬람 과격 원리주의자들과 주류 무슬림 사이의 내전에 더 가깝다고 주장한다.[29] 또한 아랍인들의 일반적 성향이 반미주의를 성향을 보인다고 해서 그들 모두가 이슬람권 5% 미만의 과격 테러리스트 조직에 동조하는 것이 아니라, 절대다수는 폭력보다는 평화적인 방법으로 함께 살아가기를 바라고 있다. 미국 중심의 세계질서를 현실로 받아들이고 자본주의 시장경제에 편입되어 살아가고 있는 상황에서는, 절대다수가 폭력보다는 평화적인 방법으로 살아가길 원한다.[30]

---

26   김태준(2006), pp. 55, 57.

27   사이먼 머든, "세계문제와 문화," 존 베일리스·스티브 스미스·퍼트리샤 오언스 편저, 하영선 외 옮김, 『세계정치론』, 제5판 (서울: 을유문화사, 2012). p. 523.

28   키라스(2012), p. 461.

29   조지프 나이 지음, 양준희·이종삼 옮김, 『국제분쟁의 이해: 이론과 역사』, 개정판 (서울: 한울, 2009), pp. 387-388.

30   이희수·이원삼 외, 『이슬람: 9·11 테러와 이슬람 세계 이해하기』, 개정판 (서울: 청아출판사, 2001), pp. 45-46.

5절 경제적 요인

지구화(globalization)로 인하여 세계시장에 대한 접근 가능성이 높아졌지만, 지구화는 미국과 서유럽 국가들을 중심으로 새로운 형태의 경제적 제국주의의 탄생을 초래했다. 경제적 제국주의 체제에서 서방의 중심부 국가들과 주변부 저발전 국가들 간의 격차가 발생했다. 경쟁이 치열한 지구화된 국제경제체제와 심각한 사회적 불평등이 존재하는 사회에서 부를 축적할 기회가 없는 사람들은 다른 곳에서 대안을 모색하게 된다. 이들은 이주를 택하고 자원 흐름의 중심지인 도시로 몰려들지만, 이주가 개인의 꿈을 이룰 기회를 보장하지 않을 경우 개인적 목적을 위한 범죄와 정치적 목적을 위한 폭력을 사용할 수도 있다.[31] 따라서 빈곤은 경제·정치적 고립, 절망감, 인권침해 및 민주주의 결핍과 밀접하게 연관되어 있으며, 이러한 것들이 모두 테러리즘의 원인이 된다.[32]

1960년대에 프란츠 파농(Franz Fanon)은 경제적 요인과 폭력과의 관계를 설명하고 있다. 그는 선진국들은 제3세계를 착취하여 부유해졌기에 선진국들이 제3세계에 대해 부의 재분배를 대가로 지불해야 하며 이를 실행하지 않을 경우 폭력투쟁의 권리를 가진다는 이론을 체계화했다. 파농은 식민주의 타파가 서방과 피억압자 간의 투쟁의 끝이 아니고, 서방과 피억압자 간의 갈등은 경제적 불평등 관계가 없어질 때까지 새로운 형태의 갈등으로 대체될 뿐이라고 주장했다. 이러한 주장에 따르면 테러리스트에 의한 폭력은 세계경제의 불평등에서 촉발된다. 따라서 1993년과 2001년 세계무역센터에 대한 공격은 미국에 대한 공격이라기보다는 세계 자본주의의 상징에 대한 공격이다.[33]

그러나 테러리즘의 원인이 경제적 요인이라는 주장에 대한 반론도 제기되고 있다. 최근의 테러공격이 경제적 지구화에 대한 대응이라는 설명은 테러리스

---

31   키라스(2012), p. 462.

32   Payne(2013), p. 114.

33   키라스(2012), p. 462; 이태윤(2010), p. 108.

트 충원 양태와 테러리스트 집단의 부와 일치하지 않는다. 초국가적 테러조직의 전직 지도자와 독일 적군파 및 이탈리아 붉은여단을 포함하는 구성원의 상당수는 부유한 가정 출신이다. 알 카에다(Al-Qaeda) 또는 이와 연계된 집단의 다수 지도자들도 공학이나 신학 등 다양한 분야에서 석·박사 과정을 이수했으며 빈곤하거나 몰락하지도 않았다. 테러리즘과 가난의 연계는 지역에 따라 서로 다르다. 1998년 8월 케냐의 미국대사관 폭탄공격과 2002년 탄자니아에서 테러공격과 같이 아프리카에서 발생한 테러는 외국 성전(聖戰)주의자들(jihadists)이 자행했다. 또한 유럽의 호전적인 이슬람 테러리스트들은 유럽연합(EU: European Union) 동년배의 평균에 근접하는 임금과 고용상태를 유지하고 있다.[34]

6절   종교적 요인

역사적으로 종교는 인간에 대한 극단적 잔혹성과 폭력행위를 정당화하는데 사용되어 왔다. 특히 9/11 테러 발생 10년 전부터 테러리즘의 중대한 변화가 발생했다. 국가의 정치이념을 변경하거나 소수민족의 대표권 문제를 해결하기 위한 테러리즘이 정치적 목적을 달성하지 못하자 종교적 요인에 의한 뉴테러리즘이 등장했다. 일반적으로 종교적 요인으로 발생하는 테러리즘이 극단적 폭력성을 나타내는 이유는 다음 4가지를 들 수 있다. 첫째, 신학적 해석에 의해 폭력이 신성한 행동 또는 신에 대한 의무라고 여긴다. 둘째, 종교적 테러리스트들은 대규모의 무차별적 폭력이 자신의 목적 달성을 위해 필요하다고 생각한다. 셋째, 종교적 테러리스트들은 자신이 총력전에 참가하고 있기 때문에 여론이나 대중적 지지를 얻는 것에 구속받지 않는다고 생각한다. 넷째, 종교적 테러리스트들은 체제를 일부 변화시키는 것만으로는 불충분하다고 믿기에, 그들은 현존하는 질서

---

34   키라스(2012), p. 462; 제임스 D. 키라스, "테러리즘과 지구화," 존 베일리스·스티브 스미스 편저, 하영선 외 옮김, 『세계정치론』, 제3판 (서울: 을유문화사, 2006), p. 502.

에 대한 근본적인 변화를 추구한다. 또한 일부 종교적 극단주의 테러리스트는 사후 세계에서의 보상 약속을 믿고 자신을 희생할 뿐만 아니라, 자신의 종교를 믿지 않는 자와 종교적 교리를 성실하게 따르지 않는 자를 살해할 수 있다는 잘못된 종교적 해석에 기반을 둔 정치적 폭력을 행사한다.[35]

급진적 이슬람주의자들에 의해 주로 자행되고 있는 종교적 테러리즘을 이해하기 위해서는 '지하드(Jihad)'의 개념을 이해할 필요가 있다. 지하드의 개념은 이슬람 교리의 핵심으로, 언어적 의미는 무장투쟁 또는 광신적인 성전(聖戰)이라기보다는 '분투하다 또는 노력하다, 힘쓰다'이다. 지하드는 사회생활을 함에 있어서 개개인의 진지하고 성실한 분투를 의미하며, 사회에서 선을 행하고 부정과 불법, 압제, 악을 제거하기 위한 노력이다.[36]

그러나 알 카에다와 같은 이슬람 극단주의 조직들은 테러행위를 통해 그들의 정치적 목적을 달성하기 위해 지하드의 개념을 오용하거나 남용하고 있다. 알 카에다의 시각을 9/11 테러사건에 적용하면, 알 카에다 테러리스트들은 적대세력의 무슬림 국가들에 대한 계속되는 지배와 착취에 대한 보복으로 미국과 서양의 이해관계의 상징을 공격한 것이었다. 19명의 항공기 납치범들은 서양으로부터 오는 악으로 간주되는 것들에 대해 성스러운 대의의 이름으로 대항하는 종교적 테러리스트들이었다. 그들의 정서는 근대 중동정치를 특징지은 종교적, 정치적, 종족적, 민족적인 동요로부터 온 것이다.[37]

지하드(Jihad)[38]

- 원래 "알라의 뜻에 복종하는 삶을 살기 위해 투쟁한다"는 종교적 색채가 짙은 의미
- 1920년대 이집트 '무슬림 형제단'이라는 과격단체가 반영(反英) 무장독립 투쟁을 '지하드'라고 주장하면서 폭력적 성향을 정당화한 이후 이슬람 과격세력들이 자신들의 테러활동을 '지하드(聖戰)'라고 주장

35   Payne(2013), p. 131; 키라스(2012), p. 463. Bruce Hoffman, *Inside Terrorism*, Third Edition (New York: Columbia University Press, 2017), pp. 90-91 참고.
36   이희수·이원삼 외(2001), p. 249. 마틴(2008), p. 153 참고.
37   이희수·이원삼 외(2001), pp. 253, 256; 마틴(2008), pp. 46-47.
38   국가정보원, 대테러용어, "지하드(Jihad)," https://www.nis.go.kr:4016/AF/1_6_4/list.do.

일부 학자들은 현재 진행 중인 전 지구적 지하드의 동기를 설명하는 데에, 뉴테러리즘은 서방의 영적 파탄과 이슬람인의 억압에 대한 반응으로 간주하고 있다. 지구화가 진행되고 사회 간의 상호연결망이 강화되면서, 무슬림들은 자신의 버리고 융화되든지, 자신의 영적 순수함을 유지하고 세속적 압박에 대하여 싸울지를 선택하게 되었다. 과격한 이슬람 대응을 주창하는 사람들에게는 체제에 굴복하거나 체제 안에서 변화를 모색하기보다는 억압에 대한 성전(聖戰)이 유일한 대응책이다. 이슬람 학자들과 율법자들은 지하드를 영적 순수성을 위한 투쟁으로 이해하지만, 오사마 빈 라덴과 아이만 알 자와히리 같은 과격 이슬람주의자들은 지하드를 다른 방식으로 이해한다. 그들은 이교도나 배교자와의 타협을 거부하고, 이슬람을 전 세계적으로 강요하기 위한 성전이나 무장투쟁으로 인식한다.[39]

테러리즘의 원인을 설명하기 위해 종교적 요인을 지적하는데 다음과 같은 측면을 고려할 필요가 있다. 첫째, 서방인의 일반적 입장에서 보면, 테러리스트들이 자신을 희생하고 타인을 해하는 행위가 종교로 설명되기도 한다. 가족에 대한 금전적 보상 약속, 공동체 내에서 명예 획득, 자신의 존재가치를 증명하기 위한 수단 등 개인적인 원인이 있을 수 있다. 종교는 불법 또는 비도덕적 행위를 거룩하게 정당화할 수 있기에 테러집단에게 유리하게 활용된다. 즉 최근의 종교적 테러리즘은 비전투원 살상을 정당화하는 개인의 종교적 신념을 활용하고 있다. 둘째, 개인에게 폭력행위에 가담하도록 유도하는 종교적 동기와 폭력사용의 궁극적인 목적 사이에 차이점이 있다. 테러리즘의 최종 목적은 세속적 국가의 장악과 이슬람 국가로의 개조이다. 테러리스트 성전 선언문을 검토해 보면 배교 정권을 전복하고 정치권력을 장악한다는 내용이 공통적으로 포함되어 있다. 즉 호전적 이슬람 테러리즘의 최종 목적은 이슬람 율법에 따라 정치적·사회적·경제적·종교적 개혁을 시도하기 위한 권력의 장악이다.[40]

---

39   키라스(2012), p. 463; 키라스(2006), p. 504.
40   키라스(2012), pp. 463-464.

7절   테러리즘의 발생 구조

2006년 미국 부시 행정부의 '국가대테러리즘전략(NSCT: National Strategy for Combating Terrorism)' 보고서는 테러리즘의 발생 원인은 ① 정치적 소외, ② 타인들에 대한 불만과 불평등 인식으로 인한 불만, ④ 음모와 잘못된 정보로 인한 하위문화, ⑤ 살인을 정당화하는 이념이라고 제시하고 있다.[41]

테러리즘은 다양한 원인으로 발생하는데, 부시 행정부의 2003년 '국가대테러리즘전략(NSCT: National Strategy for Combating Terrorism)' 보고서는 테러리즘의 발생 구조를 다음과 같이 설명하고 있다.

■ 그림 3-1   테러리즘의 발생 구조

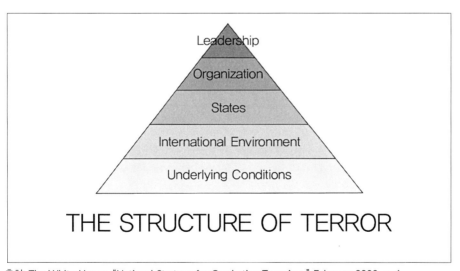

출처: The White House, "National Strategy for Combating Terrorism," February 2003, p. 6.

---

41   The White House, "National Strategy for Combating Terrorism," September 2006, pp. 9-10.

첫째, 테러리즘 발생 하부단계의 기본적인 조건은 빈곤, 부패, 종교적 분쟁, 종족 갈등 등으로 비록 이러한 조건들이 실제적이고 일부는 만들어지나, 테러리스트들은 이러한 조건을 폭력을 정당화하고 지지를 얻는 데 활용한다. 둘째, 국제환경은 테러리스트의 전략이 구체화되는 경계 또는 공간이다. 최근 보다 개방화되고 있는 국경환경은 테러리스트들이 표적이나 피신처를 찾는 데 수월하게 하고 있다. 셋째, 전 세계에 걸쳐 있는 국가 중에서 일부는 테러리스트들이 그들의 테러행위를 계획 및 조직화하고 활동하는 데 필요한 안전가옥, 훈련기지, 통신 및 재정적 네트워크를 제공하고 있다. 넷째, 이러한 테러활동 환경을 구축한 이후, 테러조직은 그들의 조직을 강화하고 확장하기 시작한다. 다섯째, 테러리즘 발생의 최상위 단계인 지도부는 전반적인 지침과 전략을 제공하고 모든 테러활동의 요소를 연계하여 테러행위를 자행한다.[42]

---

42   The White House, "National Strategy for Combating Terrorism," February 2003, p. 6. Philip P. Purpura, *Terrorism and Homeland Security: An Introduction with Applications* (Burlington: Elsevier, Inc.: 2007), p. 23 참고.

4장

테러리즘 유형

테러리즘의 유형분류(typology) 방법은 학자들마다 다양하게 제시하고 있다. 화이트(Jonathan R. White)는 테러리즘의 정의만큼이나 다양한 테러리즘에 대한 유형분류의 장점을 다음과 같이 설명하고 있다. 첫째, 유형분류는 테러리스트 활동의 범위를 제공하고 있다. 둘째, 유형분류는 테러리즘의 수준(예를 들면 지역, 국가, 국제)과 종류를 파악하는데 도움을 준다. 셋째, 수준별 테러리즘에 대한 대응 수준을 결정할 수 있도록 해준다. 넷째, 폭력의 유형과 전술의 의미 파악을 통해 테러리즘 의미에 대한 격한 논쟁을 피할 수 있도록 해준다.[1]

테러리즘의 유형분류에 대한 선도적 연구로는 1988년 슈미트와 용만의 10가지 분류방법이 있다. 이들은 테러리즘을 ① 행위자 중심, ② 희생자 중심, ③ 원인 중심, ④ 환경 중심, ⑤ 수단 중심, ⑥ 정치지향 중심, ⑦ 동기 중심, ⑧ 목적 중심, ⑨ 요구 중심, ⑩ 표적 중심으로 분류했다.[2]

한편 그로스(Felix Gross)는 테러리즘의 유형을 테러리스트의 목적, 행위, 표적을 중심으로 구분하여 5가지 혼합적 유형분류(집단적 테러, 왕조적 테러, 무작위 테러, 집중적 무작위 테러, 전술적 테러)를 제시하고 있다.[3] 마틴(Gus Martin)은 테러리즘의 유형을 국가 테러리즘(국가 후원 테러리즘, 국가에 의한 국내 테러리즘, 외교정책으로서의 테러리즘), 반체제 테러리즘, 종교적 테러리즘, 국제테러리즘으로 구분하고 있다.[4]

4장에서는 여러 학자들의 테러리즘 유형 분류 중에서 테러리즘 연구에서 가장 많이 활용되고 있는 ① 정치지향 중심적 유형분류, ② 행위자 중심적 유형

---

1   Jonathan R. White, *Terrorism and Homeland Security*, Seventh Edition (Belmont: Wadsworth Cengage Learning, 2012), pp. 12-13; Philip P. Purpura, *Terrorism and Homeland Security: An Introduction with Applications* (Burlington: Elsevier, Inc.: 2007), p. 17.

2   COT Institute for Safety, Security and Crisis Management, "Defining Terrorism," *WP 3, Deliverable 4, Transnational Terrorism, Security & the Rule of Law*, October 1, 2008, p. 63.

3   V. I. Vasilenko, "The Concept and Typology of Terrorism," *Statutes and Decisions: The Laws of the USSR and Its Successor States*, Vol. 40, No. 5(September-October 2004), p. 51; Cindy C. Combs, *Terrorism in the Twenty-First Century*, Eighth Edition (New York: Routledge, 2018), pp. 14-15.

4   거스 마틴(Gus Martin) 지음, 김계동·김석우·이상현·장노순·전봉근 옮김, 『테러리즘: 개념과 쟁점』 (서울: 명인문화사, 2008), pp. 84-192 참고.

분류, ③ 목적 중심적 유형분류, ④ 동기 중심적 유형분류, ⑤ 국가개입 기준 유형분류, ⑥ 지리 중심적 유형분류, ⑦ 통합적 유형분류를 설명한다.

1절   정치지향 중심적 유형분류

테러리즘 연구에서 저명한 영국 학자인 윌킨슨(Paul Wilkinson)은 테러리즘의 유형을 정치지향 중심적으로 분류(political orientation-based typology)했다. 그는 테러리즘을 '혁명적 테러리즘(revolutionary terrorism)', '준혁명적 테러리즘(sub-revolutionary terrorism)', '억압적 테러리즘(repressive terrorism)'으로 구분했다.[5]

첫째, '혁명적 테러리즘'은 장기적인 정치 목적을 가지고 권력의 기본적인 변화, 사회·경제 질서의 근본적인 변혁을 추구하는 테러리즘을 의미한다. 이는 소규모일지라도 집단적이며, 혁명과 테러활동은 항상 특정한 혁명 이념과 계획에 의해 정당화되며, 테러활동을 전개하기 위해 인민을 동원할 수 있는 지도자가 존재한다. 혁명운동은 기존의 정치체제 내에서 사건을 일으키고 테러집단 자체의 목적과 정치적 구도 및 행동규범을 발전시켜야 하기 때문에 기존 정치체제에 대립되는 제3의 정치제도를 만들어낸다. 윌킨슨은 혁명적 테러리즘을 ① 순수 테러리즘 조직, ② 테러를 보조적 무기로 사용하는 혁명집단, ③ 인민해방 정당들의 농촌 및 도시 게릴라 테러리즘, ④ 혁명폭동 과정에서 사용되는 단기적 전복 테러리즘, ⑤ 소수 계급·인종·종교 집단을 지향하는 혁명적 테러공포, ⑥ 장기적 혁명목표를 위한 선전활동 테러, ⑦ 혁명적 목적에 의해 기도되는 국제 테러리즘, 7가지로 구분하고 있다. 둘째, '준혁명적 테러리즘'은 혁명적 목적이나 정부의 억압 목적과는 다른 정치적 동기에 의해서 활용되는 테러리즘이다. 혁

---

[5]   COT Institute(2008), p. 65.

명적 테러리즘은 총체적 변화를 추구하지만, 준혁명적 테러리즘은 제한적인 목
표를 추구한다. 예를 들면 기존 정부에 대한 특정 문제의 정책 변경 요구, 특정
고위공직자에 대한 경고 또는 처형, 정부행위에 대한 보복 등을 기도한다. 셋째,
'억압적 테러리즘'은 억압당국이 바람직하지 않다고 생각하는 행위를 하는 개인
이나 집단을 억압, 통제 또는 제한하려는 목적으로 국가의 비밀 보안기구와 같은
조직에 의해 사용되는 테러리즘이다.[6]

슐츠(Richard Schultz)는 윌킨슨의 유형을 일부 수정하여, 혁명적 테러리즘(rev-
olutionary terrorism)', '준혁명적 테러리즘(sub-revolutionary terrorism)', '기존 체제적 테
러리즘(establishment terrorism)'으로 구분하고 있다. '혁명적 테러리즘'은 완전한 혁
명적 변화를 목표로 정치적 폭력의 위협이나 사용하는 것이다. '준혁명적 테러리
즘'은 특정한 정치체제를 폐기하기보다는 다양하게 변화시키려는 목적으로 정치
적 폭력의 위협이나 사용을 추구하는 것이다. '기존 체제적 테러리즘'은 내부 또
는 외부의 도전에 대처하기 위해 기존 정치체제에 의해 자행되는 정치적 폭력의
위협이나 사용하는 것이다. 슐츠는 3가지 유형을 원인, 환경, 목표, 전략, 수단,
조직, 참여자 등 7가지 변수를 적용하여 설명하고 있다.[7]

한편 라포포트(David C. Rapoport)는 20세기 이후 정치적 동기에 의한 테러리
즘 유형을 무정부주의, 반식지주의, 신좌익, 종교적 테러리즘으로 구분하고 있
다.[8]

---

6   김태준,『테러리즘: 이론과 실제』(서울: 봉명, 2006), pp. 156-159. 이태윤,『현대 테러리즘과 국
      제정치』(파주: 한국학술정보, 2010), pp. 76-78, 122 참고.

7   David J. Whittaker, ed., *The Terrorism Reader*, Third Edition (Abingdon, Oxon:
      Routledge, 2007), pp. 39-40, 42; Sarah V. Marsden and Alex P. Schmid, "Typologies
      of Terrorism and Political Violence," in Alex P. Schmid, ed., *The Routledge Hanbook of
      Terrorism Research* (Abingdon, Oxon: Routledge, 2011), p. 172; 마틴(2008), p. 116.
      COT Institute(2008), pp. 65-66; Jeff Victoroff, "The Mind of the Terrorist: A review
      and Critique of Psychological Approaches," *Journal of Conflict Resolution*, Vol. 49, No.
      1(February 2005), pp. 4-5 참고.

8   David C. Rapoport, "The Four Waves of Modern Terrorism," in Audrey Kurth Cronin and
      James M. Ludes, eds., *Attacking Terrorism: Elements of a Grand Strategy* (Washington, D.C.:
      Georgetown University, 2004), p. 47.

2절   행위자 중심적 유형분류

행위자 중심의 테러리즘 유형분류(actor-based typology)는 와흐(W.L. Waugh Jr.)
의 연구가 대표적이다. 와흐는 행위자의 지리적 요인으로 기준으로 외국 국적자
에 의한 외국인 또는 외국재산에 대해 폭력을 사용하는 '파급 테러리즘(spill-over
terrorism)', 한 그룹이 토착민으로, 테러리스트와 피해자 그룹의 국적이 다른 상
황인 '통합적 내부 테러리즘(integrated internal terrorism)', 테러리스트가 표적이 되
는 정부의 영토 밖에서 활동하면서 테러행위가 발생하는 '외부 테러리즘(external
terrorism)'으로 구분하고 있다.[9]

한편 존슨(Charlmers Johnson)은 테러리스트의 행동주체를 이념의 상이성에 따
라 6가지 유형으로 구분하고 있다. 첫째, 소수민족 집단은 자신들을 자유의 전
사로 지칭하는 민족과 단체 들로 사회공동체 또는 정치적 세력들과의 분쟁에서
소수민족과 종교에 대한 동정심에 의존하여 지원을 얻는다. 예를 들면 아일랜
드공화군(IRA)의 좌우익단체, 스페인 바스크족 분리단체인 '조국과 자유(ETA)', 푸
에르토리코 민족해방무장군(FALN), 팔레스타인 알파타(Al Fatah), 퀘벡여성해방전
선(FLFQ) 등이 있다. 둘째, 마르크스주의자(Marxist) 혁명집단은 트로츠키, 마오쩌
둥주의 또는 수정마르크스주의와 사상적 분쟁에 휩싸여 있으면서도 강력한 내
적 및 사상적 중심을 이루고 있다. 미국에서 활동하고 있는 웨더 언더그라운드
(Weather Underground), 이탈리아의 붉은여단(Red Brigades), 프랑스의 직접행동단(Ac-
tion Directe), 벨기에의 Communist Combat Cells 등은 사회주의 혁명을 이루기
위한 전략을 가지고 있는 조직이다. 셋째, 무정부주의자들은 기존 질서에 대한
반감을 가진 집단으로 주로 유럽에서 활동하고 있다. 독일 적군파 '바더 마인호
프(Baader-Meinhof Group)'의 경우 원래 무정부주의자들이었으나 이탈리아에서 붉
은여단이 출현함에 따라 마르크스주의 단체로 변화되었다. 넷째, '미성숙 단계의

---

9   COT Institute(2008), pp. 66-67, 70-71. Marsden and Schmid(2011), p. 170 참고.

신디칼리즘(Syndicalism of Immaturity)'은 단체보다 개인의 조직력이 강한 그룹으로 미국의 웨디 언디그라운드, 독일의 비디 마인호프 등이 있다. 디섯째, 신피시스트와 극우단체는 지난 40년 동안 활동해온 단체로 독일 나치(Nazi)의 사회정치적 철학의 수용보다는 나치의 상징주의에 자신들을 연계시키는 백인우월주의 단체이다. 대표적인 단체로 미국 극우단체인 KKK(Ku Klux Klan)와 유대방위연맹(Jewish Defense Organization) 등이 있다. 여섯째, 이념적 용병(Ideological Mercenaries)은 세계적으로 발생하고 있는 혁명에 대해 보편적 믿음을 가진 개인과 단체들로 자신들의 대의명분을 추구하기 위해 국경을 초월한 교류를 하고 있다. 대표적인 단체는 일본 적군파(Japanese Red Army)와 팔레스타인의 검은9월단(BSO: Black September Organization)이 있다.[10]

3절 목적 중심적 유형분류

테러리스트의 목적 중심의 테러리즘 유형분류(purpose-based typology)로는 손턴(Thomas Thornton)과 벨(J. Boyer Bell)의 분류가 있다. 손턴은 테러리즘을 "폭력의 사용이나 위협을 포함하는 초비정상적인 수단을 이용하여 정치적 행위에 영향을 미치려고 계획하는 상징적 행위"로 정의하면서, 테러행위를 강압테러(enforcement terror)와 소요테러(agitational terror)로 분류하고 있다. 강압테러는 기존의 권위에 도전하는 세력을 억압하는 세력에 의해 활용된다. 소요테러는 기존의 정치질서를 붕괴시키고 정치권력을 획득하려고 하는 집단의 테러행위이다.[11] 손턴은 테러리스트들은 사기 진작, 선전, 혼란, 반대세력 제거, 관계 당국의 대응책 촉발 등 여

---

10   김태준(2006), pp. 154-156.
11   김태준(2006), p. 160.

러 다른 목적을 위해 테러행위를 자행한다고 설명하고 있다.[12]

한편 벨은 테러리스트의 목적에 따라 테러를 5가지로 분류하고 있다. 첫째, '조직적 테러(organizational terror)'는 내부규율 유지, 침투 억제, 문제가 있는 구성원 처벌을 위해 신속하고 엄격하고 가시적인 처벌을 수행하는 것이다. 둘째, '충성적 테러(allegiance terror)'는 대중적 지원을 획득하기 위해 수행되는 비교적 제한적이지 않은 조직적 테러의 변형이다. 셋째, '기능적 테러(functional terror)'는 무장투쟁 과정에서 특정 행동을 통해 전략적 우위를 확보하기 위해 수행된다. 넷째, '조작적 테러(manipulative terror)'는 테러리스트가 특정 요구가 수용되지 않는 한 점거된 자산 파괴나 인질 위협을 통해 협상 상황을 유리하게 조성하기 위해 테러행위를 자행하고 영향력을 확대하려는 것이다. 다섯째, '상징적 테러(symbolic terror)'는 적의 대표적 인물을 선택하여 단순한 복수를 넘어서는 공격을 자행하는 것이다.[13]

4절 동기 중심적 유형분류

테러리즘을 자행하는 사람은 누구이며, 어떤 유형의 사람들이 테러리스트가 되는가에 대한 연구는 테러리스트의 특성을 파악하고, 테러조직의 등장을 예측하고 예방하는 데 도움을 준다. 해커(Frederick Hacker)는 테러행위를 자행하는 테러리스트 행동의 동기에 따라 광인형(crazies), 범죄형(criminals), 순교자형(crusaders)으로 테러리스트 유형분류(terrorist typology)를 제시하고 있다. 첫째, 광인형 테러리스트들은 현실과 괴리되어 있고 정서가 불안하며 자기중심적인 사람들로 이들의 사고 과정은 비합리적이고 예측이 불가하다. 이들은 망상적인 동기와 추상적인

---

12   COT Institute(2008), p. 67.
13   COT Institute(2008), p. 68. Marsden and Schmid(2011), p. 171 참고.

목적을 지니기에 요구사항이 심리적이고 개인적이며 테러 대상을 무작위로 선정하여 공격하는 특성을 지니고 있다. 둘째, 범죄형 테러리스트는 개인적 이득을 위해 불법적인 테러행위를 자행한다. 이들은 이기적이고 현실적인 동기와 구체적인 목표를 가지고 행동하나, 사회 법규범을 위반하는 방법을 사용하고 주로 소집단을 대상으로 삼는다. 셋째, 순교형 테러리스트들은 종교적이고 정치 이념적인 동기를 가지고 개인적 이득보다는 위신과 권력을 위한 집단적인 목표를 위해 대의에 헌신한다고 믿고 있다. 이들의 목적은 대체로 이해하기 어렵고 추상적이며 요구사항은 집단적이고 상징적이며 협상을 수용하지 않는다. 또한 이들은 선전효과를 기대하며 주로 대규모 그룹을 대상으로 테러행위를 자행한다.[14]

현대 테러리즘의 대표적인 동기 중심적 테러리즘 유형분류(motivation-based typology)로는 호프먼(Bruce Hoffman)과 바실렌코(V. I. Vasilenko)의 분류가 있다. 호프먼은 테러리즘을 종족 민족주의적, 좌익적, 우익적, 종교적 테러리즘으로 구분하고 있다. 바실렌코는 호프먼의 유형분류와 유사하나, 테러리즘 유형을 5가지로 구분하고 정치적, 분리주의적, 민족주의적, 종교적, 범죄적 테러리즘을 제시하고 있다. 첫째, 정치적 테러리즘은 권력을 위한 투쟁이다. 둘째, 분리주의적 테러리즘은 영토 분리와 국가의 영토 보전 침해를 목표로 한다. 셋째, 민족주의적 테러리즘은 정치, 경제, 문화 등 모든 활동영역에서 다른 국적 및 민족 집단의 배제를 목표로 한다. 넷째, 종교적 테러리즘은 자기 종교의 주도적 역할 인정 및 다른 종교적 고백의 억압을 목표로 한다. 다섯째, 범죄적 테러리즘은 이익을 지향하고, 이기적인 목적을 위한 상업적 및 기타 경쟁자의 억압과 제거를 목표로 한다.[15]

한편 크로닌(Audrey Kurth Cronin)은 전 세계적으로 활동하고 있는 테러리스트들의 동기에 근거하여 4가지 유형(좌익, 우익, 종족민족주의·분리주의, 종교적 또는 성스러운 테러

---

14   Combs(2018), pp. 65-66; 김태준(2006), pp. 161-162. Randy Borum, *Psychology of Terrorism* (Tampa: University of South Florida, 2004), p. 20 참고.

15   COT Institute(2008), pp. 68-69. Bruce Hoffman, "Terrorism Trends and Prospects," in Ian O. Lesser, Bruce Hoffman, John Arquilla, David Ronfeldt, Michele Zanini, Foreword by Brian Michael Jenkins. *Countering the New Terrorism* (Santa Monica: RAND, 1999), pp. 8-9; Vasilenko(2004), p. 55 참고.

리스트)로 구분하고 있다. 4가지 유형은 현대시대에 나타난 유형으로 좌익 테러리즘은 공산주의 운동과 연관되어 있고, 우익 테러리즘은 파시즘으로부터 영향을 받았다. 종족민족주의·분리주의 테러리즘은 2차 세계대전 직후 탈식민주의 물결과 동반하여 나타났다. 최근에는 종교적·신성적 테러리즘이 대두되었다. 비록 모든 유형이 최근까지 지속되고 있지만 좌익과 우익 테러리스트 그룹은 이전 시기에 활발했다. 최근 활발해진 종교적 테러리스트들은 국제안보 측면에서 다른 유형보다 특별히 위험스러운 부류이다. 그 이유로는 첫째, 종교적 테러리스트는 선(good)의 악(evil)에 대한 투쟁적 관점에서 자신들의 종교적 일원이나 종파가 아니면 악으로 간주하고 표적으로 삼는 경향이 있다. 둘째, 종교적 테러리스트들은 신의 명령을 따르기 위해 직접적·간접적인 폭력적 행태를 나타낸다. 셋째, 종교적 테러리스트들은 그들 자신을 세속적인 가치와 법률에 구속되지 않는다고 여긴다. 넷째, 종교적 테러리스트들은 현존하는 사회체제로부터 완전히 소외되었다는 태도를 보인다. 따라서 그들은 체제를 보다 더 공정하고 평등하게 바로잡기보다는 교체하려 한다. 다섯째, 종교적 테러리즘이 특히 우려스러운 점은 전 세계 일부 지역에서 무슬림 비정부 단체들로부터 대중적 지지를 받고 있다는 것이다.[16]

5절 국가개입 기준 유형분류

미콜러스(Edward F. Mickolus)는 테러리즘 유형을 테러리즘 주체와 국가 개입과의 관계를 기준으로 분류하고 있다. 그는 테러리즘 유형을 특정 정부가 개입하여 테러활동을 통제·지휘 여부 및 테러활동에 2개국 이상의 국민 또는 영토의 직접

---

16   Audrey Kurth Cronin, "Behind the Curve: Globalization and International Terrorism," *International Security*, Vol. 27, No. 3(Winter 2002/03), pp. 39, 41-42.

▶ 표 4-1 미콜러스(Edward F. Mickolus)의 테러리즘 유형분류

정부의 통제·지휘 여부 \ 국민·영토의 관련 여부	유	무
유	국가간(international, interstate)	국가(states)
무	초국가(transnational)	국내(domestic)

출처: Edward F. Mickolus, "An Events Data Base for Analysis of Transnational Terrorism," in Richards J. Heuer, Jr., ed., *Quantitative Approaches to Political Intelligence: The CIA Experience* (Boulder, Colorado: Westview Press, 1978), p. 129. 김태준(2006), p. 164 재인용.

적인 관련 여부를 기준으로 4가지로 분류하고 있다.

첫째, '국가 간 테러리즘(interstate terrorism)'은 테러행위가 특정 주권국가의 정부 당국에 의해 통제받는 개인 또는 집단에 의해 자행되며, 테러 표적이 타국의 국민이나 영토와 관계되고 테러활동 장소도 타국을 포함하는 경우이다. 이 유형에는 중동지역에서 팔레스타인 그룹과 이스라엘 간의 공격행위와 북한의 해외 테러행위 등이 해당된다.

둘째, '초국가적 테러리즘(transnational terrorism)'은 우호적인 정부로부터 정신적·물질적 지원 정도에 관계없이 독립적인 비국가단체들에 의해 국경을 넘어 행해지는 테러행위를 의미한다. 탈냉전 이후 등장한 '초국가적 위협(transnational threats)'과 2001년 알 카에다(Al-Qaeda)의 9/11 테러 및 이후 알 카에다와 연계 단체의 초국가적 테러리즘은 국제사회의 심각한 위협으로 등장했다.

셋째, '국가테러리즘(state terrorism)'은 자국 내에서 정부에 의해 반정부 세력이나 국가에 대해 자행되는 테러이다. 관련 사례로는 1930년대 소련의 스탈린 시대에 비밀경찰에 의해 자행된 고문·학살·숙청 행위, 독일 히틀러 시대의 나치당의 테러행위 및 북한의 국내억압을 위한 테러행위 등이 있다.

넷째, '국내테러리즘(domestic terrorism)'은 한 국가의 국민과 영토에만 국한되는 테러리즘으로서 기존 정부나 국민에 대해 자행되는 테러리즘이다. 관련 사례

로는 북아일랜드의 '얼스터방위연맹(UDA: Ulster Defence Association)' 및 미국의 '웨더 언더그라운드(Weather Underground)'의 테러활동 등이 있다.[17]

6절 지리 중심적 유형분류

지리적 차원에서 테러리즘(geographical dimension of terrorism) 유형은 슈미트 및 용만, 윌킨슨, 호프먼, 케글리, 키라스 등 많은 학자들이 국내(domestic), 국제(international), 초국가적(transnational), 글로벌(global) 테러리즘으로 분류하고 있다.[18]

첫째, '국내 테러리즘'은 특정 국가의 국경 내에서 발생하며 극단주의 집단과 관련이 있다. 국제사회의 안보 이슈로 국내 테러리즘은 미국과 유럽 등에서 심각한 위협으로 등장했다. 미국에서 발생한 대표적인 사례로 1995년 4월 19일 미국인 걸프전 참전군인 맥베이(Timothy McVeigh)에 의한 오클라호마 연방청사 폭탄테러, 팔레스타인계 미국인 하산(Nidal Malik Hasan) 소령에 의한 2009년 11월 5일 포트후드(Fort Hood) 군부대에서 발생한 총기난사 사건 등이 있다. 미국 내에서 국내 테러리즘은 대부분 인종적·민족적·종교적 소수집단을 표적으로 자행되었다. 미국 테러리스트들은 대부분 백인우월주의자, 반유대주의자, 외국인 혐오자, '크리스천 아이덴티티(Christian Identity)'라는 종교적 교리에 기초한 반정부주의자였다. 유럽에서 국내 테러리즘은 오랫동안 심각한 문제가 되어 왔다. 대표적 사건으로는 1970-1980년대 이탈리아 붉은여단(Red Brigades)의 테러활동, 독일에서 백인우월주의, 반유대주의, 외국인 혐오자 등에 의한 테러공격, 2004년 3월 11

17   김태준(2006), pp. 164-165. Charles W. Kegley, Jr., ed., *The New Global Terrorism: Characteristics, Causes, Controls* (Upper Saddle River: Perason Educations, Inc, 2003), p. 9 참고. 국가테러리즘에 대한 자세한 내용은 마틴(2008), pp. 91-102 참고.
18   COT Institute(2008), p. 69.

일 스페인 마드리드 열차 폭탄테러, 2005년 7월 7일 영국 지하철·버스 연쇄폭탄 테러, 2011년 7월 22일 노르웨이 정부건물 폭파 및 청소년캠프 참가자에 대한 테러공격 등이 있다.[19]

둘째, '국제 테러리즘'은 세계적 상징성이 큰 목표이거나 정치·심리적 파급효과가 국내정치적 차원을 넘어서는 유형이다. 국제 테러리즘은 비대칭전(asymmetrical warfare)의 가장 대표적인 사례로 테러수단이 비전통적이고 예측이 거의 불가능한 정치적 폭력행위이다.[20]

셋째, '초국가적 테러리즘'은 국가의 국경을 넘어 한 거점에서 일회성 또는 동시다발 테러공격을 계획하고 감행하는 것이다. 지구화와 연계된 기술의 발달로 인하여 테러리스트 세부조직과 집단이 여러 지역과 국가에서 동시에 테러공격을 감행할 수 있게 되었다.

넷째, '글로벌 테러리즘'은 지구화와 기술 진보로 인하여 테러리즘이 세계적으로 확대된 것이다. 테러리스트 집단은 이전보다 강한 파괴력을 가진 폭력수단을 사용하고, 테러리스트 집단 간 네트워크를 구축하여 조정 작업을 할 수 있는 능력을 갖추고 자신들의 주장 설파, 조정, 기밀 유지, 기동성, 치명적 공격 측면에서 능력을 향상시키고 있다. 지구화와 연계된 기술의 발달로 테러리스트들은 정보공유를 할 수 있으며, 전 세계에 널리 퍼져 있는 연계망을 운영하고, 소규모 세부조직도 테러행동 조율을 통해 치명적인 공격을 시도할 수 있게 되었다. 또한 지구화 발전이 테러리즘에 미친 영향 중 가장 심각한 것은 테러집단이 '화생방·핵(CBRN: Chemical, Biological, Radiological, and Nuclear)' 무기를 포함하는 대량살상무기(WMD)를 사용한 재앙적인 테러공격의 가능성이다.[21]

---

19 리처드 페인(Richard J. Payne) 지음, 조한승·고영일 옮김, 『글로벌 이슈: 정치·경제·문화』, 제4판 (서울: 시스마프레스, 2013), pp. 122-123.

20 마틴(2008), pp. 171, 173.

21 제임스 D. 키라스, "테러리즘과 지구화," 존 베일리스·스티브 스미스·퍼트리샤 오언스 편저, 하영선 외 옮김, 『세계정치론』, 제5판 (서울: 을유문화사, 2012), pp. 464, 466, 469.

대량살상무기 (WMD: Weapons of Mass Destruction)[22]

핵무기, 화생무기 및 이의 운반 수단인 미사일 등 짧은 시간에 대량의 인명을 살상할 수 있는 파괴력을 가진 무기를 의미한다. 군사적으로는 'ABC(Atomic, Biological, and Chemical), NBC(Nuclear, Biological, and Chemical)', 'CBRN(Chemical, Biological, Radiological, and Nuclear)'과 같은 맥락으로 사용된다. 일반적으로 사용되는 WMD의 정의는 다음과 같다

- 국제연합(UN) 군축연구소/재래식 군축위원회: 핵폭발무기, 방사능무기, 치명적인 화학·세균 무기 및 이와 비슷한 파괴 효과를 갖는 미래의 무기
- 미 합참 군사용어사전: 대량의 인명을 파괴하는 수단 또는 파괴 능력을 가진 무기를 말함. 고성능 폭탄, 핵·생물·화학·방사능 무기 등이 있음. 그러나 수송 수단이나 분리 가능한 추진 수단은 포함되지 않음
- 합동·연합작전 군사용어사전: 핵·화학·생물학 무기 등처럼 대량살상 및 파괴를 유발하는 무기의 총칭

7절 통합적 유형분류

오스트리아 학자인 뢰킨저(George Löckinger)는 위와 같은 다양한 테러리즘 유형분류를 통합하여 행위자, 수단·방법, 동기, 지리적 범위 4가지를 중심으로 나무형 통합적 유형분류를 제시하고 있다. 첫째, 행위자 요인을 기준으로 국가 테러리즘, 국가후원 테러리즘, 혁명적 테러리즘으로 구분하고 있다. 둘째, 수단·방법 요인을 중심으로 자살 테러리즘, 사이버 테러리즘, '화생방·핵(CBRN: Chemical, Biological, Radiological, and Nuclear) 테러리즘 ABC(Atomic, Biological, and Chemical) 테러리스트'로 구분하고 있다. 이중에서 '화생방·핵(CBRN) 테러리즘 ABC 테러리스

■ 그림 4-1 뢰킨저(George Löckinger)의 나무형 통합적 테러리즘 유형분류

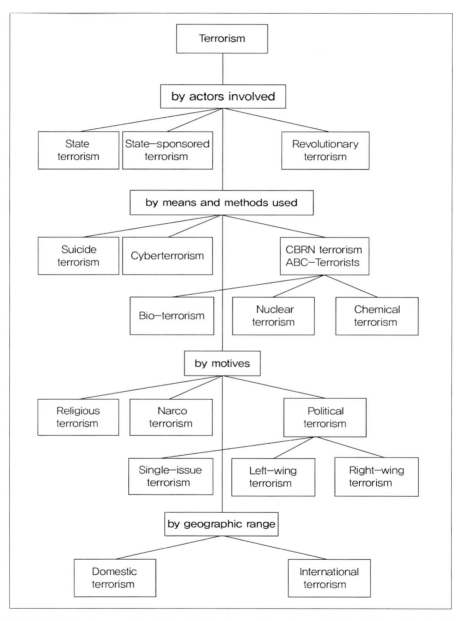

출처: Sarah V. Marsden and Alex P. Schmid, "Typologies of Terrorism and Political Violence," in Alex P. Schmid, ed., The Routledge Hanbook of Terrorism Research (Abingdon, Oxon: Routledge, 2011), p. 173.

트' 유형은 생물 테러리즘, 핵 테러리즘, 화학 테러리즘으로 세분화하고 있다. 셋째, 동기 요인을 중심으로 종교적 테러리즘, 마약 테러리즘, 정치적 테러리즘으로 구분하고 있다. 이 중에서 정치적 테러리즘은 단일 이슈 테러리즘, 좌익 테러리즘, 우익 테러리즘으로 세분화하고 있다. 넷째, 지리적 요인을 중심으로 국내 테러리즘, 국제 테러리즘으로 구분하고 있다.[23]

뢰킨저는 다양한 형태의 테러리즘을 주요 차원과 개념화 방법을 설명하는 하위유형으로 세분화하고 있다. 이러한 통합적 유형분류는 테러리즘이 고려될 수 있는 다양한 방식에 대한 그래픽 일러스트레이션을 유용하게 제공하고 메타 프레임워크에 위치를 지정하여 테러리즘의 양상을 역동적으로 표현하고 있다.[24]

---

23   Marsden and Schmid(2011), p. 173. George Löckinger, *Terrorismus, Terrorismusabwehr, Terrorismusbekampfung* (Vienna: Ministry of Defence, 2005), p. 29 참고.

24   Marsden and Schmid(2011), pp. 173, 176.

5장

테러조직과 테러자금

1절 테러조직의 구조와 유형

1. 테러조직 구조

테러조직은 그들의 활동을 보안군에 발각되지 않으려 하기에 파악하기 어려우나, 모든 테러조직은 통상적으로 일정한 지휘·통제의 조직구성 원리를 가지고 있다. 테러조직의 전형적인 형태는 계층적인 피라미드 구조이다. 이러한 테러조직 형태는 4가지 계층(지휘부, 핵심간부, 적극적 지원그룹, 수동적 지지그룹)으로 구분된다. 최상부에 위치한 지휘부는 테러활동의 정책과 계획 및 일반적인 지침을 제공한다. 지휘부는 비밀성을 유지해야 하기에 조직의 구성원들과 공개적인 의사소통이 자유롭지 못해서 일상적인 활동을 통제하기 힘든 상황이다. 두 번째 계층인 핵심간부는 조직의 임무를 수행하는 역할을 한다. 조직의 규모에 따라 다르지만 핵심간부들은 각자 한 가지 이상의 전문성을 보유하고 실제적으로 활동하는 테러조직의 실무요원이다. 세 번째 계층인 적극적 지원그룹은 테러활동에 중요한 역할을 수행하는데 일부그룹은 폭탄공격이나 납치 등을 수행하나, 주로 그러한 테러활동을 지원한다. 그들은 통신망 유지, 은신처 제공, 정보수집 및 필요한 물자 지원을 수행한다. 마지막 계층인 소극적 지지자들은 테러활동에 가담하지는 않으나 정치적 지원을 한다. 테러그룹이 정치적 지지를 필요로 할 때 많은 수를 차지하는 이들 계층은 중요한 자산이 된다.[1]

테러리스트 그룹 내의 하부조직은 일반적으로 2개의 하부단위인 세포조직과 하위지휘그룹(column)이 있다. 가장 기본적인 세포조직은 4-6명으로 구성되고 전술 및 정보 등 전문적 지식을 가지고 있다. 다양한 전문분야를 가지고 있는 세

---

[1]   Jonathan R. White, *Terrorism and Homeland Security*, Seventh Edition, (Belmont: Wadsworth Cengage Learning, 2012), pp. 73-74. 최진태, 『대테러학원론』(서울: 대영문화사, 2011), pp. 103-105; 이태윤, 『현대 테러리즘과 국제정치』(파주: 한국학술정보, 2010), pp. 179-181 참고.

■ 그림 5-1　피라미드형 테러조직

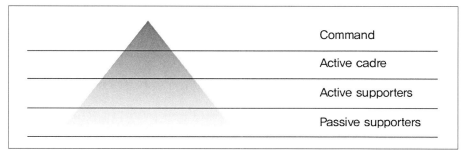

출처: Jonathan R. White, *Terrorism and Homeland Security*, Seventh Edition (Belmont: Wadsworth Cengage Learning, 2012), p. 73.

■ 그림 5-2　테러리스트 그룹 하부조직

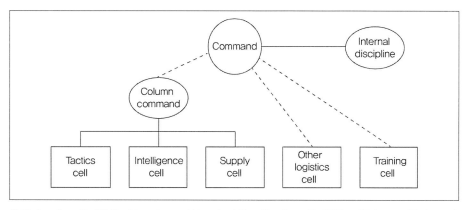

출처: Jonathan R. White, *Terrorism and Homeland Security*, Seventh Edition (Belmont: Wadsworth Cengage Learning, 2012), p. 74.

포조직들이 모여 단일 하위지휘그룹(column)을 구성한다. column은 주요 테러활동에 동원되기에는 비밀성을 유지해야하고 복잡한 양상을 띠기에 column 간의 협력을 수행하기에 어려움이 있다. 따라서 column의 주요기능은 전투지원으로 주로 column내 세포조직의 전술적 활동을 지원하는 역할을 수행한다.[2]

2　　White(2012), pp. 74-75.

테러리스트 세포조직과 '외로운 늑대(lone wolf)'[3]

　세포조직은 새로운 조직적 특징으로 20세기 말 경 등장했다. 테러조직이 구조는 전통적으로 상당히 명료하고, 많은 테러단체들이 위계질서의 지휘계통과 조직적 모습을 띠고 있다. 보통 전통적인 테러단체는 공개적으로 활동하는 정치적 조직과 비밀 군사조직을 보유하고 있다. 전통적인 수직적 조직은 1990년대에 느슨한 구조를 갖춘 수평적 조직으로 대체되기 시작했다. 이러한 세포조직에 기반한 활동은 불분명한 지휘계통과 조직적 윤곽을 지녔다. 현대의 테러리스트 연계망은 활동지침을 내릴 수 있는 중앙조직이 있는 경우가 있지만, 일선 조직의 단위에 대한 직접적인 지휘통제권은 거의 없다. 이러한 활동단위는 가끔 외국에서 오랜 기간 잠복해 있다가 자신들의 판단으로 행동하는 자율 또는 반자율적 세포조직이다. 이러한 조직의 모습은 한 세포조직이 제거되거나 조직원이 체포되더라도 다른 독립적인 세포조직들이 아무런 피해를 입지 않는다는 장점을 갖는다. 또한 공식적인 지지자들은 세포조직의 전술이나 목표물과의 관련성을 부인할 수 있다.

　'외로운 늑대'는 전문 테러단체 조직원이 아닌 자생적 테러리스트를 이르는 말이다. 배후세력 없이 특정 조직이나 정부에 대한 반감으로 스스로 행동에 나서는 것이 특징이며 '은둔형 외톨이' 등 사회에 적응하지 못하는 경향이 나타난다. '외로운 늑대'에 의한 테러는 테러 감행 시점이나 방식에 대한 정보 수집이 쉽지 않아 조직에 의한 테러보다 예방이 더욱 어렵다. 본래 1996년 러시아 남부 다게스탄 공화국 키즐랴르를 기습한 체첸 반군을 일컫는 말이었으나 1990년대 중반 미국 극우 인종주의자 앨릭스 커티스가 백인 우월자들의 행동을 선동하면서 '자생적 테러리스트' 의미로 외로운 늑대를 처음 사용했다.[4]

　'외로운 늑대 모델(lone wolf model)'은 한 사람만으로 이루어진 테러 세포조직을 설명하는 것으로 레이드(Richard C. Reid)가 좋은 사례이다. 이슬람교로 개종한 영국인 레이드는 2001년 12월 22일 198명의 승객과 승무원을 태우고 파리를 출발하여 마이애미로 향하던 보잉 747 기내에서 신발에 플라스틱 폭발물을 터뜨리려고 시도하다가 승무원에게 발각되었으며 승객들에게 제압당했다. 레이드는 알 카에다와 확실히 연계되어 있었고 아프가니스탄 내의 조직에서 훈련을 받았다. 그는 보스톤 연방법정에서 유죄를 인정하고 종신형을 받았다.

3　　마틴(2008), p. 135.
4　　국가정보원, 대테러용어, "외로운 늑대," https://www.nis.go.kr:4016/AF/1_6_4/list.do.

2. 테러조직 구조의 유형

테러조직 구조의 유형에 관해서는 여러 학자들의 분류가 있다. 본문에서는 킬버그(Joshua Kilberg) 및 아퀼라(John Arquilla)와 론펠트(David Ronfeldt)의 테러조직 구조의 유형분류를 중심으로 설명한다. 킬버그는 테러조직 구조의 유형을 관료적 구조, 마켓 구조, 허브 바큇살 구조, 전방위 네트워크로 분류하고 있다.[5] 아퀼라와 론펠트는 테러조직 구조의 유형을 사슬 네트워크, 스타 또는 허브 네트워크, 전방위 네트워크로 분류하고 있다.[6]

1) 관료적 구조

관료적 구조는 모든 구조들 중에서 가장 계층적 형태이다. 이러한 구조는 명확한 부서영역, 확실한 명령계통, 세부적 보고 메커니즘, 공식적 의사결정 절차를 가지고 있다. 의제설정을 위한 지도부와 하위부서 간의 관계는 명확하게 구분되어 있고 단일 방향적으로 형성되어 있다. 관료적 구조의 대표적인 테러조직은 헤즈볼라(Hezbollah)와 아일랜드공화군(IRA: Irish Republican Army) 등이 있다. 이들 조직의 지휘구조는 중앙통제적이고, 전문성을 지닌 분리된 부서가 활동한다.[7]

계층적 테러조직의 운영과 관련된 모든 정보는 위에서 아래로, 아래에서 위로 전달되며 수평적으로 전달되지 않는다. 또한 하위조직 세포들의 기능은 분화되고 전문화되는 경향을 보인다. 세포 단위의 리더만이 세포 조직원들의 역할에 대해 파악하고 있고, 세포 조직원들은 조직 내의 다른 세포조직의 역할을 알기가 힘들며, 다른 조직세포들과의 접촉도 거의 이루어지지 않는다. 계층적 테러조직

---

5   Joshua Kilberg, "A Basic Model Explaining Terrorist Group Organizational Structure," *Studies in Conflict & Terrorism*, Vol. 35, No. 11(2012), p. 813.

6   John Arquilla and David Ronfeldt, eds., *Networks and Netwars: The Future of Terror, Crime, and Militancy* (Santa Monica, CA: RAND Corporation, 2001), https://www.rand.org/pubs/monograph_reports/MR1382.html, p. 8.

7   Kilberg(2012), pp. 813, 815.

은 지휘·통제가 일사불란하게 이루어지는 장점을 가지고 있지만, 상위 지도부가 와해될 경우 조직의 방향성이 싱실되고 구성원의 동요를 불러와 조직이 쉽게 해체될 수 있는 취약성을 가지고 있다. 대표적인 계층적 테러조직은 급진 좌익주의 성향을 보였던 일본 적군파, 독일 적군파, 이탈리아 붉은여단 등이고, 민족주의 성향을 가진 팔레스타인 조직, 아일랜드공화군(IRA), 스페인의 조국과 자유(ETA) 등이 있다.[8]

2) 마켓 구조

마켓(시장) 구조를 지닌 그룹은 식별 가능한 리더십이 없고 중앙에서 통제하지 않으며 기능적 차별성도 없다. 이러한 그룹 유형은 일반적인 조직보다 거의 운동에 가깝고 구성원은 기본적으로 모든 사람에게 열려 있다. 상대적으로 드물

■ 그림 5-3 테러리스트 그룹 조직구조

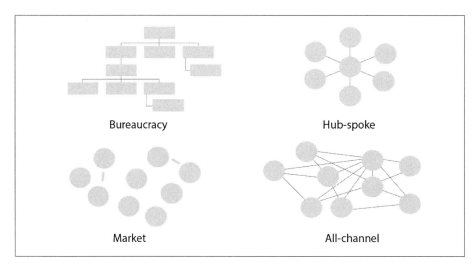

출처: Joshua Kilberg, "A Basic Model Explaining Terrorist Group Organizational Structure," *Studies in Conflict & Terrorism*, Vol. 35, No. 11(2012), p. 813.

---

8   최진태(2011), pp. 105-106.

지만 다양하고 분산된 개인그룹의 특징을 지닌 이러한 유형의 테러리스트 그룹이 존재하며, 공통적인 대의명분을 거의 공유하지 않고 특정그룹의 지원 아래 폭력행위를 자행한다. 마켓 구조를 지닌 대표적인 테러리스트 그룹은 환경테러단체인 지구해방전선(ELF: Earth Liberation Front)과 프랑스의 직접행동단(Action Directe) 등이 있다. 지구해방전선 산하의 환경운동가들로 분산된 세포조직들은 사보타주(sabotage, 시설파괴), 기물파손, 에코 테러리즘(Eco-terrorism)을 자행하고 있다.[9]

3) 네트워크 구조

21세기 테러리즘의 범세계화는 지식정보화 사회의 발전과 밀접한 관계를 가진다. 과격 이슬람 테러리즘 추종자는 21세기의 인터넷과 정보혁명에 의한 서구 자유주의 정치체제와 시장경제 확산으로 상징되는 글로벌화를 근본적으로 반대한다. 그러나 이들은 자신의 목표를 달성하기 위해 21세기 정보혁명으로 발전하고 있는 다양한 수단을 적극적으로 활용하는 역설적인 행태를 보이고 있다.[10] 초국가적 테러집단, 대량살상무기(WMD) 밀거래업자, 마약 밀매조직, 과격 근본주의자와 민족주의 운동, 콘텐츠 불법 복제 조직, 밀입국자 알선 조직 등은 네트워크 조직의 이점을 활용하기 위해 그들의 조직과 전략을 변화시키고 있다. 이러한 집단의 공통적인 활동양상은 정보화 시대에 맞는 네트워크 형태의 조직·교리·전략·기술을 활용하는 것이다.[11] 네트워크는 어떤 행위자 또는 행동단위가 다른 행위자·행동단위와 서로 연결되거나 관계를 맺는 연결 또는 관계망의 총합이다. 허브(hub)는 네트워크상에서 주요한 중심을 의미하며, 노드(node)는 이 행위자 또는 행동단위를 의미한다.[12]

---

9   Kilberg(2012), p. 814.
10 신성호. "21세기 정보혁명과 네트워크 테러리즘: 척도 없는 네트워크 테러의 한계에 대한 비판적 고찰,"『국제정치논총』, 제46집 3호(2006), p. 36.
11 Arquilla and Ronfeldt, eds.(2001), pp. 6-7. 존 아퀼라·데이비드 론펠트 엮음, 한세희 옮김,『네트워크 전쟁: 테러·범죄·사회적 갈등의 미래』(서울: 한올 아카데미, 2005), pp. 32-33 참고.
12 윤민우,『폭력의 시대 국가안보의 실존적 변화와 테러리즘: 테러리즘과 국가안보, 그리고 안보정책』

아퀼라(John Arquilla)와 론펠트(David Ronfeldt)는 네트워크 조직을 3가지 유형으로 구분하고 있다. 첫째, '사슬 또는 라인 네트워크(chain or line network)'는 밀수조직에서 주로 발견된다. 사람, 재화, 정보 등이 각각 분리된 접점을 따라 움직이며, 한쪽 끝에서 다른 쪽 끝까지 의사소통이 이루어지기 위해서는 중간의 모든 행동단위(node)들을 경유해야 한다. 둘째, '스타(star), 허브(hub) 또는 바큇살(wheel) 네트워크'는 프랜차이즈나 카르텔에서 주로 발견된다. 여러 행위자가 계층적이지 않은 하나의 중앙 행동단위(node) 또는 행위자에 연결되어 있다. 상호 의사소통이나 조율을 위해서는 중앙 행동단위를 반드시 거쳐야 한다. 허브 구조는 테러리스트나 범죄집단의 핵심부에서 나타난다.[13]

셋째, '전방위 네트워크(all-channel network)' 또는 '완전 매트릭스 네트워크(full-matrix network)'는 협업적 네트워크 형태로 투쟁적 단체와 탈중심화되고 인터넷으로 잘 연결된 무력조직에서 나타난다. 3가지 형태의 네트워크 중에서 '전방위 네트워크'가 정교한 의사소통을 요구하기에 조직하고 유지하기 가장 어렵다. 그러나 '전방위 네트워크' 조직은 수평적인 다양한 단위체로 구성되어 있고 모든 구성원이 다른 모든 구성원들과 서로 연결되어 있기에, 협력해서 임무를 수행하는 데 많은 잠재력을 가지고 있고 정보혁명으로부터의 이점을 얻을 수 있다. 이러한 네트워크 형태는 계층화되어 있지 않으며 지도자가 여러 명 있을 수 있고, 의사결정과 실행은 탈집중화되어 있고, 각 하위 조직에서 독자적 행동이 가능하다.[14]

(서울: 박영사, 2017), p. 83.

13 Arquilla and Ronfeldt, eds.(2001), pp. 7-8. 존 아퀼라·데이비드 론펠트(2005), pp. 33-34 참고.

14 Arquilla and Ronfeldt, eds.(2001), pp. 8-9. Kilberg(2012), p. 814; Ian O. Lesser, Bruce Hoffman, John Arquilla, David Ronfeldt, Michele Zanini, *Countering the New Terrorism* (Santa Monica: RAND, 1999), pp. 49-51. 존 아퀼라·데이비드 론펠트(2005), p. 35; 최진태(2011), pp. 109-110; 신성호(2006), p. 39 참고.

▪ 그림 5-4 네트워크의 3가지 유형

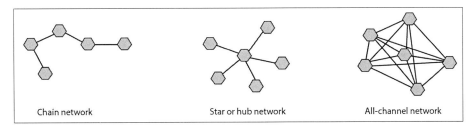

| Chain network | Star or hub network | All-channel network |

출처: John Arquilla and David Ronfeldt, eds., *Networks and Netwars: The Future of Terror, Crime, and Militancy* (Santa Monica, CA: RAND Corporation, 2001), p. 8, https://www.rand.org/content/dam/rand/pubs/monograph_reports/MR1382/RAND_MR1382.pdf.

　3가지 네트워크 유형은 서로 다른 조건과 목표 수행에 적합할 수 있다. 각기 다른 임무들이 서로 다른 형태의 네트워크를 중심으로 수행되는 혼성조직도 있다. 예를 들면 어떤 네트워크 조직은 핵심부에 전방위 형태의 자문단이나 지도부가 있지만, 전술적 작전 수준에서는 허브와 사슬구조를 채택할 수 있다. 또한 네트워크 형태와 위계적인 형태가 혼합된 조직도 있는데, 전통적인 계층조직이 네트워크의 특정 행동단위(node) 안에 존재할 수 있다. 어떤 경우에는 전체적으로 계층조직을 갖되, 전술적 작전에서는 네트워크 형태를 사용할 수 있다. 전체적으로 전방위 네트워크 구조나 전술적 작전에서는 계층적인 팀을 활용하기도 한다. 결국 여러 형태의 조직 구성이 가능하며 어떤 네트워크가 어떤 특징을 가지는지 정확히 파악하기는 매우 어렵다.[15]

15　Arquilla and Ronfeldt, eds.(2001), pp. 8-9. 존 아퀼라·데이비드 론펠트(2005), pp. 34-35; Lesser et al.(1999), p. 50 참고. 테러조직의 네트워크 형태로 진화에 대한 내용은 윤민우, "소셜 네트워크 접근을 통한 테러네트워크 이해와 분석 및 전략적 접근방안: 탈레반, 알카에다 등의 이슬람 극단주의 테러를 중심으로," 『형사정책연구』, 제22권 제1호(2011) 참고.

■ 그림 5-5 조직 유형의 연대표(Timeline of Organizational Styles)

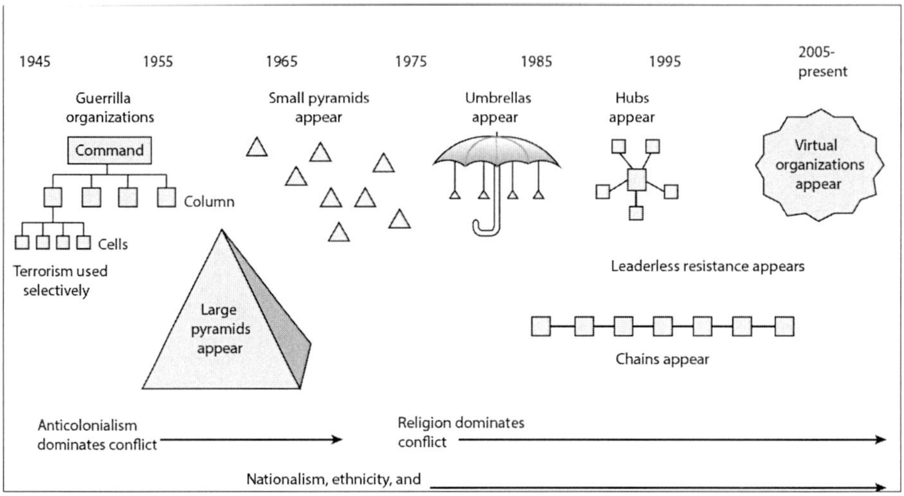

출처: Jonathan R. White, *Terrorism and Homeland Security*, Seventh Edition, (Belmont: Wadsworth Cengage Learning, 2012), p. 77.

2001년 9/11 테러 이후 알 카에다는 네트워크 형태의 테러조직으로 진화했으며, 제마 이슬라미야 또는 탈레반 등의 극단주의 테러조직들도 네트워크 구조로 진화하고 있다.[16] 뉴테러리즘 시대의 테러조직들은 그들의 조직과 통신설계에 최대한의 유연성을 도입했다. 준자율적 세포들은 2004년 마드리드 테러리스트들처럼 세계 전역에 잠복조로 사전에 배치되거나, 9/11 테러에 가담한 공중납치범들처럼 공격이 감행될 곳으로 이동한다. 그들은 새로운 컴퓨터와 디지털 기술을 이용해 통신을 주고받는다. 뉴테러리즘 환경에서 테러조직들은 네트워크 형태의 조직과 이와 연관된 원칙, 전략 및 정보시대에 적합한 기술을 사용한다. 테러조직의 주도자들은 중앙의 지휘가 없어도 인터넷으로 연결된 방식으로 연락·조율하고, 분산된 작은 집단들이 테러작전을 수행한다.[17]

---

16   윤민우, 『테러리즘의 이해와 국가안보』(서울: 진영사, 2011), p. 236.
17   거스 마틴(Gus Martin) 지음, 김계동·김석우·이상현·장노순·전봉근 옮김, 『테러리즘: 개념과 쟁점』(서울: 명인문화사, 2008), p. 257.

2절 테러조직 현황

미국 국무부는 개정된 '이민·국적법(INA: Immigration and Nationality Act)' 219조에 따라 매년 '외국테러조직(FTO: Foreign Terrorist Organizations)'을 지정한다. 외국테러조직(FTO) 지정은 테러에 대한 대항활동에서 중요한 역할을 하며 테러활동에 대한 지원을 줄이고, 테러조직이 테러활동에서 벗어나도록 압력을 가하는 효과적인 수단으로 활용되고 있다.[18]

미국 국무부는 미국 법전 제22편 제2656조 f항에 의거하여 매년 '국가별 테러리즘 보고서(Country Reports on Terrorism)'를 발표하고 있다. 2021년 12월 발표된 '2020년 국가별 테러리즘 보고서'에서는 69개의 외국테러조직이 지정되었다.[19]

본문에서는 이들 테러조직 중에서 테러공격을 주도하고 있는 대표적인 테러조직인 '알 카에다(Al-Qaeda)', '이슬람국가(ISIS: Islamic State of Iraq and Syria)', '탈레반(Taliban)', '이슬람국가 호라산(ISIS-K: Islamic State's Khorasan Province/ISKP: Islamic State-Khorasan Province)', '보코하람(Boko Haram)', '알 샤바브(Al-Shabaab)'의 조직 현황과 활동을 살펴본다.

1. 알 카에다(Al-Qaeda/Al-Qa'ida)

1) 조직 현황

'알 카에다(Al-Qaeda/Al-Qa'ida; the base, 기지)'는 1979년 아프가니스탄을 침공

---

18 U.S. Department of State, "Foreign Terrorist Organizations," https://www.state.gov/foreign-terrorist-organizations/.
19 U.S. Department of State, "Country Reports on Terrorism 2020," December 2021, pp. 246-248.

한 소련에 대항하기 위해 참전한 전 세계 무슬림 전사들을 규합하여 1988년 '오사마 빈 라덴(Usama bin Laden)'이 결성한 단체로, 1999년 미국과 2001년 유엔에 의해 테러단체로 지정되었다. 급진 이슬람 정치단체인 '무슬림 형제단(Muslim Brotherhood)'의 이념적 연원을 바탕으로 세워진 알 카에다의 투쟁 목표는 전 세계 이슬람 근본주의 확산 및 이슬람 신정국가 건설이다. 지도자는 사우디아라비아 출신 빈 라덴이었으나 그가 2011년 5월 1일 미군 특수부대 '네이비 실(Navy Seal)'에 의해 사살된 이후, 현재는 이집트 출신 '아이만 알 자와히리(Ayman al-Zawahiri)'가 지도자이다. 이념과 성향은 수니파 이슬람 극단주의를 표방하고, 활동지역은 중동 전역 및 아프가니스탄·파키스탄 등 서남아시아이다. 현재 조직규모는 아프가니스탄·파키스탄 접경지역의 핵심부 20-250명과 추종세력 수만 명으로 추정된다. 2001년 9/11 테러 이후 소그룹 단위로 전 세계 60여 개국에 분산·잠복하고 있다. 활동수법은 대미·대서방 자살폭탄 테러, 요인암살, 과격사상 전파 등으로 지도부가 아프가니스탄·파키스탄 접경지역에 은신하면서 테러지령을 하달하고, 연계·추종세력들이 테러를 자행하고 있다.[20]

알 카에다(Al-Qaeda)의 주요 테러동향[21]

- 2001.9 아타 등 19명의 조직원들이 여객기 4대를 납치, 뉴욕 세계무역 센터·워싱턴 펜타곤 등 건물에 충돌시켜 2,996명 사망(9/11 테러)
- 2005.7 4명의 조직원들이 영국 런던 지하철과 버스를 대상으로 폭탄테러를 자행, 56 사망하고 770명 부상
- 2011.5 미국 특수부대가 파키스탄에서 지도자 빈 라덴을 사살함에 따라 2인자였던 알 자와히리가 이를 승계, 반서방 보복공격 지속 선동
- 미국 무인기 공습으로 2011.8 2인자 알 라흐만, 2012.2 파키스탄 내 조직 책임자 바

---

20   국가정보원, 국제테러정보, 국제테러단체, "알 카에다(AQ)," https://www.nis.go.kr:4016/AF/1_6_2_2_2/view.do?seq=485&currentPage=1. 인남식, "최근 이슬람 테러리즘 동향과 미국의 대테러 정책 전망," 『주요국제문제분석』, 2011-27, 국립외교원 외교안보연구소, 2011.10.6, pp. 1-2 참고.

21   국가정보원, 국제테러정보, 국제테러단체, "알 카에다(AQ)".

드르 만수르, 2012.6 선전·선동 전문가 겸 작전지휘관 알 리비 등이 사망
• 구심점을 잃은 알 카에다 지휘부는 과격사상 전파, 자생테러범 양성 등 간접활동에 주
 력하고 있으며, 알 카에다 아라비아(AQAP), 알 카에다 마그레브(AQIM) 등 연계세력
 들은 대서방 직접공격보다는 정정불안 지역에서 영향력 확대를 모색하며 외국인 대상
 테러 빈번 자행

2) 조직 특징

알 카에다 조직의 특징은 성직자 계급의 서열조직이며, 이슬람의 급진세력
의 지도자와 연결된 조직이다. 알 카에다 조직은 구소련의 아프가니스탄 침공으
로 아프가니스탄 아랍인들의 인적자원이 오사마 빈 라덴을 중심으로 모인 조직
으로, 전 이슬람국가와 밀접하게 연결된 조직망을 가지고 있고, 조직원들은 다른
조직과 연락책 역할을 한다. 알 카에다는 이집트의 '가마 이슬라미야'와 무슬림
형제단, 인도네시아의 제마 이슬라미야(JI: Jemaah Islamiya), 팔레스타인의 하마스
(Hamas), 팔레스타인 인민저항위원회(PRC) 등과 관계를 가지고 있었다. 이슬람 원
리주의운동은 이슬람을 정화한다는 이슬람식 청교도운동으로, 알 카에다와 이슬
람 원리주의운동의 투쟁이 유대인과 기독교 군대에 대한 투쟁으로 일치하고 있
다. 알 카에다는 10년간 구소련군과 투쟁하면서 미국과 파키스탄의 직접적인 지
원하에 테러조직의 학습훈련을 경험했다. 또한 알 카에다는 1998년 동아프리카
주재 미 대사관에 대한 차량폭탄 테러로 메가 테러리즘의 전술적 가치를 학습하
였고, 1993년 소말리아 내전에 개입하여 미군이 소말리아에서 철수하는 정치적
인 성공을 경험한 바 있다.[22]

알 카에다의 최종결정기구는 슈라 자문위원회이며 최고정책결정자는 오사
마 빈 라덴이었으나, 빈 라덴 사망 이후 2인자였던 아이만 알 자와히리가 지도

---

22 홍순남, "알카에다와 메가 테러리즘환경 분석: 알카에다 조직의 메가 테러리즘 전략과 사례분석,"『대
   테러정책연구논총』, 제4호(2007.2), pp. 272-273.

자로 추대되었다. 슈라 자문위원회 밑에 6개의 독립된 정책분과위원회가 있으며 군사위원회의 계획을 테러전술로 수행하고 있었나. 그러나 실세로는 오사마 빈 라덴과 측근의 결정이 이슬람 지하드 명령으로 내려지며 테러 행동대원도 극소수만이 알 카에다와 접촉한다. 따라서 알 카에다는 오사마 빈 라덴이 생존 시 그의 명령에 의한 테러조직체였고, 빈 라덴은 재정적인 지원으로 이슬람 지하드운동을 수행하는 대변자의 역할을 했다.[23]

3) 알 카에다의 네트워크화

알 카에다는 결성 초기에는 확고한 계선조직을 바탕으로 활동하였으나, 미국 주도의 대테러전이 본격화된 이후 점차 네트워크 조직으로 전환되었다. 인터넷과 미디어를 통해 이념과 기법이 전수되는 '다운로드 테러리즘(downloadable terrorism)' 추세로 인해 글로벌 지하드 테러리즘 네트워크가 작동하기 시작했으며, 이를 통해 세계 각 지역의 자생적 테러단체들이 알 카에다의 이념하에 결집하는 현상이 나타났다. 이러한 과정에서 '핵심세력(core)-지역단위(franchise)-개인단위(grass-root)'로 연계되는 동심원형 알 카에다 구조가 나타났다. 이러한 구조는 명령의 하달과 실행으로 이어지는 계선적 위계구조가 아니라 핵심세력은 이념적 공급원으로, 지역단위 테러 세력은 실질적 실행 거점으로, 개인단위 구조는 테러리즘의 저변으로 이루어진다. 개인 단위의 이슬람 테러리즘은 반미·반기독교·반서방 감정에 경도된 이들이 자발적으로 알 카에다 이념에 스스로를 복속시키며 등장한 자생적 테러리즘의 원천으로서 '외로운 늑대들(lone wolves)'로 지칭된다. 알 자와히리를 중심으로 알 카에다 핵심세력은 미국의 대테러전 이후 현재 약 250명으로 감소된 것으로 알려졌고, 주 거점은 아프가니스탄 남부 파슈툰(Pashutun)족 거주 지역과 파키스탄 북부 와지리스탄(Wajiristan) 지역이었다.[24]

---

23   홍순남(2007), p. 274.
24   인남식(2011), pp. 1-2.

미국 국무부가 2021년 12월 발간한 '2020년 국가별 테러리즘 보고서'에 따르면 남아시아에서 알 카에다의 핵심세력이 심각하게 저하되었고, 빈라덴을 포함하여 수십 명의 중간·상위 알 카에다 요원이 사망하거나 체포되어 명령전달, 재정지원, 테러촉진 행동단위(node)가 와해되었고 여러 테러계획이 중단되었다. 그러나 알 카에다 지도부는 연계조직으로 구성된 테러 네트워크의 조직들을 감독하고 있다. 알 카에다와 연계된 조직들은 예멘을 거점으로 하는 '알 카에다 아라비아반도지부(AQAP: Al-Qaeda in the Arabian Peninsula)', 알제리·리비아 등 북아프리카를 근거지로 하는 '알 카에다 마그렙지부(AQIM: Al-Qaeda in the Islamic Maghreb)', 시리아의 '알 누스라 전선(al-Nusrah Front)', 동북부 아프리카의 소말리아·케냐·우간다 일대를 근거지로 하는 '알 샤바브(Al-Shabaab)', 아프가니스탄·방글라데시·인도·파키스탄 등에서 활동하는 '알카에다 인도 아대륙지부(AQIS: Al-Qaeda in the Indian Subcontinent)' 등이 있다.[25]

▶ 표 5-1 세대별 알 카에다의 특성 변화

구분	제1세대 (알 카에다 1.0)	제2세대 (알 카에다 2.0)	제3세대 (알 카에다 3.0)
세대 특성	1990-2001 태동기·성숙기 엘리티즘·위계구도	2001-2011 투쟁기 느슨한 위계구도	2011-2014 전환기· 확산기 네트워크 구도
환경 및 활동	• 무자헤딘 귀국 • 조직·투쟁기반 확보 • 반미이념 강화 • 9/11 테러 기획 실행	• 부시 독트린 • 테러와의 전쟁 • 거점 이동·산개 • 이라크 상황 악화	• 빈 라덴 사살 • 아랍정치 변동 발생 • 미국의 철군 • DIY 전술
지도자	오사마 빈 라덴	오사마 빈 라덴	아이만 알 자와히리

출처: 인남식, "ISIS 3년, 현황과 전망: 테러 확산의 불안한 전조(前兆)," 『주요국제문제분석』, 2017-24, 국립외교원 외교안보연구소, 2017.6.23, p. 12 일부 내용 수정.

---

25   U.S. Department of State, "Country Reports on Terrorism 2020," December 2021, p. 300.

무슬림 종파: 수니파, 시아파

- 구분: 예언자 무함마드 사후, 이슬람 공동체(움마) 지도자(칼리프)로 누가 될 것이냐에 대한 계승 문제로 분파
  - 수니파 : 공동체 합의로 칼리프를 선출
  - 시아파 : 무함마드의 후손만을 칼리프로 인정하며 신성성 부여
- 갈등 계기: 661년 무함마드의 사위인 4대 칼리프 알리가 우마이야 가문에게 암살당하고 우마이야 세습체제로 이어지자, 알리의 아들 후세인이 저항하다 680년 이라크 카르발라 지역에서 참혹하게 살해당하는 사건 발생
- 세력 분포: 18억 명의 이슬람교도 중 수니파는 90%, 시아파는 10% 수준이며 수니파는 사우디아라비아·요르단·리비아·파키스탄·아프가니스탄 등에서, 시아파는 이란·이라크 등에서 우세
  - ISIS·보코하람·알카에다 등은 수니파 테러단체, 헤즈볼라는 시아파 테러단체[26]

수니(Sunni)파와 시아(Shi'ite)파 무슬림들은 이슬람의 양대 전통을 대표하고 있다. 인구비율로 볼 때 수니파는 85-90%, 시아파는 10-15%이다. 그들은 신앙의 해석보다는 종교적 권위에 대한 역사적 원천에서 차이가 나고 예배 방식에서도 차이가 난다. 수니파는 이슬람의 가장 큰 종파이자 전 세계 무슬림 10억 인구의 90%를 차지해 '정통'을 자처한다. 신의 말씀인 코란과 함께 예언자 마호메트의 언행과 관행을 의미하는 수나(Sunnah)를 따른다. 공동체의 관습을 허용하는 등 세속적으로 교세를 확장한 까닭에 인도네시아와 아프리카 등 새롭게 이슬람교를 받아들인 국가 대부분이 수니파에 속한다. 시아파는 무슬림 전체의 10%를 차지하며 주로 이란·이라크에 분포한다. 예언자 마호메트의 적통 계승이 사촌이자 사위인 알리(제4대 칼리프)에게 있다고 보고 알리의 혈통을 이어받은 후계자들만 이맘(종교지도자)으로 받든다. 이란과 마찬가지로 이라크는 시아파가 주류(시아파 60-65%, 수니파 32-37%)이나 수니계인 사담 후세인이 1979년 대통령이 된 뒤 23년여 동안 통치하면서 시아파는 정치 소외 세력으로서의 설움을 겪었다. 2003년 미국의 공격으로 후세인 정권이 붕괴된 이후 시아파는 건국 이후 80여년 만에 정치 주도세력으로 등장했지만 오랜 기간 권력을 독점해온 수니파의 저항으로 종파갈등이 계속되고 있다.[27]

26   대테러센터, "주간 테러동향," 2020.5.15.
27   마틴(2008), pp. 159-160;『중앙일보』, "수니시아파 종교 살육전, 1400년전 거꾸로 돌아간 중동,

2. 이슬람국가(ISIS: Islamic State of Iraq and Syria)

1) 조직의 태동과 현황

'이슬람국가(ISIS: Islamic State of Iraq and Syria)'는 2004년 4월 결성된 테러단 체로 이념적 성향은 수니파 이슬람 극단주의에 기반을 두고, 이라크 내 서방세력 축출 및 수니파 이슬람 국가 건설을 투쟁 목표로 하고 있다. 지도자는 2019년 10월까지 '아부 바르크 알 바그다디(Abu Bakr al-Baghdadi)'였고, 이슬람국가(ISIS)의 활동지역은 이라크 중북부(바그다드, 카르발라, 니나와, 안바르, 디얄라 등) 및 시리아 동부 지역이다. 조직규모는 약 35,000명(외국인 전투원 22,000여 명, 서방국 출신자는 약 4,400명)이고, 활동수법은 이라크 정부 및 시아파 대상 폭탄테러 등을 자행하고 있다.[28]

이슬람국가(ISIS)의 모체는 1990년대 말 '알 자르카위(Abu Mus'ab al-Zarqawi, 2006년 6월 사망)'가 아프가니스탄에서 이라크로 귀국 후 현지 급진세력을 규합하여 팔루자에서 결성한 '유일신과 성전(Al Tawhid al-Jihad)'이다. 2004년 알 자르카위가 알 카에다와 연대를 선언하고, 조직 명칭을 '이라크 알 카에다(AQI: Al Qaeda in Iraq)'로 변경했다. 이후 2006년 10월에 '이라크 이슬람국가(ISI: Islamic State of Iraq)'로 변경했다. 2013년 4월에는 '이라크·시리아 이슬람국가(ISIS: Islamic State of Iraq and Syria/ISIL: Islamic State of Iraq and the Levant)'로 조직명을 변경했다. 2014년 6월에 시리아와 이라크 일부를 장악하고 이슬람 칼리프 체제인 '이슬람국가(IS: Islamic State)'로 다시 변경했다.[29]

테러조직인 이슬람국가(IS)는 Islamic State를 국호로 천명하며 국가건설을 선포했으나, 이에 대해 이슬람의 본원적 의미를 모독했다는 비판이 제기되어 국

2013.7.3; 『한겨레』, "이라크 시아-수니파 분쟁 배경," 2006.2.23.

28　국가정보원, 국제테러정보, 국제테러단체, "이슬람 국가(ISIS)," https://www.nis.go.kr:4016/AF/1_6_2_2_2/view.do?seq=516&currentPage=1.

29　국가정보원, 국제테러정보, 국제테러단체, "이슬람 국가(ISIS)"; 『연합뉴스』, "연합백과: 이슬람국가(IS)." Wikipedia, "Islamic State," https://en.wikipedia.org/wiki/Islamic_State; Faisal Irshaid, "Isis, Isil, IS or Daesh? One group, many names," *BBC News*, 2 December 2015, https://www.bbc.com/news/world-middle-east-27994277; *BBC News*, "What is Islamic State?" 2 Decemebr 2015, https://www.bbc.com/news/world-middle-east-29052144 참고.

■ **그림 5-6 이슬람국가(ISIS)의 태동 및 변천**

연도	명칭	주도 인사	주요 활동
2002	Jamaat al Tawhid al Jihad (유일신과 성전)	아부 무사브 알 자르카위 Abu Musab al Zarqawi	2003 반미 투쟁 인질 참수 시작
2004	Al Qaeda Irag (알카에다 이라크 지부)		오사마 빈 라덴과 연대 알 카에다 명칭 사용
2006	Islamic State Iraq (이라크 이슬람국가)	아부 아유브 알 마스리 Abu Ayub al Masri	토착화된 조직 확립 평의회 등 기반조직구성
2011			시리아로 확산 알 누스라전선과 연대
2013	Islamic State Iraq, Syria (이라크-시리아 이슬람 국가)	아부 바크르 알 바그다디 Abu Bark al Baghdadi	알누스라와 결별 독자적 시리아 내전활동
2014	Islamic State (이슬람국가)		6.29 국가수립 선포

출처: 인남식, "ISIS 3년, 현황과 전망: 테러 확산의 불안한 전조(前兆)," 『주요국제문제분석』, 2017-24, 국립외교원 외교안보연구소, 2017.6.23., p. 4.

제사회에서는 IS라는 이름 대신 이를 지역으로 한정하여 'ISIS(Islamic State of Iraq and Syria/Islamic State of Iraq and al-Sham)' 또는 'ISIL(Islamic State of Iraq and the Levant)'로 통칭한다. 이외에도 아랍권 및 유럽 일부국가에서는 공식 아랍어 명칭(al-Dawlah al-Islamiyyah fi al-Iraq wa al-Sham)의 머리글자를 따서 '다에쉬 또는 다이쉬(Daesh/Daish)'라고 부르기도 한다.[30]

2019년 10월 27일 이슬람국가(ISIS)의 지도자 알 바그다디는 미국의 군사작전 중에 자폭하여 사망했다. 알 바그다디 사망 이후 지도자는 이라크 출신 율법학자 '아미르 무함마드 사이드 압둘-라흐만 알-마울라(Amir Muhammad Sa'id Abdal-Rahman al-Mawla)'로 알려졌다. 알-마울라는 ISIS의 최고위 이론가 중 한 사람

30 한국 정부는 2015년 이래 ISIL을 사용해왔으나, 트럼프 행정부 출범 이후 처음 개최된 반ISIS 국제연대 외교장관회의(2017.3.22. 워싱턴 DC)에 한국 외교장관이 참석하게 된 계기로 국제사회의 통칭과 조율하는 의미에서 ISIS로 통일하여 사용하고 있다. 인남식, "ISIS 3년, 현황과 전망: 테러 확산의 불안한 전조(前兆)," 『주요국제문제분석』, 2017-24, 국립외교원 외교안보연구소, 2017.6.23, p. 1.

으로서, 북서 이라크에 자리한 야지디(Yazidi) 종교 소수족에 대해 유괴, 학살, 인신매매 등을 감행하고 이를 정당화하였으며, 글로벌 테러활동을 주도하기도 했다.[31] 미국은 2022년 2월 3일 새벽 시리아 북서부에서 미군 특수부대 작전을 통해 알 마울라를 제거했다고 밝혔다. 알 마울라는 미군 특수부대의 급습을 받자 스스로 폭탄을 터뜨려 부인들과 자녀들 등과 함께 폭사했다고 전해졌다.[32]

2) 조직구조 및 세력변동

이슬람국가(ISIS) 조직은 지도자 칼리프를 중심으로 한 일인 지도체제로 휘하에 이슬람 성법, 입법, 군사, 치안 등 4개 영역의 위원회를 설치하고, 중앙 지도부 하에 16개 하부지역 거점을 두고 중앙 지도체제와 동일한 4개 위원회를 설치하여 운영하는 체계를 유지하고 있다. 구성원으로는 ISIS에 가담하여 직접 전투에 참가하는 전사들을 두 그룹으로 나누어, 시리아·이라크 출신 전사들은 안사리(Ansari), 해외에서 시리아로 월경하여 가담한 그룹은 무하지룬(Muhajirun)으로 칭했다.[33]

이슬람국가(ISIS)가 2014년 6월 29일 '이슬람 신정일치 국가'라고 주장하는 '칼리프 제국'의 선포 2주년을 기념하기 위해, 2016년 7월 29일 자신들의 선전매체를 통해 공개한 내부 조직도에 따르면, ISIS 조직은 '주요통제(major control)', '중간통제(medium control)', '비밀조직(covert unit)'으로 분류된다. '주요통제'는 ISIS가 중심 근거지로 삼고 있는 시리아와 이라크에 기반을 두고 있다. '중간통제'는 일종의 지부로 이집트, 리비아, 예멘, 아프가니스탄, 소말리아, 필리핀, 니제르, 나이지리아, 체첸, 다게스탄 등 10개국에 지부를 두고 있다. '비밀조직'은 터키와

---

31 U.S. Department of State, Rewards for Justice, "Amir Muhammad Sa'id Abdal-Rahman al-Mawla," https://rewardsforjustice.net/english/amir_al_malwa.html;『한겨레』, "IS 새 지도자 확인, 50대 이라크 출신 율법학자," 2020.1.21 참고.

32 『연합뉴스』, "미군 시리아서 대테러작전⋯바이든 IS 수괴 알쿠라이시 제거(종합2보)," 2022.2.4.;『VOA』, "바이든 IS 수괴 제거 발표," 2022.2.4.

33 인남식, "이라크 이슬람 국가(IS, Islamic State) 등장의 함의와 전망,"『주요국제문제분석』, 2014-30, 국립외교원 외교안보연구소, 2014.9.15, p. 7: 인남식, "ISIL 선전전(宣傳戰, Propaganda War)의 내용과 함의,"『주요국제문제분석』, 2016-16, 국립외교원 외교안보연구소, 2016.5.20, p. 10.

프랑스, 방글라데시, 사우디아라비아, 알제리, 레바논, 튀니지 등 7개국에 있다고 밝혔다. 이 조직도에 따르면 ISIS 세력은 2년 만에 중동·아프리카를 넘어 유럽과 아시아까지 확장하였고, 기존에 ISIS가 대형 테러를 일으킨 국가들이 모두 조직도에 포함되었다.[34]

이라크에서 ISIS의 확장세가 정점에 달했던 2014년 말에는 전체 인구의 19%에 해당하는 630만 명을 통치하며 이라크 전체 영토의 13%를 점령했었으나, 2017년 초에는 인구의 3%에 해당하는 110만 명을 통치하며 점령지역은 이라크 전체 영토의 4%로 격감되었다. 2016년 하반기부터 이라크 정규군의 대공세가 이루어져 ISIS의 전략거점인 라마디(Ramadi)와 팔루자(Falluja) 등이 붕괴되면서 대부분의 세력은 산간 수니파 지역으로 흩어지거나 시리아로 이동하여 타국으로 거점을 분산한 것으로 알려졌다. 시리아에서도 ISIS 점령지역의 축소가 발생하여, 2014년에는 시리아 전체영토의 25%를 점령하고 점령인구는 330만 명이었으나, 2017년에는 영토가 16%로 축소되었고 점령인구도 150만 명으로 감소되었다.[35]

미국 주도 국제동맹군의 공세가 강화되는 가운데, 2019년 3월 22일 미국 트럼프 대통령은 이라크정규군(ISF) 및 시리아민주군(SDF)을 포함한 국제공조 파트너들이 극단주의 무장세력 이슬람국가(ISIS)의 모든 점령지역을 회복했다고 밝혔다.[36] 또한 2019년 10월 27일 ISIS의 지도자 알 바그다디는 미군 특수부대가 ISIS 근거지를 급습하는 과정에서 자살폭탄 조끼를 터트려 사망했다.[37]

그러나 ISIS는 뉴미디어와 소셜 네트워크 서비스(SNS)를 적극적으로 활용하면서 자신들의 정치적 목적 달성을 위한 선전선동과 세력 확장을 모색하고 있다. 시리아·이라크에서 영향력이 약화된 상황에서 조직적 차원에서 거점을 이동하고 세력 확산 대상지역에서 접점을 확보하려는 행태가 나타나고 있다. 또한 시리아·이라크에서 투쟁에 참여한 '외국인테러전투원(FTF: Foreign Terrorist Fighters)'의 본국 귀환

34 『조선일보』, "IS 조직도 공개 2년 동안 전 세계12개국 본부·지부 확대, 주요 테러발생국과 겹쳐," 2016.7.3.
35 인남식(2014), p. 11; 인남식(2017), p. 7.
36 『연합뉴스』, "트럼프 "시리아·이라크서 모든 IS 점령지 해방," 2019.3.24.
37 『동아일보』, "트럼프 IS 수괴 알 바그다디, 미군 공격에 사망," 2019.10.28.

이 예상되고 있어 심각한 위해요소가 될 가능성이 있다.[38] 2019년 말 ISIS는 시리아와 이라크 정세가 불안정한 가운데 게릴라 공격 및 암살 등 테러를 자행하고 있고, 아프가니스탄에 새로운 거점을 구축하고 남아시아, 동남아시아, 중앙아시아 등으로 세력을 확장하고 있다. 또한 2020년 아프리카에서 ISIS 연관 조직들의 테러가 활발해지고 있고, 이들의 조직원, 영토, 화력이 급증하고 있는 상황이다.[39]

이슬람국가(ISIS)의 주요 테러동향[40]

- 2004.6 팔루자 지역에서 한국인 근로자 김선일 납치·살해를 주도
- 2010.10 바그다드 소재 기독교 교회를 점거하여 인질극을 벌이다 이라크 군·경과의 대치과정에서 58명 사망하고 75명 부상
- 2011.5 빈 라덴 제거에 대한 보복으로 힐라에서 자폭테러 자행, 경찰 96명 사상
- 2012.7 수도 바그다드 및 중남부 주요도시(25개)에서 시내 중심가, 경찰서 등 대상 동시다발 폭탄 테러를 자행, 102명 사망·264명 부상
- 2013.9 바그다드 시아파 집단 거주지 사드르 시티에서 추모객으로 붐비는 장례식장 겨냥 자폭테러를 자행, 72명 사망·120명 부상
- 2014.1 이라크 서부 안바르주, 6월 모술 장악 후 이라크 군·경과 공방전을 거듭하면서 바그다드·아르빌 등 대도시 후방 테러 자행
- 2014.8-2015.1 미군 주도 연합군의 공습에 반발, 인질로 잡고 있던 미국인 3명, 영국인 2명 및 일본인 2명을 잇따라 참수, 요르단 조종사 공개화형
* 2014.8 시작된 연합군 공습으로 2015.5까지 조직원 10,000여 명이 사망(6.3 미 국무부 부장관 블링컨, 파리에서 개최된 ISIS 대책회의에서 발표)
- 2015.11 ISIS는 프랑스 파리 동시다발(스타드 드 프랑스 축구장, 바타클랑 극장, 캄보디아 식당) 테러사건 관련 총 8명의 지하디스크가 범행을 자행했다고 발표(11.14)
- 2016.1.14 인도네시아 수도 자카르타의 시내 쇼핑몰에서 ISIS 소행으로 추정되는 폭탄 테러와 총격전이 벌어져 20여 명 사상

38   인남식(2017), pp. 10, 12.
39   『연합뉴스』, "IS, 이라크·시리아 정정불안 틈타 재건 착수," 2019.12.26; 『연합뉴스』, "IS, 아프간 새 거점 삼아 아시아 세력확장 속도낸다," 2019.12.27; 『연합뉴스』, "트럼프 IS 격퇴 자화자찬하는데 아프리카서 부활 움직임," 2020.10.19.
40   국가정보원, 국제테러정보, 국제테러단체, "이슬람 국가(ISIS),"; 『연합뉴스』, "국가 참칭한 테러조직

- 2016.3.22 브뤼셀 공항·지하철역 폭탄 공격(32명 사망) 배후 자처
- 2017.1.1 IS, 이스탄불 나이트클럽 총기공격(39명 사망) 배후 자처
- 2017.5.22 IS, 맨체스터 공연장 자폭공격(22명 사망) 배후 자처
- 2017.6.7 IS, 테헤란 소재 이맘 호메이니 영묘와 의회 자폭공격(17명 사망) 배후 자처
- 2017.6.21 IS, 모술 알누리 대모스크 스스로 파괴

3. 탈레반(Taliban)

1) 탈레반의 등장 배경[41]

1989년 소련군의 철수로 급격히 약화된 나지불라 공산정권이 1992년 4월에 붕괴하자 아프가니스탄에서 반소련 군벌 간에 내전이 발생했다. 파키스탄의 지원을 받은 탈레반은 아프가니스탄 정화를 목표로 급속한 세속화에 대한 반발로 등장하여 서구 영향을 배제하고 이슬람의 핵심으로 돌아가야 한다고 주장했다. 1994년 무렵부터 활동을 전개하여 1996년 수도 카불을 점령하고, 아프가니스탄의 80% 이상을 장악하며 새로운 정권을 수립했다. 국명을 'Islamic Emirate of Afghanistan'으로 개칭하고 철저한 이슬람 원리주의에 입각한 정책을 시행했다. 탈레반은 아프가니스탄 정부를 미국 및 서방국의 앞잡이로 보고 이교도(infidel)로 간주하고 있다. 1996년 수도 카불까지 장악한 탈레반은 정치집단으로 변신하여, 1996년부터 2001년까지 아프가니스탄을 실질적으로 통치하였다.[42]

탈레반은 파슈툰어로 '학생' 혹은 '지식을 추구하는 자'라는 의미로, 수니파 이슬람 계열이자 파슈툰족이 다수인 극렬주의 세력이다. 파슈툰족은 아프가니스탄 남부와 파키스탄 내 아프가니스탄 접경지역에 거주하는 인종으로 파키스탄에

IS 주요일지," 2019.10.27.

41   외교부, 글로벌안보협력, "탈레반(Taliban)," 2007.10.1.

42   『VOA』, "[뉴스 따라잡기] 아프간 무장조직 탈레반," 2021.8.20, https://www.voakorea.com/a/world_behind-news_who-taliban/6061099.html.

2,500만 명, 아프가니스탄에 1,300만 명이 거주하고 있다.

1999년 10월 유엔 안전보장이사회는 빈 라덴의 신병 인도를 요구하는 결의안을 채택했으나, 탈레반은 이를 거부하고 미국과 대립하며 국제적으로 고립되었다. 2001년 9/11 테러 직후 미국은 빈 라덴을 9/11 테러 주모자로 단정하고 탈레반에게 신병인도를 요청하였으나, 탈레반이 또다시 이를 거부하자 군사보복을 강행했다. 탈레반의 세력이 약해진 가운데 2002년 6월 북부동맹이 친미성향의 과도정부를 수립을 주도했다. 그러나 2003년 3월 시작된 이라크 전쟁으로 인한 미국의 관심이 이완된 상황에서, 탈레반은 2006년부터 아프가니스탄 남부(칸다하르, 헬만드 주)를 중심으로 세력을 확장했다. 아편 수입과 미국 정부의 아프가니스탄 재건 자금을 이용하여 조직을 재정비하고, 이슬람 전사 모집과 교육에 이라크 경험을 활용하며 2005년 이후부터 자살폭탄테러, 납치 등 테러 전술을 활용하기 시작했다. 아편재배 금지에 따라 경제상황이 더욱 악화되자, 불만이 가중되었고 이 중 상당수가 탈레반에 합류한 것으로 추정된다.

2) 조직 현황 및 활동

탈레반은 1992년 4월 나지불라 공산정권이 붕괴된 이후, 민생 안정을 목적으로 이슬람 율법학교 학생들이 중심이 되어 1994년 8월 결성되었다. 이슬람 극단주의를 표방하는 탈레반의 투쟁 목표는 아프가니스탄을 정화하고 도덕적으로 엄격한 이슬람 정부 수립이다.[43]

2001년 리더십의 와해 이후 부활한 탈레반은 과거와는 완전히 다른 '네오탈레반'으로 단일한 명령체계 없이 개별 세력들이 느슨하게 결집하여 산발적으로 투쟁했다. 탈레반 세력과 이해를 공유하는 다양한 세력을 모두 범탈레반으로 통칭하고 있으며, 범탈레반은 파슈툰족 민족주의세력, 이슬람주의자, 각 지역 군벌과 토착부족, 빈농 등을 포함하고 있다. 탈레반의 부활을 시작하며 최고지도자

43　국가정보원, 국제테러정보, 국제테러단체, "탈레반(Taliban)," https://www.nis.go.kr:4016/AF/1_6_2_2_2/view.do?seq=469&currentPage=1.

인 물라 오마르(Mullah Mohammed Omar)는 2003년 자신을 포함한 10인의 탈레반 지도자위원회(Rahbari Shura)와 33명으로 구성된 확대 슈라(Shura)를 2006년 구성했다. 이들은 각자 독자적으로 의사결정을 내려 행동할 수 있는 집단지도체제를 운영하고, 아프가니스탄을 5개 작전구역으로 나눠 지역별로 각 사령관이 총괄했다. 지도자위원회는 2007년 7월 발생한 한국인 인질사건의 처리 방향을 논의한 바 있다고 알려졌다.[44] 탈레반의 현재 최고지도자는 '마우라위 하이바툴라 아쿤자다(Mawlawi Hibatullah Akhundzada)'이다. 조직 규모는 36,000여 명으로 아프가니스탄 전역 및 파키스탄 접경지역에서 활동하고, 활동수법은 대정부 무장투쟁 및 대미·대서방 폭탄테러 및 인질납치 등이다.[45]

미국 부시 행정부에서 시작된 아프가니스탄 대테러전은 오바마 행정부 당시 추진된 출구전략에 따라 2014년 9월 30일 미국과 아프가니스탄은 '양자안보협정(BSA: Bilateral Security Agreement)'에 서명하고, 2015년 이후에도 비전투병 주둔을 허용하기로 합의했다.[46] 이에 따라 2014년 12월 28일 미국이 주도하는 국제안보지원군(ISAF)은 카불에서 아프가니스탄 전투임무를 공식적으로 종료하는 행사를 거행했다.[47] 트럼프 행정부에서는 아프가니스탄 정부의 참여 없이 공식적이고 직접적인 미국-탈레반 회담을 추진하여, 2020년 2월 29일 미국과 탈레반은 카타르 도하에서 아프가니스탄 평화정착을 위한 '미국-탈레반 약정(도하합의)'을 체결했다.[48] 2021년 4월 14일 바이든 대통령은 아프가니스탄 주둔 미군 병력을 전

---

44   외교부, 글로벌안보협력, "탈레반(Taliban)," 2007.10.1.

45   국가정보원, 국제테러정보, 국제테러단체, "탈레반(Taliban)".

46   Kenneth Katzman, "Afghanistan: Post-Taliban Governance, Security, and U.S. Policy," *CRS Report*, Congressional Research Service, November 8, 2016, p. 29; 『연합뉴스』, "아프간, 미국 철군 일정에 엇갈린 반응(종합)," 2014.5.30.

47   The White House, "Statement by the President on the End of the Combat Mission in Afghanistan," December 28, 2014, https://obamawhitehouse.archives.gov/the-press-office/2014/12/28/statement-president-end-combat-mission-afghanistan.

48   Congressional Research Service, "U.S. Military Withdrawal and Taliban Takeover in Afghanistan: Frequently Asked Questions," CRS Report, Updated September 17, 2021, p. 6; 외교부, "미국-탈레반 간 아프가니스탄의 평화를 위한 약정 서명에 대한 외교부 대변인 성명," 2020.03.02.

원 철수하겠다고 발표했다. 5월부터 미군의 철수가 본격화되면서 탈레반은 세력을 빠르게 확장하면서 점령지를 넓혀갔고, 마침내 탈레반은 2021년 8월 15일 수도 카불을 장악했고 아프가니스탄 정부는 붕괴되었다.[49] 탈레반은 2021년 9월 7일 총리에 무함마드 하산 아쿤드(Muhammad Hassan Akhund), 제1부총리 압둘 가니 바라 다르(Abdul Ghani Baradar), 제2부총리에 압둘 살람 하나피(Abdul Salam Hanafi) 등 내각 최고지도부를 임명하고 과도정부를 구성했다고 밝혔다.[50]

탈레반(Taliban)의 주요 테러동향[51]

- 2001년 9/11 테러 이후 미국 등 연합군이 아프가니스탄을 침공하자 파키스탄 국경 산악 지역으로 철수, 반정부 테러 및 게릴라 공격 자행
- 2007.7 가즈니주에서 차량으로 이동 중이던 분당 샘물교회 신도 23명을 납치한 후 배형규 목사 등 2명을 살해한 후 석방
- 2010.5 탈레반 조직원 10여 명이 파르완주 소재 미국 바그람 공군기지에 침투하여 자폭공격, 총기 난사 등을 전개하여 연합군 5명 부상
- 2011.2 와르닥주에서 미군헬기를 격추, 특수부대(SEAL) 대원 22명 포함 탑승자 30명 전원이 사망
- 2011.9 카불에서 정부 평화협상단 대표인 '랍바니' 전 대통령을 자폭테러로 살해
- 2013.6 카타르 도하에 정치사무소를 개설, 아프가니스탄 정부와 평화협상을 시도. 하지만 외국군 전면철수와 수감 중인 동료석방을 전제조건으로 내세우고 있어 전망 불투명
- 2016.5 탈레반은 수장 '만수르'가 미군 무인기 폭격으로 사망(2016.5.21)했으며 후임으로 '아쿤자다'를 선출했다고 발표

49   『VOA』, "[뉴스 따라잡기] 아프간 무장조직 탈레반," 2021.8.20.
50   인남식, "탈레반 집권 후 아프가니스탄 내외 역학관계,"『주요국제문제분석』, 2021-20, 국립외교원 외교안보연구소, 2021.9.10, p. 16.
51   국가정보원, 국제테러정보, 국제테러단체, "탈레반(Taliban)."

4. 이슬람국가 호라산(ISIS-K/ISKP)[52]

'이슬람국가 호라산(ISIS-K: Islamic State's Khorasan Province 또는 ISKP: Islamic State-Khorasan Province)'은 이슬람국가(ISIS)의 아프가니스탄 지부로, 호라산은 이란 동부, 중앙아시아, 아프간, 파키스탄을 아우르는 옛 지명이다. 이 조직은 ISIS가 이라크와 시리아에서 가장 맹위를 떨치던 2015년 1월 말에 결성되었다. ISIS-K 의 고위 지도부는 2015년 1월 결성 당시, ISIS 지도자 '아부 바르크 알 바그다디 (Abu Bakr al-Baghdadi)'에게 충성을 맹세했다. ISIS-K는 2016년 1월 14일 테러조 직으로 지정되었다.

ISIS-K는 파키스탄을 드나드는 마약 밀수 경로와 가까운 아프가니스탄 동 부 낭가르하르주에 근거지를 두고, 아프가니스탄과 파키스탄에서 테러활동을 수 행하고 있다. 이 조직의 단원들은 주로 '파키스탄 탈레반', '아프가니스탄 탈레 반', '우즈베키스탄 이슬람 운동'의 출신들로 구성되었다. 특히 탈레반이 충분히 극단적이지 않다고 생각하는 아프가니스탄의 탈레반 이탈자들이 주로 ISIS-K에 합류했다. 조직규모는 가장 많았을 때 3,000여 명으로 추정되었는데, 미군과 아 프가니스탄 보안군, 탈레반과 충돌하는 과정에서 상당한 사상자가 나왔고, 2021 년 기준으로 약 1,000명으로 추정된다.

'이슬람국가 호라산(ISIS-K/ISKP)'은 아프간의 모든 지하드(선전) 무장단체 가운 데 가장 극단적이고 폭력적인 것으로 알려졌다. 이 조직은 아프가니스탄에서 민 간인과 보안군을 대상으로 자살폭탄 테러, 소형무기 공격, 납치를 자행했고, 파 키스탄의 민간인과 정부관리에 대한 공격을 감행했다. 최근 사례로는 아프가니 스탄에서 미군 철수와 비전투원후송작전(NEO: Noncombatant Evacuation Operation)이 진행되고 있었던 2021년 8월 26일, 카불 국제공항 인근에서 폭탄테러를 자행하 여, 170명이 사망하고 1,300여 명이 부상을 당했다. 공항테러로 미군의 경우 해

---

52 『BBC News 코리아』, "아프가니스탄: 카불공항 폭탄테러 일으킨 Isis-K는 누구?" 2021.8.27, https://www.bbc.com/korean/international-58314022; U.S. Department of State, "Country Reports on Terrorism 2020," December 2021, p. 277-278.

병대원 10명을 포함해 13명이 사망하고, 18명이 부상을 당했다.[53]

한편 아프가니스탄에서 활동하는 ISIS-K는 탈레반에 반대하며 두 그룹은 종종 충돌했다. 이슬람국가(ISIS)는 탈레반의 민족주의적 정치 프로젝트를 세계 칼리프 국가에 대한 그들의 보편주의적 비전과 반대되는 것으로 본다. 탈레반의 아프가니스탄 점령은 ISIS-K의 좌절을 의미할 가능성이 높다. 탈레반이 카불에서 아프가니스탄 정부 교도소를 점령한 후 탈레반군이 수감된 전 ISIS-K 지도자를 처형한 것으로 알려졌다. 탈레반이 통치를 시작하면서 특정문제에 대해 타협하면 강경파는 ISIS-K로 이탈할 수 있다는 전망이 있다.[54]

이슬람국가 호라산(ISIS-K/ISKP)의 주요 테러동향[55]

- 2016.1 아프가니스탄 주재 파키스탄 영사관을 공습, 아프가니스탄 보안요원 7명 사망
- 2016.7 아프가니스탄 카불에서 평화시위에 대한 폭탄공격 감행, 약 80명 사망, 230명 부상
- 2016.8 파키스탄 퀘타의 한 병원에서 변호사를 겨냥한 총격과 자살폭탄 테러 자행, 94명 사망
- 2016.11 파키스탄 발루치스탄주 샤 누르라니 사원에서 자살폭탄 테러 자행, 50명 이상 사망
- 2017.7 카불에 있는 이라크 대사관 공격, 2명 사망. 서부 아프가니스탄의 이슬람 사원에서 폭탄테러 자행, 29명 사망, 60명 부상
- 2017.10-12 텔레비전 방송국, 시아파 문화 센터, 미국 대사관 근처 아프가니스탄 정보국에 대한 테러공격 및 카불에서 여러 치명적인 공격 자행
- 2017 파키스탄에서 최소 88명이 사망한 신드(Sindh) 지방의 수피(Sufi) 사원 공격(최소 88명 사망), 퀘타(Quetta) 교회에 대한 공격(최소 9명 사망), 발루치스탄 지방의 선거집회 공격(최소 149명 사망)

53   『연합뉴스』, "카불 공항 테러 피해 눈덩이…사망 170명·부상 1천300명(종합)," 2021.08.28.
54   Congressional Research Service(2021), "U.S. Military Withdrawal and Taliban Takeover in Afghanistan: Frequently Asked Questions," p. 26.
55   U.S. Department of State, "Country Reports on Terrorism 2020," December 2021, pp. 277-278; 『연합뉴스』, "카불 공항 테러 피해 눈덩이…사망 170명·부상 1천300명(종

- 2018.9 카불의 시아파 다수 지역에서 자살폭탄 테러 자행, 20명 이상 사망, 70명 부상
- 2019.4 카불의 통신부 공격, 7명 사망
- 2019.8 카불의 시아파 소수민족 지역 결혼식장에서 자살폭탄 테러 자행, 80명 사망, 154명 부상
- 2019.10 낭가르하르 주의 모스크에 대한 폭탄테러, 최소 70명 사망
- 2019.11 연합군과 탈레반군의 공격에 직면하여 낭가하르에서 패배, 영토의 대부분 상실
- 2021.8.26 카불 국제공항 인근에서 폭탄테러 자행, 170명 사망, 1,300여 명 부상, 공항테러로 미국 해병대원 10명 포함 13명 사망, 18명 부상
- 2021.10.8 북부도시 쿤두즈에서 소수 시아파 무슬림 공동체가 사용하는 사이드 아바드 모스크에 대한 자살폭탄 공격 자행, 최소 50명 사망, 100명 이상 부상

5. 보코하람(Boko Haram)

'보코하람(Boko Haram)'은 이슬람 극단주의자인 '모하메드 유수프(2009.7 사망)'가 서양식 민주주의와 교육체계 전면 폐지를 주장하며 나이지리아에서 2002년 결성되었다. 이념과 성향은 이슬람 극단주의이고, 투쟁 목표는 이슬람 샤리아 법에 의한 나이지리아 북부지역의 통치이다. 활동지역은 나이지리아 중·북부 지역인 카노·바우치·보르노·플래토주 등이고, 조직규모는 6,000여 명으로 추산되며, 활동수법은 정부시설·관리 및 기독교도 겨냥 무장공격 등이다. 현재 보코하람의 지도자는 '아부바카르 세카우(Abubakar Shekau)'이다.[56]

보코하람은 나이지리아 정부를 전복하고 이슬람 법에 기반을 둔 새로운 정부를 만들고자 한다. 이 단체는 1990년대 후반부터 여러 가지 형태로 존재해 왔

합)," 2021.08.28; 『BBC News 코리아』, "아프간 이슬람 사원에서 폭탄 테러...IS 배후 자처," 2021.10.9, https://www.bbc.com/korean/international-58839926.

56 국가정보원, 국제테러정보, 국제테러단체, "보코하람(Boko Haram)," https://www.nis.go.kr:4016/AF/1_6_2_2_2/view.do?seq=517&currentPage=1; 『조선일보』, "보코하람(나이지리아 테러단체)도 IS에 붙었다," 2015.3.9.

다. 보코하람은 '알 카에다 마그렙지부(AQIM)', '알 샤바브(Al-Shabaab)', '알 카에다 아라비아반도지부(AQAP)'와 서로 소통·훈련·무기 등과 연계를 통해 테러공격을 감행했다. 2010년 7월 세카우는 자신이 보코하람의 리더십을 장악했음을 공식적으로 발표했으며, 나이지리아에 있는 서방국의 이익을 공격하겠다고 위협했다. 2010년 7월 말에 세카우는 알 카에다와 결속을 다시 한번 발표하였고 테러활동을 더욱 확장했다.[57]

보코하람은 2011년 6월 차량 폭발물장치(IED) 공격을 감행했으며, 이후 민간인을 목표로 IED를 점차적으로 더 많이 활용했다. 2011년 8월 16일 나이지리아 아부자에 있는 국제연합(UN) 본부의 차량폭발 공격은 서방 이익에 대한 보코하람의 최초의 치명적 활동이었다. 이 공격으로 최소한 23명이 사망했고 80명 이상이 부상당했다. 보코하람의 대변인은 자신들이 공격을 자행했다고 주장하면서 미래에는 미국과 나이지리아 정부 이익을 공격 목표로 하겠다고 밝혔다. 2012년 5월 1일, 보코하람은 아부자에 있는 나이지리아 신문사 건물을 폭파한 후 1주일도 안 돼서 동영상 성명을 통해 '미국의 소리(VOA: Voice of America)'와 뉴욕에 기반을 둔 언론매체인 '사하라 리포터스'를 포함한 지역 및 국제 언론사에 추가 공격이 있을 것이라고 위협했다. 또한 세카우의 지도하에 보코하람은 어린이들을 지속적으로 공격대상으로 삼았다. 2014년 4월 14일 보코 하람은 나이지리아 북부에서 200여 명의 여학생을 납치하고 인신매매를 자행했다. 한편 2015년 3월 7일 보코하람의 세카우를 자처하는 인물이 음성 메시지를 통해 이슬람국가(ISIS)에 공개적으로 충성을 맹세했다. 지금까지 ISIS에 충성 서약을 한 무장세력 중에서 보코하람이 가장 규모가 크고, 나이지리아 북부 지역에서 약 2만㎢를 지배하고 있다.[58]

---

57   U.S. Department of State, Rewards for Justice, "Abubakar Shekau," https://rewardsforjustice.net/english/abubakar_shekau.html.

58   U.S. Department of State, Rewards for Justice, "Abubakar Shekau,"; 『조선일보』, "보코하람(나이지리아 테러단체)도 IS에 붙었다," 2015.3.9.

보코하람(Boko Haram)의 주요 테러동향[59]

- 2010.9 바우치주 소재 교도소 습격, 동료 조직원 등 800여 명 탈옥
- 2010.9 바우치주 소재 교도소 습격사건을 계기로 활동 급증, 2011년부터는 남부지역에 침투하여 알 카에다식 자폭테러 전술 구사
- 2010.12 크리스마스를 계기로 플라토주 및 보르노주 소재 교회 겨냥 연쇄 폭탄테러 및 무장공격으로 기독교도 40여 명 사망
- 2011.6 수도 아부자 소재 경찰청 대상 나이지리아 최초의 자살 폭탄테러를 자행하여 23명 사상
- 2011.8 수도 아부자 소재 국제연합(UN)사무소 대상 차량 자폭테러를 자행하여 UN직원 등 20여 명이 사망하고 80여 명 부상
- 2012.1 북부 카노시에서 주 경찰청·국가보안부 지부 등 8개 정부기관을 대상으로 동시다발 차량폭탄테러(20건)을 자행, 경찰 등 215명 사망
- 2012.6 카두나주에서 교회 3곳을 대상으로 연쇄테러를 자행, 50명 사망
- 2012.8 코기주에서 교회에서 예배 중인 기독교인 대상 총기를 난사, 19명 사망
- 2013.5 북서부 3개 주에 비상사태 선포 이후 정부군의 강력한 소탕작전으로 보코하람에 의한 주요 목표 및 도시들에 대한 동시 다발적인 테러는 감소
- 2013.9 북동부 요베주 중심도시 다마투루 인근 농업학교 기숙사에 동 조직 무장괴한들이 난입 후 총기 난사, 40여 명 사망

6. 알 샤바브(Al Shabaab)

'알 샤바브(Al Shabaab)'는 2002년 소말리아에서 외세를 몰아내고 이슬람 신정국가 건설을 투쟁목표로, 이슬람 법정연대 산하 청년 과격단체를 중심으로 결성되었다. 이념과 성향은 이슬람 극단주의를 표방하고 소말리아 및 케냐·우간다 등 동아프리카 지역에서 활동하고 있으며, 조직규모는 1,000여 명으로 추산된

---

59   국가정보원, 국제테러정보, 국제테러단체, "보코하람(Boko Haram)."

다. 활동수법은 소말리아내 외국 군대 및 정부 시설·요인 대상 테러 등이다.[60]

　　알 샤바브의 지도자는 '아부 디리에 우바이다(Abu Direye Ubaidah)'이다. 미군 공습으로 사망한 지도자 '아흐메드 압디 고다네'의 후임으로, 2014년 9월 6일 우바이다를 선출했다. 2014년 9월 24일 국제연합(UN)은 그에 대해 유엔 안보리 결의 1844의 8항에 의하여 제재조치를 취했다. 알샤바브는 평화와 안보, 소말리아 안정 및 미국의 지역적 이해관계를 지속적으로 위협하고 있고, 우바이다는 테러활동에 대하여 직접적인 책임을 지고 있다. 그는 나이가 50대로 추정되고 소말리아 키스마요 지방의 디르(Dir) 씨족의 일원으로 알려졌다. 알 샤바브는 소말리아의 민족운동을 초월하여 알 카에다의 글로벌 지하드(Jihad)와 노선을 같이하고, 아프리카 지역에 알 카에다 세력을 확산시키고 있다.[61]

알 샤바브(Al Shabaab)의 주요 테러동향[62]

- 2009.2 모가디슈 소재 아프리카 연합군 기지 대상 자폭테러를 자행하여 6명을 살해한데 이어, 9월에도 자폭테러로 병사 11명 살해
- 2009.12 모가디슈 소재 샤모 호텔 폭탄테러로 보건·교육장관을 포함한 정부관료 18명 사망
- 2010.7 우간다 수도 캄팔라 소재 럭비클럽 및 식당 대상 연쇄 폭탄테러를 자행, 남아공 월드컵 결승전을 지켜보던 축구팬 74명 사망

60　국가정보원, 국제테러정보, 국제테러단체, "알 샤바브(Al-Shabaab)," https://www.nis.go.kr:4016/AF/1_6_2_2_2/view.do?seq=487&currentPage=1.

61　U.S Department of State, Rewards for Justice, "Abu Ubaidah (Direye)," https://rewardsforjustice.net/english/abu_ubaidah.html.

62　국가정보원, 국제테러정보, 국제테러단체, "알 샤바브(Al-Shabaab)";『조선일보』, "케냐 수도 쇼핑몰서 이틀째 인질극, 이스라엘 특수부대 급파," 2013.9.23;『조선일보』, "케냐 나이로비 쇼핑몰 테러 진압 종료, 72명 사망," 2013.9.25;『헤럴드경제』, "케냐 대학 총기 난사한 무장세력, 알샤바브 어떤곳?" 2015.4.3;『한국경제』, "소말리아 호텔서 폭탄테러 발생, 외신 26명 사망·56명 부상," 2019.7.13;『뉴데일리』, "이슬람 테러 조직, 케냐 미군기지 공격, 미국인 3명 사망, 2명 부상," 2020.1.6.

- 2010.12 소말리아 남부지역 이슬람 반군인 '히즈불 이슬람' 흡수 통합 발표
- 2011.10 케냐 해변 휴양지 외국 관광객 납치에 이어 나이로비 시내 나이트클럽에 대한 수류탄 투척 등 소말리아에 파병한 주변국에 대한 보복테러 자행
- 2012.9 신임 모하메드 대통령 투숙 호텔 대상 자폭테러 자행(경비원 3명 사망)
- 2013.6 모가디슈 소재 유엔개발계획(UNDP) 건물 대상 자폭·총격 테러 자행, 15명 사망
- 2013.9.21. 케냐 수도 나이로비 중심가 고급 쇼핑센터인 웨스트게이트에서 총기 난사, 민간인 61명(한국여성 1명 포함), 진압작전 투입 군인 6명, 테러범 5명 등 총 72명 사망
- 2015.4.2. 케냐 북동부 가리사 대학 캠퍼스 기숙사에 난입, 무차별 총격으로 학생 147명 사망
- 2019.7.12. 소말리아 남부 항구도시 키스마유 도심 호텔에서 무장괴한들이 차량폭탄을 터뜨리고 호텔 내로 진입, 총격을 가해 최소 26명 사망, 56명 부상
- 2020.1.5. 케냐 주둔 미군기지 '캠프 심바'를 공격, 미군 1명과 국방부 계약업체 직원 2명 사망, 국방부 직원 2명 부상, 또한 미군과 케냐 방위군 비행기 각 1대, 미군 헬기 2대, 다수의 차량 파괴

3절 테러지원국 현황

미국은 테러행위에 직·간접적으로 관련됐거나 테러단체에 자국의 영토를 피신처로 사용하도록 허가한 국가를 '테러지원국(State Sponsors of Terrorism)'으로 규정하여 엄격하게 제재를 가하고 있다. 미국 국무부는 테러를 지원하는 국가들을 상대로 추가적인 제재를 가하기 위해 테러지원국 명단을 관리하고 있다. 미국은 대외원조법·국제금융기관법·무기수출 통제법 등을 활용하여 테러지원국과의 무역을 통제하고 국제기구의 지원을 막는다. 북한은 1987년 11월 KAL기 폭파

테러를 저지른 뒤 1988년 12월 20일 테러지원국 명단에 올랐다.[63] 그러나 북한은 1987년 발생한 대한항공기 폭파 사건 이후 어떤 테러활동에 대해서도 북한이 지원한 것으로 알려진 바 없다는 미국 정부의 판단하에 2008년 4월 테러지원국 명단에서 제외되었다.

미국 국무부가 2013년 5월 의회에 제출한 '2012 국가별 테러보고서'에서는 2008년 이래 2012년에도 테러지원국으로 쿠바, 이란, 수단, 시리아 등 4개국을 재지정했다. 북한은 3차 핵실험과 잇단 전쟁도발 위협에도 불구하고 2008년 이후 테러지원국 지정 대상에서 또다시 제외되었다. 2012년 보고서는 이란이 2012년 자국의 이슬람혁명수비대(Islamic Revolutionary Guards Corps) 및 정보·안보부(MOIS)와 레바논 무장정파 헤즈볼라, 팔레스타인 하마스와 이슬람 지하드 등을 통해 테러활동 지원을 확대했다고 밝혔다. 이란과 헤즈볼라의 테러활동은 지난 1990년대 이후 동남아시아, 유럽, 아프리카 등에서 테러공격을 기획하는 등 가장 활발했다면서 시리아의 바샤르 알 아사드 정권에 대해서도 지원하고 있다고 지적했다.[64]

이후 2017년에 미국은 북한, 이란, 수단, 시리아를 테러지원국으로 지정했다. 북한은 2008년에 명단에서 제외됐으나 다시 명단에 포함되었다. 이 명단에 포함된 국가는 무기 판매 및 수출 금지, 엄격한 수출통제, 경제원조 금지, 기타 금융제약 등 엄정한 벌칙을 적용받는다.[65] 2019년 미국은 북한, 이란, 수단, 시리아를 테러지원국으로 재지정했다. '2019년 국가별 테러보고서(Country Reports on Terrorism 2019)'는 2017년 북한 테러지원국 재지정 배경으로, 북한이 1987년 대한항공 여객기 폭파사건에 연루돼 1988년 테러지원국으로 지정되었으나, 법령상 해제요건에 대한 철저한 검토 끝에 2008년 지정에서 해제되었다. 그러나

---

63   『조선일보』, 포커스 키워드, "테러지원국."

64   U.S. Department of State, "Country Reports on Terrorism 2012," May 2013, pp. 6, 196–197.

65   U.S. Embassy & Consulate in the Republic of Korea, "미국, 북한을 테러지원국으로 지정," 2017.11.20.

이후 국제 테러행위에 대한 지원을 거듭해왔다고 판단했다고 밝혔다.[66] 2021 년 12월 발표된 '2020년 국가별 테러보고서(Country Reports on Terrorism 2020)'에서 도 북한은 이란, 시리아와 함께 테러지원국으로 지정되었고, 북한에 대한 서술은 2019년 보고서와 내용이 동일하다.[67]

  테러지원국으로 지정되면 미국의 무기수출통제법, 수출관리법, 국제금융기 관법, 대외원조법, 적성국교역법 등 5개 법률에 의거해 제재를 받게 된다. 무기 수출통제법은 테러지원국에 미 군수품을 직간접으로 수출·재수출 등의 방법으 로 제공(판매, 임차, 증여 등)하거나 미 군수품 이전을 쉽게 하는 행위를 금지하고, 테 러지원국의 미 군수품 획득과 관련해 신용거래, 지급보증, 여타 재정지원을 못하 도록 규정하고 있다. 수출관리법은 테러지원국에 군수용으로 전용될 수 있는 이 중용도 제품과 기술을 수출할 경우 허가를 얻도록 하고 있으며 수출 30일 이전 에 품목 및 수출의 이유를 의회에 통보해야 한다. 특히 미사일 관련 제품과 기술 의 수출은 전면 금지된다. 국제금융기관법은 IMF(국제통화기금), IBRD(국제부흥개발은 행) 등 국제 금융기관들이 테러지원국에 차관 제공과 같은 지원을 위해 자금을 사 용할 경우 미국 측 집행이사가 이에 반대하도록 의무화하고 있다. 대외원조법은 테러지원국에 대해 PL-480 식량지원, 평화봉사단 지원, 수출입은행 신용대출을 금지하고 적성국 교역법은 테러지원국과의 교역과 금융거래를 차단한다.[68]

---

66 U.S. Department of State, "Country Reports on Terrorism 2019," June 24, 2020, p. 197;
    『동아일보』, "미 북한 국제테러 반복 지원, 과거 문제도 해결 안해," 2020.6.25.

67 U.S. Department of State, "Country Reports on Terrorism 2020," December 2021, pp.
    199-201.

68 『연합뉴스』, "북 테러지원국되면 어떤 제재받나," 2009.6.8.

4절   테러자금

1. 테러자금 조달 방법

테러활동에 대한 개인과 집단의 지원은 중요한 자금 출처이다. 알 카에다의 경우 빈 라덴은 글로벌 테러리즘에 자금을 지원하기 위해 자신의 막대한 재산을 사용했다. 다이아몬드, 석유, 자연자원은 테러리즘을 위한 수익을 제공한다. 테러리스트들은 쉽게 운반할 수 있고 현금으로 바꿀 수 있는 다이아몬드를 선호한다. 시에라리온 등 아프리카 일부 국가들은 테러집단과 협조하려는 반군세력들에게 기회를 제공한다. 다이아몬드 거래는 시에라리온의 내전과 알 카에다 모두의 자금지원에 도움이 되었다. 또한 범죄행위는 테러리즘을 위한 중요한 자금출처가 된다. 테러리스트들은 무장절도, 신용카드 사기, 신원도용, 납치, 강탈, 기타 범죄에 관련되기도 한다. 아프가니스탄의 탈레반은 불법 마약거래를 통한 자금을 사용한다.[69]

이슬람국가(ISIS)가 테러자금을 모금하는 방법은 오일 머니, 걸프지역 왕족들의 비밀 후원금, 고대유물 약탈, 인질 몸값, 인신매매 등이다. 첫째, ISIS는 점령지역내에서 원유 생산으로 하루 평균 150-300만 달러 수입을 얻었다. 둘째, 2014-2015년간 걸프지역 왕족들의 비밀 후원금은 4,000만 달러로 추정된다. 셋째, 바빌론 시대의 원뿔형 그릇의 경우 한점당 60만 5,000달러로 추정된다. 넷째, 서구 언론인 경우 약 1,400만 달러를 요구했다. 점령지역에서 납치한 주민 몸값으로 500-20만 달러를 요구했다. 다섯째, 이라크 북부 소수민족 야다지족 소녀들을 인신매매했다.[70]

테러행위에 대한 사전예방의 중요성이 부각되면서, 국제사회는 테러 억제

---

69   리처드 페인(Richard J. Payne) 지음, 조한승·고영일 옮김, 『글로벌 이슈: 정치·경제·문화』, 제4판 (서울: 시스마프레스, 2013), pp. 117-118.
70   『조선일보』, "테러로 악명 떨치는 IS, 자금은 어디서 조달할까?" 2015.11.23.

의 효율적인 수단이 테러자금조달(terror financing) 금지라는 점에 대해 합의를 이루었다. 테러행위가 전 세계를 무대로 이루어지는 특성 때문에 테러방지뿐만 아니라 테러자금조달 방지를 위한 국제협력의 중요성이 부각되었다. 테러자금이란 테러행위를 목적으로 제공 또는 모집된 자금을 의미한다. 테러자금 조달이란 테러자금을 마련하는 행위와 이를 일선 테러조직에 배포하는 과정을 포괄하는 개념이다. 자금세탁이란 범죄활동의 수익금을 원소유주로부터 분리·이동시키는 과정과 이를 적법화하는 행위로 구성된다. 테러자금 조달 및 자금세탁의 대표적 사례로, '하왈라(hawala)'는 일명 환치기로 지하 금융시스템의 대표적 방식으로 자금의 공간적 이동 없이, 자금을 한곳에서 다른 한곳으로 이동시키는 방법으로 아프가니스탄, 파키스탄, 중동 지역에서 광범위하게 사용된다.[71]

아랍어인 하왈라는 '옮기다'는 뜻으로 연대 의식인 강한 무슬림들이 법이 아닌 서로의 신뢰를 기반으로 만든 송금체계를 말한다. 세계 각 도시의 이슬람 사원을 중심으로 형성된 무슬림 공동체에는 대개 하왈라 브로커들이 있는데, 이들 조직망을 이용해 송금을 한다. 브로커에게 송금을 부탁하고 약간의 수수료를 주면 브로커가 의뢰인이 송금하려고 하는 지역의 또 다른 브로커에게 연락을 해서 그곳에서 돈 거래가 이뤄지도록 하는 시스템이다. 은행 같은 금융기관을 거치지 않고 돈이 전해지기 때문에 추적이 어렵다. 하왈라를 활용한다는 것은 테러자금을 전달하는 데 관여한 사람이 여러 국가에 분산돼 있을 개연성이 크고, 하왈라는 범죄 목적으로 악용되는 경우가 많다.[72]

---

71   외교부, 글로벌안보협력, "테러자금 차단의 개념," 2008.5.22.

72   『조선일보』, "테러로 악명 떨치는 IS, 자금은 어디서 조달할까?" 2015.11.23.

하왈라(hawala)[73]

- 하왈라는 '신뢰'라는 뜻으로, 채권∙채무관계자들이 은행을 통하지 않고 신용으로 거래하는 이슬람의 전통적인 송금 시스템
  - 하왈라는 원래 실크로드 교역을 하던 이슬람 대상들의 재산을 사막의 도적들로부터 보호할 목적으로 고안된 것으로, 약간의 수수료만으로 세계 어느 곳으로든 송금이 가능
  - 송금자는 전 세계에 걸쳐 수천 개 이상 산재한 하왈라 점포에서 송금 금액과 약간의 수수료를 내고 비밀번호를 부여받아 수취인에게 알려주면 수취인은 가까운 하왈라 점포에서 비밀번호를 대고 약속된 자금을 수령
  - 이 과정에서 담보를 설정하거나 일체의 서류도 만들지 않으며, 거래 완료가 확인되는 즉시 비밀번호를 비롯한 기본 기록마저 모두 폐기처분하므로, 거래자 신분∙금액 등 증거 확보가 곤란
- 이 방법은 이슬람 형제라는 믿음 아래 행해지는 신용거래로서 거래가 이행되지 않았을 경우에는 책임자가 목숨을 잃는 등 강력한 보복이 뒤따라 증거서류 이상의 강제성을 보유
- 하왈라는 자금이 거의 100% 전달되는 안정성이 특징으로, 파키스탄에서만 연간 50억 달러 이상이 거래되고 있으며 이슬람권에서 음성 자금 이동의 중요한 수단으로 사용되고 있음

2. 테러자금조달 억제 관련 법률

테러자금조달 금지는 국제연합(UN)을 중심으로 활발히 논의되어 왔으며 1999년 12월 9일 '테러자금조달의 억제를 위한 국제협약(International Convention for the Suppression of the Financing Terrorism)'이 UN협약으로 체결되었다. 이 협약은 테러자금조달 행위의 범죄화(처벌), 관련 범죄수익의 동결∙몰수, 국가 간 사법공조 등에 관한 개별 국가의 의무 등을 규정하고 있으며 2002년 4월 10일에 정

---

73   국가정보원, 대테러용어, "하왈라," https://www.nis.go.kr:4016/AF/1_6_4/list.do.

식 발효되었고, 한국에서도 2004년 2월에 비준하고 2004년 3월 18일 발효되었다.[74]

　한국은 '공중 등 협박목적 및 대량살상무기확산을 위한 자금조달행위의 금지에 관한 법률(약칭: 테러자금금지법)'을 시행하고 있다. 테러자금금지법은 한국이 2004년 2월 17일을 서명하고 비준한 '테러자금조달의 억제를 위한 국제협약'과 대량살상무기확산 방지와 관련된 UN 안보리 결의를 이행하기 위한 법적장치의 역할을 하고 있다. 테러자금금지법 제2조 제1호에 따르면, 공중협박자금이란 "국가·지방자치단체 또는 외국정부(외국지방자치단체와 국제기구 포함)의 권한행사를 방해하거나 의무 없는 일을 하게 할 목적으로 또는 공중에게 위해를 가하고자 하는 등 공중을 협박할 목적으로" 일정한 유형의 폭력·파괴행위에 이용하기 위하여 "모집·제공되거나 운반·보관된 자금이나 재산"을 의미한다. 이 법은 공중 등 협박목적을 위한 자금 및 핵무기 등 대량살상무기(WMD) 확산을 위한 자금의 모집, 제공 등을 금지하고 있으며, 금융거래제한대상자의 지정과 금융거래허가제도에 대하여 규율하고 있다. 테러자금금지법에 따라 공중협박자금에 이용된다는 점을 알면서 자금 또는 재산을, 직접 또는 제3자를 통하여 모집·제공하거나 이를 운반·보관한 자는 10년 이하의 징역 또는 1억 원 이하의 벌금으로 처벌받게 되며, 또한 공중협박자금에 이용된다는 점을 알면서 자금 또는 재산의 모집·제공·운반 또는 보관을 강요하거나 권유한 자 역시 동일한 형으로 처벌받게 된다(법 제6조 제1항).[75]

74　외교부, 조약정보: 다자조약, "테러자금조달의 억제를 위한 국제협약."

75　금융위원회 금융정보분석원, "공중협박자금조달금지제도," https://www.kofiu.go.kr/kor/policy/ptfps01.do; 국가법령정보센터, "공중 등 협박목적 및 대량살상무기확산을 위한 자금조달행위의 금지에 관한 법률(약칭: 테러자금금지법)," [시행 2021.3.25] [법률 제17113호, 2020.3.24, 타법개정].

6장

테러리스트의 활동과 전술

1절 테러리스트의 활동 목적과 목표

1. 테러리스트의 활동 목적

모든 테러리즘은 지배, 강압, 위협, 통제를 위한 권력을 추구하고 궁극적으로는 근본적인 정치적 변화에 영향을 미치고자 한다. 따라서 테러리스트들은 충격과 깊은 인상을 심어주고 위협을 가하기 위해 그들의 활동을 계획하고, 그들의 행동이 언론과 대중 및 정부의 관심을 사로잡을 만큼 충분한 대담하고 폭력적인 방식을 선택한다.[1]

정치적으로 폭력적인 집단들이 추구하는 목적은 몇 가지 측면에서 유사성이 나타나는데, 테러단체의 중요한 활동 목적은 다음과 같다. 첫 번째 목적은 기존 질서의 변화이다. 모든 테러리스트들은 단기적으로 단순히 최대한의 사상자를 냄으로써 사회의 일상생활을 파괴하려는 목적을 갖더라도 궁극적으로는 기존 질서를 변경을 추구한다. 예를 들면 종족·민족주의 테러리스트들은 현재의 질서로부터 그들의 인권에 대한 인정이나 민족적 자치를 원한다. 허무주의자들은 기존 질서를 대체할 구체적인 계획과는 상관없이 체제와 제도를 파괴하고자 한다. 종교적 테러리스트들은 새로운 질서를 수립하기 위해 종교적 신념에 따라 행동한다. 단독적으로 활동하는 테러리스트들은 그들의 행동이 부패하거나 사악한 사회질서에 대항하는 명분을 촉진한다는 모호하고 망각적인 가정을 하고 있다.

두 번째 목적은 심리적 혼란이다. 테러리스트들은 상징적인 목표에 대해 극적인 폭력을 가하여 최대의 심리적 피해를 주고자 한다. 헤이먼(Philip B. Heymann)은 "테러리스트 입장에서 보면 테러리즘의 주된 힘은 물리적 충격이 아니라 심리적 충격에서 온다"고 설명한다. 문화적인 상징, 정치제도 및 공적인 지도자들은 중요한 표적으로, 이에 대해 공격을 가하는 경우 수많은 사람들에게 영향을 미칠

---

1 Bruce Hoffman, *Inside Terrorism*, Third Edition (New York: Columbia University Press, 2017), p. 267.

수 있다. 세 번째 목적은 사회적 혼란이다. 테러리스트와 극단주의자들이 사회의 일상생활을 파괴하는 능력은 정부의 취약점과 테러활동의 강점을 모두 보여준다. 사회적 혼란을 야기하는 테러행위는 테러리스트에게 잠재적으로 매우 효과적인 선전의 효과를 제공해준다. 한편 정부가 테러행위로 인한 사회적 혼란에 적절히 대응하지 못하는 경우, 사회 전반에 걸쳐 불만이 확산되고 국민들은 테러활동의 교묘한 조종에 부정적 영향을 받을 수 있다.

네 번째 목적은 혁명적 환경의 조성이다. 반체제 극단주의자들은 국가에 대항하여 그들의 목적을 달성하기 위해서는 사람들 사이에서 혁명적인 의식을 고취해야 한다고 인식하고 있다. 대다수 테러리스트들은 광범위한 지지기반의 혁명적 환경을 조성하기 위해서는 테러행위를 통한 정치적 선전이 핵심적 방법이라고 간주하고 있다. 따라서 "병사를 수송하는 트럭 한 대를 폭파하는 것이 지역 인구에게는 천 번의 연설보다 더 효과적인 선전"이라는 주장도 있다. 혁명 이론가들은 테러리즘을 통해 국가가 과잉반응하게 하고, 사람들에게 국가의 진정한 억압적 본성을 이해시키고, 혁명 전위가 주도하는 대중 반란이 발생할 것이라고 예상한다.[2]

이러한 일반적인 테러리스트의 목적이 뉴테러리즘에서는 모호한 정치적 목적, 무차별적인 공격, 최대한의 심리적·사회적 혼란 달성 시도, 대량살상무기의 사용 가능성 등의 특징으로 나타나고 있다.[3]

2. 테러리스트의 활동 목표

페인(Richard J. Payne)은 테러리즘의 목표를 다음과 같이 제시하고 있다. 첫째, 사회적·정치적 정의 구현이다. 테러리즘은 압제정권의 전복을 포함한 구체적인

---

2   거스 마틴(Gus Martin) 지음, 김계동·김석우·이상현·장노순·전봉근 옮김, 『테러리즘: 개념과 쟁점』 (서울: 명인문화사, 2008), pp. 252-254.

3   마틴(2008), p. 255.

정치적·사회적 변화를 달성하기 위해 사용된다. 둘째, 자결권이다. 많은 테러조직들이 민족독립 쟁취를 위해 활동한다. 셋째, 인종적 우월성이다. 많은 백인우월주의 집단은 인종차별과 사회·경제·정치적 권력이 피부색깔에 기초하여 유지되도록 시도한다. 넷째, 대외정책이다. 테러리즘은 정부가 어떤 행동을 취하거나 하지 못하도록 영향력을 행사하기 위해 사용된다. 다섯째, 언론의 관심이다. 대부분의 테러집단들의 핵심적 목표는 그들의 주장에 대한 대중의 관심을 이끌어 내기 위한 것이다. 여섯째, 무기력한 정부이다. 정부가 허약하고 무능하게 보이도록 만듦으로써, 테러리스트들은 정부의 합법성과 정책을 약화시킬 수 있다고 믿는다.[4]

또한 케글리(Charles W. Kegley Jr)는 테러리스트들은 정치적 목적 달성의 수단으로 다음과 같은 목표를 추구한다고 설명한다. 첫째, 테러의 선동적 목표는 반체제 세력을 조장하고 그들의 의제를 선전하며 경쟁세력을 비난하는 것이다. 상징적인 시점 또는 장소에서 자행되는 충격적인 행동을 통해 사람들을 놀라게 만든다. 그들은 충격적인 행동이 수천 장의 팸플릿보다 더 큰 관심을 불러일으킬 것이라 믿고 있다. 둘째, 테러의 강제적 목표는 대중을 혼란하게 하고, 반체제 세력의 힘을 증대시키며, 정부의 양보를 강요하고, 경찰·군대의 강압적인 과민반응을 유발하는 것이다. 테러단체는 시장과 카페 등 대중이 붐비는 장소에 대한 악의적이고 무차별적인 공격을 가함으로써 일반대중의 예측능력을 마비시키고, 정치지도자들을 자극하여 억압적인 정책을 유도하여 자신들의 투쟁에 대중의 지지를 얻으려한다. 셋째, 테러의 조직적 목표는 자원을 획득하고 집단의 단결을 강화하며 지지자들의 지하 네트워크를 유지하는 것이다. 은행을 매수하고 인질 몸값을 받아내며 기업인들로부터 보호비 명목으로 자금을 거둠으로써 현장에서의 활동을 위한 훈련과 보급의 재정을 충당할 수 있다. 또한 초기 비용이 높으면 내부의 배신 가능성이 낮아지기 때문에 이러한 방식의 행동은 폭력행위에 참여할 요원을 충원하는 경우 충성도를 높일 수 있다.[5]

---

4   리처드 페인(Richard J. Payne) 지음, 조한승·고영일 옮김, 『글로벌 이슈: 정치·경제·문화』, 제4판 (서울: 시스마프레스, 2013), p. 116.

5   찰스 W. 케글리, Jr. 지음, 오영달·조한승·황기식 옮김. 『세계정치론: 경향과 변환』 (서울: 한티미디어,

2절 테러리스트 식별 요령[6]

테러리스트를 식별하여 테러를 예방하기 위해서는 평소 주변에 의심스러운 사람이나 물품 등이 있는지 관심을 가지고 확인과 점검이 필요하다. 이때 외관, 행동 및 장소별로 눈여겨 보아야할 테러리스트의 특징을 소개하면 다음과 같다.

1. 일반적인 테러리스트의 특징

◆ **외관**
- 마스크나 수염 등으로 얼굴을 가리거나 모자 또는 짙은 색깔의 안경을 착용한 사람
※ 테러범은 자신의 용모를 변형하거나 다른 사람과의 접촉을 피하기 위해 노력
- 신체의 다른 부위에 비해 지나치게 배가 나왔거나 계절에 맞지 않는 두껍고 긴 상의를 입고 땀을 많이 흘리며 눈초리가 불안한 사람
※ 자살폭탄 테러범의 경우 주로 복대 형식으로 다량의 폭탄을 상의 안에 착용하고 두꺼운 옷으로 이를 은폐
- 중동 등 테러 빈발지역의 경우 테러범의 연령은 대개 20-40대 남성
※ 최근 알 카에다 등 이슬람 극단주의 테러단체들은 여성과 어린이까지도 자살폭탄테러 등에 활용

◆ **행동**
- 공항만·호텔·철도역사·백화점 등 다중이용시설 쓰레기통, 휴게실이나 열차·버스의 선반 등에 가방이나 박스 등을 실수인척 방치하고 현장을 급히 이탈하는 사람
※ 일반 폭탄테러의 경우 특정시설에 폭발물을 설치하기보다 흔히 가방형태의 시한·원

2010), pp. 507-508.
6   국가정보원 테러정보통합센터, "테러범 식별요령," 2004.5.1, pp. 1-15 인용.

격 조종장치 폭발물을 제작해 목표지점에 방치하는 수법 사용

※ 이러한 자에 대해서는 즉시 접근하여 물건을 빠뜨렸다고 알려주고 이후 행동거지를 예의 주시하여야 하며, 자신의 소유임을 부인하거나 다른 장소에서 재차 방치할 경우 즉시 경찰에 신고해야 함

• 공항만·호텔·철도역사·백화점 등 다중이용시설 인근 사람들의 왕래가 많은 장소에 오토바이나 차량을 방치하고 현장을 급히 이탈하는 사람

※ 테러범이 폭발물 장착 차량을 목표지점에 두고 도주할 가능성 의심

※ 정상적인 주차시설이 아닐 경우 즉시 차량 이동을 요구하고 행동거지가 수상할 때는 인근 경찰 등에 신고하여 대상자가 불신검문을 받도록 조치해야 함

• 경찰 등 보안요원들을 의도적으로 피하거나 갑자기 뛰는 등 비정상적인 행동을 보이는 사람

※ 침착한 테러범도 통상 보안요원에 대해서는 공포감이나 경계심을 드러냄

※ 다중이용시설에서 성인이 갑자기 뛰는 등 비정상적인 행동을 할 경우 지극히 위험한 상황을 가정하고 대처해야 함

• 호텔 숙박비·항공요금 지불 시 신용카드나 수표 대신 현금을 사용하는 사람

※ 테러 후 당국의 추적을 피하기 위해 흔적을 남기지 않으려는 행위로 의심

• 국적이나 숙소를 묻는 질문에 대해 거부감을 보이거나 신경질적인 반응을 보이는 사람

※ 신분 노출과 당국의 추적을 피하기 위한 테러범의 본능적인 행동으로 의심

2. 각종 폭탄테러범·장비의 특징

◆ **폭발물 적재차량의 운전자**
• 변덕스런 운전을 할 때(천천히 또는 빨리)
• 정지명령을 무시하거나 검문소를 우회하려 할 때
• 불안한 모습이나 비정상적인 언어를 구사하는 경우
• 트럭 또는 장비를 서툴게 다루는 행위
• 운전자의 나이는 통상 20대 중반 정도

◆ 폭발물 적재 차량

- 차량바퀴가 눈에 띄게 내려앉았을 때
- 창문이 어둡거나 가려져 있을 때
- 차량 안에 의심스런 물건이 실려 있을 경우(예를 들면, 스위치·송신기 등 기폭장치나 전선줄·밧줄 등)
- 차량에 보조 안테나가 달려 있을 경우
- 주차하기가 적절하지 않음에도 불구하고 사람이 많이 왕래하는 곳에 방치되듯이 주차되어 있는 경우
- 앞뒤 번호판이 다르거나 미등록 임시번호판을 달고 방치된 차량

◆ 자살폭탄 테러범

- 자폭 전까지 주먹을 계속 쥐고 있음
  ※ 통상 주먹을 펼 경우, 폭발물이 폭파되도록 장치
- 폭약냄새를 감추기 위해 과도하게 향수를 사용
- 계절에 맞지 않는 복장을 착용하거나 비정상적으로 허리 또는 아랫배가 불룩한 복장
- 군중 속에서 일행이 아님에도 불구하고 일행으로 보이게 하려는 행동을 할 경우
- 스트레스를 받은 듯이 소심한 모습에 비정상적으로 땀을 흘림
- 천천히 걷다 주위를 두리번거리며 살피다 갑자기 뛰는 행동
- 의도적으로 보안요원들에게서 멀리 떨어지려고 시도
- 가방이나 의복 속에서 전선이나 전기장치가 보일 경우

◆ 우편폭탄

- 알지 못하는 사람이 보낸 우편물
- 인편으로 직접 배달되었거나 낯선 우편 배달부가 가져온 우편물
- 발송자나 소인이 없는 우편물
- 내용물이 금속류나 전선 등으로 느껴지는 우편물
- 부피에 비해 지나치게 무겁게 느껴지거나 과대 포장된 우편물
- 아몬드 냄새 등 독특한 냄새가 나는 우편물
- 봉투나 포장종이에 기름 자국이 묻은 우편물

3. 장소별 테러범 식별 요령

◆ **공항만**
- 항공권 발급 및 입출국 수속시 직원과 눈을 마주치지 않으려 하거나 대화를 기피하는 사람
- 신규·임시 발급·재발급 여권을 소지하고 있는 사람
- 타 여행객에 접근하여 가방·서류(봉투) 등을 운반해 주도록 부탁하는 사람
- 여권상 여행국 출입국 날짜·횟수 등에 대해 전혀 기억을 하지 못하거나 반대로 수년 전 기록된 출입국 날짜를 정확하게 외우고 있는 사람
- 중동·북부 아프리카·동남아·서남아 등 국제 테러조직 활동지역 여권을 소지하고 있는 자
- 비자신청서 등에 기재된 자신의 직업과 관련하여 전문용어에 대해 무지하거나 소지자의 직업·연령 등이 기재사항과 일치하지 않는 사람
- 실물과 사진이 현저히 다르거나 유럽·영국·미국·호주 여권을 사용하면서도 영어가 서툰 사람
- 직항로가 있음에도 제3국을 경유하여 입국하는 사람
- 불안한 눈초리로 주위를 지나치게 살피면서 누군가를 찾거나 공항 대테러 특공대 등 보안요원들을 의도적으로 피하는 사람

◆ **철도(일반철도·고속철·지하철)**
- 철도 승차권 발급 또는 개찰구 진출입 시 직원과 눈을 마주치지 않으려 하며 대화를 기피하는 사람
- 승차권 발급 시 별 생각없이 목적지를 번복·변경하는 사람
- 성인, 특히 외국인이 철로 주변을 서성거리며 사진을 찍거나 거리 등을 계측하는 사람
- 물품보관함의 물품 보관자와 회수자가 다를 때

◆ **호텔**
- 체크인·체크아웃 절차 시 프런트 데스크 근무자와 가급적 눈을 마주치지 않으려 하고 다른 곳을 주시하며 대화를 하는 사람
- 중동·북부 아프리카·동남아·서남아 등 국제 테러조직 활동지역 여권을 소지하고 있는 사람

• 신규·임시 발급·재발급 여권을 소지하고 있는 사람
• 투숙한 후 외출을 거의 하지 않고 주로 방 안에 머물러 있는 사람
• 객실전화는 내선을 제외하고는 외부로 거의 전화를 사용하지 않는 사람
• 숙박부에 직업관련 전문용어에 대해 무지하거나 소지자의 직업·연령 등이 기재사항과 불일치하는 사람
• 처음 방문하는 지역에서도 렌트 차량이 아닌 일반 차량, 픽업 트럭 등을 사용하는 사람
• 차량을 렌트했음에도 불구, 이용하지 않고 장기간 방치하는 경우
• 손가방 등 수하물을 객실로 옮겨주겠다는 벨데스크 직원 등의 제의에 대해 놀라며 과민반응을 보이거나 거부하는 등 수하물에 집착하는 사람
• 장기간에 걸쳐 룸메이드의 청소를 거부하고 룸서비스도 문 밖에서만 받는 등 외부인의 방 출입을 철저히 차단하는 사람

◆ **백화점**
• 알 카에다 등 국제 테러조직의 활동 근거지인 중동·북부 아프리카·동남아·서남아지역 국가 신용 카드나 신분증을 소지하고 있는 사람
• 화장실·휴게실·쓰레기통 등에 가방 등 물품을 실수인 척 방치하거나 출입구 등 사람의 왕래가 많은 곳에 굳이 차량을 주차시키려는 사람

◆ **음식점·유흥주점·나이트클럽**
• 술을 주문하지 않거나 주문해 놓고도 거의 마시지 않은 채 구석자리에 앉아서 주위를 유심히 살피는 외국인
• 실내에서 두툼한 외투를 걸치거나 가방 등을 들고 사람이 많이 몰려 있는 곳으로 옮기려는 사람
• 시설 주변을 어슬렁거리면서 관광객을 가장해 인물이 아닌 시설물의 사진을 촬영하려는 사람
• 일반 관광객의 도를 넘어 시설물에 대해 지나친 관심을 보이거나 유심히 살피는 사람

3절   테러리스트 전술

테러리스트 전술이란 암살, 무장공격, 폭격, 납치 등 테러리스트의 목적을 달성하기 위해 무기를 사용하는 방법을 말한다.[7] 테러리스트는 다양한 공격 대상과 수법(수단과 방법)을 사용하고 있다. 주요 공격대상은 '하드 타깃(hard target: 대통령·총리·외교관 등 요인, 경찰·군인·정보원 등 보안요원, 공무원 등 정책에 직접적 연관이 있는 인원 및 정부청사·군시시설·외교공관 등 경비 수준이 상대적으로 높아 공격이 쉽지 않은 정부 관련 시설)'과 '소프트 타깃(soft target: 정치와 전혀 상관없는 민간인과 쇼핑센터·나이트클럽·지하철역·대중교통수단 등 경비 수준이 낮아 외부공격에 취약한 민간시설)'이 있다.[8]

■ 그림 6-1   테러리스트의 공격 사이클

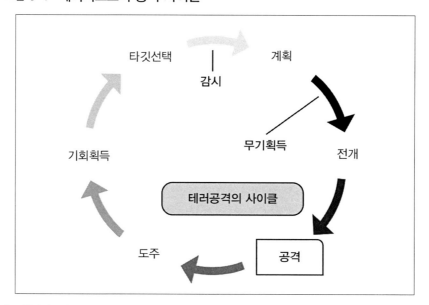

출처: 오한길, "국내 테러통계 기반 테러유형의 분류체계 구축 방안," 국립재난안전연구원, 2019.12,p. 64.

---

7   Seth G. Jones, Catrina Doxsee, and Nicholas Harrington, "The Tactics and Targets of Domestic Terrorists," *CSIS Briefs*, July 2020, p. 2.
8   대테러센터, "주간 테러동향," 2018.11.16, p. 3.

주요 테러 공격수법은 다양한 기준으로 분류할 수 있다. 다중의 공포심을 극대화하기 위해서 테러리스트들은 폭파, 암살, 납치 등의 공격전술과 무기특성을 고려하여 구체적인 테러전술을 사전에 계획하고 있다. 일반적으로 테러리스트들이 계획단계에서 공격전술과 무기특성을 고려하여 테러계획을 수립하고, 전개단계에서 무기를 획득하고 있다.[9]

미국 메릴랜드 대학교의 '테러리즘과 테러리즘대응 연구 국립컨소시엄 (START: The National Consortium for the Study of Terrorism and Responses to Terrorism)'이 구축·운영하고 있는 '글로벌 테러리즘 데이터베이스(GTD: Global Terrorism Database)'는 테러공격 전술로 암살, 이동수단 강탈, 납치, 무력대치, 폭발, 무장공격, 비무장공격, 간접공격·훼손, 자살공격 등을 제시하고 있다.[10] 나코스(Brigitte L. Nacos)는 테러리스트 공격 방법으로 폭파, 암살, 자살공격, 인질납치, 해상표적 공격, 미사일 공격, 대량살상무기(WMD) 공격을 제시하고 있다.[11] 콤스(Cynthia C. Combs)는 테러리스트 수단과 방법으로 폭발물, 암살 및 습격, 소규모 무기, 자동무기, 휴대용 로켓, 항공 및 해상 납치 하이재킹, 사보타주(Sabotage) 및 사이버공격, 대량살상무기(WMD), 자살폭탄을 제시하고 있다.[12]

국가정보원 테러정보통합센터는 공격 대상별 테러수법으로 항공기 테러, 선박 테러, 대중교통 테러, 다중이용시설 테러, 주요인물 테러, 무차별 총격 테러로 구분하고 있다.[13]

최근에는 대량살상무기를 사용한 위협과 인터넷 및 사이버 공간에서 테러의 가능성이 높아지고 있다. 대량살상무기(WMD)를 이용한 테러위협은 1995

9   오한길, "국내 테러통계 기반 테러유형의 분류체계 구축 방안," 국립재난안전연구원, 2019.12, p. 64.
10   오한길(2019), p. 65.
11   Brigitte L. Nacos, *Terrorism and Counterterrorism*, Sixth Edition (New York: Routledge, 2019), 180.
12   Cindy C. Combs, *Terrorism in the Twenty-First Century*, Eighth Edition (New York: Routledge, 2018), pp. 163–177.
13   국가정보원 테러정보통합센터, "최근 테러의 대상·수법·수단 분석," 2005.9; 국가정보원 테러정보통합센터, "무차별 총격테러 발생시 행동요령," 2019.8 참고.

년 사린가스를 이용한 옴진리교 테러사건에서와 같이 화생방·핵(CBRN: Chemical, Biological, Radiological, Nuclear)을 이용한 테러가 현실로 발생하고 있으며, 테러의 목적··대상이 불분명해지는 상황에서 대량살상무기 사용을 통한 테러 가능성이 있다. 9/11 테러 당시 탄저(Anthrax) 테러가 발생하여 미국은 핵무기의 이전 차단을 외교정책의 최대 우선순위로 간주하고 대량살상무기확산방지구상(PSI: Proliferation Security Initiative)과 국제연합(UN) 안전보장이사회에서 결의안 채택 등의 노력을 지속하고 있다. 또한 신기술을 이용한 테러가 증가하고 있는데, 테러집단들은 새로운 정보기술과 인터넷을 이용하여 테러계획 수립, 인원 충원, 상호 연락, 자금조달 등을 수행하고 있다. 에너지, 교통, 통신, 정부활동 등과 같은 국가 핵심시설을 마비시킬 목적으로 사이버 수단을 사용하는 사이버 테러는 국제사회에 심각한 위협으로 등장했다.[14]

한편 테러사건 발생 통계와 관련하여, 미국 메릴랜드대학교 START는 2020년 7월 '글로벌 테러리즘 계요: 2019년도 테러리즘(Global Terrorism Overview: Terrorism in 2019)' 보고서를 발표했다. 이 보고서에 따르면 2019년 발생한 총 8,473건(20,309명 사망)의 테러사건 중, 아프가니스탄에서 1,804건(8,249명 사망)이 발생해 가장 많은 수를 차지했다. 국가별 발생 비율은 아프가니스탄(21%), 예멘(9%), 이라크(8%), 인도(7%), 나이지리아(6%) 순이었다.[15] 2020년 6월에 발표된 '2019년 국가별 테러리즘 보고서(Country Reports on Terrorism)'의 통계정보 부록에 따르면, 2019년에는 8,302건의 테러사건이 발생하여 25,082명의 사망자, 19,924명의 부상자, 2,895명의 납치가 발생했다. 2019년에는 2018년보다 테러사건이 208건, 사망자가 7,754건, 부상자가 2,727건, 납치가 639건 더 적었다. 2019년에는 89개 국가와 지역에서 테러사건이 발생했다. 이들 중 약 84%는 서아시아, 남아시아, 사하라 사막 이남 아프리카의 세 지역에 집중되었다. 2019년에는 아프

---

14   외교부, 글로벌안보협력, "테러수단의 변화," 2008.4.24.

15   SRATRT(National Consortium for the Study of Terrorism and Responses to Terrorism), "Global Terrorism Overview: Terrorism in 2019," Background Report, July 2020, p. 3. 대테러센터, "주간 테러동향," 2020.7.17, p. 2 참고.

가니스탄, 시리아, 이라크, 인도, 소말리아, 나이지리아, 예멘, 필리핀, 콜롬비아, 콩고(킨샤사) 순으로 테러가 가장 많이 발생했으며, 이들 10개국에서 발생한 사건은 전 세계 테러사건의 74%를 차지했다.[16]

2021년 10월에 발표된 '2020년 국가별 테러리즘 보고서(Country Reports on Terrorism)'의 통계정보 부록에 따르면, 2020년에는 10,172건의 테러사건이 발생하여 29,389명이 사망하고, 19,413명이 부상당하고, 4,471명이 납치되었다. 2020년에는 2019년보다 테러사건이 1,300건, 사망자가 3,116건, 부상자가 1,189건, 납치가 1,262건 더 발생했다. 2020년의 사건의 수는 2019년보다 15% 증가한 수치였다.[17]

4절   테러공격 대상과 수법

본문에서는 국가정보원 테러정보통합센터의 공격 대상별 테러수법을 기준으로 살펴보고, 추가적으로 자살폭탄 테러와 사이버 테러를 설명한다.

▶ 표 6-1 테러리스트의 공격 대상과 수법

공격 대상	수법
항공기	항공기 폭파, 항공기 납치, 항공기 충돌
선박	선박 폭파, 선박 납치, 선박 충돌
대중교통	철도 폭파, 지하철 폭파, 버스 폭파

---

16   Development Services Group, Inc., "Annex of Statistical Information: Country Reports on Terrorism 2019," June 10, 2020, p. 5.

17   Development Services Group, Inc., "Annex of Statistical Information: Country Reports on Terrorism 2020," October 29, 2021, p. 5.

다중이용시설	시설물 점거, 시설물 파괴, 공관 테러, 다중이용시설 테러
주요인물	인질 납치, 요인 암살
무작위	무차별 총격 테러

출처: 국가정보원 테러정보통합센터, "최근 테러의 대상·수법·수단 분석," 2005.9, pp. 3-12; 국가정보원 테러정보통합센터, "무차별 총격테러 발생 시 행동요령," 2019.8, 내용 요약.

1. 항공기 테러[18]

테러방지법 제2조에 따르면 항공기와 관련된 테러는 다음과 같은 행위를 포함한다. 첫째, 운항 중인 항공기를 추락시키거나 전복·파괴하는 행위, 그 밖에 운항 중인 항공기의 안전을 해칠 만한 손괴를 가하는 행위가 있다. 둘째, 폭행이나 협박, 그 밖의 방법으로 운항 중인 항공기를 강탈하거나 항공기의 운항을 강제하는 행위가 있다. 셋째, 항공기의 운항과 관련된 항공시설을 손괴하거나 조작을 방해하여 항공기의 안전운항에 위해를 가하는 행위가 있다.[19]

국제화가 가속화됨에 따라 빈번한 항공기 이용이 필수 불가결한 수단으로 등장했고, 특히 국제항공 노선의 경우 국적이 다른 수많은 이용객을 수송한다. 따라서 비행기가 납치되거나, 승객들이 인질로 억류되거나, 폭파되는 경우 국제적인 관심이 집중되고 정치적·경제적으로 그 파급효과는 매우 크다. 탑승 전 보안검색 실시 등 상대적으로 안전대책이 강구되어 있는 항공기에 대한 공격을 위해 사전에 치밀한 준비과정이 소요된다. 항공기에 대한 테러는 항공기 납치(Aircraft Hijacking), 공중폭파(Sabotage Bombing of Airborne Aircraft), 공항시설과 항공기 이용객에 대한 공격(Attack against Airline facilities and Their Users), 미사일 공격에 의한 비행기 격추 등 4가지 형태로 자행되고 있다.

---

18   경찰청 테러예방교실, "테러의 유형," http://cta.police.go.kr:8080/know/know/type/index. jsp, 내용 수정·보완.

19   국가법령정보센터, "국민보호와 공공안전을 위한 테러방지법(약칭: 테러방지법)," [시행 2021.7.20.] [법률 제18321호, 2021.7.20., 일부개정].

첫째, 항공 테러가 본격적으로 국제적으로 문제화된 것은 1960년 중반 이후 테러리스트 단체들이 항공기 납치를 통해 그들의 정치적 목적을 달성하기 위한 수단으로 이용되면서 부터이다. 둘째, 항공기 공중폭파 사건은 항공기 납치사건과 비교해 볼 때 발생 빈도수가 낮지만, 항공기가 수천 미터 상공을 비행 중일 때 폭발물이 터지도록 장치함으로써 일단 성공하면 막대한 인명피해를 초래하게 되어 그 어떤 형태의 테러보다 위협을 더해주고 있다. 대표적인 사례로는 1987년 11월 29일 북한 공작원에 의한 대한항공 KAL 858기 공중폭파사건과 1988년 12월 21일 스코틀랜드 로커비 상공에서 시한폭탄에 의한 미국 팬암기 폭발로 270명이 사망한 사건이 있다. 2001년 9/11 테러는 항공기를 납치하여 항공기 자체를 테러무기로 사용하여 세계무역센터와 국방부에 충돌한 사건이었다. 셋째, 민간항공 역사상 가장 심각한 항공시설 및 이용객에 대한 공격은 1972년 이스라엘의 로드 공항(Lod Airport)에서 발생한 에어 프랑스(Air France) 항공기에 대한 공격 사건이었다. 에어 프랑스 항공기편으로 이스라엘에 도착하여 입국수속을 받기 위해 터미널을 빠져나오는 승객들을 향해, 3명의 일본 적군파(Japanese Red Army-JRA) 소속 테러리스트들이 수류탄과 자동소총으로 무차별적으로 공격했다. 이 사건으로 성지순례 중이던 푸에르토리코인을 포함한 28명이 사망하고 70여 명이 부상을 당했다. 이 사건은 전형적인 대리 테러로 이러한 형태의 공격은 테러리스트 단체들 간의 교류가 빈번해짐으로써 자주 발생하고 있다. 넷째, 현대의 고도화된 무기체계와 지대공 미사일(Surface-to-Air Missile) 공격에 의한 비행기 격추 방법이 있다.

무엇보다도 항공기 테러의 문제가 심각하게 받아들여지는 것은 항공기는 지상 관제시설과 공항 탑승시설, 항공기 및 격납시설 등 복잡하고 다양한 장비와 최첨단 전산화 체계에 의해 운용되고 있기 때문이다. 또한 전 세계적으로 연결된 교통망으로 일단 이륙 후의 발생 상황에 대해서는 대처가 어렵고, 공중납치의 경우 9/11 테러사건과 같이 납치된 비행기를 이용한 항공기 자살테러가 발생할 수 있으며, 이에 대한 예방과 대처가 어렵다는 문제점이 있다.

항공기 테러 주요 사례[20]

1. 항공기 폭파

◆ 신발 등 신체 부착물에 폭발물 은닉, 기내 반입

  • 2001.12.23 파리발 마이애미행 아메리칸 항공 소속 여객기 탑승 영국인 리처드 리드(32세)가 신발에 은닉한 사제 폭발물에 점화를 시도하다 승무원·승객 제지로 미수

◆ 휴대 수화물에 폭발물 은닉, 기내 반입

  • 1988.12.31 런던발 뉴욕행 팬암기가 스코틀랜드 상공에서 폭발, 탑승객 259명 및 지상 민간인 11명 등 총 270명 사망

2. 항공기 납치

◆ 낮은 수준의 보안검색(금속 탐지)에서 검색되지 않는 주머니칼 등으로 승무원·승객을 위협, 항공기 납치

◆ 은닉 폭발물로 위협하여 항공기 납치

3. 항공기 충돌

◆ 항공기 기체를 테러 무기화하여 건물 등에 충돌(2001.9.11 미국 9/11 테러)

2. 선박 테러

선박 테러는 선박을 이용한 화물·여객 수송 등 해상 경제활동을 위협하는 테러로, 테러방지법 제2조에 따르면 선박 또는 해상구조물과 관련된 테러는 다음과 같은 행위를 포함한다. 첫째, 운항 중인 선박 또는 해상구조물을 파괴하거나, 그 안전을 위태롭게 할 만한 정도의 손상을 가하는 행위가 있다. 둘째, 폭행이나 협박, 그 밖의 방법으로 운항 중인 선박 또는 해상구조물을 강탈하거나 선박의 운항을 강제하는 행위가 있다. 셋째, 운항 중인 선박의 안전을 위태롭게 하기 위하여 그 선박 운항과 관련된 기기·시설을 파괴하거나 중대한 손상을 가하

---

20   국가정보원 테러정보통합센터, "최근 테러의 대상·수법·수단 분석," 2005.9, pp. 3-4.

선박 테러 주요 사례[21]

1. 선박 폭파

◆ 적재물에 폭발물 은닉, 폭파

• 2004.2.27 필리핀 과격단체 아부사야프 그룹(ASG)이 연안 여객선 슈퍼페리 14호에 대한 폭파테러 자행

• 조사결과 적재 TV수상기내에 은닉한 폭발물이 폭발, 100여 명 이상이 사망 또는 실종되고 수백 명이 부상

2. 선박 납치

◆ 승객으로 승선 후 선박 장악·납치

• 1985.10.7 팔레스타인 테러분자 4명이 이탈리아의 유람선 '아킬레 라우로'호에 승선후 납치, 미국인 1명 살해

3. 선박 충돌

◆ 폭발물 적재 선박을 테러 대상에 충돌 폭파

• 2002.10.6 예멘 동부해안에 접안 중이던 프랑스 유조선 '랭부르'호에 소형어선 1척이 충돌, 선원 1명 사망·9만 배럴의 원유 유출

• 2000.10.12 예멘 아덴항에 정박해 있던 미 군함 '콜'호에 폭발물을 적재한 소형 고무보트가 충돌, 미군 17명 사망·39명 부상

거나 기능장애 상태를 일으키는 행위가 있다.[22]

3. 대중교통 테러

테러방지법 제2조에 따르면 대중교통 테러는 기차·전차·자동차 등 사람 또는 물건의 운송에 이용되는 차량으로서 공중이 이용하는 차량에 대한 테러를 의

---

21   국가정보원 테러정보통합센터, "최근 테러의 대상·수법·수단 분석," 2005.9, pp. 4-5.

22   "국민보호와 공공안전을 위한 테러방지법(약칭: 테러방지법)," [시행 2021.7.20.] [법률 제18321호, 2021.7.20., 일부개정].

미한다.[23] 대중교통 테러에 주로 사용되는 폭발물을 이용한 테러는 각종 폭발물을 통해 인명 살상 및 시설과 장비 등을 파괴하는 행위로 대형피해와 공포감 조성이 용이하여 테러조직에서 가장 선호하는 방식으로, 세계의 테러 및 게릴라 사건의 약 55.3% 이상을 차지하고 있다. 편지·소포폭탄·가방폭탄·배낭폭탄 등의 소형에서 자동차 폭탄과 같은 큰 파괴력을 가진 것까지 광범위하다. 최근에는 일반인을 대상으로 출퇴근 시간대 지하철과 같이 많은 사람들이 모이는 장소와 시간대를 겨냥하는 등 그 수법도 점점 흉악화되고 있다. 폭탄 테러에서 주로 사용되는 플라스틱 폭탄은 RDX를 주성분으로 하는 C4폭탄으로 변형하기 쉬운 성질을 가지고 있고, 미군에서 일반적으로 사용되고 있는 고성능폭탄 등이 사용된다. 대표적인 사례로는 2004년 3월 11일 스페인 마드리드 기차역·열차 동시다발 폭탄테러 및 2005년 7월 7일 영국 런던 지하철·버스 동시다발 폭탄테러 등이 있다.[24]

대중교통 테러 주요 사례[25]

1. 열차 폭파
- ◆ 2004.3.11 스페인 마드리드 남부 아토차역에 진입하던 통근열차에서 휴대폰을 시한장치로 이용한 사제 폭발물이 최초 폭발 후
  - • 4–5분 간격으로 10개의 폭발물이 연쇄 폭발, 191명 사망·1,500여 명 부상

2. 지하철 폭파
- ◆ 2005.7.7 영국 런던 리버풀·러셀스퀘어·엣지웨어 역사인근에서 운행 중이던 객차가 사제 폭발물로 폭파, 43명 사망·600여명 부상

3. 버스 폭파
- ◆ 2005.7.7 영국 런던 타비스톡광장으로 진입하던 2층 버스(30번)에서 사제폭발물 폭발, 13명 사망·50여 명 부상

---

23   "국민보호와 공공안전을 위한 테러방지법(약칭: 테러방지법)," [시행 2021.7.20.] [법률 제18321호, 2021.7.20., 일부개정].

24   경찰청 테러예방교실, "테러의 유형," 내용 수정·보완.

25   국가정보원 테러정보통합센터, "최근 테러의 대상·수법·수단 분석," 2005.9, pp. 5–6.

4. 다중이용시설 테러

다중이용시설 테러는 테러방지법 제2조에서 규정하는 시설 또는 도로, 공원, 역, 그 밖에 공중이 이용하는 시설에 대한 테러에 해당된다.[26] 다중이용시설 테러에 종종 사용되는 자동차 폭탄은 다량의 폭탄을 탑재할 수 있고, 표적의 내·외부에 비밀리에 설치하기 쉽고, 원격조작도 가능한 특징을 가지고 있다. 1995년 4월 오클라호마 연방청사 폭파사건과 1998년 8월 케냐와 탄자니아 미국대사관 동시 폭파사건 등에서 자동차 폭탄이 사용되었다.

다중이용시설 테러 주요 사례[27]

1. 시설물 점거

◆ 러시아 북오세티아 초등학교 인질사건
  • 2004.9.1 체첸반군 30여 명이 러시아 북오세티아 베슬란시 소재 초등학교에 난입, 교사·학생 등 1,200명을 인질로 당국과 대치. 9.3 인질 시신 수습과정에서 부비트랩 오폭을 특공대 진입으로 오인한 테러범의 자폭으로 344명 사망·700여 명 부상
◆ 사우디아라비아내 외국인 인질사건
  • 2004.5.29 사우디 북동부 코바르시 오아시스호텔에 난입, 50여 명의 외국인을 인질로 잡고 당국과 대치, 탈출기도 인질 살해 등 극단적 행태를 보이다 진압, 22명 사망·25명 부상
◆ 체첸 반군, 러 오페라 극장 인질사건
  • 2002.10.23 체첸 반군 50여 명이 모스크바시 '돔 쿨트르이(문화의 집)' 오페라 극장에 폭발물을 몸에 지니고 총기 난사 후 진입, 극장폭파 협박. 10.26 러시아 당국은 특수가스 분사 후 극장 내부로 진입하여 사태를 진압, 인질 117명 테러범 49명 등 총 168명이 사망(러시아 당국은 사용된 특수가스가 법적 하자가 없는 펜타닐 혼합물이라고 주장했으나 신종 화학무기라는 의혹이 있었음)

---

26   "국민보호와 공공안전을 위한 테러방지법(약칭: 테러방지법)," [시행 2021.7.20.] [법률 제18321호, 2021.7.20., 일부개정].

27   국가정보원 테러정보통합센터, "최근 테러의 대상·수법·수단 분석," 2005.9, pp. 6-10.

2. 시설물 파괴

◆ 이라크 송유관 파괴
- 2004.5.9 이라크 저항세력들이 이라크 남부 바스라지역에서 원유 수출 90%를 운송하는 주 송유관 파괴

◆ 이라크발전소 연료 공급 송유관 파괴
- 2004.9.14 무장세력이 북부 키르쿠크 지역 송유관을 폭파, 발전소에 대한 연료 공급이 중단되어 이라크 전 지역에 정전 사태 발생

3. 공관대상 테러

◆ 인도네시아 주재 호주대사관 차량폭탄 테러
- 2004.9.9 호주 대사관 정문 경비초소 인근에서 미니밴을 이용한 자폭테러 발생, 9명 사망·182명 부상. 조사 결과 테러범 2명이 일제 미니밴에 TNT와 유황 혼합 폭발물 약 200㎏ 탑재, 호주대사관 진입을 기도하다 자폭(차량 핸드브레이크를 당기는 것을 기폭장치로 사용)

◆ 터키 이스탄불 영국 총영사관·HSBC 은행건물 차량 폭탄 테러
- 2003.11.20 터키 이스탄불 내 영국 총영사관과 HSBC 은행 건물에 황산과 질산암모늄 혼합 폭발물과 가압성 연료를 사용한 연쇄 차량폭탄 테러로 '로저 쇼트' 영국 대사관 총영사 등 대사관 직원 및 HSBC 직원 등 32명 사망·450여 명 부상

◆ 케냐·탄자니아 미국 대사관 폭파사건
- 1998.8.7 케냐 나이로비 주재 미국 대사관에 폭탄테러가 발생하여 291명이 사망하고 5,000여 명이 부상하는 한편, 동시에 탄자니아 주재 미국 대사관에도 폭탄테러가 발생하여 10명 사망·77명 부상

4. 호텔 등 다중이용시설 대상 테러

◆ 인도네시아 메리어트 호텔 폭탄테러
- 2003.8.5 인니 자카르타 소재 JW메리어트 호텔에 차량폭탄 자살 테러로 13명 사망·150여 명 부상. 폭탄은 흑색폭약으로 제작된 저폭발성 폭약과 TNT·RDX·HMX 등으로 제작된 고폭발성 폭약을 동시 사용하고 성공률을 높이기 위해 휴대폰 이용 원격조종장치를 추가로 사용

◆ 인도네시아 발리 나이트클럽 폭탄테러
- 2002.10.12 3건의 연쇄 폭발이 발생, 첫 번째 폭발은 플라스틱 가방에 담긴 TNT 1㎏이 원격신호에 의해 폭발. 두 번째 폭발은 질산암모늄 혼합물 100㎏과 TNT를

사용, 마지막은 미국 총영사관 인근 차량에서 TNT를 투척, 폭발
◆ 일본 '옴 진리교', 도쿄 지하철 독가스 살포사건
　• 1995.3.20 사교집단'옴 진리교'가 도쿄시내 지하철 18개소에서 동시다발적으로 사린가스를 살포하여 12명 사망·5,500여 명 부상

5. 주요인물 테러[28]

주요인물 테러는 테러방지법 제2조에서 규정하는 사람을 살해하거나 사람의 신체를 상해하여 생명에 대한 위험을 발생하게 하는 행위 또는 사람을 체포·감금·약취·유인하거나 인질로 삼는 행위에 해당된다.[29]

1) 인질납치

요인 납치는 주요인사·불특정 인원을 납치하는 행위로 대중 선전효과가 크고, 협상 또는 무력진압 작전을 수반하여 사건 해결까지 비교적 장시간이 소요된다. 1960년대 초에 남미지역에서 주로 사용했던 방법으로 현재는 테러리스트들이 항공기 납치만큼 즐겨 쓰는 방법이다. 작전에 참여했다가 체포되어 수감되어 있는 동료 테러리스트의 석방을 위한 방편으로 사용하거나 혹은 인질을 볼모로 하여 정치적 혹은 물질적인 양보 그리고 정치적 선전 등과 같은 목적을 달성하기 위해 사용하는 전술이다. 요인 납치는 위험부담이 아주 적으면서 정치적 선전 효과는 상대적으로 높아 1960년대 후반부터 급증해 1980년대에 이르러서는 전 세계적으로 커다란 문제가 되었다.

28　　경찰청 테러예방교실, "테러의 유형," 내용 수정·보완.
29　　"국민보호와 공공안전을 위한 테러방지법(약칭: 테러방지법)," [시행 2021.7.20.] [법률 제18321호, 2021.7.20., 일부개정].

1976년부터는 1986년 사이에 전 세계적으로 약 2,500여 차례의 인질납치 사건이 발생했으며, 이 중에서 성치석 목적 달성을 위한 목적으로 저질러진 사건은 10% 정도인 230여 차례 발생했다. 대표적인 사례는 1972년 9월 5일 팔레스타인 테러조직 검은 9월단(BSO)의 뮌헨 올림픽 이스라엘 선수촌 점거·인질사건, 2010년 8월 31일 필리핀 전직 경찰의 마닐라 관광버스 점거·승객(홍콩 22명, 필리핀 3명) 인질사건, 2013년 1월 16일 알제리 동부의 외국계 석유회사에서 알 카에다 연계 테러단체에 의한 인질 30여명 사망 등이다. 한국인 관련 사례로는 1986년 1월 주 레바논 대사관 도재승 서기관 납치사건과 1996년 12월 17일 페루 주재 일본대사관 점거사건 당시 이원형 대사의 인질사건 등이 있다. 2000년대에 들어서는 2004년 6월 이라크에서 발생한 김선일 피살사건과 2007년 7월 아프가니스탄 한국인 피랍사태가 발생했다.

2) 요인 암살

암살(assassination)은 역사적으로 가장 오래된 테러의 한 형태로 특정 인물을 은밀한 방법으로 살해하는 행위이다. 고대 로마제국 쇠퇴기에 발생했던 황제 암살이나 십자군 전쟁 그리고 종교개혁 등을 거치면서 발생했던 일련의 암살, 제1차 세계대전의 도화선이 되었던 오스트리아 황태자 프란츠 페르디난트 암살, 미국 케네디 대통령 암살 등과 같이 동서양을 막론하고 암살의 역사는 과거의 유습이라고 일축할 수 없는 상황이 세계적으로 계속되고 있다. 한편 요인암살은 북한이 지금까지 한국의 지도자를 대상으로 주로 사용해온 테러의 주요 형태이기도하다. 대표적인 사례는 1968년 1월 21일 청와대 기습사건, 1974년 8월 15일 재일교포 문세광의 박정희 대통령 저격미수 사건, 1983년 10월 9일 미얀마 랭군 아웅산 폭파 사건 등이 있다.

주요 인물 테러 사례[30]

1. 인질 납치

◆ 2004.4~05.8간 이라크에서 발생한 외국인을 대상으로 한 납치 사건은 총 142건으로 37개국 340명(13개 파병국 97명, 24개 미파병국 243명)의 피해자가 발생하여, 340명 중 48명(14%)은 피살되고, 195명(57%)은 석방되었으나 억류 추정 97명 (29%)은 생사 미확인

◆ 납치 대상은 매우 다양한 양상을 보이고 있는데, 군인·외교관 등 하드 타깃에 대한 납치보다는 무방비로 노출된 언론 기자·트럭운전사·NGO 직원·사업가 등 민간인이 323명(95%)으로 대부분을 차지

  • 이슬람권국가인 피랍자가 173명(50%)을 차지하는 등 국적·종교 등에 관계없이 기회가 되면 무조건 납치

  • 또한 영국인 '켄 비글리'(04.9.16)·'마가렛 하산'(04.10.19) 등의 납치·살해와 같이 계획적 납치도 증가하는 추세

2. 요인 암살

◆ 레바논 '하리리' 전 총리 암살사건

  • 2005.2.14 레바논 베이루트에서 '하리리' 전 총리 탑승 자동차가 해안도로를 주행 중 폭탄테러로 10명 사망·100여 명 부상

◆ 체첸 '카디로프' 대통령 암살사건

  • 2004.5.9 체첸 수도 그로즈니 소재 디나모 스타디움 귀빈석 스탠드에서 제2차 세계대전 승전 기념행사 중 폭발물이 터져 카디로프 대통령 등 7명 사망, 53명 부상. 조사 결과 행사전 보수공사 당시 인부로 가장한 테러분자가 152㎜ 탄피에 시한장치를 삽입한 폭발물을 설치한 것으로 확인

◆ 체첸 전 대통령 차량테러로 사망

  • '얀다르비예프' 체첸 전 대통령이 2004.2.13 카타르 수도 도하에서 차량으로 이동 중 도로에 설치된 폭탄이 폭발, 경호원 2명 등과 함께 사망

30   국가정보원 테러정보통합센터, "최근 테러의 대상·수법·수단 분석," 2005.9, pp. 10-12.

6. 무차별 총격 테러

무차별 총격 테러는 폐쇄된 공간이나 사람들이 많이 모이는 장소에서 총기를 이용하여 사람들을 살상하는 행위로 대상을 무작위로 선택하고, 예측하기 어려우며, 신속히 전개되는 특징을 보인다.[31] 대표적인 사례로는 2009년 11월 5일 미국 텍사스주 육군기지에서 과격 이슬람주의에 심취한 군의관의 총기 난사로 40여 명 사상, 2011년 12월 13일 벨기에 도심에서 수류탄 투척, 총기 난사로 130여 명 사상, 2012년 3월 22일 프랑스에서 알제리계 이슬람 극단주의자 '모하메드 메라'의 유다인 어린이 등 7명 무차별 총격 살해, 2013년 9월 21일 알카에다와 연계된 소말리아 무장단체 알 샤바브(Al Shabaab)의 케냐 쇼핑몰 테러 등이 있다.

또한 일반대중이 참가하는 행사에서 총기·폭발물 등을 활용하여 무차별적으로 인명을 살상하는 사례도 있다. 대표적인 사례로 2013년 4월 15일 제117회 미국 보스턴 마라톤대회에서 이슬람 극단주의 사상에 심취된 체첸계 미국인 형제가 압력솥 내부에 타이머, 퓨즈, 금속조각·못·쇠구슬, 화약을 설치해 폭탄으로 사용한 '압력솥 폭탄' 테러로 180여 명 사상 등이 있다. 미국 NBC방송은 압력솥 폭탄을 군용 대인지뢰 '클레이모어'에 비유해 '홈메이드 클레이모어(homemade claymores)'라고 지칭했다.[32]

---

31   국가정보원 테러정보통합센터, "무차별 총격테러 발생 시 행동요령," 2019.8, p. 1.
32   『조선일보』, "못·쇠구슬 채운 6L짜리 홈메이드 크레모아," 2013.4.18.

무차별 총격 테러 주요 사례[33]

◆ 2019.3.18 네덜란드 위트레흐트의 트램 안에서 ISIS 추종혐의자에 의한 총격테러 발생(12명 사상)

◆ 2019.3.15 뉴질랜드 크라이스트처치 소재 이슬람 사원 두 곳에서 '백인 우월주의자'에 의한 총격테러 발생(100명 사상)

  • ISIS는 동 사고를 계기로 전 세계를 대상으로 보복 테러 공개 선동

◆ 2019.2.16 멕시코 칸쿤 소재 클럽에서 무장괴한들에 의한 총격테러 발생(10명 사상)

◆ 2019.1.15 케냐 나이로비 소재 호텔에서 테러단체 '알샤바브'의 소행으로 추정되는 자폭 및 총격 테러 발생(35명 사상)

  • 2013.9 나이로비 쇼핑몰 총격테러 시 한국인 사망자 1명 발생(234명 사상)

◆ 2018.12.11 프랑스 스트라스부르 소재 크리스마스 마켓에서 ISIS 추종 혐의자에 의한 총격테러 발생(16명 사상)

◆ 2018.2.14 미국 플로리다 소재 고교에서 퇴학생에 의한 총기 난사사고 발생(52명 사상)

  • 2018년도에 미국 전역에서 총 27건의 총기 난사사고 발생(213명 사상)

  • 2017년 (라스베이거스 호텔, 580여 명 사상), 2016년(올랜도 클럽, 100여 명 사상) 등

7. 자살폭탄 테러

자살폭탄 테러를 이슬람의 전유물로 보는 경향이 있으나, 역사상 기원은 13세기 십자군 전쟁시 성전기사단의 군함 자폭공격이며, 근대에 자행된 자살폭탄 공격은 제2차 세계대전 당시 미국 군함 등을 전투기로 돌진해 폭발시킨 일본의 가미카제가 원조이다. 이슬람 무장세력은 허리에 두르는 '폭탄벨트'나 상반신에 착용한 '폭탄조끼'를 사용했으나, 검문검색이 점차 강화되면서 차량을 이용한 폭탄테러로 변화되었다. 뉴욕타임스는 이슬람 극단주의자들이 자폭공격을 '최대의 헌신'으로 여기고 있으며, 순교 후 천국에 갈 수 있다는 믿음이 자살폭탄 테러를

---

33   국가정보원 테러정보통합센터, "무차별 총격테러 발생 시 행동요령," 2019.8, pp. 2-3.

자살폭탄 테러리스트에 대한 사례연구[34]

2005년 7/7 런던 지하철·버스 동시다발 폭탄테러의 용의자들은 평범한 파키스탄계 영국 청년이었다. 런던 테러와 팔레스타인 및 이라크 등에서 연이은 자살 폭탄테러가 발생하면서 자살 폭탄 테러리스트들의 성향과 테러 가담 이유에 대한 의문이 제기된다. 테러리스트는 코란에 푹 빠진 광신도나 결손 가정에서 자라면서 제대로 교육 받지 못해 사회에 대한 불만으로 가득 찬 인물이라는 일반적인 인식이 맞지 않다는 연구가 제시되었다. 테러에 나선 팔레스타인과 이라크 사람 대부분은 부족함 없는 가정에서 태어나 중등학교 이상의 학력에 안정된 직장을 다녔다.

미국 프린스턴 대학교 클라우드 베레비 교수가 1980년대부터 2003년까지 자살 폭탄테러를 자행한 60여 명을 포함해 테러에 가담했던 팔레스타인 300여 명의 신상명세를 분석했다. 이 결과에 따르면, 테러리스트 중에서 중산층 이상은 84%, 대졸 56%, 정규직 90%로 일반 팔레스타인 사람(중산층 이상 68%, 대졸 8%, 정규직 60%)보다 여유 있는 가정 출신으로 학력이 높고 안정된 직장을 가지고 있는 것으로 나타났다. 도시 거주자 비율도 54%로 전체 인구 중 도시거주자 비율(34%)보다 높았다. 나이는 18-24세가 45%, 25-34세가 43%를 차지했다. 자살폭탄 테러리스트의 경우 저소득층 출신은 7명 중 1명뿐이었고 96%가 정규직이었다. 자살폭탄 테러리스트의 성장 환경을 분석한 이스라엘 텔아비브 대학교 아리엘 메라리 교수에 따르면, 자살폭탄 테러리스트에게서 정신분열 증세나 과거 자살을 시도했던 이상 징후를 발견하지 못했다고 한다.

무슬림에 대한 정신분석가 에이드 엘 사라즈에 따르면, 이러한 성향의 테러리스트들이 자살폭탄 테러에 가담하는 이유는 "평범한 무슬림이라도 보스니아 헤르체고비나, 체첸, 이라크에서 고통 받는 무슬림의 모습을 보고 큰 좌절감을 느끼고, 9/11 테러 이후 전 세계에서 무슬림을 죄인 취급하는 것에 대해 모멸감도 꽤 크다"고 지적했다.

양산한다고 분석하고 있다.[35]

---

34   『한국일보』, "테러범, 고학력·중산층 많아," 2005.7.14. 2005.7.15. Claude Berrebi, "Evidence About The Link Between Education, Poverty and Terrorism Among Palestinians," *Working Papers*, Princeton University, Industrial Relations Section, 1 September 2003; Scott Atran, "Mishandling Suicide Terrorism," *The Washington Quarterly*, Vol 27, No. 3(Summer 2004) 참고.

35   대테러센터, "주간 테러동향," 2020.7.24, p. 3.

자살폭탄 테러는 테러분자가 대상 목표물에 대해 폭탄과 함께 자폭하여 공격하는 극렬테러이다. 폭탄을 차량 등에 싣고 돌진하거나 몸에 둘러 공격하는 것이 가장 흔한 수법이며, 9/11테러와 같이 민간항공기 자체를 목표물에 충돌시킨 것도 자살폭탄 테러에 해당된다. 또한 자살폭탄 테러는 특별한 훈련이 필요 없이 스위치를 누르면 가능하며, 테러공격 즉시 불특정 다수에게 막대한 심리적 공포를 확산시킬 수 있어 1980년대 이후 급속히 확산되고 있다.[36]

자살폭탄 테러의 수법으로는 일상생활에서 흔히 볼 수 있는 배낭 안에 C4 폭약을 장착한 후, 전기식 뇌관을 이용하여 폭파하는 배낭폭탄을 사용한다. 또한 뇌관, 폭약, 배터리, 연결전선, 스위치로 구성된 자살폭탄 조끼를 착용하여 사용하기도 한다. 행인으로 위장한 자살폭탄 테러의 경우 가장 빈번하게 사용된 방법은 폭탄벨트의 사용이다. 폭탄 조끼는 차량폭탄 테러에 비해 폭발력과 살상력이 낮지만, 이러한 단점을 극복하기 위해 폭탄 벨트나 조끼에 볼트, 나사, 너트, 못, 쇠로 된 볼베어링 등의 파편을 폭발물과 함께 은닉해 살상능력을 극대화하기도 한다. 자살폭탄에는 폭약을 작동하는 장치와 테러범이 자폭할 수 있도록 조정장치가 필요하다. 그러나 테러리스트가 마지막 순간에 결행을 망설여 작전을 그르칠 경우에 대비해 제2의 테러리스트가 원거리에서 폭발시킬 수 있도록 원격조정장치를 설치하기도 한다. 차량을 이용한 자살폭탄 테러에는 자동차와 트럭이 가장 자주 사용되지만, 오토바이, 자전거, 마차, 심지어 말이나 당나귀를 이용하기도 한다. 자살폭탄 테러를 자행할 시간대는 선정된 목표물에 따라 결정된다.[37]

자살폭탄 테러 주요 사례[38]

◆ 2018.5.13 인도네시아 수라바야시에서 '디타 우프리아르토'(남, 46세)와 그의 일가족이 교회 세 곳을 대상으로 연쇄 자살폭탄테러를 자행하여 13명 사망·40명 부상

---

36   국가정보원, 대테러용어, "자살폭탄테러," https://www.nis.go.kr:4016/AF/1_6_4/list.do.

37   최진태, "자살테러의 메커니즘," 『신동아』, 2005년 6월호.

38   대테러센터, "2018 상반기 지역별 테러동향 분석 결과," 2018.10.16, p. 18; 국가정보원 테러정보통합센터, "최근 테러의 대상·수법·수단 분석," 2005.9 참고.

◆2014.2.16. 이집트 시나이 반도 한국인 대상 자폭테러
  • 이집트 시나이 반도에서 한국인 관광객 33명이 탑승한 버스를 대상으로 테러단체 '안사르베이트 알 마크디스(ABM)' 조직원의 자살폭탄테러 발생, 3명 사망·15명 부상
◆2011년 1월 24일 러시아 모스크바 도모데도보 공항에서 자폭테러로 210여 명 사상
◆러시아 모스크바 지하철 자살폭탄테러
  • 2004.8.31 20대 체첸 여성이 TNT 1-2kg에 볼트 등 금속물질을 이용하여 제작한 사제 폭발물을 휴대하고 지하철 역사로 진입하려다 경찰과 마주치자 인근 쇼핑몰에서 자폭, 10여 명 사망·50여 명 부상
◆2005.7.7 영국 런던 지하철·버스 동시다발 테러
  • 리버풀·러셀스퀘어·엣지웨어 역사인근에서 운행중이던 객차가 사제 폭발물로 폭파, 43명 사망·600여 명 부상
  • 런던 타비스톡광장으로 진입하던 2층 버스(30번)에서 사제폭발물 폭발, 13명사망·50여 명 부상

8. 사이버 테러

1) 사이버 위협 동향

정보통신 기술의 발전으로 네트워크로 연결된 사이버 공간은 시·공간적 확장을 통해 정치·경제·사회·군사 등의 분야에서 많은 이점을 제공하면서 발전하고 있다. 컴퓨터와 인터넷 시스템 및 네트워크의 결합은 국경을 초월하여 범지구적으로 정부와 민간부문 및 정치·경제·사회 영역을 밀접히 연계하였다. 사이버 공간의 익명성과 초국경적 특성에 기반을 둔 개방성은 사이버수단을 통한 다양한 사이버 위협과 공격을 촉발하는 취약성을 유발하고도 있다.

사이버 공간에서 국가 또는 비국가행위자 등의 개입을 통한 악의적 활동은 점차로 조직화 및 대규모화되며, 공격 형태와 유형 또한 다양해지고 있다. 사이버 공간에서 위협은 전통적 영토 수호 차원의 안보영역을 넘어서는 비전통적이

고 복합적인 신안보적 위협으로, 피해 규모와 심각성은 지속적으로 확대되고 있다.[39] 최근의 사이버 위협은 악의적인 경제 스파이 활동과 사이버 활동을 통해 타국가의 법률을 위반하여 전 세계에 걸쳐 개인, 상업 및 비상업 이익, 정부들에게 심각한 경제적 혼란과 피해를 초래하고, 상대국의 군사적, 경제적, 정치적 힘을 무력화하고 있다. 또한 테러리스트와 범죄자를 포함한 비국가행위자는 사이버 공간을 그들의 이윤추구, 조직원 모집, 선전을 위해 활용하고 있다.[40]

사이버 위협의 유형은 행위자와 목적에 따라 사이버 범죄, 사이버 테러, 사이버 전쟁, 사이버 스파이 활동으로 구분할 수 있다. 첫째, 사이버 범죄는 일반적으로 사이버 공간의 일부 측면 또는 전산기술을 활용하는 범죄행위로 규정되며, 유형으로는 사이버 침해, 사이버 사기 및 절도, 사이버 음란물, 사이버 폭력 등이 있다. 사이버 범죄는 개인이나 일반 범죄자가 개인의 분노표출, 흥미, 금전적 이익 추구 등의 동기를 가지고, 일반시민이나 민간기업 등에 대해 개인적 침해를 유발한다.[41]

둘째, 사이버 테러는 공격의 주체가 테러리스트, 테러집단, 국가행위자 등으로 "정치 또는 사회적 변화를 유도하기 위해 무차별적 대상을 목표로 컴퓨터에 기반을 두는 폭력이나 파괴행위(컴퓨터 네트워크 공격)"이다. 최근 사이버 위협의 특징은 사이버 범죄와 사이버 테러 사이의 구분이 모호하고, 성격이 애매한 사이버 위협은 개인, 집단 또는 국가가 공격자가 될 수 있다. 테러조직은 범죄집단을 고용하여 사이버 공격을 실행하는 경우도 있기에 상호연대 가능성이 매우 높다.[42]

셋째, 사이버 전쟁은 국가나 초국가적 테러 네트워크가 공격의 주체로 "사

---

39   국가정보원 외, 『2020 국가정보호백서』 (서울: 국가정보원, 2020), p. 10.

40   The White House, "National Cyber Strategy of the United States of America," September 2018, pp. 1-2.

41   윤해성·윤민우 외, 『사이버 테러의 동향과 대응 방안에 관한 연구』 (서울: 한국형사정책연구원, 2012), p. 40; 윤민우, "새로운 안보환경을 둘러싼 사이버 테러의 위협과 대응방안: 쟁점들과 전략적 접근 틀에 대한 논의," 『시큐리티연구』, 제40호(2014), pp. 129-130. 장노순, "사이버안보에서 갈등구조와 신뢰구축," 『정치·정보연구』, 제17권 2호(2014), p. 93 참고.

42   장노순·한인택, "사이버안보의 쟁점과 연구 경향," 『국제정치논총』, 제53집 3호(2013), p. 602. 윤민우(2014), p. 130 참고.

이버 공간에서 일어나는 새로운 형태의 전쟁으로서 컴퓨터 시스템 및 네트워크, 통신망 등을 교란 및 마비, 무력화함으로씨 적의 사이버 체계를 파괴하고, 아군의 사이버 체계를 방호하는 것"을 의미한다.[43] 국가 간에 진행되었던 사이버 전쟁의 사례로는 1999년 코소보전에서 미국과 세르비아 및 미국과 중국의 사이버 전쟁, 2007년 러시아가 실행한 것으로 추정되는 에스토니아에 대한 디도스(DDoS) 공격, 2008년 러시아의 그루지아 침공 시 사이버 전쟁 등이 있었다. 2010년에는 이란 핵 관련 시설에 대한 이스라엘과 미국이 실행한 것으로 추정되는 스턱스넷(Stuxnet) 공격 등이 있다.[44]

넷째, 사이버 스파이는 사이버 영역에서 경쟁전략, 보안정보, 재정과 금융정보 또는 정치적 이익을 목적으로 정부나 민간기업체가 보유하거나 사용하는 비밀정보와 독점정보를 수집하는 사람이나 행위를 의미한다.[45]

▶ 표 6-2 사이버 범죄, 사이버 테러, 사이버 전쟁의 스펙트럼

사이버 공격의 유형	사이버 범죄	사이버 테러	사이버 전쟁
가해자 성격	일반 범죄자 개인이나 조직	테러조직, 국가행위자	국가행위자 또는 초국가적 테러 네트워크
가해자 동기	금전적 이득, 단순 흥미, 개인적 보복	정치적, 사회적, 종교적 목표	국가 전략적 목표, 정치적 목표
피해 대상	개인, 민간기업	사회의 불특정 다수, 주요 국가 기간시설, 교통·전기·수도·금융·방송 등 인프라, 정부기관, 국가급 주요 민간기업	국가 전체, 군사부문, 국가전략 기반시설
피해 규모	개인이나 민간기업에 대한 심각한 침해	사회 전체나 사회의 불특정 다수, 국가의 일부 부문	국가 전역

---

43 김열수·김경규, "미래 비전통적 안보위협과 지상군의 역할," 『전략연구』, 제22집 제3호(2015), p. 148. 윤민우(2014), p. 130 참고.

44 김열수·김경규(2015), pp. 148-149. 장노순·한인택(2013), p. 601 참고.

45 한희원, "사이버 안보에 대한 국가정보기구의 책무와 방향성에 대한 고찰," 『한국경호경비학회지』, 제39호(2014), p. 329.

대응 주체	검찰, 경찰 등의 일반 수사기관	검찰청이나 경찰청 등의 중앙부서의 사이버 테러 전담기구, 국가정보원 등의 국가급 정보·방첩기관	대통령 직속의 국가안전보장회의, 국가안보실, 육·해·공군 등 국가최고전쟁수행 지도부

출처: 윤민우, "새로운 안보환경을 둘러싼 사이버 테러의 위협과 대응방안: 쟁점들과 전략적 접근 틀에 대한 논의," 『시큐리티연구』, 제40호(2014), p. 131.

한편 사이버 안보(cybersecurity)는 사이버 범죄(cyber crime), 사이버 스파이(cyber espionage), 사이버 테러(cyber terror), 사이버 전쟁(cyber warfare)과 같은 4가지 사이버 위협으로부터 사이버 공간을 방어하고 보호하는 능력을 의미한다.[46] 사이버 안보에 대한 국제적 합의가 없는 가운데, 국제전기통신연합(ITU)은 사이버 안보란 "사이버 환경과 조직 및 사용자 자산을 보호하는 데 사용할 수 있는 도구, 정책, 보안개념, 보안 보호장치, 지침, 위험 관리 접근방식, 조치, 교육, 모범사례, 보증 및 기술의 모음"이라고 정의하고 있다.[47] 미국 합동참모본부의 '국방부 군사 및 관련용어 사전'에서는 '사이버 공간 안보(cyberspace security)'를 "컴퓨터, 전자통신 시스템, 기타 정보기술(플랫폼 정보기술 포함)과 여기에 포함된 정보에 대한 무단접근, 악용 또는 손상을 방지하고, 가용성, 무결성, 인증, 기밀성 및 부인방지를 보장하기 위해 보호된 사이버 공간 내에서 수행되는 조치"라고 정의하고 있다.[48]

사이버 안보의 국제안보적 차원에서 시사점은 첫째, 사이버 공간에서 비전통적·비대칭적 위협과 공격은 사이버 무기의 파괴력이나 파급효과로 인해 전통적·재래식 안보위협과는 다른 양상을 보이고 있다. 둘째, 사이버 위협의 특징은 공격자의 신원 파악 어려움, 공격과 방어 행위의 애매한 구분, 공격 행위자의 다

---

[46] 배영자, "사이버안보 국제규범에 관한 연구." 『21세기정치학회보』, 제27집 1호(2017), p. 107. Nye, Joseph, "Nuclear Lessons for Cyber Security." *Strategic Studies Quarterly*. Vol. 5, No. 4(2011), p. 21 참고.

[47] International Telecommunication Union, "Overview of cybersecurity," Recommendation ITU-T, X.1205. April 2008, p. 2. 채재병, "안보환경의 변화와 사이버안보," 『정치·정보연구』, 제16권 2호(2013), p. 185 참고.

[48] Office of the Chairman of the Joint Chiefs of Staff, "DOD Dictionary of Military and Associated Terms," As of August 2021, p. 55.

양화, 공격무기 획득의 저비용, 안보수단의 국가 독점 한계, 국제규범의 미비 등이다. 셋째, 선 세계적으로 40여 개국 이상이 사이버 군사력을 강화하고 있고, 이 중에서 미국, 중국, 러시아, 이스라엘, 이란, 북한 등은 사이버 전력이 강한 국가로 평가된다.[49]

2) 사이버 테러의 정의, 유형, 특징

2001년 9/11 테러 이후 본격화된 뉴테러리즘 형태는 정보화시대 속에서 네트워크화되고 복합적으로 변화하고 있고, 테러리스트들은 테러행위의 공간을 사이버 공간으로 확장하고 있다. 가장 널리 수용되고 있는 데닝(Dorothy E. Denning)의 정의에 따르면, 사이버 테러리즘이란 "비국가 행위자들이 정치적·사회적 목적을 추구하고자 정부나 사회를 협박 또는 강제하기 위하여 정보 시스템을 대상으로 고도의 손상을 야기하는 컴퓨터에 기반을 둔 공격이나 위협"이라고 정의하고 있다. 또한 "사이버 테러리즘은 사이버 공간이 테러행위를 수행하는 수단이 되었기 때문에 사이버 공간과 테러리즘의 융합이라 할 수 있다. 사이버 테러리스트들은 사람 또는 물리적 재산을 대상으로 폭력행위를 저지르기보다는, 디지털 재산을 대상으로 파괴 또는 방해 행위를 자행한다"고 설명하고 있다.[50]

사이버 테러의 유형에는 기반시설 공격, 정보시스템 공격, 기술적 조장, 홍보·기금마련 등이 있다. 첫째, 기반시설 공격은 하드웨어, 운영 플랫폼, 컴퓨터 관련 프로그래밍 파괴나 와해를 의미한다. 둘째, 정보시스템 공격은 특정 시스템에 저장된 정보를 손상·파괴·변조하는 것을 말한다. 셋째, 기술적 조장은 테러 공격을 조정·선동하거나, 테러사건을 지원하기 위해 사이버·디지털 기술을 사용하는 것이다. 넷째, 홍보·기금마련은 테러조직의 명분을 홍보하고 조직원을

---

49 장노순(2014), p. 90; 장노순·한인택(2013), pp. 603-604.

50 Dorothy E. Denning, "A View of Cyberterrorism Five Years later," in K Himma, ed., *Internet Security: Hacking, Counterhacking, and Society* (Boston: Jones and Bartlett Publishers, 2006), p. 2, https://core.ac.uk/download/pdf/36729634.pdf; 윤해성·윤민우 외 (2012), p. 44.

모집하며 정보를 얻거나 수익을 목적으로 사이버 커뮤니케이션 기술을 사용하는 것이다. 사이버 테러리즘의 수법으로는 해킹·크래킹, 바이러스·웜 유포, 논리폭탄 전송, 대량정보 전송, 서비스 거부 공격, 고출력전자총 설치 등이 있다.[51]

이상과 같은 유형과 수법을 통한 사이버 테러의 특징은 첫째, 적은 비용으로 큰 효과를 낼 수 있다. 둘째, 침입의 흔적을 발견하기 어렵고, 발견하더라도 침입의 주체를 밝혀내기 어렵다. 셋째, 시간과 공간의 제약을 받지 않는다. 넷째, 사이버 테러는 그 자체가 독립된 공격으로 활용될 수도 있지만, 전통적 테러나 전쟁의 예비행위로 수행되기도 한다.[52]

51 　윤해성·윤민우 외(2012), p. 45; 김흥석, "사이버 테러와 국가안보," 『저스티스』, 제121호(2010), p. 325.

52 　김흥석(2010), pp. 328-329.

2부

대테러리즘 이해

7장

대테러리즘 활동

1절   대테러리즘 정의

테러리즘에 대응하는 활동에는 반테러리즘(anti-terrorism)과 대테러리즘(coun-terterrorism)이 있다. 테러활동에 대한 대응 시점에 따라 반테러리즘은 사전적 조치이고 대테러리즘은 사후적 조치로 구분되나, 반테러리즘은 테러리즘 예방·대비·대응을 포괄하는 대테러리즘 조치에 포함된다고 볼 수 있다. 또한 테러공격을 위기 유형의 한 가지로 구분하고, 대테러리즘 위기관리 측면에서도 분석할 수 있다.

1. 반테러리즘

반테러리즘(anti-terrorism)은 테러리즘의 발생을 사전에 예방하기 위한 방어적 조치이다.[1] 미국 합동참모본부의 '국방부 군사 및 관련용어 사전'에서는 반테러리즘을 "테러행위로 인한 대한 개인 및 재산의 취약성을 감소시키는 데 사용되는 방어적 조치로, 지역 군대 및 민간인력에 의한 신속한 봉쇄를 포함한다"고 정의하고 있다.[2] 테러에 대한 사전적 예방활동으로 ① 테러발생 원인의 환경 요소 제거, ② 테러활동 근거지 추적·섬멸과 무기 및 지원 자금 유입 등의 봉쇄로 조직 무력화, ③ 테러조직이나 테러리스트 스스로 테러리즘을 포기하도록 유도, ④ 테러 자행 가능성이 있는 용의자의 공격목표 접근 차단 등이 있다.[3]

테러를 예방하기 위한 장기적인 대책으로 공공 및 민간부분의 중요한 테러 표적들에 대한 경비·경호 및 정보·방첩 활동의 강화도 중요하다. 워드로(Grant

---

1   Brigitte L. Nacos, *Terrorism and Counterterrorism*, Sixth Edition (New York: Routledge, 2019), p. 282.

2   Office of the Chairman of the Joint Chiefs of Staff, "DOD Dictionary of Military and Associated Terms," As of August 2021, p. 17.

3   최진태, 『대테러학원론』 (서울: 대영문화사, 2011), p. 375.

Wardlaw)는 테러대책 수립을 위한 일반적이고 광범위한 정책지침의 원칙을 제시하고 있는데, ① 테러의 객관적인 원인제거를 위한 장기적 해결책 개발, ② 보안군의 규모와 역량 증강, ③ 테러리스트에 대한 형벌 강화, ④ 사회적 통제와 관리의 효율화를 위한 법률 제정(신분증, 주민등록, 기록의 전산화), ⑤ 테러리스트 공격에 대처할 제3의 군대나 특수부대의 편성, ⑥ 테러리스트와의 불협상 정책 천명, ⑦ 물리적·절차적 보안조치의 강화, ⑧ 증거인에 대한 협박을 피하기 위해 재판이나 특정 법적절차 없이 억류할 수 있는 조치의 제도화, ⑨ 테러사건의 보도통제를 위한 법적 제한, ⑩ 총괄적인 특정 반테러 법률 제정, ⑪ 개인적 사조직이 테러리스트에게 납치 해결을 위한 몸값 지불 금지 법률 제정 및 인질사건 발생 시 경찰에 보고할 법적의무를 규정하는 법률 제정, ⑫ 국제협력 및 조약체결(나포한 테러리스트의 재판과 추방, 공중납치 지원국가에 대한 착륙 금지 또는 제재조치 등), ⑬ 인질협상 대안 개발, ⑭ 테러리스트들이 전쟁의 관습법을 준수하도록 하는 제의, ⑮ 고도의 잠입기술의 개발과 활용(감시와 탐지기술)을 통한 선제조치 등이다.[4]

2. 대테러리즘

미국 합동참모본부의 '국방부 군사 및 관련용어 사전'에서는 대테러리즘(counterterrorism)이란 "테러리스트와 테러 조직 및 네트워크를 무력화하기 위해 취해지는 활동 및 작전을 통해, 그들이 폭력을 사용하여 공포를 조성하고 정부 또는 사회를 강압하여 목표를 달성하고자 하는 것을 못하도록 하는 것"이라고 정의하고 있다.[5] 미국 합동참모본부의 합동교범 3-26 '대테러리즘'에서는 "대테러리즘의 목적은 테러리스트 조직과 네트워크를 교란, 격리 및 해체하여 본토, 미국 시설 및 인력 또는 해외에서 미국 이익을 공격할 수 없도록 만드는 것이다. 대테러리즘에는 또한 선제대응 및 방지가 성공하지 못한 경우 임박한 테러 위협 또는

---

4   이태윤, 『현대 테러리즘과 국제정치』 (파주: 한국학술정보, 2010), pp. 371-372.
5   Office of the Chairman of the Joint Chiefs of Staff(2021), p. 52.

사건에 대응하기 위한 위기대응 작전이 포함된다"고 설명하고 있다.[6]

내테러리즘은 테러리스트의 행위에 대한 공세적 조치로, 정부는 테러리스트의 추가적 공격을 예방하기 위해 광범위한 정책과 조치를 채택하고 시행한다. 전반적인 대테러리즘 전략에는 테러리스트 추적, 테러행위 지지자 처벌, 보복공격, 보안조치 및 대비 프로그램 강화 등이 포함된다.[7] 대테러리즘은 테러행위 발생 시 사후적 제압·대응조치로 테러진압 행동과 테러리스트의 수사·소추·처벌 등을 포함한다. 효과적인 사후적 대테러리즘 활동은 ① 테러에 의한 피해를 최소화하기 위한 현장의 즉각 조치단계 → ② 국제적 협력과 국가 위기관리 체계 발동단계 → ③ 테러 사후관리의 우선순위 결정단계(피랍자의 안전한 구출, 물리적 강경진압, 테러리스트와 협상 등의 방안 중에서 선택) → ④ 테러의 원인과 유형에 따른 요구조건 약화 또는 폭력행위 확대에 따른 대응책 시행단계 → ⑤ 테러의 종결단계를 거치게 된다.[8]

개념적으로 반테러리즘이 사전적·방어적 조치로 정의되나, 실제 테러리즘 위협 또는 사건 발생 시 추가적인 테러리스트의 공격을 예방하기 위해 대테러리즘의 일환으로 광범위한 조치들이 취해진다. 따라서 반테러리즘 조치는 테러리즘에 대응하기 위해 취해지는 전반적인 대테러리즘 조치의 일부분으로 볼 수 있다.[9]

한국의 테러방지법에서 대테러활동은 테러의 예방, 대비, 대응을 모두 포함하고 있다. 제2조에서는 "대테러활동이란 테러 관련 정보의 수집, 테러위험인물의 관리, 테러에 이용될 수 있는 위험물질 등 테러수단의 안전관리, 인원·시설·장비의 보호, 국제행사의 안전확보, 테러위협에의 대응 및 무력진압 등 테러 예방과 대응에 관한 제반 활동"이라고 정의하고 있다.[10]

---

6   U.S. Joint Chiefs of Staff, "Counterterrorism," Joint Publication 3-26, 24 October 2014, p. I-6.
7   Nacos(2019), p. 282.
8   조영갑, 『현대전쟁과 테러』 (서울: 선학사, 2009), p. 218. 최진태(2011), p. 374, 378-379; 이태윤(2010), pp. 374-378 참고.
9   Nacos(2019), p. 282.
10   "국민보호와 공공안전을 위한 테러방지법(약칭: 테러방지법)," [시행 2021.7.20.] [법률 제18321호, 2021.7.20., 일부개정].

3. 대테러리즘 위기관리

테러리즘을 위기적 관점에서 보면 전형적인 위기 유형 중의 하나이다. 일반적인 위기의 유형은 전쟁 이전 분쟁, 군사적 도발, 재난, 폭동, 혁명, 테러리즘 등을 포함한다. 특히 2001년 9/11 테러사건, 2004년 3월 마드리드 열차 테러사건, 2007년 7/7 런던 테러사건 등은 국제사회를 위협하는 심각한 위기였다. 위기의 개념은 연구 분야에 따라 다양한 정의가 있으나, 일반적으로 위기는 "시간적 압박과 높은 불확실성하에서 기본적 구조, 근본적 가치 및 체제 규범에 대한 심각한 위협으로 핵심적 결정들을 필요하게 하는 것"으로 정의된다.[11] 즉 위기의 개념에는 ① 기본 가치에 대한 위협, ② 불확실성, ③ 긴급성이 내재되어 있다.[12] 테러리즘은 정부의 민주적 과정, 법, 경제적 이익, 국내질서 등 국가와 사회의 핵심적 가치를 위협한다. 테러리스트 공격은 발생 장소와 시점 차원에서 대개 기습적으로 발생하기에 불확실성을 내포하고 있다. 아울러 테러사건은 보통 짧은 마감시한과 과격한 최후통첩 등을 동반하기에 대응에서 긴급성을 요구한다.[13]

이러한 논의에 기반을 두어 테러공격을 위기의 유형으로 간주하고 이에 대응하는 대테러리즘은 위기관리 시각으로 접근할 수 있다. 위기관리는 일반적으로 위기상황에 대해 체계적으로 대응하는 조직의 활동으로 위기가 일어나기 전 위기 징후를 파악하고, 위기를 준비, 대응 및 복구하며, 위기상황이 종결되고 나서 위기를 평가하고, 다른 위기상황을 위해 조직의 대응체계를 향상시키는 것을 포함한다. 즉 위기관리에는 위기인식, 정책결정, 수단 결정, 종결, 학습 등 5가지

---

11   Uriel Rosenthal, Michael T. Charles, and Paul 'T Hart, *Coping with Crises: The Management of Disasters, Riots and Terrorism* (Springfield: Charles C Thomas Publisher, 1989), p. 10.

12   Uriel Rosenthal, R. Arjen Boin, and Louise K. Comfort, *Managing Crises: Threats Dilemmas, Opportunities* (Springfield: Charles C. Thomas Publisher, LTD, 2001), p. 7.

13   Dan Hansén, "Crisis and Perspectives on Policy Change: Swedish Counter-terrorism Policymaking," Swedish National Defence College. Crismart, Publication No. 34(January 2007), p. 19.

임무가 있다.[14] 미국 합동참모본부의 '국방부 군사 및 관련용어 사전'에서는 위기
관리란 "위협이나 테러행위를 예측, 예방 및 해결하는 데 필요한 자원의 사용을
식별, 획득 및 계획하기 위해 실행되는 조치"라고 정의하고 있다.[15] 따라서 대테
러리즘 위기관리는 "주로 법집행 기능으로, 테러리즘의 위협 또는 행위에 대한
예측, 예방 또는 해결하는 데 필요한 자원의 사용을 식별, 획득 및 계획하는 조
치가 포함된다. 테러사건에서 위기관리 대응에는 정보, 감시, 전술적 작전, 협상,
법의학, 조사와 같은 전통적인 법집행 임무와 요원 식별, 수색, 안전한 절차 제공
등과 같은 기술적 지원 임무가 포함된다"고 정의할 수 있다.[16]

    따라서 사전 예방적 반테러리즘과 사후 대테러리즘 위기관리를 효과적으
로 수행하기 위해서는 평시부터 ① 국제적·국가적인 첩보 및 정보에 의한 테러
위협 분석 및 공조, ② 국가적 전략시설 및 장비로써 국가통치 및 '지휘·통제·통
신·컴퓨터·정보(C4I: Command, Control, Communications, Computers, and Intelligence)' 체
계, 교통체계, 전력시설, 댐시설, 대형건물, 유류 및 가스시설, 국방시설, 개인 및
대중보호 등에 대한 위험상태 및 취약점 평가, ③ 개인안보, 시설방호, 경계 및
대처 교육훈련의 예방활동, ④ 테러에 대응하기 위한 위기관리 체계를 계획하고
시행할 수 있어야 한다.[17]

14   김영욱, 『위기관리의 이해: 공중관계와 위기관리 커뮤니케이션』 (서울: 책과길, 2002), p. 86.

15   Office of the Chairman of the Joint Chiefs of Staff(2021), p. 53.

16   U.S. Department of Defense, "CONPLAN: United States Government Interagency
      Domestic Terrorism Concept of Operations Plan," January 2001, p. 7. Jeffrey D. Brake,
      "Terrorism and the Military's Role in Domestic Crisis Management: Background and
      Issues for Congress," *CRS Report for Congress*, updated January 27, 2003, p. 6; Federal
      Emergency Management Agency, "Federal Response Plan, Notice of Change," February 7,
      1997, p. 2 참고.

17   조영갑(2009), pp. 218-219.

2절 대테러리즘 활동 수단

대테러리즘 활동에는 다양한 수단들이 동원된다. 각 수단마다 효과성과 한계를 가지고 있기에 수단들은 상호보완적이고 조화를 이루어야한다. 필라(Paul R. Pillar)는 대테러리즘 활동 수단으로 ① 외교, ② 형사법의 적용, ③ 재정통제, ④ 군사력, ⑤ 정보활동과 비밀공작을 제시하고 있다.[18]

미국 의회조사국(CRS: Congressional Research Service)의 펄(Raphael F. Perl)은 대테러리즘 활동을 위한 정책수단으로 ① 외교·건설적 관여, 공공외교, ② 경제제재, ③ 경제적 유인, ④ 비밀공작, ⑤ 테러리스트 인도와 법집행 협력, ⑥ 정보제공에 대한 보상, ⑦ 군사력 등 7가지를 제시하고 있다.[19] 본 내용에서는 펄의 대테러리즘 활동 수단을 중심으로 설명한다.

1. 외교·건설적 관여, 공공외교

외교는 회담 또는 협상 당사자에게 정책을 밝히고, 그들을 설득하고 이해를 구하거나 합의하는 데 필요한 여러 가지 노력을 하는 것으로, 대테러리즘 활동의 모든 요소들과 관련이 있다. 외국정부를 설득하는 것은 테러집단이나 테러 후원 국가의 활동을 구속하는 데 그 목적이 있기 때문에 외교적 역량이 필요하다. 또한 외교는 다양한 방법으로 다른 수단들을 지원한다. 예를 들어 테러리스트의 인도, 테러사건을 조사하기 위한 법적지원 및 전문가 개입문제 등에 대한 형사법 적용 노력 등이다. 그러나 외교력은 확고한 테러리스트나 테러지원 국가들에게

---

18   폴 필라(Paul R. Pillar) 저, 김열수 역, 『테러와 미국의 외교정책』(서울: 국방대학교 안보문제연구소, 2001), pp. 112-181.
19   Raphael F. Perl, "International Terrorism: Threat, Policy and Response," *CRS Report for Congress*, Updated January 3, 2007, pp. 11-20.

항상 효과적이지 않을 수 있으나, 대부분의 경우 테러위기 발생 시 초기의 수단
으로 사용되었다. 9/11 테러사건과 탈레반에 내응해서 범세계적 반테러 연대 창
설을 위한 외교력의 사용은 미국 부시 행정부의 핵심적인 정책수단이었다.[20]

다자외교는 여러 한계에도 불구하고 대테러리즘 활동을 수행하는 데 다음
과 같은 측면에서 유용하다. 첫째, 다자외교는 미국 단독 또는 소수의 동맹국들
과 협력함으로써 받게 되는 세계적 비난 없이 테러 후원국가에 대해 대응하고 행
동을 촉구하는 공식적 구조를 제공해줄 수 있다. 둘째, 다자외교를 통해 대테러
리즘 협력을 촉진하는 공통의 표준인 국제조약을 만들고 체결할 수 있다. 셋째,
다자외교를 통해 테러 행위자에게 국제규범을 강요할 수 있다. 테러행위는 인간
의 삶을 포함하는 인류의 보편적 가치에 반하고 무고한 사람들에게 고통을 주기
에 전 세계 국가들이 반대하고 비난하고 있다. 따라서 반테러 관련 국제조약에
따라 금지사항을 명백히 표명하고, 테러에 대항하고자하는 국제사회의 공감대
형성과 동기를 유발할 수 있다.[21]

준국가 그룹에 의한 테러사건에 대응할 때, '건설적 관여(Constructive Engage-
ment)'를 통한 대응은 정부기관과 테러그룹 간의 기존채널 부족 및 상호 수용된
행동원칙의 부재로 복잡한 문제를 발생시킬 수 있다. 예를 들면 미국은 테러리스
트 또는 인질 납치범들과 협상하지 않는다는 오랜 정책을 가지고 있다. 그러나
일부 전문가들은 21세기 변화하는 테러리즘 환경에서, 어떤 경우에는 테러리스
트와의 의사소통은 미국의 이익에 도움이 될 수 있다고 제안한다. 협상 또는 외
교적 관여의 대상은 ① 테러리즘을 지원하거나 수행하는 국가들(이란, 시리아 등), ②
테러리즘 지원 또는 관여 조직들(하마스, 헤즈볼라 등), ③ 핵심 테러조직의 핵심 지도
자들이다. 일부 전문가들은 대부분의 모든 유형의 직접접촉은 긍정적 결과를 가
져올 수 있다고 본다. 그러나 다른 전문가들은 직접접촉이 소위 불량국가(rouge
nation), 테러리스트 조직 및 지도자에게 정당성을 부여할 수 있는 경우 긍정적 결

---

20   필라(2001), pp. 112-114; Perl(2007), p. 11.
21   필라(2001), pp. 116-120.

과를 가져올 수 있는 유용성이 적다고 본다.[22]

　　한편 '공공외교(Public Diplomacy)' 지지자들은 공공외교가 '마음과 정신'을 얻는 데 중요한 역할을 할 수 있다고 주장한다. 미디어를 통한 공공외교가 여론에 미치는 영향은 대중의 태도와 정부의 행동뿐만 아니라 테러행위에 관여하는 집단의 행동에도 영향을 미칠 수 있다. 미디어에 대한 효과적인 공공외교는 다른 국가의 여론을 동원하여 정부가 테러에 대응하도록 압력을 가하는 데 도움이 될 수 있다. 예를 들면, 부시 행정부는 국무부에 '공공외교·공공정책 차관(Under Secretary of State for Public Diplomacy and Public Affairs)' 직위를 신설하여 미국의 대테러리즘 정책에 대한 유리한 국제환경을 조성하기 위해 노력했다.[23]

2. 경제제재

　　'경제제재(Economic Sanctions)'는 정부를 대상으로 한 대테러리즘 조치로 오래 전부터 사용된 수단이다. 하스(Richard N. Haass)에 의하면 제재는 "국가들이나 다른 주체들이 수용할 수 없는 정치적 및 군사적 행동의 변화를 모색하기 위해 주로 경제적 차원에서 구사되나 정치적 및 군사적 벌칙도 포함한다"고 정의된다. 설득의 수단으로 표적국가를 협상의 장으로 유도하는 데 중요한 기능을 하는 제재는 표적국가의 처벌, 표적국가의 행동에 대한 비난 표시, 비용을 부가해 행동의 변화 유도, 추가되는 다른 국가의 행동 억제 등 다양한 목표를 추구하기 위해 사용된다. 특히 미국은 제재를 대량살상무기(WMD) 억제, 인권 증진, 테러리즘 지원 포기, 마약거래 저지, 군사공격 저지, 환경보호, 정부타도 등을 위해 다른 어떤 나라보다도 많이 사용하고 있다.[24]

22　　Perl(2007), pp. 12-13.

23　　Perl(2007), p. 13.

24　　Richard N. Haass, "Sanctioning Madness," *Foreign Affairs*, Vol. 76, No. 6(November/ December 1997), p. 74; Samina Ahmed and David Cortright, "South Asia at the Nuclear Crossroads: U.S. Policy Options Toward South Asian Nuclear Proliferation: The Role of

경제제재는 주로 단일 또는 다자간 차원에서 사용될 수 있다. 대표적인 단일제재의 사례는 미국의 쿠바와 이란에 대한 무역과 투자 금지조치가 있고, 다자적 제재의 사례는 국제연합(UN)에서 승인된 1988년 팬암 103기 폭파에 개입한 리비아에 대한 제재가 있다. 과거에는 경제제재가 주로 국제테러리즘의 적극적인 지원국이나 후원국에 사용되었다. 또한 경제제재는 테러리스트 그룹의 자산을 표적으로 삼아 사용될 수도 있다. 이와 관련된 사례로는, 9/11 테러 직후인 2001년 9월 23일 부시 대통령은 행정명령(Executive Order) 13224호에 서명하고 빈 라덴(bin Laden)의 네트워크에 소속된 것으로 알려진 27개의 개인과 조직의 자산을 동결했고, 재무장관에게 국제금융 시스템에 대한 접근권한을 제공하는 전 세계 은행에 제재를 가할 수 있는 광범위한 권한을 부여하고, 추가기관을 테러조직으로 지정한 적이 있었다.[25] 가장 책임 있는 대상에 직접적인 처벌을 가하는 '표적제재(targeted sanctions)'는 특정 지도자의 개인적 자산을 동결하거나 현금에 대한 접근을 금지하는 것 등이 포함된다. 이러한 목적을 위해 폭력의 사용을 위협하는 지도자의 현금 흐름을 확인하고 제한하기 위해 협력국가들 간에 재정적 정보가 공유되기도 한다.[26] 국가와 관련된 경제재제는 ① 무역 제한, ② 기술이전 제한, ③ 해외원조 제한, ④ 수출 신용 및 보증 제한, ⑤ 외환 및 자본 거래 제한, ⑥ 경제적 접근 제한 등 6가지 유형이 있다. 그러나 이러한 경제적 조치의 효과는 불확실하다. 테러자금의 대부분이 공식적인 은행 채널 밖인 '하왈라(hawala)'라는 자금 중개인 체인(채권·채무관계자들이 은행을 통하지 않고 신용으로 거래하는 이슬람의 전통적인 송금 시스템)에서 발생하기 때문이다.[27]

테러집단의 재정 통제와 금지를 통해 추구하고자하는 대테러리즘의 목표는

Sanctions and Incentives," *A Joint Publication of the Managing the Atomic Project at Harvard University*, The Fourth Freedom Forum, and the Joan B. Kroc Institute for International Peace Studies at the University of Notre Dame, March 2001, p. 5.

25 Perl(2007), p. 14.

26 Carnegie Commission on Preventing Deadly Conflict, *Preventing Deadly Conflict: Final Report* (Washington, D.C.: Carnegie Commission on Preventing Deadly Conflict, 1997), pp. xxiv, 52, 55.

27 Perl(2007), p. 14.

다음과 같다. 첫째, 테러리즘 후원국가에 대한 자산동결은 테러리즘 지원 종식에 대한 이해를 포함하여, 후원국가의 미래와 관련하여 협상의 수단이 될 수 있다. 둘째, 비록 소규모의 자금 차단도 테러활동의 능력을 저해할 수 있다. 셋째, 차단의 위협은 테러집단의 재정운영을 복잡하게 만들 수 있다. 넷째, 테러집단에 대한 지원을 범죄시하는 것은 잠재적인 후원국가를 억제하는 데 도움을 준다. 다섯째, 재정지원에 대한 통제를 통해 통제를 실시하는 국가가 테러리즘과의 전투를 하고 있다는 심각성을 보여주고, 다른 국가들도 제재에 동참해주기를 바랄 수 있다.[28]

한편 대테러리즘 활동을 수행하는 데에 재정적 수단의 한계도 존재한다. 우선 테러리즘은 비용이 저렴하다는 것이다. 물론 일부 조직은 대규모이고 많은 비용이 소요되는 조직이기는 하나 이들은 외부의 지원을 받는다. 그러나 사람을 단순히 살해하거나 폭탄을 터뜨리는 것은 많은 자금을 요구하지 않는다. 1993년 2월 6명이 사망하고 1,000여 명이 부상당한 뉴욕 세계무역센터 테러에 사용된 트럭폭탄은 약 400달러 정도로 추산되었다. 둘째, 국제적으로 활동하는 테러리스트들의 자금 흐름을 추적하기가 대단히 어렵다. 테러리스트들은 가명과 다양한 이름을 사용하고, 상호 연결·중첩되어 있는 집단의 복합적 연계는 테러자금의 흐름을 추적하는 노력을 더욱 어렵게 하고 있다. 셋째, 미국의 입장에서 보면 테러리스트들의 재정적 거래 대부분이 미국 밖에서 이루어지고 미국의 통제를 벗어난다는 점이다. 따라서 외국 정부와 금융기관의 협조 없이는 추적이 매우 어렵다.[29]

3. 경제적 유인

코트라이트(David Cortright)는 유인(incentive)을 "정치적 또는 경제적 이득의 제공을 수용국가의 특정한 정책조정과 맞바꾸는 것"으로 정의하고 있다. 유인은 협력과 화해를 달성하기 위한 행동에 대한 자극과 장려를 의미하며, 엄격한 상호주

---

28   필라(2001), pp. 139-140.
29   필라(2001), pp. 140-142.

의의 적용 없이 좀더 무조건적 방식으로 생각되어지는 것도 가능하고 때론 필요하다고 설명하고 있다.[30] 아미드(Samina Ahmed)와 코트라이트는 유인조치의 목적으로 ① 제공국의 바람직한 규범 또는 정책선호에 대한 공약을 실증, ② 보상의 약속과 제공을 통해 수용국이 그의 행동을 변화하도록 설득, ③ 표적국가 행동의 변화를 승인하는 것을 표현, ④ 다른 국가들이 규범에 근거한 행동을 채택하도록 촉진 등 4가지를 제시하고 있다.[31]

'경제적 유인(Economic Sanctions)'은 특정 국가가 유인책의 수혜국일 경우 대테러리즘 협력 차원에서 핵심적 역할을 할 수 있다. 또한 대테러리즘 정책에는 테러리스트 육성에 기반이 되는 경제적·사회적 조건을 변경하려는 노력이 포함될 수 있다. 일부 분석가들은 전 세계 대부분의 테러리스트들은 실업상태이거나 불완전 고용상태이며, 경제적 수준 향상에 대한 전망이 없다고 보고 있다. 따라서 이들에 대한 빈곤 감소와 교육기회 증대 프로그램은 취약국가의 안정을 가져오고 생활 방식과 태도를 변화시켜서 극단주의 조직에 대한 호감을 감소시킬 수 있다고 주장한다.[32]

이에 대한 반론자들은 심각한 경제적 상황은 테러리즘 등장의 유일한 또는 주요한 동기부여 요인이 아니라고 주장하고, 특정한 국가나 정치질서에 대한 분노와 종교적 광신도 중요한 동기라고 강조한다. 예를 들면 알 카에다 지도자 빈라덴(bin Laden)은 상속받은 막대한 개인자산이 있었고, 9/11 테러에 가담한 사우디아라비아 국적의 납치범 15명은 중산층 출신이었다. 스페인 바스크족의 분리주의단체인 '조국과 자유(ETA)'는 상대적으로 부유한 테러단체이다. 따라서 경제적 여건은 특정한 상황에서 특정종류의 테러행위를 부분적으로 설명하지만, 결국 정치적, 이념적, 종교적 요인이 가장 중요하다고 주장한다.[33]

---

30   David Cortright, "Incentives and Cooperation in International Affairs," in David Cortright, ed., *The Price of Peace: Incentives and International Conflict Prevention* (Lanham: Rowman & Littlefield Publishers, Inc, 1997), p. 6.

31   Ahmed and Cortright(2001), p. 6.

32   Perl(2007), p. 16.

33   Perl(2007), p. 16.

4. 비밀공작

대테러리즘 정보는 테러의 예방과 테러 발생 시 효과적인 대응을 위해 테러조직의 실체, 전략, 전술 등에 관한 제반 정보이다. 즉 테러의 예방, 저지, 차단 및 테러리스트의 체포 등을 위한 목적의 달성을 위해 필요한 정보를 의미하며 대테러리즘 활동에 가장 핵심적인 요소이다.[34]

대테러리즘 활동을 위한 정보기관의 '비밀공작(Covert Action)'에는 정보수집, 테러리스트 조직에 침투, 군사작전 등 다양한 활동이 있다. 대부분의 비밀공작은 테러조직의 의도, 능력, 취약성을 파악하기 위한 소극적인 형태이다. 비밀공작의 적극적인 형태는 인질위기 또는 항공기 납치 발생 시 외국정부가 비공개적으로 지원국가에게 자문, 장비 및 기술적·전술적 지원을 요청할 때 수행된다. 또한 비밀공작은 테러조직의 지도자들에 대한 허위정보 유포, 이탈 유도, 분파 간 분열 촉진, 조직 간 갈등유발 등을 통해 테러조직에 대한 취약성을 증가시키기 위해 사용되기도 한다. 일부국가들은 주기적으로 개별 테러리스트를 무력화하거나 사전 공격계획을 저지하기 위해 그들의 영토 밖에서 비전통적 방법을 사용하기도 했다. 예를 들면 자금과 무기가 테러조직에 전달되는 것을 차단하거나 방해하는 공작, 테러리스트의 초기단계 대량살상무기(WMD) 제조시설의 파괴, 암살 또는 살인으로 수배 중인 테러리스트를 재판에 회부시키기 위한 검거와 이송 작전 등이 있다.[35]

정보기관의 다양한 정보활동이 대테러리즘 활동에 기여하는 부분은 첫째, 테러조직의 테러 실행 여부의 가능성 및 협상의도, 지휘구조, 지휘통제체제, 동기 등에 대한 평가제공이다. 둘째, 혐의자 체포와 위험물질 몰수를 통한 위협의 제거이다. 셋째, 테러 목표대상을 보호하기 위해 여행 취소, 행사 연기, 장소 변경 등을 통하여 테러리스트들의 계획을 억제하는 것이다. 넷째, 비밀작전을 통한 테러조직의 내분, 상호공격, 분열을 야기하고, 그 결과로 테러조직의 동력을

---

34   최진태(2011), p. 313.
35   Perl(2007), p. 16.

상실하게 하고 효과적 활동을 저지할 수 있다. 다섯째, 테러조직이나 지지자들의 동요와 혼란을 야기하기 위해 정보를 선벽석으로 유출하는 역성보 활동을 선개할 수 있다.[36]

5. 테러리스트 인도와 법집행 협력

법집행, 관세국경 통제 및 정보활동에 대한 국제협력은 대테러리즘 활동의 핵심수단이다. 예를 들면 미국 연방수사국(FBI)은 전 세계에 63개 해외지부에 요원을 파견하여 테러범죄 조사를 담당하고 테러조직과 인물에 대한 정보활동을 수행하고 있다. 또한 법무부 소속의 '마약단속청(DEA: Drug Enforcement Administra-tion)'은 전 세계 68개국에 92개의 해외지부를 두고 있다. 국제 테러리즘에 대처하기 위한 중요한 법집행 수단은 테러리스트의 인도이다. 그러나 전통적으로 일부 국가가 정치범을 불인도하거나 영토 외 범죄에 대한 인도 거부 및 자국민에 대한 인도를 거부하는 등 국제 범죄인 인도(Extradition)에 제약이 많다.[37]

효과적인 법집행은 국제사회의 대테러리즘 활동에 필수적인 수단이지만, 모든 유형의 테러행위에 대해 법집행이 항상 적용되지는 않는다는 문제점이 있다. 특히 해외에서 발생하는 테러공격은 전혀 상이한 법집행 체계에서 딜레마를 야기하는데, 접근관할권과 국가주권 등의 문제가 불가피하게 대응을 복잡하게 만든다. 이러한 문제를 극복하기 위해 국제사회는 법적협력의 국제레짐을 진작하고, 국가들 간에는 사법기관들이 테러리스트를 추적해 체포하기 위한 정보공유와 사법공조를 위한 조약을 체결하고 있다. 그중 하나가 '범죄인인도조약'으로, 다른 조인국의 요청이 있을 경우 테러리스트를 인도하도록 규정하고 있다. 범죄

---

36   문광건·이준호, "대테러리즘 정책 방향에 관한 소고," 『주간국방논단』, 제904호(02-33), 2002.8.29, p. 5; 필라(2001), p. 162; 마틴(2008), p. 292.

37   Perl(2007), p. 17; FBI, "Overseas Offices," https://www.fbi.gov/contact-us/legal-attache-offices; United States Drug Enforcement Administration, "Foreign Offices," https://www.dea.gov/foreign-offices.

인인도조약이나 기타 수사협력 협정은 테러와의 전쟁에서 매우 강력한 수단이
며, 적절히 시행될 경우 매우 효과적일 수 있다. 그러나 이런 조약들은 자발적 협
조에 의존하기에 조인국 중에서 한 나라가 협조에 미온적이거나, 보복이 두려워
테러리스트를 인도하고 기소하기를 기피하는 경우 외국정부를 강제하기는 곤란
하며, 해당 정부의 승인 없이 외국영토에서 일방적으로 작전을 수행하기도 어려
운 실정이다.[38]

6. 정보제공에 대한 보상

테러리스트 정보 제공에 대한 보상은 테러리스트를 색출하는 데 효과적인
수단이 될 수 있다. 보상제도는 이탈리아에서 적군파의 격멸과 콜롬비아에서 마
약 카르텔 지도자들의 체포를 위한 수단으로 사용되었다.[39]

특히 미국은 국제테러에 대응하기 위해 '정의에 대한 보상 프로그램/대테러
리즘 포상 프로그램(RFJ: Rewards for Justice)'을 중요한 수단 중의 하나로 시행하고
있다. 이 프로그램은 1984년 공공법 제98-533호인 '국제 테러리즘 대책법(Act
to Combat International Terrorism)' 제정에 따라 국무부 외교안보국(Bureau of Diplomatic
Security)이 관리하고 있다. 이 프로그램의 목표는 국제 테러리스트들을 법의 심판
을 받게 하고 미국 국민이나 재산에 피해를 주는 국제 테러행위를 예방하는 것
이다. 이 프로그램에 의거하여, 미국 국민 및 재산을 상대로 국제 테러행위를 계
획·실행·지원·시도하는 자를 체포·기소, 또는 그러한 행위의 발생을 사전에 예
방하고 테러행위 주도자의 신분이나 거처를 밝히거나, 테러행위의 자금조달을
막는데 결정적인 정보를 제보한 사람에게 포상금을 지급할 수 있는 권한을 미국
국무부장관에게 부여하고 있다. 국무부장관은 테러와의 전쟁, 또는 미국을 테러
행위로부터 보호하기 위하여 더 많은 금액이 필요하다고 자신이 결정하는 경우,

---

38   문광건·이준호(2002), p. 4; 마틴(2008), p. 310.
39   Perl(2007), p. 18.

2,500만 달러 이상의 포상금을 지급할 수 있는 권한이 있다.

1984년에 시작된 대테러리즘 포상 프로그램(RFJ)을 통하여 미국 정부는 테러리스트를 투옥시키거나 전 세계적으로 국제 테러행위를 방지하는 데 실행 가능한 정보를 제공한 100명 이상의 사람들에게 1억5천만 달러가 넘는 포상금을 지급했다. 이 프로그램은 1993년 세계무역센터 폭파에서 유죄 판결을 받은 국제 테러리스트 '람지 유세프(Ramzi Yousef)'를 1995년에 파키스탄에서 체포하는 데 중요한 역할을 했다. 비록 '정의에 대한 보상 프로그램'의 입법 취지는 미국 국민을 대상으로 하는 테러행위 방지에 목적을 두고 있으나, 미국은 자국의 국민이 위험에 처한 다른 국가와도 정보를 공유하고 있다. 각국 정부와 국민 모두는 테러리스트의 처벌과 테러행위를 방지하는 데 서로 간에 이해관계를 가지고 있다.[40]

지금까지 가장 큰 액수의 현상금을 받은 사례는 1993년 사담 후세인의 두 아들 '우다이'와 '쿠사이'에 대한 정보를 제공한 사람으로 그는 3,000만 달러를 현상금으로 받았다. 미국 특수부대가 2011년 5월 1일 사살한 알 카에다 지도자 빈 라덴은 1998년 미국 연방수사국(FBI)의 수배자 명단에 올랐다. 이후 2001년 9/11 테러의 핵심으로 지목되면서 2,500만 달러의 현상금이 걸렸었다.[41] 현재 알 카에다의 지도자 '아이만 알 자와히리(Ayman al-Zawahiri)'에게는 최고 2,500만 달러, 이슬람국가(ISIS)의 지도자 '아미르 무하마드 사이드 압둘-라흐만 알-마울라(Amir Muhammad Sa'id Abdal-Rahman al-Mawla)'에게는 최고 1,000만 달러의 현상금이 걸려 있다.[42]

---

40   U.S. Department of State, Rewards for Justice, "Program Overview," https://rewardsforjustice.net/english/about-rfj/program-overview.html;『조선일보』, "[태평로칼럼] 정보기관이 한눈 팔면," 2001.11.20.

41   『한국경제』, "빈 라덴 현상금 2700만$ 허공에 뜨나," 2011.5.3;『조선일보』, "빈 라덴 목에 걸린 현상금 266억원, 누가 차지할까?" 2011.5.2.

42   U.S. Department of State, Rewards for Justice, "Wanted for Terrorism," https://rewardsforjustice.net/english/most-wanted/all-regions.html.

7. 군사력

군사력은 테러조직을 무력으로 진압하기 위해 사용하는 가장 강경한 수단
이다. 테러공격 발생 시 군사력을 언제 어떻게 전개할 것인지 결정하는 것 자체
가 어려운 일이지만 군사력에 의한 진압 결정은 각 테러환경에 적합한 정책구상
에 따라 이루어진다. 군사력의 사용에는 테러조직과 동조자들을 징벌하거나 동
요시키고 분쇄하기 위해 군사적 또는 준군사적 수단이 동원된다. 군사력 사용을
통한 작전은 테러세력을 저지·해체·궤멸시키기 위한 진압작전과 테러리스트들
에게 상징적 메시지를 주기 위한 징벌적 또는 선제적 타격 등이 있다. 대테러리
즘 군사작전은 테러리스트들이 자신을 보호하는 데 집중하고 자원을 투입하도록
유도하여 새로운 테러공격을 감소시키는 효과를 거두기도 한다.[43]

미국과 같은 강대국에 의해 사용되는 군사력은 비록 어려움이 따르지만 상
당한 영향력을 발휘한다. 선택적 군사력 사용의 지지자들은 군사적으로 고유한
기술과 특수장비를 중요한 요소로 간주한다. 또한 성공적인 선제적 또는 보복적
군사력 사용을 위해서는 테러리스트 또는 테러 지원국가 파악 및 테러집단의 정
확한 위치에 대한 정보가 필수적이다. 군사력 사용의 사례는 1986년 리비아 폭
격, 1993년 이라크 군 정보본부 폭격, 1998년 8월 아프가니스탄 기지 및 수단
알시파 화학공장에 대한 미사일 공격, 2001-2002년 아프가니스탄 탈레반 정권
타도, 2003-2011년 3월 이라크전, 2001년 10월 아프가니스탄에서의 군사작전
등이 있고 논란의 여지는 있으나 2003년 3월 이라크 전쟁이 있다. 그 외에 미군
은 콜롬비아, 아프리카 북동부(지부티), 필리핀에서 대테러리즘 활동과 관련한 임
무, 훈련 및 군사력을 동원했었다.[44]

그러나 일부 비판자들은 군사행동은 해외 민간인의 피해와 표적국가의 경
제시설에 대한 부수적 피해를 유발할 수 있는 과잉적 수단이라고 지적한다. 예를
들면 2003년 3월 이라크 사담 후세인 정권을 무너뜨린 위한 미국의 군사행동과

---

43   마틴(2008), pp. 280-283; 문광건·이준호(2002), p. 5.
44   Perl(2007), pp. 18-19.

2006년 7월 레바논의 헤즈볼라 위협을 약화시키기 위한 이스라엘의 군사작전 등이나. 그러나 군사력의 사용을 통해 특정 테러조직의 척결과 활동제한에 기여할 수 있고, 테러조직에게 은신처를 제공하고 이들을 지원하는 표적국가에게 정치적 메시지를 전달하는 효과도 거둘 수 있다.[45]

미국의 아프가니스탄 대테러 전쟁

2001년 9월 11일 미국 뉴욕 세계무역센터 및 워싱턴 국방부에 항공기를 충돌시키는 테러공격이 발생했다. 이 사건은 1941년 진주만 공격이후 최초의 미국 본토에 대한 공격이었으며, 1812년 이후 외부의 적이 미국 수도에 대해 감행한 최초의 공격이었다. 미국은 테러 발생 다음날인 9월 12일에 개최된 국가안보회의(NSC)에서 9/11 테러를 미국에 대한 전쟁으로 간주하고 테러리즘에 대한 단호한 응징을 천명했다. 9월 13일 중앙정보국(CIA)과 연방수사국(FBI)에 의해 테러가 오사마 빈 라덴 주도하의 알 카에다 조직에 의해 행해졌으며, 오마르가 이끄는 아프가니스탄 탈레반 정권이 알 카에다 조직을 비호하고 있다는 사실이 밝혀졌다. 9월 14일에는 미국 상원이 무력사용 승인 결의안을 통과시키면서 120억 달러에 달하는 전쟁비용을 배정했다. 이와 같은 배경하에 미국은 대테러전의 일환으로 아프가니스탄에 대한 군사작전을 전개했다.[46] 대테러전(CT)의 일환인 '항구적 자유작전(Operation Enduring Freedom)'의 목표는 알 카에다 테러리스트 활동의 기지로 아프가니스탄이 활용되는 것을 분쇄하고, 탈레반 정권의 군사적 역량을 공격하는 것이었다.[47]

2001년 10월 7일 시작된 항구적 자유작전은 4단계로 구분하여 실시되었다. 1단계는 전쟁 여건 조성의 단계(2001.9.14-10.6)로 대테러전에 대한 국제적 협력 모색과 군사력을 전개했다. 미국은 UN을 통한 테러 비난 결의문을 채택하였고, 중앙아시아 국가에 전쟁수행을 위한 전방기지를 구축하고 군사력을 전개하였으며, 중앙정보국(CIA) 및 특수부대에 의한 심리전 및 정보전을 개시했다. 2단계는 초기 작전단계(2001.10.7-11.25)로

---

45   Perl(2007), p. 19.

46   이승렬·박규백, "미국의 대아프간 전쟁 교훈: 클라우제비츠의 삼위일체론 적용 측면을 중심으로," 『해양연구논총』, 제30집(2003년 6월), pp. 89-90.

47   The White House, "Presidential Address to the Nation," October 7, 2001, https://georgewbush-whitehouse.archives.gov/news/releases/2001/10/20011007-8.html.

항공 공습위주의 작전과 특수부대 중심의 작전을 실시했다. 개전 초기 미국은 폭격기 중심의 항공 전력과 함정발사 토마호크 크루즈 미사일 중심의 장거리 정밀타격에 의한 탈레반 정권의 지휘통제 시설 및 주요 군사시설을 파괴·마비시켰다. 공습 11일째부터는 탈레반군의 북부진지를 공격하여 북부동맹군의 지상작전을 지원하고, 특수부대를 투입하여 탈레반 정권과 알 카에다 조직의 붕괴 및 목표 정보획득 작전을 병행했다. 3단계는 결정적 작전 단계(2001.11.26-12.22)로 계속되는 항공공습과 함께 키티호크 항모전투단의 제15해병원정부대 등이 북부 동맹군과의 협조하에 대규모의 주요 도시 점령작전을 실시하였고, 탈레반군의 마지막 저항기지인 칸다하르 지역을 완전히 탈환하고 탈레반 정권을 붕괴시켰다.[48]

이후 부시 행정부는 아프가니스탄에서 알 카에다 세력에 대한 대테러전(CT: Counterterrorism Operations) 전략을 지속적으로 수행하였으나, 알 카에다 조직이 건재하면서 전방위적으로 테러를 감행하였고, 탈레반 세력도 반격을 통해 공세를 멈추지 않았다. 2009년 출범한 오바마 행정부는 아프가니스탄 전쟁전략을 재검토하여 알 카에다 궤멸, 탈레반 반란세력 진압, 주민보호 등을 위해 병력증강을 통한 다면적 대반란전(COIN: Counterinsurgency Operations) 전략을 수행하기 시작했다.[49]

2011년 6월 22일 오바마 대통령은 2011년 말까지 미군 1만 명을 철군하고, 2012년 9월까지 추가로 2만 3천명을 단계적으로 철군한다는 계획을 발표했다. 2012년 1월 5일 국방부는 국방전략지침 발표를 통해 아프가니스탄에서 제한된 대반란전을 수행하면서 대테러전에 중점을 두겠다는 기조를 밝혔다. 2014년 5월 27일 오바마 대통령은 미군과 나토(NATO)군 중심의 국제안보지원군(ISAF: International Security Assistance Force)이 철수하는 2014년 말 이후에도 미군 3만 2천명 중에서 9천 800명을 잔류시키고, 2016년 말까지 대사관 경비병력 정도만 남기고 모두 철수하겠다고 밝혔다.[50]

---

48   박창권, "아프간 전쟁(항구적 자유작전)의 교훈 및 시사점," 『합참』, 제19호(2002.7.1), p. 35; 이승렬·박규백(2003), pp. 90-91; 윤태영, 『테러리즘과 대테러리즘』(창원: 경남대학교출판부, 2014), p. 185.

49   윤태영, "미국의 아프가니스탄 전쟁 목표와 전략의 변화양상: 대테러전과 대반란전 논쟁을 중심으로," 『국가안보와 전략』 제17권 1호(2017년 봄), p. 205.

50   Kenneth Katzman, "Afghanistan: Post-Taliban Governance, Security, and U.S. Policy," *CRS Report*, Congressional Research Service, June 6, 2016, pp. 26-27; U.S. Department of Defense, "Sustaining U.S. Global Leadership: Priorities for 21st Century Defense," January 2012, pp. 4, 6; 『연합뉴스』, "아프간, 미국 철군 일정에 엇갈린 반응(종합)," 2014.5.30; 『연합뉴스』, "미국 최장기 아프간전쟁 13년만에 공식 종료(종합)," 2014.12.29.

오바마 행정부 당시 추진된 출구전략에 따라 2014년 9월 30일 미국과 아프가니스탄
은 '양자안보협정(BSA)'에 서명하고, 2015년 이후에도 비전투병 주둔을 허용하기로 합
의했다.[51] 이에 따라 2014년 12월 28일 미국이 주도하는 국제안보지원군(ISAF)은 카불
에서 아프가니스탄 전투임무를 공식적으로 종료하는 행사를 거행했다.[52]

트럼프 행정부에서는 아프가니스탄 정부의 참여 없이 직접적인 미국-탈레반 회담을
추진하여, 2020년 2월 29일 아프가니스탄 평화정착을 위한 '미국-탈레반 약정(도하합
의)'을 체결했다.[53] 2021년 4월 14일 바이든 대통령이 아프가니스탄 주둔 미군 병력을
전원 철수하겠다고 발표한 이후, 5월부터 미군의 철수가 본격화되면서 탈레반은 세력을
빠르게 확장하면서 점령지를 넓혀갔다. 탈레반은 2021년 8월 15일 수도 카불을 장악했
고 아프가니스탄 정부는 붕괴되었다.[54] 미국은 2021년 8월 30일 병력을 모두 철수하였
고 20년간 아프가니스탄 전쟁의 종료를 선언했다.

미국의 이라크 전쟁[55]

이라크는 1991년의 걸프전 종결 이후 국제사회로부터 불법적인 대량살상무기(WMD)
를 보유·개발하고 있다는 의심을 받아왔다. 미국을 비롯한 국제사회의 압박에 이라크는 유
엔 무기사찰단의 현장 조사를 수용했다. 그러나 대통령 궁을 포함한 민감한 지역에 대한 사
찰 요구를 이라크가 거절하자 유엔 무기사찰단은 이라크에서 철수했다. WMD 사찰문제로
이라크와 미국의 갈등국면이 고조하는 가운데 미국 부시 행정부는 2002년 1월의 연두교

---

51   Kenneth Katzman, "Afghanistan: Post-Taliban Governance, Security, and U.S. Policy,"
      CRS Report, Congressional Research Service, November 8, 2016, p. 29; 『연합뉴스』, "아프
      간, 미국 철군 일정에 엇갈린 반응(종합)," 2014.5.30.

52   The White House, "Statement by the President on the End of the Combat Mission in
      Afghanistan," December 28, 2014, https://obamawhitehouse.archives.gov/the-press-
      office/2014/12/28/statement-president-end-combat-mission-afghanistan.

53   Congressional Research Service, "U.S. Military Withdrawal and Taliban Takeover in Afghanistan:
      Frequently Asked Questions," CRS Report, Updated September 17, 2021, p. 6; 외교부, "미국-탈
      레반간 아프가니스탄의 평화를 위한 약정 서명에 대한 외교부 대변인 성명," 2020.03.02.

54   VOA, "[뉴스 따라잡기] 아프간 무장조직 탈레반," 2021.8.20.

55   한국국방연구원, "이라크 분쟁," KIDA 세계분쟁정보, 2021년 10월, pp. 1, 3; 윤태영, "이라크 종전
      선언," 『이슈투데이』, No. 435(2010.9.22.) 참고.

서를 통해 이란 및 북한과 함께 이라크를 세계 평화를 위협하는 '악의 축(Axis of Evil)'으로 규정했다. 미국은 2002년 9월의 유엔총회에서 WMD 및 장거리 미사일 공개 및 해체, 일체의 테러지원 중단, 민간인에 대한 탄압 중단, 걸프전 피해 배상 및 실종자 문제 해결, 불법 원유거래 중단 및 원유판매 대금의 유엔 관리 준수 등 5개 항을 요구하면서, 이들이 실행되지 않을 경우 후세인 정권을 축출하겠다고 밝혔다. 마침내 2003년 3월 20일 미국은 이라크의 WMD 위협을 제거하고 중동지역에 평화를 수립한다는 목표 아래 '이라크 자유작전(Operation Iraqi Freedom)'이라는 작전명하에 이라크에 대한 공습을 개시했다.

그러나 이라크에 대한 미국의 대규모 군사적 개입은 이라크의 국내적 분열을 초래하였으며, 무장단체들은 미국을 대상으로 국지적 게릴라전을 지속했다. 이라크의 혼란기가 지속하는 상황에서 미국은 대규모 지상군의 운용을 통한 안정화(stabilization) 작전을 수행했다. 그 결과 미군의 인명피해와 전쟁비용이 급속히 늘어나게 되었다. 이에 따라 오바마 대통령은 이라크 주둔 미군의 철군공약이 2011년 12월부로 이행되었음을 확인하면서 이라크전의 종전을 선언했다. 그러나 안정자 역할을 하던 미군이 철수하자 이라크의 치안은 급속도로 악화하기 시작했다. 2014년 중반 들어서 수니파 극단주의 세력인 이슬람국가(ISIS)가 이라크 서부와 북부를 중심으로 부상하면서 이라크 영토의 1/3을 차지할 정도로 영토적 영향력을 확장해 나갔다. 알 카에다와 마찬가지로 ISIS는 이라크 정부의 무능력에 대한 대중적 불만과 수니파의 소외감을 이용해 자생적 테러리스트들을 양산하면서 세력을 넓혀갔다.

이와 대조적으로 치안과 안보를 담당해야 할 이라크 정부군의 능력은 ISIS에 대응하기에 현저히 약했으며 시리아 내전의 여파에 영향을 받는 상황이었다. 미국은 ISIS에 대한 격퇴를 명분으로 2014년 8월부로 이라크에 대한 군사적 개입을 결정하고 '내재된 결단 작전(Operation Inherent Resolve)'으로 명명되는 대테러전을 개시했다. 미국은 이라크 정부군 및 쿠르드족 민병대와 전략적으로 제휴하면서 ISIS에 대한 격퇴작전을 본격화하여, 미국 주도의 국제동맹군은 ISIS가 장악하고 있던 주요 도시인 라마디(Ramadi)를 2015년 12월 수복했다. 2017년 7월에는 ISIS의 근거지인 모술(Mosul)을 탈환했다. 그 결과 2017년 12월부로 이라크 정부는 ISIS로부터의 완전한 해방을 선언했다.

3절 테러리즘 방지 관련 국제조약

국제사회는 1963년부터 테러행위를 방지하기 위해 국제연합(UN)과 국제원자력기구(IAEA) 등이 19개의 국제법률 문서(조약: 협약 및 의정서)를 작성했다. 테러리즘 규제에 관한 협약 및 의정서를 분야별로 채택하여, 현재 민간항공 관련 7개, 국제적 보호인물 관련 1개, 인질억류 관련 1개, 핵물질 관련 2개, 항해 관련 4개, 폭발물 관련 1개, 폭탄테러 관련 1개, 테러자금 관련 1개, 핵테러리즘 관련 1개 등 19개가 있다.[56]

테러방지에 관한 19개 국제조약은 테러리즘 대응에 관한 국제협력의 법적 틀을 정한 것이다. 협약 및 의정서의 주요내용은 해당 국제 테러행위의 구성요건 규정, 체약국의 국내법에서 중범죄로 처벌하도록 요구하는 규정, 용의자에 대한 재판관할권, 체결국 내에서 외국인에 의한 테러행위에 대한 소추 또는 인도 의무, 테러리스트의 자금원 차단 등을 포함하고 있다.[57]

1. 민간항공 관련 협약 및 의정서

1) 항공기 내에서 행한 범죄 및 기타 행위에 관한 협약(Convention on Offences and Certain Other Acts Committed on Board Aircraft), 채택일자 및 장소: 1963.9.14. 도쿄

민간 항공기에 대한 최초의 납치 기도는 1931년에 발생했지만, 최초의 실행은 1958년 쿠바에서 미국으로 가기 위한 수단으로 항공기가 납치된 사건이

---

56   United Nations, Office of Counter-Terrorism, "International Legal Instruments," https://www.un.org/counterterrorism/international-legal-instruments.

57   이호수·설진배, "테러리즘 대응을 위한 국제조약에 관한 연구," 『평화학연구』, 제16권 1호(2015), p. 39.

▶ 표 7-1 테러리즘 방지 관련 국제조약

분야	연번	협약명	채택일	채택장소
민간항공	1	항공기내에서 행한 범죄 및 기타 행위에 관한 협약	1963.9.14	도쿄
	2	항공기의 불법납치 억제를 위한 협약	1970.12.16	헤이그
	3	민간항공의 안전에 대한 불법적 행위의 억제를 위한 협약	1971.9.23.	몬트리올
	4	국제민간공항에 사용되는 공항에서의 불법적 폭력행위의 억제를 위한 의정서	1988.2.24.	몬트리올
	5	국제민간항행 관련 불법행위 억제를 위한 협약	2010.9.10.	베이징
	6	항공기의 불법납치 억제를 위한 협약 추가 의정서	2010.9.10.	베이징
	7	항공기내에서 행한 범죄 및 기타 행위에 관한 협약 개정 의정서	2014.4.4.	몬트리올
국제적 보호인물	8	외교관 등 국제적 보호인물에 대한 범죄의 예방 및 처벌에 관한 협약	1973.12.14.	뉴욕
인질억류	9	인질억류방지에 관한 국제협약	1979.12.17.	뉴욕
핵물질	10	핵물질의 방호에 관한 협약	1979.10.26.	비엔나
	11	핵물질의 방호에 관한 협약 개정 = 핵물질 및 원자력시설의 물리적 방호에 관한 협약	2005.7.8.	비엔나
항해	12	항해의 안전에 대한 불법행위의 억제를 위한 협약	1988.3.10.	로마
	13	항해의 안전에 대한 불법행위의 억제를 위한 협약 2005 의정서	2005.10.14.	런던
	14	대륙붕상에 소재한 고정플랫폼의 안전에 대한 불법행위의 억제를 위한 의정서	1988.3.10.	로마
	15	대륙붕상에 소재한 고정플랫폼의 안전에 대한 불법행위의 억제를 위한 의정서의 2005년 의정서	2005.10.14.	런던
폭발물	16	가소성 폭약의 탐지를 위한 식별조치에 관한 협약	1991.3.1.	몬트리올
폭탄테러	17	폭탄테러행위의 억제를 위한 국제협약	1997.12.15.	뉴욕
테러자금	18	테러자금조달의 억제를 위한 국제협약	1999.12.9.	뉴욕
핵테러리즘	19	핵테러행위의 억제를 위한 국제협약	2005.4.13.	뉴욕

출처: 외교부, 조약정보: 다자조약, https://www.mofa.go.kr/www/wpge/m_3835/contents.do; United Nations, Office of Counter-Terrorism, "International Legal Instruments," https://www.un.org/counterterrorism/international-legal-instruments. 이호수 · 설진배, "테러리즘 대응을 위한 국제조약에 관한 연구,"『평화학연구』, 제16권 1호(2015), pp. 47-48 참고.

다. 1961년 이후에는 미국에서 쿠바로 항로를 바꾸는 항공기 납치가 발생했다. 이와 같은 항공기 항로 변경을 방지하기 위한 협약을 위해 1962년 로마에서 '국제민간항공기구(ICAO: International Civil Aviation Organization)' 법률위원회가 열렸고, 1963년 9월 14일 도쿄에서 열린 회의에서 '항공기 내에서 행한 범죄 및 기타 행위에 관한 협약'이 채택되었다. 이 협약의 제1조 제1항에서는 "항공기와 기내의 인명 및 재산의 안전을 위태롭게 할 수 있거나 하는 행위 또는 기내의 질서 및 규율을 위협하는 행위"에 적용된다고 규정하고 있다. 제6조에서는 "항공기 기장은 항공기 내에서 어떤 자가 제1조 제1항에 규정된 범죄나 행위를 범하였거나 범하려고 한다는 것을 믿을 만한 상당한 이유가 있는 경우에는 그 자에 대하여 감금을 포함한 필요한 조치를 부과할 수 있다"고 규정하고 있다.[58]

2) 항공기의 불법납치 억제를 위한 협약(Convention for the Suppression of Unlawful Seizure of Aircraft), 채택일자 및 장소: 1970.12.16. 헤이그

1963년 '항공기 내에서 행한 범죄 및 기타 행위에 관한 협약'의 채택에도 불구하고 항공기 범죄는 지속적으로 발생하였으며 폭력성도 증가했다. 항공기협약에 따라 범법자에 대한 제한과 구금조치가 확립되었지만, 처벌에 대한 지침을 포함하고 있지는 않았다. 이에 따라 비행 중인 항공기의 불법납치나 불법적 통제권 장악을 막기 위한 범법자들에 대한 처벌문제를 해결하기 위해 1970년 12월 16일 '항공기의 불법납치 억제를 위한 협약(1970년 헤이그 협약)'이 채택되었고, 유엔 안전보장이사회 또한 각국에게 추가적인 납치를 방지하기 위한 모든 가능한 법적 조치를 취할 것을 촉구하는 결의를 채택했다. 이 협약의 제1조에서는 "비행 중에 있는 항공기에 탑승한 여하한 자도, 폭력 또는 그 위협에 의하여 또는 그 밖의 어떠한 다른 형태의 협박에 의하여 불법적으로 항공기를 납치 또는 점거하거나 또는 그와 같은 행위를 하고자 시도하는 경우"를 범죄로 규정하고 있다. 제2

58　이호수·설진배(2015), p. 39; 외교부, 조약정보: 다자조약, "항공기내에서 행한 범죄 및 기타 행위에 관한 협약."

조에서는 체약국에게 이러한 범죄를 엄중한 형벌로 처벌할 의무를 요구하고 있고, 제7조에서는 "그 영토 내에서 범죄혐의자가 발견된 체약국은 만약 동인을 인도하지 않을 경우에는, 예외없이, 또한 그 영토 내에서 범죄가 행하여진 것인지 여부를 불문하고 소추를 하기 위하여 권한있는 당국에 동 사건을 회부하여야 한다"고 규정하고 있다. 제8조는 "범죄는 체약국들 간에 현존하는 인도조약상의 인도범죄에 포함되는 것으로 간주"하고 있고, 제10조는 체약국에게 협약에 따라 제기된 형사소송절차에 관하여 상호 간 협조할 의무를 부과하고 있다.[59]

3) 민간항공의 안전에 대한 불법적 행위의 억제를 위한 협약(Convention for the Suppression of Unlawful Acts against the Safety of Civil Aviation), 채택일자 및 장소: 1971.9.23. 몬트리올

1968년의 이스라엘의 민간항공기(EI AI) 납치, 1969년 TWA 840편 납치, 1970년 팔레스타인해방인민전선(PFLP)의 동시다발 항공기 납치 등이 발생했다. 이에 대해 국제민간항공기구(ICAO)는 국제민간항공에 대한 폭력의 위협이 증가하는 데에 대처하기 위해, 1971년 9월 23일 캐나다 몬트리올에서 회의를 개최하고 '민간항공의 안전에 대한 불법적 행위의 억제를 위한 협약(1971년 몬트리올 협약)'을 채택했다. 이 협약의 제1조에서는 불법적·고의적으로 비행 중인 항공기에 탑승한자에 대한 폭력행위, 운항 중인 항공기 파괴 및 훼손, 위해 장치·물질 설치, 항공시설 파괴·손상 등을 범죄로 규정하고 있다. 또한 체약국에게 1조에 규정된 범죄를 엄중한 형벌로 처벌할 의무를 요구하고(제3조), 그 영토 내에서 범죄 혐의자가 발견된 체약국은 혐의자를 소추하거나 범죄인 인도 의무를 요구하고 있다(제7조 및 제8조).[60]

---

59   이호수·설진배(2015), p. 40; 외교부, 조약정보: 다자조약, "항공기의 불법납치 억제를 위한 협약."
60   이호수·설진배(2015), p. 40; 외교부, 조약정보: 다자조약, "민간항공의 안전에 대한 불법적 행위의 억제를 위한 협약."

4) 국제민간공항에 사용되는 공항에서의 불법적 폭력행위의 억제를 **위한 의정서**(Protocol for the Suppression of Unlawful Acts of Violence at Airports Serving International Civil Aviation, Supplementary to the Convention for the Sup-pression of Unlawful Acts against the Safety of Civil Aviation), **채택일자 및 장소:** **1988.2.24. 몬트리올**

1971년 9월 23일 몬트리올에서 채택된 '민간항공의 안전에 대한 불법적 행위의 억제를 위한 협약'을 보충하기 위해 1988년 2월 24일 '국제민간공항에 사용되는 공항에서의 불법적 폭력행위의 억제를 위한 의정서'가 채택되었다. 이 의정서는 공항에서의 불법적 행위를 규정함으로써 민간항공에 대한 안전상의 위협에 대한 기존 조치들의 범위를 확대하기 위해 마련되었다. 이 의정서의 제2조에서는 장치·물질 또는 무기를 사용하여, "① 국제민간항공에 사용되는 공항에 소재한 자에 대하여 중대한 상해나 사망을 야기하거나 야기할 가능성이 있는 폭력행위를 행한 경우, ② 국제민간항공에 사용되는 공항의 시설 또는 그러한 공항에 소재하고 있는 취항 중에 있지 아니한 항공기를 파괴하거나 중대한 손상을 입히는 경우 또는 공항의 업무를 방해하는 경우 단, 그러한 행위가 동 공항에서의 안전을 위태롭게 하거나 위태롭게 할 가능성이 있는 경우"를 범죄로 규정하는 내용을 추가했다.[61]

5) 국제민간항행 관련 불법행위 억제를 위한 협약(Convention on the Suppression of Unlawful Acts Relating to International Civil Aviation), **채택일자 및** **장소: 2010.9.10. 베이징**

6) 항공기의 불법납치 억제를 위한 협약 추가 의정서(Protocol Supple-mentary to the Convention for the Suppression of Unlawful Seizure of Aircraft), **채택** **일자 및 장소: 2010.9.10. 베이징**

---

61   이호수·설진배(2015), p. 41; 외교부, 조약정보: 다자조약, "국제민간공항에 사용되는 공항에서의 불
법적 폭력행위의 억제를 위한 의정서."

2010년 '국제민간항행 관련 불법행위 억제를 위한 협약(베이징 협약)'은 1971년 '민간항공의 안전에 대한 불법적 행위의 억제를 위한 협약(몬트리올 협약)'을 대체하는 것이며, 2010년 '항공기의 불법납치 억제를 위한 협약 추가 의정서(베이징 의정서)'는 1970년 '항공기의 불법납치 억제를 위한 협약(헤이그 협약)'을 일부 개정하는 것이었다.

2010년 베이징 협약 및 베이징 의정서의 채택 경위는 다음과 같다. 2002년 2월 9/11 테러 이후 국제민간항공기구(ICAO) 이사회에서 민간항공 안전에 대한 새로운 위협에 대처할 것을 요구하는 ICAO 총회 결의안을 채택했다. 2007년 4월 '새로운 위협에 대한 문서 작업을 위한 특별 소위'를 설립했다. 2009년 9월 1970년 '항공기의 불법납치 억제를 위한 협약(헤이그 협약)' 및 1971년 '민간항공의 안전에 대한 불법적 행위의 억제를 위한 협약(몬트리올 협약)' 개정안 작성을 위한 제34차 법률위원회가 개최되었다. 이러한 결과로 2010년 9월 10일 ICAO 베이징 외교회의에서 '베이징 협약' 및 '베이징 의정서'가 채택되었다.

2010년 '베이징 협약' 및 '베이징 의정서'의 주요 내용은 다음과 같다. 첫째, 민간항공기 자체의 무기화 및 민간항공기에 대한 공격 행위 억제 내용이 강화되었다. 민간항공기를 납치하여 무기로 사용하는 행위, 민간항공기 내에서 무기를 사용하는 행위, 민간항공기에 대해 무기 공격 행위를 신규 항공 범죄로 규정하여, 해당 국가들이 이를 처벌할 의무를 부여했다. 둘째, 운송범죄(transport offence) 조항을 추가했다. 민간항공기를 활용하여 무기 및 관련 물자를 불법운송하는 행위를 신규 항공범죄로 규정하여, 해당 국가들이 이를 처벌할 의무를 부여했다. 셋째, 군사적 활동의 적용을 배제했다. 무력 충돌 시 군대의 활동에 대해서는 동 협약이 적용되지 않고, 국제인도법이 적용되도록 했다. 넷째, 국가 관할권을 확대했다. 범죄가 발생한 영토의 국가 또는 항공기의 등록 국가, 범인이 발견된 영토의 국가뿐만 아니라 범죄자 국적국가, 피해자의 국적국가 및 무국적자가 주소지를 둔 국가도 관할권 행사가 가능하도록 했다. 다섯째, 협약의 적용범위를 비행 시에서 서비스 범위 내로 확대했다.

2010년 베이징 협약 및 베이징 의정서 채택을 통해 민간항공기 자체의 무기화 및 민간항공기에 대한 공격, 민간 항공기를 이용한 무기 및 관련 물자 불법 운송 행위를 추가적 항공범죄로 규정함으로써, 민간항공 안전의 확보 및 데리행위 억제에 기여했다.[62]

7) 항공기 내에서 행한 범죄 및 기타 행위에 관한 협약 개정 의정서
(Protocol to Amend the Convention on Offences and Certain Other Acts Committed on Board Aircraft), 채택일자 및 장소: 2014.4.4. 몬트리올

'항공기 내에서 행한 범죄 및 기타 행위에 관한 협약 개정 의정서(몬트리올 의정서 2014)'는 1963년 '항공기내에서 행한 범죄 및 기타 행위에 관한 협약'을 보완하기 위해, 2014년 4월 4일 몬트리올에서 채택되었다. '몬트리올 의정서 2014'는 도착과 체류 등의 국가에서도 재판 관할권 및 손해배상 청구권한을 명시했다. 주요 내용은 첫째, 기존에 항공기 등록국에서만 가능한 재판 관할권을 항공기 착륙지에서도 가능하도록 하여, 재판 관할권을 착륙국과 운항국을 포함하여 확대했다(제3조 제1항). 둘째, 체약국이 항공기 내에서 승무원에 대한 신체적 상해 및 위협행위, 항공기 및 승객을 보호하기 위한 기장의 합법적인 지시 이행을 거부하는 행위를 하는 사람에게 법적인 조치를 취할 것을 권고했다(제15조). 셋째, 사법집행자로서의 기내보안요원에 대한 정의를 추가했다. 넷째, 기내 난동행위로 발생한 항공사의 손해배상청구권을 명시했다. 다섯째, 비행중(in flight)의 정의를 "항공기 출입문이 닫힐 때부터 승객하기를 위해 항공기 출입문이 열릴 때까지"로 명확히 규정했다.[63]

---

62 외교부, 보도자료, "국제민간항행 관련 불법행위 억제 협약 채택: 2010년 베이징 협약 및 추가 의정서 개요," 2010.9.12.

63 항공위키, "항공안전 국제협약"; 구세주, "항공기 내 불법행위 현황 및 개선과제," NARS 현안분석, 제109호, 2019.12.31, p. 2; 이재운, "기내난동승객의 효과적인 법적대응방안을 위한 몬트리올의정서 (2014)의 역할," 『항공진흥』, 제62호(2014), pp. 117-119.

2. 국제적 보호인물 관련 협약

1) 외교관 등 국제적 보호인물에 대한 범죄의 예방 및 처벌에 관한 협약(Convention on the Prevention and Punishment of Crimes against Internationally Protected Persons, including Diplomatic Agents), 채택일자 및 장소: 1973.12.14. 뉴욕

외교관이나 기타 국제적으로 보호받는 사람에 대한 범죄는 국가 간의 협력을 위해 필요한 정상적인 국제관계 유지에 심각한 위협이 되므로, 이러한 범죄를 방지·처벌하기 위한 효과적인 조치를 강구하기 위해, 1973년 12월 14일 '외교관 등 국제적 보호인물에 대한 범죄의 예방 및 처벌에 관한 협약'이 채택되었다. 이 협약 채택의 직접적 계기가 된 것은 1970년 5월 5일 네덜란드 대표가 세계 각처에서 증가하고 있는 외교관들에 대한 공격에 우려를 나타낸 서한을 유엔 안전보장이사회 의장에게 보낸 것이었다. 이 서한은 국제사법재판소장과 국제법률가위원회 의장에게 전달되었고, 이에 따라 법안을 기초할 실무그룹이 구성되었고, 1973년 12월 유엔 총회에서 이 협약이 채택되었다.

이 협약은 제1조에서 국제적 보호인물을 "① 국가원수, 정부수반 또는 외무부장관으로서 그들이 외국에 체류할 모든 경우 및 그들과 동행하는 가족의 구성원, ② 일국의 대표나 공무원 또는 정부 간 성격을 지닌 국제기구의 직원 또는 기타 대리인으로서 범죄가 이들 본인, 그의 공관, 그의 사저, 또는 그의 교통수단에 대하여 행해진 시기와 장소에서 국제법에 따라 그의 신체, 자유 또는 존엄에 대한 공격으로부터 특별한 보호를 받을 자격이 있는 자 및 그의 세대의 일부를 구성하는 가족의 구성원"으로 정의하고 있다. 제2조에서는 "① 국제적 보호인물의 살해, 납치 또는 그의 신체나 자유에 대한 기타 가해행위, ② 국제적 보호인물의 신체나 자유를 위태롭게 할 수 있는 그의 공관, 사저 또는 교통수단에 대한 폭력적 가해행위, ③ 그러한 행위의 범행 위협, ④ 동 가해행위의 미수, ⑤ 동 가해행위에 공범으로서의 가담을 구성하는 행위"를 범죄로 규정하고 있다. 6조에서는 "피의자 소재지국은 동인을 소추 또는 인도하기 위한 목적으로 동인의 소재를 확

보할 수 있도록 국내법에 따른 적절한 조치를 취하여야 한다"고 규정했다.[64]

3. 인질억류 관련 협약

1) 인질억류방지에 관한 국제협약(International Convention against the Taking of Hostages), 채택일자 및 장소: 1979.12.17. 뉴욕

1970년대에 인질로 억류되는 수많은 사건들이 발생하자, 1976년 9월 28일 독일은 유엔 총회에 서한을 보내 1976년 회기에서 인질억류 방지를 위한 국제적 행동에 관한 협약의 기초와 채택을 논의해 줄 것을 요청했다. 이에 따라 유엔 총회는 1976년 협약 기초를 위한 특별위원회의 설치를 결의했고, 특별위원회의 2년에 걸친 회의 끝에 마련된 '인질억류방지에 관한 국제협약'이 1979년 12월 17일 유엔 총회에서 채택되었다. 이 협약의 제1조에서는 "제3자 즉 국가, 정부 간 국제기구, 자연인, 법인 또는 집단에 대해 인질석방을 위한 명시적 또는 묵시적 조건으로서 어떠한 작위 또는 부작위를 강요할 목적으로 타인(인질)을 억류 또는 감금하여 살해, 상해 또는 계속 감금하겠다고 협박하는 자"를 인질억류 범죄를 행하는 것으로 규정하고 있다. 제3조에서는 "인질범에 의해 인질이 자국 영토 내에 억류되어 있는 당사국은 인질이 처한 곤경을 경감하고 특히 인질의 석방을 확보하며 필요에 따라 석방 후의 출국을 용이하게 하기 위하여 적절하다고 간주되는 모든 조치를 취하여야 한다"고 규정하고 있다.[65]

---

64 이호수·설진배(2015), pp. 45-46; 외교부, 조약정보: 다자조약, "외교관 등 국제적 보호인물에 대한 범죄의 예방 및 처벌에 관한 협약."

65 이호수·설진배(2015), p. 46; 외교부, 조약정보: 다자조약, "인질억류방지에 관한 국제협약."

4. 핵물질 관련 협약

1) 핵물질의 방호에 관한 협약(Convention on the Physical Protection of Nuclear Material), 채택일자 및 장소: 1979.10.26. 비엔나

핵물질의 불법적 취득 및 사용에 의해 직면할 잠재적 위험을 방지하고, 핵물질에 관한 범죄의 예방·탐지·처벌 및 핵물질의 방호를 위하여 효과적인 조치를 확립하기 위해, 1979년 10월 26일 '핵물질의 방호에 관한 협약'이 채택되었고, 1980년 3월 3일 서명식이 개최되었다. 이 협약의 제2조에서는 "국제 핵 운송 중에 있는 평화적 목적에 사용되는 핵 물질"과 "국내사용, 저장 및 운송 중에 있는 평화적 목적에 사용되는 핵 물질"에 대하여 이 협약이 적용된다고 규정하고 있다. 제7조에서는 "① 핵 물질의 수령, 소유, 사용, 이전, 개조, 처분 또는 분산을 구성하며 또한 사망 또는 인명에 대한 중대한 상해 또는 재산에 대한 본질적 손해를 야기하거나 야기할 우려가 있는 합법적 권원이 없는 행위, ② 핵 물질의 절도 또는 강탈, ③ 핵 물질의 유용 또는 사취, ④ 위협 또는 무력의 사용 또는 기타 형태의 협박에 의해 핵 물질에 대한 요구를 구성하는 행위" 등을 범죄로 규정하고 있다.[66]

2) 핵물질의 방호에 관한 협약 개정(Amendment to the Convention on the Physical Protection of Nuclear Material) = 핵물질 및 원자력시설의 물리적 방호에 관한 협약(Convention on the Physical Protection of Nuclear Material and Nuclear Facilities), 채택일자 및 장소: 2005.7.8. 비엔나

2005년 7월 8일 채택된 '핵물질의 방호에 관한 협약 개정(CPPNM Amend-

---

66   외교부, 조약정보: 다자조약, "핵물질의 방호에 관한 협약(핵물질 및 원자력시설의 물리적 방호에 관한 협약으로 명칭 변경(2016)"; Wikipedia, "Convention on the Physical Protection of Nuclear Material," https://en.wikipedia.org/wiki/Convention_on_the_Physical_Protection_of_Nuclear_Material.

ment)'에서는 '핵물질의 방호에 관한 협약'의 명칭을 '핵물질 및 원자력시설의 물리적 방호에 관한 협약'으로 개정했다. 개정 협약은 핵물질의 불법거래, 불법취득 및 불법사용과 핵물질 및 원자력시설에 대한 사보타주에 의하여 야기될 수 있는 잠재적 위험을 방지하고, 핵물질 및 원자력시설에 관한 범죄의 예방·탐지·처벌을 위한 효과적인 조치를 취하며, 평화적 목적으로 사용되는 핵물질 및 원자력시설에 대한 물리적 방호를 전 세계적으로 강화하기 위해 개정되었다.[67]

5. 항해 관련 협약 및 의정서

1) 항해의 안전에 대한 불법행위의 억제를 위한 협약(Convention for the Suppression of Unlawful Acts against the Safety of Maritime Navigation), 채택일자 및 장소: 1988.3.10. 로마

1980년대에 승무원 억류, 선박의 납치 및 의도적인 좌초나 폭파 등 사건이 발생하면서, 선박의 안전과 승객·승무원의 안전을 위협하는 불법행위들에 대한 우려가 커졌다. 특히 1985년 10월 7일, 이집트의 알렉산드리아 항에 정박 중이던 이탈리아 국적의 여객선 '아킬레 라우로(Achille Lauro)'호가 4명의 팔레스타인해방전선(PLF) 소속 테러리스트에게 납치된 사건이 발생했다. 이 사건으로 인해 유엔 총회는 테러리즘의 원인을 제거하는 데 각국이 협력할 것을 촉구하는 결의를 채택하고, '국제해사기구(IMO: International Maritime Organization)'에게 승선 중 또는 선박에 대한 테러리즘의 문제들을 검토하도록 권유했다. 1986년에 오스트리아, 이집트 및 이탈리아 정부는 IMO가 이 문제에 관한 협약을 준비해 줄 것을 제안했

---

67   외교부, 조약정보: 다자조약, "핵물질의 방호에 관한 협약 개정(핵물질 및 원자력시설의 물리적 방호에 관한 협약 개정)." IAEA, "Convention on the Physical Protection of Nuclear Material (CPPNM) and its Amendment," https://www.iaea.org/publications/documents/conventions/convention-physical-protection-nuclear-material-and-its-amendment; 이호수·설진배(2015), p. 42 참고.

다. 이에 따라 1988년 3월 10일 국제해사기구가 준비한 안을 바탕으로 '항해의 안전에 대한 불법행위의 억제를 위한 협약'이 채택되었다.

　이 협약은 항해의 안전에 대한 모든 불법행위를 방지하고 불법행위자를 기소·처벌하기 위한 효과적이고 실행가능한 수단을 마련하여 국가간의 국제적 협력을 진전시키기 위해 채택되었다. 이 협약의 제3조에서는 불법적·고의적으로 "① 무력 또는 무력적 위협이나 그 밖의 협박에 의하여 선박을 억류·통제하는 행위, ② 선박의 안전한 항해를 위협할 수 있는 행위로서 선상의 사람에 대하여 폭력을 행사하는 것, ③ 선박을 파괴하는 행위 또는 선박의 안전한 항해를 위협할 수 있는 훼손을 선박이나 그 화물에 야기하는 행위, ④ 선박을 파괴할 수 있는 장치나 물질 또는 선박의 안전한 항해를 위협하거나 위협할 수 있는 훼손을 선박이나 그 화물에 야기할 수 있는 장치나 물질을 모든 수단에 의하여 선박에 설치하거나 설치되도록 야기하는 행위, ⑤ 항해시설의 파괴 또는 심각한 손상이나 그 운용을 심각하게 방해하는 행위로서 선박의 안전한 항해를 위협할 수 있는 것, ⑥ 자신이 허위임을 아는 정보를 교신함으로써 선박의 안전한 항해를 위협하는 행위," ⑦ 선박 억류·통제 또는 허위교신 행위와 연관된 범죄행위 또는 미수행위와 관련하여 사람에 상해·살해하는 행위 등을 범죄로 규정하고 있다.[68]

2) 항해의 안전에 대한 불법행위의 억제를 위한 협약 2005 의정서
(Protocol of 2005 to the Convention for the Suppression of Unlawful Acts against the Safety of Maritime Navigation), 채택일자 및 장소: 2005.10.14. 런던

　2001년 9월 11일 테러사건이 계기가 되어 선박이 테러목적으로 사용되는 것을 방지하기 위해 1988년 '항해의 안전에 대한 불법행위의 억제를 위한 협약'의 개정 작업을 시작했다. 이에 따라 2005년 10월 14일에 국제해사기구(IMO) 외교회의가 개최되어, '항해의 안전에 대한 불법행위의 억제를 위한 협약 2005년

68　이호수·설진배(2015), p. 44; 외교부, 조약정보: 다자조약, "항해의 안전에 대한 불법행위의 억제를 위한 협약"; 『동아일보』, "[책갈피 속의 오늘] 伊아킬레라우로호 납치사건 종료," 2006.10.9.

의정서'가 채택되었다. 이 의정서에서는 1988년 '항해의 안전에 대한 불법행위의 억제를 위한 협약'의 규정에 추가적으로 다음 사항을 범죄행위로 규정했다. 첫째, ① 사망, 중대한 상해 또는 피해를 발생하거나 발생하기 쉬운 수단으로 어떠한 폭발물질, 방사능물질 또는 생화학·핵(BCN) 무기를 선박에 대하여 또는 선상에서 사용하거나 선박으로부터 배출하는 행위, ② 사망, 중대한 상해 또는 피해를 발생하거나 발생하기 쉬울 정도의 양 또는 농도의 기름, 액화천연가스 또는 기타 유해유독물질을 선박으로부터 배출하는 행위, ③ 사망, 중대한 상해 또는 피해를 발생하는 수단으로 선박을 사용하는 행위이다. 둘째, 선박이 폭발방사능물질, BCN무기, 핵분열 물질과 BCN무기의 제조 등에 사용되는 장비, 물질, 소프트웨어, 기술(이중용도물자) 등을 운송하는 경우이다. 셋째, 테러범죄자 도피방조 운송행위이다.[69]

3) 대륙붕상에 소재한 고정플랫폼의 안전에 대한 불법행위의 억제를 위한 의정서(Protocol for the Suppression of Unlawful Acts against the Safety of Fixed Platforms Located on the Continental Shelf), 채택일자 및 장소: 1988.3.10. 로마

1988년 3월 10일 채택된 '대륙붕상에 소재한 고정플랫폼의 안전에 대한 불법행위의 억제를 위한 의정서'는 선박의 안전을 위협하는 불법적 행위에 대한 것과 동일한 우려가 고정플랫폼에도 적용된 것이며, 그중 근해의 석유 및 가스 플랫폼은 특별한 관심의 대상이 되었다. 이 협약의 주요 내용은 고정플랫폼의 정의 및 처벌대상 범죄행위를 명확히 하고, 관할 대륙붕상에 고정플랫폼이 위치한 국가 또는 범죄인의 국적국은 관할권 행사의 의무가 있음을 명시했다. 이 의정서의 제2조에서는 불법적·고의적으로 "① 무력 또는 무력의 위협이나 그 밖의 형태의 협박에 의하여 고정플랫폼을 억류·통제하는 행위, ② 고정플랫폼의 안전을 위협할 수 있는 행위로서 고정플랫폼상의 사람에 대하여 폭력을 행사하는 행위, ③ 고정플랫폼을 파괴하는 행위 또는 고정플랫폼의 안전을 위협할 수 있는 훼손

을 동 플랫폼에 야기하는 행위, ④ 고정플랫폼을 파괴할 가능성이 있거나 그 안전을 위협할 수 있는 장치나 물질을 모든 수단에 의하여 동 플랫폼에 설치하거나 설치되도록 야기하는 행위," ⑤ 고정플랫폼 억류·통제 또는 플랫폼에 장치물질 설치 행위와 연관된 범죄행위 또는 미수행위와 관련하여 사람을 상해·살해하는 행위를 범죄로 규정하고 있다.[70]

4) 대륙붕상에 소재한 고정플랫폼의 안전에 대한 불법행위의 억제를 위한 의정서의 2005년 의정서(Protocol of 2005 to the Protocol for the Suppression of Unlawful Acts Against the Safety of Fixed Platforms located on the Continental Shelf), 채택일자 및 장소: 2005.10.14. 런던

2005년 10월 14일 채택된 '대륙붕상에 소재한 고정플랫폼의 안전에 대한 불법행위의 억제를 위한 의정서의 2005년 의정서'는 '항해의 안전에 대한 불법행위의 억제를 위한 협약 2005년 의정서'에서 규정하고 있는 범죄구성요건 및 선박에 대한 승선·검색제도 등을 대륙붕상에 위치한 고정플랫폼에도 동일하게 적용하도록 규정했다.[71]

6. 폭발물 관련 협약

1) 가소성 폭약의 탐지를 위한 식별조치에 관한 협약(Convention on the Marking of Plastic Explosives for the Purpose of Detection), 채택일자 및 장소: 1991.3.1. 몬트리올

1988년 팬암항공기 103편 폭파사건 이후, 1989년 6월 14일 유엔 안전보

---

70   이호수·설진배(2015), p. 45; IMO Korea(2020), p. 3; 외교부, 조약정보: 다자조약, "대륙붕상에 소재한 고정플랫폼의 안전에 대한 불법행위의 억제를 위한 의정서."

71   IMO Korea(2020), p. 5; 이호수·설진배(2015), p. 45.

장이사회 결의 및 1989년 12월 4일 유엔 총회 결의에 따라 국제민간항공기구 (ICAO)로 하여금 담지를 목직으로 가소성 또는 박판형 폭약에 식별조치하기 위한 국제제도의 고안작업을 강화하도록 촉구했다. 국제사회는 항공기, 다른 운송수단 및 그 밖의 표적물의 파괴를 목적으로 하는 가소성 폭약을 수단으로 하는 테러행위에 깊은 우려를 표명하고, 가소성 폭약의 탐지를 위한 식별조치가 그러한 불법적 행위의 방지에 기여할 것임을 인식했다. 이에 따라 1991년 3월 1일 '가소성 폭약의 탐지를 위한 식별조치에 관한 협약'이 채택되어, 각국이 불법적 행위를 억제하기 위하여 가소성 폭약에 대한 식별조치를 강화할 수 있는 의무를 이행하도록 했다. 이 협약의 제2조에서는 "각 당사국은 비식별조치 폭약이 자국 영토 안에서 제조되는 것을 금지·방지하기 위하여 필요한 효과적인 조치"를 취하도록 했다. 또한 제3조에서는 "각 당사국은 비식별조치 폭약이 자국 영토의 내외로 이동되는 것을 금지·방지하기 위하여 필요한 효과적인 조치"를 행하도록 했다.[72]

7. 폭탄테러 관련 협약

1) 폭탄테러행위의 억제를 위한 국제협약(International Convention for the Suppression of Terrorist Bombings), 채택일자 및 장소: 1997.12.15. 뉴욕

1994년 12월 9일 유엔은 총회결의 49/60에 부속된 '국제테러리즘의 근절을 위한 조치에 관한 선언(Declaration on Measures to Eliminate International Terrorism)'을 채택했다. 1996년 12월 17일에는 총회결의 51/210 및 그에 부속된 '1994년 국제테러리즘 근절을 위한 조치에 관한 선언을 보충하는 선언(Declaration to Supplement the 1994 Declaration on Measures to Eliminate International Terrorism)'을 강조하며, 폭발성 장치나 기타 치명적 장치를 사용한 테러공격이 점차 확산되어왔음을 주목

---

72   이호수·설진배(2015), p. 43; 외교부, 조약정보: 다자조약, "가소성 폭약의 탐지를 위한 식별조치에
      관한 협약."

했다. 이에 따라 테러리스트의 폭탄사용 방지에 관한 국제협약과 핵테러 행위 억제를 위한 국제협약을 구체화하기 위한 특별위원회의 설치를 규정했다. 특별위원회가 마련한 초안을 기초로 1997년 12월 15일 '폭탄테러행위의 억제를 위한 국제협약'이 채택되었다. 이 협약의 제2조에서는 ① "사망 혹은 중상을 야기하려는 의도, ② 중대한 경제적 손실의 결과를 가져오거나 가져올 수 있는 경우로서 그러한 장소·시설 또는 체계에 대한 대규모의 파괴를 야기하려는 의도"를 가지고 "공공장소, 국가 또는 정부시설, 공공교통시설 또는 기간시설에서나 그 내로 또는 그에 대하여 폭발성 장치 또는 기타 치명적 장치를 위법하고 고의적으로 전달·배치·방출·폭발시킨 자"를 범죄를 행하는 것으로 규정하고 있다. 제5조에서는 "각 당사국은 이 협약상의 범죄행위가, 특히 일반대중, 집단 또는 특정인에게 테러상태를 야기하도록 의도되거나 계산된 경우에는 정치적·철학적·이념적·인종적·민족적·종교적 또는 그 밖의 유사한 성질에 관한 고려에 의하여 정당화되지 못하고 그 중대성에 상응하는 형벌에 의해 처벌되는 것을 보장하기 위하여 적절한 경우에 국내입법을 포함하여 필요한 조치를 채택한다"고 규정하고 있다.[73]

8. 테러자금 관련 협약

1) 테러자금조달의 억제를 위한 국제협약(International Convention for the Suppression of the Financing of Terrorism), 채택일자 및 장소: 1999.12.9. 뉴욕

유엔은 1990년대 중반부터 테러자금조달 및 자금이동을 예방하고 테러자금조달과 관련된 범죄자의 기소 및 처벌을 통해 국제적인 테러행위를 근절하기 위한 협약의 채택을 준비했다. 1994년 12월 유엔 총회에서 '국제테러리즘의 근절을 위한 조치에 관한 선언' 49/60을 채택한 후, 1996년 12월 유엔 총회 결의 51/210을 통해 테러방지 국제협약을 마련하기 위한 '유엔 국제테러리즘 특별위

---

73   이호수·설진배(2015), p. 42; 외교부, 조약정보: 다자조약, "폭탄테러행위의 억제를 위한 국제협약."

원회(Ad Hoc Committee on Terrorism)'를 설치하였으며, 이 특별위원회는 1997년 이후 테러자금조달 억세에 관한 국제협약의 문인을 준비했다. 그 이후 약 3년간에 걸친 협약문안에 대한 협상과정을 거쳐 1999년 12월 9일 제54차 유엔 총회에서 '테러자금조달의 억제를 위한 국제협약'을 채택했다.[74]

이 협약의 제1조에서는 테러자금조달 행위의 대상이 되는 자금을 "유형·무형 또는 동산·부동산을 불문하고 획득되어진 모든 종류의 자산과 전자·디지털 방식을 포함하여 그 자산에 대한 권원·권리를 나타내는 모든 형식의 법적 증서를 말하며, 그러한 법적 증서로서는 은행신용·여행자수표·은행수표·송금환·주식·증권·채권·환어음 및 신용장이 있으나 이에 한정되지 아니한다"고 규정하고 있다. 제2조 1항에서는 테러자금의 제공 및 모금 행위를 테러자금조달의 유형으로 상정하고, 테러자금조달을 위해 행해지는 범죄행위를 "① 부속서에 열거된 조약의 범위에서 각각의 조약이 규정한 범죄를 구성하는 행위, ② 사람을 위협하거나 정부·국제기구로 하여금 어떤 행위를 하도록 또는 하지 않도록 강제하기 위한 것인 경우로서 민간인이나 무력충돌시 적대행위에 적극적으로 가담하지 아니한 그 밖의 자에 대하여 사망이나 중상해를 야기하려는 의도를 가진 행위"로 규정하고 있다.[75]

---

74   도중진·이진국·이천현·손동권, "테러자금조달의 억제를 위한 법제도 설계방안에 관한 연구," 금융정보분석원 용역과제, 2006.11.30, pp. 26-27.

75   외교부, 조약정보: 다자조약, "테러자금조달의 억제를 위한 국제협약." '테러자금조달의 억제를 위한 국제협약' 제2조 제1항에 명시하고 있는 부속서에 열거된 조약은 9개로 다음과 같다. ① 1970.12.16. 헤이그에서 작성된 '항공기의 불법납치 억제를 위한 협약', ② 1971.9.23. 몬트리올에서 작성된 '민간항공의 안전에 대한 불법적 행위의 억제를 위한 협약', ③ 1973.12.14. 국제연합 총회에서 채택된 '외교관 등 국제적 보호인물에 대한 범죄의 예방 및 처벌에 관한 협약', ④ 1979.12.17. 국제연합 총회에서 채택된 '인질억류방지에 관한 국제협약', ⑤ 1980.3.3. 비엔나에서 채택된 '핵물질의 방호에 관한 협약', ⑥ 1988.2.24. 몬트리올에서 작성된 '국제민간항공에 사용되는 공항에서의 불법적 폭력행위의 억제를 위한 의정서', ⑦ 1988.3.10. 로마에서 작성된 '항해의 안전에 대한 불법행위의 억제를 위한 협약', ⑧ 1988.3.10. 로마에서 작성된 '대륙붕상에 소재한 고정플랫폼의 안전에 대한 불법행위의 억제를 위한 의정서', ⑨ 1997.12.15. 국제연합 총회에서 채택된 '폭탄테러행위의 억제를 위한 국제협약'. 이윤제·이진국·조상제, "테러자금조달 방지 체제의 선진화·국제화 방안 연구," 금융정보분석원 연구용역 최종보고서, 2009.12.31, p. 6.

9. 핵테러리즘 관련 협약

1) 핵테러행위의 억제를 위한 국제협약(International Convention on the Suppression of Acts of Nuclear Terrorism), 채택일자 및 장소: 2005.4.13. 뉴욕

유엔은 핵테러 행위가 국제평화와 안보에 대한 위협이 되고 가장 심각한 결과를 초래할 수 있음을 주목하고, 1996년 12월 유엔에서 설치된 '국제테러리즘 억제특별위원회'에서 논의되기 시작했다. 이에 따라 2005년 4월 13일 대량살상무기(WMD)를 사용한 테러행위를 억제하고자 하는 최초의 조약인 '핵테러행위의 억제를 위한 국제협약'이 채택되었다.[76] 이 협약의 제2조에서는 "① 사망이나 중대한 상해를 야기하려는 의도, 또는 ② 재산이나 환경에 대한 중대한 피해를 야기하려는 의도"를 가지고 "방사성물질을 소유하거나, 장치를 제조 또는 소유하는 행위", "방사성물질이나 장치를 사용하거나, 방사성물질을 누출하거나 누출위험을 발생시키는 방식으로 원자력시설을 사용하거나 손상시키는 행위" 및 "위협을 신뢰할 만한 사정이 있는 경우에 위협에 의하여, 또는 무력의 사용에 의하여 불법적이고 고의적으로 방사성 물질, 장치 또는 원자력시설을 요구하는 행위"를 범죄로 규정하고 있다.[77] 또한 이 협약에서는 각 당사국은 상기 협약상의 범죄를 국내법상의 형사범죄로 규정할 의무가 있고, 협약상 범죄의 피의자가 소재하는 당사국은 동인의 신병을 확보하여 기소하거나 관할권을 확립한 다른 당사국에 인도할 의무가 있으며, 각 당사국은 협약상 범죄와 관련하여 범죄인 인도 및 형사사법 공조를 상호 제공할 의무가 있다고 규정하고 있다.[78]

---

76   외교부, 보도자료, "핵테러억제협약 서명: 핵테러억제협약 참고자료," 2005.9.16.
77   외교부, 조약정보: 다자조약, "핵테러행위의 억제를 위한 국제협약."
78   외교부, 보도자료, "핵테러억제협약 서명: 핵테러억제협약 참고자료," 2005.9.16.

4절 국제연합(UN)의 대테러리즘 체계와 활동

국제연합(UN)은 2001년 9월 12일 안전보장이사회 결의 제1368호를 통해, 9/11 테러를 국제평화와 안보에 대한 위협으로 규정하고 테러리스트를 심판하기 위해 모든 국가가 신속하게 협력할 것을 촉구했다. 이어서 9월 28일 유엔 안전보장이사회에서는 전 세계 모든 국가들에 대해 테러조직의 자금원과 병참지원 차단 등의 의무를 부과하는 내용의 결의 제1373호를 만장일치로 채택했다. 주요 내용은 ① 테러자금조달 행위의 범죄화, ② 테러행위 관련자들의 자산 즉각 동결, ③ 테러조직에 대한 모든 형태의 자금지원 방지, ④ 테러리스트에 대한 은신처 제공 등의 지원 방지, ⑤ 테러조직 관련 정보교환, ⑥ 테러행위 연관자들에 대한 수사·체포·추방 등 형사사법 협력, ⑦ 테러행위의 모든 직·간접적 지원의 범죄화 등이다.[79]

유엔은 안전보장이사회 결의 제1373호의 의무사항 이행 점검을 위하여 '대테러리즘위원회(CTC: UN Security Council Counter-Terrorism Committee)'를 2001년에 설립했다. CTC는 안전보장이사회 결의안 1373(2001년)과 1624(2005년)에 따라 국제사회에서 테러행위를 방지할 수 있는 유엔 회원국의 능력을 강화하기 위해 노력하고 있다. CTC는 위원회의 정책결정 및 가 회원국에 대한 전문가의 평가를 수행하며, 회원국가에 대한 대테러리즘 활동 지원을 촉진하는 유엔 대테러리즘사무국(CTED: Counter-Terrorism Committee Executive Directorate)의 지원을 받고 있다.[80]

유엔은 2017년 6월 15일 총회 결의 71/291에 의거하여 '유엔대테러리즘실(UNOCT: United Nations Office of Counter-Terrorism)'을 설립했다. UNOCT의 조직은 실장, 비서실, '유엔대테러리즘센터(UNCCT: United nations Counter-Terrorism Centre)',

---

79 외교부, 글로벌안보협력, "국제사회와 UN의 대테러 협력," 2008.5.8; 외교부, 보도자료, "유엔 대테러사무국(CTED) Michael Smith 국장 방한," 2009.3.23.

80 United Nations Security Council, "The United Nations Security Council Counter-Terrorism Committee," https://www.un.org/sc/ctc/.

기획혁신부, 정책부, 정보관리·조정부, 전략기획·지원부로 구성되어있다. 유엔 대테러리즘실(UNOCT)의 기능은 ① UN총회에 대테러리즘 정책에 대한 리더십 제공, ② 글로벌 대테러리즘조정협의체(GCTCC) 참여국이 세계 대테러리즘 전략의 4대 기조를 균형있게 이행할 수 있도록 조정 역할, ③ 회원국의 대테러리즘 역량 강화 지원, ④ UN 대테러리즘 활동 지지, 자원배분, ⑤ 폭력적 극단주의를 예방할 수 있도록 우선순위에 기반을 둔 대테러리즘 정책 수행이다.[81]

한편, 국제사회는 국제연합(UN), 아세안지역안보포럼(ARF), 유럽안보협력기구(OSCE), 동아시아정상회의(EAS), 아시아유럽정상회의(ASEM), 아시아태평양경제협력체(APEC), G20 정상회의 등 국제·지역 기구 및 협의체 차원에서 대테러리즘 활동을 강화하고 있다. 특히 2006년에 채택된 '유엔세계대테러리즘전략(GCTS: Global Counter Terrorism Strategy)', 유엔 안전보장이사회 결의 제1373호, 제1540호, 제1624호, 제2170호, 제2178호, 제2253호, 제2396호, 제2462호 등을 통해 국제사회는 테러리즘 예방 및 대응을 위한 공조를 강화하기 위해 노력하고 있다.

아울러, 국제사회는 테러리즘을 조장하는 근본원인에 대응·예방하기 위해 '폭력적 극단주의 대응(CVE : Countering Violent Extremism)' 및 '폭력적 극단주의 예방(PVE: Preventing Violent Extremism)' 활동을 강화하고 있다. 유엔 사무총장은 2016년 1월, '폭력적 극단주의 행동계획(Plan of Action to Prevent Violent Extremism)'을 발표하고 테러리즘을 조장하는 폭력적 극단주의 확산을 예방하기 위해 범정부적 및 범사회적 관점에서 종합적이고 포괄적인 예방 노력을 권고했다.[82]

---

81   대테러센터, "주간테러동향," 2020.7.17. p. 3. United Nations, Office of Counter-Terrorism, "About us," https://www.un.org/counterterrorism/about 참고.

82   외교부, "글로벌 안보협력 개요: 테러리즘 대응," http://www.mofa.go.kr/www/wpge/m_3991/contents.do.

8장

인질 협상과 구출작전

1절   인질테러[1]

1. 인질테러의 정의 및 특성

인질이란 일반적으로 "특정한 목적의 달성을 위해 본인의 의사와는 상관없이 담보로 잡혀 있는 사람"이러고 정의된다. 테러리스트들에게 인질들은 하나의 유용한 물건으로 간주되면서 요구와 협상에서 힘의 근원이 된다.[2] 인질사건은 "인질범이 특정한 목적의 달성을 위하여 물리력이나 강제로 인질의 의지에 반하여 억류하고 있는 상황"이라고 정의된다.[3] 인질테러란 "어떤 개인이나 단체가 정치적·경제적·이념적·사회적·기타 특정한 목적으로 불법적인 방법을 사용하여 무고한 사람들을 인질로 붙들어 놓거나, 그 상태를 유지하며 자신들의 요구조건들을 관철하는 테러행위"를 의미한다.[4]

1979년 12월 17일 유엔 총회에서 채택된 '인질억류방지에 관한 국제협약(International Convention against the Taking of Hostages)' 제1조 제1항에서는 "제3자 즉 국가, 정부 간 국제기구, 자연인, 법인 또는 집단에 대해 인질석방을 위한 명시적 또는 묵시적 조건으로서 어떠한 작위 또는 부작위를 강요할 목적으로 타인(인질)을 억류 또는 감금하여 살해, 상해 또는 계속 감금하겠다고 협박하는 자는 본 협약상의 의미에서 인질억류범죄를 행하는 것'이라고 규정하고 있다. 제1조 제2항은 "인질억류행위를 기도하는 자 또는 인질억류행위를 하거나 또는 이를 기도하는 자의 공범으로서 가담하는 자" 인질억류 범죄를 행한 것으로 규정하고

---

1   필자의 논문, 윤태영 "한국의 국외인질테러 대응 체계와 활동 평가: 아프가니스탄 피랍사건을 중심으로," 『한국공안행정학회보』, 제27권 제3호(2018), pp. 278-279; "인질구출 작전의 성공요인 분석: 이스라엘과 한국 사례연구," 『한국치안행정논집』, 제15권 제2호(2018), pp. 193-194 수정·보완.

2   주수기, "인질테러 해결을 위한 인질협상," 『분쟁해결연구』, 2권 2호(2004), pp. 70-71.

3   이종화, "뉴테러리즘에 의한 인질사건의 협상기법에 관한 연구," 『한국경찰연구』, 제10권 제2호(2011), p. 205.

4   조현빈, "인질테러와 테러대응기관의 대응기법," 2007년 국제 위기관리 학술회의, 충북대학교 국가위기관리연구소 학술세미나, 2007, p. 361.

있다.[5]

이러한 인질테러 사건에서 나타나는 특성은 다음과 같다. 첫째, 인질테러는 사전에 치밀한 계획을 통해 실행되는 경우가 많다. 둘째, 인질테러의 동기는 주로 정치적 이념, 종교, 집단적 이해관계 등이며, 테러조직이나 테러리스트 들은 자신들의 동기에 대한 일반인의 관심을 끌기위한 목적으로 인질·납치를 자행한다. 셋째, 인질테러의 경우 대부분 특정한 요구조건을 제시하며, 요구조건이 충족되지 않을 경우 인질 살해의 가능성이 다른 유형의 테러보다 높다. 넷째, 종교적 극단주의 테러리스트들은 인질테러 진행 과정에서 자신들의 희생을 각오하고 있으며 순교자가 되기 위해 자살까지도 불사하기도 한다. 다섯째, 다수의 테러범이 치밀한 테러 계획과 업무분담을 통해 다수의 인질을 납치하는 경우도 많다.[6]

2. 인질·납치의 구분 및 유형

인질·납치 사건은 상황 전개의 특성에 따라 인질사건(hostage-taking)과 납치(kidnapping)으로 구분된다. 인질사건은 봉쇄된 억류 유형으로 "인질범이 특정한 목적의 달성을 위하여 물리력이나 강제로 인질의 의지에 반하여 억류하고 있는 상황"으로 납치범과 인질이 경찰·군 등 정부병력과 대치하고 포위되어 있는 상황이다. 반면, 납치란 봉쇄되지 않은 억류 유형으로 "불법적인 강제력·협박·기망을 통해 피해자를 외부에 알려지지 않은 은밀한 장소로 이동시키거나 특정한 장소에다 구금·억류하는 것"이다.[7]

따라서 인질사건과 납치사건과의 공통점은 사건의 주체가 특정인의 안전을

---

5   외교부, 조약정보: 다자조약, "인질억류방지에 관한 국제협약"; United Nations, "International Convention Against the Taking of Hostage," 17 December 1979, pp. 1-2.

6   김현진, "경찰의 대테러 대응방안에 관한 연구: 인질협상의 기법을 중심으로," 석사학위논문, 원광대학교 행정대학원, 2002, p. 22.

7   윤민우, 『폭력의 시대 국가안보의 실존적 변화와 테러리즘: 테러리즘과 국가안보, 그리고 안보정책』 (서울: 박영사, 2017), p. 196; 이종화(2011), p. 205.

볼모로 특정사항을 요구한다는 점이고, 차이점은 현재장소의 인지 여부이다. 인질사건의 경우는 인질범과 인질의 현재 소재지가 알려진 경우이나, 납치사건은 이를 알지 못하는 것이 대부분이다. 납치사건에서 납치범과 인질의 소재지를 알게 되었다면 인질협상이나 은거지에 대한 구출작전 등의 방식이 전개된다. 납치사건에서는 납치의 동기가 무엇인가에 따라 협상 여부가 결정된다. 납치범이 일정한 요구를 달성하기 위한 수단으로 사람을 납치하는 경우에는 피해자의 친족, 경찰, 기타 관련기관에 접촉을 시도할 것이므로 협상을 통해 해결 가능성이 있다. 그러나 납치의 동기가 일정한 요구를 전제로 하지 않는 경우, 즉 보복, 성질 만족(비행) 및 납치범 간의 세력다툼 등의 상황 시 협상 여지가 희박하고 피납치자의 생존 가능성도 낮은 것이 일반적이다. 납치사건은 인질사건과 달리 법집행기관이 납치범과 인질의 현존지를 알 수 없는 경우가 대부분이기에 협상의 주도권이 납치범에게 있게 되는 경우가 많고, 요구·수색 거부 시 인질이 위해를 입을 가능성이 높다.[8]

인질·납치 테러는 테러단체나 인질범의 요구조건에 따라 3가지 유형이 있다. 첫째, 정치적 목적 달성을 위해 정부정책의 변경, 주둔군 철수, 동료석방, 포로교환, 회사 사업 중단 등을 요구하는 유형이다. 이 경우 요구조건의 달성과 특정 명분을 위해 언론과 대중의 관심을 끌기 위한 것으로, 요구조건의 실현 가능성에 따라 협상 가능성과 인질의 안전 여부가 결정된다. 둘째, 경제적 이익 달성을 위해 인질의 석방금이나 구체적인 물질을 요구하는 유형이다. 이 경우 인질은 교환가치가 있기 때문에 인질협상을 통해 인질들은 대체로 안전하게 석방될 가능성이 높다. 셋째, 인질범의 요구가 전혀 없을 경우는 심각한 상황으로 인식해야 한다. 이 경우 인질 처형의 가능성이 높기에 구출작전이 요구되며, 인질을 살해할 경우 단호한 대응에 직면하고 정치적 부담이 높다는 점을 테러단체나 인질범에게 인식시킬 필요가 있다.[9]

---

8   김현진(2002), p. 15.
9   윤민우, 『테러리즘의 이해와 국가안보』(인천: 진영사, 2011), pp. 214-215; David Wiencek, "최근 국제 인질납치 테러위협 및 대응 방향," 『대테러정책연구논총』, 제5호, 2008, pp. 169-170.

2절 인질협상[10]

1. 인질협상의 정의 및 단계

인질테러가 발생하면 협상을 통해 인질을 석방하는 방법과 강제적 무력을 통해 인질을 구출하는 방법이 있다. 경찰청에 의하면 인질협상이란 "인질 기타 관련자의 생명, 재산이 급박하고 명백한 위험에 처해 있는 상황에서 경찰, 기타 법집행기관이 이런 위기상황을 초래한 자(인질범)와 대화 등의 협상을 통해 인질, 기타 관련자의 생명, 재산에 대한 피해를 최소화하고 위기상황을 해결하려는 일련의 의도적 과정"으로 정의된다.[11]

유엔의 '인질억류방지에 관한 국제협약' 제3조 제1항에서는 "인질범에 의해 인질이 자국 영토 내에 억류되어 있는 당사국은 인질이 처한 곤경을 경감하고 특히 인질의 석방을 확보하며 필요에 따라 석방 후의 출국을 용이하도록 적절하다고 간주하는 모든 조치를 취하여야 한다"고 규정하고 있다.[12]

한상암·조호대는 위기상태 단계와 개입, 의사소통 경로 설정과 신뢰감 형성, 위기개입 단계, 문제해결을 인질테러의 협상 단계로 제시하고 있다.[13] 프랑스 소르본 대학의 포르(Guy Olivier Faure) 교수는 테러리스트와의 인질협상을 ① 협상 전 단계, ② 협상의 틀을 정하는 단계, ③ 세부협상 단계 등 3단계로 구분하고 있다. 인질석방 협상은 납치범과 협상가뿐만 아니라 인질과 가족, 공범, 중재자, 언론 등 다양한 이해당사자들이 매우 복잡하게 얽혀 있으며 이로 인해 협상에서 발생할 수밖에 없는 다양한 변수를 사전에 충분히 파악해야 한다. 그는 협상 전반

---

10   필자의 논문, 윤태영(2018), "한국의 국외인질테러 대응 체계와 활동 평가," pp. 279-281 인용.
11   한상암·조호대, "문제해결지향형 인질테러 협상의 이론모형," 『한국콘텐츠학회 종합학술대회 논문집』, 7(1)(2009), p. 569 재인용.
12   외교부, 조약정보: 다자조약, "인질억류방지에 관한 국제협약."; UN, "International Convention Against the Taking of Hostage," 17 December 1979, p. 2.
13   한상암·조호대(2009), pp. 571-573.

■ 그림 8-1   인질협상의 3단계

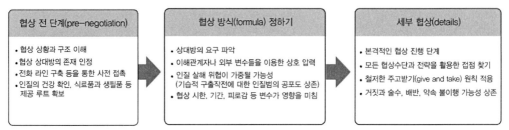

협상 전 단계(pre-negotiation)	협상 방식(formula) 정하기	세부 협상(details)
• 협상 상황과 구조 이해 • 협상 상대방의 존재 인정 • 전화 라인 구축 등을 통한 사전 접촉 • 인질의 건강 확인, 식료품과 생필품 등 제공 루트 확보	• 상대방의 요구 파악 • 이해관계자나 외부 변수들을 이용한 상호 압력 • 인질 살해 위협이 가중될 가능성 (기습적 구출작전에 대한 인질범의 공포도 상존) • 협상 시한, 기간, 피로감 등 변수가 영향을 미침	• 본격적인 협상 진행 단계 • 모든 협상수단과 전략을 활용할 접점 찾기 • 철저한 주고받기(give and take) 원칙 적용 • 거짓과 술수, 배반, 약속 불이행 가능성 상존

자료: International Negotiation, 2004

출처: 『동아일보』, "협상불가 상대와 협상 어떻게 하나," 2007.8.7. Guy Olivier Faure, "Negotiating with Terrorists: The Hostage Case," *International Negotiation*, Vol. 8(2003), pp. 479-482 참고.

과정의 가이드라인으로 ① 말싸움에 말려들지 말 것, ② 납치범의 말을 경청할 것, ③ 데드라인(시한)을 정하는 것을 피할 것, ④ 타협을 하는 것처럼 보이되 어느 것도 쉽게 내주지 말 것, ⑤ 결정적 문제에 대해 거짓말이 용인될 수 있음을 이해할 것, ⑥ 시간을 벌 것, ⑦ 납치범에게 공격이 없을 것임을 확신시킬 것 등을 제시하고 있다.[14]

2. 인질협상 전략

테러대상자의 무차별 선택, 대상살상 및 종교적 테러 등의 특징을 나타내는 뉴테러리즘에 의한 인질테러가 발생 시 인질협상의 전략은 다음과 같다. 첫째, 테러조직과 직접적인 협상은 없다는 일반적인 인질협상의 원칙의 유연한 적용이다. 전 세계적으로 테러집단에 의한 인질·납치가 증가하면서 국제사회의 주요국들은 테러단체와는 협상하지 않는다는 원칙을 견지하면서도 생명보호라는 절대적 가치 사이에서 딜레마에 직면했다. 따라서 각국 정부는 인질을 석방시키기 위

---

14   Guy Olivier Faure, "Negotiating with Terrorists: The Hostage Case," *International Negotiation*, Vol. 8(2003), pp. 471, 479. 『동아일보』, "협상불가 상대와 협상 어떻게 하나," 2007.8.7. 참고.

해 납치사건 당시 협상불가 세력과 직·간접적인 대화를 통해 상황에 따라 유연하게 대응했던 경험들도 있었다.[15]

둘째, 협상목표의 조정과 협상대상의 유연성이다. 일반적으로 인질협상은 인질 전원의 무사한 석방을 목표로 진행한다. 그러나 협상 중에 인질의 일부가 사망하는 경우가 발생하면 생존한 인질을 최대한 석방시키기 위해 협상을 지속해야 하는지, 인질과 테러범 수감자의 교환이나 몸값 요구와 같은 테러리스트들의 요구조건을 일부 수용해야 하는지, 또는 인질구출 작전을 감행해야 하는지 신중하고 유연한 검토가 필요하다. 셋째, 인질의 처형에 대한 대응이다. 인질협상 중 상대 정부에게 압박을 가하고 정부에 대한 부정적 여론을 유발하여 테러집단의 협상력을 높이기 위해 인질을 처형하는 경우도 발생한다. 이러한 경우 인질살해의 원인, 의도 및 위협을 평가하여 협상전략의 재검토 또는 구출작전의 실행 여부를 신중히 검토해야 한다. 넷째, 제3자 중재인의 역할 문제이다. 테러조직이 신뢰성, 대외적인 명분, 구출작전의 방지 등을 고려해 인질협상을 위한 제3자 중재인을 선호할 경우, 테러범들의 의도와 중재 방법 및 장소 등에 대한 검토를 기반으로 협상에 임하는 것도 바람직할 수 있다.[16]

다섯째, 테러리스트들이 정부 고위층과의 직접협상을 요구하면서 최악의 경우 인질의 처형까지 자행하면서 요구조건을 달성하려 할 수 있다. 정부 고위대표가 테러리스트들의 의견을 청취하는 정도는 고려할 수 있으나, 협상력을 약화시킬 수 있는 상황도 발생할 수 있기에 조심스럽게 결정해야 한다. 여섯째, 대중 매체와 협조문제이다. 협상팀은 인질의 안전하고 조속한 석방을 요구하고 이를 위한 대화는 계속하면서도, 테러집단의 무리한 요구에 대해서는 굴복하지 않는다는 이중적 메시지를 대중 매체를 통해 일관성 있게 전달해야 한다. 아울러 인질의 안전을 해치는 종교적·정치적·개인적 성향과 관련한 보도는 통제되어야 한다.[17]

15   이종화(2011), pp. 211-212.
16   이종화(2011), pp. 212-216.
17   이종화(2011), pp. 216-218.

3절   인질구출 작전[18]

1. 인질구출 작전의 정의

　　인질협상이 교착상태에 빠지거나 인질의 안전에 직접적인 위험에 가해지면, 특수전 부대 또는 대테러 특공대를 동원하여 인질구출 작전을 전개하기도 한다. 미국 합동참모본부의 '국방부 군사 및 관련용어 사전' 및 합동교범 'JP 3-50 인원회수(Personnel Recovery)'에 의하면 인질구출이란 "인질로 지정된 고립된 인원을 구출하기 위해 활용되는 인원회수 방법"이라고 정의하고 있다.[19] 미국 합동참모본부 합동교범 'JP 3-05 특수작전'에서는 인질구출 및 회수 작전이란 "테러리스트 위협과 사건에 대한 민감한 위기대응 임무이다. 인질구출 및 회수를 지원하는 공세적 작전에는 미국의 시설, 설비 및 해외의 민감한 물질의 탈환이 포함될 수 있다"라고 정의하고 있다.[20] 한국 육군본부 특수작전 야전교범(2013)에 따르면 인질구출 작전이란 "적 지역 또는 분쟁 위험지역에서 생포, 감금된 인원을 적 혹은 적대세력의 위협으로부터 안전한 아군지역으로 송환하기 위하여 실시되는 작전활동을 말하며, 특정지역의 근로자, 관광객 등 민간인 또는 적·아군지역에서 소수 및 대규모 인원을 강제적으로 억압할 수 있는 인질상황으로부터 신속하게 적대세력을 응징하면서 인질을 안전하게 구출하는 데 목적이 있다"라고 규정하고 있다.[21]

---

18   필자의 논문, 윤태영(2018), "인질구출 작전의 성공요인 분석," pp. 194-196 인용.

19   Office of the Chairman of the Joint Chiefs of Staff, "DOD Dictionary of Military and Associated Terms," As of August 2021, p. 97; U.S. Joint Chiefs of Staff. Joint Publication 3-50, "Personnel Recovery," 02 October 2015, p. GL-9.

20   U.S. Joint Chiefs of Staff, "Special Operations," Joint Publication 3-05, 16 July 2014, p. II-12.

21   조원재, "미래전 양상에 따른 특수작전부대 발전방향," 석사학위논문, 경희대학교 공공대학원, 2016, p. 8; 민왕영, "현대전에서의 특수작전의 성공요인에 관한 연구: 미군 사례분석을 통한 한국군에 대한 적용," 석사학위논문, 국민대학교 정치대학원, 2015, p. 14; 한국국방안보포럼, "최근 외국군 사례를

인질구출 작전은 특수작전 중에서도 수행하기 가장 어려운 임무에 속한다. 가짓(Shlomo Gazit)의 연구에 따르면 인질구출 작전의 이상적인 목표는 다음과 같다. 첫째, 모든 인질이 생존한 상황에서 안전하게 구출되어야 한다. 둘째, 작전은 사상자나 손실이 없거나 최소한이 되도록 수행되어야 한다. 셋째, 사상자를 최소화하되 만약 발생한다면 테러리스트에 한정되어야 한다. 넷째, 인질구출 작전은 새로운 정치적·군사적 난제를 발생시키지 말아야 한다.[22]

2. 인질구출 작전의 성공 요인

알카에다 지도자 오사마 빈 라덴 제거작전을 성공적으로 지휘했던 미국 통합특수전사령부(USSOCOM) 사령관 맥레이븐(William H. McRaven)에 따르면 인질구출을 포함하는 특수작전의 성공적 임무수행을 위해서는 적대세력에 대한 상대적 우위성을 달성해야 한다고 강조하고 있다. 상대적 우위성이란 일반적으로 소규모의 공격부대가 대규모 또는 잘 방호된 적대세력에 대해 결정적인 이점을 확보할 수 있는 조건을 말한다.[23] 인질구출 작전에서 상대적 우위성을 달성하기 위해서는 6가지 원칙 또는 요인으로 ① 간결성, ② 보안, ③ 반복적 예행훈련, ④ 기습, ⑤ 신속성, ⑤ 명확한 목표를 제시하고 있다. 첫째, 특수작전의 계획은 최대한 간결하게 수립해서 집행해야 성공할 가능성이 높다. 간결한 작전계획은 목표의 제한, 정확한 정보, 혁신을 통해 달성될 수 있다. 둘째, 철저한 보안을 통해 적대세력이 임박한 공격을 사전에 파악하여 이점을 얻지 못하도록 해야 한다. 보안을 강화하여 특수작전의 실행 시점과 공격방법을 노출시키지 말아야 상대적 우위성을 확보할 수 있다. 셋째, 실제 임무수행 이전에 반복적인 예행훈련을 통해

통한 한국군 특수임무 수행의 발전방향 연구," 국방부 과제 최종보고서, 2016.8, p. 35.

22   Shlomo Gazit, "Risk, Glory, and the Rescue Operation," *International Security*, Vol. 6, No. 1(1981), p. 112.

23   William H. McRaven, *SPEC OPS: Case Studies in Special Operations Warfare: Theory and Practice* (Novato: Presidio Press, 1996), p. 4.

작전성공을 저해하는 요소를 제거할 수 있도록 해야 한다. 넷째, 기습을 통해 적
대세력이 시간 또는 장소 및 작전방식에 대비하지 못한 상태에서 임무를 수행해
야 한다. 특수작전에서 기습은 기만, 타이밍 및 적대세력의 취약점의 활용을 통
해 달성된다. 다섯째, 목표수행을 위해 가능한 신속한 작전을 수행해야 한다. 작
전이 지연될 경우 취약성이 증가하고 상대적 우위성을 달성할 기회가 감소된다.
여섯째, 명확한 목표하에 핵심적 임무를 이해하고 실행해야 한다. 이를 위해서는
작전요원들의 헌신과 책임감이 중요하다.[24]

　페레즈(Carlos M. Perez)는 성공적인 인질구출 작전의 4가지 요인으로 정보, 기
습, 요원의 기량, 기만을 제시하고 있다. 첫째, 인질 위기 시 구출부대는 인질 감
금 위치, 가능한 접근 지점, 건물의 도면 및 다이어그램, 인질과 테러리스트의 정
확한 위치, 감시원의 일상적 일정 등 매우 세부적이고 실시간적 정보를 필요로
한다. 둘째, 인질구출 부대는 적대세력이 공격수단을 인지하지 못하고 효과적으
로 대응할 수 없도록 대담하고 창의적인 기습작전을 통해 임무를 수행해야 한
다. 셋째, 인질구출 요원들은 특수 사격기술, 파괴, 기술적·전술적 감시, 폐쇄구
역 근접전투 등 인질구출을 위한 특수한 기량을 보유해야 한다. 넷째, 기만은 인
질구출 부대에게 기습을 위해 필요한 요건을 제공한다. 기만책이 적절하게 사용
될 때 테러리스트의 주목을 이끌어 낼 수 있거나, 그들의 대응을 충분히 오랫동
안 지연시켜 결정적 순간에 기습을 통한 작전을 수행할 수 있다.[25]

　한국 육군본부의 특수작전 야전교범(2013)에 따르면 인질구출 작전의 주요
특징은 작전준비 시간제한, 첩보 및 정보의 제한, 침투의 제한, 단시간 내 작전,
특수장비 및 전문요원 소요라고 설명하고 있다. 또한 인질구출 작전의 성공요소
는 정확한 정보수집, 치밀한 계획과 준비, 적합한 장비사용, 작전부대의 능력, 철
저한 작전보안, 오인사격 방지, 지휘체계의 단일화 및 임무분담 등을 제시하고
있다.[26]

24　McRaven(1996), pp. 8, 11-23.

25　Carlos M. Perez, "Anatomy of a hostage rescue: what makes hostage rescue operations successful?" Master's Thesis, Naval Postgraduate School, 2004, pp. 11, 13, 14-15, 17.

26　민왕영(2015), pp. 14, 33; 조원재(2016), p. 8.

인질구출 작전 성공사례

대표적인 인질구출 작전 성공사례로는 1976년 이스라엘의 엔테베 인질구출 작전(선더볼트 작전), 1977년 독일의 모가디슈 인질구출 작전, 1980년 영국의 런던 주재 이란대사관 인질구출 작전(님로드 작전), 1996년 페루 주재 일본대사관 인질구출 작전, 2008-2009년 프랑스의 인질구출 작전, 2009년 미국의 머스크 앨라배마호 인질구출 작전, 2011년 한국 청해부대의 삼호주얼리호 인질구출 작전(아덴만 여명작전) 등이 있다.

◆ **1977년 독일의 모가디슈 인질구출 작전**

1977년 10월 13일 승객 86명과 승무원 5명을 태우고 스페인의 휴양지 마조르카를 출발한 서독 프랑크푸르트행 루프트한자 여객기 181편이 4명의 '팔레스타인해방인민전선(PFLP: Popular Front for the Liberation of Palestine)' 조직원에게 납치됐다. 납치범들은 인질 몸값과 독일 적군파 테러범의 석방을 요구하였고, 납치된 여객기는 로마, 사이프러스, 바레인, 두바이, 남예멘을 거쳐 소말리아 모가디슈에 도착했다. 남예멘 아덴 공항에서는 승객이 지켜보는 가운데 기장을 살해했다. 5일 후인 10월 18일, 독일 특공대(GSG-9)는 비행기 동체와 날개에 폭탄으로 구멍을 뚫고 진입한 뒤 섬광탄을 터뜨려 납치범들을 혼란에 빠뜨리고 납치범 전원을 사살하고 인질 91명 전원을 구출했다. [27]

◆ **1980년 영국의 런던 주재 이란대사관 인질구출 작전(Operation Nimrod)**

1980년 4월 30일 오전 11시 30분경 자신들을 '아랍해방민주혁명전선(DRFLA: Democratic Revolutionary Front for the Liberation of Arabistan)' 소속이라 밝힌 6명의 무장 괴한이 런던 이란 대사관을 점거하고 26명을 인질로 삼았다. 이들은 처음에 이란의 유전 대부분이 위치한 남부지역의 자치화를 요구하였으나, 이란 정부가 체포하여 감금한 동료 91명의 석방을 조건으로 추가했다. 점거 6일째 되는 날 인질범들은 대사관 공보담당 압바스 라바사니(Abbas Lavasani)를 살해해 시신을 대사관 밖으로 던졌다. 출작전은 구 5월 5일 19:23분에 영국 특수부대 SAS(Special Air Service)의 30여 명에

---

27 『동아일보』, "[책갈피 속의 오늘] 1977년 獨적군파 비행기 납치," 2004.10.12; Wikipedia, "Lufthansa Flight 181," https://en.wikipedia.org/wiki/Lufthansa_Flight_181; 『아시아경제』, "대표적인 대테러 인질구출 사례는," 2013.1.22. 최진태(2011), pp. 360-362; 거스 마틴(Gus Martin) 지음, 김계동·김석우·이상현·장노순·전봉근 옮김, 『테러리즘: 개념과 쟁점』(서울: 명인문화사, 2008), pp. 289-290 참고.

의해 수행되었다. 17분간의 인질 구출작전으로 6명의 테러리스트 중 5명이 사살되고 1명이 체포되었고, 작전 중 테러리스트에 의해 사살된 1명의 인질을 제외하고 모두 구출되었다.[28]

◆ 1996년 페루 주재 일본대사관 인질구출 작전(Operation Chavín de Huántar)

1996년 12월 17일 아키히토 일왕 생일 기념 리셉션이 열리던 날, 웨이터로 위장해 잠입한 페루 유력 반군단체인 투팍아마루혁명 운동(MRTA)의 인질범들은 폭탄을 터뜨리며 페루 리마의 일본 대사관저를 점거했다. 이원영 한국대사를 포함한 15개국 외교관과 페루 관료 등 400여 명이 인질이 되었다. 인질범들은 수감된 동료 조직원 400여 명을 석방하고 신자유주의 정책을 폐지하라고 요구했다. 인질들의 안전을 걱정하는 국제 여론과 달리 후지모리 정부는 "협상은 없다"며 강경하게 대응했다. 인질범들은 협상에 진전이 없자 12월 20일 39명, 22일 225명의 인질을 석방하며 국제사회의 여론을 유리하게 만들려고 했다. 사건 발생 126일 만인 1997년 4월 22일 페루 정부는 전격적으로 인질구출 작전을 실시했다. 140여 명의 무장 특공대원들이 지하터널과 정문, 옥상 등 4곳으로 동시에 투입되었다. 126일의 장기간 인질극이 18분 만에 진압되어 인질범 14명 모두가 사살되고 인질은 72명중에서 1명을 제외하고 모두 구출되었다.[29]

◆ 2008-2009년 프랑스의 인질구출 작전
 - 2008년 4월 자국의 초호화 유람선이 해적에 피랍됐을 때, 선박으로 진입해 해적 3명을 사살하고 인질 30명을 구출했다.
 - 2008년 9월 아덴만에서 피랍된 요트에 있던 인질을 구출하기 위해 고속단정에 50명을 태우고 구출작전을 실행했다. 인질 2명을 구출하고 해적 1명을 사살, 6명을 체포했다. 당시 작전은 니콜라 사르코지 프랑스 대통령의 강력한 지시에 따른 것이었다.
 - 2009년 4월 프랑스 특수부대가 피랍된 요트를 급습해 해적 2명을 사살하고 3명을 체포하면서 인질 4명을 구출했다. 이 과정에서 인질 1명은 사망했다.[30]

28   Wikipedia, "Iranian Embassy Siege," http://en.wikipedia.org/wiki/Iranian_Embassy_siege.
29   『동아일보』, "[책갈피 속의 오늘] 1996년 페루 게릴라 일본대사관 점거," 2009.9.26; 『MBC』, 20년 전 오늘뉴스, "페루주재 일본 대사관저 인질사건 발생 126일 만에 구출," 1997.4.23.
30   『아시아경제』, "대표적인 대테러 인질구출 사례는," 2013.1.22.

◆ 2009년 미국의 머스크 앨라배마호 인질구출 작전

　　2009년 4월 8일, 소말리아 해적 4명은 소말리아 남동해안에서 440㎞ 떨어진 인도
양 해상에서 미국 컨테이너선 머스크 앨라배마호를 급습했다. 해적들은 선원 20명 가운
데 리처드 필립스 선장만 납치해 자신들의 배로 옮긴 뒤 출동한 미 해군 함정과 대치하면
서 석방 협상을 벌였다. 미국은 석방 협상을 벌이면서 "필립 선장의 목숨이 위태로워지면
공격하라"는 오바마 대통령의 명령에 따라 미국 해군 특수부대(SEAL)가 선장 구출작전도
준비 중이었다. 대치 4일 만인 4월 12일 해적 3명이 필립스 선장에게 AK47 소총을 겨누
자 SEAL 저격수 3명이 해적 3명을 저격해 필립스 선장을 무사히 구출했다. 실탄 1발로
각각 1명의 해적을 사살했다.[31]

4절　인질구출 작전 사례[32]

1. 이스라엘의 엔테베 인질구출 작전(Operation Thunderbolt)

1) 에어프랑스 139편 피랍사건의 개요

　　1976년 6월 27일 08시 59분 이스라엘 텔아비브에서 프랑스 파리까지 가
는 에어프랑스 139편이 승무원 12명과 승객 246명을 태우고 이륙하여 중간 기
착지인 아테네에 12시경에 도착했다. 에어프랑스 139편은 아테네를 이륙한 지
8분 만인 12시 28분에 팔레스타인인민해방전선(PFLP) 소속 2명과 서독 적군
파 바더 마인호프(Baader-Meinhof Gang) 소속 2명에 의해 납치되었다.[33] 에어프랑

31　『경향신문』, "해외 피랍인질 구출 사례, 미 앨라배마호 선장 구출 대표적," 2011.1.21.

32　필자의 논문, 윤태영(2018), "인질구출 작전의 성공요인 분석," pp. 197-207 인용.

33　Saul David, *Operation Thunderbolt: Fight 139 and the Raid on Entebbe Airport, the Most Audacious Hostage Rescue Mission in History* (New York: Little, Brown and Company, 2015), pp. 3, 8, 11, 47; Chaitanya Arun Sathe, "A Case Study on Crisis Management

스 139편은 연료공급을 위해 리비아 벵가지 공항을 경유하였고, 6월 28일 03시 20분경에 우간다 엔테베 공항에 도착했다. 여기서 팔레스타인인민해방전선 테러범 3명이 추가로 합류했다. 승객들은 13시경에 납치된 항공기에서 엔테베 공항의 구터미널로 이송되었다.[34]

승객들은 피랍된 에어버스 여객기가 엔테베 공항에 착륙하고도 무려 9시간 동안 기내에 억류되었다. 6월 28일 정오가 되자 테러범들은 승객들을 공항 구터미널의 승객 로비에 감금했다. 이날 늦은 오후 우간다의 아민(Idi Amin) 대통령은 승객들에게 자신이 인질협상을 하고 있으며, 우간다 병사들이 승객의 안전을 보호할 것이라고 말했다.[35]

6월 29일 15시 30분경 팔레스타인계 아랍인의 지휘하에 움직이는 테러범들은 자신들의 요구를 발표했다. 그들은 서독, 프랑스, 스위스, 케냐, 그리고 이스라엘에 투옥된 테러범 53명의 석방을 요구했다. 또한 만약 이들이 석방되지 않는다면 이스라엘 시각으로 7월 1일 14시에 피랍 승객들을 살해하겠다고 밝혔다.[36] 한편 6월 30일 오후 엔테베에서는 유대인이 아닌 승객 47명이 석방되었다. 이들이 프랑스 대사관을 거쳐 파리로 돌아가자 이스라엘 정보당국은 이들을 통해 테러리스트의 숫자·보유무기·복장, 인질 위치, 우간다군 배치현황 등에 관한 정보를 파악하기 위해 노력했다.[37]

이스라엘 정부의 작전계획이 아직 구체화되지 못한 사이에 협상 시한이 다가왔다. 7월 1일 9시 이스라엘 라빈(Yitzhak Rabin) 정부는 긴급회의를 열고 일단 시간을 벌기위한 전술적 조치로 테러범의 요구조건을 수용하기 위한 협상을 진행하기로 결정했다. 당시 200여 명의 다국적 인질이 남아 있는 상황에서 부담이

with a Specific Reference to Operation Thunderbolt Executed by Israeli Defense Forces," *SAMVAD: SIBM Pune Research Journal*, Vol X(December 2015), pp. 48-49.

34   David(2015), pp. 58, 68; McRaven(1996), p. 334.
35   McRaven(1996), p. 334; 양욱, 『그림자 전사, 세계의 특수부대: 그들의 성공과 실패의 역사』(서울: 플래닛미디어, 2009), pp. 125-126.
36   McRaven(1996), p. 334; 양욱(2009), p. 126.
37   Louis Williams, Maj. (Res.). "Entebbe Diary," Israel Defense Forces, 16 February 2004, p. 5; McRaven(1996), p. 336; 양욱(2009), p. 129.

▶ 표 8-1 엔테베 인질위기 일지

날짜	사건 및 정책결정 전개상황
6월 27일(일요일)	에어 프랑스 139편 납치, 리비아에서 급유
6월 28일(월요일)	우간다 엔테베 공항에 피랍기 착륙
6월 29일(화요일)	인질 납치범 요구조건 발표, 7월 1일 14시부터 승객 사살 위협
6월 30일(수요일)	승객 47명 석방, 프랑스 파리에서 모사드 승객 탐문
7월 1일(목요일)	이스라엘 협상진행 결정, 인질납치범 마감시한 7월 4일 11시로 연장, 승객 100명 석방
7월 2일(금요일)	이스라엘 특수부대, 구출작전 리허설
7월 3일(토요일)	이스라엘 내각, 구출작전 승인, 특수부대 엔테베로 급파, 공항 구출작전 전개
7월 4일(일요일)	구출된 인질, 이스라엘로 이송

출처: Raffi Berg, "Recollections of Entebbe, 30 years on," *BBC News*, 3 July 2006, http://news.bbc. co.uk/1/hi/world/middle_east/5101412.stm, 일부 내용 수정.

큰 탓도 있었다.[38]

한편 이스라엘의 협상 결정을 받아들인 테러범들은 7월 1일 인질처형의 최후통첩 시기를 7월 4일 11시로 연장했다. 또한 테러리스트들은 100명의 비유대인 인질을 추가로 풀어주었다. 이에 따라 엔테베 공항에는 이스라엘 국민이거나 이스라엘 국적이 아닌 유대인들, 그리고 에어프랑스 승무원 12명까지 포함해 총 106명의 인질이 남게 되었다.[39]

2) 인질구출 작전 계획 수립과 준비

이스라엘 라빈 정부는 7월 1일 협상을 결정하여 시간을 확보하였고 7월 4일로 처형시한이 연장되고 인질 100명이 석방된 상황에서, 남은 인질 106명에

---

38   Williams(2004), pp. 5-6; David(2015), p. 170; McRaven(1996), p. 337; 양욱(2009), pp. 132-133.

39   David(2015), pp. 178-179; McRaven(1996), p. 337; 양욱(2009), p. 133.

대한 안전이 우려됨에 따라 인질구출 작전을 본격적으로 고려하기 시작했다.[40] 페레스(Shimon Peres) 국방상관은 참모들과 함께 구출작전의 가능성을 구체적으로 논의한 끝에 세부작전의 수립과 훈련의 실시를 지시했다. 작전의 총괄지휘관으로 숌론(Dan Shomron) 준장을 임명하고, 현장지휘관으로 사이렛 매트칼(Sayeret Matkal: 대테러특수부대) 부대장 네타냐후(Jonathan Netanyahu) 중령을 선택했다.[41]

7월 2일 논의된 인질구출 작전부대의 계획은 우선 C-130 1번기가 모든 조명을 끈 채로 어두운 활주로에 착륙하여 북쪽으로 이동하는 동안 특수부대 1개 조가 수송기에서 내려 후속 수송기를 위해 지상유도등을 설치한다. 1번기에서 내린 사이렛 매트칼은 우간다군으로 위장하고 구터미널로 접근한다. 구터미널에 도착한 부대는 3개 조로 나뉘어 작전 1팀이 3개 출입문을 동시에 파괴하여 1층으로 진입한 뒤 테러리스트를 제압하고 인질을 구출한다. 이와 함께 작전 2팀이 구터미널 2층으로 올라가 주둔하고 우간다군을 제압한다. 한편 지휘통제반은 구터미널 외부에서 대기하면서 랜드로버에 탑재된 50구경 기관총으로 구터미널 위층과 관제탑을 제압한다는 것이었다.[42]

지원부대는 인질구출 부대에 가장 큰 위협인 구터미널 200미터 부근에 위치한 우간다군의 기지에 대한 대항임무가 주어졌다. 사이렛 매트칼이 인질을 구출하는 동안 사이렛 찬하님(Sayeret Zanchanim: 공수특전부대)은 구터미널 인근에 차단선을 구축하여 우간다군의 증원을 막는다. 또한 이들 일부가 우간다 공군의 미그기에 폭탄을 설치하여 C-130 요격을 사전에 방지한다. 한편 사이렛 골라니(Sayeret Golani: 골라니 보병여단 소속 정찰대)는 C-130 근처에 남아 항공기를 보호하고 인질과 구출부대의 퇴로를 확보한다. 항공부대의 임무는 4,000km 거리를 급유 없이

---

40   McRaven(1996), p. 337; 양욱(2009), p. 133; Michael Bar-Zohar and Nissim Mishal, Translated from the Hebrew by Michael Bar-Zohar and Nathan K. Burstein, *No Mission is Impossible: The Death-Defying Missions of the Israeli Special Forces* (New York: HarperCollins Publishers, 2015), p. 10.

41   McRaven(1996), p. 338; 양욱(2009), pp. 133-134.

42   양욱(2009), pp. 136-137; McRaven(1996), pp. 339-340.

▶ 표 8-2 부대 편성과 임무

구분	구성부대 및 지휘관	임무
지휘제대	지휘통신본부 (지휘: 댄 숌론 준장)	• 작전 전반에 대한 지휘통제 • 통신총괄
공격제대	사이렛 매트칼 (지휘: 요니 네타냐후 중령)	• 구청사 내의 인질구출 작전 실시 • 구출 인질을 C-130까지 호송
지원제대	사이렛 찬하님/사이렛 골라니 (지휘: 슐 모파즈)	• 적 증원 병력이 공격제대를 방해하지 못하도록 차단 • C-130을 보호하며 지상급유 지원 • 우간다군 미그기를 파괴하여 차후 추적을 방지 • 구출된 인질들이 C-130에 탑승할 때까지 안전하게 보호
항공제대	C-130 비행대대 (지휘: 요수아 샤니 중령)	• 구출부대를 엔테베 공항까지 은밀하게 수송, 야간 착륙 • 지상에서 재급유 실시 후 인질과 병력을 싣고 퇴각

출처: 양욱, 『그림자 전사, 세계의 특수부대: 그들의 성공과 실패의 역사』 (서울: 플래닛미디어, 2009), p. 135.

침투비행하고, 야간에 조명도 없이 적진 한가운데에 착륙하는 것이었다.[43]

3) 인질구출 작전 실행

7월 3일 15시 30분 숌론 장군은 구출부대의 출동명령에 따라 이스라엘 특공대 190여 명과 장갑차 4대 등을 태운 C-130 허큘리스 수송기 4대가 지휘 및 구호용 보잉 707 2대와 함께 이스라엘을 출발하여 4,000km를 7시간 30분 동안 비행하여 엔테베 국제공항에 은밀히 침투했다. 7월 3일 23시 01분, 1번기 수송기 C-130이 엔테베 공항에 착륙했다. 우간다군으로 위장한 사이렛 매트칼 대원들은 우간다 고위 장성 리무진으로 보이는 벤츠 승용차 1대와 랜드로버 군용 지프 2대에 탑승하고 구터미널에 도착했다. 구출대원은 인질범과 인질들이 뒤섞여 있자 유대인들만 알아듣도록 히브리어로 엎드리라고 소리치면서 인질범들을 사살했다. C-130이 착륙한 지 3분 만에 테러범 7명 중 4명을 사살하고 인질을 확보했다. 이렇게 인질을 확보하고 있는 사이에 작전 1제대의 나머지 팀은 VIP

43   양욱(2009), pp. 138-139; McRaven(1996), pp. 340-341.

■ 그림 8-2 인질 구출부대 이동경로 및 구출작전 실행

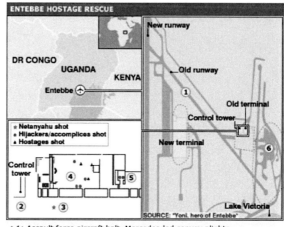

* 1: Assault force aircraft halt, Mercedes-led convoy alights
* 2: Commandos leave convoy, run towards Old Terminal
* 3: Yonatan Netanyahu shot
* 4: Commandos clear main hall
* 5: Commandos clear side room
* 6: Commandos destroy Ugandan Migs

출처(좌측): Triton World, "Operation Thunderball-The Entebee Raid from W3," http://bloggie-360.
blogspot.com/2013/09/entebbe-hostage-rescue-from-w3.html?view=magazine#!/2013/09/
entebbe-hostage-rescue-from-w3.html. 양욱, 『그림자 전사, 세계의 특수부대: 그들의 성공과 실
패의 역사』 (서울: 플래닛미디어, 2009), p. 126 참고.

출처(우측): Raffi Berg, "Recollections of Entebbe, 30 years on," BBC News, 3 July 2006, http://news.
bbc.co.uk/2/hi/middle_east/5101412.stm.

라운지 점령을 시작했다. 1제대가 인질을 구출하는 사이 2제대는 구터미널의 2
층을 공격했다. 한편 구터미널 밖에서는 지휘통제반이 관제탑의 우간다군과 치
열한 총격전을 벌였다. 이후 2-4번기 수송기가 순차적으로 도착하여 우간다군을
진압하고 공항에 있던 11대의 미그 17과 21 전투기를 파괴했다.[44]

---

44   MaRaven(1996), pp. 356-364; 양욱(2009), pp. 140-151; Wikipedia, "Operation
      Entebbe," https://en.wikipedia.org/wiki/Operation_Entebbe; Bar-Zohar and
      Mishal(2015), pp. 17-18.

　　7월 3일 23시 52분 인질을 태운 수송기 1대가 먼저 엔테베 공항을 이륙했고, 7월 4일 0시 40분 나머지 3대의 C-130 수송기가 엔테베 공항을 이륙하면서 모든 작전은 종료되었다. 작전 결과 인질 106명중 102명 구출, 4명 사망, 10명이 부상을 당했다. 구출대원 1명이 사망하고 5명이 부상당했다. 인질구출 작전 중 사망한 유일한 부대원은 현장지휘관인 요나탄 네타냐후 중령이었다. 그는 구터미널 진입 시 선두에 섰다가 관제탑에서 쏜 총탄에 맞아 사망했다. 한편 테러범 7명과 우간다군 45명이 사살되었다.[45]

2. 한국의 삼호주얼리호 인질구출 작전(아덴만 여명작전)

1) 삼호주얼리호 피랍사건의 개요

　　2011년 1월 15일 오전 7시 40분(현지시각) 아랍에미리트(UAE)를 출항하여 스리랑카로 항해하던 삼호주얼리호(11,566톤) 앞에 해적선이 나타났다. 삼호주얼리호의 위치는 소말리아 해안에서 동북쪽으로 2,000㎞ 떨어진 아덴만 해상이었다. 해적 모선에서 내려진 두 척의 소형 모터보트는 삼호주얼리호 옆에 바짝 접근했다. AK 소총과 RPG-7 로켓포 등으로 무장한 13명 해적은 사다리를 타고 배에 올라와 선박을 장악했다. 삼호주얼리호 승선원은 총 21명으로 한국인 8명, 미얀마인 11명, 인도네시아인 2명이었다.[46]

　　1월 15일 오후 7시 30분. 에티오피아 지부티 항에서 군수물자를 선적 중이던 청해부대 6진 최영함은 합동참모본부의 특명을 받고 긴급 출항했다. 최영함은 연합해군사령부(CFMCC) 예하 대해적작전부대(CTF-151)의 정보협조를 받으며 추격했다. 1월 17일 오후 11시, 52시간 동안 2,000km를 항해하던 최영함 레이

45　　MaRaven(1996), pp. 365-366; 양욱(2009), pp. 152-153; Wikipedia, "Operation Entebbe."

46　　『국방일보』, "긴박했던 4시간 58분, 피랍 선원 전원 구출," 2015.1.19; 해양수산부, "민관군 합동으로 해적진압 훈련 실시," 보도자료, 2013.8.26. p. 6.

더에 소말리아 해역으로 항하는 삼호주얼리호가 포착되었다. 피랍 지점에서 남쪽으로 450-500㎞, 오만 살랄라 항에서 600㎞ 떨어진 지점이었다. 청해부대는 해적들이 눈치 채지 못하는 거리를 유지하며 작전기회를 기다렸다.[47]

한편 해적들은 납치 6시간 15분 뒤인 18시 55분경(한국시각) 삼호주얼리호의 선사인 삼호해운에 전화해 "소말리아 해적이다. 배는 소말리아로 갈 것이다. 돈을 준비하라"는 취지로 선박납치 사실을 삼호해운 측에 통보하고 선박 및 선원 석방 대가를 요구했다.[48]

2) 인질구출 작전 계획 수립과 준비

2011년 1월 15일 피랍사건 발생 직후 이명박 대통령은 김관진 국방장관과 참모진에게 인명피해 방지와 함께 해적과 타협하지 않겠다는 입장을 밝혔다. 청와대 천영우 외교안보수석은 1월 16일 관계부처 대책회의에서 군사작전 실행을 건의하기로 했다. 1월 17일 천영우 수석은 이명박 대통령에게 군사작전을 직접 건의했고, 이명박 대통령은 군사작전 준비를 승인했으며, 천영우 수석은 곧바로 김관진 국방장관에게 승인 사실을 알렸다. 또한 김관진 국방장관을 통해 군사작전 준비지시를 받은 한민구 합참의장은 해군작전사령부에 군사작전 준비를 공식 하달했다.[49]

1월 18일 오후 김관진 국방장관이 청와대에서 군사작전 준비계획을 보고하던 중, 아덴만 현지에서는 삼호주얼리호를 공격한 해적 일부가 인근을 지나던 몽골선박에 대한 탈취 시도를 하는 예기치 못한 상황이 발생하여 청해부대는 해상작전헬기(Lynx)와 검문검색대(UDT/SEAL)를 동원하여 전격적으로 1차 인질구출 작전을 감행했으나 실패했다.[50]

---

47   『국방일보』, "긴박했던 4시간 58분, 피랍 선원 전원 구출," 2015.1.19.

48   이우승, "국가위기 대응 결정과정 연구: 아덴만 여명 작전을 중심으로," 석사학위논문, 서강대학교 공공정책대학원, 2016.7, p. 22.

49   이우승(2016), pp. 23-24.

50   이우승(2016), p. 24; 『국방일보』, "긴박했던 4시간 58분, 피랍 선원 전원 구출," 2015.1.19.

이후 정부는 청대부대가 삼호주얼리호를 근접 추적하는 가운데, 선원들의 안전을 계속 확인해가면서 마지막 인질구출 작전의 실행 시기를 기다렸다. 1월 20일 오후 청와대에서 이명박 대통령이 참석한 가운데 외교안보관계 장관회의가 개최되었다. 김관진 국방장관은 작전 성공 가능성, 훈련 수준, 해적 기만 내용, 작전수행 절차, 인명피해 발생 시 대책을 보고했고, 이명박 대통령은 인질구출 작전을 최종적으로 승인했다.[51]

3) 인질구출 작전 실행

아덴만 현지시각 2011년 1월 21일 새벽 3시 30분, 해적에게 피랍된 삼호주얼리호는 해적의 본거지인 소말리아 가라카드를 향해 8노트로 남하 중이었다. 그 시각 삼호주얼리호로부터 2.7마일에서 기동 중인 청해부대 최영함에서는 선원 구출작전을 준비하고 있었다.[52]

새벽 4시 43분, 청해부대장 조영주 대령은 부산 해군작전사령부에 작전준비 완료를 보고했다. 04시 58분, 한국군의 첫 번째 해외 인질구출 작전이 시작됐다. 05시 17분, 고속단정 3척이 바다에 강하되었고, 저격수를 태운 링스헬기도 이륙했다. 05시 29분, 최영함은 상선검색망(무선통신)을 이용하여 삼호주얼리호를 한국어로 호출했다. 청해부대는 선원들에게 구조를 위해 공격할 것이니 안전구역으로 대피하고, 외부로 나오지 마라는 경고방송을 2차례 실시했다. 05시 40분, 링스헬기가 삼호주얼리호로 접근했고, 저격수가 레이더와 통신안테나를 무력화하고 갑판·선교를 조준 사격하여 해적 1명을 사살했다.[53]

51 이우승(2016), pp. 24, 85; 『국방일보』, "정부·군·우방국 삼위일체, 선원 무사히 구출," 2013.1.5; 『연합뉴스』, "4시간 58분 긴박했던 아덴만 여명작전," 2011.1.21.

52 대한민국 해군, "대한민국 해군 청해부대 전격작전 아덴만 여명작전 완수,"『해군지』, 2011년 3·4월 호, p. 20.

53 『국방일보』, "긴박했던 4시간 58분, 피랍 선원 전원 구출," 2015.1.19; 『국방홍보원』, "아직도 파노라마처럼 생생, 해군 위상 세계에 떨쳐," 2015.1.20; 박성진, "아덴만 여명작전 시간대별 상황," 2011.1.23, https://mustory.khan.kr/262.

06시 09분, 고속단정에 있던 UDT/SEAL 검문검색대 공격팀 15명이 삼호 수얼리호 선미 갑판에 신입했다. 내부기동을 펼치던 공격팀이 4층 신교를 장악 하기 위해 좁은 계단을 오르는 순간 해적 1명이 출현하여 사살했다. 06시 30분, 공격팀은 신속하게 선교를 완전히 장악했다. 공격팀은 2개 조로 나뉘어 수색작 업을 전개하여 해적 4명과 선장실 주변에 있던 해적 두목을 사살했다. 06시 45 분, 공격팀은 선교에서 선원 13명을 구조했고, 총상을 입은 석해균 선장을 최영 함으로 이송했다.[54]

07시 57분, 인질수색 및 해적소탕 작전을 재개하고, 최영함에서 음향송신 장치를 이용해 투항 경고문을 방송했다. 해적 2명이 손을 들어 투항하고 5명의 선원이 선상으로 나왔다. 08시 16분, 한국인 8명을 포함한 18명의 선원을 구조 했다. 공격팀은 57개의 객실을 수색하여 해적을 완전히 소탕하고, 미얀마 선원 3명을 포함한 21명 전원을 구출했다. 마침내 09시 56분, 청해부대는 인질 21명 전원을 구조하고, 해적 8명을 사살하고 5명을 생포하였으며, 구출부대의 피해 없이 성공적으로 작전을 완료했다.[55]

3. 인질구출 작전 평가: 성공요인 분석

맥레이븐(William H. McRaven)이 제시하는 성공적인 인질구출 작전의 6가지 요 인인 간결성, 보안, 반복적 예행훈련, 기습, 신속성, 명확한 목표를 이스라엘과 한국의 인질구출 작전사례에 적용하여 분석·평가하면 다음과 같다.

---

54   『국방일보』, "긴박했던 4시간 58분, 피랍 선원 전원 구출," 2015.1.19; 『국방홍보원』(2015); 대한 민국 해군(2011), pp. 21~22.

55   『국방일보』, "긴박했던 4시간 58분, 피랍 선원 전원 구출," 2015.1.19; 『국방홍보원』(2015); 박성 진(2011).

▶ 표 8-3 이스라엘과 한국 인질구출 작전 사례 비교

구분	이스라엘 엔테베 인질구출 작전	한국 아덴만 여명작전
기간	• 1976년 6월 27일부터 일주일 • 인질구출 작전 99분	• 2011년 1월 15일부터 6박 7일 • 인질구출 작전 4시간 58분
인원	• 사이렛 매트칼 등 특공대원 190여 명 투입 • C-130 4대, 보잉 707기 2대 동원	• 최영함 승조원 300명 • 해군 특수전여단 UDT/SEAL 15명
특징	• 작전 수송기(C-130) 공항 착륙 후 우간다 고위 장성으로 위장하기 위해 벤츠 승용차 사용 • 구출작전 시 테러리스트들 모르게 히브리어 사용	• 해적 주의 분산시키는 기만작전 실시 • 한국어 무전으로 해적과 선원 분리
결과	• 인질 106명 중 102명 구출 • 납치범 7명 전원 사살 • 이스라엘 특공대장 1명 사망	• 해적 8명 사살, 5명 생포 • 작전팀 인명피해 없음 • 선원 21명 전원 구출

출처: 『중앙일보』, "아덴만 여명 세 차례 기만전술 1976년 엔테베 작전 빼닮았다," 2011.1.24, https://www.joongang.co.kr/article/4965247#home, 일부 내용 수정.

1) 간결성

엔테베 인질사건 당시 구출작전의 총지휘관인 숌론 준장은 작전계획 수립의 초기단계에서 엔테베를 공격하고 우간다군을 제압하기 위해 대규모 병력을 동원하는 방안을 선호했다. 그러나 이러한 방안은 네타냐후 현장지휘관이 숌론의 계획은 복잡하고 기습을 수행하는 데 어려움이 따르기에, 소규모로 기동성 있는 제한적 병력을 동원한 단순한 작전수행이 성공의 기회를 만들 수 있다는 주장에 따라 변경되었다.[56]

네타냐후는 또한 소규모 병력의 역량을 극대화하기 위해 공격목표를 구터미널에 집중하고 관제탑을 제외했다. 관제탑을 공격하려면 추가인원이 필요하고 공격 과정에서 희생자가 나올 확률 또한 높았으며, 주목적인 인질구출을 저해할 수 있기 때문이었다.[57] 또한 초기의 작전계획 수립 당시 정보가 불충분했으나 7월 2일

---

[56]   McRaven(1996), pp. 338-339, 371; Ed Flora, "OP Art to the Rescue: Fundamentals for a Hostage Crisis," Unclassified Paper, Naval War College, 18 May 1998, p. 13.

[57]   McRaven(1996), pp. 340, 371; 양욱(2009), p. 137.

부터는 이스라엘 정보기관 모사드가 승객 심문보고서와 엔테베 공항자료 등을 분석하여 테러리스트 숫사와 위치 및 우간나군 배치현황과 내응태세에 관한 정보를 제공했다. 특히 7월 3일 구출부대가 출발하기 직전에 모사드로부터 하루 전의 엔테베 항공사진 정보가 제공되었다.[58]. 이에 따라 최신형 대테러장비로 무장한 인질구출 부대는 4,000km를 비행하여 엔테베 공항에 침투하고 인질을 구출한다는 간결하고 대담하며 생각하기 어려운 창의적인 전술을 통해 인질구출 작전에 성공했다.

삼호주얼리호 인질구출 작전(아덴만 여명작전) 계획 수립 당시 대응지침은 해적과 타협하지 않는다는 선례를 남기고, 합동참모본부와 해군작전사령부의 전권 하에 인질의 안전을 최우선으로 하는 신속한 기동과 위협사격을 통한 은밀한 구출작전의 실시였다.[59]

또한 청해부대는 삼호주얼리호를 따라잡은 1월 17일부터 선장과 국제상선 공용 통신망을 통해 수시로 교신하며 해적들의 인원 및 무장 상태, 동선 등 선박 내부사정을 파악할 수 있었다. 미 5함대사령부가 지원한 P-3C 해상초계기도 구출작전 직전 좌현 선미에 3명, 선교에 4명, 중갑판에 4명이 식별됐다는 정보를 제공하여 해적상황 파악에 도움이 되었다.[60] 한반도에서부터 무려 8,000km 이상 떨어진 해상에서 사례가 드문 성공적인 인질구출 작전을 수행할 수 있었던 것은 청해부대 최영함이 해당지역에 사전에 파병되어 기동 및 항공자산을 제공했기 때문이었다.[61]

2) 보안

엔테베 인질구출 작전계획의 수립단계부터 작전참가 요원들에 대한 보안이

---

58   McRaven(1996), pp. 12, 354, 371-372; David(2015), p. 271; Wikipedia, "Operation Entebbe,".

59   이우승(2016), pp. 23, 71; 『국방일보』, "틈 없는 임무분담·전우애 퍼펙트 신화 쓰다," 2013.1.20; 『연합뉴스』, "4시간 58분 긴박했던 아덴만 여명작전," 2011.1.21.

60   『조선일보』, "[아덴만 여명작전 퍼펙트 비결은] 수차례 기습 시늉, 진 빼놓고 허 찔렀다," 2011.1.24.

61   『국방일보』, "세계의 특수작전으로 본 아덴만 여명작전의 위상," 2013.1.5.

강화되었다.[62] 7월 3일 C-130 수송기가 출발한 샤름 알세이크 기지는 봉쇄되었고 수송기들이 작전을 마치고 귀환할 때까지 항공기지 모든 요원들의 출입이 제한되었다. 항공기들이 출발한 이후 적대국의 대공수색 레이더를 회피하기 위한 예방조치가 취해졌고, 이스라엘 통신 전문가들은 구출임무에 대한 탐색시도에 대비하고 보안을 강화했다.[63]

샤름 알세이크 기지를 이륙한 C-130 편대는 고도 50피트로 초저공비행을 하면서 적대국의 레이더 감시망을 피해 홍해와 에티오피아에 도달했다. 대공수색 레이더가 없는 에티오피아의 영공에 진입하자 발각될 염려가 없었기에 고도를 2만 피트로 올리고 비행했다. 또한 비밀리에 엔테베 관제탑 레이더에 대한 전자교란이 수행되었다.[64]

아덴만 여명작전도 작전 디데이 당일까지 극도의 보안 속에서 진행되었다. 국방부는 1월 17일 삼호주얼리호 납치와 관련된 청해부대 작전에 대한 엠바고(보도자제)를 요청했다. 청해부대가 1월 18일 1차 작전을 시도했으나 국방부는 이를 즉각 발표하지 않았고, 1월 21일 2차 인질구출 작전이 종료된 이후 공식 브리핑을 했다. 인질구출 작전에 대한 보도가 있을 경우 해적들의 협상력 제고를 위한 선원에 대한 위협 가능성 때문에 국방부 기자단은 보도를 자제했다.[65]

3) 반복적 예행훈련

이스라엘 C-130 편대와 대테러부대는 평상시 강도 높은 훈련을 통해 생소한 특정지역에 상관없이 임무를 수행할 수 있는 역량을 갖추고 있었다. 엔테베 인질사건 당시, 7월 2일 작전계획이 구체화되면서 인질구출 작전에 대비한 훈련이 본격화되었다. 작전계획에 따른 수송기 이착륙 및 구출부대 강하 훈련과 엔테

---

62   Flora(1998), p. 19.
63   McRaven(1996), p. 373.
64   McRaven(1996), pp. 356-357; 양욱(2009), p. 141; Flora(1998), p. 21.
65   『한겨레』, "여명작전 엠바고 4박5일간의 뒷얘기," 2011.1.31.

베 터미널 모형건물에서 인질구출 모의훈련이 수차례 진행되었다. 비록 짧은 시간에도 불구하고 실제 작전 시나리오에 따른 반복적인 훈련은 작전명령 하달 시 요원들의 책임을 인식시키고 실제 인질구출 작전을 성공적으로 수행할 수 있는 기반이 되었다.[66]

삼호주얼리호 인질구출 작전(아덴만 여명작전)에는 한국 특수부대 중에서도 최정예인 해군 특수전여단 UDT/SEAL 요원 15명이 투입되어 치밀한 사전준비와 반복된 훈련을 통한 작전역량을 기반으로 인명피해 없이 선원 21명 전원을 구출했다. UDT/SEAL 지휘부는 부산항에서 삼호주얼리호와 똑같은 구조를 가진 화물선을 찾아내 내부구조 등을 분석해 청해부대의 작전요원에게 전송했다. 또한 청해부대의 UDT/SEAL 요원들은 현지에 파견되기 전부터 파도로 요동이 심한 함정 위에서 사격훈련을 여러 차례 실시했다.[67]

4) 기습

엔테베 인질구출 작전 당시 이스라엘군이 C-130을 동원하여 엔테베까지 비행하고 직접 착륙하여 대담한 작전을 수행할 것이라고 그 누구도 생각하지 못했기 때문에 최고의 기습효과를 거두었다.[68] 또한 구출부대는 우간다군 복장을 착용하고 고위 장성 차량으로 위장하기위해 벤츠를 사용하여 우간다군을 혼란시키는 기만책을 구사했다. 이러한 기습과 기만이 함께 수행되어 우간다군과 테러리스트들을 혼란에 빠뜨리고 구출부대가 구터미널에 침투하여 인질을 구출할 수 있었다.[69]

아덴만 여명작전 당시 청해부대는 해적들이 기습을 알아채지 못하도록 구

---

66   McRaven(1996), pp. 339, 349, 374; Flora(1998), pp. 17-18.

67   『중앙일보』, "아덴만 여명 세 차례 기만전술 1976년 엔테베 작전 빼닮았다," 2011.1.24; 『조선일보』, "[아덴만 여명작전 퍼펙트 비결은] 수차례 기습 시늉, 진 빼놓고 허 찔렀다," 2011.1.24.

68   McRaven(1996), pp. 336, 376; 양욱(2009), p. 130.

69   McRaven(1996), pp. 339-340, 375-376; 양욱(2009), p. 136; David(2015), pp. 194, 238; Flora(1998), p. 21.

출작전 3일전부터 밤낮으로 삼호주얼리호 인근에 최영함과 링스헬기가 함포와 K-6 중기관총 등으로 위협사격을 하고, 링스헬기 및 고속단정(RIB)을 접근시키는 기만작전을 전개했다. 이러한 지속적이고 반복적인 기만작전으로 인해 해적들은 당황하고 지쳐 있었다. 구출작전 당시 은밀하게 고속단정을 강하하고, 선원에게 작전개시를 알려 선원과 해적을 분리하였고, 링스헬기와 최영함의 발포를 통해 해적들의 주의를 교란시켜 기습적인 작전을 성공으로 이끌었다.[70]

5) 신속성

엔테베 인질구출 작전 당시 첫 번째 C-130이 착륙한 지 3분 만에 구출부대가 구터미널에 도착하여, 테러리스트들이 구출작전의 실행을 예견하지 못한 상황에서 신속하게 인질의 안전을 확보했다. 또한 나머지 3대의 C-130에 탑승한 지원부대가 도착하여 구터미널 차단선 구축, 우간다군 제압, 퇴로확보 등의 지원 임무도 매우 신속하게 진행되었다. C-130이 최초로 착륙한 지 51분 만에 인질을 구출하여 이륙하였고, 99분 만에 모든 대원이 엔테베에서 철수한 것이었다.[71]

아덴만 여명작전 당시 작전이 시작된 지 71분 만에 검문검색팀이 삼호주얼리호 선미 갑판에 올랐고, 92분 만에 선교를 완전히 장악하고, 4시간 58분 만에 인질 21명 전원을 구출하고 작전을 종료했다. 그러나 해적의 주력을 격멸하고 선원을 구출하는 데는 약 3시간이 걸렸다. 삼호주얼리호는 11,566톤급 화학운반선으로 선교·기관실·사무실 등 격실이 57개나 되어 하나씩 검색하다보니 시간이 걸렸으나, 해상에서 인질구출 작전의 특성상 정보가 제한되고, 해적과 인질이 혼재된 어려운 상황을 감안한다면 피해를 최소화한 가운데 신속하게 수행된 작전으로 평가된다.[72]

70　『조선일보』, "[아덴만 여명작전 퍼펙트 비결은] 수차례 기습 시늉, 진 빼놓고 허 찔렀다," 2011.1.24; 『중앙일보』, "아덴만 여명 세 차례 기만전술 1976년 엔테베 작전 빼닮았다," 2011.1.24.

71　McRaven(1996), pp. 365-366, 376-377; David(2015), p. 316.

72　『경향신문』, "합참 문답 해적선 모선 합세 첩보 있어 작전 개시," 2011.1.21; 합동참모본부, "청해부대, 삼호 주얼리호 구출 작전(아덴만 여명작전) 성공," 보도자료, 2011.1.21, p. 2.

6) 명확한 목표

엔테베 인질구출 작전 당시 현장지휘관인 네타냐후 중령은 작전의 주요 목표는 인질의 안전한 구출이지 적의 근거지에 대한 공격이 아니라는 점을 수차례 강조했다. 이러한 목표를 달성하기 위해 공격부대의 규모를 줄이고, 최소한의 시간에 관제탑을 우회하여 구터미널의 인질을 구출하는 작전을 수행했다. 이러한 작전의 전술적 측면 이외에 네타냐후는 부대원들에게 애국심과 작전의 성공에 대한 자신감을 고취하였고, 임무에 대한 헌신을 강조하여 작전을 성공으로 이끌었다.[73]

아덴만 여명작전 당시 이명박 대통령은 해적과 불의의 타협은 결코 없다는 방침을 세우고, 자국민을 반드시 안전하게 구출해야 한다는 목표 아래 군에 대한 확고한 신뢰를 바탕으로 군사작전을 승인했다. 합동참모본부는 해상작전임을 감안하여 청해부대의 작전통제권을 해군작전사령부에 부여했고, 해군작전사령부, 합참 및 국방부는 현장 작전부대가 임무에 전념할 수 있는 여건을 조성했고, 현장지휘관은 임무수행에 필요한 요소를 식별하여 작전을 지휘했다. 작전에 참여한 UDT/SEAL 요원들은 국민의 생명과 재산을 지키기 위해 죽음의 공포보다는 작전 실패에 대한 오명이 두렵다는 각오와 책임감을 가지고 구출작전을 성공시켰다.[74]

4. 인질구출 작전 비교·분석

인질구출 작전은 목표를 달성하기 까다롭고 수행하기 어려운 작전이다. 이스라엘과 한국의인질구출 작전 사례를 분석하기 위해, 미국의 주요 대테러 특수

73   McRaven(1996), pp. 353-354, 378; 양욱(2009), p. 139; Sathe(2015), pp. 51-52.
74   『국방일보』, "정부·군·우방국 삼위일체, 선원 무사히 구출," 2013.1.5; 『국방일보』, "틈 없는 임무분담·전우애 퍼펙트 신화 쓰다," 2013.1.20; 『국방일보』, "죽음을 각오하니, 성공할 수밖에 없었다," 2015.1.21.

작전을 주도했고 특수작전 이론을 발전시킨 맥레이븐(William H. McRaven)의 성공적인 인질구출 작전을 위한 6가지 요인(간결성, 보안, 반복적 예행훈련, 기습, 신속성, 명확한 목표)을 2가지 사례에 적용했다.

이스라엘의 엔테베 인질구출 작전과 한국의 아덴만 여명작전을 비교·분석하면 다음과 같다. 첫째, 작전의 간결성 측면에서 두 가지 작전 모두 최소한의 요원이 투입되었고, 정확한 정보지원하에 인질의 안전한 구출에 집중한 계획을 실행했다. 엔테베 작전은 지원부대를 제외하고 실제 구출작전을 수행한 인원은 35명이었고, 아덴만 작전은 15명이 임무를 수행했다.

둘째, 보안 측면에서 두 작전은 작전의 계획·준비단계에서 철저한 보안을 유지하였고, 적대세력이 임박한 공격을 파악하지 못한 상황하에서 작전을 실행했다.

셋째, 엔테베 작전과 아덴만 작전은 최정예 특수부대(이스라엘 사이렛 매트칼, 한국 UDT/SEAL)를 동원하여, 공항과 선박에 대한 정보를 기반으로 반복적 도상훈련을 실시한 이후 작전을 실행했다.

넷째, 기습과 기만적 측면에서 이스라엘은 4,000km 장거리를 비행하여 예견치 못한 대담한 작전을 수행했다. 인질구출 부대는 우간다군으로 위장하고 인질이 감금되어있는 구터미널에 진입했다. 아덴만 여명작전 당시 위협사격과 반복적인 기만작전을 통해 해적들의 주의를 분산시키고 선박에 승선하여 해적을 제압하고 인질을 구출할 수 있었다.

다섯째, 엔테베 작전은 공항도착 3분 만에 구터미널에 진입하고 51분 만에 인질을 구출했다. 아덴만 작전은 71분 만에 삼호주얼리호에 승선했고 선원을 모두 구출하는데 약 3시간이 소요되었다. 두 작전은 적대국의 공항과 해상의 선박이라는 작전환경을 감안한다면 매우 신속하게 작전을 펼친 것으로 평가된다.

여섯째, 두 작전 모두 인질의 안전한 생환을 목표로, 어떤 상황에서도 자국민을 구해야 한다는 결의와 요원들의 헌신적 노력이 있었다.

이스라엘의 엔테베 인질구출 작전과 한국의 아덴만 여명작전은 성공적인 인질구출 작전을 위한 6가지 요인이 모두 적용되어 실행되었다고 평가할 수 있다. 이러한 인질구출 작전의 성공요인은 상호 연결되고 의존적으로 작전의 계획·준비·실행단계에서 고려되어야 할 핵심직 요인이다. 계획단계에서 작전은 목표의 제한, 정확한 정보, 혁신적 전술을 기반으로 간결하게 수립되어야 한다. 준비단계에서 철저한 보안과 지속적인 반복훈련은 실행단계에서 구출부대가 명확한 목표하에 기습과 신속한 작전을 수행할 수 있는 능력에 직접적 영향을 미친다.[75]

2001년 9/11 테러 이후 뉴테러리즘의 등장과 자생적 테러위협이 지속적으로 증가하고 있는 국제테러 환경 속에서, 한국을 포함한 주요국들은 인질테러가 발생할 경우 구출작전의 계획·준비·실행단계에서 성공요인이 적용되어 적대세력에 대한 상대적 우위성을 달성할 수 있는 역량을 강화하기 위해 노력해야 한다. 아울러 인질구출 작전의 이론을 발전시키기 위해서는 인질구출 작전의 실패사례도 연구하여, 실패요인을 극복할 수 있는 방안을 도출할 필요성도 제기된다.

---

75   McRaven(1996), p. 9.

9장

미국의 대테러리즘 체계, 전략, 사례

미국은 1947년 '국가안보법(National Security Act)'에 근거하여 국가안보와 관련 내통령 자문기구로 '국가안보회의(NSC. National Security Council)'를 설치하여 외교·국방·국내 정책부처 간의 통합 및 대통령 보좌 기능을 담당하고 있다. 9/11 테러 이후 NSC에 대테러리즘 관련 조직을 강화했고 행정부 산하에 대테러리즘 조직을 신설했다. 2001년 9/11 테러사건 이후 심각한 테러리즘 위협에 직면한 부시 행정부는 대테러리즘과 반WMD 정책을 핵심적 안보정책으로 추진하고 있으며 관련 법령을 제정하고 국가안보기구를 개혁했다. 부시 행정부는 우선 2001년 10월 '미국 애국법(USA Patriot Act)'을 제정하고 2003년 3월 미국 본토 내 테러 방지에 역점을 두면서 새로운 비대칭적·비전통적 위협에 대비하고, 발생 가능한 공격으로부터 피해의 최소화 및 복구지원에 역량을 집중하는 '국토안보부(DHS)'를 신설했다. 또한 중앙정보국(CIA)과 연방수사국(FBI) 등의 대테러리즘 센터를 통합하여 2003년 5월 '테러리스트위협통합센터(TTIC)'를 신설하고, 2004년 8월에는 '국가대테러리즘센터(NCTC)'가 신설되어 TTIC를 흡수·통합했다. 아울러 정보공동체의 통합적 운영과 개혁을 위해 2004년 12월 '2004년 정보개혁 및 테러리즘 예방 법안(IRTPA)'이 통과되어, 2005년 4월 미국 정보공동체를 지휘·감독하는 국가정보장실((ODNI: Office of Director of National Intelligence)'이 창설되었다.

국가안보 전략과 관련하여 부시 행정부는 2002년 9월과 2006년 3월에 '국가안보전략(NSS: The National Security Strategy)' 보고서를 발표했고, 오바마 행정부는 2010년 5월과 2015년 2월에 NSS를 발표했다. 트럼프 행정부는 2017년 12월에 NSS를 발표했고, 바이든 행정부는 2021년 3월에 '잠정국가안보전략지침(INSSG: Interim National Security Strategic Guidance)'을 발표했다. 상위의 국가안보전략에 기반한 대테러리즘전략과 관련해 부시 행정부는 2003년 2월과 2006년 9월에 '국가대테러리즘전략(NSCT: National Strategy for Counterterrorism)'을 발표했고, 오바마 행정부는 2011년 6월에 NSCT를 발표했고, 트럼프 행정부는 2018년 10월에 NSCT를 발표하고 미국의 대테러리즘 전략을 추진했다.

범세계적 차원에서 대테러리즘 전략을 주도하고 있는 미국의 대테러리즘 체계의 개편 배경, 법률, 조직과 운용체계 그리고 전략에 대한 연구는 2001년

9/11 테러 이후 테러위협에 대한 국제사회의 대응을 이해하는 데 필수적이다.

1절 국가안보 정책결정 체계[1]

1. 국가안보회의(NSC) 창설 배경

제2차 세계대전 이전 미국 대통령은 주로 국내정책에 집중했고 안보정책의 통합을 위한 조직적 지원이 미비했기에 안보정책은 주로 임시조직과 비공식적인 보좌진에 의존했다. 제2차 세계대전 발발 전후 미국은 세계대전의 복잡성과 동맹국과 협력의 필요성이 증대되는 상황에서 부처 간 정책 조정에 많은 문제점이 야기되어 조직화된 안보정책결정 조직이 필요했다. 이를 보완하기 위해 1938년 루스벨트 대통령은 국무부, 전쟁성 및 해군성의 정책조정을 위해 '상설연락위원회(Standing Liaison Committee)'를 설치했으나, 전쟁 발발 후 위원회의 영향력이 약화되어 1943년에 해체되었다. 이후 1944년 12월 루스벨트 행정부는 국무부와 군기관 간의 협력 촉진과 전후 정책을 조정하기 위해 '국무부·전쟁성·해군성 조정위원회(SWNCC: State-War-Navy Coordinating Committee)'를 창설했다. 그러나 SWNCC도 상설연락위원회와 유사하게 정책결정 권한의 미비와 기관 간 현안 조정에 문제점을 노출했다.[2]

제2차 세계대전 종결 이후 미국의 대외정책이 고립주의에서 개입주의로 전

---

1   필자의 논문, 윤태영, "미국과 한국의 국가안전보장회의(NSC) 체제 조직과 운영: 위기관리 시각에서 분석," 『평화학연구』, 제11권 제3호(2010), pp. 233-238 수정·보완.

2   Richard A. Best Jr., "The National Security Council: An Organizational Assessment," *CRS Report for Congress*, June 8, 2009, pp. 1-3; Cody M. Brown, "The National Security Council: A Legal History of the President's Most Powerful Advisers," *Project on National Security Reform*, 2008, pp. 1-2.

환됨에 따라 외교, 국방, 정보 분야 간의 상호 협력과 대외공조를 위한 정책 조율
과 통합의 필요성이 제기되었다. 독일과 일본에 대한 전후 정책과 기타 국가들
에 대한 정책 결정에서 대통령에게 군사, 외교, 정보 및 경제 등의 문제를 포괄하
는 다면적 요인을 조언할 수 있는 통합되고 제도화된 안보정책 조직체가 절실하
게 되었다. 따라서 1945-47년 사이 트루먼 대통령은 진주만 공격과 같은 미국
에 대한 기습공격을 방지하고 소련 공산주의 위협에 대항하기 위해 국가안보의
제도적 개혁에 중점을 두었다.[3]

1947년 7월 26일 트루먼 대통령이 '국가안보법(National Security Act)'에 서명
함으로써 국가안보회의(NSC: National Security Council)가 국가안보와 관련한 대통령
자문기구로 설치되었다. 이후 1949년 8월 국가안보법 개정을 통해 NSC는 대통
령비서실(Executive Office of the President)에 소속되었다.[4] NSC는 국가안보와 관련
된 국내, 외교 및 군사정책의 통합에 대해 대통령을 보좌하고, 군 기관과 정부 부
처 및 기관이 안보 관련 문제를 효과적으로 조정하고 협력하도록 하는 기능을 수
행하게 되었다.[5] 아울러 1947년 국가안보법은 NSC 산하에 중앙정보국(CIA)을
창설하고, 국방부장관 산하에 육군, 해군, 공군을 포함하는 국가군사기구(National
Military Establishment, 1949년에 국방부로 개칭)와 합동참모본부(JCS)를 창설했다.[6] 국가안
보법 제101조는 NSC 설치 목적, 조직, 구성, 운영절차, 사무처장 등의 항목으로

---

3   Best(2009), p. 1; Brown(2008), p. ii; Alan G. Whittaker, Frederick C. Smith, and
      Elizabeth McKune, "The National Security Policy Process: The National Security Council
      and Interagency System," *Research Report*, Industrial College of the Armed Forces,
      National Defense University, Annual Update, August 15, 2011, p. 6.

4   The White House, "National Security Council," https://www.whitehouse.gov/nsc/;
      Best(2009), pp. 6-7.

5   U.S. Senate Select Committee on Intelligence, "National Security Act of 1947," https://
      www.intelligence.senate.gov/sites/default/files/laws/nsact1947.pdf.

6   Best(2009), p. 6; Brown(2008), p. ii; Clay O. Runzi, "Transforming the National Security
      Council: Interagency Authority, Organization, Doctrine," U.S. Army War College, *USAWC
      Strategy Research Project*, 30 March 2007, p. 5; The Association of the United States
      Army's Institute of Land Warfare, "Reforming the National Security Council for the 21st
      Century: Integrating Homeland Security and Transnational Threats," *Defense Report*, DR
      09-4, July 2009, p. 1.

만 구성되어 있다. 이것은 대통령의 NSC 운영에 대한 자율성을 의회가 최대한 보장하기 위한 것이다. 실제로 역대 대통령의 국정운영 방침과 통치 스타일에 따라 NSC 기능과 역할에서 차이가 있어왔다.[7]

2. 국가안보회의(NSC) 체계[8]

바이든 행정부의 NSC 체계는 본회의인 NSC와 정책 협의와 조정을 위한 산하 위원회들로 구성되어 있다. 본회의인 국가안보회의(NSC)는 대통령의 결정이 필요한 국가안보 정책 문제를 심의하는 최고회의이다. NSC는 국가안보 정책의 모든 측면을 통합하여 대통령에게 조언하고 지원한다. NSC는 산하 위원회와 함께 국가안보 정책의 개발 및 시행, 그리고 장기전략 계획에서 행정부와 기관을 조정한다.

NSC의 의장은 대통령이고, 부통령, 국무부장관, 재무부장관, 국방부장관, 에너지부장관, 국토안보부장관, UN주재 미국대사, 대통령 비서실장, 국가안보보좌관, 대통령보좌관 겸 과학기술정책국장, 미국국제개발청장, 국가정보장, 합참의장이 참석하고, CIA 국장은 자문자격으로 참석한다. 또한 대통령 고문, NSC 법률고문, 비서역할을 하는 국가안보부보좌관도 모든 NSC 회의에 참석한다. NSC는 정기적이거나 필요시에 개최되며, 국가안보보좌관은 대통령의 지시와 NSC의 다른 위원들과 협의하여 의제를 결정하고, 필요한 서류를 사전에 준비하며, NSC의 조치와 대통령 결정을 적시에 기록하고 전달하는 책임을 진다.

NSC 산하 위원회는 관련 부처 간 정책 협의·조정을 위한 조직으로 참석자의 직급에 따라 '장관급위원회(PC: Principal Committee)', '차관급위원회(DC: Deputies

---

7   길정일, "미국 국가안보회의(NSC) 운영사례 연구," 『국가전략』, 제6권 2호(2000), pp. 101-102; Best(2009), p. 7.

8   The White House, "Memorandum on Renewing the National Security Council System," February 04, 2021, pp. 1-4.

Committee)', '부처간정책위원회(IPCs: Interagency Policy Committees)'로 구분된다. 장관급위원회(PC)는 미국의 국가이익에 영향을 미치는 정책적 사안을 검토하기 위해 개최되는 장관급 수준의 고위 부처 간 회의이다. 이 회의의 의장은 국가안보보좌관이고, 국무부장관, 재무부장관, 국방부장관, 검찰총장, 에너지부장관, 국토안보부장관, 관리예산실장, UN주재 미국대사, 미국국제개발청장, 대통령 비서실장이 참석한다. 국가정보장, 합참의장, CIA 국장은 자문자격으로 참석한다. 또한 국가안보 부보좌관, 대통령 고문, NSC 법률고문, 부통령 안보보좌관도 모든 회의에 참석한다. 장관급위원회는 국가안보보좌관의 소집에 따라 정기적으로 개최된다. 국가안보보좌관은 다른 위원과 협의하여 안건을 결정하고, 필요한 서류를 미리 준비하고, 결론과 결정을 적시에 기록하고 전달한다. 국가안보보좌관은 대통령에게 보고할 때 참석자의 견해와 차이점을 충실히 대변하는 역할을 담당한다.

차관급위원회(DC)는 NSC 부서 간 정책결정 과정을 검토 및 주시하고 국가안보에 영향을 미치는 정책문제를 고려하고 적절한 경우 해결한다. 또한 장관급위원회 또는 NSC에 제기된 현안이 적절하게 분석되고 결정을 위해 준비되었는지 확인하고, 정책실행 및 전략적 계획을 심층적으로 검토한다. 이 회의의 의장은 국가안보 부보좌관이고, 국무부 부장관, 재무부 부장관, 국방부 부장관, 검찰부총장, 에너지부 부장관, 국토안보부 부장관, 관리예산부실장, UN주재 미국 부대사, 미국국제개발청 부청장, NSC 법률고문, 부통령 안보보좌관이 참석한다. 국가정보장실 차장, 합참차장, CIA 부국장은 자문자격으로 참석한다. 차관급위원회는 국가안보 부보좌관의 소집 또는 구성원과 협의하여 국가안보 부보좌관의 재량에 따라 정기적으로 개최된다. 국가안보 부보좌관은 의제를 결정하고, 필요한 서류를 사전에 준비하며, 적시에 결론과 결정을 준비하고 회람하는 책임이 있다. 차관급위원회는 NSC 또는 장관급위원회가 논의할 모든 문서가 현안을 분석하고, 사실을 공정·적절하게 설명하며, 결정을 위한 모든 관점·방안을 고려하고, 전망·위험·영향을 평가하고 있는지를 검토한다.

부처간정책위원회(IPCs)는 정부의 여러 기관에 의한 국가안보 정책의 개발 및 실행에 대한 관리를 담당하는 국가안보 정책의 부처 간 조정을 위한 일상적인 회의로서, NSC 체계의 고위 위원회가 고려할 정책분석을 제공하고 대통령이 내린 결정에 대해 적시에 응답해야 하는 역할을 수행한다. 이 회의는 정책분야에서 대통령 결정의 이행을 검토·조정하여, 국가안보에 영향을 미치는 정책현안을 고려하고 적절한 경우 해결하기 위해 정기적으로 소집된다.

3. NSC 사무처

사무처는 NSC를 운영하기 위한 참모조직(NSC Staff)으로 각 행정부마다 다르게 운영해오고 있으나 일정 부분 연속성이 있다. 사무처는 국가안보보좌관을 수장으로 국가안보 부보좌관, 담당별 안보 부보좌관, 선임보좌관, 사무처장 등으로 구성되어 있다. 국가안보보좌관은 대통령의 안보정책 결정과 조정에 핵심적인 역할을 수행하고 주로 대통령의 전적인 신임을 받는 인물이 임명된다. 그의 구체적 역할은 ① NSC 정책과정에서 정직한 중재자(honest broker), ② 제도적 책임과 편견에 얽매이지 않고 대통령에게 유리한 입장에서 조언, ③ 대통령의 안보정책을 집행하는 부처의 업무에 대한 모니터, ④ 위기관리 업무에서 주도적 역할, ⑤ 대통령 안보정책의 포괄적 목표를 위한 새로운 구상 제공, ⑥ 대통령의 정책과 최우선 사항에 영향을 미치는 국제정세와 의회 및 집행기관의 활동에 대한 정보 제공 등이다.[9]

사무처의 주요 임무는 ① 대통령에게 정보와 정책조언 제공, ② 부처 간 정책조정 과정 관리, ③ 대통령의 정책결정 수행에 대한 모니터, ④ 위기관리 지원, ⑤ 해외국가와의 협상 지원, ⑥ 대통령의 국내외 정책 명료화, ⑦ 대통령의 외교정책 현안에 대한 입법적 측면 조정과 의회 브리핑, ⑧ 대통령의 해외 지도자와

---

[9]   D. Robert Worley, "The National Security Council: Recommendations for the New President," IBM Center for The Business of Government, 2008, p. 14; Whittaker et al.(2008), pp. 20-21.

의 회담과 순방을 포함한 외교행사 관리 등이다.[10] 참모조직은 기능별·지역별로 구성되며, 참모들은 국무부, 정보공동체, 행정부, 학계 및 연구소 등에서 분야별로 파견된 전문가들로 구성된다. 주요 참모부서로는 대변인, 국토안보, 사이버, 전략기획, 파트너십·글로벌관여, 법률사무, 글로벌보건안보·바이오방위, 기술·국가안보, 회복탄력성·대응, 정보, 국제경제·경쟁력, 민주주의·인권, 기후·에너지, 대테러리즘, 군비통제·군비감축·비확산, 인도·태평양, 서반구, 남아시아, 러시아·중앙아시아, 중동·북아프리카, 유럽,등을 담당하는 부서가 있다.[11]

4. 국토안보위원회(HSC)

9/11 테러 직후인 2001년 10월 8일 부시 행정부는 비대칭·비재래식 위협에 효과적으로 대처하기 위해 백악관 내에 테러업무를 총괄하는 '국토안보실(Office of Homeland Security)'을 창설하고, 10월 9일 대통령 산하 대테러리즘 정책의 강화를 위해 10월 9일 '대테러리즘 국가안보 부보좌관(National Director and Deputy National Security Advisor for Combating Terrorism)'과 '사이버안보담당 특별보좌관(President's Special Advisor for Cyber Security)' 직위를 신설·임명했다. 10월 29일에는 '국토안보 대통령지시서 1호(Homeland Security Presidential Directive-1)'에 의거하여 '국토안보위원회(HSC: Homeland Security Council)'를 설치하여 부처 간 안보정책과 관련한 협의기반을 강화했다.[12]

---

10   Clinton Presidential Library and Museum, "National Security Council," February 11, 2000, http://clinton3.nara.gov/WH/EOP/NSC/html/nschome.html.

11   Arkin Gump, "Biden Administration: Cabinet and Staff," 2021, pp. 11-17, https://www.akingump.com/a/web/wkdSnZXdawTidmrGBQs16M/biden-administration-cabinet-and-staff.pdf; Wikipedia, "United States National Security Council," https://en.wikipedia.org/wiki/United_States_National_Security_Council.

12   The White House, "Executive Order 13228 of October 8, 2001," http://www.fas.org/irp/offdocs/eo/eo-13228.htm; The White House, "Fact Sheet on New Counter-Terrorism and CyberSpace Positions," October 9, 2001; The White House, "Homeland

2009년 5월 26일 오바마 대통령은 비전통적이고 초국가적인 21세기 위협에 통합적으로 대처하기 위해 국토안보위원회(HSC)는 유지하되 HSC의 참모조직을 NSC 참모조직과 통합하기로 결정했다. 이로 인해 테러리즘과 대량살상무기(WMD), 자연재해, 질병 유행 등 국내 안보와 관련된 업무와 직원들이 NSC로 통합되었다. 대통령 국토안보보좌관은 대통령에게 직접적이고 신속한 접근이 가능하나 국가안보보좌관에게 보고할 의무가 있다.[13]

2절   대테러리즘 체계[14]

1. 테러리즘 관련 법률: 애국법

2001년 9/11 테러 공격 이후, 미국 의회는 10월 26일 '미국 애국법(Uniting and Strengthening America by Providing Appropriate Tools Required to Intercept and Obstruct Terrorism(USA PATRIOT ACT) Act of 2001)'을 의결하고 부시 대통령이 서명함으로써 제정되었다.[15]

Security Presidential Directive-1," October 29, 2001.

13   The White House, "Statement by the President on the White House Organization for Homeland Security and Counterterrorism," May 26, 2009; The Association of the United States Army's Institute of Land Warfare(2009), p. 1.

14   필자의 논문, 윤태영, "9·11 테러 이후 미국의 대테러리즘: 조직, 정책 및 한국에 대한 함의," 『세계지역연구논총』, 제26집 3호(2008), pp. 443-450; 윤태영, "미국의 대테러리즘 전략기획체계와 전략지침 평가: 대테러리즘 관련 국가전략보고서를 중심으로," 『국제지역연구』, 제17권 제2호(2013년 여름호), pp. 76-80 수정·보완.

15   U.S. 107th Congress, 1st Session, H.R. 3162, In the Senate of the United States, An Act, "Uniting and Strengthening America by Providing Appropriate Tools Required to Intercept and Obstruct Terrorism (USA PATRIOT ACT) Act of 2001," October 24, 2001. 정준현·지성우, "국가안전보장을 위한 미국의 반사이버테러법제에 관한 연구: 애국자법과 국토안보법을 중심으

애국법의 목적은 다음과 같다. 첫째, 미국 및 전 세계에서 테러행위를 저지 및 처벌하고, 법집행 수사 권한을 강화하는 것이다. 둘째, 국제 자금세닥 및 테러 자금 조달을 방지, 탐지 및 기소하기 위한 미국의 조치를 강화하기 위한 것이다. 셋째, 범죄적 남용에 취약한 해외 관할권, 외국 금융기관 및 국제거래 유형 또는 계정 유형에 대한 특별조사 대상을 강화하는 것이다. 넷째, 금융 서비스 산업의 기관이 잠재적인 자금세탁을 보고하도록 규정을 강화하는 것이다. 다섯째, 부패한 외국관리가 미국 금융 시스템을 사적 이익을 위해 사용하는 것을 방지하고, 도난당한 자산이 속한 국가의 시민에게 자산송환을 촉진하기 위한 조치를 강화하는 것이다. 여섯째, 미국의 이민법을 강화하여 외국 테러리스트에 대한 국경안보를 강화하는 것이다. 일곱째, 대중교통에 대한 테러리스트의 공격을 불법화하는 새로운 연방범죄를 규정하고, 처벌 강화 및 테러범죄에 대한 공소시효 연장과 같은 절차적 변화를 도입하는 것이다. 여덟째, 범죄수사에서 얻은 외국정보를 정보 및 국가안보 관리에게 공개하는 것을 승인하는 것이다.[16]

2. 국가정보장실(ODNI) 국가대테러리즘센터(NCTC)

1) NCTC 신설 배경

기존의 미국의 대테러리즘 체제는 중앙정보국(CIA)을 중심으로 운용되었다. 대테러리즘을 위한 CIA 역할과 임무는 ① 해외테러 단체에 대한 정보 수집, 분석 및 전파의 역할 수행, ② 테러집단의 와해와 분쇄를 위한 비밀공작과 특수활동을

로," 『미국헌법연구』, 제20권 제2호(2009), p. 227 참고.

16   U.S. Treasury, Financial Crimes Enforcement Network, "USA PATRIOT Act," https://www.fincen.gov/resources/statutes-regulations/usa-patriot-act; Congressional Research Service, "The USA PATRIOT Act: A Legal Analysis," Summary, April 15, 2002; Raphael F. Perl, "International Terrorism: Threat, Policy and Response," *CRS Report for Congress*, Updated January 3, 2007, p. 21.

수행, ③ 정보수집 수단으로는 신호정보, 인간정보, 공개자료 정보 등이 있다. 이러한 CIA의 대테러리즘 노력에 대한 조정은 '대테러리스트센터(CTC: Counterterrorist Center)'에서 수행되었다. CTC는 1986년 각 기관 간의 정보활동을 시급히 조정하기 위해 CIA본부에 설립되었다. 이후 모든 테러리스트에 대한 첩보가 CTC로 통합되었다. 이러한 첩보수집은 분석과 작전적 능력 차원에서 융합되어 CTC가 정보분석, 기획, 작전적 지원을 모두 통합하고, 아울러 미국의 일반적 대테러리즘 정책의 포괄적 기조를 수행하도록 했다. 또한 1990년 설립된 'IICT(Interagency Intelligence Committee on Terrorism)'는 장기적인 측면에서 대테러리즘과 관련해 CIA국장을 보좌하고 지원하며, 각 정보기관간의 정보활동을 조정하는 역할을 수행했다.[17]

그러나 9/11 테러 이후 테러정보의 공유 및 통합 등에 문제점이 지적되어 정보기관의 대테러리즘 기구의 개편 필요성이 제기되었다. 부시 대통령은 2003년 1월 28일 연두교서에서 '테러리스트위협통합센터(TTIC: Terrorist Threat Integration Center)'의 창설 필요성을 언급했고, 2003년 5월 1일 CIA의 CTC와 FBI의 '대테러리즘국(Counterterrorism Division)'을 통합하여 대테러리즘 활동에 대한 정부 내 기관 간의 협력 및 능력 증진을 위해 TTIC를 창설했다. CIA국장이 TTIC장을 임명·감독하게 했다. TTIC는 국가 대테러리즘 업무와 체제를 감독하고 테러 혐의자에 대한 최신 정보를 관리하며, 국토안보부(DHS: Department of Homeland Security)와 긴밀히 협력하며 테러리스트 위협에 대한 모든 정보를 제공했다.[18]

한편 2004년 7월 '9/11 위원회 최종보고서(The 9/11 Commission Report: Final Report of the National Commission on Terrorist Attacks upon the United States)'에서 CIA,

---

17   CIA, "DCI Counterterrorist Center," http://www.intellnet.org/documents/1000/040/1040.html; Wikipedia, "Counterterrorism Mission Center," https://en.wikipedia.org/wiki/Counterterrorism_Center.

18   The White House, "Fact Sheet: Strengthening Intelligence to Better Protect America," January 28, 2003; Office of the Director of National Intelligence, National Counterterrorism Center, "History," https://www.dni.gov/index.php/nctc-who-we-are/history.

FBI 등 미국 정보공동체의 대테러리즘 활동을 지원하기 위한 정보통합 활동의 실패가 시적되었고 통합된 정보 및 대테러리즘 기구의 필요성이 제기되있다. 이에 따라 2004년 8월 27일 '대통령 시행령 13354호(Executive Order 13354)'에 근거하여 '국가대테러리즘센터(NCTC: National Counterterrorism Center)'가 창설되었고, '테러리스트위협통합센터(TTIC)'는 NCTC에 흡수되었다.[19]

NCTC 설치의 또 다른 법적근거는 9/11테러 방지 실패를 계기로 정보기관 간의 정보 통합을 위해 2004년 12월 17일 의회에서 통과된 '2004년 정보개혁 및 테러리즘 예방 법안(IRTPA: Intelligence Reform and Terrorism Prevention Act of 2004, Public Law 108-458)'이다. 이 법안에 의해 미국의 정보공동체의 수장으로 국가안보 관련 정보활동을 지휘·감독하는 '국가정보장(DNI: Director of National Intelligence)' 직위가 신설되고, 2005년 4월 22일 17번째 정보기관인 '국가정보장실((ODNI: Office of Director of National Intelligence)'이 활동을 시작했다. 이에 따라 CIA국장이 정보공동체를 대표하여 대통령을 보좌하는 중앙정보장(DCI: rirector of Central Intelligence)의 역할은 국가정보장(DNI)이 대체하게 되었다. 아울러 NCTC를 국가정보장실(ODNI)에 배속하고, 국가대테러리즘센터장은 상원의 승인에 따라 대통령이 임명하도록 했다.[20]

국가정보장(DNI)은 정보공동체 전체기관의 정보활동을 총괄·감독하고, 예산과 정보기관 간 조정을 담당한다. 국가정보장 산하조직으로 국가대테러리즘센터(NCTC), 국가방첩안보센터(NCSC: National Counterintelligence and Security Center), 국가대확산센터(NCPC: National Counterproliferation Center) 등이 있다. 하위조직으로는 임무통합(MI) 담당차장 산하에 임무수행·수집·분석, 국가정보위원회(NIC: National

---

19   The White House, "Executive Order 13354, National Counterterrorism Center," 27 August 2004, p. 1.

20   Office of the Director of National Intelligence, "History", https://www.dni.gov/index.php/who-we-are/history; U.S. 108th Congress, "Intelligence Reform and Terrorism Prevention Act of 2004," December 17, 2004, p. 118 STAT. 3644, 3672-3673; Todd M. Masse, "The National Counterterrorism Center: Implementation Challenges and Issues for Congress," CRS Report for Congress, Updated March 24, 2005, pp. 1, 6; CIA, "About CIA: History of the CIA," https://www.cia.gov/about-cia/history-of-the-cia.

Intelligence Council), 대통령일일보고, 국가정보관리위원회(NIMC: National Intelligence Management Council), 사이버활동 등을 담당하는 부서가 있다. 정책·역량(P&C) 담당 차장 산하에 획득·조달·시설, 인적자본, 정보공유, 정책·전략 등을 담당하는 부서가 있다.[21]

미국의 정보공동체는 총 18개 기관으로 구성되어 있다. 독립적 정보기관(2개)으로는 국가정보장실(ODNI)과 중앙정보국(CIA)이 있다. 국방부 소속 정보기관(9개)으로 국방정보국(DIA), 국가안보국(NSA), 국가지형공간정보국(NGA), 국가정찰국(NRO), 육군, 해군, 해병대, 공군, 우주군에 소속된 정보부대가 있다. 행정부 소속 정보기관(7개)으로 에너지부 정보방첩실(OICI), 국토안보부(DHS) 정보분석실(I&A), 국토안보부 해안경비대 정보부(CGI), 법무부 연방수사국(FBI), 법무부 마약단속국(DEA) 국가안보정보실(ONSI), 국무부 정보조사국(INR), 재무부 정보분석실(OIA)이 있다.[22]

2) NCTC 조직과 임무

국가정보장실(ODNI) 소속 NCTC의 신설과 임무는 2004년 8월 '대통령 시행령 13354호'와 2004년 12월 '2004년 정보개혁 및 테러리즘 예방 법안(IRT-PA)' 2가지 법적 근거에 기초하고 있다. 정보공동체와 연방정부 등 기관으로부터 파견된 1,000여 명의 직원이 활동하고 있다. NCTC의 주요 조직으로는 전략작전기획국, 정보국, 정보식별국, 작전지원국 등 4개의 부서와 정보기술, 자산관리, 데이터 전략 및 규정준수, 커뮤니케이션, 공보, 법률 등과 관련한 기능적 부

---

21   Office of the Director of National Intelligence, "Organization," https://www.dni.gov/index.php/who-we-are/organizations.

22   Office of the Director of National Intelligence, "Members of the IC", https://www.dni.gov/index.php/what-we-do/members-of-the-ic. Congressional Research Service, "U.S. Intelligence Community (IC): Appointment Dates and Appointment Legal Provisions for Selected IC Leadership," CRS In Focus, updated September 20, 2021 참고.

서로 구성되어 있다.[23]

NCTC는 'NCTC 온라인(NOL)'이라는 보안 웹사이트를 통해 국내외 대테러리즘 관련 기관에 테러리즘 정보의 배포를 통해 정보공유 능력을 향상시키고 있다. 또한 'Terrorist Identities Datamart Environment(TIDE)'라는 정보 공유 체제를 통해 테러리스트와 테러조직에 대한 정보를 FBI의 '테러리스트감시센터(TSC)'에 제공한다. NCTC의 '24-7 Operations Center'는 5개 팀이 교대로 매일 24시간 CIA와 FBI 유관부서와 협력하여 다른 대테러리즘 공동체의 작전센터와 테러위협 및 관련 사건을 인지하고 '테러리즘 상황보고서(terrorism situations reports)'와 일일 '위협기반(Threat Matrix)'을 정보공동체에 생산·배포한다. 아울러 심도 있는 분석을 거쳐 '대통령일일브리핑(Presidents Daily Brief)'과 '국가테러리즘공보(National Terrorism Bulletin)' 등을 생산한다.[24]

NCTC의 주요한 임무는 다음과 같다. 첫째, 순수한 국내 대테러리즘 정보를 제외하고 미국 행정부에 의해 수집·보유된 테러리즘과 대테러리즘 관련 정보를 분석하고 통합하는 핵심적 역할을 담당한다. 또한 NCTC는 초국가적 테러리스트 활동의 탐지, 예방, 저지, 선제대응 및 완화에 관한 책임을 수행하기 위해 관련 정보를 전파하는 역할을 한다. 둘째, 대테러리즘 활동을 위한 전략작전기획을 수행한다. NCTC는 대테러전에 개입하는 20개 이상의 정부 부처와 기관의 외교, 재정, 군사, 정보, 국토안보, 법집행 등의 국력수단을 통합하고 합동기

---

23   Office of the Director of National Intelligence, National Counterterrorism Center, "Who We Are," https://www.dni.gov/index.php/nctc-who-we-are/mission-vision; Office of the Director of National Intelligence, National Counterterrorism Center, "Organization," https://www.dni.gov/index.php/nctc-who-we-are/organization; Congressional Research Service, "National Counterterrorism Center(NCTC)," *In Focus*, July 11, 2018, pp. 1-2.

24   Office of the Director of National Intelligence, "Standing Watch 24/7: NCTC Operation Center," 19 April 2021; Office of the Director of National Intelligence, National Counterterrorism Center, "The NCTC Video Transcript"; Office of the Director of National Intelligence, National Counterterrorism Center. "NCTC and Information Sharing: Five Years Since 9/11: A Progress Report," September 2006. p. 4; Congressional Research Service(2018), p. 1.

▪ 그림 9-1   국가대테러리즘센터(NCTC) 조직

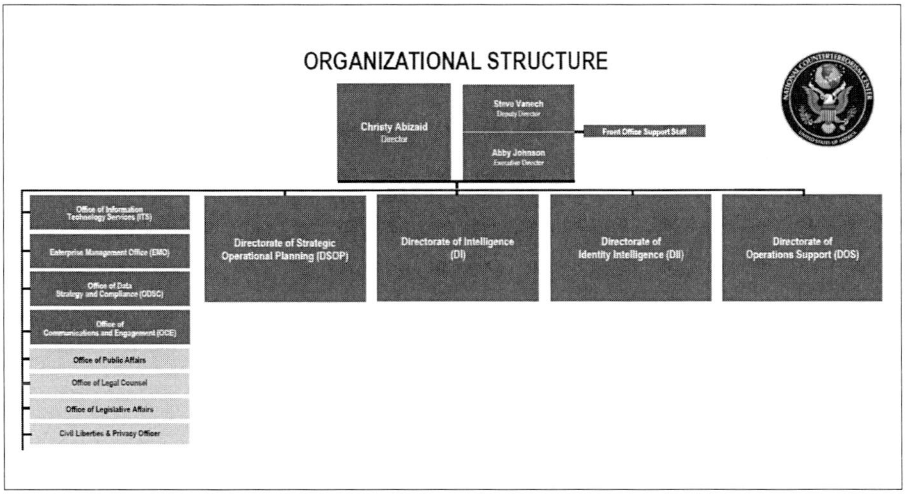

출처: Office of the Director of National Intelligence, National Counterterrorism Center, "Organizational Structure," June 2021, https://www.dni.gov/files/NCTC/documents/RelatedContent_documents/NCTC_Principal_Org_Chart_Basic.pdf.

획과정을 통해 대테러리즘 계획과 작전을 통합·조율하고 일치시키려 노력한다. 셋째, 전략계획과 법령에 따라 대테러리즘 활동을 수행하는 주요 기관에 작전 역할과 책임을 배정하는 역할을 담당하나, 작전의 수행은 담당하지 않는다. 즉 NCTC가 대테러리즘 작전 책임을 연방수사국(FBI), 중앙정보국(CIA), 국방부(DOD)에 배정하되, 각 부처는 작전수행에 대해 고유한 법적 권한을 가지고 있다. 넷째, 테러리스트와 국제 테러조직의 목표, 전략, 능력, 네트워크 등에 관한 핵심적인 정보의 공유를 담당하는 역할을 한다. 다섯째, 주요 기관들이 대테러리즘 계획을 집행하거나 독립적이고 추가적인 분석을 하는 데 필요한 '전출처정보(All-Source Intelligence)'에 접근하고 획득할 수 있도록 지원한다.[25]

---

25   The White House, "Executive Order 13354," 2004, pp. 1-2; Masse(2005), p. 10; Office of the Director of National Intelligence, National Counterterrorism Center, "Who We Are"; Office of the Director of National Intelligence, National Counterterrorism Center, "History." Office of the Director of National Intelligence, National Counterterrorism Center, "Inside NCTC," 2021, p. 6 참고.

국가대테러리즘센터장은 부장관급으로 대테러리즘에 관한 정보와 전략작
선기획에 내한 책임을 지고 이중직 보고절차를 수행한다. 정보에 관해서는 국가
대테러리즘센터장은 국가정보장(DNI: Director of National Intelligence)에게 대테러리
즘 관련 정보활동, 예산 및 프로그램을 보고한다. 연방·주·지방 정부에 대테러
리즘 정보를 제공하기 위해서 '부처간 위협평가·조정그룹(ITACG: Interagency Threat
Assessment and Coordination Group)'을 통해 국토안보부(DHS)와 연방수사국(FBI)을 지
원한다. 국력의 모든 수단을 통합한 대테러리즘전략의 단기 및 장기 기획에 관해
서는 대통령에게 직접 보고하고, 대통령과 국가안보회의(NSC)의 정책지침을 수행
한다.[26]

3. 국토안보부(DHS), 연방수사국(FBI), 중앙정보국(CIA), 국무부, 국방부

미국 본토에 대한 2001년 9/11 테러공격 이후 국내에서의 테러리즘 예방
과 효과적인 대응을 위해 대테러리즘 관련 22개 유관기관을 통합하여, 2003년
3월 '국토안보부(DHS: Department of Homeland Security)'를 창설했다. 국토안보부(DHS)
의 최우선 과제 중 하나는 위협국가와 그 대리인, 초국가적 범죄조직, 그룹 또는
개인이 본토를 위협하는 테러리즘 또는 범죄행위에 가담하는 것을 방지함으로써
테러리즘 및 기타 국토안보 위협으로부터 미국을 보호하는 것이다.[27]

9/11 테러공격 이후 대통령과 의회는 연방 정부와 기관이 본토를 보호하는

---

26   U.S. Senate Select Committee on Intelligence, "Additional Prehearing Questions for Mr
      Matthew Olsen upon his nomination to be the Director of the National Counterterrorism
      Center," July 26, 2011, p. 3; Masse(2005), pp. 6-7; Office of the Director of National
      Intelligence, National Counterterrorism Center, "Organization,"; Congressional Research
      Service(2018), p. 2.
27   U.S. Department of Homeland Security, "Mission: Counter Terrorism and Homeland
      Security Threats," https://www.dhs.gov/counter-terrorism-and-homeland-security-
      threats.

대테러리즘 공동체의 구성원들과 테러정보를 공유하도록 명령했다. 이에 따라 2003년에 연방수사국(FBI)은 이러한 임무를 수행하기 위해 '테러리스트감시센터(TSC: Terrorist Screening Center)'를 설치했다. FBI가 관리하는 다중 기관센터인 TSC는 미국 행정부의 통합된 대테러리즘 감시 목록을 작성하며, 테러리스트 감시 데이터베이스의 관리와 운영을 담당한다. 감시 목록은 테러활동에 연루된 것으로 알려졌거나 합리적으로 의심되는 사람들의 신원에 관한 민감한 국가안보 및 법집행 정보를 포함하는 단일 데이터베이스이다. TSC는 감시 목록을 사용하여 비자 취득, 입국, 항공기 탑승 또는 기타 활동을 시도하는 알려지거나 의심되는 테러리스트를 확실하게 식별하는 최전선에서 활동하는 감시기관을 지원하고 있다. TSC는 미국 행정부의 대테러리즘 조기 경보 및 차단 네트워크의 중요한 부분이다.[28] FBI는 9/11 이후 '합동테러리즘태스크포스(JTTF: Joint Terrorism Task Force)'를 강화했고, 2002년 7월 FBI본부에 '국가합동테러리즘태스크포스(NJTTF: National Joint Terrorism Task Force)'를 신설하고 '24-7 Counterterrorism Watch Center'를 설치했다. 아울러 2005년 12월 9일 '국가안보처(NSB: National Security Branch)'를 신설하여 대테러리즘, 방첩, 테러리스트감시 업무를 강화했고, 2006년 7월에는 NSB 산하에 대량살상무기(WMD) 부서를 신설하여 WMD 위협에대응하고 있다.[29]

중앙정보국(CIA)은 2005년 10월 13일 기존의 '공작국'을 흡수하여 '국가비밀공작처(NCS: National Clandestine Service)'를 신설했다. 2015년 NCS는 다시 '공작국(DO: Directorate of Operations)'으로 변경되었다. 공작국(DO)은 비밀작전을 수행하며, 정보공동체 내에서 비밀공작의 조정 및 평가 업무를 담당하고 있다. 또한 대통령을 비롯한 고위 정책결정자, 군 수뇌부, 법집행 기관에 보고되는 인간정보

28   FBI, "About the Terrorist Screening Center," https://www.fbi.gov/about/leadership-and-structure/national-security-branch/tsc.

29   The White House, "Fact Sheet: Strengthening Intelligence to Better Protect America," January 28, 2003, pp. 1-2; FBI, "National Security Branch," http://www.fbi.gov/hq/nsb/nsb.htm; U.S. Department of Justice, "The Department of Justice's Terrorism Task Forces," June 2005, p. 21.

(HUMINT)를 수집한다.[30]

국무부의 대테러리즘 관련부서는 '대테러리즘국(Bureau of Counterterrorism)'과 '정보조사국(INR: Bureau of Intelligence and Research)'이 있다. 대테러리즘국은 해외에서 테러리즘을 격퇴하고 국제 파트너의 대테러리즘 협력을 확보하기 위한 조정된 전략과 접근방식을 개발하는 데 주도적인 역할을 수행하고, 국무부가 2001년 4월부터 매년 발간하는 '국가별 테러현황 보고서(Country Reports on Terrorism)'를 작성하는 주무부서이다. 정보조사국(INR)은 미국 정보공동체의 일원으로 국가안보와 외교정책을 지원하기 위한 정보의 수집·분석 및 방첩과 법집행 활동에 대한 정책검토 역할을 수행한다.[31]

국방부의 대테러리즘 담당 정책부서는 '특수전·저강도분쟁 담당 차관보실(ASD SO/LIC: The Assistant Secretary of Defense for Special Operations and Low-Intensity Conflict)' 산하의 '특수전·대테러리즘국(Special Operations and Combating Terrorism)'이다. 실제 대테러작전을 수행하는 조직으로는 국방부 '특수전사령부(USSOCOM: United States Special Operations Command)' 산하에 델타포스와 '합동특수전사령부(JSOC: Joint Special Operations Command)'가 있다. 합동특수전사령부(JSOC) 예하에 '육군 델타포스(Army's 1st Special Forces Operational Detachment-Delta, Delta Force)'와 '해군 데브그루/실팀6(Navy's Naval Special Warfare Development Group, DEVGRU/SEAL Team 6)' 등의 특수

---

30   CIA, "Clandestine Service," https://www.cia.gov/offices-of-cia/clandestine-service/index.html; CIA, News & Information, "Unclassified Version of March 6, 2015 Message to the Workforce from CIA Director John Brennan: Our Agency's Blueprint for the Future," March 6, 2015; Mark Hosenball, "CIA to make sweeping changes, focus more on cyber ops: agency chief," *Reuters*, March 7, 2015, https://www.reuters.com/article/us-usa-cia-idUSKBN0M223920150306. 전웅, "9/11 이후 미국의 정보공동체 개혁," 『국방연구』, 제51권 제2호(2008년 8월), p. 91 참고.

31   U.S. Department of State, "Bureau of Counterterrorism," https://www.state.gov/bureaus-offices-under-secretary-for-civilian-security-democracy-and-human-rights/bureau-of-counterterrorism/; U.S. Department of State, "About Us – Bureau of Intelligence and Research,"https://www.state.gov/about-us-bureau-of-intelligence-and-research/.

▪ 그림 9-2   미국의 대테러리즘 체계

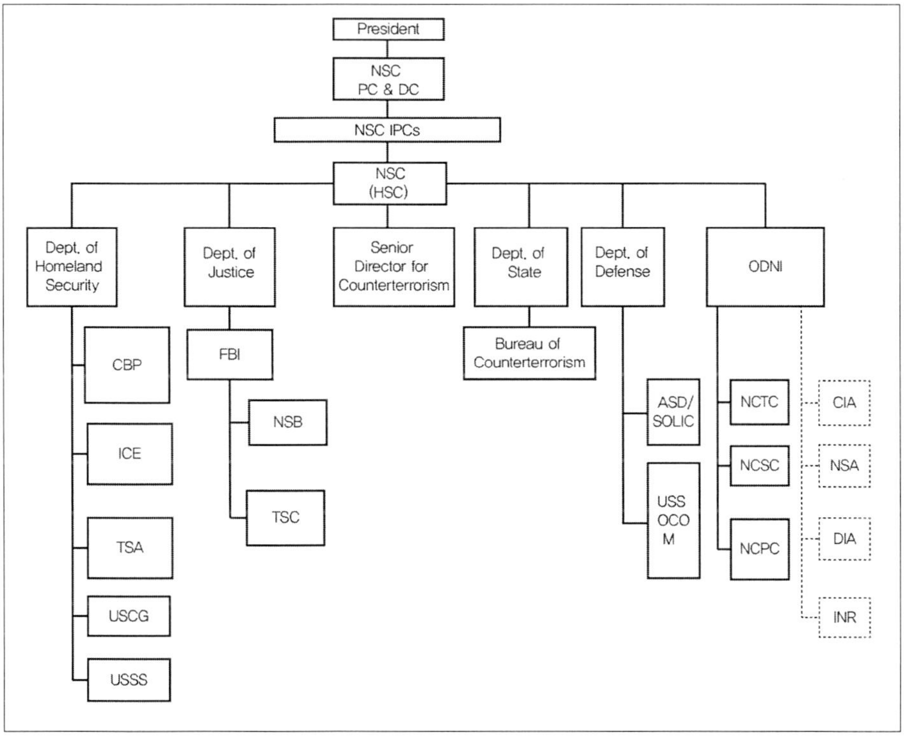

출처: United States General Accounting Office, "Combating Terrorism: Federal Agencies' Efforts to Implement National Policy and Strategy," *Report to Congressional Requesters*, GAO/NSIAD-97-254, September 1997, p. 21 그림 수정 · 보완.

부대가 있다.[32]

---

32   U.S. Department of Defense, "Assistant Secretary of Defense for Special Operations/Low-Intensity Conflict," https://policy.defense.gov/OUSDP-Offices/ASD-for-Special-Operations-Low-Intensity-Conflict/; United States Special Operations Command, "About Us: The Command," https://www.socom.mil/about; Wikipedia, "Joint Special Operations Command," https://en.wikipedia.org/wiki/Joint_Special_Operations_Command.

3절 대테러리즘 전략[33]

미국의 통합적이고 연계적인 대테러리즘 전략기획체계는 국가안보와 대테러리즘 전략을 구상하고 수립하는 데 근간이 되고 있다. 미국의 대테러리즘 정책은 대통령 명의로 발표되는 최상위 문서인 국가안보전략(NSS)과 국가대테러리즘 전략(NSCT) 보고서에 기반을 두고 추진된다.

국가안보전략(NSS) 보고서는 미국에 대한 위협요소와 주변 상황을 분석하고, 국가안보의 우선순위와 이에 따른 관련 예산배정과 국방계획 수립하고 대응전략을 제시하는 최상위 전략지침으로 백악관 국가안보회의(NSC)에서 발간한다. NSS 보고서는 레이건 행정부부터 발표되기 시작했으며, 부시 행정부에서는 2002년 9월과 2006년 3월에 NSS를 발표했다. 오바마 행정부에서는 2010년 5월과 2015년 2월에 NSS를 발표했다. 트럼프 행정부에서는 2017년 12월에 NSS를 발표했고, 바이든 행정부에서는 2021년 3월에 '잠정국가안보전략지침 (INSSG: Interim National Security Strategic Guidance)'을 발표했다.

'국가대테러리즘전략(NSCT)' 보고서는 백악관 국가안보회의(NSC)에서 부정기적으로 발간하며 국제 대테러리즘 전략의 실행에 대한 지침을 제시한다. 2003년 2월 부시 행정부에서 NSCT 보고서가 최초로 발표되었다. 2006년 9월 두 번째로 발표된 NSCT 보고서는 2003년 발표된 NSCT 보고서와 2006년에 발표한 NSS 보고서를 토대로 민주주의 확산과 테러리스트 지원국 강압 및 은신처 차단 등을 구체화했으며, 대테러전 승리를 위한 포괄적 방향을 설정했다. 오바마 행정부에서는 2011년 6월에 NSCT 보고서가 발표되었다. 트럼프 행정부에서는 2018년 10월에 NSCT 보고서를 발표하고 미국의 대테러리즘 전략을 추진했다.

---

33 필자의 논문, 윤태영(2008), "9·11 테러 이후 미국의 대테러리즘," pp. 450-453; 윤태영(2013), "미국의 대테러리즘 전략기획체계와 전략지침 평가," pp. 80-83 수정·보완.

1. 국가안보전략(NSS) 보고서

1) 2002년 국가안보전략(NSS) 보고서

9/11 이후 급변한 안보환경에 직면하여 부시 행정부는 새로운 공세적 전략을 채택했고, 2002년 9월 백악관이 발표한 '국가안보전략(NSS: The National Security Strategy of the United States of America)' 보고서에 집약되었다. 2002년 NSS 보고서에 나타난 전략목표는 정치 및 경제적 자유, 타국과의 평화로운 관계 및 인간 존엄성 옹호이고, 주요 내용은 ① 테러리즘 억제 및 반테러리즘 국제연대 및 동맹 강화, ② WMD 반확산 노력 강화, ③ '불량국가들'과 테러리스트의 대량살상무기(WMD) 위협과 적대적 행동을 사전에 막기 위한 예방적 선제공격 강조, ④ 국가안보기구 개혁 강조 등이었다.[34]

2) 2006년 국가안보전략(NSS) 보고서

2006년 3월 발표된 '국가안보전략(NSS: The National Security Strategy of the United States of America)' 보고서에 나타난 전략목표는 폭정을 종식시키고, 민주적이고 선정을 펼치는 국가를 창출하는 것으로 명시되었다. 주요 내용은 ① 인간의 존엄성 제고를 위한 폭정종식 및 민주주의 확산, ② 지구촌 테러리즘의 패배와 미국의 동맹국들에 대한 테러 방지, ③ 미국과 우방국들의 지역분쟁 해결 노력, ④ WMD 위협으로부터 미국과 동맹국·우방국들 보호, ⑤ 자유시장과 자유무역에 기반한 지구촌 경제성장, ⑥ 사회개방과 발달지역 확대, ⑦ 강대국과의 협력적 조치를 위한 현안 개발, ⑧ 21세기 도전과 기회에 적응할 수 있는 미 국가안보기구 개혁, ⑨ 세계화에 대한 도전과 기회 등이다. 이 보고서에서는 미국의 테러와

---

34 The White House, "The National Security Strategy of the United States of America," September 2002, pp. 14-15; 김성한, "미국의 신안보전략과 북미관계 전망," 『주요국제문제분석』, 2002-36, 국립외교원 외교안보연구소, 2002.11.16, pp. 2-4; 이상현, "미국의 신 국가안보전략과 한반도 안보," 『정세와 정책』, 2002년 10월호, 세종연구소, p. 17.

의 전쟁은 아직 끝나지 않았으며, 테러와의 전쟁은 종교전쟁이 아닌 무장과의 전쟁이며 이상의 차이에서 오는 전쟁이라 규정했다. 테러리즘이 발생하는 근원은 ① 정치적 소외, ② 복수심을 보유하고 있는 타자에 대한 불만, ③ 음모와 오인된 정보로 구성된 특수한 문화, ④ 살인을 정당화하는 이념 등이라고 언급했다. 이에 대한 장기적 대책은 민주주의를 통한 자유와 인간 존엄성 증진이며, 단기대책으로는 ① 테러리스트 연계망의 공격 예방, ② 불량국가와 테러리스트의 대량살상무기(WMD) 확보 및 사용 노력 차단, ③ 불량국가들의 테러리스트 지원과 도피처 제공 차단, ④ 테러리스트의 특정 국가 기지사용 차단 등을 강조했다.[35]

　　2006년 NSS 보고서와 2002년 NSS 보고서를 비교하면, 2006년 NSS 보고서에서는 미국의 국가안보 측면에서 강대국 간의 관계 강조보다 다자적 협력을 더욱 강조했다. 위협평가 측면에서 2002년 NSS 보고서는 실패 또는 불량국가들, 테러리스트, 폭군 및 WMD로부터의 위협을 강조한 반면, 2006년 NSS 보고서에서는 이러한 위협을 동의하면서도 증오와 살인에 중점을 둔 공세적 이념에 의해 촉발되는 테러리즘 위협 또는 투쟁적 이슬람 과격주의에 의한 이념적 위협을 강조했다. 국가안보 달성 수단적 측면에서 2002년 NSS 보고서는 전례에 없는 압도적인 미국의 군사력을 강조한 반면, 2006년 NSS 보고서에서는 효과적인 민주주의에 초점을 두었다. 제도적 변환 측면에서 2002년 NSS 보고서는 정보공동체 변화를 강조했으나, 2006년 NSS 보고서에서는 국무부의 '변환외교(transformational diplomacy)'를 더욱 강조했다.[36]

35　The White House, "The National Security Strategy of the United States of America," March 2006, pp. iii, 9-12; 송대성, "2006년 미국의 국가안보전략(NSS) 핵심 내용과 의미," 『정세와 정책』, 세종연구소, 2006년 4월호, pp. 1-2; 김열수, "미국의 국가안보전략보고서와 한국안보," 『u-안보리뷰』, Vol 3(2006.4.15), p. 1.

36　Arsalan M. Suleman, "Strategic Planning for Combating Terrorism: A Critical Examination," *Cardozo Public Law, Policy and Ethics Journal*, Vol. 5, No. 3(2007), pp. 574-577.

3) 2010년 국가안보전략(NSS) 보고서

2010년 5월 발표된 오바마 행정부의 '국가안보전략(NSS: National Security Strategy of the United States)' 보고서에 나타난 핵심기조는 미국의 국제적 리더십을 새롭게 강화하여 국가이익을 효과적으로 증진하는 것이었다. 이를 위해 국내에서 미국의 국력과 영향력을 향상시키고, 이를 바탕으로 해외에서 21세기의 도전을 극복할 수 있는 우호적 국제질서를 구축해야 한다고 밝혔다. 이러한 기조하에 미국이 전략적 접근을 통해 달성하고자 하는 항구적 국가이익으로 안보, 번영, 가치, 국제질서 4가지를 제시했다. 첫째, 안보이익 차원에서는 국토안보, 알 카에다와 폭력적 극단주의 연계그룹 분쇄, 핵·화학무기 확산 억제 및 핵물질 방호, 중동지역 평화·안보 증진, 동반자 국가 능력강화, 사이버공간 안보 강화 등을 추구한다. 둘째, 번영이익 차원에서는 교육 및 인적자원 역량 증진, 과학·기술·혁신 증진, 균형적이고 지속가능한 성장과 개발 등에 집중한다. 셋째, 가치이익 측면에서는 보편적 가치 존중, 해외에서 민주주의 및 인권 증진, 인간의 존엄성 향상 등을 목표로 한다. 넷째, 국제질서 측면에서는 강력한 동맹국 확보, 중국·인도·러시아·G20 등 21세기 영향력 중심세력과 협력, 협력을 위한 제도 및 메커니즘 강화, 기후변화·무장분쟁·질병확산·초국가적 범죄위협 등 핵심적인 글로벌 도전에 대한 포괄적 협력 증진 등을 강조했다.[37]

특히 대테러리즘 측면에서 2010년 NSS 보고서는 전임 부시 행정부에서 사용된 '테러와의 전쟁(War on Terror)'이라는 용어에 부정적 입장을 취하고, 전쟁의 상대를 '폭력적 이슬람 극단주의' 대신 '폭력적 극단주의'를 상정했다.[38] 오바마 행정부에서는 테러리즘은 일종의 전술이기에 주적이 아니며 이슬람 종교도 주적으로 간주하지 않음을 명확히 했다. 대신 대테러리즘 활동의 상대로 아프가니스

---

[37]   The White House, "National Security Strategy of the United States," May 2010, pp. 1, 17-50; 이상현, "오바마 행정부의 국가안보전략," 『정세와 정책』, 세종연구소, 2010년 7월호, p. 12.

[38]   『연합뉴스』, "미 27일 새 국가안보전략 보고서 공개," 2010.5.27; 『미래한국』, "미, 테러와의 전쟁에서 패배하나," 2010.7.5.

탄, 파키스탄 및 세계 전 지역에서 활동하는 알 카에다 및 이와 연계된 폭력적 극단주의(violent extremism) 단체를 지목하고, 이들에 대한 저지·해체·궤멸을 목표로 했다. 대테러리즘 수행을 위한 구체적인 방안으로는 ① 본토 공격예방, ② 항공보안 강화, ③ 테러리스트의 대량살상무기(WMD) 획득 방지, ④ 미국, 동맹국 및 동반자 국가를 위협하는 알 카에다 능력 저지, ⑤ 아프가니스탄과 파키스탄에서의 알 카에다와 탈레반 테러위협에 대한 대테러리즘 활동 및 현지정부 능력 강화, ⑥ 예멘, 소말리아, 마그레브와 사헬 등지의 테러리스트 은신처 분쇄 등을 제시했다.[39]

4) 2015년 국가안보전략(NSS) 보고서

2015년 2월에 발표된 오바마 행정부의 '국가안보전략(NSS: National Security Strategy)' 보고서는 새로운 21세기를 위해 복합적인 도전에 대응하기 위해서 미국의 리더십을 유지하고 강화하기 위한 전략에 중점을 두었다. 미국이 직면한 도전은 냉전시기 명확하게 존재했던 도전과는 달리 극단테러단체들, 에볼라(Ebola), 러시아의 침공, 사이버안보, '이슬람국가(ISIL: Islamic State of Iraq and the Levant)', 기후변화, 이란 핵 등 복잡한 성격을 가지고 있다고 진단했다. 이러한 복합적인 도전에 대응하기 위해 미국의 힘의 근원을 강화하고, 리더십을 유지하기 위한 전략은 지속적인 4가지 이익(안보, 번영, 가치, 규범에 기반한 국제질서)에 의해 추진될 것이라고 밝혔다.[40]

첫째, 안보이익 측면에서 NSS는 이라크와 아프가니스탄 전쟁의 종료로 인

---

39   The White House, "National Security Strategy of the United States," May 2010, pp. 19-22; 인남식. "최근 이슬람 테러리즘 동향과 미국의 대테러 정책 전망," 『주요국제문제분석』, 2011-27, 국립외교원 외교안보연구소, 2011.10.6, p. 7; 마상윤, "빈라덴 사망 이후 미국의 대테러정책," 『정세와 정책』, 세종연구소, 2011년 6월호, p. 19.

40   The White House, "National Security Strategy," February 2015, pp. 1-2; 김현욱, "2015 미국 국가안보전략(National Security Strategy) 보고서 분석," 『주요국제문제분석』, 2015-04, 국립외교원 외교안보연구소, 2015.3.4, pp. 2-4.

해 동원 가능한 군사력으로 미국의 전략적 목표를 추진하고 다양한 위협에 대처할 수 있을 것으로 언급했다. 안보이익으로 국방력 강화, 본토안보 강화, 테러리즘 위협과의 전쟁, 분쟁발생 방지, 대량살상무기(WMD) 사용 및 확산 방지, 기후변화 대응, 공유영역에 대한 접근확보, 국제보건협력 강화를 제시했다. 둘째, 번영이익 측면에서 경제력을 전략적으로 사용하여 새로운 규칙을 창출하고, 파트너십을 강화하고, 포괄적인 경제개발을 촉진할 것을 강조했다. 셋째, 가치이익 측면에서 미국의 리더십을 위해 미국적 가치를 미국 내부와 외부에서 촉진하는 것이 중요하고, 민주주의와 인권 보호는 지속적인 국익과 연관되어 있다고 밝혔다. 넷째, 규범에 중점을 둔 국제질서 이익 측면에서, 향후 5년간 미국 외 지역의 경제성장 중에서 절반은 아시아에서 이루어질 것이고, 해상영토 분쟁과 북한의 도발 등 지역안보 상황은 분쟁을 야기할 가능성이 높다고 진단했다. 특히 중동지역 테러단체 이슬람국가(ISIL)의 부상을 막기 위해 미국의 군사력 사용이 필요하다는 점을 언급하고, '포괄적 대테러리즘 전략(comprehensive counterterrorism strategy)'이 요구된다고 강조하면서, 이스라엘, 요르단, 걸프 파트너국가 들이 억지력을 갖추도록 투자하고, 지역적 및 글로벌 파트너 들을 동원하여 ISIL을 격퇴할 것임을 밝혔다.[41]

5) 2017년 국가안보전략(NSS) 보고서

2017년 12월 발표된 트럼프 행정부의 '국가안보전략(NSS: National Security Strategy of the United States of America)' 보고서는 '미국 우선주의' 국가안보전략임을 강조하면서, 국가안보전략의 핵심은 '원칙에 입각한 현실주의(principled realism)'라고 밝혔다. 트럼프 행정부의 국가안보 위협 인식은 점증하는 정치·경제·군사적 경쟁 시대에 미국은 3대 위협 및 도전에 직면하고 있다고 진단했다. 첫째, 수정주의적 경쟁국인 중국과 러시아가 미국의 안보와 번영을 약화시키기 위해 미국

---

41   The White House, "National Security Strategy," February 2015, pp. 7-27; 김현욱(2015), pp. 4-7.

의 힘·영향력·이익에 도전하고 있다. 둘째, 불량국가인 북한과 이란은 핵·미사일 개발로 역내 불안정을 초래하고 미국과 동맹국을 위협하며 자국민을 잔인하게 대하고 있다. 셋째, 지하디스트 테러조직부터 국제범죄조직에 이르는 초국가적 위협집단은 미국인의 생명을 위협하고 있다. 이에 따라 미국은 전 세계에 걸친 정치적·경제적·군사적 경쟁에 대응할 것이며 이를 위해 지난 20여 년간 이어온 정책을 전면적으로 재검토할 것이라고 언급했다. 오바마 행정부의 경쟁국에 대한 포용 및 국제제도로의 통합 정책은 실패했기에, 미국은 더이상 규칙의 위반과 경제적 공세 행위를 용납하지 않겠다고 강조했다.[42]

2017년 NSS 보고서는 이러한 상황 인식에 기초하여 미국의 정치적·경제적·군사적·기술적 이점을 유지하고 더욱 발전하기 위해 미국은 국민·본토·생활방식 보호, 경제적 번영 향상, 힘을 통한 평화 추구, 영향력 증진 등 4개의 사활적 국가이익을 수호해야 한다고 강조했다. 첫째, 미국 국민·본토·생활방식 보호를 위해 미국의 국경과 영토를 보전하는 한편 위협의 근원을 추적해 제거한다. 사이버 시대를 맞아 핵심 기반시설에 대한 방호를 강화하고 각종 위협에 대응하는 탄력성을 제고한다. 북한의 핵미사일 위협, 대량살상무기(WMD) 확산으로 인한 위협에 대처하고, 이슬람국가(ISIS)나 알카에다 등 지하드 테러조직을 격퇴한다. 둘째, 미국의 경제적 번영 향상을 위해 국내경제를 회생시키고, 자유롭고 공정하며 상호 호혜적인 경제관계를 촉진하며, 국가안보 혁신 기반을 발전시킨다. 셋째, 힘을 통한 평화추구를 위해 미국의 비교우위와 군사역량을 쇄신하고 외교와 국정운영 기술을 개발한다. 정치·경제·군사력 등 국력의 모든 요소들을 결합하여 미국이 직면하고 있는 중국·러시아의 도전, 이란·북한 등 불량국가들의 도전, 지하드 테러조직의 초국가적 위협에 대응한다. 넷째, 미국의 영향력 확대를 위해 파트너 국가들과의 관계를 확대하고, 다자협의체에서 보다 나은 성과를 창출하며, 개인의 자유와 자유 기업체제 및 법치·정의와 인간의 존엄성 등 미국적

---

42 한국국방연구원, 『NSS 2017: KIDA의 분석과 NSS 요약』 (서울: 한국국방연구원, 2018), pp. 7-8. The White House, "National Security Strategy of the United States of America," December 2017, pp. 1-3.

가치와 원칙을 수호하기 위해 노력해야 한다고 강조했다.[43]

6) 2021년 잠정국가안보전략지침(INSSG)

바이든 행정부는 2021년 3월에 '잠정국가안보전략지침(INSSG: Interim National Security Strategic Guidance)'을 발표했다. 바이든 행정부는 잠정전략지침에서 국제사회가 직면하고 있는 실존적 위협으로 '팬데믹(Pandemic: 감염병 세계적 대유행)'과 생물학적 위험, 기후변화 위기의 확대, 사이버와 디지털 위협, 국제경제의 혼란, 장기화된 인도적 위기, 폭력적 극단주의와 테러리즘, 핵무기와 대량살상무기(WMD)의 확산 등을 제시하고 있다.[44]

잠정전략지침에서는 미국의 직면하고 있는 글로벌 안보환경을 4가지 특징을 다음과 같이 규정하고 있다. 첫째, 민족주의, 이민 배척 기조, 그리고 적대적인 권위주의적 국가들의 부상에 따라 미국의 민주주의를 포함해 글로벌 차원에서 민주주의 체제에 대한 도전이 점증하고 있다. 둘째, 글로벌 권력 분포의 구도가 변화함에 따라 미국이 새로운 위협에 직면하고 있다는 점을 인식해야 한다. 셋째, 미국 주도의 자유주의적 국제질서를 뒷받침하는 동맹과 국제체제, 그리고 국제적 규범이 도전받고 있다. 넷째, 기술혁명을 글로벌 안보환경의 변화를 추동하는 핵심 동인으로 규정하면서 기술혁명에 따라 미국이 직면하게 될 위험 요인과 가능성을 동시에 주목해야 한다.[45]

이러한 글로벌 안보환경 하에서 국가안보의 우선순위로, ① 미국인의 안전 보장, ② 경제적 번영과 기회의 확대, ③ 민주적 가치의 실현 등을 제시하고 있다. 국가안보를 보장하기 위해 제시하고 있는 전략은 다음과 같다. 첫째, 국민,

---

43   이상현, "트럼프 행정부 국가안보전략(NSS) 보고서와 한반도 정세," 『정세와 정책』, 세종연구소, 2018년 2월호, pp. 1-2; 한국국방연구원(2018), pp. 9-12. The White House, "The National Security Strategy of the United States of America," December 2017, pp. 4-42 참고.

44   The White House, "Interim National Security Strategic Guidance," March 2021, p. 7.

45   강석율, "미 바이든 행정부 국가안보전략지침서 분석과 평가," 『동북아안보정세분석』, 한국국방연구원, 2021년 3월 12일, pp. 1-2; The White House, "Interim National Security Strategic Guidance," March 2021, pp. 7-8.

경제, 국방, 국내 민주주의를 포함한 미국의 힘의 근원을 방어하고 육성해야 한다. 둘째, 적들이 미국과 동맹국을 직접적으로 위협하거나 글로벌 자원에 대한 접근을 금지하거나 주요 지역을 지배하는 것을 억제하고 방지하기 위해 유리한 권력 분배를 촉진해야 한다. 셋째, 강력한 민주주의 동맹, 파트너십, 다자간 제도 및 규칙에 의해 뒷받침되는 안정적이고 개방된 국제시스템을 이끌고 유지해야 한다.[46]

2. 국가대테러리즘전략(NSCT) 보고서

1) 2003년 국가대테러리즘전략 보고서

2002년 NSS 보고서의 전략기조에 기반을 두고, 부시 행정부는 2003년 2월 14일 '국가대테러리즘전략(NSCT: National Strategy for Combating Terrorism)' 보고서를 발표했다. 부시 행정부는 미국의 대테러리즘 전쟁 추진 4대 목표로 ① 테러리스트와 그들의 조직 척결, ② 테러리스트에 대한 재정, 지원 및 은신처 제공 차단, ③ 테러리스트의 활동 환경 축소, ④ 국내외에서 미국 국민과 이익 보호 등을 설정했다. 이러한 4대 목표 달성을 위해서는 외교적, 경제적, 정보, 법집행, 재정적 및 군사적 수단 등을 포함하는 모든 국력 수단들의 지속적이고 확고하며 체계적인 적용을 통해 격퇴, 차단, 축소 및 보호 노력을 다해야 할 것임을 강조했다. 또한 미국은 모든 국가자원을 총동원하여 테러조직을 직접적·간접적으로 공격할 것이며, 테러 지원국을 강압하며 아울러 이러한 노력은 국제사회와의 협력을 통해 추진될 것임을 분명히 했다.[47]

---

46   The White House, "Interim National Security Strategic Guidance," March 2021, p. 9. 오일석, "바이든 행정부의 잠정국가안보전략지침에 나타난 신안보 위협 인식과 대응방안,"「이슈브리프」, 253호, 국가안보전략연구원, 2021.3.22, p. 1 참고.

47   The White House, "National Strategy for Combating Terrorism," February 2003, pp. 15-29; 국가정보원, "9·11 5주년: 미국의 대테러전 공과와 시사점,"「주간 국제이슈 분석」, 2006-37,

2) 2006년 국가대테러리즘전략 보고서

2006년 9월 부시 행정부에서 두 번째로 발표된 '국가대테러리즘전략(NSCT: National Strategy for Combating Terrorism)' 보고서는 2003년 2월 발표된 NSCT 보고서와 2006년 3월 발표한 NSS 보고서를 토대로 미국에 대한 향상된 적에 대한 인식을 구체화했으며, 대테러전 승리를 위한 방향을 설정했다. 미국은 증오, 억압 및 살인이라는 급진적 이데올로기로 무장한 초국가적 테러조직과 전쟁 중에 있으며, 대테러전 초기부터 이 전쟁이 단순히 2001년 9월 11일 테러공격을 계획하고 실행한 테러범들을 체포하여 처벌하는 것에 그치는 것이 아니라 그 이상을 수반한다는 사실을 인식해야 한다고 강조했다. 이 보고서에서 미국이 직면한 도전은 ① 테러리스트 연계망의 분산과 비집중화, ② 모든 테러공격을 예방하기 힘든 상황, ③ 미국 본토가 공격의 안전지대가 아니라는 사실, ④ 테러리스트의 대량살상무기(WMD) 획득 의도와 사용 위협 증가, ⑤ 테러리스트의 첨단화되고 있는 인터넷과 언론매체 사용으로 개인적 접촉의 위험 없는 통신, 인력충원, 훈련, 지원획득, 선전확산 용이함 등을 제시했다. 이러한 테러리즘 도전에 직면하여 미국의 전략목표는 자유롭고 개방된 사회로서의 미국의 생활방식에 대한 위협인 폭력적 극단주의 격멸과 폭력적 극단주의자와 그 지원자들이 자리 잡을 수 없는 범세계적 환경 창출 등으로 설정되었다. 아울러 대테러전의 장기적 성공을 위해서 전략을 제도화할 필요성을 강조하며, 국제적 책임규범 신설과 유지, 국제연대 강화, 대테러리즘 정부조직(DHS, ODNI, NCTC 등)과 정부 간 기구 협력 향상 및 지적·인적 자산 증진을 강조했다.[48]

한편 2006년 NSCT 보고서에서 제시하는 테러리즘 발생원인과 대테러전 승리를 위한 접근방법은 장단기 접근방법은 2006년 NSS 보고서에서 제시된 내용과 동일하다. 2006년 NSCT 보고서는 2003년 NSCT 보고서와 비교해 볼 때,

---

제59호, 2006.9.14, p. 14.

48 The White House, "National Strategy for Combating Terrorism," September 2006, pp. 1, 4, 7, 19-21.

목표를 달성하기 위한 전략적 수단 또는 대테러리즘 방법의 우선순위에서 민주화를 강조하고 있는 것이 근본적인 차이이다. 또한 2006년 NSCT 보고서는 저개발·실패·불량 국가들의 테러리스트의 은신처에 대한 거부 작전을 더욱 강조하고 있다. 반면 2003년 NSCT 보고서보다는 테러리스트의 영향력 확산에 취약한 국가들에 대한 경제적·정치적 수단의 사용에 대해 중점을 두고 있지 않은 것이 특징이다.[49]

3) 2011년 국가대테러리즘전략 보고서

2011년 6월 오바마 행정부가 발표한 '국가대테러리즘전략(NSCT: National Strategy for Counterterrorism)' 보고서는 이전의 포괄적 전략에 기반을 두면서도 보다 명료하고 구체적인 접근을 제시했다. 상위전략인 2010년 NSS 보고서에서 이미 천명한 바와 같이, 2011년 NSCT 보고서에서도 미국은 테러전술이나 이슬람 종교와의 전쟁을 수행하는 것이 아니라 특정 테러조직인 알 카에다와 전쟁 중이라고 밝혔다. 미국의 대테러리즘 활동을 위해서는 전통적인 정보, 군사 및 법집행 수단을 넘어서 다수의 부처 및 다국적 노력이 요구된다고 강조했다. 이를 위해 모든 군사 및 민간 영역의 수단을 동원하여 광범위하고 지속적인 노력과 함께, 동맹국, 동반자 국가 및 다자적 기관 들과의 조율된 통합적 대응을 추구해야 한다고 언급했다.[50]

대테러리즘 전략의 8가지 핵심목표로 ① 미국 국민·본토·이익 보호, ② 알 카에다 및 연계세력의 와해·저지·해체·격퇴, ③ 대량살상무기(WMD)의 개발·획득·사용 예방, ④ 은신처 제거, ⑤ 항구적 대테러리즘 동반자 구축과 능력 증진, ⑥ 알 카에다, 동조세력 및 동조자의 연계 저지, ⑦ 알 카에다 이데올로기와 폭력의 동인 약화, ⑧ 테러리스트의 사용 가능한 수단의 박탈을 제시했다. 전략의 중

---

49   Raphael F. Perl, "National Strategy for Combating Terrorism: Background and Issues for Congress," *CRS Report fro Congress*, November 1, 2007, p. 3.

50   The White House, "National Strategy for Counterterrorism," June 2011, p. 2.

점영역으로는 특정 지역과 테러조직으로 미국본토, 남아시아, 아라비아반도, 동아프리카, 유럽, 이라크, 마그레브와 사헬, 동남아시아, 중앙아시아 등지에서의 알카에다와 이들의 연계세력 및 동조자들을 제시했다.[51]

4) 2018년 국가대테러리즘전략 보고서

2018년 10월 발표된 트럼프 행정부의 '국가대테러리즘전략(NSCT: National Strategy for Counterterrorism of the United States of America)' 보고서는 2011년 오바마 행정부가 NSCT를 발표한 이후 7년 만에 발표된 것이다. 이 보고서에서는 유동적이고 복잡하게 진화하는 테러위협에 대응하고 이를 예방하기 위해, 대테러리즘 활동을 최우선 과제로 설정하고 새로운 접근방식을 추진할 것임을 강조했다. 미국에 대한 테러위협 요인으로 4가지를 제시했다. 첫째, 급진적인 이슬람 테러 단체는 전 세계적으로 공격을 수행하고, 국경을 침해하며, 미국 내외에서 잠재적인 극단주의자들을 모집하고 있다. 둘째, 테러에 대한 가장 적극적인 국가후원자인 이란은 글로벌 네트워크와 테러단체에 대한 지속적인 지원을 통해 위협을 가하고 있다. 셋째, 극단주의의 다른 형태에 의해 동기를 부여받은 테러리스트들도 폭력을 사용하여 미국 본토를 위협하고 미국의 이익에 도전하고 있다. 넷째, 이러한 테러위협은 여러 측면에서 다르지만 모두 폭력을 사용하여 미국을 위협하고 생활방식을 방해하고 있다고 밝혔다.[52]

이러한 테러위협에 직면하여, 2018년 NSCT 보고서는 새로운 접근방식에 중점을 둔 6가지 대테러리즘 전략목표를 설정했다. 첫째, 테러리스트들이 미국 본토와 해외에서 미국의 중요한 이익에 반하는 공격을 수행할 수 있는 능력을 급격히 감소시킨다. 둘째, 테러리스트들이 의존하는 힘과 지원의 원천을 단절시킨다. 셋째, 본토에서 테러리스트의 급진화, 충원 및 폭력에 동원하는 능력을 감소

---

51   The White House, "National Strategy for Counterterrorism," June 2011, pp. 8-17.

52   The White House, "National Strategy for Counterterrorism of the United States of America," October 2018, p. I.

시킨다. 넷째, 엄격한 국경안보 및 법집행 조치를 통해 본토를 테러공격으로부터
보호한다. 다섯째, 테러리스트들이 '화생방·핵(CBRN: Chemical, Biological, Radiological,
Nuclear)' 무기와 고성능무기를 포함한 대량살상무기(WMD)를 획득하거나 사용할
수 없도록 한다. 여섯째, 공공·민간·해외 파트너가 테러를 예방하고 대응하는
중요한 역할을 수행하도록 한다는 것이다.[53]

이러한 전략목표를 달성하기 위해 미국은 6가지 대테러리즘 전략을 추구할
것이라고 밝혔다. 첫째, 테러리스트 위협의 근원을 추적한다. 둘째, 테러리스트
들을 재정적, 물질적, 병참 지원으로부터 격리한다. 셋째, 테러리즘에 대응하고
본토를 보호하기 위해 미국의 광범위한 수단과 권한을 현대화하고 통합한다. 넷
째, 미국의 기반시설을 보호하고 대비태세를 강화한다. 다섯째, 테러리스트의 급
진화와 충원에 대응한다. 여섯째, 국제 파트너의 대테러리즘 능력을 강화한다는
것이다.[54]

4절 대테러리즘 체계와 전략 평가[55]

1. 대테러리즘 체계 평가

9/11 테러 이전에는 대통령 보좌관이나 NSC 및 CIA의 '대테러리스트센터
(CTC)' 중심의 분화된 조직하에 미국의 대테러리즘 활동을 조정하는 체제가 운영

---

53   The White House, "National Strategy for Counterterrorism of the United States of
     America," October 2018, p. 5.
54   The White House, "National Strategy for Counterterrorism of the United States of
     America," October 2018, p. 5.
55   필자의 논문, 윤태영(2008), "9·11 테러 이후 미국의 대테러리즘," pp. 453-456; 윤태영(2013),
     "미국의 대테러리즘 전략기획체계와 전략지침 평가," pp. 80-83, 88 수정·보완.

되어왔다. 그러나 9/11 테러 이후 테러리스트 위협에 효과적으로 대체하기 위해서는 단순히 조정 역할을 넘어서 대테러리즘 활동을 위한 국가의 모든 조직과 수단의 '동시화(synchronization)'가 핵심적 사안으로 부각되었다. 이에 따라 NCTC 중심으로 단일화되고 통합된 테러리즘 정보 수집·전파, 국가적 대테러리즘 수단의 통합 및 전략기획 체제로 개편되었다.[56] 2006년 9월 NCTC에서 9/11 이후 5년간의 대테러리즘 조직과 정보공유에 대한 평가를 위해 발표된 보고서에 의하면, 9/11 이후 통합된 테러리즘 정보 수집·통합·분석·공유 체계가 발전했다고 평가하고 있다. 그러나 여전히 정보수집 부서와 분석 부서간의 긴장 존재, 민감한 정보의 전파가 정보 및 법집행 기관 활동에 미치는 부정적 영향, 원활한 정보공유, 정보배포와 정보출처의 신뢰성, 정보기술, 정부와 민간 부문 간의 국토안보와 테러리즘 관련 정보공유의 미비점, 테러리즘 정보수집에서 법·관료적 복잡한 절차 등이 문제점으로 지적되고 있다.[57]

또한 NCTC 임무와 운영체계에서 다음과 같은 관료적·법적 문제점이 있다. 첫째, 국가대테러리즘센터장의 이중 보고체계가 지적된다. 센터장은 NCTC의 예산과 정보 및 다른 정보공동체의 정보활동 수행에 관련해서는 DNI에게 보고한다. 그러나 전통적으로 국방부가 역할을 수행했던 '합동 대테러리즘 작전의 기획과 진행'에 관련해서는 대통령에게 직접 보고하는 체계를 유지하고 있다. 대통령에게 직보하는 체계는 센터장에게 정부 기관 간 조정에서 잠재적 권한을 부여하고 있다. 그러나 ODNI 소속하에 조직으로 센터장의 권한에 제약이 따를 가능성이 있다. 둘째, NCTC 요원의 파견 근무로 인한 소속기관 중심의 행태이다. 16개 연방부처와 기관에서 파견된 요원의 임시적이고 비정규적인 순환근무 체제는 NCTC 자체보다 소속기관에 충실한 행태가 나타날 문제점을 안고 있다. 셋째, 전략작전기획국은 대테러리즘 작전기획과 전략개발의 핵심부서로 정책방향은 ODNI나 NSC 대테러리즘안보그룹(CSG)을 통해 대통령으로부터 하달된다. 여기

---

56   Brian R. Reinwald, "Assessing the National Counterterrorism Center's Effectiveness in the Global War on Terror," *USAWC Strategy Research Project*, 30 March 2007, p. 6.

57   NCTC, "NCTC and Information Sharing," p. 8.

서 제기되는 문제점은 NCTC 전략작전기획국은 전략적 작전기획의 수행에 감독 역할을 수행하나, 대테러리즘 삭선의 집행에는 권한이 없는 규정이다. 이러한 체제는 전략적 작전 기획과 집행에서 NCTC와 대테러리즘 작전을 수행하는 CIA와 국방부 간의 갈등을 야기할 수 있다. 즉 미국의 대테러전의 효과적 추진을 위한 정보통합, 정부 기관 간 조정 및 국가적 수단의 통합 차원에서 혼선을 야기할 가능성을 내포하고 있다. 향후 효과적인 미국의 대테러리즘 작전 기획, 전략개발 및 집행을 위해서는 이에 대한 조정이 필요하다.[58]

또한 2011년 의회조사국의 보고서에서는 NCTC 활동의 문제점으로 테러 위협 정보의 통합·보고 체계, 관료주의적 문화로 인한 법집행기관과 정보공동체 간의 간극 해소, 예산부족, 분석능력 등을 지적하고 있다.[59]

대테러리즘 전략기획체계 운영에 핵심적인 역할을 수행하는 기관은 국가정보장실(ODNI) 국가대테러리즘센터(NCTC) 소속의 전략작전기획국(DSOP)이다. 전략작전기획국(DSOP)은 부처간 대테러리즘 우선순위와 대응책을 조율·통합하여 국가대테러리즘전략을 수립하고 각 부처가 효과적으로 대응하도록 하는 데 기여하고 있다. 그러나 대테러리즘 전략기획체계와 전략작전기획국의 역할에서 다음과 같은 한계와 문제점이 나타나고 있다. 첫째, 전략작전기획국은 대테러리즘 전략작전기획에 대한 권한만 있고 작전 수행에 대한 권한은 대테러리즘 관련 각 부처 및 기관에 있기에, 이들 간의 대테러리즘 활동 전반에 대한 인식의 차이가 나타나고 있다. 둘째, 전략작전기획국과 국가안보회의(NSC) 참모들 간의 관계가 제도화되어 있지 않아 대테러리즘 전략의 조율에 어려움이 나타나고 있다. 셋째, 전략작전기획국과 각 부처 간에 권한이 중복되어있고, 전략기획과 작전수행이 분

---

58 Masse(2005), pp. 6-7, 10-11; Reinwald(2007), pp. 9, 12, 15. 전략적 작전기획과 집행의 문제에 대한 배경에 대해서는 Todd Masse, "The 9/11 Commission and a National Counterterrorism Center: Issues and Options for Congress," *CRS Report for Congress*, Updated October 22, 2004, pp. 12-14 참고.
59 Richard A. Best Jr., "The National Counterterrorism Center(NCTC): Responsibilities and Potential Congressional Concerns," *CRS Report for Congress*, December 19, 2011, pp. 8-9.

리되어 있기에 전략작전기획국과 국방부(DOD) 및 중앙정보국(CIA)과의 상호협력에 어려움이 나타난다.[60]

2. 대테러리즘 전략 평가

　2001년 10월 아프가니스탄 공격과 2003년 3월 이라크전 이래 미국은 아프가니스탄과 이라크 지역에서 대테러리즘에 동참할 강력한 동맹국을 재건하려는 목적하에 국가건설과 대전복전 역할에 초점을 두고 테러리즘에 대한 '지구적 전쟁(Global War on Terrorism)'을 전개했다.[61] 그러나 이러한 노력에도 불구하고 국제사회에서 테러위협은 여전히 감소되지 않고 있다. 2001년 이후 발표된 국가안보전략(NSS)와 국가대테러리즘전략(NSCT) 보고서를 평가하면 다음과 같다.

　우선 부시 행정부에서 발표된 2002년과 2006년 보고서를 평가하면 다음과 같다. 첫째, 국익과 전략목표가 더욱 현실적으로 정의되어야 한다는 비판이 제기되었다. 단기적으로 대테러활동에서 비민주적 국가들과의 협력은 미국의 안보이익을 보호하기 위해 필수적이기에 지구적 차원에서 폭정의 제거는 신중하지 못한 무모한 목표일 뿐만 아니라, 이러한 미국의 행태는 미국의 명성을 손상시키고 반미 선전과 인력 충원을 야기하게 된다는 지적이 있었다. 즉 미군에 의한 대규모 군사적 개입은 오히려 분노를 초래해 국제 테러리즘을 촉발하는 원인이 되기도 한다는 것이다. 둘째, 적대자와 위협에 대한 구체적인 명시가 필요하다. 예를 들면 '하마스'와 '헤즈블라'의 테러리즘 수행 목표와 이익은 '알 카에다'와 서로 다르기에 미국의 정책과 전략은 다양한 조직, 목표, 범위 및 능력에 따라 다르게 정의되어야 한다는 비판이 제기되었다. 미국은 테러지원국의 테러리스트에 대한 은신처 제공 차단에 초점을 두고 있으나, '알 카에다'와 연계된 조직은 지원

60　　　Project on National Security Reform(2010), p. XV.
61　　　Brian Burton, "The Counterterrorism Paradox," *Armed Forces Journal*, June 2008, p. 1.

국의 은신처 제공 없이도 선진국에서 비밀리에 활동이 가능하다.[62] 셋째, 테러리스트 활동에서 이념적 측면의 강조는 실제 불만의 원인을 간과하는 위험을 야기하고 있다. 대테러리즘 활동에서 이념적 요인과 함께 사회적·정치적·경제적 요인 측면에서 불만과 좌절을 인식할 필요성이 제기되었다.[63]

오바마 행정부에서 발표된 2010년 NSS 보고서에서는 테러리즘에 대한 대응을 미국 안보정책의 최우선적 과제로 설정했다. 미국은 이슬람 테러리즘이 아닌 증오와 폭력의 광범위한 네트워크인 알카에다와 그들과 연계된 조직과의 대테러전에 집중해야 하고, 미 본토 내 자생적 테러리즘에 대한 대책도 마련해야 한다고 강조했다.[64]

오바마 행정부의 2015년 NSS 보고서는 2010년 NSS 보고서와 큰 차이는 없다. 전체적 기조에서 '전략적 인내(strategic patience)'라는 소극적 개입주의를 견지하고 있으나, 과거에 비해 군사력 사용에 대해 다소 유연해졌다. 2개의 전쟁이 종결되어 여유가 생긴 군사력을 테러와의 전쟁에 사용하겠다고 밝히면서 원칙적이고 선택적인 무력 사용을 언급하고 있다. 또한 동맹국 및 파트너 국가들과의 집단행동(collective action)을 여전히 중시했다.[65]

트럼프 행정부에서 발표된 2017년 NSS 보고서는 '원칙에 입각한 현실주의'에 기초한 미국 우선주의 국가안보전략으로, 협력과 규범에 근거한 자유주의적 안보전략과 대조되는 힘과 국익에 기초한 현실적이고 실리적인 안보전략으로 평가된다. 미국은 힘의 균형을 통한 안정을 추구하고 주권 및 배타적 보호주의를 강화했다. 이로 인해 하드파워에 대한 의존도 강화 및 소프트파워의 쇠퇴가 초래되었고, 국제제도 및 다자협력주의의 역할이 약화되었다. 결국 국제질서는 현실주의적 특성이 강화되면서 경쟁 및 마찰 요소가 증가함에 따라 불안정성 및 불확

62 Suleman(2007), pp. 596-597; Burton(2008), p. 1.
63 Suleman(2007), p. 598; Martha Crenshaw, "The War on Terrorism: Is the US Winning?" *Area: International Terrorism - ARI 105/2006*, 2/10/2006, Real Instituto Elcano, http://www.realinstitutoelcano.org/analisis/1051/1051_Crenshaw_US_War_Terrorism.pdf, p. 4.
64 The White House, "National Security Strategy of the United States," May 2010, pp. 4, 19.
65 김현욱(2015), pp. 7-8.

실성이 심화되었다.[66]

　한편 부시 행정부의 2003년과 2006년 NSCT 보고서에 나타난 전략비전은 다음 몇 가지 중요한 문제를 간과하고 있다고 평가되었다. 첫째, 대테러리즘 전략은 극단적 이슬람주의에 근거한 테러리스트 위협에 초점을 두고 있으나, 다양한 극단주의적 원인 및 이념과 연계된 조직과 개인들로부터의 잠재적 위협도 있을 수 있다. 둘째, 대테러전은 장기적으로 답보 상태에 빠질 가능성이 높기에 대테러전에서 승리하지 못할 경우 이에 대한 우발계획 시나리오에 대한 논의가 필요하다. 현재 9/11 테러 이후 7년 이상이 경과된 상황에서 미국의 대테러리즘 전략의 성공과 실패에 대한 합의된 기준이 없는 상황이다. 셋째, 장기적 대테러리즘을 위한 대책으로 민주주의 증진 노력은 미국의 공세적 제국주의 발로로 보여 오히려 테러리즘의 확산에 기여할 가능성이 있다는 지적이 제기된다. 넷째, 미국의 고립과 제재정책이 소위 '불량국가'들에 대해 테러리즘과 테러리즘 조직에 대한 지원을 포기할 때까지 적용될 때의 효과에 대한 논란이다. 특히 시리아와 이란에 대한 정권교체 노력은 실현 가능성이 낮으며 역효과를 불러온다는 의견이 제기되고 있다. 아울러 민주주의 증진을 위한 군사력 수단의 사용은 목표와 수단 간의 괴리를 보여주고 있다.[67]

　오바마 행정부의 2011년 대테러리즘 전략은 2006년 부시 행정부의 전략보다 실용적이고 이념적이지 않은 것이 특징이었으며, 상위전략인 2010년 NSS 보고서의 전략기조에 기반을 두고 미국 대테러리즘 활동의 주적을 알 카에다 및 이들의 추종세력으로 한정했고, 미국 본토와 알 카에다가 활동하고 있는 주요 지역에서 대테러리즘 역량을 집중해야한다고 강조했다.

　트럼프 행정부에서 발표된 2018년 NSCT 보고서에서는 과거의 대테러리즘 노력에서 얻은 교훈을 바탕으로 새로운 대테러리즘 전략을 추진할 것임을 강조하고 있다. 새로운 전략은 미국을 해칠 의도와 능력을 가진 모든 테러리스트에

66　　한국국방연구원(2018), p. 8.

67　　Perl(2007), "National Strategy for Combating Terrorism," pp. 5-6, 11-12; Crenshaw(2006), pp. 5, 7.

대응하고 테러를 예방하기 위해서, 미국의 모든 수단을 활용하여 군사적 접근을 강화하는 동시에 비군사적 능력을 증진하는 것이다. 또한 미국 우선주의 국가안보전략에 기반을 두고, 새로운 대테러리즘 전략은 대테러활동에서 '북대서양조약기구(NATO: North Atlantic Treaty Organization)' 동맹국 및 파트너의 지원을 장려하기 위해 국내외에서 파트너십을 확대하겠다고 밝혔다.[68] 오바마 행정부의 2011년 NSCT 보고서에서 빈 라덴 사후의 알카에다 위협에 대한 대응에 중점을 두었던 것과는 달리, 2018년 NSCT 보고서에서는 이란과 이란이 지원하는 급진 무장단체들로부터의 테러위협에 대응하겠다고 강조했다.[69]

5절   테러사건 사례

1. 2001년 9/11 테러[70]

1) 사건 개요

2001년 9월 11일 테러리즘의 역사상 가장 재앙적인 사건이 미국에서 발생했다. 알 카에다 소속 테러리스트 19명에게 공중 납치된 4대의 미국 항공기가 세계무역센터 쌍둥이 빌딩 2곳과 국방부 청사에 충돌했고, 펜실베이니아 서부 생스빌에 추락하여 사망자만 93개국 출신 2,977명(뉴욕 세계무역센터 2,753명, 국방부

---

68   The White House, "President Donald J. Trump Is Protecting the United States from Terrorism," October 4, 2018, p. 2.

69   The White House, "National Strategy for Counterterrorism of the United States," October 2018, p. 1; 『연합뉴스』, "트럼프 정부가 발표한 대테러전략의 타깃은 이란," 2018.10.5.

70   필자의 저서, 윤태영, 『위기관리 리더십: 국가안전보장회의(NSC) 운영국가 사례연구』 (인천: 진영사, 2019), pp. 131–148 인용.

184명, UA 93 비행기 40명)에 달하는 전무후무한 재앙적 테러리즘이 발생했다.[71]

9/11 테러 사건은 4대의 민간 항공기를 납치한 알 카에다 소속 테러리스트들에 의해 동시 다발적으로 이루어졌는데, 현지 시간대별 상황은 다음과 같다. 오전 7시 59분 76명의 승객과 11명의 승무원 그리고 5명의 납치범을 태운 아메리칸 항공 소속 AA 11편이 보스턴을 출발해 로스앤젤레스를 향해 이륙했다. 뒤이어 8시 14분 AA 11편이 5명의 납치범들에 의해 납치되었다. 같은 시간 51명의 승객과 9명의 승무원 그리고 5명의 납치범을 태운 유나이티드 항공의 UA 175편이 보스턴에서 로스앤젤레스를 향해 이륙했다. 8시 20분에는 6명의 승무원과 53명의 승객 그리고 5명의 납치범을 태운 아메리칸 항공의 AA 77편이 워싱턴에서 로스앤젤레스로 출발했다. 뒤이어 8시 26분 30초경 AA 11편은 뉴욕으로 항로를 선회했고, 08시 46분 40초경, AA 11편이 시속 790km의 속도로 세계무역센터 북쪽 건물(제1 세계무역센터)의 93층과 99층 사이에 충돌했다. 마지막으로 8시 42분에는 7명의 승무원과 33명의 승객 그리고 4명의 납치범을 태운 유나이티드 항공의 UA 93편이 뉴저지주에서 샌프란시스코로 향했다. 잠시 뒤인 8시 58분 UA 175편이 뉴욕으로 항로를 바꿨고, 곧이어 9시 03분 11초, UA 175편이 시속 950km의 속도로 남쪽 건물(제2 세계무역센터)의 77층과 85층 사이로 충돌했다. 9시 37분 46초경 AA 77편이 시속 853km의 속도로 워싱턴의 국방부 건물과 충돌하고, 이어 약 9시 58분 59초경 세계무역센터 남쪽 건물이 완전히 붕괴되었다. 그리고 10시 03분 11초 UA 93편이 시속 926km의 속도로 피츠버그 남동쪽 펜실베이니아 생스빌 벌판에 추락했다. 뒤이어 10시 28분 22초경, 세계무역센터 북쪽 건물이 완전히 붕괴되고, 이 여파로 인해 47층짜리 세계무역센터 부속건물인 제7세계무역센터 빌딩이 오후 5시 20분 33초경 붕괴되었다. 제7세계무역센터의 붕괴 원인은 제1·2세계무역센터의 붕괴로 철골들의 잔해가 튕겨 나와 건물을 타격한 것으로 보인다. 미국은 세계 경제의 중심부이자 미국 경제의 상징인 뉴욕과 정치·군사적 중심부인 워싱턴의 펜타곤이 테러리스

71　National September 11 Memorial & Museum, "FAQ about 9/11," https://www.911memorial.org/faq-about-911.

트들에 의한 항공기 자살공격을 받았다.[72]

■ 그림 9-3　납치 항공기별 테러 상황(AA 11, UA 175)

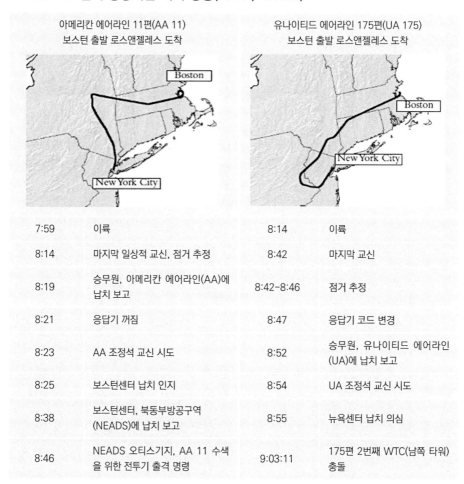

아메리칸 에어라인 11편(AA 11) 보스턴 출발 로스앤젤레스 도착		유나이티드 에어라인 175편(UA 175) 보스턴 출발 로스앤젤레스 도착	
7:59	이륙	8:14	이륙
8:14	마지막 일상적 교신, 점거 추정	8:42	마지막 교신
8:19	승무원, 아메리칸 에어라인(AA)에 납치 보고	8:42-8:46	점거 추정
8:21	응답기 꺼짐	8:47	응답기 코드 변경
8:23	AA 조정석 교신 시도	8:52	승무원, 유나이티드 에어라인 (UA)에 납치 보고
8:25	보스턴센터 납치 인지	8:54	UA 조정석 교신 시도
8:38	보스턴센터, 북동부방공구역 (NEADS)에 납치 보고	8:55	뉴욕센터 납치 의심
8:46	NEADS 오티스기지, AA 11 수색을 위한 전투기 출격 명령	9:03:11	175편 2번째 WTC(남쪽 타워) 충돌

72　위키백과, "9·11 테러"; National Commission on Terrorist Attacks Upon the United States. "The 9/11 Commission Report," *Final Report of the National Commission on Terrorist Attacks Upon the United States*, "Executive Summary," July 22, 2004. pp. 32–33; Wikipedia, "September 11 attacks," https://en.wikipedia.org/wiki/September_11_attacks; Sid Jacobson and Ernie Colón, *The 9/11 Report: A Graphic Adaptation Paperback* (Hill and Wang, 2006) 참고.

8:46:40	AA 11, 첫번째 WTC(북쪽 타워) 충돌	9:15	뉴욕센터, NEADS에 UA 175 WTC에 충돌한 두 번째 항공기 통보
8:53	오티스기지 전투기 공역 이동	9:20	UA 본부, 175편 WTC 충돌 인지
9:16	AA 본부, AA 11 WTC 충돌 인지		
9:21	보스턴센터, NEADS에 AA 11 워싱턴으로 이동중 통보		
9:24	NEADS, AA 11 수색을 위한 랭글리기지 전투기 출격 명령		

출처: National Commission on Terrorist Attacks Upon the United States, *The 9/11 Commission Report: Final Report of the National Commission on Terrorist Attacks Upon the United States*, July 22, 2004, p. 32 내용 번역.

■ 그림 9-4 납치 항공기별 테러 상황 (AA 77, UA 93)

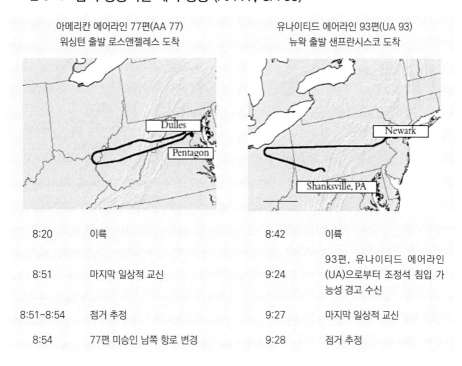

아메리칸 에어라인 77편(AA 77)
워싱턴 출발 로스앤젤레스 도착

유나이티드 에어라인 93편(UA 93)
뉴왁 출발 샌프란시스코 도착

8:20	이륙	8:42	이륙
8:51	마지막 일상적 교신	9:24	93편, 유나이티드 에어라인(UA)으로부터 조정석 침입 가능성 경고 수신
8:51-8:54	점거 추정	9:27	마지막 일상적 교신
8:54	77편 미승인 남쪽 항로 변경	9:28	점거 추정

8:56	응답기 꺼짐	9:34	헌든지휘센터, FAA에 UA 93 납치 통보
9:05	AA 본부, 77편 납치 인지	9:36	승무원, UA에 납치 보고; UA 조정석 교신 시도
9:25	헌든지휘센터, 전국적 이착륙금지 명령	9:41	응답기 꺼짐
9:32	델레스 타워, 신속이동 항공기 레이더 탐지(이후 AA 77로 확인)	9:57	승객 저항 시작
9:34	연방항공청(FAA), 북동부방공구역(NEADS)에 AA 77 실종 통보	10:03:11	93편, 펜실베이니아 생스빌 벌판 추락
9:37:46	AA 77 펜타곤 충돌	10:07	클리브랜드센터, NEADS에 UA 93편 납치 통보
10:30	AA 본부, 77편 펜타곤 충돌 확인	10:15	UA 본부, 93편 펜실베이니아에 추락 인지; 워싱턴센터, NEADS에 93편 펜실베이니아에 추락 통보

출처: National Commission on Terrorist Attacks Upon the United States, *The 9/11 Commission Report: Final Report of the National Commission on Terrorist Attacks Upon the United States*, July 22, 2004, p. 33 내용 번역.

　　이 사건으로 인한 인명피해는 4대의 항공기에 탑승한 승객 전원 사망, 세계무역센터와 국방부 충돌로 사망자가 총 2,977명이었다. 경제적인 피해는 세계무역센터 건물 가치 11억 달러(1조 4300억 원), 테러 응징을 위한 긴급 지출안 400억 달러(약 52조 원), 재난극복 연방 원조액 111억 달러(약 12조 원), 이외에 경제활동 및 재산상 피해 등 막대한 손실이 발생했다. 4대의 항공기를 납치한 알 카에다 소속 19명의 조직원은 사우디아라비아 출신 15명, 아랍 에미리트 출신 2명, 레바논 출신 1명, 이집트 출신 1명으로 구성되었다.[73]

73　　위키백과, "9·11 테러"; National September 11 Memorial & Museum, "FAQ about 9/11."

▶ 표 9-1 시간대별 2001년 9/11 테러 상황

테러 목표	일시	상황	소요시간
WTC (북측 빌딩)	9.11 07:59	아메리칸 항공 AA 11(보스턴-LA) 이륙	47분
	08:14	납치범 조종실 점거 추정	
	08:46	뉴욕 세계무역센터 북쪽 타워 충돌	
WTC (남측 빌딩)	08:14	유나이티드 항공 UA 175(보스턴-LA) 이륙	49분
	08:42- 08:46	납치범 조종실 점거 추정	
	09:03	뉴욕 세계무역센터 남쪽 타워 충돌	
펜타곤	08:20	아메리칸 항공 AA 77(워싱턴 덜레스-LA) 이륙	77분
	08:51- 08:54	납치범 조종실 점거 추정	
	09:37	국방부 건물(펜타곤) 충돌	
미확인 (워싱턴 D.C. 국회의사당 추정)	08:42	유나이티드 항공 UA 93(뉴저지 뉴왁-샌프란시스코) 이륙	81분
	09:28	납치범 조종실 점거 추정	
	10:03	펜실베이니아 생스빌 추락	

출처: National Commission on Terrorist Attacks Upon the United States, *The 9/11 Commission Report: Final Report of the National Commission on Terrorist Attacks Upon the United States*, July 22, 2004, pp. 32-33 내용 번역 및 표로 재구성; 국가정보원, "뉴테러리즘의 특징과 외국의 대테러 강화동향," 2001.11, p. 3 내용 수정. David Shuster, "9/11 Mystery: What was Flight 93's target?" *NBC News*, Sept. 11, 2006, https://www.nbcnews.com/id/wbna14778963#.WUjVDcsUk_w 참고.

2) 대테러리즘 위기관리 과정

(1) 초기 대응

9월 11일 08:46, 아메리칸 항공 11편(AA-11)이 세계무역센터 북쪽 타워에 충돌할 때 백악관 관계자 또는 대통령과 함께 있던 수행원 등은 항공기가 피랍된 사실을 모두 모르고 있었다. 대부분의 연방기관들은 CNN 방송을 통해 뉴욕에서의 항공기 충돌 사실을 파악했다. 사건 당시 부시(George W. Bush) 대통령은 플로리다 주의 엠마 부거(Emma E. Booker) 초등학교 수업에 참석하여 책을 읽어주기 위해 방문했다. 부시 대통령은 수업 참관 직전에 로브(Karl Rove) 대통령 선임보좌관으로부터 항공기 충돌사건에 대해 보고받았다. 대통령은 반응은 사건은 조종사의 실수가 분명하다는 것이었다.[74]

9/11 조사위원회 보고서에 다르면, 대통령은 08:55 대통령은 교실에 들어가기 직전에 백악관에 있던 라이스(Condoleezza Rice) 국가안보보좌관으로부터 엔진 두 개의 민항기가 세계무역센터에 충돌했다는 보고를 받았다. 수업을 참관하던 중인 09:05, 카드(Andrew Card) 백악관비서실장으로부터 "두 번째 항공기가 남쪽 타워에 충돌했다. 미국이 공격받고 있다"고 보고받았다. 대통령은 본능적으로 침착해져야 하며, 위기의 순간에 국민들에게 흥분된 반응을 보이지 않아야 한다고 생각했다고 말했다. 그는 어떤 상황이 발생했는지 충분히 파악할 필요가 있다고 판단했다고 전해진다. 대통령을 수행하는 어느 누구도 항공기 피랍이나 실종에 대해 정보를 가지고 있지 못했다. 부시 대통령은 5분에서 7분 정도 교실에서 책읽기를 더하다가 자리를 떠났다. 09:30 부시 대통령은 대국민 간단한 성명을 발표하고, 대통령의 차량행렬은 09:35에 출발하여 09:42-09:45분경 공항에 도착했다. 차량행렬 이동 중에 대통령은 국방부(펜타곤)에 대한 공격을 보고받았다. 09:54 공군 1호기는 목적지를 정하지 않은 채 이륙했다.[75]

백악관에서는 09:25에 클라크 대테러리즘조정관 주재로 CIA, FBI, 국무부, 법무부, 국방부, '연방항공청(FAA: Federal Aviation Administration)' 및 백악관 지하상황실이 참여한 화상회의가 개최되었다. 국방부 국가군사지휘센터에서는 09:29에 회의가 개최되어 항공기 충돌 상황을 파악했다. 09:55 체니(Dick Cheney) 부통

74   National Commission on Terrorist Attacks Upon the United States, *The 9/11 Commission Report*, 2004, p. 35.

75   National Commission on Terrorist Attacks Upon the United States, *The 9/11 Commission Report*, 2004, pp. 35, 38-39. Bob Woodward, *Bush at War* (New York: Simon & Schuster, 2002), pp. 15-16; 밥 우드워드 지음, 김창영 옮김, 『부시는 전쟁중』 (서울: 따뜻한 손, 2003), p. 37.

령은 공군 1호기가 이륙한 직후 대통령과 통화하여 3대의 항공기가 실종되었고, 그중 한 대가 국방부에 충돌했다고 보고했다. 이어 09:58 체니 부통령은 백악관 지하상황실에 도착하여 워싱턴으로 향한다고 보고받은 UA 93편에 대한 요격명령 수행 여부를 확인하기 위해 대통령과 통화했다. 10:20 부통령은 대통령으로 부터 필요하다면 항공기 격추를 허가한다는 명령을 들었다. 그러나 '북미항공우주방위사령부(NORAD: North American Aerospace Defense Command)' 소속의 '북동부방공구역(NEADS: Northeast Air Defense Sector)'에 피랍 항공기에 대한 요격명령이 하달된 시간은 10:31이었다. 이때는 이미 UA 93편이 10:03에 추락한 상황이었다.[76]

한편 9월 11일 오전 8시 32분 미국 '연방항공청(FAA: Federal Aviation Adminis-tration)' 관계자는 AA-11 항공기가 피랍되었음을 포착하고, 북미항공우주방위사령부(NORAD)에 통보했다. NORAD는 매사추세츠주 오티스 공군 방위군 기지에서 오전 8:53에 2대의 F-15s를 긴급 출격시켰다. 연방항공청(FAA)과의 지체되고 혼란스러운 통신 때문에 NORAD는 AA-11 항공기가 납치 된지 9분 이후에 통보를 받았고, 다른 항공기들이 추락하기 전까지 어떤 통보도 받지 못했다. 쌍둥이 타워가 이미 공격받은 이후인 오전 9:30에 추가적인 전투기들이 버지니아 랭글리 공군기지에서 출격했다. 오전 10시 20분 체니 부통령은 납치된 것이 분명해 보이는 항공기에 대해 격추하라는 명령을 하달했다. 그러나 이러한 지침은 전투기가 조치를 취할 수 있는 시간에 전달되지 않았다.[77]

워싱턴 북쪽에서 날아가서 미 국방부에 충돌한 아메리칸 항공 77편의 경우 공군은 엉뚱한 동쪽 상공으로 출격하여 요격 기회를 놓쳤다. 결국 항공기 3대가 뉴욕과 워싱턴에 추락한 뒤에야 백악관의 격추명령이 하달되었다. 부통령이 피랍된 항공기의 진로를 차단하고 격추하라는 명령을 내렸으나, 그 당시 납치된 네 번째 여객기는 이미 펜실베이니아 벌판에 추락한 상황이었다.[78] 결국 테러 사건

76   National Commission on Terrorist Attacks Upon the United States, *The 9/11 Commission Report*, 2004, pp. 36-37, 40-41, 44-45.
77   Wikipedia, "September 11 attacks," National Commission on Terrorist Attacks Upon the United States, *The 9/11 Commission Report*, 2004, pp. 20-42 참고.
78   『SBS뉴스』, "9.11 테러, 허둥대다 늑장대응," 2004.6.18.

초기 군사적 측면에서 중요한 대테러리즘 위기 정책결정과 전달과정에서 상황파악의 미흡, 늑상대응 및 지침 전달의 혼신 등이 나타났다.

(2) 위기 정책결정

9월 11일 오후 3:15경 네브라스카 오퍼트 공군기지에서 화상시스템을 통해 국가안보회의(NSC)가 처음 개최되었다. 부시 대통령은 "우리는 전쟁 중"이라는 말로 회의를 시작했고, 테넷(George Tenet) CIA국장은 초기징후로 볼 때 알 카에다가 공격의 배후로 추정된다고 보고했다. 이후 백악관으로 돌아온 부시 대통령은 오후 8:30 대국민 연설을 통해 가장 시급한 것은 부상자 구호와 후속공격 차단임을 강조하고, "이런 행위를 저지른 테러리스트와 그들을 보호하는 자들을 구분하지 않고 다룰 것이다"라고 말했다. 부시 대통령은 NSC 체제하에서 참석자가 제한된 전쟁이사회(War Council)를 통해 위기관리를 수행했다. 전쟁이사회의 주요 참석자는 체니 부통령, 파월(Colin Powell) 국무부장관, 럼스펠드(Donald Rumsfeld) 국방부장관, 셸턴(Hugh Shelton) 합참의장, 마이어스((Richard Myers) 합참차장, 테넷(George Tenet) CIA국장, 애시크로프트(John Ashcroft) 법무부장관, 뮐러(Robert Muller) FBI국장, 라이스 국가안보보좌관, 카드 비서실장, 해들리(Stephen Hadley) 안보담당부보좌관, 볼턴(Joshua Bolton) 비서실차장 등이었다.[79]

9월 11일 밤 연설 이후, 부시 대통령은 NSC 회의에서 지금은 자위권을 발동해야 할 시기이고, 미국을 공격한 자들 뿐만 아니라 그들을 숨겨주는 자들도 응징할 것이라고 말했다. 부시 대통령은 9월 12일 NSC를 두 차례 더 소집했다. 첫 번째 회의에서 미국은 지금까지와는 다른 새로운 유형의 적과 전쟁상태에 있음을 강조하고, 테러리스트를 제거하고 지원세력을 응징할 전략을 수립할 것을 요구했다. 참석자들은 알 카에다뿐만 아니라 중동지역의 국제테러조직까지 포함하여 "우리 삶에 대한 테러위협의 제거"를 제안하는 방안을 검토했다. 9월 13일 NSC에서 부시 대통령은 탈레반에 대한 최후통첩 방안을 논의하고 럼스펠드 국

---

[79] National Commission on Terrorist Attacks Upon the United States, *The 9/11 Commission Report*, 2004, pp. 326, 330; Woodward(2002), p. 26; 김창영(2003), p. 51.

방부장관에게 탈레반에 대한 군사작전 계획을 수립하라고 지시했다. 이어 부시 대통령은 9월 15-16일 전쟁이사회를 캠프 데이비드에서 개최하고 외교·군사적 계획을 검토했다.[80]

9월 17일 NSC에서 부시 대통령은 이날 회의의 목적은 테러와의 전쟁을 위해 최초로 임무를 부여하는 것이라고 강조했고, 국토안보계획 수립, 탈레반에 대한 최후통첩 전달, 탈레반과 알 카에다 공격계획 수립 등을 지시했다. 9월 19일 럼스펠드 국방부장관은 우발계획을 수립하고 있는 지휘관들에게 공격대상으로는 탈레반, 알 카에다, 아프가니스탄만이 포함되어야 한다고 강조했다. 9월 20일 부시 대통령은 상·하원 합동연설에 앞서 대국민 담화를 발표했다. 그는 "9/11 테러의 배후에 알 카에다가 있고, 탈레반이 테러리스트를 인도하지 않으면 알 카에다와 같은 운명에 처할 것"이라고 경고하고, "전 세계 모든 국가들은 우리 편인지 아니면 적들의 편인지를 선택해야 한다"고 강조했다. 이후 부시 대통령은 9월 21일과 10월 2일에 아프가니스탄에 대한 군사작전인 "항구적 자유작전(Operation Enduring Freedom)'을 승인했다.[81]

(3) 위기해결 과정

2001년 9/11 테러 이후 부시 행정부는 아프가니스탄에서 '테러와의 전쟁'을 시작했다. 10월 7일 미국은 9/11 테러의 주동자로 알려진 오사마 빈 라덴(Osama bin Laden)과 알 카에다를 비호해 온 아프가니스탄 탈레반 정권에 대해 대테러전의 일환으로 '항구적 자유작전(Operation Enduring Freedom)'을 전개했다. '항구적 자유작전'의 목표는 아프가니스탄이 알 카에다의 활동의 기지로 이용되는 것을 저지하고, 탈레반 정권의 군사적 역량을 분쇄하는 것이었다. 12월에는 탈레반의 최후 저항기지인 칸다하르 지역을 완전히 탈환하고 탈레반 정권을 붕괴시

80 National Commission on Terrorist Attacks Upon the United States, *The 9/11 Commission Report*, 2004, pp. 330-332. 김창영(2003), pp. 56-85, 94-97, 112-137 참고.
81 National Commission on Terrorist Attacks Upon the United States, *The 9/11 Commission Report*, 2004, pp. 333, 335-337. NSC는 9월 17일 이후에도 9월 18-21일 연이어 개최되었다. 김창영(2003), pp. 141-163 참고.

켰다.[82]

2001년 10월 7일 시작된 '항구적 자유작전'은 11월 25일까지 초기 작전단계로 항공 공습 위주의 작전과 특수부대 중심의 작전을 실시했다. 탈레반 정권의 지휘통제 시설과 주요 군사시설을 파괴했고, 탈레반 정권과 알 카에다 조직의 붕괴와 정보획득 작전을 병행했다. 11월 26일부터 12월 22일까지는 결정적 작전단계로 항공공습의 지속과 함께 대규모의 주요도시 점령작전을 실시하여 탈레반군의 마지막 저항기지인 칸다하르 지역을 완전히 탈환했다.[83]

3) 대테러리즘 위기관리 분석

(1) 위기 인식

미국 정보공동체는 9/11 테러공격의 발생 가능성에 대한 여러 가지 단서가 있었음에도 지속적인 추적과 정보공유의 실패로 사전 조기경보에 실패하여 테러공격을 예방하지 못했다. 미 의회 '9/11 진상조사위원회(National Commission on Terrorist Attacks upon the United States)' 보고서에 따르면 9/11 테러 이전 정보공동체는 정보공유 부재, 법·제도적 미흡, 국내·해외 정보기관의 업무협력 미비 등으로 테러공격을 저지할 수 있었던 기회를 놓쳤다고 지적하고 있다. 2001년 7월 FBI가 작성한 테러 혐의자들의 애리조나 소재 비행훈련학교 이수관련 보고서나 2001년 미네소타 비행학교에서 수상한 행동을 한 혐의로 체포된 '자카리아스 무사위'를 알 카에다와의 연계를 파악하지 못하고 추방하여 조기경보의 기회를 놓쳤다. 국가안보국(NSA)은 1999년 말 중동 테러시설과 연계혐의를 받고 있는 통신내용을 감청하여 공작요원들의 2000년 1월초 쿠알라룸푸르 이동계획을 파악

---

82   The White House, "Presidential Address to the Nation," October 7, 2001, https://georgewbush-whitehouse.archives.gov/news/releases/2001/10/20011007-8.html.

83   박창권, "아프간 전쟁(항구적 자유작전)의 교훈 및 시사점," 『합참』 제19호(2002.7.1), p. 35; 이승렬·박규백, "미국의 대아프간 전쟁 교훈: 클라우제비츠의 삼위일체론 적용 측면을 중심으로," 『해양연구논총』, 제30집(2003년 6월), pp. 90-91.

했으나 유관기관과 정보를 공유하지 않았다. CIA는 2001년 3월초 태국 당국으로부터 테러용의자가 LA행 유나이티드 항공 여객기에 탑승했다는 제보를 입수했으나, 이를 FBI에 전파하지 않았다.[84]

9/11 항공기 충돌을 보고받은 부시 대통령은 3가지 핵심적인 위기인식 문제에 직면했다. 첫째, 당시 공격의 실체와 범위를 파악해야만 했다. 둘째, 가까운 장래에 추가적인 공격 가능성에 대한 판단이 필요했다. 셋째, 공격의 지전략적 (geostrategic) 함의에 대한 평가가 요망되었다. 두 번째 항공기의 세계무역센터 충돌이후 상황의 규모와 심각성이 분명해졌다. 행정부의 모든 가능한 정보와 자원을 통해 사건의 정황을 파악하고 공격의 주체와 배경을 밝혀내는데 주력했다.[85] 부시 행정부는 비록 정보공동체의 조기경보 실패로 테러공격을 예방하지 못했으나, 사건 직후 수차례의 NSC 회의에서 테러정보를 종합하여 알 카에다가 배후임을 확인하고 이에 대한 대테러작전을 수립했다.

(2) 위기 정책결정과 조정

부시 행정부의 9/11 테러에 대한 위기 정책결정을 평가하면 다음과 같다. 첫째, 테러공격 직후 테러공격의 주체를 파악하지 못했고, 연방항공청(FAA)과 북미항공우주방위사령부(NORAD) 사이의 원활한 정보공유가 미흡했고, 이들로부터 위기정보가 국가지도부에 신속히 전달되지 못했다. 이에 따라 대통령을 비롯한 국가지도부로부터의 요격명령이 뒤늦게 발령되었고 혼선이 발생했다. 둘째, 그럼에도 불구하고 부시 대통령, 부통령, 국가안보보좌관 및 NSC 참모진은 테러공격 직후 비교적 신속하게 NSC를 개최하여 위기대응 방안을 검토하고 결정했다. 셋째, 부시 대통령은 NSC를 주재하고 안보 및 정보관련 부처들이 위기대응 방안

84 National Commission on Terrorist Attacks Upon the United States, *The 9/11 Commission Report*, 2004, pp. 181, 273, 347, 353-354; 전웅, "9·11 테러, 이라크 전쟁과 정보실패," 『국가전략』 제11권 4호(2005년), pp. 19-20, 22.

85 Paul 't Hart, Karen Tindall, Christer Brown, "Crisis Leadership of the Bush Presidency: Advisory Capacity and Presidential Performance in the Acute Stages of the 9/11 and Katrina Crises," *Presidential Studies Quarterly*, Vol 39, No. 3(September 2009), p. 482.

을 효과적으로 도출할 수 있는 조정 및 협력체제를 조성하고, 이를 통합하고 조정하는 리더십을 발휘했다고 볼 수 있다.

국가안보, 보안 및 재난 위기관리 측면에서 총괄적으로 평가하면 다음과 같다. 첫째, 사건 당일 19명의 비행기 납치범들은 보안검색 시스템을 모두 통과해서 항공보안에 취약점이 나타났다. 그들은 항공기 자살 테러라는 우발적인 사건에 대비할 준비가 되어 있지 않은 승무원과 조종사를 제압하고 4대의 비행기를 납치하는 데 성공했다. 둘째, 미국 영공방어는 미국연방항공청(FAA)과 북미항공우주방위사령부(NORAD)라는 2개의 연방기구 사이에 밀접한 상호활동에 의존하고 있었다. 9/11 당시 FAA와 NORAD가 운영하고 있었던 규정과 절차는 납치된 비행기를 무기로 사용하는 공격에 관해서는 모든 면에서 부적절했다. 그 결과 파괴될 의도하에 납치된 민간 항공기에 대한 대비책이 미비했고, 상업용 항공기가 대량살상무기(WMD)로 사용되는 상황에 대한 대비가 없었던 군 당국에 의해 즉흥적인 방어태세가 나타났다. UA 93 항공기가 펜실베이니아에서 추락한 지 28분이 지날 때까지도 NORAD 항공방위지구에 격추 명령이 전달되지 않았다. 전투기가 긴급 출격했지만, 어디로 가야 할지 또는 어떤 목표물을 요격해야 하는지 몰랐던 혼란스러운 상황이 발생했다. 또한 격추 명령이 하달되었을 때에는 그 명령이 조종사에게 전달되지 않았다. 워싱턴의 지도자들이 전투기들이 호전적인 항공기를 요격하라는 명령을 받았다고 믿는 동안, 실제 조종사들에게 전달된 명령은 단지 비행기를 확인하고 추적하라는 것이었다.[86]

셋째, 국가방위와 마찬가지로 9/11 테러에 대한 긴급대응도 필연적으로 즉흥적이었다. 뉴욕시의 뉴욕 소방본부, 뉴욕 경찰청, 뉴욕과 뉴저지의 공항당국, 빌딩 관계자들은 102분 동안 진행된 격렬한 사건의 여파를 극복하기 위해 노력했다. 그러나 충돌 지역 근처에 있던 사람들 거의 희생되었고, 초기 구조대원들 중에서 희생자가 많이 나왔다. 재난 대비미흡, 통합적 사고대처 지휘체계 미

---

86   National Commission on Terrorist Attacks Upon the United States, *The 9/11 Commission Report: Final Report of the National Commission on Terrorist Attacks Upon the United States*, "Executive Summary," July 22, 2004, pp. 7-8.

비, 대응기관의 부적합한 통신 등이 나타났다. 넷째, 펜타곤에서는 지휘통제체계에 문제가 있었음에도 불구하고, 긴급대응을 위해 국가수도지역(National Capital Region)에 위치한 사고지휘체계(ICS: Incident Command System)는 지역·주·연방 관할에 걸친 대응체계의 근원적 복잡성속에서 대체로 효과적으로 작동했다.[87]

(3) 위기 커뮤니케이션

9월 11일 08:46 아메리칸 항공 AA11편이 세계무역센터 북쪽 타워에 충돌하면서 시작된 9/11 테러공격을 생생하게 보도한 텔레비전 방송은 국민들에게 극심한 충격과 혼란을 야기했다. 부시 대통령은 09:30 플로리다 주의 엠마 부커 초등학교 미디어센터에서 텔레비전을 방송을 통해 당시 상황을 "명백한 테러공격이고, 이번 일을 자행한 자들을 조사해서 찾아내고, 테러리즘을 용납하지 않을 것"이라고 말했다.[88] 부시 대통령은 사건의 진상을 정확히 파악하기 전에, 공격의 대규모적 특성과 상황의 심각성을 인지하고 당시 상황을 테러로 규정하여 사후 위기대응의 방향을 암시했다.

또한 부시 대통령은 9월 11일 08:30 대국민 연설을 통해 "오늘 우리 국민, 생활방식, 자유가 고의적으로 계획된 치명적인 일련의 테러공격을 받았다. 수천 명이 사악하고 비열한 테러 행위로 순식간에 목숨을 잃었다. 여객기가 건물에 충돌하고, 불길이 치솟고, 거대한 건물이 무너지는 모습은 믿기 어려운 광경이었으며, 우리에게 엄청난 슬픔과 함께 조용하면서도 단호한 분노를 불러일으켰다. 이같은 대량살상 행위는 우리에게 공포를 불러일으켜 미국을 혼란과 퇴보로 몰아넣을 의도로 자행되었다. 그러나 테러 세력은 그 목표를 달성하지 못했고, 미국

---

87 National Commission on Terrorist Attacks Upon the United States, *The 9/11 Commission Report*, "Executive Summary," p. 8. 국방부의 9/11 위기관리 행태에 대해서는 Trina Wolosek Tritz, "Crisis Management strategy utilized by the United States Department of Defense following the terrorist attack on America: A case study," https://www.uwlax.edu/urc/jur-online/PDF/2002/T_Wolosektritz.pdf 참고.

88 Woodward(2002), pp. 15-16; 김창영(2003), p. 37; National Commission on Terrorist Attacks Upon the United States, *The 9/11 Commission Report*, 2004, p. 39; 하상복, "9·11 폭력과 위기관리의 정치: 머레이 에델만의 정치 이론 연구," 『사회 이론』, (2003 가을/겨울), p. 285.

은 여전히 굳건하다"고 말했다.[89] 대통령의 이 연설은 테러에 대한 분노와 미국이 외부세력의 테러공격을 받아 위기가 발생했다는 인식을 강화했고, 미국인들이 적대적 심리의 표출 대상을 찾아 이들에 대한 책임 추궁과 보복을 단행해야하는 상황을 조성했다. 이러한 상황에서 부시 대통령은 9월 20일 상·하원 합동 연설에 앞선 대국민 담화를 통해 알 카에다와 빈 라덴이 테러공격에 책임이 있다고 비난했다.[90] 이러한 부시 행정부의 위기 커뮤니케이션 활동이 실행된 결과 사건 초기 9/11 테러범이나 후원국에 대한 군사공격 지지도는 97.4%로 나타났다. 아울러 절대 다수인 90%의 응답자가 부시 대통령의 지도력을 긍정적으로 평가하는 것으로 나타났다.[91]

한편 매스 미디어의 보도행태가 국가이익과 일치되는 방향에서 합리적으로 나타났다. 사고현장의 필름을 CNN을 비롯한 9개의 방송사가 공유하도록 자체적으로 결정하고, 구조작업에 지장과 차질이 발생하지 않도록 접근을 자제했고, 사고 현장과 정부의 위기대응에 관한 신중하고 절제된 방송이 이루어져 조속한 복구, 위기극복 및 국민적 단결을 도모하는 데 기여했다.[92]

위기 커뮤니케이션 차원에서 분석하면, 9/11 공격 이후 대통령의 커뮤니케이션 과제는 대통령의 위기통제 노력 표출과 위기상황의 프레임 설정을 통해 행

---

89 U.S. Embassy & Consulate in the Republic of Korea, Information Resource Center, "President Bush Addresses the Nation on September 11th, September 11, 2001"; 『중앙일보』, "[뉴스 클립] Special Knowledge 〈376〉 9·11 테러 직후 부시 대통령 담화문," 2011.10.31.

90 하상복(2003), pp. 290, 293; National Commission on Terrorist Attacks Upon the United States, The 9/11 Commission Report, 2004, pp. 336-337.

91 강경태, "9.11 미국테러에 대한 미국민의 반응과 부시 대통령 지지도," 『국제정치연구』, 4집 2호 (2001), pp. 133, 145. 부시 대통령의 위기관리 리더십에 대한 논의는 Gary L. Gregg II, "Crisis Leadership: The Symbolic Transformation of the Bush Presidency," Perspectives on Political Science, Vol. 32, No. 3, 2010; Michael A. Genovese, "The Transformation of the Bush Presidency: 9/11 and Beyond," Paper prepared for the conference "The Presidency, Congress, and the War on Terrorism: Scholarly Perspectives," Department of Political Science, University of Florida, 7 February 2003 참고.

92 이진규 외, "위기관리조직의 구조적·행태론적 특성 연구," 국민안전처 연구용역보고서, 2008, p. 65; 『연합뉴스』, "전 미 재난청장: 9·11 때 누구도 책임전가 안 했다," 2014.10.7. 9/11 테러 당시 미디어의 보도행태는 Uriel Rosenthal, "September 11: Public Administration and the Study of Crises and Crisis Management," Administration & Society, Vol. 35, No. 2(May 2003), pp. 139-140 참고.

정부의 신뢰성 향상, 의회와 여론지지 획득 및 미국의 대응에 대한 국제적 지지의 동원이었다. 테러공격 직후 부시 대통령의 두 번의 연설이 비록 결정적이지는 않았지만, 부시 대통령은 그의 지도력을 강화하고 회복했으며, 가장 효과적인 대통령의 위기 커뮤니케이션 사례로 평가된다. 또한 그의 워싱턴 성당과 의회에서의 중요한 연설은 미국의 위기해결 의지를 강화했고, 안보와 대테러리즘 정책의 전환을 이끌어 냈다.[93]

2. 2013년 보스턴 마라톤 폭탄테러

1) 사건 개요

2013년 4월 15일, 117회 보스턴 마라톤의 결승선이 있는 보스턴 최고의 쇼핑 번화가인 보일스턴가(Boylston Street)에는 관중 수천 명이 42km를 통과한 주자들을 응원하고 있었다. 오후 2시 49분, '급조폭발물(IED: Improvised Explosive Device)'이 관중 사이에서 터졌고 12초 후 인근에서 또 한 차례 폭발이 발생했다. 폭발물이 터지면서 못, 볼 베어링, 금속조각이 인근의 관중들이 있는 곳까지 튀었다. 이 사고로 3명이 사망하고 260여 명이 부상을 당해 병원으로 후송되었다.[94]

사건 발생 3일 후인 4월 18일 오후 5시 10분경, 연방수사국(FBI)은 압력솥 폭탄을 사용해 폭탄테러를 자행한 것으로 보이는 체첸 키르기스스탄 출신 형제인 타메를란 차르나예프(Tamerlan Tsarnaev)와 조하르 차르나예프(Dzhokhar Tsarnaev)로 확인된 용의자 2명의 사진을 공개했다. 오후 10시 30분경, 매사추세츠공대

93　't Hart, Tindall, Brown(2009), p. 486. 부시 대통령의 리더십, 연설 및 미디어의 반응에 대한 구체적인 논의는 Michelle C. Bligha, Jeffrey C. Kohlesb, James R. Meindl, "Charisma under crisis: Presidential leadership, rhetoric, and media responses before and after the September 11th terrorist attacks," *The Leadership Quarterly*, Vol. 15(2004) 참고.

94　Herman B. "Dutch" Leonard, Christine M. Cole, Arnold M. Howitt, Philip B. Heymann, "Why Was Boston Strong?: Lessons from the Boston Marathon Bombing," Harvard Kennedy School, Program on Crisis Leadership, April 2014, pp. 1-2.

(MIT) 구내에서 경찰관이 차르나예프 형제로 추정되는 인물로부터 총격을 받아 병원으로 후송했지만 사망했다. 이후 차르니예프 형제는 총으로 운전자를 위협해 차를 강취해 도주했다. 4월 19일 오전 1시경, 경찰은 GPS를 이용해 추격전을 전개하며 보스턴 교외의 워터타운까지 이들을 추격했다. 이 과정에서 용의자들은 경찰관들을 향해 폭발물을 투척했고 총격전도 벌어져, 타메를란이 총에 맞아 병원으로 후송되었지만 사망했고, 조하르는 부상을 입고 도주했다. 오후 8시 45분경, 조하르와 경찰관들과 간의 대치상황 끝에 조하르는 가옥 옆의 보트 안에 숨어서 저항하다가 체포되었다.[95]

■ 그림 9-5   2013년 4월 18-19일 사건 발생지역

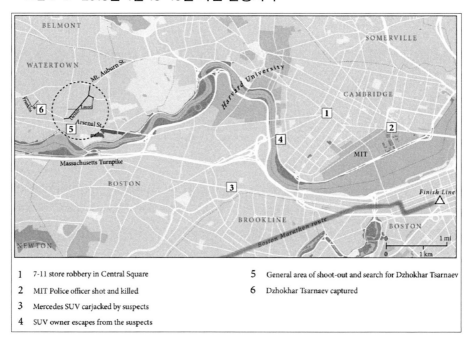

1	7-11 store robbery in Central Square	5	General area of shoot-out and search for Dzhokhar Tsarnaev
2	MIT Police officer shot and killed	6	Dzhokhar Tsarnaev captured
3	Mercedes SUV carjacked by suspects		
4	SUV owner escapes from the suspects		

출처: Herman B. "Dutch" Leonard, Christine M. Cole, Arnold M. Howitt, Philip B. Heymann, "Why Was Boston Strong?: Lessons from the Boston Marathon Bombing," Harvard Kennedy School, Program on Crisis Leadership, April 2014, p. 51.

---

95   『한국경제』, "보스턴테러 용의자 추격전 시간대별 상황 재구성," 2013.4.20. Wikipedia, "Boston Marathon Bombing," https://en.wikipedia.org/wiki/Boston_Marathon_bombing 참고.

2) 대테러리즘 및 법집행 활동 평가

2013년 4월 15일 보스턴 마라톤 폭탄테러 발생부터 4월 19일 용의자 검거까지의 대응은 사고지휘 측면에서 전혀 다른 양상이 나타났다. 4월 15일 마라톤 결승지점에서 발생한 폭탄테러 당시, 마라톤 경기 운영과정에서 발생할 수 있는 비상상황에 대비한 대규모 응급의료 체계 등 각종 자원들이 사전에 파악되고 준비되었다. 폭탄테러 발생 시 대응은 고위험 긴급상황에 대비하여 구축된 체계, 대응절차 및 인력배치를 기반으로 진행됐다. 테러 발생 직후에는 전면적 비상태세로 돌입하여 사고현장을 수습할 수 있는 사고지휘체계가 가동되었다. 실제 발생한 상황과 꼭 들어맞는 구체적인 대응계획은 없었지만 유사한 유형의 사건에 개입하는 데 여러 기관이 협조할 수 있는 전반적인 대응체계가 작동되었다.[96]

반면 4월 18일 저녁부터 4월 19일에 발생한 사건들은 예고가 없었던 사건으로 폭탄테러 대응과는 다른 양상으로 전개되었다. 4월 18일 2명의 폭탄 테러리스트들은 매사추세츠공대(MIT) 경찰관에게 총격을 가해 살해하고 차량을 탈취했다. 보스턴 교외의 워터타운에서 경찰관들과 총격전이 벌어져 용의자 1명이 사망했다. 4월 18일 총격전 이후 18시간 동안 나머지 용의자에 대한 집중적 추적이 진행되었고, 4월 19일 저녁에 검거함으로써 사건이 종결되었다. 이러한 연쇄적인 사건이 전개되는 동안 지휘부는 조직적으로 대응했어야만 했다. 4월 15일 폭탄테러 발생 시 초기대응과는 대조적으로, 워터타운에서 추격과 검거 작전 당시, 대응인력들은 사고관리의 매뉴얼, 경험 및 그동안 쌓아온 상호 간의 개인적인 관계에 의존하여 임무를 수행했다. 따라서 보스턴 마라톤 폭탄테러에 대한 대응은 동일한 조직과 인력들이 두 가지 대조되는 상황에 대처했던 모습을 보여주었고, 두 가지 전혀 다른 상황에 사고지휘체계를 적용하는 데 어려움이 있다는 것을 보여주었다.[97]

---

96 Leonard, Cole, Howitt, Heymann(2014), p. 6.
97 Leonard, Cole, Howitt, Heymann(2014), p. 6.

보스턴 마라톤 폭탄테러에 대한 대응은 테러발생과 추격·검거 작전이 혼재된 복합적인 위기상황이었음에도 불구하고 대테러리즘 활동과 법집행 측면에서 다음과 같은 성공적인 활동이 전개되었다. 첫째, 폭발물 사고의 생존자를 돕기 위해 신속히 대응했다. 둘째, 폭발현장에서 응급의료 활동 시 결단력과 유연한 대처 능력이 나타났다. 셋째, 폭발현장을 신속히 차단하여 13개 블록지역의 거리와 시설에서 5,000여 명의 마라톤 참가자와 수천 명의 관중을 대피시켰다. 넷째, 신속한 톱다운(top-down) 중앙조정·지휘체계 구성 및 작전수행 권한을 지휘본부에서 현장으로 위임했다. 다섯째, 추가 폭발물 수색을 위해 '폭발물처리(EOD: Explosive Ordnance Disposal)' 팀을 신속하게 투입했다. 여섯째, 수사 인력을 신속하게 동원하여 ① 사건현장 통제, ② 공공 및 민간 감시영상 확보, ③ 범죄 방법과 용의자 식별을 위한 증거 수집, ④ 수사 관련 단서(특히 사진 및 동영상) 확보를 위해 시민들에게 협조 요청, ⑤ 동영상, 사진, 기타 증거물 분석을 위한 대규모 인력 활용 등을 수행했다. 일곱째, 신속하게 용의자 추적을 시작했고, 최초 접촉지역에서 도주한 두 번째 용의자에 대한 대규모 수색을 진행하여 워터타운에서 대치한 용의자를 성공적으로 검거했다.[98]

---

98   Leonard, Cole, Howitt, Heymann(2014), pp. 28-29.

10장

영국의 대테러리즘 체계, 전략, 사례

영국은 30년 이상 북아일랜드 분쟁으로 인한 아일랜드공화군(IRA) 테러리즘에 대응하여 다양한 국내 대테러리즘 위기관리를 수행했다. 2001년 9/11 테러 이후 국제 테러리즘 위협이 증가하는 상황에서 영국은 미국의 최대 우방국으로 아프가니스탄 대테러전과 이라크전에 적극 동참하면서, 2000년도 후반 이후 폭력적 이슬람 극단주의에 기반을 둔 세력으로부터 심각하고 지속적인 위협에 직면했다. 이러한 테러위협의 근원지는 ① 파키스탄과 아프가니스탄 국경에 위치한 알 카에다 지도부와 그 분파, ② 북아프리카, 아라비아 반도, 이라크, 예멘에서 알 카에다와 연계된 테러조직, ③ 이념으로 무장된 자생적 테러연계망, ④ 알 카에다와 유사한 이념을 추종하면서 자신의 존재와 지역적 현안을 가지고 있는 테러조직 등이었다.[1]

이에 따라 영국은 테러리즘 관련 법안 제정, 대테러리즘 위기관리 조직 개편 및 대테러리즘 전략 보고서를 발표하는 등 이슬람 테러리스트로부터의 잠재적 공격을 비교적 효과적으로 대처해 왔다. 그러나 2005년 7/7 런던 지하철·버스 동시다발 테러는 영국의 대테러리즘 위기관리 체계를 재검토하는 계기가 되었다.

이후 영국은 다양하고 지속적인 테러위협에 직면해 있다. 증가하는 테러위협은 주로 '이슬람국가(ISIS: Islamic State of Iraq and Syria)'의 부상과 알 카에다의 지속적인 테러활동으로 인해 발생했다. 이슬람국가(ISIS)는 영국이 주도적인 역할을 하고 있는 국제사회의 연합적 대응으로 군사적으로 약화되었고 대부분의 영토를 잃고 중앙 선전기구 활동이 심각하게 저하되었다. 그러나 테러공격을 지시하고 활성화하고 자극하는 이슬람국가(ISIS)의 능력은 여전히 영국의 국가이익과 국제사회에 심각한 위협이 되고 있다. 현재 영국에 대한 테러위협 수준은 상당히 높은 수준이며, 이슬람 테러리즘과 극우파 테러리즘이 가장 심각한 테러위협이고, 북아일랜드 관련 테러는 특히 북아일랜드 자체에서 심각한 위협으로 남아 있다. 특히 2017년 런던과 맨체스터에서 발생한 5건의 테러공격으로 36명이 사망했다. 이로 인해 영국은 테러공격의 추진력을 저지하기 위해 단호한 대응을 실행하

---

1   HM Government, "The United Kingdom's Strategy for Countering International Terrorism," March 2009, p. 9.

고, 대테러리즘 우선순위와 역량을 신속하게 조정했다.[2]

　이러한 테러환경하에서 영국이 직면한 테러위협에 대응하고 대테러리즘 역량을 강화하기 위해, 대테러리즘 관련 법률을 제정·개정하고, 대테러리즘 체계를 정비·강화했다. 또한 대테러리즘 전략 보고서를 발표하고 이에 기반을 둔 대테러리즘 활동을 전개하고 있다.

1절　국가안보 정책결정 체계[3]

1. 내각사무처 브리핑룸(COBR) 회의와 정책결정 메커니즘

　영국은 의원내각제 정치제도 하에서 내각은 국가 주요정책의 최종 결정, 정부의 최고 통솔기능 및 정부 부처 간 업무조정 역할을 하며, 대부분의 정책결정은 총리, 부총리 또는 관련부처 장관들로 구성되는 내각위원회에서 처리되고 있다. 제2차 세계대전 이후 1946년에 영국 정부는 '국방위원회(Defence Committee)'를 설치하여 국방 방침과 전략을 심의하고 내각에 조언하는 역할을 담당하도록 했다. 이후 1964년 수상이 의장을 맡는 '국방·해외정책위원회(Defence and Oversea Policy Committee)'와 하위기구인 '국방회의(Defence Council)'를 설치하여 국방 및 안보정책을 심의·결정했다. 국방·대외정책위원회는 안보정책의 조정과 내각에 대한 보좌기능을 수행하고 구성원은 수상이 의장을 맡고 외무부장관, 국방부장관, 내무부장관, 연방관계장관 등이었다. 국방회의는 국방·군사정책의 종합조정 역

2　HM Government, "CONTEST: The United Kingdom's Strategy for Countering Terrorism," June 2018, pp. 7-8.

3　필자의 저서, 윤태영, 『위기관리 리더십: 국가안전보장회의(NSC) 운영국가 사례연구』 (인천: 진영사, 2019), pp. 74-80 수정·보완.

할을 수행하고 내각과 국방대외정책위원회에 보고하는 체계를 갖추었다.[4]

국가안보 위기관리 조직과 관련하여, 1972년에 접어들어 영국 정부는 안보 및 테러 위기에 대처하기 위해 작전통제, 통신 및 첨단기술 등을 포함하는 우발사태계획을 준비하기 위해 연구그룹을 설립했다. 이 그룹은 '내각사무처 브리핑룸(COBR 또는 COBRA: Cabinet Office Briefing Room A)'에 위치했다. 이후 '내각사무처 브리핑룸(COBR)' 회의는 영국 국가안보 및 위기 정책결정을 담당하는 국가비상대책위원회의 역할을 수행하고 있다. COBR 회의의 목적은 위기사건 시 중앙정부의 대응에서 효과적인 정책결정과 주요 부처(안보, 정보기관, 경찰 등)의 자원을 활용하여 신속한 조정을 제공하는 것이다. 이후 내무부장관이 COBR의 의장을 맡아 1980년 이란 인질사건시 특수부대(SAS)를 동원하여 위기를 해결하는 데 핵심적인 역할을 수행했다. 1982년 2월 대처 총리는 런던 스탠스테드 공항에 강제 착륙한 에어 탄자니아 항공기 납치에 대응하기 위해 한 번 COBR 회의의 의장을 맡았다. 67명의 영국인이 사망한 9/11 테러 당시 2001년 9월 11일 블레어 총리가 의장을 맡아 COBR 회의가 개최되었고 10월에는 3회 개최되었다. 블레어 총리는 과도한 토론모임을 배제하고 공식적인 COBR 회의보다 비공식적이고 소규모 선별된 내부모임을 선호하는 정책결정 방식을 채택했다[5]

2005년 7/7 런던 지하철·버스 동시다발 테러 당시 영국 정부는 대테러리즘 위기관리를 위해 COBR 회의를 개최했다. 또한 합동테러리즘분석센터(JTAC)도 테러용의자 관련 정보 분석 등의 신속한 대응으로 비교적 효과적인 대테러리

---

4   외교부, "영국 개황," 2021.6, pp. 31-32; 박재하·정길호, "국가안전보장회의의 활성화 방안연구: 기능 및 기구 정립을 중심으로," 『국방논집』 제7호(1988.12), pp. 187-188; 정춘일·유영철·서남열, "국가 위기관리체계 정비 방안 연구," 연구보고서, 한국국방연구원, 1998.7, p. 67. The National Archives, "Cabinet and its committees," http://www.nationalarchives.gov.uk/help-with-your-research/research-guides/cabinet-and-committees/.

5   James Boys, "Intelligence Design: UK National Security in a Changing World," *A Target Paper*, The Bow Group, July 2012, pp. 12-13; Chris Mason, "London 2012: What exactly is a Cobra meeting?" *BBC News*, 23 July 2012, http://www.bbc.com/news/uk-politics-18958032 .

즘 위기관리를 수행했다.[6]

2. 국가안보회의(NSC)와 정책결정 메커니즘

2008년 3월 브라운 노동당 정부 당시 논의와 2010년 보수당 정책보고서에서 임시회의체 성격의 COBR 운영체제를 개선하여 국가안보 지휘통제와 위기관리 임무를 담당하는 새로운 국가안보작전센터와 같은 공식적 기구의 필요성이 제기되었다.[7] 이에 따라 2010년 5월 12일 캐머런 정부는 출범 직후 국가안보 정책 전반을 조정·통합·감독하고 총리를 보좌하기 위해 NSC를 창설하고 국가안보보좌관을 임명했다.[8] NSC 창설과 함께 COBR 회의의 존속에 대해 논란이 많았으나 이를 존속시키기로 하고, NSC는 정책기획을 담당하고 COBR 회의는 작전통제적 업무를 담당하기로 결정했다. NSC 산하에 위원회를 두어 중장기적 안보현안에 대한 정책기능을 부여하고, COBR 회의는 당면한 위기에 대한 위기관리와 작전적 업무의 수행을 담당하도록 역할 분담을 했다.[9]

NSC의 핵심 구성원은 의장 역할을 하는 총리, 재무장관, 외교·영연방·개발부장관, 내무부장관, 국방부장관, 총리실 국무장관, 법무부장관 등이다. NSC 산하에는 핵억지·안보 소위원회, 위협·위험·회복탄력성·우발사태 소위원회,

6   Home Office, "Report of the Official Account of the Bombings in London on 7th July 2005," 11th May 2006, pp. 7-10; Homeland Defense Journal, "The London Bombing," Special Report, July 29 2005, p. 3.

7   Boys(2012), pp. 14, 23.

8   Jon Lunn, Louisa Brooke-Holland, Claire Mills, "The UK National Security Council," House of Commons Library, Briefing Paper, Number 7456, 11 January 2016, pp. 4-5; GOV.UK, "Announcement: New National Security Council Established," 12 May 2010, https://www.gov.uk/government/news/new-national-security-council-established.

9   Boys(2012), pp. 22-23; House of Lords and House of Commons, Joint Commission on the National Security Strategy, "First review of the National Security Strategy 2010," First Report of Session 2010-12, 27 February 2012, pp. 26-27.

전략방위안보검토·국가안보전략 집행 소위원회 등이 있다.[10]

■ 그림 10-1   영국의 NSC 조직(2021년 2월 기준)

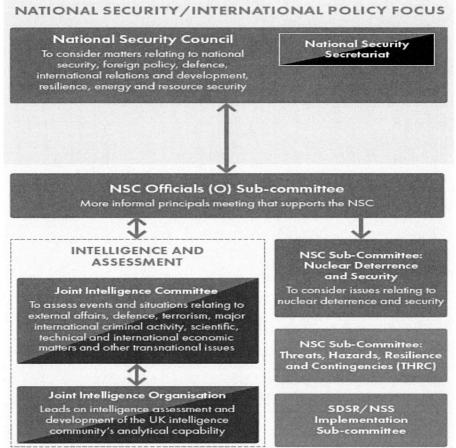

출처: The D Group, "D Insights: Rebalancing the UK national security machinery to think, plan and act strategically," Edition No: 02, March 2021, p. 4.

---

10   UK Parliament, Committees, "Supplementary written evidence submitted by Sir Stephen Lovegrove, National Security Adviser," NSM0036, 12 July 2021, p. 1; The D Group, "D Insights: Rebalancing the UK national security machinery to think, plan and act strategically," Edition No: 02, March 2021, p. 4. House of Commons and House of Lords, Joint Committee on the National Security Strategy, "The UK's National Security Machinery," First Report of Session 2021-22, 13 September 2021, p. 14 참고.

국가안보보좌관은 총리와 내각에 국가안보, 전략, 정책, 능력 및 비상사태에 관한 자문을 제공하고, 국가안보회의 비서 역할과 내각의 국가안보팀을 지휘하고 관리업무를 수행한다.[11] 국가안보보좌관의 활동을 지원하는 '국가안보사무국 (NSS: National Security Secretariat)'은 정부 전반에 걸쳐 전략적으로 중요한 안보·정보 문제에 대한 조정업무를 담당한다. 이와 별도로 '합동정보기구(JIO: Joint Intelligence Organisation)'는 국가안보 및 외교정책의 중요 현안에 대한 독립적인 평가를 담당한다. 국가안보사무국(NSS)은 국가안보회의(NSC)와 '합동정보위원회(JIC: Joint Intelligence Committee)'의 업무를 각각 지원함으로써 총리와 고위 장관들에게 관련문제에 대한 조언을 제공한다. 국가안보사무국의 구체적인 임무는 다음과 같다. 첫째, 장관들이 전략적 수준에서 국가안보 문제를 논의하는 NSC에 정책적 조언을 제공한다. 둘째, 정부 전반에 걸친 외교·국방정책의 조정과 개발을 담당한다. 셋째, 정보공동체 전반의 정책, 윤리 및 법적 문제 조정, 자금조달 및 우선순위 관리, 의회 '정보안보위원회(Intelligence and Security Committee)' 관련 업무를 담당한다. 넷째, 정부를 위한 효과적인 보안 정책·역량 개발업무를 담당한다. 다섯째, 비상사태에 대응하고 복구하기 위한 영국의 회복탄력성을 개선하고 위기에 대한 정부대응의 효과적인 조정을 위한 시설유지를 수행한다. 여섯째, 국가 사이버안보 전략에 따라 영국의 사이버안보에 대한 전략적 리더십을 제공한다.[12] 2010년 10월 국가안보사무국은 국가안보보좌관을 수장으로 전략방위·안보검토, 외교·국방정책, 전략·대테러리즘, 안보·정보, 사이버안보, 민간비상사태 등을 담당하는 부서로 구성되었다.[13]

'내각사무처 브리핑룸(COBR)' 회의는 사실상 위기에 대한 영국의 작전적 대

11   GOV.UK, "National Security Adviser," https://www.gov.uk/government/people/stephen-lovegrove#biography. Joe Devanny and Josh Harris, "The National Security Council: National Security at the Centre of Government," Institute for Government, 4 November 2014, p. 25 참고.
12   GOV.UK, "About us: National Security Secretariat," https://www.gov.uk/government/organisations/national-security/about.
13   HM Government, "National Security Strategy and Strategic Defence and Security Review 2015: A Secure and Prosperous United Kingdom," November 2015, p. 82.

■ 그림 10-2 영국의 NSC 정책결정 메커니즘

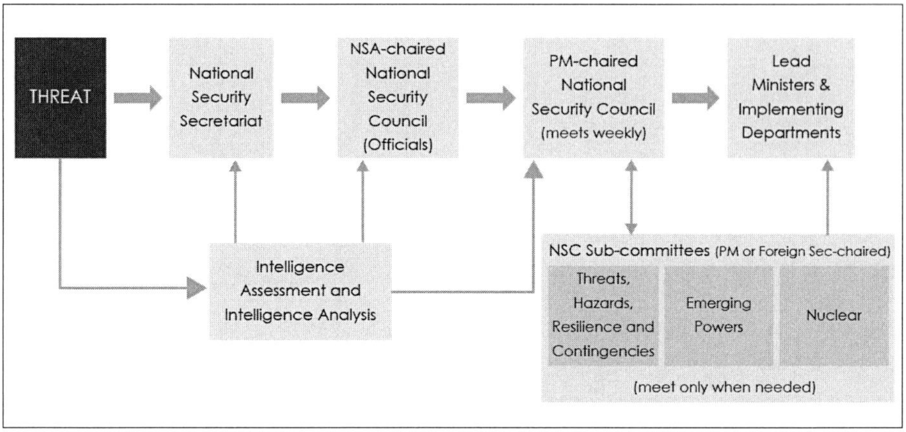

출처: HM Government, "Securing Britain in an Age of Uncertainty: The Strategic Defence and Security Review," October 2010, "Fact Sheet 21: Coordinating Our National Security Approach," p. 2.

응을 조정하는 중앙 메커니즘 역할을 하는 NSC의 작전적 소위원회이다. COBR 회의는 필요에 따라 관련 부서, 정부내 전문가, 외부기관 및 지역대응 담당관이 모여서 실제 또는 잠재적 비상사태에 대한 정부의 집단적 대응에 중점을 둔다. 복잡한 다차원적 위기에서 NSC 또는 다른 내각위원회는 전략을 수립하고 정책 결정을 내리는 반면, COBR 회의는 즉각적인 작전적 대응에 중점을 둔다.[14]

  2011년 리비아 위기 당시 NSC는 리비아위원회(NSCL)를 구성하고 62차례 의 회의를 통해 위기관리 임무를 수행했다. 이는 미국이 1962년 쿠바 미사일 위 기 당시 NSC에 임시로 집행위원회(ExCom)를 설치하여 대응했던 방식과 유사했 다.[15] 2021년 8월 아프가니스탄 철수작전 당시 COBR 회의 및 NSC 회의를 통 해 전략적 현안을 논의하고 정책을 결정했다.[16]

---

14   UK Parliament, Committees, "Written evidence submitted by the Cabinet Office," NSM0019, 24 February 2021, p. 2.

15   Boys(2012), p. 23; Prime Minister's Office, "Libya crisis: National Security Adviser's view of central coordination and lessons learned," 29 April 2013, p. 3; House of Lords and House of Commons(2012), p. 27.

16   UK Parliament, Committees, "Supplementary written evidence submitted by the National Security Adviser," NSA0002, 25 November 2021, p. 1.

2절   대테러리즘 체계[17]

1. 테러리즘 관련 법률

영국은 국제테러리즘 위협에 대응하기 위해 북아일랜드에 관련해 여러 차례 개정된 '북아일랜드긴급조치법(Northen Ireland Emergency Provisions Act, 1973년 최초 제정)'과 '테러예방임시조치법(Prevention of Terrorism Temporary Provisions Act, 1974년 최초 제정)' 등 국내 관련 임시적 테러리즘법을 정리·통합하여 영구적 성격의 2000년 7월 20일 '테러리즘법(Terrorism Act 2000)'을 제정했다.[18] 9/11 테러 이후 2001년 12월 14일 경찰에게 강력한 조사권한을 부여하고 테러리스트 활동과 기타 심각한 범죄를 예방하기 위해 '반테러리즘·범죄·보안법(ATCSA: Anti-Terrorism, Crime and Security Act 2001)'이 제정되었다. 주요 내용은 테러리스트에 대한 출입국 통제, 자산동결 및 구속요건 강화 등 수사권 강화, 관련 기관의 정보 공유 강화, 차량·수화물에 대한 정보제공, 통신기록 보존, 항공보안 조치 강화 등이다.[19]

2004년 11월 18일 '민간비상사태법(Civil Contingencies Act 2004)'이 제정되어 테러리즘을 포함한 다양한 비상상황을 정의하고 위기관리 차원에서 대처를 강조하고 있다.[20] 2005년에는 '테러리즘예방법(Prevention of Terrorism Act 2005)'이 제정되어

---

17   필자의 논문, 윤태영, "영국의 대테러리즘 위기관리 체계와 전략: 실제, 문제점 및 정책적 함의," 『한국위기관리논집』, 제6권 제1호(2010 봄), pp. 85-90; 윤태영, "미국·영국·독일 국가정보체계 개혁 양상과 한국 국가정보원 개혁에 대한 시사점," 『융합보안논문지』, 제18권 제2호(2018), pp. 171-172 수정·보완.

18   정완, "각국의 테러대응 법제," 『형사정책연구소식』, 제83호(2004), p. 3; 신의기, "각국의 테러대응책과 우리나라의 테러방지법," 『대테러정책연구논총』, 제4호(2007.2), p. 38. Legislation.gov.uk, "Terrorism Act 2000," http://www.legislation.gov.uk/ukpga/2000/11/contents 참고.

19   정완(2004), pp. 3-4; 제성호. "영국의 테러방지법과 테러대응기구," 『저스티스』, 제114호(2009), p. 274. Legislation.gov.uk, "Anti-Terrorism, Crime and Security Act 2001," http://www.legislation.gov.uk/ukpga/2001/24/contents 참고.

20   이호용, "효율적인 국가 대테러조직의 위상과 기능," 『대테러정책연구논총』, 제6호(2009), p. 14. Legislation.gov.uk, "Civil Contingencies Act 2004," http://www.legislation.gov.uk/

영국인과 외국인 및 국제·국내 테러활동을 막론하고 테러용의자에 대한 통신장
비 사용금지 및 개인이동을 제한할 수 있는 통제명령(control orders)을 부여했다.[21]

그러나 2005년 7월 7일 발생한 런던 지하철·버스 동시다발 테러 이후,
2000년 테러리즘법을 개정하여 2006년 3월 30일에는 '테러리즘법(Terrorism Act
2006)'을 제정했다. 이 법은 테러리즘 행위 선동, 테러리즘과 연계된 출판물 유
포, 테러행위 준비와 테러리스트 훈련 금지, 방사선·핵물질 소지나 이들의 사용
과 관련한 범죄행위 금지 등 테러리즘 관련 새로운 범죄를 추가했다. 또한 테러
리즘과 연계된 행동에 대한 처벌을 강화했고, 테러관련 통화기록의 감청 및 압수
와 금융계좌 확인 등의 수사권도 강화했다. 아울러 경찰, 정보기관 및 법원들이
포괄적으로 테러리즘에 대처하고 테러리스트를 법정에 세우기 위한 모든 수단을
명시했다.[22]

2008년 6월 11일 제정된 '2008년 대테러리즘법'(Counter-Terrorism Act 2008)
은 대테러리즘 활동을 위한 정보 수집·공유 권한을 확대하고, 기소 전 테러용의
자의 구금기한을 72일로 연장하는 등의 권한을 강화했다. 테러용의자에 대해서
기소 후에도 계속 수사가 가능하도록 했으며 해외테러에 대해서도 영토 관할권
을 확장했다.[23] 2009년 2월 16일부터 시행된 이 법안의 주요 내용은 첫째, 테러
범죄자 등록 및 동향관찰제도를 도입하고 해외여행을 사전에 제한할 수 있다. 둘
째, 개인 지문과 DNA 시료를 채취, 테러수사에 사용할 수 있고 합리적인 판단하
에 혐의자의 주거를 강제 수색할 수 있다. 셋째, 대테러리즘 업무에 종사하는 경
찰, 군, 정보기관요원을 상대로 정보 수집을 제한하고 위반 시 최고 징역 10년형
으로 처벌할 수 있도록 했다.[24]

ukpga/2004/36/contents 참고.

21 Legislation.gov.uk, "Prevention of Terrorism Act 2005," https://www.legislation.gov.uk/
    ukpga/2005/2/pdfs/ukpga_20050002_en.pdf.

22 이호수·설진배, "영국의 테러리즘 대응 입법동향과 특징 분석," 『국가정보연구』, 제9권 2호(2016),
    p. 193; 제성호(2009), p. 277. The National Archives, "Terrorism Act 2006," http://www.
    legislation.gov.uk/ukpga/2006/11/contents 참고.

23 이호수·설진배(2016), p. 193.

24 경찰청, 해외치안정보, "영, 대테러법(Counter-Terrorism Act) 개정," 2009.2.27.; Legislation.

2011년 12월 14일 제정된 '2011년 테러리즘예방·수사조치법(TPIMs: Terrorism Prevention and Investigation Measures Act 2011)'은 인권침해 논란이 되어왔던 2005년 테러리즘방지법의 통제명령(control orders)을 폐기하기 위한 법으로, 내무부장관에게 이동·금융활동·통신에 대한 제약을 포함할 수 있는 TPIMs 공지를 통해 특정 테러용의자의 행동에 제약을 가할 수 있도록 하는 새로운 권한을 부여했다.[25]

2. 정보공동체

2001년 9/11 테러 이후 국제 테러리즘과 대량살상무기(WMD) 확산 등 비대칭적 위협에 대한 대응활동을 강화한 영국의 정보공동체는 3개의 정보기관과 4개의 정보관련 기관으로 구성되어있다. 3개의 대표적인 정보기관은 '비밀정보부(SIS/MI6: Secret Intelligence Service)', '보안부(Security Service/MI5)', '정부통신본부(GCHQ: Government Communications Headquarters)'이다. 이외에 4개의 정보관련 기관으로는 '국방정보부(DI: Defence Intelligence)', '국가안보사무국(NSS: National Security Secretariat)', '보안대테러리즘실(OSCT: Office for Security and Counter-Terrorism)', '합동정보국(JIO: Joint Intelligence Organisation)'이 있다.[26] 내각사무처 산하에 '합동정보위원회(JIC: Joint Intelligence Committee)'는 안보·국방·테러리즘 관련 정보에 대한 보좌·통제 역할을 수행하고 있다.[27]

영국 정보공동체내에서 국외·국내·신호 정보기관의 책무와 조직을 살펴보

---

gov.uk, "Counter-Terrorism Act 2008," https://www.legislation.gov.uk/ukpga/2008/28/contents 참고.

25 이호수·설진배(2016), p. 194. Legislation.gov.uk, "Terrorism Prevention and Investigation Measures Act 2011," https://www.legislation.gov.uk/ukpga/2011/23/contents/enacted 참고.

26 Intelligence and Security Committee of Parliament, "Diversity and Inclusion in the UK Intelligence Community," 18 July 2018, p. 3.

27 House of Commons, Home Affairs Committee, "Project CONTEST: The Government's Counter Terrorism Strategy," Ninth Report of Session 2008-09, 29 June 2009, pp. 5-8.

면 다음과 같다. 외무부 장관의 통제 하에 국외정보 활동을 담당하는 비밀정보부(SIS/MI6)의 주요임무는 심각한 범죄를 예방하고 딤지하고 영국의 국가안보 및 경제적 이익을 보호·증진하기 위해 비밀정보를 수집하고 해외작전을 수행한다. 이를 위해 비밀정보부는 국제테러리즘 대응활동, '화생방·방사능·핵무기(CBRN: Chemical, Biological, Radiological and Nuclear Weapons)' 확산방지 활동, 해외 불안정분쟁 대응활동, 사이버보안 활동에 중점을 두고 있으며, 약 2,500명이 임무를 수행하고 있다.[28] 2018년 기준으로 비밀정보부는 이슬람주의 테러리즘 대응에 67%, 북아일랜드 관련 테러리즘 대응에 20%, 호전적 국가의 활동 대응에 13%의 예산을 배정하고 활동했다.[29]

내무부 장관의 통제 하에 국내정보 활동을 담당하는 '보안부(Security Service/MI5)'의 기능에 대해 1989년 보안부법은 "국가안보를 보호하는 것이며, 특히 스파이활동, 테러리즘 및 사보타주(Sabotage), 외국 정보요원 활동, 정치·산업·폭력적 수단으로 의회 민주주의를 전복·훼손하려는 행위로부터의 위협에 대한 보호"라고 명시하고 있다.[30] 이에 따라 보안부는 국가안보에 대한 주요위협으로 테러리즘, 스파이 활동, 사이버 위협, 대량살상무기(WMD) 확산, 국가기반시설 위협 등을 상정하고 대처하고 있다.[31] 보안부는 법집행기관이 아니기에 수사권을 행사하지 않고, 경찰, '국가범죄수사국(National Criminal Agency)', 국경군(Border Force) 등과 긴밀한 협력을 수행하고 있다.[32]

보안부는 2001년 9/11 테러와 2005년 7/7 런던 지하철·버스 동시다발 테러 이후 국제 테러리즘 및 국내 극단주의자의 테러공격에 대처하기 위해 대

---

28   Secret Intelligence Service/MI6, "About Us," https://www.sis.gov.uk/about-us.html; Intelligence and Security Committee of Parliament, "Diversity and Inclusion in the UK Intelligence Community," 18 July 2018, p. 3.

29   Intelligence and Security Committee of Parliament, "Annual Report 2018-2019", 21 July 2020, p. 14.

30   Legislation.gov.uk, "Security Service Act 1989," https://www.legislation.gov.uk/ukpga/1989/5/section/1.

31   Security Service/MI5, "What we do," https://www.mi5.gov.uk/what-we-do.

32   Security Service/MI5, "How We Work: Partnerships," https://www.mi5.gov.uk/partnerships.

테러리즘 활동을 강화했다. 2018-2019년 보안부는 국제 대테러리즘 활동에 67%, 북아일랜드 관련 테러리즘에 20%, 대스파이활동, 대확산활동, 방호·보안 활동에 13%의 예산을 배정하고 활동했다.[33] 보안부의 조직은 국제대테러리즘, 북아일랜드 대테러리즘, 사이버·대스파이·대확산, 기술적 작전·감시, 분석 등의 업무담당 부서로 구성되고 약 4,400명이 임무를 수행하고 있다.[34] 또한 2003년 6월에 보안부(MI5) 산하에 '합동테러리즘분석센터(JTAC: Joint Terrorism Analysis Centre)'가 설치되었고, JTAC는 국내와 해외에서 국제테러리즘에 대한 모든 정보를 분석·평가하고, 위협단계를 평가·경보발령하며 테러리스트 동향·네트워크·능력에 대한 보고서를 작성하는 역할을 수행하고 있다.[35] 2007년 2월에는 보안부의 통제 하에 '국가기반보호센터(CPNI: Centre for the Protection of National Infra-structure)'가 설립되어, 핵심기반시설·요인·사이버 방호·보안 활동과 테러리즘 및 기타위협으로부터 취약성 감소를 위해 노력하고 있다.[36]

▶ 표 10-1 위협 단계

위협단계	위협상황
낮은 수준(Low)	공격이 없는 상황
일반적 수준(Moderate)	공격이 가능, 그러나 징후 존재
높은 수준(Substantial)	공격의 가능성이 높은 상황
심각한 수준(Severe)	공격이 실제 가능한 상황
위협 임박(Critical)	공격이 임박한 상황

출처: Cabinet Office, "Threat Levels: The System to Assess the Threat from International Terrorism," July 2006, p. 2 내용 번역 및 표로 재구성.

---

33   Security Service/MI5, Security Service/MI5, "Who We Are: People and Organisation," https://www.mi5.gov.uk/people-and-organisation.

34   Security Service/MI5, "Who We Are: People and Organisation," https://www.mi5.gov.uk/people-and-organisation.

35   Security Service/MI5, "Who We Are: Joint Terrorism Analysis Centre," https://www.mi5.gov.uk/joint-terrorism-analysis-centre.

36   Centre for the Protection of National Intrastructure(CPNI), "Advice," https://www.cpni.gov.uk/advice.

■ 그림 10-3   영국의 정보공동체 조직

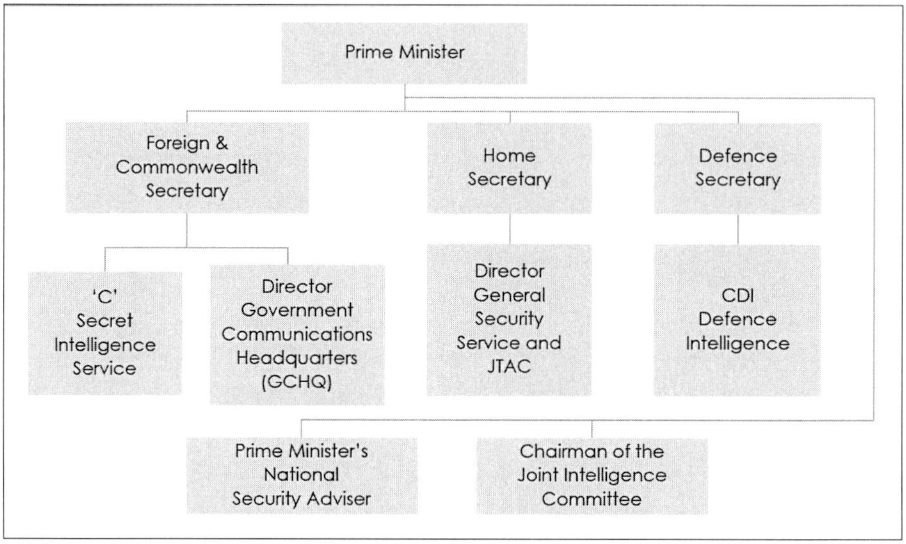

출처: Cabinet Office, "National Intelligence Machinery," November 2010, p. 18.

　　외교부 장관의 통제 하에 신호정보를 담당하는 '정부통신본부(GCHQ: Govern-ment Communications Headquarters)'의 임무는 사이버 위협으로부터 정부시스템 방어, 대테러리즘, 심각한 조직범죄 대응, 군대에 대한 지원을 제공하기 위해 영국과 해외에서 전자통신정보를 포함하는 신호정보를 수집·분석하는 것이며, 6,000명 이상이 활동하고 있다.[37] 정부통신본부(GCHQ)의 조직으로는 신호정보 담당부서, 통신전자보안그룹, 국가사이버안보센터(NCSC) 등이 있다.[38]

37　　Intelligence and Security Committee of Parliament, "Diversity and Inclusion in the UK Intelligence Community," 18 July 2018, p. 3; GCHQ, "Mission: Overview," https://www.gchq.gov.uk/section/mission/overview; Cabinet Office, "National Intelligence Machinery," November 2010, p. 8 참고.

38　　Wikiperdia, "Government Communications Headquarters," https://en.wikipedia.org/wiki/Government_Communications_Headquarters. National Cyber Security Centre, "About the NCSC," https://www.ncsc.gov.uk/section/about-ncsc/what-we-do 참고.

3. 보안대테러리즘실(OSCT)

한편 미국이 9/11 테러 이후 '국토안보부(DHS: Department of Homeland Security)'를 신설하여 통합된 대테러리즘 조직개편을 단행했듯이, 영국도 증가하는 테러리즘 위협에 대한 '대테러리즘전략(CONTEST: Counter-Terrorism Strategy)'의 조정과 통제를 향상시키기 위해 내무장관의 역할을 강화시켜 국내뿐만 아니라 해외에서의 테러리즘에 대해 책임을 부여하고, 대테러리즘 기관을 통합하여 2007년 3월 내무부(Home Office) 산하에 '보안대테러리즘실(OSCT: Office for Security and Counter-Terrorism)'을 신설했다. 보안대테러리즘실은 테러리스트 사건에 대한 범정부적 대응, 테러리즘 관련 법률 발전, 정부요인에 대한 보안과 보호조치 제공, 국가핵심기반 보호, 화생방 유출 대응, 테러리스트 사건 및 대테러작전시 정부의 비상대비업무에 관한 연락업무를 수행하는 부서로 구성되어 있고, 다양한 기관으로부터 파견된 300여 명의 인원으로 구성되어있다. OSCT는 대테러리즘전략(CONTEST)의 개발·지도·수행 및 통제 임무 등을 수행하고 있고, '보안부(Security Service/MI5)'와 '대테러리즘경찰(Counter Terrorism Policing)' 네트워크를 감독하고, 대테러리즘 관련 위기 대응활동을 조정한다.[39]

4. 경찰

정보공동체가 대테러리즘 정보 수집과 평가를 수행한다면, 일상의 대테러리즘 활동은 수도경찰청(Metropolitan Police)이 국가대테러리즘 네트워크(National Counter-Terrorism Network)를 구축하여 수행하고 있다. 수도경찰청은 런던 광역지

39   HM Government, "The United Kingdom's Strategy for Countering Terrorism," June 2018, p. 92; Gov.UK, "Terrorism and national emergencies," https://www.gov.uk/terrorism-national-emergency/counterterrorism; Wikipedia, "Office for Security and Counter-Terrorism," https://en.wikipedia.org/wiki/Office_for_Security_and_Counter-Terrorism.

역 내의 대테러리즘 활동을 책임지고 있으나, 국가적 차원의 대테러리즘 활동 조
정과 지도적 역할도 수행한다. 담당부서는 수도경찰청 '특수작전국(Specialist Op-
erations)'으로 '대테러리즘본부(CTC: Counter Terrorism Command)', '경호본부(Protection
Command)', '보안·항공본부(Security/Aviation Command)'로 구성되어있다. 이 중에서
대테러리즘본부(CTC)는 2005년 7월 테러공격 이후 2006년 10월 반테러리스트
처(Anti-Terrorist Branch, SO13)와 '특수처(Special Branch, SO12)'를 통합하여 포괄적 테러
리즘 위협에 대응하기 위해 단일화된 조직으로 창설되었다. 대테러리즘본부(CTC)
는 런던과 영국의 나머지 지역을 테러위협으로부터 보호할 책임을 가지고, 지역,
국가 및 국제 차원에서 테러위협에 대한 대테러리즘 활동을 수행하고 있다.[40]

한편 경찰은 '대테러리즘경찰(Counter Terrorism Policing)' 네트워크를 영국 전역
에 구축하고, 테러 활동을 예방, 억제 및 조사하여 대중과 국가안보를 보호하기
위해 영국 정보기관과 협력하는 경찰의 협력체이다. 5개 지역에 대테러리즘처
(CTU: Counter Terrorism Units)와 6개 지역에 대테러리즘정보처(CTIU: Counter Terrorism
Intelligence Units)를 설치하여 보안부(MI5) 등과 협력하여 테러위협에 대응하고 있
다. 대테러리즘처(CTU)는 노스웨스트CTU(맨체스터광역경찰), 노스이스트CTU(웨스트요
크셔경찰), 사우스이스트CTU(테임즈벨리경찰), 웨스트미들랜드CTU(웨스트미들랜드경찰), 런
던CTC(수도경찰청)에 설치되어 대테러리즘 조사·수사 활동을 하고 있다. 대테러리
즘정보처(CTIU)는 사우스웨스트CTIU(에본·서머셋경찰), 웨일즈CTIU(사우스웨일즈경찰),
이스턴CTIU(베드포드경찰), 이스트미들랜드CTIU(더비셔경찰), 스코틀랜드CTIU(스코틀
랜드경찰), 북아일랜드CTIU(북아일랜드경찰)에 설치되어 대테러리즘 정보활동을 하고
있다.[41] 아울러 2002년 경찰에 창설된 '국가대테러리즘보안실(NaCTSO: The Na-

---

40   House of Commons(2009), p. 8; Metropolitan Police, "Senior management team:
      Metropolitan Police Service, Executive structure, June 2020," https://www.met.police.
      uk/SysSiteAssets/media/downloads/force-content/met/about-us/executive-structure.
      pdf; Wikepedia, "Specialist Operations," https://en.wikipedia.org/wiki/Specialist_
      Operations; Wikipedia, "Counter Terrorism Command," https://en.wikipedia.org/wiki/
      Counter_Terrorism_Command.

41   National Police Chief's Council, "Counter Terrorism Policing," https://www.npcc.police.
      uk/NationalPolicing/CounterTerrorism/CounterTerrorismPolicing.aspx . Counter Terrorism

tional Counter Terrorism Security Office)'은 영국 전역의 혼잡한 지역 및 위험 지역·물질을 테러위협으로 부터 보호하고, 국가핵심기반시설을 국가기반보호센터(CPNI)와 협력하여 방호하는 업무를 수행하고 있다.[42]

5. 대테러리즘작전센터(CTOC)

2017년 일련의 런던 테러공격 이후 진화하는 테러위협에 계속 적응하고 효과적으로 대응할 수 있는 대테러리즘 체계 구축의 필요성이 제기되었다. 이에 따라 2021년 6월 영국의 대테러리즘 체계를 강화하고 역량을 통합하기 위해 '대테러리즘작전센터(CTOC: Counter Terrorism Operations Centre)'가 설립되었다. 단일 통합 센터인 CTOC는 통합된 접근방식을 통해 런던에 위치한 정부부처, 안보·정보기관, 법집행 및 운영 파트너, 형사사법 체계의 요소를 통합하여, 유관기관들이 테러위협에 효과적으로 대응하기 위해 협력을 수행한다. 이 센터는 진화하는 테러위협에 선제적으로 대응하기 위해 여러 기관 팀을 동적으로 구성하여 사건이 전개되는 즉시 처리하도록 하여 대응 속도를 개선하고 테러리스트에 대한 관리를 강화하기 위한 업무를 담당한다.[43]

영국의 대테러리즘 체계 변화의 특징은 첫째, 보안대테러리즘실(OSCT)과 보안부(MI5)가 수도경찰청(Metropolitan Police) 및 유관기관 들과의 협력하에 대테러리

Policing, "Our Network," https://www.counterterrorism.police.uk/our-network/ 참고.

42   GOV.UK, "National Counter Terrorism Security Office: About us," https://www.gov.uk/government/organisations/national-counter-terrorism-security-office/about.

43   Security Service/MI5, "Counter Terrorism Operations Centre unveiled," https://www.mi5.gov.uk/news/counter-terrorism-operations-centre-unveiled; HM Government, "Global Britain in a Competitive Age: The Integrated Review of Security, Defence, Development and Foreign Policy," March 2021, p. 80. Counter Terrorism Policing, "First Elements of New Counter Terrorism Operations Centre in London Unveiled," https://www.counterterrorism.police.uk/first-elements-of-new-counter-terrorism-operations-centre-in-london-unveiled/ 참고.

즘 업무를 주도하고 있고, 대테러리즘작전센터(CTOC)를 2021년에 신설하여 통합적 대테러리즘 체계를 구축하여 내용하고 있다. 이는 미국이 국토안보부(DHS)와 국가정보장실(ODNI) 국가대테러리즘센터(NCTC)가 대테러리즘 업무를 주도하고 있는 양상과 유사하다. 둘째, 최근 들어 가장 중요한 변화중의 하나는 경찰과 보안부(MI5)의 협력이 발전하고 있다는 점이다.[44] 국내 테러리즘 영역에서 보안부가 정보수집과 감시활동을 수행하지만 수사권을 가지고 있지 않다. 수사권은 경찰이 가지고 있기에 보안부가 테러 용의자를 체포하거나 법원에 증거를 제출하고자 할 때에는 경찰의 협조가 필요하다.[45] 셋째, 수상실의 대테러리즘 업무에 대한 조정과 통제가 강화되고 있다. 2008년 10월에 국가안보사무국(NSS)이 신설되어 대테러리즘과 위기관리 등 국가안보 전반에 대해 수상을 보좌하고 있다. 국가안보사무국은 '내각사무처 브리핑룸(COBR)' 회의를 운영하며 테러공격과 비상사태를 포함한 정부 위기관리 전반에 대한 업무를 보좌하고 있다.[46]

3절   대테러리즘 전략[47]

1. 국가안보전략 보고서

2008년 3월 영국 정부는 국가안보에 관련된 모든 부처, 기관 및 군의 목표와 계획을 하나로 모아 '국가안보전략(The National Security Strategy of the United Kingdom: Security in an Interdependent World)' 보고서를 처음 발표했다. 이 보고서에서는

---

44   HM Government(2009), p. 62.
45   이호용(2009), p. 241.
46   House of Commons(2009), p. 8.
47   필자의 논문, 윤태영(2010), "영국의 대테러리즘 위기관리 체계와 전략," pp. 90-91 수정·보완.

영국이 직면한 주요 위협으로 테러리즘을 우선적으로 강조하고, 핵무기를 포함한 대량상상무기(WMD), 초국가적 조직범죄, 국제적 불안정과 분쟁, 시민 비상사태, 기후변화, 에너지 경쟁 등을 제시하고 있으며 이에 대한 포괄적인 안보전략과 대응체계 구축을 강조했다.[48]

2009년 6월에는 2008년도 국가안보전략 보고서를 수정한 '국가안보전략 (The National Security Strategy for the United Kingdom: Update 2009, Security for the Next Generation)' 보고서가 발표되었다. 이 보고서에서는 테러리즘, WMD, 초국가적 조직범죄, 국제적 불안정과 분쟁 등을 재차 강조하면서, 해상안보와 사이버안보 등을 새로운 위협으로 제시했다.[49]

2010년 10월 발표된 '국가안보전략(A Strong Britain in an Age of Uncertainty: The National Security Strategy)' 보고서에서는 국제테러리즘, 사이버 공격, 국제군사위기, 주요 사고 및 자연재해를 심각한 위협으로 설정하고 이에 대한 전략을 제시했다.[50]

2015년 11월에는 '국가안보전략 및 전략방위·안보검토(National Security Strategy and Strategic Defence and Security Review)' 보고서가 발표되었다. 이 보고서에서는 국가안보 목표로 국민보호, 글로벌 영향력 확대, 번영 증진을 설정하고, 대테러리즘 영역에서는 국내외에서 테러리즘의 급진화와 극단주의에 대응을 우선시하는 전략을 제시하고, 예방·추적·보호·대비를 위한 대테러리즘 활동의 지속적인 추진을 강조했다.[51]

2021년 3월에는 2015년 국가안보전략 보고서 발표 이후 변화된 안보환경을 반영하여 '안보·국방·개발·외교정책통합검토(Global Britain in a Competitive Age:

---

48   Cabinet Office, "The National Security Strategy of the United Kingdom: Security in an Interdependent World," March 2008, pp. 4, 10-18, 58.

49   Cabinet Office, "The National Security Strategy for the United Kingdom: Update 2009, Security for the Next Generation," June, 2009, p. 10-13.

50   HM Government, "A Strong Britain in an Age of Uncertainty: The National Security Strategy," October 2010, p. 11.

51   HM Government, "National Security Strategy and Strategic Defence and Security Review 2015: A Secure and Prosperous United Kingdom," November 2015, pp. 11, 37-39.

The Integrated Review of Security, Defence, Development and Foreign Policy)' 보고서가 발표되었나. 이 보고서에서는 국가정책 목표로, 과학과 기술을 통한 전략적 우위 유지, 미래의 열린 국제질서 형성, 국내외 안보·방위 강화, 국내외 회복탄력성 구축을 설정했다. 특히 국내외 안보·방위 강화를 위해 동맹국 및 파트너와 협력하여 개방의 이점을 극대화하고 물리적 세계와 온라인에서 국가의 위협, 급진화 및 테러리즘, 중대하고 조직적인 범죄, 무기확산 등 증가하고 있는 위협으로부터 국민을 보호하기 위한 지원을 강조했다. 이를 달성하기 위한 전략으로 범정부적으로 국방·외교·개발·정보·안보·무역 및 국내정책 역량을 통합하여 보다 신속하고 효과적인 정책결정과 일관된 이행을 제시했다.[52]

2. 대테러리즘전략 보고서

2002년 9월 영국 정부는 9/11 테러 이후 미국의 대테러전에 대한 공조 노력과 자국의 대테러리즘 활동을 소개하는 '영국과 국제테러리즘에 대한 대응노력(The United Kingdom and the Campaign against International Terrorism)' 보고서를 발간했다. 이 보고서에서는 최우선 목표로 영국 본토 및 해외 영토 보호와 추가적 테러 공격 예방을 설정했다.

2006년 7월에는 대테러리즘 전략과 수행방안을 명시한 '국제테러리즘에 대한 영국의 대테러리즘전략(Countering International Terrorism: The United Kingdom's Strategy)' 보고서를 발표했다. 이 보고서는 영국이 2003년 초반 이후 추진해온 장기적인 '대테러리즘전략(CONTEST: counter-terrorism strategy)'의 수행방안으로 예방(Prevent), 추적(Pursue), 보호(Protect), 대비(Prepare)를 제시했다.[53]

---

52   HM Government, "Global Britain in a Competitive Age: The Integrated Review of Security, Defence, Development and Foreign Policy," March 2021, pp. 18-19.

53   HM Government, "Countering International Terrorism: The United Kingdom's Strategy," July 2006, pp. 1-2.

　　2009년 3월에는 '영국 대테러리즘전략(The United Kingdom's Strategy for Coun-
tering International Terrorism)' 보고서가 발표되었다. 이 보고서에서는 대테러리즘전
략의 목적을 국제 테러리즘으로부터 영국 본토와 해외에서 이익에 대한 위험을
감소시키는 것이라 명시했다. 이 전략이 적용되는 범위는 국제테러리즘, 이라크
와 아프가니스탄에서의 분란(insurgency), 북아일랜드 관련 테러리즘 및 국내 극단
주의 등이다.[54] 대테러리즘전략의 수행활동으로 4P(Prevent, Pursue, Protect, Prepare)
를 제시했다. 첫째, 추적(Pursue) 활동은 최우선 과제로 테러리스트 공격을 방지하
는 것이다. 테러리스트 네트워크에 대한 파악과 조사 및 그들 활동의 분쇄를 통
해 영국과 해외에서 영국의 이익에 대한 테러리스트 위협의 감소를 목표로 한다.
둘째, 예방(Prevent) 활동은 테러리즘의 위험을 감소시키기 위해 공격 방지뿐만
아니라 테러리스트가 되는 것 또는 폭력적 극단주의 지원의 방지이다. 이를 위
해 과격화의 원인에 대한 이해와 이에 대한 적합한 대응이 필요하다. 셋째, 보호
(Protect) 활동은 테러리스트 공격으로부터 영국 본토의 취약성과 해외에서의 이
익의 보호를 추구하는 것이다. 이를 위해 국가핵심기반시설, 다중 밀집지역, 교
통체계, 국경 등의 보호와 내부자 및 위험물질의 오용으로 인한 위협에 대한 보
호에 중점을 두었다. 넷째, 대비(Prepare) 활동은 공격을 방지할 수 없는 상황에서
테러리스트 공격의 영향력 완화를 목표로 한다. 이를 위해 진행 중인 공격에 대
한 대처와 사후 복구에 중점을 두었다. 이러한 대테러리즘전략 체계 중에서 추적
및 예방 활동은 테러리즘 위협의 감소를 강조하는 것이었고, 보호 및 준비활동은
공격으로부터 영국의 취약성 감소에 집중하는 것이었다.[55]

　　아울러 2009년 발표된 대테러리즘전략 보고서는 '화생방, 핵 및 폭발물
(CBRNE: Chemical, Biological, Radiological, Nuclear and Explosive)' 위협에 대한 대처도 강
조했다. 테러조직은 화생방 및 핵무기 사용을 추구하고 있고, 변화하는 기술과
CBRNE 물질의 탈취와 밀수활동은 현실적인 위협으로 등장하고 있다고 평가했

54　　HM Government, "The United Kingdom's Strategy for Countering International
　　　Terrorism," March 2009, pp. 54, 56-57.
55　　HM Government(2009), pp. 55, 60, 80, 104, 118, 53.

다. 이러한 CBRNE테러위협에 대해 대테러리즘 전략체계의 4가지 하위전략(추적, 예방, 보호, 내비)을 적용해 대처하고 있고, 대대리리즘 조직 간의 연계망 구축과 미국 및 우방국과의 협력을 모색하고 있다고 밝혔다.[56]

이후 2011년 7월에는 3번째 '대테러리즘전략(CONTEST: The United Kingdom's Strategy for Countering Terrorism)' 보고서가 발표되었다.[57] 2018년 6월에는 4번째 '대테러리즘전략(CONTEST: The United Kingdom's Strategy for Countering Terrorism)' 보고서가 발표되었다. 2018년 보고서에서는 이슬람국가(ISIS)의 세력이 약화되었으나, 여전히 영국에 대한 테러위협이 지속되고 있고, 극우파 테러리즘과 북아일랜드에서 테러위협이 심각한 상황이라고 진단했다. 전략의 수행방안으로는 기존의 예방(Prevent), 추적(Pursue), 보호(Protect), 대비(Prepare)를 유지하면서도, 다음과 같은 변화된 접근방법을 제시했다. 첫째, 위협의 규모와 테러모의가 발전되는 속도를 고려하여 영국에 대한 테러위협을 조기에 분쇄해야 한다. 둘째, 2017년 런던과 맨체스터에서 발생한 테러공격은 영국에서 테러행위를 하도록 영감을 받은 개인을 탐지하는 문제와 음모가 폭력행위로 전환되는 속도를 중요하다는 것을 보여주었다. 테러행위를 자행하거나 지원하도록 선동하는 지역사회의 개인들에 대한 정보공유 확대와 급진화되고 있는 지역사회에 대한 개입을 강화해야 한다. 셋째, 경제 기반체계에 대한 보호를 강화하고 대테러리즘 역량을 강화하기 위해 민간부문과 더욱 통합된 관계를 추구해야 한다. 넷째, 테러리즘과 급진화의 위협이 가장 높은 지역사회가 테러대응의 최전선이기에 테러리즘에 대한 지역사회의 회복탄력성을 강화하는데 우선순위를 두어야 한다. 다섯째, 해외에서 이슬람국가(ISIS)의 영토 통제권을 제거하고 미디어 선전능력을 더욱 저하시키고, 주요 고위 지도자 및 네트워크를 와해시켜야 한다. 또한 알 카에다와 연계세력의 역량 확대를 저지하고, 항공보안 강화와 테러리스트의 인터넷 사용 방지를 통해 글로벌 차원의 대테러리즘 활동 강화를 위한 국제적 노력을 주도해야 한다.[58]

56   HM Government(2009), pp. 56, 126-127.
57   HM Government, "CONTEST: The United Kingdom's Strategy for Countering Terrorism," July 2011.
58   HM Government, "CONTEST: The United Kingdom's Strategy for Countering Terrorism,"

4절 테러사건 사례

1. 2005년 7/7 런던 지하철·버스 동시다발 테러[59]

1) 사건 개요

2005년 7/7 런던 지하철·버스 동시다발 폭탄테러 사건은 영국 스코틀랜드 글렌이글스에서 열리고 있는 G8 정상회의가 개최되고 있는 상황에서 발생했다. 2005년 7월 7일 아침 런던 중심가 3곳의 지하철역과 1곳의 버스에서 폭탄 테러가 발생했다. 08:50 런던 금융 중심가인 앨드게이트역과 리버풀 스트리트역과 사이 지하철에서 첫 번째 폭발이 발생했다. 1분후 두 번째 폭발이 에지웨어 로드역 지하철에서, 2분후 세 번째 폭발이 킹스 크로스역과 러셀 스퀘어역 사이 지하철에서 연쇄적으로 발생했다. 이어 09:47 네 번째 폭발이 태비스톡 스퀘어에 있던 2층버스에서 발생했다. 이 사건은 서유럽에서 일어난 최초의 자살 폭탄 테러 사건으로 52명이 사망하고 700여 명이 부상을 당했다.[60]

폭발 직후 '유럽 알 카에다 비밀조직(Secret Organisation of al-Qaida in Europe)'이라는 단체가 자신들의 소행임을 인터넷을 통해 주장했다. 경찰의 수사결과 자살 폭탄테러 주동자 4명은 모두 영국인으로 모하메드 시디크 칸(30세), 하시브 후세인(18세), 세자드 탄위어(22세) 등 파키스탄계 3명과 자마이카계 제르마인 린드세이(19세)였다.[61] 테러리스트 중에서 하시브 후세인은 태비스톡 스퀘어의 2층버스

	June 2018, pp. 7-9.
59	필자의 저서, 윤태영(2019), 『위기관리 리더십: 국가안전보장회의(NSC) 운영국가 사례연구』, pp. 151-162 인용.
60	London Assembly, "Report of the 7 July Review Committee: Report," June 2006, p. 12; Intelligence and Security Committee, "Report into the London Terrorist Attacks on 7 July 2005," Presented to Parliament by the Prime Minister by Command of Her Majesty, May 2006, p. 2.
61	Intelligence and Security Committee(2006), pp. 11-12.

■ 그림 10-4 2005년 7/7 런던 폭탄테러 실행 과정

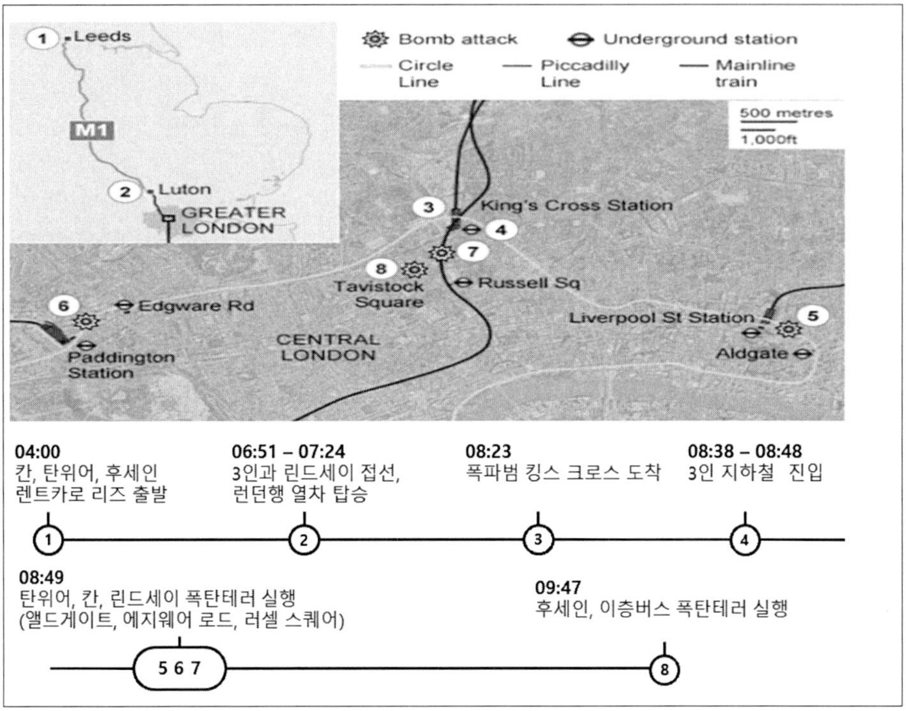

출처: BBC News, "7 July London bombings: What happened that day?" 3 July 2015, https://www.bbc.com/news/uk-33253598, 내용 번역.

에서 폭탄을 터트렸으며, 모하메드 사디크 칸은 런던 서부 에지웨어 로드역 부근 지하철 안에서 자살폭탄 테러를 감행했다. 세자드 탄위어는 엘드게이트역 인근의 지하철을 폭파했다. 이들 3명의 테러리스트들은 모두 리즈(Leeds)시에서 왔으며 요크셔에서 런던 킹스 크로스역으로 집결하여 각자의 목표지점에서 테러를 자행했다.[62]

62   홍순남, "3.11 마드리드 테러와 7.8 런던테러의 비교분석," 『대테러연구논총』 제3호(2006.2), p. 155.

2) 대테러리즘 위기관리 과정

(1) 초기 대응

7월 7일 런던 지하철·버스 동시다발 폭탄테러 사건 직후 런던 경찰은 추가 폭발물 발견을 위해 지하철과 버스의 운행을 중단시키고, 경찰, 소방대, 구급요원들을 신속하게 투입하여 구조, 소개 및 초기 비상조치를 수행했다. 7일 오전 8시 51분 첫 테러가 발생한 직후 리버풀 스트리트역과 앨드게이트역 구간에서 구조활동이 시작되었다. 주변 도로의 200m는 봉쇄구역으로 지정되었고 30분 동안 모든 승객이 지상으로 소개되었다. 오전 9시 17분 세 번째 지하철 폭발테러가 발생한 에지웨어 로드역 근처 유니버시티 칼리지 병원에서는 9시 30분에 의료진에 대한 호출이 시작되었고, 즉시 응급통제실이 설치되고 모두 58명의 부상자가 이송되었다. 테러사건 직후 비상대책 기구들이 원활히 의사소통을 할 수 있게 일부 전화망을 폐쇄했으며, 부상자들은 구호팀의 전화를 통해 가족에게 안부를 전했다. 버스와 지하철은 추가 폭발물 발견을 위해 즉각 운행 중지되고 비상구조 요원들이 투입되었다.[63]

9시 30분 찰스 클라크 내무부장관 주관으로 정부 위기관리 조직인 '국가비상대책위원회(COBRA: Cabinet Office Briefing Room A)'를 가동했다. 아울러 합동테러리즘분석센터(JTAC)도 테러용의자 관련 정보 분석 등의 신속한 대응으로 비교적 효과적인 대테러리즘 위기관리를 수행했다.[64]

토니 블레어 총리는 G8 정상회의의 진행을 중단하고 즉각 런던으로 귀환하는 결단력을 보였다. 스코틀랜드 글렌이글스에서 열리고 있는 선진 8개국(G8) 정상회의에 참석 중이던 블레어 영국 총리는 런던 지하철·버스 동시다발 폭탄테러의 발생 소식을 접한 직후, 미국 부시 대통령 등 다른 정상들이 지켜보는 가운데 8개국 정상 공동 성명을 발표하고 "이는 G8 정상회의 개막에 맞춰 감행된 야만

63　이도선·윤경희, "대테러 초동조치 시스템에 대한 비교 연구: 7.7 런던 지하철 테러사건 사례를 중심으로," 『한국테러학회보』 제4권 제1호(2011), pp. 118-119.

64　Home Office(May 2006), pp. 7-10; Homeland Defense Journal(2005), p. 3.

▶ 표 10-2 7/7 런던 폭탄테러 시간대별 대응상황

시간	진행상황
오전 8:50	앨드게이트역과 리버풀 스트리트역 사이 지하철 차량 폭발, 7명 사망
8:51	에지웨어 로드역 지하철 차량 폭발, 6명 사망
8:53	킹스 크로스역과 러셀 스퀘어역 사이 지하철 차량 폭발, 26명 사망
9:30	국가비상대책위원회(COBR) 가동
9:33	리버풀 스트리트역과 엘드게이트역 폐쇄
9:47	태비스톡 스퀘어에서 2층버스 폭발, 13명 사망
9:49	전체 지하철 노선 폐쇄 발표
오후 12:10	블레어 총리 "폭발은 명백한 테러" 성명 발표
1:07	블레어 총리, 런던으로 귀환
1:35	런던 지하철 폐쇄조치 발표
4:35	버킹엄궁 조기 게양
5:53	유엔 안보리, 테러 규탄 결의안 채택
6:13	사망자 37명 확인 발표
9:05	블레어 총리, G8 정상회의 복귀

출처: 『한겨레』, "7·7 런던테러, 착착 가동된 테러대응시스템," 2005.7.8; Homeland Security Institute, "Underlying Reasons for Success and Failure of Terrorist Attacks: Selected Case Studies," 4 June 2007, p. 37 일부 내용 수정.

적인 테러"라고 규탄했다.[65]

(2) 위기 정책결정

런던 연쇄테러가 발생한 직후 영국 경찰과 보안부(M15)는 대규모 범인 검거작전을 펼쳤다. 두 기관은 우선적으로 테러현장에 설치돼 있던 CCTV를 확인·분석하기 시작했다. 영국은 전 세계에서 가장 많은 CCTV가 설치된 나라이고 특히 런던에 가장 많은 CCTV가 설치되어 있다고 알려졌다. 영국은 1990년대 초 북아일랜드공화국군(IRA)의 테러 이후 대도시의 기차역, 버스정류장, 공용

---

65   『동아일보』, "런던, 테러에 당했다, 출근길 지하철등서 연쇄 폭발," 2005.7.8.

주차장 등에 420만여 개의 카메라를 설치하여 테러리스트의 동태를 감시하고 있다. 런던 경찰이 7/7 테러의 사건의 주모자를 색출하는 데 지하철 등에서의 CCTV 녹화화면이 큰 역할을 했다. 런던 경찰은 800여 명의 수사관을 동원해 런던 시내에 설치된 2,500여 개의 CCTV 녹화 화면을 분석하고, 약 100명의 용의자에 대해 광범위한 내사를 진행했다. 자살폭탄으로 판명 나면서 시신 파편 등을 수거하여 DNA나 지문 등을 분석했으며, 현장의 파편을 정밀 분석해 폭탄의 제조 및 유통경로의 추적도 병행했다. 또한 런던 경찰은 사건 초기 런던 지하철은 휴대전화 수신율이 낮기에, 2004년 스페인 마드리드 열차테러 당시 휴대전화를 폭발장치로 사용한 방법과는 다른 방법이 활용되었을 것으로 판단하고 수사를 진행했다.[66]

이후 경찰은 '반테러리스트 핫라인(Anti-Terrorist Hotline)'에 접수된 2,000여 건 전화, 2,500여 개의 CCTV 및 테러 현장에서 용의자의 휴대전화 통신기록 분석 등 사건조사와 용의자 추적을 진행했다. 경찰은 7월 7일 앨드게이트역에서 칸과 탄위어의 멤버십 카드 등 소지품, 7월 8일 에지웨어 로드역 칸의 신용카드, 7월 9일 앨드게이트역에서 탄위어의 멤버십 카드, 7월 10일 태비스톡 스퀘어에서 후세인의 소지품 등을 발견했다. 7월 12일 오전 6:30, 웨스트 요그셔 리즈시의 칸, 후세인, 탄위어의 집과 루턴역 주차장의 용의자의 차량에서 폭발물을 발견했다. 당일 오후 차량폭탄을 운반한 4명의 CCTV 화면을 포착했다. 경찰은 7월 14일 태비스톡 스퀘어에서 칸의 소지품을 추가로 발견했고, 탄위르와 후세인을 테러 용의자로 공식확인했다. 7월 15일 러셀 스퀘어역에서 린드세이의 소지품을 발견했고, 7월 16일에는 칸과 린드세이의 신원을 공개적으로 확인 발표했다.[67]

---

66   홍순남(2006), p. 158; 이도선·윤경희(2011), pp. 120-121; 『동아일보』, "런던테러 배후용의자 1
      명 체포, 테러범 4명 시신 발견," 2005.7.13.
67   Home Office(May 2006), pp. 8-11; Homeland Defense Journal(2005), p. 4; Intelligence
      and Security Committee, "Could 7/7 Have Been Prevented? Review of the Intelligence
      on the London Terrorist Attacks on 7 July 2005," Presented to Parliament by the Prime
      Minister by Command of Her Majesty, May 2009, p. 15.

■ 그림 10-5 런던 폭탄테러 용의자 CCTV 화면

출처: Intelligence and Security Committee, "Could 7/7 Have Been Prevented? Review of the Intelligence on the London Terrorist Attacks on 7 July 2005," Presented to Parliament by the Prime Minister by Command of Her Majesty, May 2009, p. 76.

(3) 위기해결 과정

관계당국의 조사 결과 및 9월 1일 알 자지라 방송에 공개된 그룹의 리더로 추정되는 칸의 비디오에 의하면 테러리스트의 자살폭탄 테러 동기는 서방세계에

대한 부정적 시각, 영국 내 무슬림의 사회적 지위에 대한 반발과 실망감 및 영국 정부의 이라크·아프가니스탄 파병에 대한 반발 등으로 나타났다.[68]

이들의 테러에 알 카에다의 개입은 불분명하나, 칸과 탄위어가 2004년 11월 19일부터 2005년 2월 8일까지 파키스탄 방문 시 알 카에다와의 접촉이 있었을 것으로 추정되고 있다. 한편 2005년 9월 19일 방영된 비디오에서 알 카에다 2인자인 아이만 알-자와히리는 런던 테러가 그들의 책임이라 주장했다.[69]

한편 사후 수습과 관련하여, 사고 피해자에 대해서 신속하고 전문적인 서비스를 제공했다. 피해자사무국(Police Casualty Bureau)을 사건 초기에 경찰에 의해 설치하여 사고 피해자의 신원파악을 실시했고, 부상자 관리센터와 휴식소, 부상자의 가족과 친지를 위한 사무실, 피해자 가족과 경찰 간의 직통전화선(Hot-Line) 설치, 피해자 가족과 연락전담 경찰관 배치 등의 조치를 실행했다. 아울러 런던 테러 생존자들은 인도적 지원지침에 따라 관련 기관들로 구성·설치된 런던 7/7 지원단(7th July Assistance) 및 유가족지원센터(Family Assistance Center) 등을 통해 장기적인 후유증 관리와 지원을 받았다.[70]

4) 대테러리즘 위기관리 분석

(1) 위기 인식

블레어 총리는 사건 직후 7월 7일 런던으로 돌아와 긴급 각료회의를 주재하고 대국민 TV연설을 통하여 테러리스트의 공격은 국제사회와 영국 국민에 대한 심각한 도전이라고 인식하고 이에 대한 단호한 응징을 천명했다. 런던 테러

---

68 Home Office(May 2006), pp. 12, 19; Homeland Security Institute, "Underlying Reasons for Success and Failure of Terrorist Attacks: Selected Case Studies," 4 June 2007, p. 35; 국가정보원, "파키스탄계 영국 무슬림의 테러가담 원인분석," 2006, p. 72.

69 Home Office(May 2006), pp. 20-21, 26; Intelligence and Security Committee(2006), pp. 12-13, 27.

70 김선빈·김용기·민승규·고현철, "영국에서 배우는 위기관리," 『CEO Information』, 제530호, 삼성경제연구소, 2005.12.7, p. 8.

직전 영국 정부는 알 카에다 등 테러조직의 위협에 대비하여 스코틀랜드의 글렌 이글스에서 개최된 G8 징상회의 기간(7.6-8일) 당시 10만여 명의 경찰력을 회의 장소 일대에 배치했고, G8 정상회의 경비를 위해 창설된 특수경찰 12,000명 중 절반을 잉글랜드 지역에서 차출했다. 또한 31,000명의 런던 경찰 중 대테러작전의 전문가를 포함한 1,500명을 에딘버러 지역으로 파견했다.[71]

그러나 G8 회의장에 대한 경호보안 대비태세가 강화된 상황에서, 테러조직은 다른 취약한 곳에 대한 공격을 준비했고, 영국 정부는 이를 사전에 인지하지 못했다. 또한 런던 테러사건 전 오히려 경보수준을 한 단계 낮춘 것으로 나타났다. 2005년 5월 합동테러리즘분석센터(JTAC)는 당시 테러공격과 관련된 신뢰할만한 정보가 없었기에 위협단계를 '전반적으로 심각 수준(severe general)' 단계에서 '높은 수준(substantial)' 단계로 한 단계 낮추었다. 2006년 5월 발표된 정보·안보위원회 보고서는 '높은수준' 단계도 공격의 가능성이 높은 상황을 의미하기에, 이러한 위협단계 하향조정이 대테러리즘 대비태세와 7/7 테러 예방에 직접적인 악영향을 미치지는 않았다고 평가하고 있다. 그러나 향후 위험수준 체계를 수준별로 대테러리즘 대응 요원과 일반 국민들에게 명확히 인식시킬 필요가 있음을 권고하고 있다.[72]

(2) 위기 정책결정과 조정

영국 정부의 대테러리즘 정책결정에 대한 평가는 사전정보 파악 미흡, 경찰 병력 이동, 테러연관자에 대한 감시허점 등의 측면을 검토할 수 있다. 첫째, 비록 7/7 테러에 대한 사전경고가 없었음에도, 보안부(MI5)와 경찰의 2004년 대테러 작전(코드네임 CREVICE) 수행 당시, 칸과 탄위어가 테러 용의자 감시명단에 포함되었음이 밝혀졌다. 그러나 이들의 런던 테러 모의 여부에 대한 조사가 이루어지지

---

71   Chris Marsden, "Unanswered questions in London bombing," World Socialist Web Site, 11 July 2005, http://www.wsws.org/en/articles/2005/07/lond-j11.html.

72   Intelligence and Security Committee(2006), pp. 20-24.

못했다.[73]

둘째, 영국 경찰은 런던 폭탄 테러범 중 적어도 한 명이 2004년의 작전으로 체포됐던 사람과 전화 접촉했을 가능성을 찾아내었다. 특히 당시 대테러작전의 결과물은 처음으로 파키스탄계 영국인들이 테러와 연관될 수 있다는 단초를 제공하는 것으로 런던 자생테러를 예견하는 일이었다. 과거 수사결과를 철저하게 검토하고 감시를 강화했더라면 런던 테러를 예방했을 수도 있었다는 것이다.[74]

셋째, 영국 정부는 7월 6-8일 G8 정상회의 기간 동안 10만여 명의 경찰병력을 동원해 회의장소인 스코틀랜드 글렌이글스 지역을 중심으로 사상 최대 규모의 경호·보안 작전을 전개했다. 7/7 테러가 발생하자 이러한 대테러리즘 병력의 스코틀랜드 지역 집중배치로 인해 런던 도심 동시다발 테러공격에 대비하지 못했다는 비난을 받았다.[75]

(3) 위기 커뮤니케이션

런던 테러 당시 블레어 총리는 사건 직후 성명 발표를 통해 국제적·국내적으로 영국 정부의 명확한 입장과 결의를 효과적인 전달하는 위기관리 리더십을 발휘했다. 블레어 총리는 테러공격에 대해 대응 메시지로 테러리스트에 대한 비난과 함께 영국 정부의 응징을 다짐하는 단호한 결의를 전달했다. 또한 "오늘은 영국민에게 매우 슬픈 날이다. 하지만 우리는 영국적인 삶의 방식을 굳게 지킬 것"이라고 다짐하면서 국민들의 안전을 확보하고 동요를 막기 위해 노력했다.[76]

---

73 Intelligence and Security Committee(2006), pp. 14-16, 28; Intelligence and Security Committee(2009), pp. 7, 16; Steve Hewitt, *The British War on Terror: Terrorism and Counter-terrorism on the Home Front Since 9/11* (London: Continuum, 2008), pp. 87-88.

74 정우일, "지역사회 대테러활동에 관한 연구", 『한국경호경비학회지』 19집(2009), pp. 191-192. 이도선·윤경희(2011), p. 123 참고.

75 Marsden(2005).

76 이도선·윤경희(2011), p. 117; Vasileios P. Karakasis, "Assessing the crisis communication efficiency of the British officials in 7.7.2005," Assignment, MSc in Public Administration, Universiteit Leiden, pp. 6-7, https://www.academia.edu/3011491/Assessing_the_crisis_communication_efficiency_of_the_British_officials_in_7.7.2005.

7/7 런던 테러를 통하여 영국 사회는 위기관리 체계의 사전 구축과 위기발생 시 신속한 비상대비태세의 가동과 더불어 정부·언론·시민이 단합하여 테러 사건에 대응하는 모습을 보였다. 그동안 정부의 이라크전 참전에 대한 시민들의 반대여론이 높았으나, 사건 직후 블레어 총리를 중심으로 정부의 대테러리즘 위기관리 정책에 지지를 보내며 사건수습에 적극적으로 동참했다. 영국 매스 미디어들은 테러로 인한 위기상황 속에서 테러 관련 뉴스를 전하면서, 공포와 불안이 확대 재생산되지 않도록 선정적 보도를 자제했다. 아울러 테러사건으로 인해 마비된 런던을 복구하고 정상화하는 데 필요한 정보를 신속히 전달하고 시민들의 공동체 의식이 발동될 수 있도록 역할을 수행했다.[77]

영국은 현장대응과 사후 수습, 매스 미디어와의 커뮤니케이션 등 모든 면에서 모범적인 위기관리 행태를 보였다. 이는 영국이 역사적으로 북아일랜드와 관련하여 지속적인 테러에 노출되어왔고, 이에 대비한 대응태세 확립과 위기조치의 실행 등 장기간에 걸친 경험이 위기관리 능력을 축적하는 계기가 된 것으로 평가된다.[78]

특히 7/7 런던 테러 당시 매스 미디어는 대국민 위기 커뮤니케이션을 위해 협조자 역할을 수행했다. 영국에서는 사고나 재난 보도방식에 대한 사회적 규범이 형성되어 있었다. 영국 언론은 피해의 확산을 막고 사회적 혼란을 줄이기 위한 정보제공 등 위기관리 시스템의 중요한 기능을 담당했고, 공익과 인권을 최우선시하여 재난현장에 대해 자극적인 묘사를 회피했다.[79]

2. 2005년 7/21 런던 2차 폭탄테러

7/7 런던 테러 발생 2주 만인 7월 21일 또 다시 런던에서 폭탄테러가 일어

---

77   이도선·윤경희(2011), pp. 119-120.
78   김선빈 외(2005), p. 3.
79   김선빈 외(2005), pp. 9-10.

났으나, 폭탄이 터지지 않아 사망자는 발생하지 않았다. 폭탄테러는 12:30분경 워런 스트리트역, 셰퍼즈 부시역, 오벌역 등 3곳의 지하철 역과 해크니 광장에 있던 2층 버스에서 동시에 발생했다. 사건 발생 직후 경찰은 현장 수색과 폭발물 탐지에 나섰고, 구급차량이 출동했다.[80]

경찰의 조사와 추적으로 7월 29일까지 아프리카 에리트레아 출신의 영국 시민권자인 무크타르 사이드 이브라힘(27세), 소말리아 출신인 야신 하산 오마르 (24세), 소말리아 출신 람지 모하메드(23세) 등 3명의 테러 용의자가 영국에서 체포 되었고, 이탈리아 로마에서 에티오피아 태생의 영국 시민권자인 오스만 후세인 (27)이 체포되었다.[81]

런던 2차 테러는 7/7 테러 비교해볼 때 동시다발적 자살테러 방식과 지하 철 3곳과 버스 한 곳 등을 목표로 한 점에서 매우 유사하다. 그러나 2차 테러리 스트들은 대부분 아프리카 이민자 출신이고, 일부는 영국 시민권자이나 영국태 생이 아니라는 점에서 차이가 난다. 이들의 테러 동기는 극단적 지하드(Jihad))에 대한 헌신에 의한 것으로 나타났다.[82] 한편 7/7 런던 테러를 자행한 테러범들과 7/21 테러를 시도한 테러리스트들은 서로 면식이 있는 사이인 것으로 알려졌다. 경찰은 7/7테러 때 자폭한 칸과 탄위르가 7/21사건의 용의자들과 함께 2004 년 웨일스 지방의 급류 타기 캠프에 참가한 사실과, 2차 테러에 사용된 폭발물이 7/7 테러 때와 같은 종류의 폭약임을 확인했다. 2005년 런던 테러 이후 영국은 논란 끝에 테러 용의자의 기소전 구금기간을 28일까지 연장할 수 있는 테러리즘 법을 제정, 2006년 4월부터 시행했다.[83]

80   『조선일보』, 2005.7.21.
81   Homeland Security Institute(2007), pp. 42–43.
82   Homeland Security Institute(2007), pp. 42–43; Maria Rasmussen, "Some Thoughts on the London Bombs," *Strategic Insights*. Vol IV, Issue 9(September 2005), p. 2.
83   『동아일보』, 2005.7.26; 『조선일보』, 2006.9.7.

3. 영국 항공기 폭파 미수사건(2006.8.10.)

2006년 8월 10일 영국 경찰은 '제2의 9/11테러'가 될 뻔했던 런던발 미국행 항공기 공중 폭파 테러 음모가 적발되었다고 발표했다. 테러 용의자들은 기내에 반입할 수 있는 손가방에 음료수로 위장한 액체 폭발물을 숨기고 탑승해 항공기 안에서 폭파시킬 의도였다. 용의자들은 8월 10일 액체폭발물로 가장한 휴대품을 지닌 채 영국 공항으로 잠입할 수 있는지 알아보기 위해 예행연습을 하려다 적발되었다. 테러용의자들은 8월 16일을 'D데이'로 워싱턴 DC, 뉴욕, 시카고, 샌프란시스코, 토론토, 몬트리올 등을 목적지로 하는 항공기 7대를 테러대상으로 삼았다. 8월 11일 24명의 용의자가 체포되었는데 이들은 모두 영국국적으로 22명이 파키스탄계, 1명은 방글라데시계, 나머지 1명은 이란계로 알려졌다. 이 사건을 계기로 국제항공 노선에서 100mL 이상 액체 기내 반입금지라는 안전수칙이 부과되었다.[84]

4. 런던 중심부 폭발물 발견(2007.6.29.), 글래스고 공항터미널 출입구 차량 충돌(2007.6.30.), 엑세터 테러 미수(2008.5.22.)

2007년 6월 29일 오전 1:25분경 런던 중심부 피커딜리 서커스 중심부 헤이마켓 거리의 나이트클럽 근처에 주차된 차량에서 폭발물이 발견됐다. 경찰은 메르세데스 차량에서 휘발유, 가스통, 못 등을 발견해 폭발물 처리작업을 했다.[85]

런던 중심가에서 차량폭탄이 발견된 지 하루 만인 6월 30일 스코틀랜드 글래스고 국제공항에서 테러 시도가 발생했다. 이날 15:15경 글래스고 공항에서

---

84   『조선일보』, 2006.8.12, 2009.9.9; 『문화일보』, 2009.9.8; Voice of America, "영국, 런던발 미국행 항공기 공중폭파 계획 사전적발," 2006.8.10; 『RAF』, "최악의 영국 항공기 테러음모 용의자들 오는 16일을 거사일로 정해," 2006.8.11.

85   『조선일보』, 2007.7.2; Voice of America, "영국 경찰, 런던 중심부에서 폭탄 발견," 2007.6.29.

체로키 지프 한 대가 공항 여객 터미널 정면 유리문으로 돌진해 충돌하면서 차량 내부에 있던 인화성 물질이 폭발, 화재가 발생했다. 차량에 있던 2명의 남자는 체포됐으며, 이 가운데 한 명은 병원으로 옮겨졌지만 화상으로 상태가 심각했다.[86] 경찰은 6월 30일과 7월 1일 사이 영국 북부지역에서 검거된 3명을 포함해 7명의 용의자를 체포했다. 이 중 글래스고에서 체포된 한 명은 이라크에서 공부한 의사 비랄 압둘라이며, 리버풀 인근 고속도로상에서 체포된 다른 한 명은 요르단에서 의과대학을 마친 의사 모하메드 아샤였다. 영국의 피터 클락 대테러리즘 지휘관은 런던과 글래스고 공항 테러 공격 사건들이 연계되어 있다고 밝혔다. 영국정부는 이 사건이 7/7 런던 테러 2주년을 며칠 앞둔 시점에서 발생했다는 점을 주목하면서, 테러위협 경계령을 '심각(severe)'에서 '긴급'(critical)'으로 상향 조정했다.[87] 한편 2008년 5월 22일, 엑세터 프린세스샤이 쇼핑센터의 레스토랑에서 이슬람교로 개종한 정신지체자인 영국인 니키 레일리가 자살폭탄 테러를 시도했으나 실패한 사건이 발생했다[88].

5. 웨스트민스터 테러(2017.3.22.)

2017년 3월 22일 14:40분경, 52세의 영국 태생 칼리드 마수드는 렌터카를 타고 웨스트민스터 다리를 건너 웨스트민스터 궁전 방향으로 운전했다. 그는 보행자에게 돌진하여 사상자를 발생시켰고 웨스트민스터 궁전의 동쪽 경계 담장에 충돌했다. 마수드는 차에서 내려 웨스트민스터 궁전의 차량 출입구인 캐리지 게이트로 달려가 칼로 수도경찰청 소속 경찰관인 파머(Keith Palmer)를 공격하고 치명적인 부상을 입혔다. 마수드는 공격 당시 의회에 있던 무장경찰에 의해 현장

---

86 『조선일보』, 2007.7.2; 『한겨레』, 2007.7.1.

87 『조선일보』, 2007.7.2; 『한겨레』, 2007.7.1; *Voice of America*, "피터 클락 런던-글라스고우 테러 연계된 듯," 2007.7.1; *Voice of America*, "영국 경찰, 테러기도 용의자 2명 추가 체포," 2007.7.2.

88 Adam Fresco and Philippe Naughton, "Muslim convert admits failed suicide bomb attack in Exeter," *The Times*, October 15, 2008.

■ 그림 10-6　웨스트민스터 테러

출처: *BBC News*, "Westminster attack: What happened," 7 April 2017, https://www.bbc.com/news/
　　uk-39355108.

에서 사살되었다. 약 82초 동안의 테러공격으로 29명이 부상하고 6명이 사망했
다.[89] 현장에 있던 외무부 차관이자 하원 의원인 토바이어스 엘우드가 파머 경찰
관을 살리고자 인공호흡과 지혈을 했으나 결국 사망했다.[90]

89　GOV.UK, Max Hill QC, "The Westminster Bridge Terrorist Attack 22nd March 2017:
　　Operation Classific, A Report on the Use of Terrorism Legislation," March 2018, p. 6.
　　David Anderson QC, "Attacks in London and Manchester March-June 2017," December
　　2017, p. 1 참고.
90　Anderson(2017), p. 1; 위키백과, "2017년 웨스트민스터 테러"; Wikipedia, "2017
　　Westminster attack," https://en.wikipedia.org/wiki/2017_Westminster_attack.

6. 맨체스터 아레나 폭탄테러(2017.5.22.)

2017년 5월 22일 영국 잉글랜드 맨체스터에 위치한 맨체스터 아레나에서 폭탄 테러가 발생했다. 미국의 팝가수 '아리아나 그란데'의 공연이 끝난 직후, 공연장 바로 바깥에서 못이 들어간 급조사제폭탄이 폭탄이 터졌다. 영국 시간으로 22:31분에 발생했으며 1명의 테러리스트를 포함하여 23명이 사망하고 112명이 병원치료를 받았다. 이 테러는 2005년 7월 7일 런던 폭탄테러 이후 영국에서 발생한 최악의 자살폭탄 테러였다. 폭발 당시에는 '아리아나 그란데'의 영국 순회공연이 마무리된 직후였으며, 현장에 약 2만명의 관객이 있었다. 폭발이 발생한 위치는 맨체스터 아레나의 로비구역으로 현장에 있던 사람들은 관객들이 공연장 밖으로 빠져나가는 시점에 매표소 인근에서 폭발이 발생했다. 폭발 직후 공연장과 바로 인접한 맨체스터 빅토리아 철도역은 승객 철수 및 폐쇄 조치가 취해졌고, 열차 운행도 중단되었다. 테러리스트의 신원은 22살의 리비아계 영국인 '살만 아베디(Salman Abedi)'로 확인됐으며, 이전부터 영국 당국의 수사망에 오른 인물로 밝혀졌다. 이슬람국가(ISIS)는 선전매체 아마크통신을 통해 배후를 자처하면서 추가테러를 위협했다.[91]

7. 런던브리지 및 버러마켓 테러(2017.6.3.)

2017년 6월 3일 영국 런던브리지와 인근 버러마켓 등지에서 차량돌진 및 흉기로 인한 테러가 발생하여, 테러리스트 3명을 포함하여 11명이 사망하고 45명이 병원치료를 받았다. 21:58분경 테러 용의자 3명은 승합차를 타고 런던브

---

[91] Anderson(2017), p. 1; 위키백과, "2017년 맨체스터 아레나 폭탄 테러"; Wikipedia, "Manchester Arena bombing," https://en.wikipedia.org/wiki/Manchester_Arena_bombing. 국가정보원, 국제테러정보, "영국 맨체스터 경기장 미가수 공연 후 자폭테러로 22명 사망," 참고.

■ 그림 10-7 맨체스터 아레나 폭탄테러

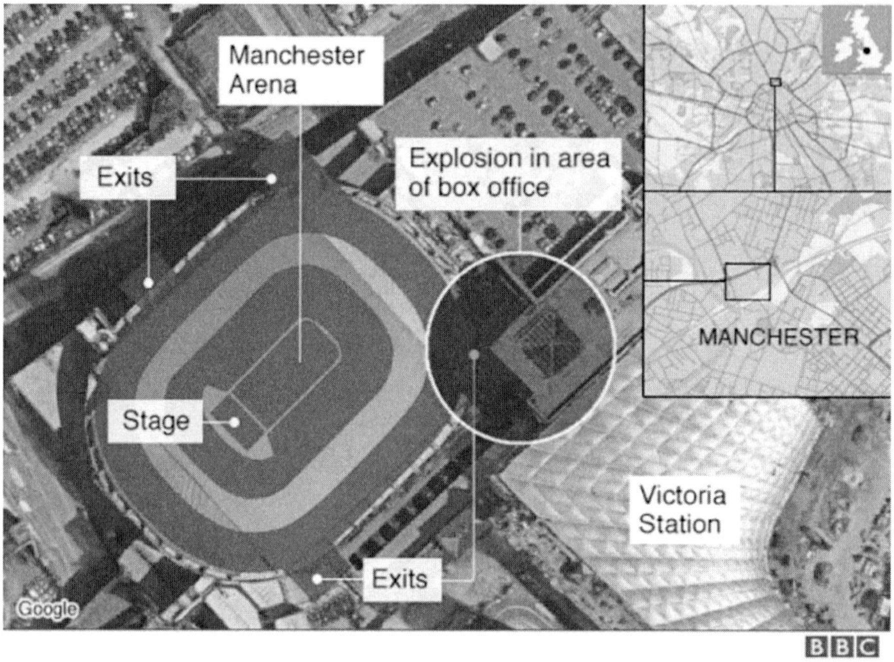

출처: *BBC News*, "Manchester attack: 22 dead and 59 hurt in suicide bombing," 23 May 2017, https://www.bbc.com/news/uk-england-manchester-40010124.

리지를 시속 50마일(약 80km)로 달리다가 인도로 진입하여 시민들을 차량으로 충돌했다. 이어 다리 남단의 버러마켓까지 주행하고 펍의 난간을 충돌했다. 용의자들은 차에서 내려 근무 중이던 교통 경찰관 1명을 포함해 버러마켓에 있던 시민들에게 흉기로 공격을 가했다. 이 과정에서 용의자 3명은 "알라를 위하여"라고 외치고 30cm 길이 도검을 휘두르며 행인들을 공격을 하다, 신고를 받고 8분 만에 출동한 무장경찰에 의해 모두 사살되었다.[92]

---

92   Anderson(2017), p. 1; 위키백과, "2017년 6월 런던 테러"; Wikipedia, "2017 London Bridge attack," https://en.wikipedia.org/wiki/2017_London_Bridge_attack. 국가정보원, 국제테러정보, "영국 런던 도심 차량돌진 및 흉기난동 등 복합테러로 7명 사망," 참고.

■ 그림 10-8 런던브리지 및 버러마켓 테러

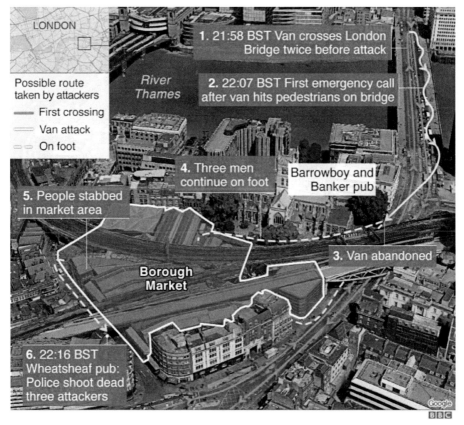

출처: *BBC News*, "London Bridge attack: What happened," 3 May 2019, https://www.bbc.com/news/uk-england-london-40147164.

11장

한국의 대테러리즘 체계, 활동, 사례

2001년 9/11 테러사건 이후 테러리즘은 국제사회의 가장 심각한 안보위협으로 등장했다. 한국도 이러한 테러리즘의 위협에서 더이상 예외가 아니다. 해외 출국자와 재외동포의 증가로 국민의 해외활동이 다양하고 활발해지고 있는 상황에서 한국인에 대한 인질납치 테러와 테러공격이 여러 차례 발생했다. 주요 테러사건으로 2003년 11월 이라크 오무전기 직원 차량피격, 2004년 4월 이라크 지구촌나눔운동 직원 억류, 2004년 5월 이라크 김선일 피살, 2006년 3월 팔레스타인 가자지구 KBS 용태영 특파원 피랍, 2006년 4월 소말리아 인근해역 동원호 납치, 2006년 6월과 2007년 1월 및 5월 나이지리아 대우건설 한국인 피랍, 2007년 7월 아프가니스탄 한국인 피랍, 2009년 3월 예멘 한국인 관광객 폭탄테러, 2010년 4월 삼호드림호 피랍, 2011년 1월 삼호주얼리호 피랍, 2011년 4월 한진텐진호 습격 및 제미니호 피랍, 2014년 2월 이집트 한국인 관광객 버스 자살폭탄테러, 2018년 3월 가나 해상 선박피랍, 2019년 4월 부르키나파소-베냉 접경지역 한국인 여행객 납치, 2020년 5월 서아프리카 가봉 리브리빌 인근 해상 한국인 선원납치, 2020년 6월 서아프리카 기니만 베냉 해역 선박납치 등이 있었다.[1] 특히 2004년 6월 김선일 피살사건과 2007년 7월 아프가니스탄 피랍 사건을 경험한 이후, 인질테러가 발생할 경우 자국민을 보호해야 한다는 국민적 요구가 증가했다.

한편 알카에다의 한국 관련시설에 대한 구체적인 테러위협도 있었다. 미국의 9/11 테러조사위원회는 2004년 6월 청문회에서 9/11 테러 공격을 주도한 '할리드 셰이크 모하메드'는 미국 본토에 대한 공격과 동시에 동남아에서 태평양을 횡단하는 미국행 민항기를 납치해 공중 폭파하거나 일본 싱가포르 또는 한국의 미국 시설물에 비행기를 충돌시키는 시나리오를 갖고 있었다고 보고했다. '보징카 작전'으로 알려진 이 계획은 1995년 1월 김포공항을 출발하는 4편의 미국 국적 여객기를 포함한 12대의 동아시아 출발 미국행 비행기를 태평양상공에서 동시에 폭파하고, 동아시아에서 미국 여객기를 납치하여 한국의 미군기지와 일

---

1   국가정보원, 국제테러정보, "우리국민 주요 피해사례," https://www.nis.go.kr:4016/AF/1_6_2_3/list.do.

본의 미국대사관 건물을 공격한다는 시나리오였다.[2] 또한 자이툰부대 본대 파병이 완료된 2004년 10월 1일, 당시 알 카에다 2인자인 '아이만 알 자와히리는 알 자지라에 보낸 녹음방송을 통해 이라크 파병국에 대한 저항을 시작하라는 지시를 내리고 "이슬람 젊은이들은 미국의 동맹국과 시설을 공격하라"고 부추기면서 한국을 두 번이나 언급했다. 이는 9·11 테러사건의 주범인 알카에다가 한국 관련시설에 대한 공격을 공식적으로 처음 언급한 것이었다.

2012년 5월 3일 미국 육군사관학교 테러리즘대응센터(CTC)는 미군 특수부대가 파키스탄 아보타바드 은신처에서 '오사마 빈 라덴'을 사살할 당시 확보한 문서 중 17건을 공개했다. 공개된 문서 중에서 2010년 5월 알카에다 간부 '아티야 아브드 알 라흐만'에게 보낸 편지에서 한국을 직접 공격대상으로 거론했다. 빈 라덴은 "우리의 능력을 초과하는 것은 무엇이든 또는 미국 내부와 지하드 공격에 대해 지불할 수 없는 것은, 한국과 같은 비이슬람 국가에 대한 미국의 이익을 겨냥하여 지불될 것이다"라고 언급했다. 빈 라덴은 "우리가 공격한 적이 없는 나라들은 보안이 허술하다며 지하드(성전)의 전사들이 위험에 빠질 염려가 없다"고도 했다.[3]

또한 극단주의 무장단체 이슬람국가(ISIS)도 한국에 대한 테러위협을 가했다. 2015년 9월, 온라인 영문 선전지 '다비크'에서 국제동맹군 합류국가를 '십자군 동맹국'으로 지칭하며 관련 국가명단에 한국을 포함했다. 2015년 11월 25일 이슬람국가(ISIS)가 자신들에 대항하는 세계동맹국 60개국에 대한 테러위협을 경

---

2   조갑제, "알카에다의 한국판 9·11 테러계획 전모," 『월간조선』, 2009년 5월호, http://monthly. chosun.com/client/news/viw.asp?ctcd=&nNewsNumb=200905100009.

3   Combat Terrorism Center at West Point, "Letter from UBL to 'Atiyatullah Al-Libi 4," Reference Number: SOCOM-2012-0000019, pp. 4, 6, https://ctc.usma.edu/harmony-program/letter-from-ubl-to-atiyatullah-al-libi-4-original-language-2/; 『조선일보』, "[오늘의 세상] 빈 라덴, 사망 1년전 한국내 美시설물 테러 검토," 2012.5.5. Nelly Lahoud, Stuart Caudill, Liam Collins, Gabriel Koehler-Derrick, Don Rassler, Muhammad al-'Ubaydi, "Letters from Abbottabad: Bin Ladin Sidelined?" Harmony Program, Combat Terrorism Center at West Point, 3 May 2012, https://ctc.usma.edu/wp-content/uploads/2012/05/CTC_LtrsFromAbottabad_WEB_v2.pdf, p. 5 참고.

고하는 영상을 공개하였는데, 한국도 포함되었다. 2016년 초 해킹을 통해 입수한 한국인 명단 20명이 포함된 동영싱을 공개했다. 2016년 6월 19일, 이슬람국가(ISIS)는 한국 오산·군산 소재 미국 공군기지의 구글 위성지도와 상세 좌표·홈페이지를 공개했다.[4]

국제테러 환경은 지속적으로 악화되고 있음에도 불구하고, 한국 기업 및 국민의 해외 진출 규모가 매년 확대되고 있는 상황에서 교민, 상사주재원, 여행객, 기자, 선원 등이 테러위협에 노출될 가능성이 높아지고 있다. 이에 따라 국외 대테러리즘 활동은 중요한 외교·안보정책으로 등장하였다. 한국 정부는 2016년 3월 '국민보호와 공공안전을 위한 테러방지법'을 제정하였고 국가 차원에서 테러예방 및 대응체계를 공고화하고, 국무총리 소속의 대테러센터를 중심으로 대테러리즘 업무를 총괄적으로 기획·조정하는 제도적 기반을 마련했다.

1절   국가안보 정책결정 체계[5]

1. 국가안전보장회의 창설과 변천과정

한국의 국가안전보장회의(NSC)는 1963년 안보정책의 기획·발전의 중요성을 인식하고 국가차원의 제도와 기능을 강화하기 위해 대통령 자문기관으로 설치되었다. 1962년에 박정희 대통령의 지시에 따라 안보현안을 논의하기 위해 1962년 12월 26일 개정된 헌법 87조에 근거하여 국가안보에 관련되는 대외정

---

4   『연합뉴스』, 그래픽, "이슬람국가(IS), 우리나라 테러위협 일지," 2016.6.19;『중앙일보』, "IS, 테러
        위협 60개국 새로 공개, 한국도 포함," 2015.11.26.
5   필자의 저서, 윤태영, 『위기관리 리더십: 국가안전보장회의(NSC) 운영국가 사례연구』 (인천: 진영사,
        2019), pp. 91-104 인용.

책·군사정책과 국내정책의 수립에 관하여 국무회의의 심의에 앞서 대통령의 자문에 응하기 위하여 국가안전보장회의를 둔다는 조항을 신설하고, 1963년 12월 14일 국가안전보장회의법의 제정에 의해 창설되었다. 1963년 12월 16일 NSC 운영규정을 제정하여 회의업무 관장을 위해 사무국을 설치하고 산하에 정책기획실, 조사동원실과 5개 과를 두었고 정원은 47명이었다.[6] 이후 1964년 2월 과 단위 조직을 폐지하였고, 1969년 3월에 NSC 산하에 사무국과 대등한 비상기획위원회를 신설하여 사무국장이 비상기획위원장을 겸직했다. 1974년 12월 사무국을 확대 개편하여 2실 6담당관 1과를 두었고 정원은 88명이었다. 주요 업무로 안보정책의 수립, 종합조정, 자료 수집·분석, 연구, 의사록 관리 등을 수행했다.[7] 박정희 정부 당시 NSC는 1963년 12월 창설 이후 1964-1969년에 12회, 1970-1979년에 18회가 개최되었다. 이 중 1976년 8월 판문점 도끼만행사건 당시 5차례 개최되었다.[8]

　　이후 NSC 사무국은 수차례의 조직의 축소 개편을 거듭했다. 전두환 정부 출범 이후 1981년 11월 사무국이 폐지되고 NSC 행정실로 개편되었다. 1986년 6월에 행정실의 폐지로 실무조직이 없어짐에 따라 회의개최와 행정업무는 비상기획위원회가 지원하게 되었다. 이에 따라 실제 위기 시 위기관리에 대한 정치·군사적 통제와 협의는 공식적인 NSC 조직보다는 대통령을 중심으로 국방부장관, 외무부장관, 국가안전기획부장, 합참의장 등이 참석하는 비공식적 임시회의체가 담당했다.[9]

6　　정찬권, 『21세기 포괄안보시대의 국가위기관리론』, 제2판 (서울: 대왕사, 2012), p. 108; 박재하·정길호, "국가안전보장회의 활성화 방안연구: 기능 및 기구 정립을 중심으로," 『국방논집』, 제7호 (1988.12), pp. 177-178.

7　　박재하·정길호 (1988), p. 178.

8　　박재하·정길호 (1988), p. 181; 전경만·정춘일, "신안보정책 결정체계 정립방안 연구," 연구보고, 한국국방연구원, 1994.12, p. 102.

9　　국가안전보장회의, 비상기획위원회, 『비상대비 20년사』 (서울: 국가안전보장회의, 비상기획위원회, 1990), pp. 40-47.

2. 김대중 정부와 노무현 정부의 NSC 조직과 정책결정 메커니즘

1998년 김대중 정부가 들어서면서 외교·국방·통일 정책을 통합하여 안보정책결정 과정을 체계화하고 위기관리 역량을 강화하기 위해 NSC를 확대·개편했다. 김대중 정부는 1998년 5월 25일 개정된 국가안전보장회의법과 6월 8일 국가안전보장회의 운영 등에 관한 규정(대통령령 제15808호)에 의거하여 상임위원회, 실무조정위원회 및 정세평가회의를 설치하고, 회의체를 지원하기 위해 사무처 직원 12명을 두었다.[10]

당시 개정된 NSC의 구조와 운영은 다음과 같다. 첫째, NSC는 대통령, 국무총리, 외교통상부장관, 통일부장관, 국방부장관, 국가정보원장, 대통령비서실장 및 NSC 사무처장으로 구성된다. 둘째, 상임위원회의는 통일부장관이 위원장이 되고, 외교통상부장관, 국방부장관 및 국가안전기획부장(1999년 1월 이후 국가정보원장) 및 NSC 사무처장으로 구성하여 대외정책·대북정책·군사정책 및 국내정책에 관한 사항을 협의한다. 셋째, 상임위원회를 지원하기 위해 산하에 실무조정회의와 정세평가회의를 두고, 관련 부처의 차관보 또는 이에 상응하는 공무원으로 구성한다. 넷째, NSC 사무처는 대통령 외교안보 수석비서관이 사무처장을 겸직하고, 국가안보전략의 기획조정, 국가위기 예방관리 대책의 기획, 군비통제 관련 사항, NSC 상임위원회 심의사항 이행 점검, 관련 회의체 운영에 관한 직무를 수행한다.[11]

이러한 위기관리 체계하에서 1998년 7월 12일 묵호 무장간첩 침투사건 당시 상임위원회(7.13)와 전체회의(7.15) 및 1998년 12월 17일 여수해안 반잠수정 침투사건 당시 상임위원회(12.18)가 개최되었다. 또한 1999년 6월 북한 경비정의 서해 북방한계선(NLL) 침범으로 발생한 제1연평해전 당시 상임위원회가 해군에

---

10   국가안전보장회의 사무처, "업무보고," 2008.1.7, p. 1.

11   국가법령정보센터, "국가안전보장회의 운영 등에 관한 규정," 전문개정 1998.6.8 (대통령령 제15808호). 이서항, "NSC 개편과 안보정책 결정과정의 변화," 『정세와 정책』 세종연구소, 1998.7, p. 3; 동아시아연구원 외교안보정책결정체계연구팀, "바람직한 한국형 외교안보정책 컨트롤타워," 2013 EAI Special Report, 2013.1, pp. 5-6.

대응지침을 전달하고 위기상황을 통제·관리했다.[12]

　한국의 NSC가 더욱 기능을 강화하고 체계화된 것은 2003년 출범한 노무현 정부에 들어서였다. 2003년 3월 22일 대통령령 제17944호에 의거하여 안보 관련 정책 조정기능 강화와 위기관리체계 구축과 개선을 위해 사무처 기능과 인력을 확대·개편했다. 이에 따라 국가안보보좌관이 겸직하는 NSC 사무처장을 두고 사무차장 직급을 차관급 정무직으로 격상했다. 사무처 실무조직으로는 전략기획실, 정책조정실, 정보관리실, 위기관리센터 및 총무과를 신설하고, 정원은 46명으로 증가되었다. 2003년 6월 25일에는 국가안보종합상황실을 설치하여 국가위기상황 보고·전파, 모니터링 및 국가 위기 시 대통령의 지휘·통제센터 역할을 수행했다.[13]

　NSC 회의체의 최고위 회의는 국가안전보장회의로 안보정책 기본방향 설정과 수립에 대한 심의를 주임무로 하고 긴급 안보상황 발생 시에도 소집된다. 참석자는 대통령을 의장으로 국무총리, 통일부장관, 외교통상부장관, 국방부장관, 국가정보원장, 국무조정실장, 국가안보보좌관, 대통령비서실장 등이 참석하였으며, 외교·국방보좌관과 NSC 사무차장 등이 배석했다. 상임위원회는 NSC의 위임에 의해 안보정책에 관련되는 대외정책, 대북정책, 군사정책 및 국내정책을 협의·조정하기 위해 주 1회 개최되었다. 참석자는 국가안보보좌관을 위원장으로 통일부장관, 외교통상부장관, 국가정보원장, 국무조정실장 이었으며, 외교·국방보좌관과 NSC 사무차장이 배석했다. 실무조정회의는 안보관계 부처 차관보급 회의로 상임위원회의 원활한 운영을 지원하기위해 주 1회 개최되었으며, 주요 현안은 실무조정회의 협의를 거쳐 상임위원회에 상정되었다. 참석자는 NSC 사무차장 주재하에 NSC 정책조정실장, 통일부 정책실장, 외교부 차관보, 국방부 정책실장, 국가정보원 관계관, 국무조정실 심의관 등이었다. 정세평가회

12　국방부 군사편찬연구소, 『국방편년사(1998-2002)』 (서울: 국방부군사편찬연구소, 2004), pp. 179-180, 309; 『조선일보』, 1998.7.14., 1998.7.16., 1998.12.9.

13　국가법령정보센터, "국가안전보장회의 운영 등에 관한 규정," [대통령령 제17944호, 2003.3.22. 일부개정]; 국가안전보장회의 사무처(2008), pp. 1, 5.

의는 관계부처 차관보급으로 구성되었고, 북한동향, 남북관계, 국제정세 등을 논의 및 평가하기 위해 격주로 개최되었으며, 회의 결과는 NSC 상임위원을 포함한 유관부처의 정책수립에 활용되었다. 참석자는 NSC 사무차장, 통일부·외교통상부·국방부·국가정보원의 차관보급 관계자, NSC 전략기획실장 및 정보관리실장 등이었다.[14]

그러나 2006년 1월 27일 NSC의 비대화와 과도한 정책결정 권한 집중이라는 국회의 비판에 직면하여 사무처 인원을 30명(정원 15명, 파견인력 15명)으로 감축했다. NSC 사무처내 전략기획, 정책조정, 정보관리 기능은 신설된 대통령비서실 통일외교안보정책실로 이관하고, NSC 사무처는 회의체 운영지원과 위기관리 및 국가안보종합상황실 운영 업무를 수행했다.[15] 이에 따라 2006년 5월 2일 설치된 안보정책조정회의가 NSC 상임위원회의 역할을 사실상 대체하게 되었다. 안보정책조정회의는 청와대 통일외교안보정책실장의 사회로 NSC 상임위원장인 통일부장관, 외교부장관, 국방부장관, 국정원장, 국무조정실장, 청와대 비서실장, 통일외교안보정책수석 등이 참석했다.[16] 2007년 5월 25일에는 대통령령 제20071호에 따라 대통령비서실 통일외교안보정책실장이 사무처장을 겸임하고, 위기관리비서관이 사무차장을 겸임하며 하부조직으로 3관 1팀 1실로 축소되었다.[17] 노무현 정부 초기 NSC 체계는 미국 NSC 체계와 비교적 유사한 안보정책 조정체계라 볼 수 있었으나, 국가안전보장회의법에 따른 운영의 불일치와 NSC 사무차장의 과도한 권한 행사라는 비판에 직면하여 개편을 거듭했다.[18]

---

14   국가안전보장회의 사무처, "업무현황보고," 제248회 임시회,『국회국방위원회 업무보고』, 2004.7, p. 9; 국회국방위원회 수석전문위원실,『국회국방위원회편람』, 2004.5, p. 154; 국가안전보장회의 사무처, "국정조사 요구자료," 김선일씨 피랍·납치사건 관련, 2004.7, pp. 225-227.

15   국가법령정보센터, "국가안전보장회의 운영 등에 관한 규정," [대통령령 제19309호, 2006.1.27. 일부개정]; 청와대 브리핑, "회의운영 지원 및 위기관리 업무 수행," 2006.1.24.

16   국가안전보장회의 사무처(2008), p. 12;『연합뉴스』, 2006.10.3.

17   국가안전보장회의 사무처(2008), pp. 1-2; 국가법령정보센터, "국가안전보장회의 운영 등에 관한 규정," [대통령령 제20071호, 2007.5.25. 일부개정].

18   전봉근, "이명박 정부 외교안보 조정체계의 특징과 의미,"『정세와 정책』, 세종연구소, 2008년 5월호, p. 9.

위기관리와 관련해서는 2003년 3월 22일 신설된 NSC 위기관리센터가 각종 국가위기 및 재해·재난 관리체계에 관한 부처 간 협의·조정, 전시국가지도에 관한 사항, 긴급사태 발생 시 상황전파와 초기조치 및 국가안보종합상황실 운영·유지 업무를 담당했다. 위기관리센터는 군, 경찰, 소방 등의 기관으로부터 파견된 요원들이 24시간 각종 상황을 모니터하고 국가안보종합상황실에서 취합되는 정보를 분석·평가하여 국가위기 징후를 조기에 식별하고 이를 관련 부처에 경보·전파하여 국가위기의 사전 예방기능을 수행했다. 또한 통일·외교·국방 등 안보관련 부처와 중앙재해대책본부 및 중앙긴급구조본부 등 23개 상황정보망, 8개 영상정보(CCTV)망, 84개 기관 화상회의, 27개 유관기관 핫라인을 연결하는 유기적인 네트워크를 구축했다.[19]

한편 NSC는 2004년 7월 12일 '국가위기관리기본지침(대통령훈령 제124호)'을 제정하여 포괄적 안보개념에 기반을 둔 전통적 안보, 재난관리, 국가핵심기반 등 국가위기 전 분야의 위기관리 활동 기본방향과 원칙을 제시했다. 2004년 9월에는 위기 유형별로 범정부 차원의 위기대응 및 경보 체계, 기관별 업무와 역할 및 기관 간 협력체계를 규정한 '위기관리 표준매뉴얼'을 제정·시행했다. 대통령 지시문서 형식으로 시행되는 표준매뉴얼은 전통적 안보분야 13개, 재난분야 11개, 국가핵심기반 분야 9개 등 총 33개 유형의 국가위기를 선정하고, 위기 유형별로 정부의 위기관리체계(예방→대비→대응→복구)와 위기상황에 따라 '관심→주의→경계→심각' 4단계의 위기 조기경보 체계를 규정했다.[20] 2005년 11월에는 위기 발생 시 정부 각 기관이 실제 적용하고 시행해야 할 조치 절차를 수록한 '위기대응 실무매뉴얼'(39개 부처 272권)을 수립했다. 이어 2006년 12월에는 위기 발생 시 위기 현장에서 임무를 직접 수행하는 단위기관의 행동조치 절차를 구체적으로 기술한

19 　청와대 브리핑, "NSC 위기관리센터 본격 가동," 제81호, 2003.6.25, pp. 1-2; 국가안전보장회의 사무처(2008), p. 5. 대통령자문 정책기획위원회, 『새로운 도전, 국가위기관리: 국가안보와 국민안위를 보장하는 참여정부의 위기관리』 참여정부 정책보고서 3-21, 2008, pp. 7-10.

20 　대통령 홍보비서실 보도자료, "새로운 국가위기 경보시스템 구축, 국가위기관리 기본틀 완성," 2004.9.8; 국가안전보장회의 사무처, "국가위기관리기본지침," 2004.9.8, pp. 1-3; 국가안전보장회의 사무처, "유형별 위기관리 표준매뉴얼," 2004.9.8, p. 1; 국가안전보장회의 사무처(2008), p. 6.

'현장조치 행동매뉴얼'(1271개 기관 2339권)을 수립했다.[21]

3. 이명박 정부의 NSC 조직과 정책결정 메커니즘

2008년 출범한 이명박 정부는 김대중 정부 당시 체계를 갖추고 노무현 정부 당시 확대·강화된 NSC 체계를 대폭 축소·개편했다. 2008년 2월 29일 국가안전보장회의법을 개정하여 NSC는 존속시키되 1998년 김대중 정부 당시 설치되었던 NSC 상임위원회와 사무처를 폐지하고, 사무처의 기능은 대통령실장 산하에 외교안보수석비서관실로 이관했다.[22]

2008년 3월 8일자로 노무현 정부의 청와대 통일외교안보정책실과 NSC 상임위원회를 대체하는 외교안보정책조정회의를 신설하고, 외교안보 정책 등을 협의·조정하고 대통령을 보좌하는 역할을 부여했다. 조정회의 간사는 외교안보수석으로 하고, 외교통상부장관, 통일부장관, 국방부장관, 국가정보원장, 국무총리실장 및 대통령실 외교안보수석비서관이 참석하며, 필요시 관계부처 장관 및 대통령실의 관계 수석비서관 등이 참석한다. 조정회의의 의제를 사전에 협의·조정하고 운영을 지원하기 위해 산하에 외교안보수석이 주재하는 차관·차관보급 외교안보정책 실무조정회의를 신설하였다.[23] 한편 긴급현안 발생 시 대통령이 소집하는 임시회의체 성격의 '외교안보장관회의'를 운영했다. 이 회의에는 대통령, 국방부장관, 통일부장관, 외교통상부장관, 국가정보원장, 대통령실장, 외교안보수석, 홍보수석 등이 참석했다.[24]

---

21   대통령실 홍보수석실 보도자료, "NSC, 270여개 위기대응 실무매뉴얼 수립, 국가위기관리 문서체계 완성," 2005.11.29; 국가안전보장회의 사무처(2008), p. 6.

22   전봉근(2008), p. 8; 전봉근, "국가안보 총괄조정체제 변천과 국가안보실 구상," 『주요국제문제분석』 2013-03, 국립외교원 외교안보연구소, 2013.2.7, p. 8. 국가법령정보센터, "국가안전보장회의법," [법률 제8874호, 2008.2.29. 일부개정] 참고.

23   국가법령정보센터, "외교안보정책 조정회의 운영규정," [대통령훈령 제245호, 2009.4.3 제정]; 『문화일보』, 2008.3.8.

24   허만섭, "MB의 관계장관회의 선호가 천안함 초기대응 실패 원인," 『신동아』 2010년 6월호, 통권609

이명박 정부에서는 NSC 체계의 축소뿐만 아니라 노무현 정부의 위기관리센터를 폐지하고 대통령실장 직속으로 15명 규모의 행정관급 위기정보상황팀을 설치했다. 그러나 2008년 7월 11일 발생한 금강산 관광객 피격·사망사건 당시 위기정보상황팀의 보고지체와 위기관리 커맨드 센터(command center)의 부재가 문제점으로 지적되어, 7월 22일 위기정보상황팀을 국가위기상황센터로 확대·개편하고 외교안보수석이 센터장을 겸임하도록 했다.[25]

2010년 3월 26일 발생한 천안함 폭침사건 당시 국가위기상황센터의 위기상황 보고·전파 부실 및 효과적인 위기관리 대응에 문제점이 지적되어 다시 개편되었다. 이명박 대통령은 5월 4일 전군주요지휘관회의에서 대통령실에 안보특별보좌관을 신설하며, 국가위기상황센터를 국가위기관리센터로 확대·개편한다고 발표했다.[26] 기존의 국가위기상황센터는 외교안보수석이 센터장을 겸임하여 국가위기상황팀장이 외교안보수석을 통해 대통령에게 보고하는 3단계 보고 체계였으나, 신설된 국가위기관리센터는 대통령 안보특보의 관장하에 비서관급의 별도 기구로 분리되어 위기상황 발생시 센터장이 대통령에게 직보하는 체계를 갖추었다. 또한 기존의 국가위기상황센터는 위기상황 전파가 주된 임무였으나, 국가위기관리센터는 산하에 위기상황 접수 및 전파를 담당하는 안보상황관리팀과 위기진단 및 기획기능을 담당하는 기획운영팀을 두었다. 이는 과거 NSC 사무처가 담당했던 위기진단 및 기획 등 일부기능을 부활한 체제이다[27]

이러한 NSC 체계와 국가위기관리센터를 중심으로 2010년 11월 23일 연평도 포격도발에 대한 위기관리를 수행하였으나 위기 정책결정 과정에서 지침의 전달, 교전규칙 적용해석, 위기관리 리더십 등에서 많은 문제점이 나타났다. 이

호, http://shindonga.donga.com/docs/magazine/shin/2010/06/01/201006010500007/201006010500007_1.html.

25　대통령기록관, 청와대 뉴스, "청 국가위기상황센터 신설," 2008.7.22; 동아시아연구원 외교안보정책 결정체계연구팀(2013), p. 15.

26　대통령기록관, 청와대 뉴스, "이대통령, 전군주요지휘관회의 주재," 2010.5.4.

27　대통령기록관, 청와대 브리핑룸, "김성환 외교안보수석 브리핑," 2010.5.9;『조선일보』, 2010.5.10; 『연합뉴스』, 2010.5.9., 2010.5.14.

후 청와대는 2010년 11월 23일 연평도 포격사건 당시 표출된 부실한 위기대응 체계를 강화하기 위해 12월 1일 기존 국가위기관리센터를 수석비서관급이 실장을 맡는 국가위기관리실로 격상했다. 국가위기관리실은 위기상황 관리 및 조치를 담당하며, 위기발생시 개최하는 NSC를 주관하는 방향으로 기능이 조정되었다.[28]

4. 박근혜 정부와 문재인 정부의 NSC 조직과 정책결정 메커니즘

2013년 2월 출범한 박근혜 정부는 이명박 정부의 위기관리 체계의 문제점을 보완하고, 외교·국방·통일 정책조정과 위기 시 안보 위기관리 기능을 보강하기 위해 커맨드 센터 역할을 수행하는 기구로 국가안보실을 청와대에 신설했다. 이에 따라 국가안전보장회의법이 개정되었으나 역할과 기능은 전임 정부와 유사하고 외교안보장관회의도 계속 운영하였고, 전임 정부의 외교안보정책조정회의를 국가안보정책조정회의로 명칭을 변경했다. NSC 간사는 국가안보실장이 되고, 국가위기관리는 국가안보실을 중심으로 운영되는 체계를 구축했다.[29]

그러나 청와대는 2013년 12월 20일 동북아 안보정세의 변화와 한반도 안보정세의 악화에 따라 NSC 산하에 상설 상임위원회와 사무처를 설치하고, 국가안보실의 기능·조직을 확충하는 'NSC 활성화 및 국가안보실 강화안'을 발표했다. 강화안의 주요 내용은 첫째, NSC 상임위원회는 국가안보실장을 위원장으로 하여 외교·안보정책 조율하고 대책수립을 담당한다. 둘째, NSC 사무처는 국가안전보장회의, NSC 상임위원회의, 실무조정회의 등의 준비·운용 지원과 회의결과 이행상황 점검을 수행한다. NSC 사무처장은 국가안보실에 신설되는 국가안

28   청와대, 국정자료, 부처별 정책, "청와대, 수석급 국가위기관리실장 신설," 2010.12.21.
29   국가법령정보센터, "국가안전보장회의법," [시행 2013.3.23] [법률 제11690호, 2013.3.23., 타법개정]; "국가안보정책 조정회의 운영에 관한 규정," [시행 2013.3.27.] [대통령훈령 제304호, 2013.3.27., 일부개정]; 『뉴스1』, "베일속의 靑국가안보실, 어떤 일 하나 봤더니," 2013.4.18.

■ 그림 11-1 박근혜 정부의 NSC와 국가안보실 조직

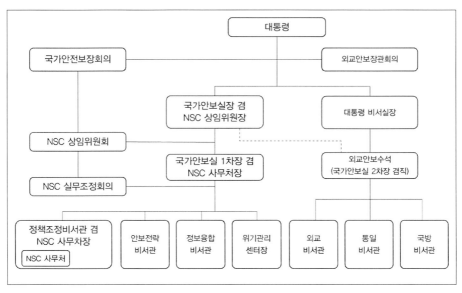

출처: 『연합뉴스』, 그래픽, "청와대 NSC상임위 설치 후 기구도," 2013.12.20., https://www.yna.co.kr/view/GYH20131220001300044?section=search, 일부 내용 수정.

보실 1차장이 겸직한다. 셋째, 국가안보실에 1차장 및 2차장을 두고 국제협력비서관실을 정책조정비서관실로 개편하며 안보전략비서관실을 신설한다. 국가안보실 1차장을 신설하고, 국가안보실 2차장은 대통령비서실에 외교안보수석비서관이 겸직한다.[30]

　　2017년 5월 출범한 문재인 정부는 전임정부의 국가안보실을 개편·강화하여, 전임정부의 비서실장 산하에 있던 외교안보수석실을 폐지하고, 그 기능을 국가안보실로 이관하여 외교·안보의 커맨드 센터 역할을 국가안보실로 일원화했다. 또한 국가안보실장 직속으로 국가위기관리센터를 설치하여 안보·안전 위기에 신속하여 대응할 수 있는 체계를 구축했다. 2019년 3월 국가안보실은 1차장 산하에 안보전략비서관, 국방개혁비서관, 사이버정보비서관, 2차장 산하에 평화

30　　청와대 정책브리핑, "국가안전보장회의 관련 주철기 외교안보수석 브리핑," 2013.12.20.

▪ 그림 11-2 **문재인 정부의 국가안보실 조직**

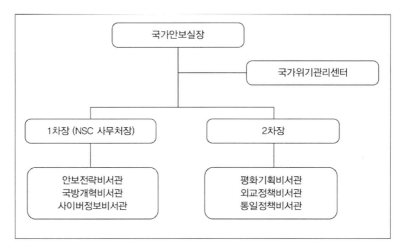

출처: 『연합뉴스』, 그래픽, "대통령비서실 · 국가안보실 조직 개편안," 2018.7.26, https://www.yna.co.kr/
view/GYH20180726001200044; 『중앙일보』, "정의용 빼고 다바뀐 청안보실, 김현종 · 최종건 주목하
라," 2019.3.20, https://news.joins.com/article/23416290, 일부 내용 수정.

기획비서관, 외교정책비서관, 통일정책비서관 체제로 개편되었다.[31]

　　2021년 12월 국가안보실은 1차장 산하에 안보 · 국방전략비서관, 신기
술 · 사이버안보비서관, 정보융합비서관 체제로 다시 개편되었다.[32] NSC 체계는
전임 정부와 유사하게 대통령을 의장으로, 상임위원회, 실무조정위원회, 사무처
로 구성되며 국가안보실 1차장이 사무처장을 겸임한다.

31　　『중앙일보』, "정의용 빼고 다바뀐 청안보실, 김현종·최종건 주목하라," 2019.3.20.
32　　『국민일보』, "청와대, 임기 5개월 남기고 안보실 직제개편…공급망 대응," 2021.12.7.

2절 대테러리즘 체계

1. 대테러리즘 관련 법률

1) 국가대테러활동지침

한국정부는 1986년 아시안게임과 1988년 서울 올림픽을 앞두고 북한 및 국제테러에 효과적으로 대처하기 위해 1982년 1월 '국가대테러활동지침(대통령 훈령 47호)'을 제정하여 국가 대테러리즘 대응체계를 구축했다. 2003년 12월 이라크 파병 방침이 결정된 이후 노무현 대통령의 지시로 국가 대테러리즘 업무의 개념과 수행 절차를 정립한 '대테러 표준매뉴얼'이 2004년 1월 30일 작성되어 시행에 들어갔다. 대테러 표준매뉴얼은 테러 유형을 대응체계에 따라 8가지 유형으로 구분하여, 해당 부처가 '테러사건대책본부'와 '현장지휘본부'를 설치하여 담당하도록 했다.[33]

그러나 2004년 6월 김선일 사건 이후 대테러리즘 위기관리 체계에 대한 문제점이 지적된 이후 정부는 대테러리즘 대응체계를 개편했다. 2005년 1월 21일 대통령 주재 국가테러대응체계 개선 관계장관 회의 시 국가정보원 산하에 테러정보통합센터 설치를 결정했다. 이에 따라 2005년 4월 1일 국가정보원 산하에 테러정보통합센터를 개소하여 테러첩보의 통합수집과 테러정보의 통합관리 및 전파 능력을 향상시켰다.[34] 또한 국가정보원은 2006년 6월 21일 해외교민에 대한 테러분자들의 테러위협과 마약·밀수 등 국제범죄가 증가하는 추세를 반영하여 테러 및 국제범죄조직에 대한 정보활동 역량을 강화하기 위해 '6국'으로 불리

---

33   최진태(2011), p. 408; 이상득 의원실, "NSC 국정감사 질의자료," 2004.10.22, p. 1; 청와대 새소식, "국가위기 예방-경보-총체적 대응 틀 구축," 2004.9.8; 국가안전보장회의 사무처, "유형별 위기관리 표준매뉴얼: 전통적 안보분야, 테러," 2004.9.8.
34   국가정보원 테러정보통합센터, "주요업무," http://www.tiic.go.kr/service/center/etc.do?method=list&manage_cd=005002000.

던 '대테러보안국'을 '대테러국'과 '보안국'으로 분리했다고 밝혔다.[35] 또한 2007년 5월 23일 테러대책상임위를 개최하여 테러 위험지역에 진출한 기업·근로자 안전대책 지원업무를 총괄적으로 수행하는 '해외진출 기업 안전지원단'을 2007년 6월 테러정보통합센터 산하에 설치했다.[36]

국가대테러활동지침은 1982년 이후 몇 차례 개정되었다. 2013년 5월 개정된 국가대테러활동지침(대통령훈령 제309호)에 따르면, 테러대책기구로 '테러대책회의', '테러대책상임위원회', '테러정보통합센터', '지역 테러대책협의회', '공항·항만 테러·보안대책협의회'가 운영된다. 국무총리를 의장으로 하는 테러대책회의가 국가 대테러정책을 심의하며, 테러대책상임위원회가 테러사건의 사전 예방대응대책 및 사후처리방안을 결정하고, 관계기관의 협의·조정 업무를 담당한다.[37]

테러사건 대응조직으로는 '분야별 테러사건대책본부', '현장지휘본부', '대테러특공대', '협상팀', '긴급구조대 및 지원팀', '대화생방테러 특수임무대', '합동조사반'을 두고 있다. 첫째, 테러가 발생하거나 발생이 예상되는 경우 외교부장관은 '국외테러사건대책본부', 국방부장관은 '군사시설테러사건대책본부', 보건복지부장관은 '생물테러사건대책본부', 환경부장관은 '화학테러사건대책본부', 국토교통부장관은 '항공기테러사건대책본부', 원자력안전위원회위원장은 '방사능테러사건대책본부', 경찰청장은 '국내일반테러사건대책본부', 해양경찰청장은 '해양테러사건대책본부'를 설치·운영한다.

둘째, 테러사건대책본부장은 테러사건이 발생한 경우 대응활동을 총괄하기 위하여 '현장지휘본부'를 설치할 수 있고, 현장지휘본부장은 테러의 양상·규

---

35 『연합뉴스』, 2006.6.21; 『뉴스메이커』, "[심층해부] 국정원 개혁 나몰라 패밀리," 681호, 2006.6.26.

36 국가정보원 테러정보통합센터, "정부합동 해외진출 기업 안전지원단 운영," 2007.5.30. 해외 한국기업에 대한 대테러 전략에 대한 연구는 최진태, "해외진출 한국 기업의 대테러 경호경비 전략에 관한 연구," 『한국경호경비학회지』, 제13호(2007) 참고.

37 국가법령정보센터, "국가대테러활동지침," [시행 2013.5.21] [대통령훈령 제309호, 2013.5.21, 일부개정].

모·현장상황 등을 고려하여 협상·진압·구조·소방·구급 등 필요한 전문조직을 구성하거나 관계기관의 장으로부터 지원받을 수 있다. 셋째, 테러사건에 대한 무력진압작전의 수행을 위하여 국방부·경찰청·해양경찰청에 '대테러특공대'를 둔다. 대테러특공대는 테러사건에 대한 무력진압작전, 테러사건과 관련한 폭발물의 탐색 및 처리, 요인경호행사 및 국가중요행사의 안전활동에 대한 지원 등을 수행한다. 넷째, 무력을 사용하지 않고 사건을 종결하거나 후발사태를 저지하기 위하여 국방부·경찰청·해양경찰청에 협상실무요원·통역요원·전문요원으로 구성되는 '협상팀'을 둔다. 협상실무요원은 협상 전문능력을 갖춘 공무원으로 편성하고, 협상전문요원은 대테러전술 전문가·심리학자·정신의학자·법률가 등 각계 전문가로 편성한다. 다섯째, 테러사건 발생 시 신속히 인명을 구조·구급하기 위하여 소방방재청에 '긴급구조대'를 둔다. 관계기관의 장은 테러사건이 발생한 경우에는 테러대응활동을 지원하기 위하여 '지원팀'을 구성·운영한다. 여섯째, 화생방테러에 대응하기 위하여 국방부에 '대화생방테러 특수임무대'를 둘 수 있다. 일곱째, 국가정보원장은 국내외에서 테러사건이 발생하거나 발생할 우려가 현저한 때에는 예방조치·사건분석 및 사후처리방안의 강구 등을 위하여 관계기관 합동으로 '조사반'을 편성·운영한다.[38]

이러한 국가대테러활동지침은 대통령 훈령으로 상위법의 제약을 받고 있기에, 국가 대테러리즘 정책을 종합적으로 수립하고 테러징후의 탐지·경보·예방, 테러관련 국내외 정보의 수집·분석·작성 및 배포, 외국의 정보기관과의 정보협력, 대응책의 협조·조정 강화 및 대테러리즘 작전의 효과적인 활동을 위하여 테러방지 관련법을 조속히 제정해야한다는 비판이 제기되었다.[39]

---

38   "국가대테러활동지침," [시행 2013.5.21.] [대통령훈령 제309호, 2013.5.21., 일부개정].
39   이대우, "런던테러의 의미," 『세종논평』, No. 20, 2005.7.11, p. 2.

2) 국민보호와 공공안전을 위한 테러방지법[40]

한국 정부는 2016년 3월 3일 '국민보호와 공공안전을 위한 테러방지법'을 제정했다. 이를 통해 대테러리즘 체계와 정책의 법적근거를 마련하고, 통합된 대테러리즘 상설기관을 신설하여 초기 테러 징후·예측정보의 수집과 판단, 정보분석·전파, 협상, 인질구출, 사후수습 등 총괄적인 임무에 관한 조직과 업무분장을 규정하고 대응능력을 강화했다.

테러방지법의 제정배경은 다음과 같다. 첫째, 국제적인 테러위협이 증가했다. 2001년 9/11 테러 이후 국제사회가 지속적으로 테러와의 전쟁을 전개했으나, 알 카에다를 비롯한 극단주의 추종세력들의 테러활동이 계속되고 있었다. 특히 이슬람국가(ISIS)는 시리아와 이라크에서 극단적인 잔혹 행위를 자행하고 있는 반서방 과격파 단체로, 기존의 극단주의 이데올로기를 대체하는 새로운 세력으로 국제테러를 주도하고 있는 상황이었다.

둘째, 기존 국가대테러활동지침의 법률적 한계가 드러났다. 국가대테러활동지침은 행정기관 내부지침인 대통령 훈령이기에 대테러리즘 활동의 수행에서 법률적 한계를 보였다. 국제테러단체 조직원이 국내에 입국하더라도 단순퇴거 외에는 처벌할 수 없을 뿐만 아니라, 한국인의 테러단체 가담도 사전에 차단하기가 곤란했다. 이와 관련하여 ISIS에 가담하기 위해 시리아에 잠입한 사건 발생(2015.1), 국내 불법체류 중인 외국인의 ISIS을 선전·선동, 불법모의총기 등 보유적발(2016.2) 등의 사례가 있었다.

셋째, 테러예방 및 대응 활동의 국제적 요구가 증가했다. 유엔은 9/11 테러 이후 테러근절을 위해 국제공조를 결의하고 테러방지를 위한 국제협약 가입과 법령제정 등을 권고해 '경제협력개발기구(OECD: Organization for Economic Cooperation and Development)' 국가 대부분이 테러방지를 위한 법률을 제정했다. 2001년 9월 28일 유엔 안전보장이사회 결의안 1373호는 법적으로 가능한 모든 수단과 국제법 및 국내법에 합치되는 방식으로 대테러리즘 정책의 수행을 촉구했다. 이에 따

40   대테러센터, 기관소개, "테러방지법," http://www.nctc.go.kr/nctc/Introduction/background.do.

라 유엔 '대테러리즘위원회(CTC: UN Security Council Counter-Terrorism Committee)'는 회원국에 테러리스트의 처벌, 인도, 테러 관련 자산동결 등과 관련한 입법추진 계획을 위원회에 제출할 것을 촉구했다.

이러한 배경하에 테러방지법의 제정을 통해 다음과 같이 대테러리즘 체계와 활동을 개선하게 되었다. 첫째, 국가차원의 테러예방 및 대응체계를 공고화했다. 국무총리실 소속의 대테러센터를 중심으로 국가차원의 대테러업무를 기획·조정하는 등 체계적인 제도적 기반을 구축했다. 둘째, 국제 테러방지 네트워크에 적극적인 참여를 통해 국제사회의 일원으로서의 역할을 제고하게 되었다. '외국인테러전투원(FTFs: Foreign Terrorist Fighters)'에 대한 규제조치와 테러자금 차단을 통한 국제공조에 적극적인 참여가 가능하게 되었다. 셋째, 테러범죄 처벌조항 마련 및 테러 관련 범죄수사가 가능하게 되었다. 테러단체 구성·가입 및 선전·선동·자금지원 행위 등 테러관련 범죄 및 무고·날조에 대해 처벌 규정을 마련했다. 또한 국제테러단체 조직원과 외국인테러전투원(FTFs) 등에 대한 처벌 조항 및 검찰·경찰 등 수사기관의 수사개시 근거를 마련했다. 넷째, 테러로 인해 피해를 받을 경우 이에 대한 피해보전의 근거를 마련하여 실질적인 피해의 보전이 가능하게 되었다.

2. 대테러리즘 체계

테러방지법과 테러방지법 시행령에 따라 새롭게 개편된 테러 대응체계, 주요 업무 및 활동은 다음과 같다. 첫째, 국가테러대책기구로 '국가테러대책위원회', '테러대책실무위원회', '대테러센터'가 있다. '국가테러대책위원회'는 국무총리를 위원장으로 하여 대테러활동에 관한 정책의 중요사항을 심의·의결한다. 국가테러대책위원회는 기획재정부장관, 외교부장관, 통일부장관, 법무부장관, 국방부장관, 행정안전부장관, 산업통상자원부장관, 환경부장관, 국토교통부장관, 해양수산부장관, 국가정보원장, 국무조정실장, 금융위원회 위원장, 원자력

안전위원회 위원장, 대통령경호처장, 관세청장, 경찰청장, 소방청장, 질병관리 청장 및 해양경찰청징으로 구성되며, 간사는 대테러센터장이다.[41] 국가테러대책 위원회의 역할은 ① 대테러활동에 관한 국가의 정책 수립 및 평가, ② 국가 대테러 기본계획 등 중요 중장기 대책 추진사항, ③ 관계기관의 대테러활동 역할 분담·조정이 필요한 사항, ④ 국가테러대책위원회 및 테러대책실무위원회 운영에 관한 사항, ⑤ 대화생방테러 특수임무대, 대테러특공대, 군 대테러특수임무대 설치·지정, ⑥ 테러경보 발령과 관련한 사항, ⑦ 국가 중요행사 대테러·안전대책 기구 편성·운영, ⑧ 신고포상금, 테러피해 지원금, 특별위로금 지급기준 결정 등을 심의·의결한다.[42]

국가테러대책위원회를 효율적으로 운영하고 국가테러대책위원회에 상정할 안건에 관한 전문적인 검토 및 사전 조정을 위하여, 국가테러대책위원회에 대테러센터장을 위원장으로 하는 '테러대책실무위원회'를 둔다. 또한 국민기본권 침해 방지를 위해 국가테러대책위원회 소속으로 '인권보호관' 1명을 둔다.[43]

'대테러센터'는 국무총리 소속으로 관계기관 공무원으로 구성된다. 대테러센터의 역할은 ① 국가 대테러 활동 관련 법령 제·개정, 국가테러대책위원회 운영, ② 테러경보 발령, 테러상황 관리 및 분석, ③ 장단기 국가대테러활동 지침(표준 매뉴얼) 작성·배포, ④ 관계기관 테러 대비태세 확인·점검 및 평가, ⑤ 국가 중요 행사 대테러 안전대책 수립·점검 및 국제협력 등의 수행이다. 대테러센터는 대테러센터장 산하에 대테러정책관, 기획총괄부, 협력조정부, 안전관리부, 대테러종합상황실로 구성된다.[44]

---

41 국가법령정보센터, "국민보호와 공공안전을 위한 테러방지법(약칭: 테러방지법)," [시행 2021.7.20.] [법률 제18321호, 2021.7.20., 일부개정].

42 대테러센터, "대테러활동: 국가테러대책위원회," http://www.nctc.go.kr/nctc/activity/boardab.do. 국가법령정보센터, "국민보호와 공공안전을 위한 테러방지법 시행령," [시행 2021.1.5.] [대통령령 제 31380호, 2021.1.5., 타법개정] 참고.

43 "국민보호와 공공안전을 위한 테러방지법 시행령," [시행 2021.1.5.] [대통령령 제31380호, 2021.1.5., 타법개정]; "국민보호와 공공안전을 위한 테러방지법(약칭: 테러방지법)," [시행 2021.7.20.] [법률 제18321호, 2021.7.20., 일부개정].

44 대테러센터, 기관소개, "센터소개, 조직과 임무," http://www.nctc.go.kr/nctc/Introduction/

■ 그림 11-3   대테러센터 조직

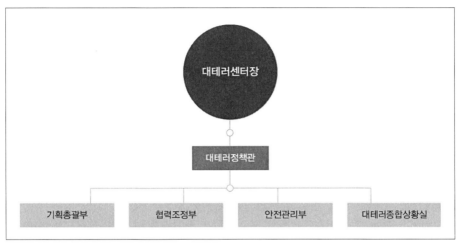

출처: 대테러센터, 기관소개, "센터소개, 조직과 임무," http://www.nctc.go.kr/nctc/Introduction/
organizationMission.do.

대테러센터장은 테러 위험 징후를 포착한 경우 테러경보 발령의 필요성, 발령 단계, 발령 범위 및 기간 등에 관하여 테러대책실무위원회의 심의를 거쳐 테러경보를 발령한다. 테러경보는 테러위협의 정도에 따라 관심·주의·경계·심각의 4단계로 구분한다.[45]

둘째, 테러방지법 시행령에 따르면, 테러 예방 및 대응을 위하여 관계기관 합동으로 구성하거나 관계기관의 장이 설치하는 전담조직은 다음과 같다. 테러 예방활동을 위한 조직으로는 '지역테러대책협의회' 및 '공항·항만테러대책협의회'가 있다. '지역테러대책협의회'는 특별시·광역시·특별자치시·도·특별자치도에 해당 지역에 있는 관계기관 간 테러예방활동에 관한 협의를 담당한다. '공

---

[45] organizationMission.do. "국민보호와 공공안전을 위한 테러방지법(약칭: 테러방지법)," [시행 2021.7.20.] [법률 제18321호, 2021.7.20., 일부개정] 참고.
"국민보호와 공공안전을 위한 테러방지법 시행령," [시행 2021.1.5.] [대통령령 제31380호, 2021.1.5., 타법개정].

■ 그림 11-4   테러 경보단계

등급	발령기준	조치 사항
관심	실제 테러발생 가능성이 낮은 상태 - 우리나라 대상 테러첩보 입수 - 국제테러 빈발 - 동맹·우호국 대형테러 발생 - 해외 국제경기·행사 이국인 다수 참가	테러징후 감시활동 강화 - 관계기관 비상연락체계 유지 - 테러대상시설 등 대테러 점검 - 테러위협인물 감시 강화 - 공항·항만 보안 검색율 10% 상향
주의	실제 테러로 발전할 수 있는 상태 - 우리나라 대상 테러첩보 구체화 - 국제테러조직·연계자 잠입기도 - 재외국민·공관 대상 테러징후 포착 - 국가중요행사 개최 D-7	관계기관 협조체계 가동 - 관계기관별 자체 대비태세 점검 - 지역 등 테러대책협의회 개최 - 공항·항만 보안 검색율 15% 상향 - 국가중요행사 안전점검
경계	테러발생 가능성이 농후한 상태 - 테러조직이 우리나라 직접 지목·위협 - 국제테러조직·분자 잠입활동 포착 - 대규모 테러이용수단 적발 - 국가중요행사 개최 D-3	대테러 실전대응 준비 - 관계기관별 대테러상황실 가동 - 테러이용수단의 유통 통제 - 테러사건대책본부 등 가동 준비 - 공항·항만 보안 검색율 20% 상향
심각	테러사건 발생이 확실시되는 상태 - 우리나라 대상 명백한 테러첩보 입수 - 테러이용수단 도난·강탈 사건 발생 - 국내에서 테러기도 및 사건 발생 - 국가중요행사 대상 테러첩보 입수	테러상황에 총력 대응 - 테러사건대책본부 등 설치 - 테러대응 인력·장비 현장 배치 - 테러대상시설 잠정 폐쇄 - 테러이용수단 유통 일시중지

출처: 대테러센터, 알림/홍보, "테러경보," http://www.nctc.go.kr/nctc/information/alertStep.do.

항·항만테러대책협의회'는 공항 또는 항만 내에서의 관계기관 간 대테러활동에 관한 사항을 협의하는 업무를 담당한다.

테러대응을 위한 조직으로는 '테러사건대책본부', '현장지휘본부', '화생방테러대응지원본부(대화생방테러 특수임무대 포함)', '테러복구지원본부', '대테러특공대(군 대테러특수임무대 포함)', '테러대응구조대', '대테러합동조사팀'이 있다. 테러가 발생하거나 발생이 예상되는 경우 외교부장관은 '국외테러사건대책본부', 국방부장관은 '군사시설테러사건대책본부', 국토교통부장관은 '항공테러사건대책본부', 경찰청장은 '국내일반테러사건대책본부', 해양경찰청장은 '해양테러사건대책본부'를 설치·운영한다. 대책본부의 장은 테러사건이 발생한 경우 사건 현장의 대응활동을 총괄하기 위하여 '현장지휘본부'를 설치할 수 있다. 현장지휘본부의 장은 테러의 양상·규모·현장상황 등을 고려하여 협상·진압·구조·구급·소방 등에 필요한 전문조직을 직접 구성하거나 관계기관의 장에게 지원을 요청할 수 있다.

화생방테러사건 발생 시 대책본부를 지원하기 위해 환경부장관은 화학테러 대응분야, 원자력안전위원회 위원장은 방사능테러 대응 분야, 질병관리청장은 생물테러 대응분야의 '화생방테러대응지원본부'를 설치·운영한다. 국방부장관은 관계기관의 화생방테러 대응을 지원하기 오염 확산방지 및 제독임무 등을 수행하는 '대화생방테러 특수임무대'를 설치·지정할 수 있다. 행정안전부장관은 테러사건 발생 시 구조·구급·수습·복구활동 등에 관하여 대책본부를 지원하기 위하여 '테러복구지원본부'를 설치·운영할 수 있다.

국방부장관, 경찰청장 및 해양경찰청장은 테러사건에 신속히 대응하기 위하여 '대테러특공대'를 설치·운영한다. 대테러특공대의 임무는 ① 대한민국 또는 국민과 관련된 국내외 테러사건 진압, ② 테러사건과 관련된 폭발물의 탐색 및 처리, ③ 주요 요인경호 및 국가 중요행사의 안전한 진행 지원, ④ 그 밖에 테러사건의 예방 및 저지활동이다. 국방부장관은 군 대테러특공대의 신속한 대응이 제한되는 상황에 대비하기 위하여 '군 대테러특수임무대'를 지역 단위로 편성·운영할 수 있다.

소방청장과 시·도지사는 테러사건 발생 시 신속히 인명을 구조·구급하기 위하여 중앙 및 지방자치단체 소방본부에 '테러대응구조대'를 설치·운영한다. 국가정보원장은 국내외에서 테러사건이 발생하거나 발생할 우려가 현저할 때 또는 테러 첩보가 입수되거나 테러 관련 신고가 접수되었을 때에는 예방조치, 사건 분석 및 사후처리방안 마련 등을 위하여 관계기관 합동으로 '대테러합동조사팀'을 편성·운영할 수 있다.[46]

---

46   "국민보호와 공공안전을 위한 테러방지법 시행령," [시행 2021.1.5.] [대통령령 제31380호, 2021.1.5., 타법개정].

테러 관련정보를 통합관리하기 위한 조직으로는 국가정보원 산하에 '테러
징보통합센터'가 있다. 테러정보통합센터의 주요 업무는 ① 국내외 테러 관련정
보의 수집·분석·작성 및 배포, ② 국내외 테러 관련정보 통합관리, 24시간 상황
처리체제의 유지 ③ 국내침투 테러분자·조직 및 국제테러조직 색출, ④ 대테러
센터, 군·경 특공대 등 대테러 관계기관 협력·지원, ⑤ 외국 정보수사기관과의
정보협력, ⑥ 주요 국제행사 대테러·안전대책 수립 지원이다.[47]

셋째, 대테러활동을 위한 주요업무 및 활동은 다음과 같다. 첫째, 국가정보
원장은 테러위험인물의 출입국·금융거래 및 통신이용 등 정보를 관련 법의 절차
에 따라 수집할 수 있고, 금융거래 지급 정지(금융위원장) 및 개인정보와 위치정보에
대한 요구가 가능하다. 둘째, 관계기관 장은 ① 국가중요시설 등에 대한 테러예
방대책과 국가중요행사 등에 대한 안전관리대책 수립, ② 테러를 선동·선전하는
표현물이 인터넷 등에 유포 시 해당기관에 삭제·중단 등 요청, ③ 외국인테러전
투원(FTFs) 규제를 위해 일시 출국금지(90일, 연장가능)와 여권 효력정지 및 재발급 거
부 요청 등을 수행한다.[48]

---

47   "국민보호와 공공안전을 위한 테러방지법 시행공," [시행 2021.1.5.] [대통령령 제31380호,
      2021.1.5., 타법개정]; 국가정보원, 센터소개, "테러정보통합센터," https://www.nis.go.kr:4016/
      ID/1_7_4.do.
48   대테러센터, 기관소개, "테러방지법," http://www.nctc.go.kr/nctc/Introduction/mainContent.
      do. "국민보호와 공공안전을 위한 테러방지법 시행령," [시행 2021.1.5.] [대통령령 제31380호,
      2021.1.5., 타법개정] 참고.

■ 그림 11-5 대테러 체계

출처: 대테러센터, 대테러활동, "대테러체계," http://www.nctc.go.kr/nctc/activity/system.do.

3절   국외테러(인질·납치 사건) 대응체계

국외테러에 대한 대응은 대테러리즘 활동 중의 하나로 사전에 구축된 대테러리즘 체계와 매뉴얼에 기반을 두고 수행된다. 2003년 12월 이라크 파병 방침이 결정된 이후 국제 테러공격에 직접 노출된 한국군 병력과 교민의 보호를 위해 테러와 재외국민보호 관련 매뉴얼이 2004년 2월 완료·시행되었다.[49] 유형별 위기관리 표준매뉴얼 중에서 재외국민보호 매뉴얼의 목적은 테러로부터 재외국민을 보호하기 위한 다양한 예방조치와 테러 발생 시 피해와 영향을 최소화하기 위해 범정부적 대책과 기관별 대응절차와 조치사항을 규정하는 것이다. 위기의 유형은 ① 정정불안·테러위협, ② 인질·납치 사건, ③ 테러 사망·부상사건이다.[50]

테러 관련 재외국민보호 매뉴얼에 따른 정부의 기본활동 방향은 첫째, 테러 방지와 피해예방을 위한 정보활동, 비상연락체계, 테러대비 행동요령 전파 등 대책의 시행이다. 둘째, 주재국의 정정불안과 테러위협에 대한 평가기준을 마련하여 위협의 고저에 따른 단계별 보호대책의 시행이다. 위기경보 기준은 관심→주의→경계→심각 4단계로 구분되어있다. 관심 경보는 테러단체 상존으로 테러발생 가능성 여부에 대한 지속적 관찰이 필요할 경우 발령된다. 주의 경보는 해당 국내 정세불안으로 테러발생 분위기와 가능성이 고조될 경우 발령된다. 경계경보는 테러산발로 사상자가 발생할 경우 발령된다. 심각 경보는 사상자가 다수 발생 또는 대규모 인명피해가 예상되는 등 급박한 상황에 발령된다.[51]

외교부장관은 국외테러 발생 시 외교부에 '국외테러사건대책본부'를 설치하고, 현장의 대응활동을 총괄하기 위하여 해외공관에 '현장지휘본부'를 설치·운영한다. 외교부의 국외테러 분야에 대한 역할은 ① 국외테러에 대한 종합적 예방대책 수립 및 시행, ② 국제적 대테러 협력을 위한 국제조약 체결 및 양·다자 협

---

49   대통령자문 정책기획위원회(2008), p. 21.
50   국가안전보장회의 사무처, "유형별 위기관리 표준매뉴얼," 2004, p. 4.
51   국가안전보장회의 사무처, "유형별 위기관리 표준매뉴얼," 2004, p. 4.

의체 참여, ③ 한국공관 및 재외국민 안전대책 추진, ④ 사태 악화 시 유관부처와 협의하에 재외국민 비상수송대책 수립, ⑤ 국외테러 발생 시 각국 정부 및 주한 외국공관 협조체계 구축, ⑥ 여행금지국 지정 및 여행경보 발령 등이다.[52]

　　2019년 보도된 외교부의 재난 발생시 재외국민보호 매뉴얼 관련 내용에 따르면, 외교부는 대통령 훈령인 '국가위기관리 기본지침'에 따라 해외위기 발생 시 재외국민 보호를 위하여 본부와 공관에서 숙지하고 활용할 수 있도록 ① 재외국민보호 위기관리 표준매뉴얼(본부, 2018년 9월), ② 재외국민보호 위기대응 실무매뉴얼(본부, 2015년 12월), ③ 재외국민보호 현장조치 행동매뉴얼(공관, 2018년 하반기)을 작성·관리하고 있다. 재외공관은 '재외국민보호 현장조치 행동매뉴얼'을 각각 작성·관리하고 있으며, 세부내용은 각 공관의 주요 위기요인 등에 따라 상이하다고 보도되었다. 외교부의 재외국민보호 위기관리 표준매뉴얼 상의 7가지 위기유형은 ① 국외테러, ② 해외납치, ③ 정정불안 및 내전, 국가 간 갈등·분쟁, ④ 지진·풍수해 등 자연재해, ⑤ 감염병 또는 가축질병, ⑥ 방사능 누출, ⑦ 항공기, 선박, 철도 등 교통사고를 설정하고 있다.[53]

4절　테러사건 사례

　　한국인에 대한 대표적인 인질납치 사건으로는 2004년 6월 이라크에서 활동하는 이슬람 무장단체에 의한 김선일 피살사건이 있었다. 김선일 사건 당시 대테러리즘 체계에 대한 총체적인 문제점이 지적된 이후, 한국 정부는 대테러리즘

---

[52]　대테러센터, 대테러활동, "주요기관활동(외교부: 국외테러분야)," http://www.nctc.go.kr/nctc/activity/mofa.do.

[53]　『JNC TV』, "57회, 재난 발생 시 재외국민보호 매뉴얼 관련 외교부 답변," 2019.1.20, https://jnctv.org/2019/01/20/mofa-disaster-manual/; 외교부, "재외국민보호 위기대응 실무매뉴얼 정비에 관한 정책연구용역 제안요청서," 2020.10, p. 3.

및 국외테러(인질·납치사건) 대응체계를 개편했다.

이후 2007년 7월 19일 아프가니스탄에서 한국인 봉사단 23명이 납치되어, 2명이 피살되었고 43일 만에 21명이 석방된 충격적인 사건이 발생했다. 한국의 국외테러 대응활동은 2007년 7월 아프가니스탄에서 발생한 인질사건에 대한 대응과정을 통해 파악할 수 있다. 아프가니스탄 피랍사건 당시 비록 2명이 살해당하였으나, 한국은 범정부적 석방 노력을 통해 생존한 21명을 무사히 석방시켜 국제사회에서 인질협상의 성공사례로 평가되기도 한다. 그러나 테러방지법의 부재로 인한 미흡한 대테러리즘 체계 및 여행금지국 늑장 지정, 인질협상 과정에서 대응전략 부족, 테러단체와 직접협상, 석방금 지급 논란 등의 문제점이 나타났다.

1. 2004년 이라크 테러집단에 의한 김선일 피살사건[54]

1) 사건의 개요

2004년 5월 31일, 가나무역 직원 김선일은 팔루자 인근 미 해병 리지웨이 캠프에 물품을 배달하고 바그다드로 돌아오던 중 이라크인 운전수와 함께 무장단체에 피랍되었다. 가나무역 이라크 지사장 김천호는 김선일의 실종 사실을 6월 3일 인지하고 이라크인 직원들을 동원하여 소재 탐문을 실시했다. 6월 10일 김선일의 GMC 차량이 발견됨에 따라 피랍을 확신하고, 변호사 이만을 통해 무장세력과 접촉을 시도했다.

'알 자지라' 방송은 6월 21일 05:00(현지시각 6.20 24:00) 무장단체인 '자마아트 알타우히드 왈 지하드(Jama'at al-Tawhid wal-Jihad: 유일신과 성전)'가 한국인 김선일을 납치했으며, 24시간 내에 한국군의 철수 및 추가파병 철회를 요구하고, 거부

---

54   필자의 논문, 윤태영, "한국의 국외 대테러 위기관리 체계와 정책: 김선일 피살사건을 중심으로," 『세계지역연구논총』, 25집 3호(2007), pp. 86-94 인용.

시 김선일 참수를 경고했다고 보도했다.[55] 이에 정부는 6월 21일 새벽 이후 외교·안보 부처들을 중심으로 국가안전보장위원회(NSC: National Security Council) 긴급 상임위원회와 대테러대책위원회 등 긴급 대책회의를 소집하고 대응방안과 대테러리즘 안전대책을 협의했다. 아울러 외교통상부는 국외테러사건대책본부를 설치하고 관련국 정보기관에 협조를 요청하고, 현지대책반을 파견했다. 또한 현지에서 이슬람 성직자협회 유력자와 무장세력 연계인물 등을 통해 납치단체 파악 및 협상창구 마련에 주력하고, 국내에서는 주한 중동국가 대사를 초치하여 석방교섭 지원을 모색했다. 그러나 6월 22일 22:20(현지시각 6.22 17:20) 이라크 주재 미군 당국은 팔루자에서 바그다드 방향으로 35km 지점 도로상에서 김선일의 시신을 발견하였고, 외교통상부는 6월 23일 00:45 사망보고를 접수했다.[56]

2) 인질테러 대응 행태

(1) 사건 발생전 테러 징후 파악과 예방대책

2004년 4월 5일 가나무역 박원곤·NGO 활동가 피랍사건과 4월 8일 목사 일행 7명 피랍사건 이후, 4월 8일 정부는 대통령 권한대행 주재 대테러리즘 관계부처 장관회의 개최하고, 전 재외공관에 안전 및 테러 관련사항은 사소한 경우라도 보고하도록 지시했다. 이에 따라 외교통상부장관 주재 이라크 교민 안전관련 일일 점검회의도 이날부터 시작되었다. 정부는 4월 9일 이라크를 특정 국가로 지정하고, 4월 10일 정정 불안 및 테러 위험도를 감안하여 '재외국민보호 매

---

55 국가정보원은 국정조사 보고에서 의하면 납치단체와 살해단체가 다르다고 분석했다. 국회사무처. 제 248회 국회, "이라크내 테러집단에 의한 한국인 피살사건 관련 진상조사 특별위원회 회의록," 제6호, 2004.7.23. pp. 48, 69. 당시 한국군의 이라크 주둔 현황을 보면, 2003년 3월 20일 미국의 이라크 공격 한달 후인 4월 30일 한국은 이라크의 재건과 복구사업을 지원하기위해 서희·제마부대를 1차로 파병한 이후 2004년 4월까지 3차례에 걸쳐 파견되었다. 이후 2004년 2월 13일 한국군의 이라크 추가파병 동의안이 국회를 통과하였고, 6월 18일 정부는 한국군 추가 파병을 공식 발표한 상황이었다.

56 감사원, "김선일 사건 감사 진행상황," 2004.7, pp. 5-6; 『동아일보』, 2004.6.21; 『중앙일보』, 2004.6.23.; 국가안전보장회의(NSC) 최종수정본, "김선일씨 피살사건 관련 설명자료," 2004.6.24. 알 자지라 방송은 시신발견 4시간 후인 6월 23일 02:00 김선일의 참수사실을 보도했다.

뉴얼'에 따라 위험수준을 3단계 심각에서 4단계 위험으로 격상했다.[57]

이후 5월 10일 요르단에 있는 국가정보원 파견관이 가나무역 지원에 대한 테러첩보를 입수하여 국가정보원 본부에 보고하였고, 본부는 11일 이라크 파견관에게 첩보를 통보했다. 12일 파견관은 대사 및 공관원에게 첩보를 전파했다.[58] 주이라크대사관은 14일 김천호에게 전화로 경고하였고, 15일과 18일 대사관은 김천호를 공관에서 면담하고 신변 안전조치를 당부했다. 이후 김천호는 김선일 실종 이후 파랍사실이 공개될 때까지 4차례(6.1, 6.7, 6.10, 6.16)나 대사관을 방문하였으나 피랍사실에 대해서는 일체 함구했다. 그는 정부에 신고하지 않고 회사 자문변호사를 활용하여 납치단체와 비밀리에 협상을 진행하는 등 독자적으로 문제해결을 시도했다.[59] 한편 6월 2일 AP통신 바그다드지국은 김선일 피랍 비디오를 입수하였고, 서울지국 한국인 기자 2명은 6월 3일 16:25과 19:16 외교통상부 공보관실에 김선일 실종·피랍 여부를 문의하였으나 그런 사실이 없다는 답변을 들었다. 당시 통화했던 외무관은 상부보고 또는 영사과나 중동과에 확인도 하지 않았다.[60]

(2) 사건의 인지와 초기대응

6월 21일 03:30 카타르 주재 한국대사관에 알 자지라 방송으로부터 한국인 피랍 비디오에 대한 확인 요청을 받아 이를 확인 후, 이 사실을 주카타르 대사가 04:40 외교통상부 본부에 보고했다. 05:00 '유일신과 성전'이라는 무장단

---

57 우원식, "열린우리당 우원식 의원의 김선일 사건 감사 칼날 비판," 『신동아』, 2004년 11월호; 국회사무처, "진상조사 특별위원회 회의록," 제6호, pp. 8, 60, 62; 국회사무처, 제248회 국회, "이라크내 테러집단에 의한 한국인 피살사건 관련 진상조사 특별위원회 회의록," 제8호, 2004.7.30, p. 17.

58 국회사무처, "진상조사 특별위원회 회의록," 제6호, pp. 21-22, 62-63.

59 우원식(2004), pp. 3, 6-7; 외교통상부, "이라크내 테러집단에 의한 한국인 피살사건관련 보고," 2004.7.23, p. 1; NSC 최종수정본(2004), p. 4; 국회사무처, "진상조사 특별위원회 회의록," 제6호, p. 79; 이준규, "국회 국정감사 통해 본 김선일 사건 미스터리," 『신동아』, 2004년 9월호.

60 대한민국정부, "국정조사결과 시정 및 처리 요구사항에 대한 처리결과보고서(감사원 소관)," 2004.10, p. 8; 감사원, 보도자료, "재이라크 교민 보호실태," 2004.9, p. 3; 국회, 이라크내 테러집단에 의한 한국인 피살사건 관련 진상조사 특별위원회, "이라크내 테러집단에 의한 한국인 피살사건 관련 진상조사를 위한 국정조사 결과보고서," 2004.8, pp. 37-38.

체가 알 자지라 방송을 통해 일몰 후 24시간 내에 한국군의 철군과 파병계획 철회를 요구하고, 수용하지 않으면 인질을 살해하겠다고 협박했다. 05:00 NSC 정책조정실 이라크 담당과장은 외교통상부 영사과장으로부터 피랍사실을 유선으로 접수하였고, 05:10 위기 대응체제를 가동시켰다. 외교통상부는 '재외국민보호 매뉴얼'에 따라 05:10 외교통상부 차관을 본부장으로 하는 국외테러사건대책본부와 현장지휘본부를 설치·운영했다. 05:15 NSC 사무차장은 국가안보보좌관에게 피랍사실을 보고하고, NSC 상황실에 초기대응반 가동과 정확한 상황 파악을 지시했다. 05:25 위기관리센터장은 초기대응을 위해 안보팀과 테러팀 인원을 동원하여 초기대응반을 소집하고, 정보관리실은 외교통상부·국가정보원·국방부에 피랍상황에 대한 신속하고 정확한 정보파악을 요청했다. 06:00 NSC 사무차장은 대통령에게 상황을 유선으로 보고했다.[61]

06:15 국가안보보좌관은 NSC 사무처에 긴급 상임위 소집을 지시하여, 08:00 긴급 NSC 상임위원회가 개최되었다. 상임위에서는 ① 정부가 인질석방을 위한 모든 노력 경주, ② 긴급대책본부 운영 및 정부대책반 현지 파견, ③ 이라크 방문 자제 및 체재교민 철수, ④ 이라크 파병이 재건지원을 위한 인도적 목적임을 재확인하는 결정이 있었다. 09:00 대통령 주재 수석보좌관회의가 개최되었고, 대통령은 외교통상부를 중심한 사실관계 파악과 인질 석방을 위해 최선을 다할 것을 지시했다.[62]

(3) 협상과 구출노력

외교통상부장관은 6월 21일 당시 중국 칭다오에서 개최되는 아시아협력대화(ACD) 외교장관회의 참석 중인 상황에서 미국 국무장관과 통화하고, 오만 외무장관, 카타르 수석대표, 바레인 외무장관, 중국 외교장관, 일본 외무장관 등과 긴

61 외교통상부, "피살사건관련 보고," pp. 1, 10; 국가안전보장회의 사무처, "이라크내 테러집단에 의한 한국인 피살사건관련 보고," 2004.7.23, pp. 1-2, 12-13; 국회사무처, "진상조사 특별위원회 회의록," 제8호, p. 43.
62 국가안전보장회의 사무처, "피살사건관련 보고," p 2.

급 회동하여 석방 협조를 요청을 했다. 외교통상부차관은 11:00 주한 중동지역 국가 대사들을 초치하여 석방 협조를 당부하였고, 주한 미국·일본·영국 대사 등과 통화하여 협조를 요청했다. 11:30 NSC 사무차장은 현지 파견 정부대책반 구성과 관련 외교통상부·국방부와 유선 협의를 하여 장재룡 본부대사를 반장으로 하는 현지대책반(외교통상부·국방부·국가정보원 직원 6명)이 구성되었다. 외교통상부 본부는 11:53 주카타르 대사에 알 자지라 방송 관계자를 접촉하여 무장단체와 대화 채널 활용을 지시하고, 13:28 주이라크 대사에게 이라크 성직자협회, 이라크 임시행정처 및 다국적군사령부(MNF-I) 등에 협조를 요청하도록 지시했다. 16:00 국무총리 대행(경제부총리) 주재 대테러대책위원회를 개최하였고, 16:50 현지대책반이 이라크에 긴급 파견되었다. 18:00 알 자지라 방송은 김선일 석방 호소문과 주카타르 대사 인터뷰를 방영했다. 6월 21일 밤 22:00 외교통상부 종합상황실에서 NSC 및 관계부처 합동대책회의가 개최되었다.[63]

사건 인지 다음날인 6월 22일에도 인질구출을 위한 NSC·외교통상부·국가정보원 등 관계부처는 다양한 대책회의를 개최했다. 한편 6월 22일 09:55(현지 시각 03:55) 현지대책반이 요르단 암만에 도착하여 바그다드 향발 준비와 함께, 요르단 외무장관 및 정보부장 면담을 추진하고 이라크 팔루자 지역 유력 부족장 자제를 통한 석방 협상을 요청했다. 또한 알 자지라 방송 지국장을 면담하여 김선일의 안위확인 가능성 타진 및 대책방안에 대한 조언을 청취했다. 한편 22:00 대통령은 외교통상부 상황실을 방문하여 사건상황을 보고 받는 자리에서 외교통상부차관으로부터 희망적인 관측이 나오고 있다는 보고를 받았고, 이후 22:30 외교통상부 상황실에서 외교통상부장관, 국가안보좌관 등이 참석한 유관부처 합동대책회의가 열렸다.[64]

---

63   외교통상부, "피살사건관련 보고," pp. 3-5; 국가안전보장회의 사무처, "피살사건관련 보고," pp. 3-4.

64   외교통상부, "피살사건관련 보고," p. 6; 국회사무처, "진상조사 특별위원회 회의록," 제6호, p. 25; NSC 최종수정본, p. 13.

(4) 사건의 종결

6월 22일 22:20(현지시각 17:20) 미군이 팔루자에서 바그다드 서쪽 35km 지점에서 한국인 시신을 발견했다. 22:30분경 MNF-I 상황실은 한국군 연락단에 동양인으로 추정되는 사체를 발견하여 이송 및 안치 중이라는 사실을 통보했다. 22:50 이라크 평화·재건사단 작전부사단장은 주이라크대사관, 합참 및 국방부에 사체 발견을 보고했다. 23:00 상기 사실을 합참의장은 국방부 장관과 NSC에, 주이라크 대사는 외교통상부에 각각 보고했다. 당시 22:30부터 외교통상부 상황실에서 개최된 합동대책회의 도중 보고를 접수하고 외교통상부·국방부·국가정보원·총리실 관계자들은 사후 후속조치를 논의했다.[65]

6월 23일 00:45 주이라크 공사 등은 이메일로 송부된 시신의 사진을 확인 후 사망 사실을 본부에 보고하고, 02:25 시신을 직접 확인하여 최종 보고했다. 02:00 긴급 NSC 상임위가 개최되었고 ① 이라크 무장단체의 반인륜적 테러행위 강력 규탄, ② 시신 조속한 송환 추진과 현지교민 철수 대책 강구, ③ 이라크 파병의 재건·인도적 목적을 재확인하는 결정을 했다. 이후 09:30 대통령의 대국민 담화가 발표되고, 10:00 청와대 수석보좌관회의에서 ① 유해 국내송환 등 사후 조치 철저한 강구, ② 재외공관 및 교민 안전대책 재점검, ③ 국내외 테러 종합대책 조치 등을 논의했다.[66]

3) 국외 인질테러 대응 체계와 전략의 문제점

(1) 피랍 조기인지 실패 및 교민 안전대책 미흡

첫째, 외교통상부 임무와 관련하여 '재외국민보호 매뉴얼'에 따른 후속조치가 실효적으로 실행되지 않았다. 4월 8일 대테러리즘 관계부처 장관회의에서 전

---

65   국방부, "고 김선일씨 사건 관련 상황경과 및 주요조치," 2004.7.21, p. 4; 국가안전보장회의 사무처, "피살사건관련 보고," pp. 5, 16; NSC 최종수정본, p. 13.

66   NSC 최종수정본, p. 14; 국가안전보장회의 사무처, "피살사건관련 보고," p. 5; 외교통상부, "피살사건관련 보고, p. 15.

재외공관에 안전 및 테러관련 사항에 대한 철저한 보고 지시에도 불구하고, 이러한 지시사항이 외교통상부 직원에게 전달되지도 않았고, 6월 3일 AP통신의 실종문의에 대한 공보실 직원의 조치 태만도 발생했다.[67]

둘째, 4월 9일 위험수준 단계가 4단계로 격상되어 잔류 재외국민의 제3국 대피 또는 국내 철수가 요구되었다. 그러나 주이라크대사관은 가나무역이 군납 업체로서 업무를 수행하지 않을 수 없으며 긴급 시 미군부대 피난이 가능하다고 하여 13명 직원들을 철수에서 제외하는 필수요원으로 지정했다.[68] 주이라크대사관은 '재외국민보호 매뉴얼'에 의거하여 가나무역 직원에 대한 동향 파악과 적극적인 안전대책을 위해 체류교민의 안전상황을 일일점검을 해야 했으나, 회사대표에게 전화로 문의하거나 이메일 발송 후 수신 여부를 확인하지 않는 등 비상연락망을 형식적으로 운영하여 사건의 조기인지에 실패했다.[69]

셋째, 실종 및 피랍사실이 초기부터 가나무역 직원, 현지의 목회자, 선교사 그룹, 국내 체류 중이던 김천호의 형 김비호와 그가 출석하던 교회 관계자 등에게 알려져 있었다. 김천호는 6월 5일 바그다드를 방문 중인 강부호 목사와 한국에 체류 중인 김비호에게 피랍사실을 알렸다. 5월 31일 사건발생 이후 6월 21일 알 자지라 방송 때까지 3주간 주이라크대사관과 국가정보원은 이러한 납치사실에 대한 정보를 수집하지 못하여 조기인지에 실패했다.[70] 또한 사건 초기 주이라크대사관은 김천호로부터의 정보에만 의존하여 납치일을 6월 17일로 잘못 인지했다. 결국 2003년 11월 30일 오무전기 직원 피격사건, 2004년 4월 5일 가나무역 박원곤·NGO 활동가 피랍사건, 4월 8일 목사일행 7명 피랍사건 등 한국인에 대한 테러사건이 발생한 이후에도 불구하고 대사관의 교민안전관리와 정부의

---

67   우원식(2004), p. 4; 감사원, "재이라크 교민 보호실태," p. 3.

68   국회사무처, "진상조사 특별위원회 회의록," 제6호, pp. 7-8, 12, 28, 35, 60; 국회사무처, "진상조사 특별위원회 회의록," 제8호, p. 17.

69   감사원, "김선일 사건 감사 진행상황," p. 16.

70   감사원, "김선일 사건 감사 진행상황," p. 7; 특별위원회, "국정조사 결과보고서," pp. 23-24, 31-32.

피랍사실 조기인지 실패 등 심각한 문제점이 발생했다.[71]

(2) 테러첩보의 전파 · 공유 체계 및 정보분석의 문제점

첫째, 4월 8일 대테러리즘 관계부처 장관회의에서 테러첩보에 관한 철저한 보고 지시에도 불구하고, 5월 10일 국가정보원 테러첩보는 NSC, 외교통상부, 국방부의 본부에 보고되지 않아 심각한 테러 첩보의 적시적 전파·공유의 문제가 발생했다. 2004년 1월 1일부터 7월 10일까지 본부가 해외거점에서 입수한 이라크 내 테러 관련 첩보 가운데 이라크 한국교민을 목표로 한 테러첩보는 모두 13건이었고, 그 가운데 가장 구체적인 것이 피랍사건 3주 전인 5월10일 입수된 가나무역 테러관련 첩보였다. 5월 10일 수집한 테러첩보는 ① 가나무역 직원들이 기독교인, ② 미군 군납업무 수행, ③ 현지인 직원들의 잦은 해고로 원성을 살 수 있는 우려, ④ 미군 군납계약에 탈락한 이라크 업체들이 가나무역에 대해 불만을 가질 수 있다는 것 등이었다. 이러한 구체적인 국가정보원 테러첩보가 주이라크대사관 아침회의에서 공관원에게 전파되었으나, 대사관 직원은 외교통상부 본부로 보고하지 않았다. 국가정보원도 NSC 정보관리실에 보고하지 않았고, 국방부 무관도 본부에 보고하지 않았다.[72] 즉 4월 10일 위험수준 단계가 4단계로 격상되었고 구체적인 테러첩보들이 접수된 상황 하에서 정보 전달체계에 심각한 허점이 드러났다.

둘째, 외교통상부 등 관계기관의 상황보고 및 정보 분석의 적정성 문제이다. 6월 22일 22:00 대통령의 외교통상부 방문시 비관적 정보와 희망적인 정보가 혼재된 상황이었다. 비관적 정보는 미국 국무부 대테러리즘 담당대사, 미국 NSC 안보 부보좌관, 영국 MI6 이라크 담당관, MNF-I 인질테러전문가 등의 살해 가능성이 높다는 관측이었다. 한편 희망적 정보는 가나무역 변호사의 "처

71   NSC 최종수정본, p. 3.
72   국회사무처, 제248회 국회, "이라크내 테러집단에 의한 한국인 피살사건 관련 진상조사 특별위원회 회의록," 제4호, 2004.7.21, p. 26-27; 국회사무처, "진상조사 특별위원회 회의록," 제6호, pp. 12, 21-22, 27, 31, 37, 43, 48, 55; 국회사무처, "진상조사 특별위원회 회의록," 제8호, pp. 22, 75; 우원식(2004), p. 7.

형 연기 통보 접수", 알 자지라 방송의 "요구시한 연장" 자막보도, 연합뉴스의 "NKTS 사장의 현지인 동업자가 참수를 막았으며 협상 중"이라는 보도 등이었다. 이러한 상황에서 외교통상부 최영진 차관은 대통령에게 희망적인 관측에 비중을 둔 정보 보고를 했다. 그러나 보고 당시 김선일은 이미 피살되었고, 보고 직후 시신이 발견되었다는 비보를 접했다.[73]

(3) 인질 협상과 구출 노력의 문제점

첫째, 김선일이 5월 31일 피랍된 이후 20여 일간 정부가 피랍사실을 인지하지 못하여 석방협상 및 구출작전을 펼칠 시간을 확보하지 못했다. 둘째, 6월 21일 03:30분 알 자지라 방송국으로부터 납치 관련 비디오에 대해 연락받은 후, 05:00에 방영되기 전까지 방영을 연기시키려는 노력이 없었다.[74]

셋째, 6월 22일 09:55(현지시각 03:55) 현지대책반이 요르단 암만에 도착한 시간은 무장단체가 한국인 참수 통첩 24시간 시점(한국시각 6.22 05:00)을 이미 경과한 시간이었다. 대책반이 현지상황을 파악하는데 29시간여 소요되었고, 암만에 도착했을 때는 (추후에 김선일의 사망 추정시간이 6.22 08:20 직후로 추정된바) 김선일이 이미 참수당한 이후였다.[75] 사건의 공개 이후 외교통상부와 국가정보원은 이라크 내 정보인프라의 미비로 납치단체 및 납치배경, 협상라인 등에 대한 정보가 부족하였고, 이에 따라 협상 접촉선을 제대로 찾지 못하여 현지 사설경호업체 NKTS 사장 등 공인되지 않은 민간인의 창구에 의존한 것이 문제점으로 지적 될 수 있다.[76]

넷째, 인질구출 작전의 미비문제이다. 사건이 공개된 후 6월 21일 10:00-11:00(한국시각 6.21 15:00-16:00) 이라크 평화·재건사단 작전부사단장 최종일 준장

---

73 국회사무처, 제248회 국회, "이라크내 테러집단에 의한 한국인 피살사건 관련 진상조사 특별위원회 회의록," 제7호, 2004.7.28, p. 4; 국회사무처, "진상조사 특별위원회 회의록," 제6호, p. 66; 감사원, "김선일 사건 감사 진행상황," pp. 11-12;『주간동아』, 커버스토리, "여보세요~ 한국에 외교 있습니까," 2004.7.7.

74 국회사무처, "진상조사 특별위원회 회의록," 제6호, pp. 20, 30.

75 국회사무처, "진상조사 특별위원회 회의록," 제8호, pp. 12, 95; 국회사무처, "진상조사 특별위원회 회의록," 제6호, pp. 25, 44, 68.

76 국회사무처, "진상조사 특별위원회 회의록," 제6호, p. 52; NSC 최종수정본, p. 7.

은 MNF-I DIA 요원 찰스 번팅(Charles Bunting)과의 회의를 통해 "무장단체는 알카에다와 관련된 알 자르카위 분파로 몸값 협상은 통하지 않으며 처형될 가능성이 높고, 데드라인을 연장하게 되면 협상 또는 구출 가능성이 있다"는 내용과 "협상 또는 작전을 실행하기 위해서는 위치 파악이 중요하고 최악의 상황에 대비한 구출작전을 준비할 것" 등을 조언 받았다.[77] 또한 미국 국무부 대테러리즘 담당대사는 "구출작전과 석방 모색, 두 가지 가능성을 모두 상정하고 피랍자의 안전을 최우선으로 고려하는 가운데 구출작전을 결정해야 할 것"이라는 조언도 있었다. 이러한 상황에서 국방부는 테러단체의 성격과 요구조건, 협상 시한의 제한성, 인질테러 전문가의 조언을 고려할 때 구출작전 계획을 위해 노력했어야 했다. 아울러 '재외국민보호 매뉴얼'에 따라 인질·납치 사건이 발생 할 경우 필요시 주재국과 협의 하에 인질구출팀을 파견하도록 되어있으나 인질구출팀 구성을 제안하지도 않았다.[78]

(4) 인질테러 대응 체계의 문제점

통합된 범정부적 대테러리즘 '커맨드 센터(command center)'와 테러정보 통합관리 체계의 부재로 테러 정보 수집·전파·분석과 전술적 대응 등에 많은 문제점이 나타났다. 첫째, 대테러대책위원회와 대테러실무위원회는 상설조직이 아니라 사안발생 시 소집되는 임시협의체였다. 정부 20개 관계기관이 각각 대테러리즘 업무를 수행하고 있으나, 이를 실무적으로 종합하고 협의·조정하는 담당기구가 없어 대테러대책위원회와 대테러실무위원회에서 협의된 대책을 실효성 있게 추진하지 못했다. 또한 대테러리즘 활동이 행정기관의 내부관계를 정한 직무상 명령인 대통령훈령인 '국가 대테러활동지침'에 의거하여 수행되었기에 법적인 강제력이 없어 국가 차원의 통합된 대응체계를 구축하지 못했다. 둘째, NSC는 대테러리즘 관련 정보의 종합과 위기 예방·관리 대책의 기획·조정 역할을 다하지 못했다.

---

77   국회사무처, "진상조사 특별위원회 회의록," 제4호, p. 7, 37.
78   국회사무처, "진상조사 특별위원회 회의록," 제8호, p. 94.

셋째, 국외테러 사건의 주무부처인 외교통상부에 국외테러 담당 부서의 부재로 효과적인 내처를 하지 못했다. 국외테러 업무가 안보정책과, 영사과, 지역과(중동과) 등에 분산되었고, 전담 또는 총괄 부서를 설치 또는 지정하지 않아 업무 분장도 모호하여 예방적이고 체계적 대응이 힘들었다. 테러 발생 시 비상대응조직인 국외사건테러사건대책본부와 종합상황반의 구성원에 대한 근무명령도 부재하였고, '재외국민보호 매뉴얼'에 따른 조치를 집행하기 위한 실효성 있는 위험국가 여행자에 대한 통제법령이 미비하여 이라크 재외국민 보호에 실패했다.[79]

넷째, 국가정보원이 운영하는 정부합동 대테러상황실과 대테러보안국을 중심으로 테러동향을 수집·분석·전파하고 있으나, 테러 징후와 첩보가 적시에 신속하게 통합·전파되지 못했다.

결국 위기예방, 관리 대책의 기획·조정 역할을 하는 NSC가 운영 중이었던 정보관리실과 위기관리센터, 국가정보원의 정부합동 대테러상황실과 대테러보안국, 외교통상부 국외테러사건대책본부 등이 체계적인 정보공유와 대책 협조 및 대응을 수행하지 못하고 외교·안보 위기관리 체계의 총체적인 문제점을 노출했다.[80]

2. 2007년 아프가니스탄 한국인 피랍사건[81]

1) 사건의 개요

아프가니스탄에서는 2005년 12월 카르자이 정부가 출범하였으나, 카불 함락설이 유포될 정도로 탈레반이 득세하여 치안정세가 불안한 상황이었다. 이에 따라 아프가니스탄 정부는 2006년 3월 아시아문화협력기구(IACD) 주최로 2,000

---

79   감사원, "재이라크 교민 보호실태," pp. 6-7; 감사원, "김선일 사건 감사 진행상황," p. 15.
80   『주간조선』, 커버스토리, "외교안보 공황," 2004.7.8, pp. 17-18 참고.
81   필자의 논문, 윤태영, "한국의 국외인질테러 대응 체계와 활동 평가: 아프가니스탄 피랍사건을 중심으로," 『한국공안행정학회보』, 제27권 제3호(2018), pp. 284-296 인용.

여 명이 참석하기로 한 평화축제의 행사 불허 결정을 IACD측에 통보했다. 8월 3일 아프가니스탄 정부가 참가단에 강제출국 지시를 내리자 IACD는 행사 취소를 결정했다. 이 과정에서 한국 정부는 IACD 측에 자진철회를 요청하였고, 9차에 걸쳐 여행자제 및 신변안전 유의를 경고했다. 또한 2007년 2월에는 탈레반이 아프가니스탄에서 한국인 여행객을 납치 기도한다는 첩보가 입수돼 정부가 선교사 등에게 육로이동을 금지할 것을 권고하기도 했다.[82]

　　2007년 7월 당시 외교통상부는 아프가니스탄에 대해 여행경보 4단계(여행유의→여행자제→여행제한→여행금지) 중에서 3단계인 여행제한국가(가급적 여행을 삼갈 것을 권유하는 단계)로 분류해놓고 있었다.[83] 아프가니스탄에는 2002년 9월부터 한국 동의부대(의료부대) 150여 명과 2003년 6월부터 다산부대(공병부대) 60여 명을 수도 카불 근처 바그람 미국 공군기지에 주둔시키고 있었다.[84] 또한 교민 38명, 한국국제협력단(KOICA) 관계자 7명, 동서문화교류재단·한민족복지재단 등 10개 비정부기구 관계자 86명 등 약 200명의 한국인이 체류하고 있었다.[85]

　　이러한 상황에서 분당 샘물교회 청년회 소속 봉사단 20명은 의료 및 어린이 교육 등 해외 봉사활동을 위해 열흘 일정으로 2007년 7월 14일 카불에 도착했다. 7월 15-18일 마자리 샤리프 지역에서 의료봉사 및 어린이 봉사활동을 했다.[86] 7월 19일 오후 샘물교회 봉사단 20명과 아프가니스탄 현지에서 합류한 3명의 안내자 23명(남자 7명, 여자 16명)이 전세버스를 빌려 카불에서 남부 칸다하르로 가던 중, 가즈니주 카라바크 인근지역 자불-칸다하르 고속도로 상에서 탈레반

82　국가정보원 테러정보통합센터, 『2007년 테러정세』, (서울: 국가정보원 테러정보통합센터, 2008), pp. 23, 25; 국가정보원 테러정보통합센터, "2006 아프간 평화축제: 추진 경과 및 정부의 대응조치," 2006.8, pp. 1, 7; 국회사무처, 제268회 국회, "통일외교통상(국방위원회와 연석회의) 위원회회의록 제7호 부록," 2007.7.25, p. 1.
83　『중앙일보』, "한국인 인질 18명 살해하겠다," 2007.7.21.
84　『조선일보』, "한국군 철수 안하면 인질 죽이겠다," 2007.7.21.
85　『중앙일보』, "한국인 인질 18명 살해하겠다," 2007.7.21.
86　한국위기관리재단, 『2007년 아프가니스탄 피랍사건 종합보고서』 (서울: 한국위기관리재단, 2013), p. 68.

무장단체에 의해 피랍되는 대규모 인질·납치 사건이 발생했다[87]

2) 한국 정부의 초기대응과 탈레반 · 아프가니스탄 정부 협상과정

7월 19일 분당 샘물교회 신도 23명이 아프가니스탄에서 탈레반에 납치됐다는 소식이 7월 20일 로이터 통신을 통해 국내에 전해졌다. 7월 20일 밤 탈레반 대변인 카리 유수프 아마디는 7월 21일 낮 12시(한국시각 오후 4시 30분)까지 아프가니스탄 주둔 한국군이 철군하지 않을 경우 인질들을 살해하겠다고 협박했다. 한국 정부는 아프가니스탄에 파병 중인 동의·다산부대를 2007년 말까지 철군한다는 기존의 계획을 재확인했다. 탈레반은 7월 21일 오후 한국 정부의 기존에 예정된 한국군 연말 철수계획을 환영하면서도, 22일 19시(한국시각 오후 11시 30분)까지 한국인 인질과 같은 수의 탈레반 포로를 석방할 것을 요구했다. 이후 22일 밤에 협상시한을 24시간 연장한다고 밝혔다.[88] 탈레반은 국제사회에서 테러단체가 아닌 반정부 단체로서의 지위와 위상을 인정받기 위해 인질 석방조건으로 한국군 철수와 탈레반 수감자 석방을 요구했던 것이다.[89]

외교통상부는 2007년 7월 20일 본부에 '국외테러사건 대책본부'를 설치했다. 7월 21일 노무현 대통령은 카르자이 아프가니스탄 대통령에게 전화해서 협조를 요청하는 한편, CNN을 통해 인질석방을 촉구하는 긴급 메시지를 발표했고, 정부는 철군계획을 재확인한 뒤 협상단을 카불 현지에 급파했다.[90] 한편 정부는 이날 아프가니스탄을 4단계 여행경보단계인 여행금지국으로 상향조정하고 현지에 체류 중인 비정부기구 관계자들과 교민들을 상대로 출국을 유도했다. 7

---

87   국가정보원 테러정보통합센터(2008), p. 296.

88   정책브리핑, Weekly 공감, "아프간 악몽 끝났다: 정부탈레반 협상타결 전원석방", 2007.9.4; 『조선일보』, "한국군 철수 안하면 인질 죽이겠다," 2007.7.21; 『조선일보』, "탈레반 협상시한 24시간 추가연장," 2007.7.23.

89   국가정보원 테러정보통합센터(2008), p. 25.

90   국회사무처, 제268회 국회, "통일외교통상(국방위원회와 연석회의) 위원회회의록 제7호," 2007.7.25., p. 2.

월 22일 아프가니스탄 현지공관에 외교통상부 조중표 1차관을 본부장으로 현장 지휘본부를 설치했다.[91]

7월 22일, 한국 정부 협상단이 아프가니스탄 수도 카불에 도착하여, 아프가니스탄 정부, 부족원로 및 종교지도자들에게 탈레반 측과 직·간접적 접촉과 중재를 요청했다. 탈레반은 협상시한을 23일 19시까지 24시간 연장한다고 밝혔다. 그러나 탈레반과 포로석방을 거부하고 있는 아프가니스탄 정부와의 협상이 진척되지 않는 상황에서, 7월 23일 탈레반은 한국 정부와 직접협상을 요구하고, 협상시한을 24일 19시까지 다시 24시간 연장했다. 또한 석방을 요구하는 수감자 수도 당초 한국인 인질과 동수인 23명에서 가즈니주에 수감된 탈레반 포로 55명 전원으로 변경했다.[92]

7월 24일 탈레반은 협상시한을 지정하지 않고 연장했다. 한국 정부는 피랍자 23명 중 여성 18명을 우선 석방시키는 교섭이 납치단체와 진행 중이라고 밝혔다. 또한 정부가 여행을 제한하는 위험지역이나 국가에 허가 없이 갈 경우 처벌할 수 있는 여권법 시행령 및 시행규칙 개정안이 발효되었다. AFP통신은 탈레반이 인질 8명 탈레반 수감자 8명 교환을 아프가니스탄 정부에 제의했다고 보도했다.[93]

7월 25일 탈레반과 아프가니스탄 정부와의 협상이 난항을 겪는 가운데 탈레반에 의해 배형규 목사가 살해되었다. 탈레반은 7월 26일 오전 1시(한국시각 26일 새벽 5시 30분)를 새로운 시한으로 정해 수감자 8명이 석방되지 않으면 다른 인질도 모두 살해할 것이라고 위협했다.[94] 7월 26일 한국 정부는 오전 5시 제9차 안보정책조정회의를 개최하고 납치단체의 비인도적 행위를 규탄하는 첫 번째 공식성명을 발표했다. 또한 백종천 청와대 안보정책실장을 대통령 특사로 아프가니스탄에 파견했다.[95] 7월 27일 탈레반은 협상이 계속되는 한 새로운 시한 제시는 없

91   정책브리핑(2007).
92   정책브리핑(2007); 『조선일보』, "협상 새 국면: 탈레반 한국이 문제 풀게 24시간 더 준다," 2007.7. 24.
93   『연합뉴스』, "위험국 무단입국 처벌 신여권법시행령 발효," 2007.7.24; 『중앙일보』, "인질 석방 협상 희망이 보인다," 2007.7.25; 『조선일보』, "여성 인질 18명 우선석방 교섭중," 2007.7.25.
94   『조선일보』, "남자 인질 1명 피살, 8명은 미기지 도착," 2007.7.26.
95   『동아일보』, "숨가쁜 청와대, 숨죽인 외교부," 2007.7.27.

다고 밝혔다. 아프가니스탄 관리는 납치세력은 세계의 그룹으로 나뉘어져 있으며 서로 요구가 다르고, 협상시한이 무기한 연장되었다고 밝혔다.[96] 7월 29일 백종천 대통령 특사는 카르자이 아프가니스탄 대통령 면담하고 인질·수감자 맞교환 협상에 적극적으로 임해줄 것을 요청했으나, 아프가니스탄 정부는 불가입장을 밝힌 것으로 전해졌다. 탈레반은 협상시한을 7월 30일 오후 4시 30분으로 연장했고, 협상시한까지 인질과 탈레반 포로 8명씩 3차례 맞교환이 이루어지지 않으면 인질을 살해하겠다고 협박했다.[97]

한편 탈레반은 피랍 인질들의 육성을 7월 26일과 29일 외신 및 한국 언론을 통해 공개하면서 정보 교란전을 극대화하고 협상카드로 활용했다. 탈레반이 협상시한을 수시로 변경하고, 인질·탈레반 포로 맞교환 협상이 난항을 거듭하는 가운데, 7월 31일 심성민 씨가 두 번째로 살해되었다.[98] 이에 대해 정부는 두 번째 성명을 통해 납치단체를 규탄하고 추가 희생자가 나올 경우 좌시하지 않을 것이라 밝혔다. 또한 아프가니스탄과 미국 정부에게 테러단체와 협상하지 않는다는 국제사회의 원칙만 고집하지 말고 포로 맞교환 협상에 적극적으로 나설 것을 촉구했다. 한편 탈레반은 협상시한을 8월 1일 정오(한국시각 오후 4시 30분)로 정하고, 탈레반 수감자 석방에 대한 아프가니스탄과 한국 정부의 긍정적인 답이 없을 경우 나머지 인질을 살해하기 시작할 것이라고 위협했다.[99]

8월 1일 탈레반은 협상시한이 종료된 뒤 시한은 지났지만 대화와 협상을 선호하고 있으나, 군사작전이 시작되면 인질을 살해할 것이라고 밝혔다. 한편 김만복 국가정보원장은 국회 정보위원들과의 비공개 간담회에서 한국인을 억류하고 있는 탈레반 무장단체는 압둘라 그룹이고, 인질 21명이 가즈니주 카라바그, 안다르, 데약 등 3개 지역, 9개 마을에 분산 억류되어있고, 아프가니스탄 정부군의 추적을 피해 인질 억류장소를 수시로 변경하고 있다고 밝혔다.[100]

---

96   『조선일보』, "탈레반 세력간 의견 달라 인질협상 시한 무기 연장," 2007.7.28.
97   『조선일보』, "인질·수감자 3차례 맞교환 원한다," 2007.7.30.
98   『조선일보』, "탈레반 포로 맞교환 요구 관철 노력," 2007.7.31.
99   『조선일보』, "물밑 협상 한계, 군사작전 반대 입장 바뀔 수도," 2007.8.1.
100 『조선일보』, "아프가니스탄 여행금지국으로," 2007.8.2.

3) 한국 정부 · 탈레반 인질협상 과정

한국 정부는 피랍사건 직후부터 아프가니스탄 정부를 매개로 탈레반 측과 간접협상을 진행해왔으나 인질협상은 교착상태에 빠졌다. 결국 피랍사태는 한국 정부와 탈레반의 대면접촉을 통해 해결의 실마리를 찾게 되었다. 8월 1일 백종천 대통령 특사가 한국 정부는 군사적 조치에 반대하며 협상을 통한 해결을 희망한다고 밝혔다. 또한 청와대 대변인은 탈레반 측과 접촉의 폭을 확대하고 있으며, 직·간접적 접촉이 이뤄지고 있다고 밝혔다. 7월 31일 탈레반 협상대표가 아프가니스탄 주재 한국대사와 첫 전화통화를 한 것으로 밝혀졌다.[101]

8월 3일 아프가니스탄 주재 한국대사와 탈레반 측은 직접협상의 장소를 정하기 위해 전화접촉을 했고, 탈레반 측은 유엔의 안전보장만 있으면 한국 협상대표팀과 협상 용의가 있다고 밝혔다.[102] 8월 5일 탈레반은 한국 정부의 직접협상에 대한 노력이 불만족스럽다며 인질살해를 재개할 수 있다고 협박했다.[103] 한편 8월 6일 미국 부시 대통령과 아프가니스탄 카르자이 대통령은 정상회담에서 탈레반에 대한 양보 불가 입장을 재확인했다.[104] 8월 7일에는 외교통상부의 아프가니스탄 여행금지국 지정이 발효되었다.

피랍사태 23일째를 맞은 8월 10일 탈레반 측 대표단과 한국 대면접촉팀이 가즈니주 적신월사(ICRC · 이슬람권 적십자) 사무실에서 첫 번째 대면협상을 가졌다. 탈레반 대표는 한국인 인질 8명과 같은 수의 탈레반 수감자 맞교환 조건이라는 기존 입장을 반복하였고, 한국 정부 측 대표는 탈레반 수감자 석방은 한국의 권한 밖이라며 인도주의적 차원의 인질석방을 요청했다.[105] 8월 11-12일 2차 대면협상 과정에서 탈레반은 선의의 표시로 아픈 여성 인질 2명 석방을 발표했고, 13

101 『조선일보』, "정부, 탈레반과 직접 협상 나선 듯," 2007.8.2; 『중앙일보, "인질 구출 아닌 통상작전," 2007.8.2.
102 『조선일보』, "탈레반 한국과 카불서 협상 용의," 2007.8.4.
103 『연합뉴스』, "탈레반, 한국 협상노력 불만족 살해위협 재개," 2007.8.5.
104 『조선일보』, "부시-카르자이 탈레반은 냉혹한 살인자, 끝까지 응징," 2007.8.7.
105 『조선일보』, "2명 석방 약속은 받았지만, 기나긴 협상의 예고편," 2007.8.13.

일 여성 인질 2명이 석방되었다.[106] 8월 14일 한국·탈레반 대표는 전화통화로 남은 인질 19명의 석방 협상에 관한 의견을 조율했고, 딜레반은 최고지도위원회가 협상팀에 석방요구 수감자 숫자를 줄이거나 명단을 변경할 수 있는 권한을 부여했다고 밝혔다.[107]

8월 16일 한국·탈레반 대표는 가즈니에서 3차 대면협상을 재개했다. 탈레반은 나머지 인질석방을 조건으로 탈레반 수감자 23명의 석방을 요구했다. 8월 18일 탈레반은 한국이 협상에 미온적이라며 인질 1-2명을 추가 살해할 수 있다고 위협했다.[108] 그러나 8월 중순부터 탈레반이 인질·포로 맞교환 조건을 철회할 의사를 내비치면서 해결의 실마리를 찾게 되었다. 한국 정부와 탈레반은 25-26일 대화를 진행하였고, 한국 정부는 26일과 27일 오전까지 피랍자 12명과 직접 통화하며 건강상태 등을 확인했다.[109]

8월 27일 한국 정부가 아프가니스탄에 파병된 동의·다산부대를 3개월 연장 주둔 후 철수시키겠다는 계획을 발표하면서 인질협상은 진척되기 시작했다. 마침내 8월 28일 한국·탈레반 대표는 4차 대면협상을 갖고 인질 19명 전원 석방에 합의했다.[110] 한국·탈레반 협상팀은 ① 아프가니스탄 내 한국군 연내 철수, ② 아프가니스탄 내 비정부기구 활동 한국인들 8월내 철수, ③ 한국의 기독교 선교사 활동 금지, ④ 한국인 철수과정의 안전 보장, ⑤ 탈레반 수감자 석방 요구 철회 등 5개 조항에 합의했다.[111] 이에 따라 8월 29일 탈레반은 피랍자 19명 가운데 한국인 인질 12명을 3차례에 걸쳐 석방했다. 8월 30일 남은 인질 7명도 석방되어 43일간의 아프가니스탄 피랍사태가 종결되었다.[112]

---

106   『조선일보』, "남은 19명은… 탈레반 공은 한국 정부로 넘어가," 2007.8.14.
107   『연합뉴스』, "아프간 피랍사건 주요일지," 2007.8.29.
108   『연합뉴스』, "아프간 피랍사건 주요일지," 2007.8.29.
109   『조선일보』, "아프가니스탄 한국인 피랍사건 주요 일지," 2007.8.29.
110   『연합뉴스』, "아프간 피랍사건 주요일지," 2007.8.29; 정책브리핑(2007).
111   『조선일보』, "아프가니스탄 한국인 피랍사건 주요 일지," 2007.8.29.
112   정책브리핑(2007).

▶ 표 11-1 아프가니스탄 피랍사건 주요 일지

날짜	주요 일지
2007.7.19	• 한국인 23명(남자 7명, 여자 16명), 아프간 가즈니주 카라바크 지역 고속도로상에서 탈레반 무장단체에 의해 피랍
7.20	• 외교통상부 내 대책본부 설치
7.22	• 한국 정부 협상팀 카불 도착 • 정부합동 현지대책본부 설치(본부장: 외교통상부 조중표 제1차관)
7.24	• 탈레반, 수감자·인질 8대8 맞교환 요구
7.25	• 배형규 목사 피살(7.30 시신 인천공항 도착)
7.26	• 백종천 대통령 특사 파견(8.3 귀국) (7.29 카르자이 아프간 대통령 면담 등)
7.28-29	• 인질 4명 육성 공개
7.31	• 심성민 피살(8.2 시신 인천공항 도착) • 알 자자라 방송, 인질 동영상 공개
8.1	• 외교통상부, 아프간 여행금지국 지정 • 탈레반, "여성 인질 2명 건강상태 심각"
8.2	• 한국·탈레반 "직접 만나 대화" 합의
8.5-6	• 미국·아프가니스탄 정상회담 "탈레반과 타협 없다"
8.10	• 1차 대면 협상
8.11-12	• 2차 대면 협상, 탈레반 "아픈 여성 인질 2명 석방 예정"
8.13	• 여성 인질 2명 석방(8.17 귀국)
8.16	• 3차 대면 협상, 탈레반 "협상 실패" 선언
8.20	• 탈레반 "한국과 계속 협상할 것"
8.22	• 라마단(9월14일 전후 시작)에 인질·포로 맞교환 가능성 제기
8.25-26	• 외신 "조기철군 및 기독단체 철수 조건 곧 전원 석방"
8.26-30	• 송민순 외교통상부장관, 중동3국(사우디, UAE, 카타르) 순방
8.28	• 4차 대면 협상, 한국 협상단·탈레반 피랍자 19명 전원 석방 합의
8.29	• 피랍자 12명 석방
8.30	• 피랍자 7명 석방
9.2	• 피랍자 19명 귀국

출처: 외교통상부, "아프가니스탄 피랍사건과 관련, 사건발생 후 현재까지 석방 노력 일지," 2007년도 국정감사 위원 요구자료, 2007.10.17; 『조선일보』. "아프가니스탄 한국인 피랍사건 주요 일지," 2007.8.29.

위와 같은 협상과정을 평가하면, 사건발생 직후 탈레반은 아프가니스탄에 수감 중인 포로석방을 조건으로 제시했다. 이에 대해 한국 정부는 권한이 없는 상황에서 아프가니스탄 정부의 간접협상에 의존했다. 그러나 아프가니스탄 정부가 포로석방을 거부하는 가운데, 한국인 인질 2명이 살해되면서 직접협상에 나서게 되었다. 이는 테러집단과 직접협상하지 않는다는 국제사회의 원칙을 어기는 행태였으나 한국 정부로서는 추가적인 인명피해를 막기 위한 고육지책의 방법이었다. 비록 가즈니주 이슬람 적십자의 중재로 협상을 진행하였으나, 주권국가가 테러집단과 대등한 관계에서 직접협상을 했다는 선례를 남겨 국제사회의 비난을 감수해야만 했다.

4) 아프가니스탄 피랍사건 대응 평가

(1) 국외 인질테러 대응체계 평가

한국 정부는 2007년 당시 대통령 훈령인 국가대테러활동지침에 근거하여 대테러활동을 수행했다. 국가차원에서 비교적 신속한 대응, 각국의 협력, 현지대책본부 설치, 대면접촉 등 전방위적인 석방 노력을 했다. 아프가니스탄 무장단체 탈레반에 납치됐던 한국인 23명 가운데 비록 2명이 살해되었지만, 생존한 21명 전원이 피랍된 지 43일 만에 무사히 석방되어 국제사회에서 인질협상의 성공사례로 평가되기도 한다. 그러나 인질협상 과정에서 테러방지법의 부재로 인한 대테러리즘 체계의 운영에 문제점도 나타났다.

우선 한국 정부의 대응 노력을 살펴보면, 백종천 안보정책실장을 대통령 특사로 임명하여 아프가니스탄과 파키스탄에 파견하여 현지 정부 지도자들에게 피랍사건의 조속한 해결을 위한 지원을 요청했다. 외교통상부는 사건 발생 직후 본부에 국외테러사건 대책본부를 설치하고, 아프가니스탄 현지공관에 1차관을 본부장으로 현장지휘본부를 설치·운영했다. 이를 통해 인질협상을 주관하는 한편 국제안보지원군(ISAF) 참가국·우방국·이슬람권 국가 및 아랍리그, 이슬람회의기구(OIC), 유엔, 아세안지역안보포럼(ARF), ASEAN+3 등 국제기구를 접촉하여 인

질의 조기석방 촉구 여론 확산 및 긴밀한 협조를 위해 노력했다.[113]

국방부는 군사협조단을 현지에 파견하여 국제안보지원군(ISAF)과 협조하여 석방 지원활동을 전개했다. 또한 국방부는 협상대표단의 현지활동 지원, 피랍자 구호품 전달, 석방자 건강검진 및 후송대책 시행 등 군사분야에 대한 지원대책을 수립하고 추진했다.[114] 국가정보원은 국가 대테러업무 책임기관으로서 외국 정보 및 수사기관과 긴밀히 협조하여 각국의 대테러·협상 전문가의 협상전략과 유의사항 등을 수집·분석하여 탈레반과 직접협상 당시 대면협상 자료로 활용하도록 지원했다. 또한 현지 언어 구사자 및 대테러활동의 수행 경험이 있는 요원을 선발하여 현지 인질협상 요원으로 파견하여 생존한 인질 21명을 석방하는 합의를 이끌어냈다.[115]

그러나 국가대테러활동지침에서 규정한 비상설 임시협의체의 성격을 띤 테러대책회의와 테러대책상임위원회는 실효성 있는 활동을 하지 못하고, 대통령비서실 통일외교안보정책실을 중심으로 사건에 대응했다. 국가대테러활동지침은 대통령 훈령으로 상위법의 제약을 받고 있기에, 테러정보 수집, 테러위험인물 관리, 인원·시설·장비 보호, 테러위협 대응 및 무력진압 등 테러 예방과 대응에 관한 제반활동을 수행하고 총괄·조정하는 '커맨드 센터(command center)' 역할을 수행할 조직이 미비했다.

또한 인질사건 당시 외교통상부는 아프가니스탄을 여행제한국가로 지정했으나, 테러 위험지역에 대한 대대적인 국민적 홍보와 계도가 부족했다. 아프가니스탄의 치안상황을 고려해 사건 발생 이전에 여행금지국가로 지정했어야 했다. 또한 정부의 위험지역 여행경보를 무시하는 국민들의 안전 불감증에 대한 대책이 절실하다는 교훈을 남겼다. 아프가니스탄 인질사태가 진행되고 있었던 2007년 7월 24일에 여행을 제한하는 위험지역 및 국가를 정부의 허가 없이 여행할

113   국가정보원 테러정보통합센터(2008), p. 25; 외교통상부, "우리 국민 아프간 피랍 사건 관련, 국제 여론 동향," 2007.8.17.
114   국가정보원 테러정보통합센터(2008), p. 26.
115   국가정보원 테러정보통합센터(2008), p. 26.

경우 처벌이 가능하도록 하는 신여권법이 공식 발효되었고, 8월 7일 뒤늦게 아프가니스탄을 어행제한국가에서 여행금지국가로 변경하여 지정했다.

아울러 2007년 7월 여권법 개정 이후 국외위난지역에 여행을 금지하는 제도가 마련되어 해외 국가별 안전수준에 따라 국민의 생명을 보호하기 위한 노력이 강화되었다. 또한 여행경보제도도 세분화되고 체계화됨에 따라 위험국가·지역 여행 및 체류 시 위협요인을 감소시키고 안전대책을 향상시켰다.

(2) 인질협상 과정 평가

한국 정부의 노력으로 인질 23명 가운데 생존한 21명이 인질협상을 통해 석방되었으나, 인질협상 전략의 부족, 테러단체와 직접 대면협상, 석방금 지급 논란, 한국 기자의 아프가니스탄 접근 차단 등 몇 가지 문제점이 드러났다.

첫째, 한국 정부의 대응전략의 문제점은 사건 직후 탈레반의 철군 요구가 있자마자, 기존의 철군계획이지만 7월 21일 이를 조급하게 발표함으로써 인질 석방에 활용할 수 있는 협상카드를 소진하게 되었다. 또한 7월 27일 대통령 특사를 파견함으로써 탈레반에 지나친 기대감을 갖게 해 협상지연 가능성을 높였다. 사건 초반인 7월 25일 첫 번째 인질 살해 직후 협상은 없다는 원칙을 천명하고 인질 구출작전의 모호성을 유지했어야 했으나, 두 번째 인명 피해가 발생한 7월 31일에야 추가 인명피해에 대해 좌시하지 않겠다고 발표했다.[116] 이렇게 상황 변화에 따른 즉흥적인 협상카드의 제시보다는, 종교적 테러조직에 의한 인질사건 발생 시 인명피해의 발생가능성이 높은 점과 다양한 돌발적 시나리오를 염두에 두고 인질협상의 전체적인 로드맵을 검토하고, 이에 따른 순차적인 협상카드를 제시하여 협상과정에서 유리한 지렛대로 활용했어야 했다.

둘째, 한국 정부는 사건 초기 아프가니스탄 정부를 통한 간접협상을 진행하

---

116 『조선일보』, "한국군 철수 스스로 꺼내 협상카드로 못써," 2007.8.31; Yungwook Kim, "Negotiating with terrorists: The iterated game of the Taliban Korean hostage case," *Public Relations Review*, Vol. 34, Issue 3(2008), p. 267; Jennifer Veale, "Korean Hostages Freed—at a Cost," *Time*, August 29, 2007, http://content.time.com/time/world/article/0,8599,1657261,00.html.

다가 탈레반이 인질·죄수 맞교환 요구 관철을 위한 압박수단으로 인질 2명을 살해하자 탈레반과 직접협상에 나섰다. 아프가니스탄 정부가 인질과 탈레반 수감자 맞교환을 거부하고 미국도 이를 동조하는 가운데, 한국 정부는 딜레마에 직면하였고, 실효적인 협상카드가 없는 상황에서 탈레반·아프가니스탄 협상은 교착상태에서 빠졌다. 이를 타개하기 위해 한국 정부는 테러집단과의 직접협상 불가라는 국제사회의 원칙을 파기하고 직접 대면협상에 나서 인질을 석방시켰다. 그러나 향후 국외테러 발생 시 한국 정부의 운신의 폭이 제한될 수밖에 없는 결과를 초래했고, 한국인에 대한 인질테러 가능성이 높아졌다는 우려가 제기되었다. 또한 국가정보원장과 국정원 협상요원이 언론에 모습을 드러낸 것은 문제점으로 지적된다.

셋째, 석방금 지급 논란이다. 한국 정부가 인질석방의 조건으로 2,000만 달러(약 187억원) 이상을 지불했다는 로이터 통신과 알자자라 방송 등 여러 외신의 보도가 있었고 한국 정부는 부인했다.[117] 이러한 몸값 지불 의혹은 인질테러 발생시 선례가 되어, 향후 해외 한국인들이 테러조직의 집중적인 표적이 될 수 있고 발생가능성이 높아질 수 있다는 우려를 낳게 되었다.

넷째, 정부는 개정된 여권법에 따라 한국 기자에 대해 아프가니스탄 입국조치를 허락하지 않았다. 한국 정부가 아프가니스탄 정부에 비자발급을 거부해 달라고 요청해서 한국 언론은 현지정보를 전적으로 외신에 의존함으로써 인질사태 전개과정 보도에 혼선이 초래되었다.[118] 기자들의 안전을 위한 조치로 이해되나 인명피해가 발생된 인질테러 사건의 진행상황에 대한 신속하고 정확한 정보의 제공 또한 중요한 사안이었다.

---

117   『조선일보』, "탈레반에 수백억원 몸값 제공설, 해외 한국인 테러범 표적될 우려," 2007.9.3;
        Wikipedia, "2007 South Korean hostage crisis in Afghanistan," https://en.wikipedia.org/
        wiki/2007_South_Korean_hostage_crisis_in_Afghanistan.
118   『조선일보』, "한국군 철수 스스로 꺼내 협상카드로 못써," 2007.8.31.

5) 인질협상의 발전 방향

한국 정부는 2007년 7월 아프가니스탄 피랍사건을 계기로 테러관련 법률 및 재외국민보호법 제정의 필요성, 해외 대규모 인질사건시 협상전략 개발, 대테러리즘 전담부서 강화, 인질 구출작전 준비, 대테러리즘 국제협력 강화 등에 대한 교훈을 얻었다. 향후 해외에서 인질테러에 대한 실효성 있는 인질협상과 대테러활동을 강화하기 위해서 한국 정부는 다음과 같은 발전 방향을 추진해야 할 것이다.

첫째, 2016년 제정된 '국민보호와 공공안전을 위한 테러방지법'에 근거하여 국가 대테러리즘 정책을 종합적으로 수립하고 테러공격의 탐지·경보·예방, 테러관련 국내외 정보의 수집·분석·배포, 대테러리즘 활동 역량 강화 및 주요국 정보기관과의 테러정보 협력을 증진해야 한다. 또한 해외 테러위험지역에 진출한 교민·기업·여행객 보호대책을 실질적으로 뒷받침하기 위해 2021년 1월부터 시행되고 있는 '재외국민보호를 위한 영사조력법' 체계와 전담기구를 강화할 필요가 있다.

둘째, 해외 피랍사태 발생시 인질협상 전략의 개발이 필요하다. 한국 정부는 23명의 인질납치라는 초유의 사태에 직면하여 불가피하게 대면협상에 나섰지만, 아프가니스탄 인질사태를 계기로 대테러리즘 정책과 인질협상에 대한 기본입장을 명확히 밝혀야 한다. 향후 테러조직과의 직접 협상불가라는 원칙을 천명하고, 상황에 따라 국제적인 원칙을 훼손하지 않는 범위에서 유연성을 발휘하여 협상에 임해야 한다. 또한 다양한 국제사회의 인질협상 사례를 분석하여 인질협상 전략과 기법을 개발하고, 테러위험지역과 이슬람권 등의 전문가 및 인질협상 인력을 양성하고 보강해야 한다.

셋째, 정부의 대테러리즘 전담부서의 확충과 공조체제를 강화해야 한다. 아프가니스탄 피랍사건 당시 총괄조정기구의 부재는 2016년 3월 '국민보호와 공공안전을 위한 테러방지법'이 제정되어 국가차원에서 테러예방 및 대응체계를 공고화하면서 개선되었다고 평가할 수 있다. 국무총리 소속의 국가테러대책위원회와 상설기구인 대테러센터를 중심으로 국가차원의 대테러업무를 기획·조정하

는 제도적 기반을 구축했다. 한편 2016년 11월 '국외테러 위기대응 실무매뉴얼'
도 개정하여 과거보다 신속하고 체계적인 해외인질테러 대응체계를 구축했다고
평가된다. 한편 청와대 국가안보실은 대테러리즘 정보통합과 효과적인 정책결정
을 능력을 향상시키고, 대테러리즘 관련 매뉴얼이 효과적으로 적용될 수 있도록
지도·감독해야 한다. 국가정보원은 대테러센터를 지원하고 대테러리즘 부서와
테러정보통합센터를 중심으로 정보 전달·공유체계를 점검하고, 실무 차원에서
대테러리즘 업무의 중심기관으로 유관부처와의 협조·조정 능력을 강화해야 한
다. 외교부는 테러리즘 관련 업무를 지원하는 국제안보과 및 해외안전을 담당하
는 재외국민보호과, 재외국민안전과, 신속대응팀, 해외안전지킴센터, 영사콜센
터의 조직과 기능을 강화해야 한다. 이를 통해 재외공관의 안전, 테러첩보의 신
속한 전파, 관련 부서 간 상시 정보공유체계 구축, 체계적 해결역량 강화, 해외안
전정보와 여행경보단계의 적시적인 전파 등 실효적인 재외국민보호 체계를 완비
해야 한다.

   넷째, 아프가니스탄 인질사태와 유사한 재외국민 피랍사태가 발생할 경우,
상황에 따라 해외에서 인질을 구출할 군사작전 전담부대 운용을 검토할 필요가
있다. 다수의 한국인이 해외 테러단체에 억류되었을 때 국회의 사전동의 없이 적
절한 규모의 특전사 제707특수임무단과 해군 특수전전단 등과 같은 군사작전
부대를 파병할 수 있는 법적근거를 마련해야 한다. 유사시 외국군 구출부대를 지
원해 연합작전을 전개할 수 있는 요원의 양성도 필요하다.[119]

   다섯째, 국제 테러방지 네트워크 구축과 다차원적 대테러리즘 국제협력을
강화하기 위해 주요국들과의 양자 협력채널 구축, 테러위험지역 국가들과 전략
적 협의채널 마련 및 유엔 등 범세계적·포괄적 대테러리즘 협력에 적극 참여해
야 할 것이다. 이를 위해 유엔의 대테러리즘 회의와 국제자금세탁방지기구(FATF)
및 지역차원에서 동아시아정상회의(EAS), 아시아태평양경제협력체(APEC), 아세
안지역안보포럼(ARF) 등의 대테러리즘 관련 국제회의에 더욱 주도적으로 참여해

---

119   『연합뉴스』, "군, 피랍 한국인 구출 전담부대 운영 검토," 2008.2.17.

야 한다. 또한 범이슬람권 국제 공동체로 대표성을 지닌 이슬람회의기구(OIC)와 이슬람 관련 종교계, 학계, 비정부기구 등과의 협력을 강화해야 한다. 아울러 미국·중국·일본·EU 등 주요 우방국과의 테러정보 공유·협력을 활성화해야 할 것이다.

3부

국토안보 이해

12장

국토안보 위협과 미국 국토안보부의 활동[*]

2001년 9월 11일 미국 본토의 심장부에 대한 새로운 형태의 테러리스트 공격이 발생했다. 일 카에다(Al-Qaeda) 소속 테러리스트 19명에게 공중 납치된 4대의 미국 항공기가 세계무역센터 빌딩 2개와 국방부 청사에 충돌하여 사망자만 2,977명에 달하는 재앙적인 테러공격이 발생했다. 9/11 테러 이후의 테러공격은 지구화(globalization) 시대의 세계에서 파괴적 기술의 급속한 확산과 폭력적 극단주의를 내포한 이념이 결합되는 양상으로 전개되었다. 특히 미국은 심각한 비대칭적·비전통적 위협하에서 증오와 억압 및 살인을 수단으로 하는 급진적 이데올로기로 무장한 초국가적 테러조직과 군사·정치·외교적 차원의 포괄적이고 다차원적인 투쟁에 직면하였다.

이러한 초국가적이고 복합화·다차원적인 위협과 본토와 연계하여 발생하는 테러리즘 위협을 예방 및 대응하기 위해, 미국은 대대적인 연방 행정부의 구조 개편을 통해 22개 기관을 통합하여 2003년 3월 '국토안보부(DHS: Department of Homeland Security)'를 창설했다. 국토안보부는 24만여 명의 인원을 지닌 거대한 조직으로 연방부처 중 세 번째 규모이다. 이에 따라 기존의 군사·외교·경제 등을 중심으로 유지해온 전통적 국가안보 개념 이외에, 국토안보 위협에 대항하는 국내안보적 차원의 '국토안보(Homeland Security)' 개념이 등장했다.

미국 국토안보부는 본토에 대한 테러위협, 핵심기반시설에 대한 사이버 위협, 경제안보 위협, 외국의 불법적 활동, 초국가적 범죄 위협, 불법이주 위협, 자연재해 등을 국토안보 위협으로 설정하고, 이에 대응하기 위한 국토안보 활동을 강화하고 있다. 국토안보부는 창설 이후 효율적인 임무수행을 위한 조직개편과 업무의 조정을 계속 진행하고 있다.

2001년 9/11 테러 이후 새롭게 등장한 국토안보의 개념과 국토안보 체계에 대한 검토는 미국의 대테러리즘 활동을 통합적으로 파악하기 위해 필수적인 내용이다. 2003년 미국의 국토안보부의 창설과 활동은 세계 주요 국가에서 국토안보 개념의 도입과 통합적 대응체계에 대한 논의를 촉발하는 계기가 되었다. 또한 주요 국가의 국내 대테러리즘 체계의 개편과 정책에 많은 영향을 미치고 있다.

　　그러나 통합적인 국토안보 관점에서 테러리즘 예방과 대테러리즘 활동에
대한 국내에서의 연구는 상당히 미흡한 실정이다. 한국 정부는 2016년 3월 3일
'국민보호와 공공안전을 위한 테러방지법'을 제정했다. 그러나 테러 유형에 따라
8개 정부부처가 테러사건을 담당하는 분산된 대응체계를 유지하고 있다. 한국의
테러 유형별 주관 부처 대응방식이 초국가적·비전통적이고 복합적인 테러위협
에 적절한 대응체계인지에 대한 검토가 필요하다.

1절　하이브리드 위협과 국토안보 개념

1. 국토안보 위협의 등장

　　국제사회에서 정치·경제·군사적 힘의 분산, 새로운 강대국 부상, 대량살상
무기(WMD) 확산 및 '비국가행위자(non-state actors)'의 영향력 증대는 분쟁 양상의
복합성을 초래하였고, 다양한 행위자의 개입을 야기했고 전통적·비전통적 분쟁
의 구분을 무너뜨렸다. 복합적 위협을 지칭하는 '하이브리드 위협(hybrid threats)'
은 광범위한 능력과 위협 유형 및 포괄적 스펙트럼이 특징이며, 전면전, 비정규
전, 테러 및 범죄활동까지도 포함된다. 오늘날의 하이브리드 전쟁 상황에서 테러
와의 전쟁은 '다형태·다변종·다중심(multimodal, multivariant, multinodal)' 양상으로 전
개될 가능성이 크다.[1] 특히 '하이브리드 위협'은 대규모의 군사력을 사용하지 않
고, 공격 주체의 노출을 최소화하며, 공격 의도를 은폐하면서 전략적 목적을 달

---

*　　　필자의 논문, 윤태영, "미국 국토안보부의 대테러리즘 활동: 임무, 조직 운영체계 및 전략," 『한국치안
　　　행정논집』, 제9권 제3호(2012년 11월) 내용 수정·보완.

1　　　이상현, "경제위기 이후 국제 군사안보질서 변화: 미국의 대응과 안보적 함의," 『EAI 국가안보패널 보
　　　고서: 경제위기 이후 세계질서』, 2011년 2월, p. 5.

성하려는 '무정형 전략(amorphous strategy)'의 특징을 나타내고 있다. 이러한 '하이브리드 위협'은 지상, 해상, 사이버 공간에서 테러, 생화학·핵 위협, 국가기반시설에 대한 '사이버 공격(cyber attacks)과 해킹(hacking)', '허위조작정보 유포(disinformation campaign)' 및 '정보심리전(information & psychological warfare)', 영유권 분쟁지에 다리·가스관·인공섬 등을 설치하는 '회색 지대분쟁(grey zone warfare)' 전술 등 다양한 공격 형태로 나타날 수 있다.[2]

2001년 9/11 테러로 본토가 공격당한 미국이 상정하고 있는 국토안보 차원에서의 새로운 복합적 안보도전은 "단일 공격자, 범죄자, 초국가적 테러리스트 조직 및 국가를 포함하는 적대세력들이 비대칭 이점을 얻기 위해 전술, 기술 및 역량을 배합하여 사용하는 하이브리드 위협"이다. 미국은 알 카에다와 잠재적인 자생적 극단주의자를 포함한 폭력적 극단주의 조직의 테러리즘 위협에 직면하고 있고, 대량살상무기(WMD) 또는 '화생방·핵(CBRN: Chemical, Biological, Radiological, and Nuclear)' 물질의 불법적 유통과 관련 기술의 확산으로 인한 재앙적 테러리즘 위협뿐만 아니라 사이버 위협에 놓여 있다.[3]

2014년 6월 발표된 국토안보부의 '4년주기 국토안보검토보고서(QHSR: Quadrennial Homeland Security Review Report)'에서 예상했던 향후 5년간 미국에 대한 국토안보 위협은 다음과 같다. 첫째, 테러리스트 위협은 진화하고 있으며 형태는 변하지만 공격 계획 및 운영이 더욱 분산됨에 따라 여전히 심각하고, 특히 운송부문에서 미국과 미국의 이익은 지속적인 목표로 남아 있다. 둘째, 증가하는 사이버 위협은 핵심기반시설과 미국 경제에 대한 위험을 크게 증가시키고 있다. 셋째, 바이오테러, 전염병, 외국 동물질병 및 기타 농업문제를 포함한 전반적인 생물학적 문제는 잠재적 가능성과 영향으로 고려할 때, 최대의 국토안보 위험으로 지적되고 있다. 넷째, '급조형핵장치(IND: Improvised Nuclear Device)'의 도입과 사용

---

2   송태은, "하이브리드 위협에 대한 최근 유럽의 대응," 『주요국제문제분석』, 2020-31, 국립외교원 외교안보연구소, 2020.8.26, pp. 2, 6. 주 오이시디 대표부, "OECD, 하이브리드 위협(hybrid threats)과 핵심 기반시설 회복력(resilience) 강화 방안 논의," 2019.2.8 참고.

3   U.S. Department of Homeland Security, "Quadrennial Homeland Security Review Report: A Strategic Framework for a Secure Homeland," February 2010, p. 6.

을 통한 핵테러리즘은 가능성은 낮지만 잠재적인 결과를 고려할 때 지속적인 위험으로 남아 있다. 다섯째, 세력과 역량이 증대하고 있는 초국가적 범죄조직은 위조품, 인신매매, 불법마약 및 기타 불법적인 사람과 물품의 이동촉진 등을 통해 위험을 유발하고 있다. 여섯째, 자연재해는 기후변화와 상호 의존적이며, 노후 기반시설로 인해 이를 해결하는 데 더 많은 비용이 들고 있다.[4]

2020년 10월 발표된 국토안보부의 '국토안보 위협 평가(Homeland Threat Assessment)' 보고서에 따르면, 미국이 직면한 국토안보 위협으로 ① 본토에 대한 '외국테러리스트조직(FTO)'의 테러 및 국내 폭력적 극단주의 위협, ② 국가 및 비국가행위자의 본토와 핵심기반시설에 대한 사이버 위협 ③ 경제안보에 대한 위협, ④ 본토에서의 '외국 영향(Foreign Influence)' 활동, ⑤ 국가안보에 대한 '초국가적 범죄조직(TCOs: Transnational Criminal Organizations)' 위협, ⑥ 미국으로의 대량 불법이주 위협, ⑦ 자연재해를 제시하고 있다.[5]

2. 국토안보 개념

하이브리드 위협에 대처하기 위해 미국은 국토안보를 국가안보의 중요한 영역으로 간주하고 있다. 국토안보(Homeland Security)의 개념은 새로운 개념이나, 기능적으로 보면 전통적으로 기존의 정부 부처가 민방위, 비상대응, 법집행, 관세, 국경통제, 이민 등의 업무를 수행해오고 있었다. 그러나 9/11 테러 이후 하이브리드 위협의 증가로 인해, 기존의 부처별 전통적 기능을 국토안보의 개념하에 통

4   U.S. Department of Homeland Security, "The 2014 Quadrennial Homeland Security Review Report," June 2014, p. 28.
5   U.S. Department of Homeland Security, "Homeland Threats Assessment," October 2020, pp. 3-6. '외국 영향(Foreign Influence)'이란 "미국 민주주의 절차·제도에 영향을 미치거나, 신뢰를 훼손하거나 부정적인 영향을 미치거나, 악의적인 목표를 달성하기 위해 사회·정치적 정서나 대중 담론에 영향을 미치려는 외국 정부 또는 외국 정부를 대리하는 자의 은밀한 사기, 기만 또는 불법적 활동"이라고 정의하고 있다. p. 11

합하여 단일화된 행정부 부처를 신설하고, 연방·주·지방·부족·자치령, 비정부기구 및 민간영역에서 총괄직인 대응과 책임을 공유할 필요성이 나타났다.[6]

국토안보의 개념은 단순히 국가안보의 국내안보적 차원을 의미하는 것을 넘어서 국가의 안보와 복구 및 법집행 촉진을 의미하고, 테러리즘 위협에 대해 예방·보호·대응·복구 활동에 중점을 두고 있다. 2010년 발표된 국토안보부의 '4년주기 국토안보검토보고서(QHSR: Quadrennial Homeland Security Review Report)'에서는 국토안보를 "테러리즘 및 기타 위험에 대응하여 미국의 이익, 열망 및 삶의 방식이 번창할 수 있도록 본토의 안전, 보호, 복원을 위한 국가의 공동 노력"이라고 정의했다.[7] 이에 따라 국토안보부는 테러예방, 자연재해 대응·복구, 세관 집행 및 수입 징수, 합법적 이민서비스 관리, 국가 수로 및 해상 운송 시스템의 안전관리 등 다양한 임무를 수행하고 있다.[8] 미국 합동참모본부의 '국방부 군사 및 관련 용어 사전'에서는 국토안보를 "미국 내에서 테러공격을 방지하기 위한 공동의 국가적 노력으로, 테러리즘, 주요 재난 및 기타 비상사태에 대한 미국의 취약성을 줄이고, 발생하는 공격, 주요 재해 및 기타 비상사태로부터 피해를 최소화하고 복구하는 것"이라고 정의하고 있다.[9]

미국은 복합적인 테러리즘 위협과 재난에 대한 기존의 국토안보에 대한 소극적, 사후적 및 개별 부처적 대응에서 적극적, 사전적 및 통합적 대응체계로 획기적 전환을 모색하고 있다. 특히 국토안보적 차원에서 대테러리즘 활동은 법집행과 국토안보 공동체의 모든 역량을 동원하여 테러위협을 탐지, 분쇄 및 퇴치하는 데 중점을 두고 있다.[10]

---

6   "Quadrennial Homeland Security Review Report," February 2010, p. viii.

7   "Quadrennial Homeland Security Review Report," February 2010, p. 13. "The 2014 Quadrennial Homeland Security Review Report," June 2014, p. 14. Shawn Reese, "Defining Homeland Security: Analysis and Congressional Considerations," *CRS Report for Congress*, January 8, 2013, p. 8 참고.

8   U.S. Department of Homeland Security, "Bottom-Up Review Report," July 2010, p. 3.

9   Office of the Chairman of the Joint Chiefs of Staff, "DOD Dictionary of Military and Associated Terms," As of August 2021, p. 97.

10   The White House, "National Strategy for Counterterrorism," June 2011, p. 11.

2절　미국 국토안보부와 국토안보전략

1. 국토안보부(DHS)

　　2002년 6월 하원에서 발의된 '국토안보법(Homeland Security Act of 2002)'은 11월 25일에 제정되어, 미국 본토를 테러위협으로부터 보호하기 위한 제도적 장치를 정비했다. 이 법에 근거하여 2003년 3월 1일에 국토안보 활동을 조정·통합하기 위해 독립적인 내각급 부처인 '국토안보부(DHS: Department of Homeland Security)'가 창설되었다. DHS는 22개 연방 부처와 기관에 분산되어 있던 국경 및 교통 보안, 비상대비 및 대응, 정보분석 및 인프라 보호 관련 기관을 흡수·통합했다.[11]

　　국토안보부(DHS)의 임무는 ① 테러리즘 및 국토안보 위협 대응, ② 미국 국경보호 및 인도적인 이민절차 관리, ③ 사이버 공간 및 핵심기반시설 보호, ④ 국가의 번영과 경제안보를 보존 및 유지, ⑤ 대비태세 및 회복탄력성 강화, ⑥ DHS 인력 지원 및 부서 강화이다.[12]

　　DHS의 조직은 장관, 부장관, 차관이 있고, 주요 실무·지원부서로 관리국, 과학기술국(S&T), 전략정책기획실, 대량살상무기대응실(CWMD), 정보분석실(I&A), 작전조정실 등이 있다. 소속기관으로는 '관세국경보호청(CBP: U.S. Customs and Border Protection)', '이민국(USCIS: U.S. Citizenship and Immigration Services)', '연방재난관리청(FEMA: Federal Emergency Management Agency)', '해양경비대(USCG: United States Coast Guard)', '이민세관단속국(ICE: U.S. Immigration and Customs Enforcement)',

---

11　U.S. Department of Homeland Security, "Creation of the Department of Homeland Security," https://www.dhs.gov/creation-department-homeland-security; 세계법제정보센터, "국토안보법 요약본," 2011.11.17, p. 1. Raphael F. Perl, "International Terrorism: Threat, Policy and Response," *CRS Report for Congress*, Updated January 3, 2007, p. 20; 이응영, "미국 국토안보체제의 핵심요소를 수용한 국가위기관리 및 비상대비체제 재편 방향," 『비상대비연구논총』, 제34집(2007), p. 80; 김태준. 『테러리즘: 이론과 실제』(서울: 봉명, 2006), pp. 388-389 참고.

12　U.S. Department of Homeland Security, "Mission," https://www.dhs.gov/mission.

▪ 그림 12-1   국토안보부(DHS) 조직도

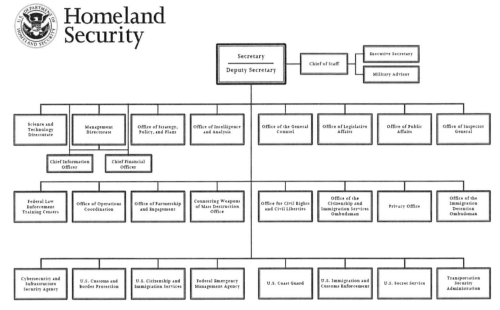

출처: U.S. Department of Homeland Security, "Organizational Chart," April 2, 2021,https://www.dhs.
gov/sites/default/files/publications/21_0402_dhs–organizational–chart.pdf.

'비밀경호국(USSS: United States Secret Service)', '교통보안청(TSA: Transportation Security Administration)', '사이버안보·기반체계보호국(CISA: Cybersecurity and Infrastructure Security Agency)' 등이 있고, 24만여 명이 근무하고 있다.[13]

2. 국토안보전략

부시 행정부 이후 국토안보부는 미국의 국토안보 목표, 위협환경, 전략

13   U.S. Department of Homeland Security, "Department Organizational Chart," April
      2, 2021, https://www.dhs.gov/sites/default/files/publications/21_0402_dhs-
      organizational-chart.pdf; U.S. Department of Homeland Security, "Operational and
      Support Components," https://www.dhs.gov/operational-and-support-components.

을 제시하는 '국가국토안보전략(NSHS)' 보고서, '4년주기 국토안보검토보고서 (QHSR)', '국토안보부 전략기획(Strategic Plan)' 보고서 등을 발표하고 있다.

부시 행정부는 2002년 7월 16일 '국토안보실(Office of Homeland Security)'에서 '국가국토안보전략(NSHS: National Strategy for Homeland Security)' 보고서를 처음 발표했다. 이 보고서에서는 국토안보전략 목표로 ① 미국 내에서 테러리스트 공격 예방, ② 테러리즘에 대한 미국의 취약성 감소, ③ 테러공격 발생 시 피해 최소화 및 복구가 제시되었다. 국토안보를 위한 6가지 핵심임무는 ① 정보와 경보, ② 국경 및 교통 안보, ③ 국내 대테러리즘, ④ 핵심기반시설 보호, ⑤ '화생방·핵(CBRN)' 무기에 의한 재앙적 위협에 대한 방위, ⑥ 비상사태 준비 및 대응으로 설정했다.[14]

2007년 10월 '국토안보회의(HSC: Homeland Security Council)'는 두 번째로 '국가 국토안보전략(NSHS) 보고서를 발표했다. 이 보고서에서는 국토안보전략 목표로 ① 테러리스트 공격 예방·격퇴, ② 미국 국민 핵심기반시설 핵심자원 보호, ③ 사건 대응·복구, ④ 장기적 성공을 위한 기반 강화를 설정했다. 이 중에서 미국 내에서 테러리스트 공격 예방·격퇴를 위하여 ① 테러리스트 활동 저지, ② 테러 관련 무기·물질의 본토 반입과 국제적 확산 차단, ③ 국경 내에서 테러리스트 활동능력 분쇄, ④ 테러리스트의 충원과 자생적 극단주의 격퇴를 위한 폭력적 이슬람 과격주의 등장의 예방을 강조했다.[15]

오바마 행정부는 2010년 2월에 처음으로 '4년주기 국토안보검토보고서 (QHSR: Quadrennial Homeland Security Review Report)'를 발표했다. 2010년 QHSR는 국토안보 임무의 전략적 우선순위, 활동 프로그램, 조직 운영체계, 전략 등을 검토하고 발전방향을 제시했다. 또한 새로운 국토안보 환경과 국토안보에 대한 개념을 정의하고, 5가지 핵심임무로 ① 테러리즘 예방 및 안보 증진, ② 국경 안보 및

14   Office of Homeland Security, "National Strategy for Homeland Security," July 2002, pp. vii-x.

15   Homeland Security Council, "National Strategy for Homeland Security," October 2007, pp. 1, 15.

관리, ③ 이민법 집행 및 관리, ④ 사이버공간 보호 및 안보, ⑤ 재난에 대한 복원력 보상을 제시했다. 이러한 핵심임무의 달싱을 위해 위험·위협에 대한 인식과 이해의 공유, 효과적 대응체계 구축, 노력의 통합 창출, 과학·기술의 사용 강화를 통한 국가적 노력을 강조했다.[16]

2010년 7월에 발표된 'Bottom-Up Review Report(BUR)'는 2010년 2월 QHSR에서 제시한 5가지 임무를 달성하기 위해 국토안보부의 임무 수행체계, 활동 프로그램, 조직 운영체계의 구축과 증진 방안에 대한 지침을 제공하는 실무적인 검토보고서였다. 특히 이 보고서는 대테러리즘을 위한 국토안보부의 조정역할 강화, 항공보안 강화, 통합된 정보공유 기반 구축, 기반시설 방호와 복구능력 개선, 신원 확인을 위한 국가능력표준 설정, 핵·생물무기 및 위험물질 탐지·대응 능력 향상 등을 강조했다.[17]

국토안보부는 2010년 QHSR 발표 이후, 2014년 6월 두 번째 '4년주기 국토안보검토보고서(QHSR: Quadrennial Homeland Security Review Report)'를 발표했다. 이 보고서는 향후 5년간 미국에 대한 국토안보 위협은 테러리스트 위협, 사이버 위협, 생물학적 문제, 핵테러리즘, 초국가적 범죄조직, 자연재해라고 예상했다. 국토안보부의 5가지 핵심임무는 ① 테러리즘 예방 및 안보 증진, ② 국경 안보 및 관리, ③ 이민법 집행 및 관리, ④ 사이버공간 보호 및 안보, ⑤ 재난에 대한 복원력 보장으로, 2010년 QHSR에서 제시한 핵심임무와 동일한 것이었다.[18] 2014년 QHSR 보고서에서는 예상되는 국토안보 위협과 이에 대한 핵심임무에 기반을 두고, 추진해야 할 전략적 우선순위로는 ① 진화하는 테러위협에 대한 보안, ② 사이버공간 보호 및 안보, ③ 생물학적 위협과 위험에 대응하기 위한 국토안보전략, ④ 사람과 물품의 이동을 보호·관리하기 위한 위험 분할 접근방법, ⑤ 공공·민간 파트너십을 통한 임무수행 강화를 제시했다. 지속적인 우선순위 및

---

16   "Quadrennial Homeland Security Review Report," February 2010, pp. 13, 19, 65.

17   "Bottom-Up Review Report," July 2010, pp. iii-iv, 8-10; Rick Ozzie Nelson and Adam Isles, "The First DHS Bottom-up Review," *CSIS Basic Info, Commentary*, August 31, 2010, http://csis.org/publication/first-dhs-bottom-review-1.

18   "The 2014 Quadrennial Homeland Security Review Report," June 2014, pp. 14, 28,

강화영역으로는 ① '급조형핵장치(IND: Improvised Nuclear Device)'를 사용한 핵테러리즘, ② 불법이주, ③ 국가적 대비태세 및 전체 공동체 접근방법을 제시했다.[19]

한편 국토안보부는 '국토안보부 전략기획(Strategic Plan)' 보고서를 발표하고, 전략지침, 운영 요구사항, 예산편성, 연간 성과보고, 부서 임무실행 등을 분석·평가하고 향후 계획을 제시하고 있다. 2012년 2월 발표된 '국토안보부 전략기획(Department of Homeland Security Strategic Plan: Fiscal Years 2012-2016)' 보고서는 2010년 발표된 '4년주기 국토안보검토보고서(QHSR)' 및 'Bottom-Up Review Report(BUR)' 보고서의 5대 임무와 정책방향 수행을 위한 가이드라인과 임무수행 지표를 제시한 보고서였다. 이후 2014년 12월에 '국토안보부 전략기획 2014-2018(Fiscal Years 2014-2018 Strategic Plan)' 보고서, 2019년 7월에 '국토안보부 전략기획 2020-2024(The DHS Strategic Plan: Fiscal Years 2020-2024)' 보고서가 발표되었다. 국토안보부의 '전략기획 2020-2024' 보고서에 따르면, DHS의 임무는 6가지로 ① 테러리즘과 본토 위협 대응, ② 국경과 주권 보호, ③ 사이버공간과 핵심기반시설 보호, ④ 국가의 번영과 경제안보 보존 및 유지, ⑤ 대비태세 및 회복탄력성 강화, ⑥ DHS 인력 지원 및 부처 강화였다.[20]

2020년 9월에는 '테러리즘 및 표적화된 폭력 대응 전략적 프레임워크(Strategic Framework for Countering Terrorism and Targeted Violence)' 보고서가 발표되었다. 이 보고서는 2001년 9/11 공격 이후 거의 20년 동안 테러리즘과 표적화된 폭력의 공격행태가 진화하고 있어 계속해서 중대한 위협이라고 강조했다. 외국 테러리스트 조직이 여전히 미국 본토를 공격하려는 의도를 갖고 있고, 또한 미국의 지역사회에서 폭력을 조장하고 사회분열을 야기하는 국내 행위자들의 위협에 직면

---

19 "The 2014 Quadrennial Homeland Security Review Report," June 2014, pp. 33-74. U.S. Department of Homeland Security, "2014 QHSR Fact Sheets: The 2014 Quadrennial Homeland Security Review Overview," June 2014, p. 1 참고.

20 U.S. Department of Homeland Security, "Department of Homeland Security Strategic Plan: Fiscal Years 2012-2016," February 2012, p. 1. U.S. Department of Homeland Security, "Fiscal Years 2014-2018 Strategic Plan," December 2014; U.S. Department of Homeland Security, "The DHS Strategic Plan: Fiscal Years 2020-2024," July 2019, p. 7.

하고 있다고 평가했다. 이에 따라 테러리즘과 표적화된 폭력에 대항하기 위해 국토안보부, 연방·주·지방·부족·자치령 정부의 파트너 및 시민사회의 통합적 노력의 필요성을 제시했다.[21]

3절   미국 국토안보부의 대테러리즘 활동

1. 2010년 '4년주기 국토안보검토보고서(QHSR)

2010년 2월 발표된 '4년주기 국토안보검토보고서(QHSR: Quadrennial Homeland Security Review Report)'에서 제시된 국토안보부의 첫 번째 임무는 테러리즘 예방 및 안보 증진이었다. 이를 수행하기 위한 목표로 ① 테러리스트 공격 방지, ② '화생방·핵(CBRN)' 물질·역량의 불법적 취득과 사용 방지, ③ 핵심기반시설, 핵심지도자, 중요행사의 위험관리를 설정했다.[22]

1) 테러리스트 공격 방지

악의적인 행위자가 미국 내에서 테러공격을 방지하기 위한 추진목표는 다음과 같다. 첫째, 최근 등장하고 있는 위협을 파악하고, 테러 정보의 수집, 분석, 공유를 위해 노력한다. 둘째, 테러리스트와 악의적인 행위자들에 의한 테러행위를 억제, 탐지, 감시하고 테러 예행연습과 작전실행을 분쇄한다. 셋째, 테러리스트와 악의적인 행위자의 능력을 억제하고, 작전을 계획하고 실행하는 지원 네트

---

21   U.S. Department of Homeland Security, "Strategic Framework for Countering Terrorism and Targeted Violence: Public Action Plan," September 2020, p. i.

22   "Quadrennial Homeland Security Review Report," February 2010, p. 23.

워크로부터 잠재적인 표적을 보호한다. 넷째, 폭력적 극단주의 확산을 저지하기 위해 극단주의와 과격주의 활동을 예방하고 억제한다. 다섯째, 테러리스트와 악의적인 행위자를 억제하고 급진적 폭력을 완화하기 위해 국토안보 공동체의 참여를 증진시킨다.[23]

국토안보부는 이러한 목표를 설정하고 잠재적 테러활동을 와해시키고 테러리스트의 육상, 해상, 항공영역에서 미국에 대한 접근 거부와 국내에서 여행 네트워크를 통제하기 위해 주·지방·부족·자치령 정부, 비정부기구 및 민간부문의 담당업무를 조정·지원한다. 또한 국토안보부는 테러공격 예방을 위해 국무부, 국방부, 연방수사국(FBI) 및 국가정보장실(ODNI) 소속의 국가대테러리즘센터(NCTC)와 정보 수집·공유·융합 및 위협분석을 위한 협력체계를 구축하고 있다.[24]

국토안보부 정보분석실(I&A)은 국토안보 정보활동의 책임부서로 정보공동체 소속 기관들과 협조하에 공항, 항만, 국경 관련정보의 분석·수집·공유를 담당하고 통합정보 네트워크를 지원·활용하고 있다. 국토안보부는 테러 예방과 테러발생 시 긴급대응을 위해 연방·주·지방 정부기관들과 업무협의 및 조정을 위한 정보공유 네트워크를 설치하고, 주 및 주요 도시 지역에 '융합센터(Fusion Center)'를 설립하여 CIA, FBI 및 법무부 등 연방기관 사이의 수평적 정보공유는 물론 각 주정부와 지자체들과의 수직적 정보공유가 가능한 체계를 운영하고 있다. 미국의 정보공유 네트워크는 2가지 종류가 있다. '국토안보정보네트워크(HSIN: Homeland Security Information Network)'는 국토안보부와 주정부 기관 간에 테러정보를 유통하는 네트워크이고, '국토보안데이터네트워크(HSDN: Homeland Secure Data Network)'는 비밀수준의 테러정보 네트워크로 연방기관들 간에 비밀정보 공유가 가능하다. 지역 융합센터 종사자들은 국가대테러리즘센터(NCTC)의 보안 웹사이트인 'NCTC Online(NOL)'에 접속할 수 있다.[25]

---

23   "Quadrennial Homeland Security Review Report," February 2010, p. 23.

24   "Bottom-Up Review Report," July 2010, pp. 5-6.

25   Mark A. Randol, "The Department of Homeland Security Intelligence Enterprise: Operational Overview and Oversight Challenges for Congress," *CRS Report for Congress*, March 19, 2010, pp. 5, 10-11, 15; 전봉조, "정보공유 중심의 통합적 국경관리체계 구축방안 연

국가대테러리즘센터(NCTC)는 미국의 정보공동체, 법집행 기관, 군, 국토안보부 등 30개 이상의 기관에서 수집한 테러정보를 취합하여 'Terrorist Identities Datamart Environment(TIDE)'를 통해 관련기관 간에 국제 테러리스트에 관한 정보를 공유하는 역할을 담당한다. FBI의 '테러리스트감시센터(TSC: Terrorist Screening Center)'는 국내외 테러리스트들을 모두 망라한 가장 큰 규모의 '테러리스트 감시 데이터베이스(TSDB: Terrorist Screening Database)'를 운영하고 있다.[26] 국토안보부는 NCTC와 FBI의 데이터베이스의 주요 사용자이고 FBI의 '합동테러리즘태스크포스(JTTF: Joint Terrorism Task Force)'의 전국적 네트워크 활동을 지원한다. 국토안보부에 위치한 부처간 '폭력적 극단주의 대응 태스크포스(CVE Task Force)'는 국토안보부, 법무부, FBI, NCTC 등과 협력하여 행정부 전체 폭력적 극단주의 대응 프로그램 및 활동을 일원화하고 통합·조정·평가하며, 지속적인 전략계획을 수행하고 있다.[27]

2) '화생방 · 핵(CBRN)' 물질 · 역량의 불법적 취득과 사용 방지

테러리스트와 악의적 행위자의 '화생방·핵(CBRN: Chemical, Biological, Radiological and Nuclear)' 물질·역량의 불법적 취득과 사용 방지를 위해 추구해야 할 목표는 다음과 같다. 첫째, 잠재적인 위험한 행위자, 기술 및 물질의 식별과 이해를 통해 위협을 예측한다. 둘째, 테러리스트와 악의적인 행위자가 CBRN 물질과 기술에

구: 국경관리통합센터 및 국경정보네트워크 구축을 중심으로," 석사학위논문, 연세대학교 행정대학원, 2009, pp. 34, 54.

26   윤해성, 『대테러 활동에 관한 수사시스템 정비방안』, 연구총서 11-04 (서울: 한국형사정책연구원, 2011), p. 83.

27   "Bottom-Up Review Report," July 2010, p. 5; U.S. Department of Homeland Security, "Countering Violent Extremism Task Force: Task Force," https://www.dhs.gov/cve/task-force; U.S. Department of Homeland Security, "Countering Violent Extremism Task Force," https://www.dhs.gov/news/2016/01/08/countering-violent-extremism-task-force. FBI, "Joint Terrorism Task Force," https://www.fbi.gov/investigate/terrorism/joint-terrorism-task-forces 참고.

접근하는 것을 통제한다. 셋째, CBRN 물질과 기술의 불법적 이동을 통제한다. 넷째, CBRN의 소재를 파악·발견하고, 비활성화하거나 CBRN의 적대적 사용을 저지한다.[28]

이러한 목표를 달성하기 위해 국토안보부는 산하조직인 관세국경보호청(CBP), 해양경비대(USCG), 대량살상무기대응실(CWMD), 과학기술국(S&T) 등의 CBRN 관련 업무를 통합하는 데 핵심적 역할을 수행하고, CBRN 물질과 기술의 불법적 수입·수출 관련한 국제적 거래와 유통시스템 보호 및 범죄활동을 조사한다. 또한 미국으로 들어오거나 이미 들어온 CBRN 무기와 물질의 이동을 탐지하고 통제하는 역할을 수행한다. 특히 핵테러리즘 위협 예방을 위해 '급조형핵장치(IND: Improvised Nuclear Device)'를 이용한 공격 예방에 중점을 두고 활동하고 있다.[29]

3) 핵심기반시설, 핵심지도자, 중요행사의 위험관리

핵심기반시설, 핵심지도자 및 중요행사에 대한 위험관리와 취약성 감소를 위해 추구해야 할 목표는 다음과 같다. 첫째, 핵심기반시설에 대한 위험 식별·평가 및 가장 위험에 처한 핵심기반시설의 우선순위를 설정한다. 둘째, 공격과 와해공작으로부터 핵심기반시설의 자산, 시스템, 네트워크 및 기능을 보호한다. 셋째, 핵심기반시설 시스템, 네트워크 및 기능을 향상시켜 손상에 대한 복구능력을 강화한다. 넷째, 정부지도자, 시설 및 국가 중요행사의 안전을 보장하고, 행정부 업무의 연속성을 유지한다.[30]

미국은 대테러전략의 중점분야 중의 하나인 국가의 핵심기반시설 방호를 위해서 2003년 12월 '국토안보 대통령 지침 7호(HSPD-7: Homeland Security Presidential Directive 7, Critical Infrastructure Identification, Prioritization, and Protection)'는 테러공격으로부터 핵심기반시설의 방호를 위해 국토안보부에 주요 부처와 기관의 모든 핵심기반

---

28   "Quadrennial Homeland Security Review Report," February 2010, p. 23.
29   "Bottom-Up Review Report," July 2010, p. 7.
30   "Quadrennial Homeland Security Review Report," February 2010, p. 23.

시설과 자원의 방호능력 향상을 위한 노력의 조정, 통합 및 집행하는 역할을 부여했다.[31] 이를 뒷받침하기 위해 국토안보부는 '국가기반시설보호계획(NIPP: National Infrastructure Protection Plan)' 보고서를 2006년, 2009년, 2013년에 발표했다. 국토안보부가 분류하고 있는 '국가 핵심기반시설과 핵심자원(CI/KR: Critical Infrastructure and Key Resources)'은 농업·식량, 은행·금융, 화학산업, 상업시설, 통신, 핵심제조시설, 댐, 방위산업기반, 응급구호, 에너지, 정부시설, 의료·공중보건, 정보기술, 국가기념물·상징, 핵원자로·물질·폐기물, 우편·운송, 수송시스템, 상하수 등 18개이다. 국토안보부의 '사이버안보·기반체계보호국(CISA: Cybersecurity and Infrastructure Security Agency)'이 핵심기반시설 방호 업무를 담당하고 있다.[32]

한편 국토안보부 소속의 비밀경호국(USSS)은 대통령, 부통령, 미국 방문 국가지도자 및 대통령후보 등을 경호하여 국가 리더십의 업무 연속성을 보장하는 임무를 담당하고 있다. 비밀경호국은 경호업무 이외에 경호정보와 관련 수사업무 및 '국가특별경호행사(NSSE: National Special Security Events)'를 담당하고 금융과 위조지폐 관련범죄 수사업무도 수행한다. 국가특별경호행사(NSSE)는 국토안보부 장관이 미국 정부 관리와 외국 고위관리의 참석, 행사의 규모 및 중요성 등을 고려하여 테러리스트의 공격 가능성이 높다고 판단될 경우 지정하게 되며, 비밀경호국(USSS)이 전담부서가 되어 NSSE의 경호 관련 기획, 집행 및 조정 역할을 수행하고 연방 정부와 주 정부를 비롯하여 지자체의 인력을 동원할 수 있게 된다. NSSE로 지정된 사례는 대통령 취임식, 공화당과 민주당의 전당대회, 슈퍼볼(미국 프로풋볼 결승전), 올림픽 및 국가장례식 등이었다. 또한 이민세관단속국(ICE)은 테러리스트와 초국가적 범죄조직의 국경을 통과하는 불법적 금융과 자금관련 활동 등을 수사하는 임무를 수행한다.[33]

---

31   The White House, "Homeland Security Presidential Directive 7," December 17, 2003, http://www.fas.org/irp/offdocs/nspd/hspd-7.html, p. 2.

32   U.S. Department of Homeland Security, Critical Infrastructure Sectors, 2012, http://www.dhs.gov/critical-infrastructure. U.S. Department of Homeland Security, "NIPP 2013: Partnering for Critical Infrastructure Security and Resilience," 2013 참고.

33   "Bottom-Up Review Report," July 2010, p. 7; Shawn Reese, "National Special Security

2. 2014년 '4년주기 국토안보검토보고서(QHSR)

2014년 6월 두 번째로 발표된 '4년주기 국토안보검토보고서(QHSR: Qua-drennial Homeland Security Review Report)'에서 제시된 국토안보부의 첫 번째 임무는 2010년 QHSR에서 제시된 임무와 동일한 테러리즘 예방 및 안보 증진이었다. 이를 수행하기 위한 목표로는 ① 테러리스트 공격 방지, ② '화생방·핵(CBRN)' 물질·역량의 불법적 취득과 사용 방지, ③ 국가 핵심기반시설, 핵심지도자, 중요행사의 위험감소를 설정했다.[34]

첫째, 테러리스트 공격 방지를 위해 추진해야 할 목표로 ① 테러리즘 정보 분석, 융합, 배포, ② 테러활동 억제 및 격퇴, ③ 교통보안 강화 ④ 폭력적 극단주의 대응을 제시했다.

둘째, '화생방·핵(CBRN)' 물질·역량의 불법적 취득과 사용 방지를 위해 추진해야 할 목표로 ① 화학적, 생물학적, 방사능 및 핵 물질을 통한 위협 예측, ② 화학적, 생물학적, 방사능 및 핵 전구체 및 물질의 불법적 획득·이동 식별 및 차단, ③ 화학적, 생물학적, 방사능, 핵 물질 및 무기의 적대적인 사용 탐지·발견·방지를 제시했다.

셋째, 국가 핵심기반시설, 핵심지도자, 중요 행사의 위험감소를 위해 추진해야 할 목표로 ① 테러리즘 및 범죄 활동에 대한 국가 핵심기반시설의 보안 강화 ② 핵심지도자, 시설 및 '국가특별경호행사(NSSE: National Special Security Events)' 보호를 제시했다.[35]

Events," *CRS Report for Congress*, March 24, 2009, p. 1; 최진혁, "Mass Gathering의 위험성 대응을 위한 Haddon Matrix 개념 모델의 적용," 『경찰학연구』, 제10집 2호(2010), p. 172.

34   "The 2014 Quadrennial Homeland Security Review Report," June 2014, p. 76.

35   "The 2014 Quadrennial Homeland Security Review Report," June 2014, p. 76.

3. 2019년 '국토안보부 전략기획 2020-2024' 보고서

2019년 7월에 발표된 '국토안보부 전략기획 2020-2024(The DHS Strategic Plan: Fiscal Years 2020-2024)' 보고서에서 제시된 국토안보무의 첫 번째 임무는 테러리즘과 본토 위협 대응이었다. 이를 수행하기 위한 목표로 ① 실행 가능한 정보 수집·분석·공유, ② 위협 탐지 및 차단, ③ 지정된 리더십, 행사 및 소프트 타깃(soft target) 보호, ④ 대량살상무기(WMD) 및 새로운 위협에 대한 대응을 설정했다.[36]

첫째, 실행 가능한 정보 수집·분석·공유를 위해 추진해야 할 하위목표로 ① 본토에 대한 새로운 위협 예측 및 조기경보 제공, ② 리더십, 운영자 및 파트너 요구사항을 기반으로 DHS의 정보 및 위협정보를 통합하여 시기적절하고 구체적 조치 실행, ③ 지속적인 위협인식 지원 및 적절한 위협 완화·대응 공지를 통해 국내·국제 파트너를 위한 정보 및 위협정보 배포, ④ 스파이활동, 내부위협 및 외부 적들로부터 국토안보 자산 보호를 위한 방첩활동 실행, ⑤ DHS 정책, 관리 및 운영 리더십을 공지하기 위한 정보지원 제공을 제시했다.[37]

둘째, 위협 탐지 및 차단을 위해 추진해야 할 하위목표로 ① 지역사회 인식 훈련·교육, 급진화·충원 대응, 조기경보, 재범방지를 통해 테러리즘 및 위협예방 노력 주도, ② 수사, 기관 간 협력 및 공무원, 운영자, 국제 파트너와의 긴밀한 협력을 기반으로 항공·육상 교통보안, 국경보안, 해상보안을 통해 국내외 테러리스트 음모·공격 와해, ③ 외국 위협 행위자의 불법적 여행·무역·금융 및 이민 시스템 악용 방지, ④ 미국 정부 운영과 민주주의 절차의 훼손을 위한 간섭과 국가안보 위험을 초래하는 해외투자 등 미국에서 악의적인 외국 영향력에 대한 대응, ⑤ 법집행 및 피해자 중심 접근방식을 통해 인신매매, 아동 성착취 및 기타

---

36   U.S. Department of Homeland Security, "The DHS Strategic Plan: Fiscal Years 2020-2024," July 2019, p. 7.

37   "The DHS Strategic Plan: Fiscal Years 2020-2024," July 2019, pp. 9-10.

착취기반 범죄 예방·식별·수사 및 와해·해체를 제시했다.[38]

셋째, 지정된 리더십, 행사 및 소프트 타깃(soft target) 보호를 위해 추진해야 할 하위목표로 ① 지정된 미국 지도부와 그 가족, 방문하는 외국정상 또는 정부수반 보호, ② '국가특별경호행사(NSSE: National Special Security Events)'와 '특별행사평가등급(SEAR: Special Event Assessment Rating)' 행사에 대한 연방보안 활동 관리·조정 및 국가 중요행사에 대한 주·지역 공무원 지원, ③ 연방시설(해당 시설 인명·재산 포함) 보호, ④ 사악한 행위자가 취약한 장소를 표적으로 삼거나 공격하는 행위에 대해 소프트 타깃 및 혼잡한 장소의 보안활동 개선을 제시했다.[39]

넷째, 대량살상무기(WMD) 및 새로운 위협에 대한 대응을 위해 추진해야 할 하위목표로 ① 수사, 정보공유, 통합적 WMD 대응계획을 통해 위협경로의 초기에 대량살상무기와 보건안보 위협 억제·탐지·와해, ② 대량살상무기와 '팬데믹(Pandemic; 감염병 세계적 대유행)' 위협의 예방·보호·대응을 위한 국내외 파트너의 운영능력 강화, ③ 위험분석, 전략적 예측, 정보공유, 강력한 연구·개발을 통해 새로운 위험에 대한 국가적 지평탐색 강화, ④ 대응조치의 개발·전개 및 파트너 역량구축을 통해 파괴적 신흥기술의 악성위협 대응, ⑤ 테러리스트의 대량살상무기 물질, 작용제, 장비 및 전구체에 대한 접근 거부를 제시했다.[40]

4절   한국의 대테러리즘 활동에 대한 시사점

한국 정부는 2016년 3월 '국민보호와 공공안전을 위한 테러방지법'을 제정하여, 국무총리 소속의 대테러센터가 대테러리즘 정책 수립, 관계기관 대테러업

---

38   "The DHS Strategic Plan: Fiscal Years 2020-2024," July 2019, pp. 11-12.
39   "The DHS Strategic Plan: Fiscal Years 2020-2024," July 2019, pp. 13-14.
40   "The DHS Strategic Plan: Fiscal Years 2020-2024," July 2019, pp. 15-16.

무 조정, 테러경보 발령, 국가 중요행사 대테러 안전대책 수립 등의 업무를 수행하고 있다. 미국의 국토안보부와 소속기관들은 국내 대테러리즘 활동을 조정·지원·통합하고 국내 테러리즘 정보 공유·융합·분석, '화생방·핵(CBRN)' 물질 불법취득과 사용예방 및 국가 핵심기반시설 위험관리와 핵심지도자 경호 등의 업무를 담당하고, 연방 주요부처와의 임무 조정체계를 구축하여 운영하고 있다. 미국 국토안보부의 통합적 대테러리즘 체계 분석에 근거하여, 국토안보 차원에서 한국의 대테러활동에 대한 시사점을 도출하면 다음과 같다.

첫째, 테러방지법 시행령 제14조와 제16조에 의거하여 외교부(국외테러사건), 국방부(군사시설테러사건), 국토교통부(항공테러사건), 경찰청(국내일반테러사건), 해양경찰청(해양테러사건), 환경부(화학테러분야), 원자력안전위원회(방사능테러분야), 질병관리청장(생물테러분야)이 각각 담당하는 분산된 대응체계를 유지하고 있다.[41] 그러나 현재의 테러공격 양상은 복합적인 수단을 통해 자행되고, 그러한 테러공격으로 인한 피해가 중복된 분야에서 나타날 수 있다. 또한 일부 해당부처의 대테러활동에 대한 전문성과 대응능력이 미흡한 상황을 고려할 때 통합된 대응체계를 검토할 필요가 있다.

둘째, 국가정보원 산하에 테러정보통합센터가 국내외 테러 관련정보의 수집·분석·작성·배포 및 국내외 테러 관련정보 통합관리를 수행하고 있다. 그러나 부처별로 독립된 대테러활동을 수행하는 분산된 체계를 보완하기 위해서는 유관부처 간에 테러 관련정보의 공유체계 운영이 중요하다. 따라서 미국 국가정보장실(ODNI) 산하의 국가대테러리즘센터(NCTC), 국토안보부의 정보분석국(I&A), 융합센터(Fusion Center), 유관부처 간에 협력체계를 유지하는 국토안보부 산하 '폭력적 극단주의 대응 태스크포스(CVE Task Force)' 등과 같은 대테러리즘 협력·조정체계를 한국의 실정에 맞게 벤치마킹하는 방안을 검토할 필요가 있다. 또한 국가대테러리즘센터(NCTC)에서 운영하는 테러정보 공유체계인 'Terrorist Identities Datamart Environment(TIDE)'와 보안 웹사이트인 'NCTC 온라인(NOL)', 국토안

---

41   국가법령정보센터, "국민보호와 공공안전을 위한 테러방지법 시행령," [시행 2021.1.5.] [대통령령 제31380호, 2021.1.5., 타법개정].

보부에서 운영하는 '국토안보정보네트워크(HSIN: Homeland Security Information Network)'와 '국토보안데이터네트워크(HSDN: Homeland Secure Data Network)' 등과 같은 테러정보 공유체계를 도입하는 방안도 고려할 수 있다.

셋째, 테러방지법 시행령 제25조에서 국가중요시설은 "통합방위법 제21조 제4항에 따라 지정된 국가중요시설 및 보안업무규정 제32조에 따른 국가보안시설"이라고 규정하고 있다. 통합방위법 제2조에서는 국가중요시설이란 "공공기관, 공항·항만, 주요 산업시설 등 적에 의하여 점령 또는 파괴되거나 기능이 마비될 경우 국가안보와 국민생활에 심각한 영향을 주게 되는 시설"이라고 규정하고 있다.[42] 보안업무규정 제32조에서는 "국가정보원장은 파괴 또는 기능이 침해되거나 비밀이 누설될 경우 전략적·군사적으로 막대한 손해가 발생하거나 국가안전보장에 연쇄적 혼란을 일으킬 우려가 있는 시설 및 항공기·선박 등 중요 장비를 각각 국가보안시설 및 국가보호장비로 지정할 수 있다"고 규정하고 있다.[43] 보안업무규정 시행규칙 제52조의2에 따르면, 국가정보원장이 지정하는 국가안전보장에 중요한 시설 또는 장비는 "정부·금융기관 청사, 전력시설, 정보통신시설, 주요 교통시설, 공항·항만 시설, 수원(水源)시설, 방송시설, 과학시설, 방위산업시설, 산업시설, 교정·정착지원 시설, 공동구(共同溝), 항공기 및 선박, 그 밖에 국가안전보장에 중요한 시설 및 장비"이다.[44] 이러한 시설의 경비·보안·방호 관련해서 통합방위법 제21조는, "국가중요시설의 관리자(소유자 포함)는 경비·보안 및 방호책임을 지며, 통합방위사태에 대비하여 자체방호계획을 수립하여야 한다. 이 경우 국가중요시설의 관리자는 자체방호계획을 수립하기 위하여 필요하면 시·도경찰청장 또는 지역군사령관에게 협조를 요청할 수 있다"고 규정하고

---

42   "국민보호와 공공안전을 위한 테러방지법 시행령," [시행 2021.1.5.] [대통령령 제31380호, 2021.1.5., 타법개정]; 국가법령정보센터, "통합방위법," [시행 2021.3.23.] [법률 제17686호, 2020.12.22., 일부개정].

43   국가법령정보센터, "보안업무규정," [시행 2021.1.1.] [대통령령 제31354호, 2020.12.31., 일부개정].

44   국가법령정보센터, "보안업무규정 시행규칙," [시행 2020.3.17.] [대통령훈령 제420호, 2020. 3. 17., 일부개정].

있다.[45] 결국 국가중요시설과 국가보안시설에 대한 경비·보안·방호 업무는 민간경비 인력인 청원경찰과 특수경비원이 주로 담당히고 있기에 테러 예방·대응 임무를 수행하는 데 많은 문제점을 지니고 있다.[46] 따라서 국가중요시설에 대한 경비·보안·방호 임무를 담당하는 국가기관을 설치하는 방안을 검토할 필요가 있다.

넷째, 테러방지법 시행령 제26조에 따르면, 국가중요행사에 대한 안전관리 대책의 수립은 "국내외에서 개최되는 행사 중 관계기관의 장이 소관업무와 관련하여 주관기관, 개최근거, 중요도 등을 기준으로 대테러센터장과 협의하여 정한다. 대통령과 국가원수에 준하는 국빈 등의 경호 및 안전관리에 관한 사항은 대통령경호처장이 정한다"고 규정하고 있다.[47] 이러한 체계 하에서 국가중요행사의 경호 및 안전대책활동을 강화하는 한편, 한국 정부도 미국 국토안보부가 지정하는 국가특별경호행사(NSSE)와 비밀경호국(USSS)의 총괄적 경호활동 체계를 검토할 필요가 있다.

---

45   "통합방위법," [시행 2021.3.23.] [법률 제17686호, 2020.12.22., 일부개정].

46   최병권, "국가중요시설 대테러 업무수행에 관한 발전방안," 『한국테러학회보』, 제2집 1호(2009), p. 159.

47   "국민보호와 공공안전을 위한 테러방지법 시행령," [시행 2021.1.5.] [대통령령 제31380호, 2021.1.5., 타법개정].

13장

초국가적 위협과 주요국의
국경안보 활동*

정치, 경제, 사회, 문화 등 다양한 분야에서 국가 간의 상호의존성이 심화되
어 글로벌화가 진전되고 있는 국제사회에서 인적·물적 교류가 활성화되고 세관
(Customs), 출입국관리(Immigration), 검역(Quarantine) 절차가 간소화됨에 따라 그에
따른 부작용으로 다양한 위협이 발생하고 있다. 테러리즘의 역사적 전환점으로
기록되는 2001년 9/11 테러 이후 새로운 양상의 초국가적 테러리즘 위협과 지
구화의 진전은 전통적 국경의 성격과 관리 및 대응 방식을 변화시키고 있다. 또
한 2020년 초반부터 코로나바이러스 감염증(COVID-19)의 세계적 대유행(Pandem-
ic)은 전 세계 국가들의 국경안보 태세에 대한 심각한 위협으로 등장했다.

21세기 글로벌 사회의 가장 중대한 도전중의 하나는 국경을 넘나드는 '초
국가적 위협(transnational threats)' 또는 '초국경적 위협(transboundary threats)'이다. 초
국가적 위협에는 경제적 글로벌 경쟁에 따른 불법적 교역, 핵·생화학무기 확산,
불법무기거래, 테러리즘, 불법이민, 국제범죄(마약, 위조지폐, 불법입국, 밀수, 금융범죄) 등
이 있다. 이에 대응하는 주요국들의 국경안보 정책은 전통적인 물리적 국경 차원
을 넘어서 국가의 공식적인 입국 지점 및 시점 이전부터 실행되고 있다. 2001년
9/11 테러 이전의 주요 국가들의 전통적 국경관리는 관세 및 출입국관리 정책을
기반으로 수행되었다. 그러나 9/11 테러 이후 초국가적 범죄와 테러리즘의 증가
로 인해 기존의 전통적 'CIQ(Customs, Immigration, Quarantine)' 활동에 기반을 둔 국
경관리 또는 국경통제 정책이 변화되었다. 9/11 테러 이후에는 '국경안보(border
security)' 개념이 등장하고 중요성이 강조됨에 따라, 이를 실행하기 위해 통합적인
CIQ 대응역량 강화가 요구되고 있다. 9/11 테러 이후 초국가적 위협에 대한 국
경안보는 특히 테러리즘과 관련된 교역, 여행자, 화물, 접경지역 및 위험물 등의
출입국 관리·통제와 보안·대테러 활동에 중점을 두고 있다.[1]

*   필자의 논문, 윤태영, "국경안보체계와 국가정보의 역할," 『국가정보연구』, 제6권 1호(2013년 여름
     호); 윤태영, "초국가적 위협 및 테러리즘 증가와 통합국경안보체계 구축: 미국, 캐나다, 호주를 중심으
     로," 『융합보안논문지』, 제17권 제4호(2017.10) 내용 수정·보완.
1   Rick Ozzie Nelson, Heather A. Conley, Teresita C. Schaffer, Ben Bodurian, Jamie
     Kraut, T.J. Cipoletti, Uttara Dukkipati, Robin J. Walker, "Border Security in a Time of
     Transformation: Two International Case Studies-Poland and India," A Report of the

　　주요 국가들은 전통적 CIQ 활동을 통합하고, 대테러리즘 활동과 초국가적 위협 대처와 연계하여 여행자·물품 출입국통제 및 공항·항만·육로 국경보안에 중점을 두고 있다. 특히 미국, 캐나다, 호주는 CIQ 기능을 통합하여 국경안보 체계를 구축하고 국경안보를 강화하고 있다. 미국은 2003년에 국토안보부(DHS)를 창설하고 산하에 관세국경보호청(CBP)을 신설했다. 캐나다도 2003년에 CIQ 기관을 통합하여 공공안전부 산하에 국경보안청(CBSA)을 창설했다. 호주는 2015년에 이민·국경보호부(DIBP) 산하로 관세국경보호청(ACBPS)을 통합하고, 국경군(ABF)을 신설했다. 이후 2017년 12월 내무부 산하로 이민·국경보호부(DIBP)를 통합하였고, 호주국경군(ABF)은 독립적 활동기관으로 다시 개편했다.

　　반면 한국은 CIQ 기능별로 서로 다른 부처가 관련 업무를 담당하는 분산국경관리 체계를 운영하고 있다. 관세청, 법무부 출입국·외국인정책본부, 보건복지부 질병관리청 국립검역소, 농림축산식품부 농림축산검역본부, 해양수산부 국립수산물품질관리원이 각각 CIQ 업무를 담당하고 있다.

　　국제사회의 글로벌화 진전에 따라 합법적인 교역과 여행자 이동이 촉진되는 과정에서 초국가적 범죄, 테러리즘, 신종 감염병 등에 대한 대처를 위해 국경안보의 중요성이 강조되고 있다. 이러한 새로운 국경위협에 대응하기 위해 CIQ 기능의 통합을 기반으로 적법한 인적·물적 교류 활성화와 더불어 국경안보를 강화해야 하는 문제는 한국을 포함한 주요 국가가 해결해야 할 중요한 과제로 남아 있다. 본문에서는 9/11 테러 이후 테러리즘 및 초국가적 위협의 증가로 인한 새로운 국경위협에 대한 미국, 캐나다, 호주의 통합국경안보 체계 구축을 통한 국경안보 강화 노력을 살펴보고 한국에 대한 시사점을 도출한다.

CSIS Homeland Security & Counterterrorism Program, Europe Program, and South Asia Program, July 2010, p. 1; Bryan Barton, Norbert Kouwenhoven, Leigh Coen, Joni Bettge, James W. Cortada and Marc Le Noir, "Expanded borders, integrated controls: Achieving national prosperity and protection through integrated border management," IBM Global Business Services, 2005, p. 1.

1절   초국가적 위협과 국경안보 개념

1. 초국가적 위협 양상

전통적으로 국경은 한 국가의 관할권에 종속되는 영토의 경계를 확정하는 선으로 국제법상 영토주권의 개념과 밀접히 관련되어 있어, 국가들은 타국의 군사적 침입을 억제하고 국경을 보호하기 위해 노력해왔다. 1990년대 초 탈냉전 이후 국가간 분쟁의 감소와 지구화(Globalization)의 확대로 인해 가속화된 물적 자원의 국제화, 무역 자유화, 자본과 인구의 이동, 교통 및 통신기술의 발달로 군사적 국경의 개념이 약화되고 국경의 개념이 확대되었다.[2] 지구화 과정에서 각 국가의 행위는 다른 국가 또는 국제적 규범과 요구에 부응하게 되었고 결국에는 '국경 없는 세계(borderless world)'를 지향하게 되었다. 그러나 지구화는 전통적인 국가의 영역인 국경 장벽을 허물고 교류를 증진하지만 동시에 국제범죄, 불법무기 거래, 불법이민, 난민문제, 해적행위 등 다양한 '초국가적 위협(transnational threats)'의 등장이라는 부정적인 결과를 야기했다.[3]

또한 9/11 테러 이후 국제사회는 폭력적 극단주의 성격을 지닌 초국가적 테러조직과 적대세력의 비대칭적 전술, 기술 및 역량 추구에 따른 하이브리드 위협(hybrid threats) 및 대량살상무기(WMD) 또는 화생방·핵(CBRN: Chemical, Biological, Radiological, and Nuclear) 물질의 확산에 따른 재앙적 테러리즘 위협에도 직면하고 있다.[4] 9/11 테러 이후 주요국의 국경관리 기관들은 어떻게 국경을 안전하게 보호하면서 동시에 지구화의 추세에 부응하는 활동을 원활히 할 것인가라는 딜레

---

2   신지원·한태희, "국경관리의 이해: 촉진과 통제의 균형," 『Working Paper』, No. 2010-09, IOM 이민정책연구원, p. 2; Peter Andreas, "Redrawing the Line: Borders and Security in the Twenty-First Century," *International Security*, Vol. 28, No. 2(Fall 2003), p. 82.

3   김태준, "초국가적 위협에 대한 한국의 대응방안: 소말리아 해적위협을 중심으로," 『국방연구』, 제51호, 제1호(2009), p. 56.

4   U.S. Department of Homeland Security, "Quadrennial Homeland Security Review Report: A Strategic Framework for a Secure Homeland," February 2010, p. 6.

마에 직면하고 있다.

이와 관련하여 안드레아스(Peter Andreas)는 "국경개방은 지구화 논의에서 과장되게 부풀려진 것보다 훨씬 더 선별적으로 진행되고 있다. 많은 측면에서 국경개방(debordering)은 보안강화 형태로 부분적인 국경통제(rebordering)와 함께 진행된다. 영토권의 중요성은 단순히 약해진 것이 아니라 그 초점이 변경된 것을 의미 한다"고 주장하고 있다.[5] 또한 월터스(William Walters)는 이러한 국경의 개념 변화를 "국경은 적들에 대항한 국가 영토의 군사적 방어와 오랫동안 밀접하게 연관 지어졌다. 또한 역사적으로 국경은 관세와 같은 상업규정이 적용되는 현장이기도 했다. 그러나 오늘날 이러한 국경의 군사·경제적 역할 외에도, 다양한 행위자, 객체 및 이동성이라는 공통분모를 가지고 사회·정치적 불안정을 증가시키는 현상들을 감시하는 공간임과 동시에 기구로서의 의미가 더욱 중요시 되고 있다"고 설명하고 있다.[6]

글로벌화가 진전되고 있는 최근의 국제환경에서 국경을 넘나드는 여행자와 재화 이동의 증가는 교류와 협력의 증진에 기여하고 있지만, 동시에 불법 물품 선적, 불법 이민자, 폭력적인 극단주의자, 국제범죄 등과 연관된 초국가적 위협의 발생할 가능성을 높이고 있다. 21세기 국경에 대한 위협은 계속 진화되고 있으며 초국가적 범죄 네트워크는 상호 연결되고 조직화되는 경향을 나타내고 있고, 범죄와 테러리즘의 경계가 모호해지고 있다. 초국가적 범죄조직은 마약, 위조지폐·상품, 인신매매, 밀수 및 기타 범죄활동에 개입하고 있으며, 이러한 국제범죄조직은 새로운 플랫폼, 자금이동 방법, 운영활동 메커니즘, 사이버 활동 등의 혁신을 통해 조직의 규모와 영향력을 확대하고 있다. 또한 테러리스트 및 폭력적인 극단주의자 네트워크는 금융, 무역, 여행, 이민 등 영역에서 취약성을 이

5   장준오·도중진·이정우, 『변화하는 동북아 시대의 체계적인 국경관리시스템 구축에 관현 연구』, 경제·인문사회연구회 협동연구총서 05-01-10 (서울: 통일연구원, 2005), p. 4; Peter Andreas, "Introduction: The Wall After the Wall," in Peter Andreas and Timothy Snyder, eds., *The Wall Around the West: State Borders and Immigration Controls in North America and Europe* (Lanham, MD: Rowman and Littlefield, 2000), p. 2.

6   William Walters, "Border/Control," *European Journal of Social Theory*, Vol. 9, No. 2(2006), p. 188.

용하여 테러활동을 강화하고 있다.[7]

한편 2020년부터 코로나19의 세계적 대유행으로 보건안보적 차원에서 초국경적 위협의 심각성이 새롭게 강조되고 있다. 비교적 최근 들어 초국가적 위협과 유사한 개념인 '초국경적 위협(transboundary threats)'이 등장했다. 초국경적 위협이란 "지리적, 정책적, 정치적, 문화적, 언어적, 법적 등 여러 유형의 국경을 침해하는 위협으로, 중요 핵심기반시설 및 글로벌화와 연관된 자유로운 흐름과 얽혀있으며 테러리스트 공격, 사이버 테러리즘, 새로운 '팬데믹(Pandemic; 감염병 세계적 대유행)', 대규모 불법이주, 점진적 기후변화, 식수 부족 등을 포함한다"고 정의된다.[8]

초국가적 위협(transnational threats) 양상

일반적으로 초국가적 위협은 "탈냉전 이후 새로운 위협으로 국가 또는 비국가 행위자가 군사력 이외의 수단으로 국경을 초월해 야기하는 비군사적 위협의 한 형태로 테러리즘, 마약, 조직범죄, 해적행위, 밀입국, 난민 문제 등"이 포함된다.[9] 초국가적 위협 중 최근 증가하고 있는 국제범죄는 "국내의 범위를 넘어서 국제사회의 법익을 침해하는 범죄로, 2개 이상의 복수 국가가 범죄행위자·피해자 또는 범죄행위 발생지역에 연계되어 나타나는 범죄를 말한다. 전통적인 국제범죄의 범위에는 광의적으로 전쟁, 테러를 포함하여 불법무기의 거래, 마약밀매, 인신매매, 위조지폐·여권, 밀수, 밀입국, 금융범죄 등 최근에는 첨단 정보통신의 발전으로 사이버공간으로까지 점차 확장되는 추세"이다.[10]

---

7 U.S. Department of Homeland Security, "The 2014 Quadrennial Homeland Security Review", June 2014, pp. 25-26.

8 European Societal Security Research Group, "What is a transboundary crisis?" http://www.societalsecurity.eu/wp/slides/what-is-a-transboundary-crisis-2/; Arjen Boin and Mark Rhinard, "Managing Tranboundary Crises: What Role for the European Union," *International Studies Review*, Vol. 10(2008), pp. 2-3; Arjen Boin, Martin Lodge, and Marte Luesink, "Learning fro the COVID-19 crisis: an initial analysis of national responses," *Policy Design and Practice*, Vol. 3, No. 3(2020), p. 189.

9 『국방일보』, "주요 국방정책 용어〈8〉 위협③", 2002.10.12.

10 국가정보원, "국제범죄란?" https://www.nis.go.kr:4016/AF/1_8.do.

초국가적 범죄는 국가의 효과적인 통치체제와 안보를 저해하고, 시장경제를 부패시켜 경제성장을 둔화시키고 약소국가를 불안정하게 만든다. 초국가적 범죄와 불법활동은 마약, 호전적 행위자, 자본, 무기의 이동을 촉진하고 테러리스트 네트워크와 연계되어 전개되기도 한다.[11]

초국가적 위협의 특징은 첫째, 개인, 범죄조직 및 테러조직과 같은 비정부단체들에 의해 주도되고, 위협의 영역이나 성격이 국경을 넘어 확대되는 글로벌 차원의 초국경적 위협 성격을 지닌다.[12] 둘째, 초국가적 위협의 주체인 테러리스트, 국제범죄 조직, 해적 들이 사용하는 물리적 수단이 파괴적이고 심리적 공포와 심각한 피해를 초래한다. 셋째, 초국가적인 위협은 쉽게 노출되지 않기에, 평상시에는 위협의 징후가 감지되지 않고 있다가 사건 발생 이후에 위협으로 인식되는 경우가 많다.[13] 넷째, 9/11 테러 이후 불법입국, 마약유통, 밀수, 불법무기 거래 등 국제범죄 영역에서 범죄조직과 테러조직의 연계 양상이 강화되고 있다. 범죄조직은 그들의 활동 근거지에 대한 정치·사회·문화적 환경에 익숙하기 때문에 이를 적극적으로 활용하고 있다. 연계 양상은 범죄조직이 테러조직에게 자금세탁, 불법활동 및 대량살상무기(WMD)를 제공하고, 테러조직은 범죄조직에게 불법무기와 테러전술을 제공한다. 또한 범죄조직과 테러조직은 지구화 진전과 정보혁명 및 기술혁신 양상에 따라 그들의 협력관계 및 연계체계가 글로벌 차원에서 네트워크화 되어가고 있다.[14]

2. 국경안보 개념

새로운 국경위협의 수준과 경향의 변화 속에서 주요 국가들은 여행자, 재화, 서비스의 자유로운 이동과 활발한 교역을 보장하는 한편, 다양한 초국가적 또는 초국경적 위협에 대처하기 위해 노력하고 있다. 새로운 국경 위협수준의 변

---

11   "Quadrennial Homeland Security Review Report: A Strategic Framework for a Secure Homeland," February 2010, p. 7.

12   조성권, "초국가적 위협: 테러, 마약, 범죄조직의 상호연계와 새로운 대응시각,"『세계지역연구논총』, 제28집, 1호(2010), p. 319.

13   김태준(2009), pp. 56-57.

14   조성권(2010), pp. 328-329.

화와 국경관리 자원의 투입에 따라 기존의 국경관리와 관련된 개념 또한 국경안보의 개념으로 확대되고 있다.

일반적 사용되는 '국경관리(border management)'의 개념은 국경관리와 관련된 국가의 법률이나 정책규정 또는 인접 국가와 체결한 관련 조약이나 협정 등의 규정에 따라 국경지역을 관리하고, 법률이나 규정을 위반하는 모든 불법활동을 예방하고 단속하여 국경지역의 질서와 안전을 확보하고, 나아가 국가의 영토주권과도 관련이 있는 국가의 중요한 임무이다.[15]

'국경보호(border protection)'는 국경에 대한 위협에 대응하는 것으로, 위협의 근본원인을 감소하거나 제거하는 것이다. 투싱(Bert Tussing)은 새롭게 등장한 국경위협의 유형에 따라 국경보호 활동을 세분화하여 설명하고 있다. 그에 의하면 '국경통제(border control)'는 사람과 재화의 불법적 입국에 대해 보호조치를 수행하는 것으로, 낮은 수준의 위협에 대한 대응활동이다. '국경안전(border safety)'은 폭력, 범죄, 밀수 등과 같은 위협에 대한 보호조치의 제공과 집행을 의미하는 것으로, 중간수준의 위협에 대한 대응활동이다. '국경안보(border security)'는 테러리즘 저지와 대량살상무기(WMD) 확산방지 활동 등을 의미하며, 가장 높은 수준의 위협에 대한 대응활동이다.[16] 일반적으로 '국경안보(border security)'는 "국가의 육상, 항공, 해상 영역의 보호, 이러한 국경에 대한 위협 억제, 항만, 공항, 육로 국경 등 입국지점의 안전 및 사람과 물품의 합법적인 출입국 감독"을 의미한다. 국경안보 정책은 포괄적으로 접근해야 하는데, 우선 국가는 그들의 국경 관련 모든 영역의 전략적 중요도를 평가하고, 다음단계로 사람·화물·불법활동 등에 대응하는 체계를 구축해야하며, 마지막으로 인적·기술적·보안적 수단을 동원한 대응조치를 수행해야 한다.[17]. 미국 대통령의 행정명령에서 국경안보를 의미하는

---

15   김민수, "통일을 대비한 국경관리에 관한 소고," 『법조』, Vol. 534(2001), p. 224.

16   Chad C. Haddal, "People Crossing Borders: An Analysis of U.S. Border Protection Policies," *CRS Report for Congress*, May 13, 2010, pp. 5-6. Bert Tussing, "New Requirements for a New Challenge: The Military's Role in Border Security," *Homeland Security Affairs*, Vol. IV, No. 3(October 2008), p. 9.

17   Nelson et al.(2010), pp. 2-3.

■ 그림 13-1 국경보호의 단계

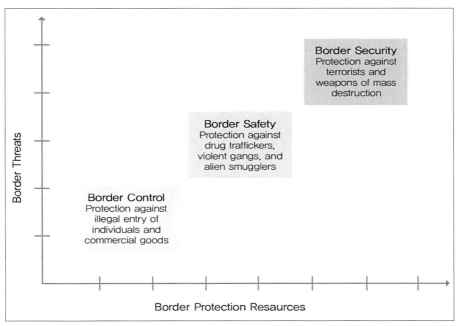

출처: Chad C. Haddal, "People Crossing Borders: An Analysis of U.S. Border Protection Policies," *CRS Report for Congress*, May 13, 2010, p. 6. Bert Tussing, "New Requirements for a New Challenge: The Military's Role in Border Security," *Homeland Security Affairs*, Vol. IV, No. 3(October 2008), p. 10 참고.

'운영적 통제'는 "테러리스트, 불법 외국인, 테러리즘 수단, 마약 및 기타 밀수품 등의 불법적 입국을 예방"하는 것이라고 규정되고 있다.[18]

주요국의 국경안보 기관들은 복합적인 해결과제를 안고 있는 국경안보 문제에 대한 법적·제도적 개선을 추진하면서, 기관·민간·국가 부문 간 상호 협력과 다양한 정책 프로그램의 조율을 위해 노력하고 있다. 또한 서방국가들은 테러리즘의 심각한 위협을 인식하고 이에 대한 적극적인 대응책을 마련하고 있다. 전 세계에 걸친 글로벌 차원의 테러리스트 및 국제범죄 네트워크의 용이한 인력·재

18 The White House, "Executive Order: Border Security and Immigration Enforcement Improvements," January 25, 2017, https://www.whitehouse.gov/presidential-actions/executive-order-border-security-immigration-enforcement-improvements/.

원·수단의 이동에 대처하기 위해 강화된 위험관리(Risk Management) 접근방식의 국경안보 조치를 취하고 있다.[19]

2절   미국의 국경안보 체계 개혁과 국토안보부 활동

2001년 9/11 테러 이후, 2003년 3월 국토안보부(DHS)를 창설한 미국은 초국가적인 위협에 효과적으로 대처하고 국경안보 업무의 강화를 위해 국제적 동맹국, 주·지방 정부 그리고 민간 기업과 함께 통합적 접근을 시도하고 있다. 원활한 경제활동에 영향을 주지 않는 범위에서 미국의 핵심 운송체제를 맡고 있는 육상·항공·해상 간의 네트워크를 강화하여 보안대책을 수립·집행하고 있다.[20]

2010년 2월 처음 발표된 '4년주기 국토안보검토보고서(QHSR: Quadrennial Homeland Security Review Report)'에서 제시된 국토안보부의 두 번째 임무는 국경의 보호와 관리였다. 이를 달성하기 위한 목표로 ① 미국의 항공·육상·해상 국경의 보호, ② 합법적 무역과 여행의 보호·촉진, ③ 초국가적 범죄조직 및 불법행위자 분쇄 및 와해를 설정했다.[21] 2019년 7월에 발표된 '국토안보부 전략기획 2020-2024(The DHS Strategic Plan: Fiscal Years 2020-2024)' 보고서에서 제시된 국토안보부의 두 번째 임무는 국경과 주권의 보호였다. 이를 수행하기 위한 목표로는 ① 항공·육상·해상 국경의 보호 및 관리, ② 미국 국경안보의 범위 확대, ③ 미국 이민법 시행 및 강화, ④ 국가의 안보와 번영을 증진하기 위한 이민혜택 관리를 설

---

19   Barton et.al.(2005), pp. 1, 3-4.

20   "Quadrennial Homeland Security Review Report: A Strategic Framework for a Secure Homeland," February 2010, pp. 15, 25.

21   "Quadrennial Homeland Security Review Report: A Strategic Framework for a Secure Homeland," February 2010, p. 26.

정했다.[22]

　이러한 목표를 달성하기 위해 국토안보부 산하 국경안보 관련 소속기관으로 ① 상업활동, 검색, 국경순찰 기능을 감독하는 관세국경보호청(CBP: U.S. Customs and Border Protection), ② 수사, 불법이주자 구금·퇴거, 항공·해상 마약차단, 연방보호서비스를 감독하는 이민세관단속국(ICE: U.S. Immigration and Customs Enforcement), ③ 해상보안 업무를 담당하는 해양경비대(USCG: United States Coast Guard), ④ 항공·육상·철도 등 운송시스템 보호업무를 담당하는 교통보안청(TSA: Transportation Security Administration)이 활동하고 있다.[23]

1. 관세국경보호청(CBP)

　'관세국경보호청(CBP: Customs and Border Protection)'은 2003년 국토안보부가 창설되면서 재무부의 관세청, 법무부의 이민귀화국, 농무부 동식물검역소 등 공항·항만 관련 3개 주요기관의 검사·심사업무와 법무부 국경순찰대(Border Patrol)의 불법 단속업무가 통합되어 창설되었다. 따라서 기존 관세청 기능 중에서 불법행위에 대한 수사를 제외한 화물, 여행자 휴대품의 검사 및 관세의 부과 등 모든 업무, 이민귀화국 기능 중에서 출입국 심사기능, 동식물검역소의 검사·검역 기능 등 공항·항만 3대 핵심기능인 CIQ(세관, 출입국관리, 검역)가 단일기관인 관세국경보호청(CBP)으로 통합되었다. 이민 및 시민권 관련 업무는 국토안보부 '이민국(USCIS: U.S. Citizenship and Immigration Services)'이 담당하고 있다. 수사기능은 관세청과 이민귀화국(INS)의 수사 및 법집행 업무를 통합하여 설립된 '이민세관단속국(ICE: U.S. Immigration and Customs Enforcement)'으로 이관되었다.[24]

22　　U.S. Department of Homeland Security, "The DHS Strategic Plan: Fiscal Years 2020-2024," July 2019, pp. 7, 18-25.

23　　Chad C. Haddal, "Border Security: Key Agencies and Their Missions," *CRS Report for Congress*, January 26, 2010, p. 1.

24　　U.S. Customs and Border Protection, "Vision and Strategy 2020: U.S. Customs and

2015년 3월 발표된 관세국경보호청의 '비전과 전략 2020' 보고서에 따르면, CBP의 전략적 목표는 ① 테러리즘과 초국가적 범죄에 대한 대응, ② 포괄적인 국경안보와 관리 강화, ③ 합법적 무역과 여행 보장을 통한 미국의 경제적 경쟁력 향상, ④ 조직적 통합·혁신·민첩성 증진이었다.[25] 2019년 4월 발표된 CBP '전략 2020-2025' 보고서에서는 임무 수행목표로 ① 미국인 보호 및 무역과 여행 촉진, ② 무엇이든 준비된 유능하고 탄력적인 인력양성 체제 구축, ③ 새로운 위협을 완화하기 위한 기술 및 파트너십에 투자를 설정하고, 불법활동에 대한 식별과 대응 강화, 안전한 상업활동 보장, 생체인식 기술 활용 등을 강조했다. 이에 따라 항공·육상·해상 국경 운영통제를 확대하고, 테러리스트와 초국가적 범죄조직 식별, 활동저지, 처벌을 강화하는 데 중점을 두었다.[26] 2020년 12월 발표된 CBP '전략 2021-2026' 보고서에서는 임무 수행목표로 ① 미국인 보호 및 무역과 여행 촉진, ② 역동적인 도전에 직면하여 적응력과 회복탄력성이 있는 지속가능하고 유능한 인력양성 체제 구축, ③ 운영중심의 위협기반 정보 및 데이터기반 실행 지원을 위한 CBP 역량 증진을 설정했다.[27]

2021년 3월 기준으로 CBP의 63,685명 직원은 20개의 현장사무소의 328개 항만, 20개 섹터의 131개 국경순찰기지(36개 이민검문소 포함), 국가항공보안작전센터 및 항공해양작전센터를 포함한 74개 항공·해양 작전지역, 그리고 106개 국가에서 활동하고 있다.[28]

CBP의 권한은 국토안보부의 연방법 집행기관으로 국제무역의 편의를 증

Border Protection Strategic Plan," March 2015, p. 6; 유민이·이정우·최효원, "국경관리체계의 유형과 패러다임의 변화: 해외사례를 중심으로," 이민정책연구원 정책보고서 시리즈, No. 2020-03, 2020년 11월, pp. 25-27; 한국관세무역개발원, "외국 관세행정의 정부조직 및 직무범위에 관한 연구", 2017년 관세청 연구용역과제, 2017, p. 22.
25 U.S. Customs and Border Protection, "Vision and Strategy 2020" March 2015, p. 9.
26 U.S. Customs and Border Protection, "Strategy 2020-2025," April 2019, pp. 4-5.
27 U.S. Customs and Border Protection, "Strategy 2021-2016," December 2020, p. 9.
28 U.S. Customs and Border Protection, "Snapshot: A Summary of CBP facts and Figures," March 2021, p. 1, https://www.cbp.gov/sites/default/files/assets/documents/2021-Apr/cbp-snapshot-mar-2021.pdf.

진하고 규제하며, 수입관세 징수 및 무역·관세·이민 관련 규정을 집행하며, 선적·적하 조사 권한과 업무수행 중 무력사용의 권한을 가지고 있다. 구체적인 임무는 첫째, 테러방지와 무기 반입금지, 불법입국자 체포, 불법 의약품·위조품 유입방지, 유해 질병으로부터 농업·경제 보호, 산업 지적재산권 보호 등이다. 둘째, 관세법에 의거하여 절도, 밀반입, 불법수입상품, 규제약물, 위조품, 플라스틱폭발물 등을 압수 및 몰수한다. 셋째, 자동타깃팅시스템과 수출자동화시스템의 사전정보를 활용하여 위험화물을 적발한다. 넷째, 관세법에 따라 위조·허위 서류, 진술, 누락 또는 불법 수입을 도운 사람, 수입자, 수입 시도자에 대한 벌금을 규정하여 수입품 관련 민사처벌을 집행한다. 또한 형사법령에 의거하여 세관공무원에게 허위정보를 제출할 경우 제재를 집행한다. 다섯째, 물류 공급망의 단계별 특성에 따라 위험관리 프로그램을 운영하고 있다. 위험인물 및 물자반입 차단을 위한 조치로 2002년부터 '반테러민관협력제도(C-TPAT: Customs-Trade Partnership Anti-Terrorism)' 및 '컨테이너안전협정(CSI: Container Security Initiative)', 2007년부터 '안전운송조치(SFI : Secure Freight Initiative)', 2010년부터 '수입자보안정보제출·운송인추가요구사항(Importer Security Filing and Additional Carrier requirements)' 등을 운영하고 있다.[29]

9/11 테러 이후 CBP의 최우선 과제가 테러리스트 입국 및 테러무기 반입방지로 전환되면서 시행하고 있는 대표적인 조치로는 '컨테이너안전협정(CSI)'과 '반테러민관협력제도(C-TPAT)'이다. 컨테이너안전협정은 컨테이너 내에 테러 등에 악용될 수 있는 위험 물질이 들어 있는지 확인하기 위해 2002년 1월에 도입되었다. 이 제도는 외국에서 대량살상무기 등이 선박을 통해 미국으로 밀반입되는 것을 차단하는 데 역점을 두고, 외국의 항만에서 해당국 세관이 미 세관원과 공동으로 미국행 컨테이너 화물을 선적하기 24시간 전에 화물 투시기(X-ray)나 방사능 탐지기 등으로 위험화물을 사전 검색하여 적발하는 것을 핵심임무로 설정하고 있다. 미국은 이 제도를 통해 자국으로 반입되는 연간 570만 개의 컨테이

---

29   한국관세무역개발원(2017), pp. 22-23, 342.

너 화물 가운데 최소 2% 정도를 검사하여 위험성이 높은 화물의 반입을 사전에 차단한다는 방침이다. CSI는 미국과 개별국가 간에 양자협정체결을 통해 시행되고 있으며, 미국과 CSI 협정을 체결한 항만은 우리나라를 포함하여 독일, 네덜란드, 싱가포르, 홍콩, 일본 등 58개 항만이 있으며, 이들 항만을 통해 미국행 해상화물의 86%가 처리된다.[30]

'반테러민관협력제도(C-TPAT)'는 9/11 테러 이후 '글로벌공급망(global supply chain)'에서 화물 및 운송수단의 흐름을 촉진하는 동시에 테러용 무기가 미국으로 반입되는 것을 예방하여 미국을 테러 행위로부터 보호하는 데 중점을 둔 제도이다. C-TPAT은 미국 국경과 공급망의 안전을 강화하기 위해 정부와 민간기업의 협력을 강화하기 위한 프로그램으로 세관은 공급망 최종 소비자, 수입자, 관세사, 보세창고, 제조기업과의 긴밀한 협조를 통해서 물류보안을 강화하기 위해 도입되었다. C-TPAT에는 수입업자, 국내운송업자, 선사, 항공사, 통관업자, 창고업자, 해외제조업자 등이 모두 참여할 수 있고, C-TPAT을 신청해서 인증을 받은 업체들은 일차적으로 화물 검사횟수를 축소해주며 보다 강화된 인증절차를 통과한 경우에는 무검사 통관도 허용해 준다. C-TPAT은 3단계로 구분해서 운영되고 있는데, 1단계는 프로그램 참여가 허용된 상태로 화물검사 횟수 축소, 2단계는 CBP의 평가완료 상태로 1단계의 혜택 외에도 화물 우선검사 등 포함, 3단계는 화물검사 면제가 포함되는 단계로 가장 많은 혜택이 부여되고 있다.[31]

한국에서 CBP 주재관 사무실의 주요업무는 위험한 여행객 및 물건들로부터 미국을 보호하는 동시에 합법적인 여행과 무역을 촉진함으로써 국가경제 경쟁력을 강화시키는 것이다. 또한 통관 자동화 시스템(ACE)/싱글윈도, 운수업체 연락프로그램(CLP), 컨테이너안전협정(CSI), 반테러민간협력제도(C-TPAT), 비자면제프로그램(ESTA), 온라인 비자 업데이트 시스템(EVUS), 미국자동출입국심사(Global

---

30   전략물자관리원, 『2010 연례보고서』 (서울: 전략물자관리원, 2010), pp. 177-178. U.S. Customs and Border Protection, "Container Security Initiative," https://www.cbp.gov/border-security/ports-entry/cargo-security/csi/csi-brief 참고.

31   전략물자관리원(2010), pp. 181-182. 최원기, "미국의 신 글로벌 공급망 안보 전략 검토," 『주요국제문제분석』, 2012-13, 국립외교원 외교안보연구소, 2012.6.11, pp. 2, 5 참고.

Entry), 입국자문프로그램(IAP) 등 다양한 CBP 프로그램을 관리하고 있다.[32]

2. 이민세관단속국(ICE)

'이민세관단속국(ICE: U.S. Immigration and Customs Enforcement)'은 2003년에 관세청(Customs Service)과 이민귀화국(INS)의 수사 및 법집행 업무를 통합하여 창설되었다. ICE의 임무는 국가안보와 공공안전을 위협하는 국경 간 범죄와 불법이민으로부터 미국을 보호하는 것이다. 이 임무는 400개 이상의 연방법 집행을 통해 실행되며 이민집행 및 초국가적 범죄퇴치에 중점을 두고 있다. ICE는 미국과 전 세계의 400개 이상의 사무소에 20,000명 이상의 법집행 및 지원 인력을 보유하고 있다. 연간 예산은 약 80억 달러이며 주요 부서는 국토안보수사(HSI: Homeland Security Investigations), 집행·퇴거활동(ERO: Enforcement and Removal Operations), 수석법률고문(OPLA: Office of the Principal Legal Advisor), 관리·행정(M&A: Management and Administration) 등이 있다. HSI와 ERO는 국내외에서 필수적인 법집행 부서로 활동하고 있으며, 테러리즘 및 초국가적 범죄를 표적으로 삼고 예방하는 것을 목표로 하는 다양한 기관 간 태스크 포스를 이끌거나 이에 참여하고 있다.[33]

국토안보수사국(HSI)은 국토안보부 산하 주요 수사기관으로서 미국의 관세 및 이민법을 악용하거나 이를 악용하려는 '초국가적 범죄조직(TCO: Transnational Criminal Organizations)' 및 테러리스트 네트워크를 수사·와해·해체하는 책임이 있다. HSI는 미국 전역의 250개 이상의 사무실과 전 세계의 80개 이상의 사무실에 배정된 특수요원, 범죄분석가, 임무지원 직원 및 계약직원을 포함하여 10,400명 이상의 직원으로 구성되어 있다. HSI는 미국 전역에서 사람, 상품, 돈,

---

32   주한 미국 대사관, 대사관 및 영사관, "미국정부기관: 국토안보부(DHS), 관세 및 국경보호청 (Customs and Border Protection)," https://kr.usembassy.gov/ko/embassy-consulate-ko/seoul-ko/sections-offices-ko/.

33   U.S. Immigration and Customs Enforcement, "About Us: Who We Are," https://www.ice.gov/about-ice.

기술 및 기타 밀수품의 불법 국경 간 이동에 대해 연방범죄 수사를 수행할 수 있
는 광범위한 법적권한을 가지고 있다. HSI는 이러한 권한을 활용하여 테러리즘,
국가안보 위협, 마약밀수, 다국적 범죄조직 활동, 아동착취, 인신매매 및 밀입국,
통제된 기술 및 무기 불법수출, 돈 세탁, 금융사기, 작업장 및 고용 범죄, 사이버
범죄, 지적재산 절도 및 무역 사기, 신원 및 혜택 사기, 인권침해와 전쟁범죄 등
에 대한 수사를 수행한다. 또한 미국 및 해외의 전략적 파트너와 협력하여 HSI
특수요원은 증거를 수집하여 미국을 위협하는 초국가적 범죄조직(TCO), 테러리
스트 네트워크 및 촉진자, 기타 범죄요소에 대한 형사사건을 식별하고 담당한다.
HSI는 검사와 협력하여 위반자를 기소·체포하고, 범죄 수색영장을 집행하고, 범
죄를 통해 파생된 돈과 자산을 압수하고, 전 세계에서 활동하는 범죄조직을 와
해·해체하기 위해 조치를 취한다. 이를 통해 미국의 국가안보, 국경 및 경제 안
보를 보호하고 대중과 지역사회의 안전을 보장하기 위해 노력하고 있다.[34]

3. 해안경비대(USCG)

'해안경비대(USCG: United States Coast Guard)'는 국토안보부 소속으로서, 미군,
법집행기관 및 정보공동체의 일원으로 항구와 내륙수로, 해안선, 배타적 경제수
역(EEZ: Exclusive Economic Zone) 전역 및 공해에서 해양안전, 보안 및 환경관리를 담
당하는 주요 연방기관이다. 해안경비대는 50,000명 이상의 해안경비대원으로
구성되며, 259개의 절단기를 포함한 상호운용 가능한 함대, 200대의 고정익 및
회전익 항공기, 1,600척 이상의 보트로 구성된 다중임무 함대를 운영한다. 수
상·항공 자산의 운영통제는 2개의 해안경비대 지리적 영역(태평양 및 대서양), 9개의
해안경비대 지구 및 전국의 전략적 항구에 위치한 37개 구역에 실행된다. 5개

---

34   U.S. Immigration and Customs Enforcement, "About Us: Who We Are"; 주한 미국 대사관,
      대사관 및 영사관, "미국정부기관: 국토안보수사국(Homeland Security Investigations)," https://
      kr.usembassy.gov/ko/embassy-consulate-ko/seoul-ko/sections-offices-ko/ 참고.

임무지원 물류 및 서비스 센터는 운용자산 및 해안시설에 대한 서비스를 제공한다. 워싱턴 DC에 위치한 해안경비대 본부는 해안경비대 프로그램 감독, 정책개발 및 인사관리를 수행한다.[35]

해안경비대의 6지지 작전임무 프로그램은 해사법 집행, 해상사고 대응, 해양사고 예방, 해상운송시스템 관리, 해상보안작전, 방위작전이다. 2002년 국토안보법에 의해 부여된 세부적 작전임무는 11가지이고, 이 중에서 국토안보 임무는 6가지로 규정하고 있다.[36]

해안경비대의 세부적인 11가지 작전임무는 ① 항만·수로·해안 보안, ② 마약 차단, ③ 항해지원, ④ 수색·구조, ⑤ 해상생물자원, ⑥ 해상안전, ⑦ 방위준비(국가안보와 군사준비), ⑧ 불법이주민 차단, ⑨ 해상환경 보호, ⑩ 극지·아이스·알래스카 작전(국제 아이스 순찰 포함), ⑪ 법집행(금지집행내역 포함)이다. 이 중에서 국토안보 임무는 항만·수로·해안 보안, 마약차단, 방위준비(국가안보와 군사준비), 불법이주민 차단, 법집행(금지집행내역 포함)이다.[37]

특히 국경안보와 관련하여 해안경비대는 해상항로를 통하여 미국으로 반입되는 불법적인 마약, 외국인 그리고 금수품 또는 밀수품의 유통을 차단하고, 불법어로를 예방 또는 저지하고, 해상을 무대로 미국 연방법을 위반하는 것을 억제 또는 단속하여 미국의 관할수역을 보호하는 핵심적 역할을 담당한다.

4. 교통보안청(TSA)

'교통보안청(TSA: Transportation Security Administration)'은 2001년 9/11 테러 이후, 2001년 11월 '항공·교통보안법(Aviation and Transportation Security Act)'에 의거하여, 사람과 상거래를 위한 이동의 자유를 확보하면서 국내 교통 시스템의 보안을

---

35   U.S. Coast Guard, "About Home: Organizational Overview," https://www.uscg.mil/About/.
36   U.S. Coast Guard, "Missions," https://www.uscg.mil/About/Missions/.
37   U.S. Coast Guard, "History: Missions," https://www.history.uscg.mil/home/Missions/; U.S. Coast Guard, "Missions."

강화하기 위해 창설되었다. 2003년 3월 교통부 소속에서 국토안보부로 이관되었다. TSA는 정보중심 위험기반 접근방식 하에 첨단기술을 활용하여 항공, 대중교통 시스템, 화물·여객 철도, 고속도로, 파이프라인, 항구 등 교통체계 분야의 보안업무와 법집행을 담당하고 있다.[38]

TSA는 약 50,000명의 교통보안담당관, 교통보안검사관, 교통보안전문가, 행정 및 기타 보안전문가를 포함하여 약 65,000명의 직원이 활동하고 있다. 교통보안담당관들은 미국 전역의 약 440개 공항에서 200만명 이상의 승객을 검색하고 있다. 1,200명 이상의 교통보안검사관들은 표준운영 절차의 준수 확인, 활동평가, 권고사항 제공, 비준수 사례 관리를 담당하고 있다. 또한 이들은 40,000명 이상의 항공·해상·화물 운송사업자를 감독하고 있다. 350명 이상의 폭발물전문가들은 항공 및 다중영역에서 폭발물, '급조형폭발장치(IED: Improvised Explosive Devices)', 은폐, 테러사건에 대한 교육을 제공하고 있다. 미국 전역의 공항, 대중교통, 해상지역에 1000개 이상의 '폭발물탐지견팀(Explosives Detection Canine Teams)'이 배치되어 활동하고 있다. TSA는 전국 공항에 2,000명 이상의 행동탐지 훈련을 받은 요원을 배치하여, 행동감지 및 보안관련 질문 기법을 사용하여 잠재적인 고위험자 또는 의심스러운 활동을 식별하고 있다.[39]

5. 미국 국토안보부의 국경안보 정보융합·공유 체계

국경안보 업무 수행을 위해 정보기관은 관련정보를 수집, 분석 및 배포하

---

38   U.S. Transportation Security Administration, "About: History, Transportation Security Timeline," https://www.tsa.gov/timeline; U.S. Transportation Security Administration, Media Room, "Factsheets: TSA at a Glance," https://www.tsa.gov/sites/default/files/resources/tsaatglance_factsheet.pdf.

39   U.S. Transportation Security Administration, "Mission," https://www.tsa.gov/about/tsa-mission; U.S. Transportation Security Administration, "TSA Strategy," https://www.tsa.gov/about/strategy; U.S. Transportation Security Administration, Media Room, "Factsheets: TSA at a Glance."

고 법집행기관과 정보를 공유하여 범죄자를 체포하고 불법활동을 저지하는 역할을 수행한다. 특히 국경안보기관과 주요 정보기관간의 정보 융합과 공유문제는 2001년 9/11 테러 방지에 실패한 이후 미국 및 주요국에서 시급히 해결되어야 하는 과제로 등장했다.

미국의 정보공동체는 18개 기관이 있다. 최상위 기관인 국가정보장실(ODNI)을 중심으로 중앙정보국(CIA), 국방정보국(DIA), 국가안보국(NSA), 국가지형공간정보국(NGA), 국가정찰국(NRO), 육군, 해군, 해병대, 공군, 우주군 소속의 정보부대, 에너지부 정보방첩실(OICI), 국토안보부(DHS) 정보분석실(I&A), 국토안보부 해안경비대 정보부(CGI), 법무부 연방수사국(FBI), 법무부 마약단속국(DEA) 국가안보정보실(ONSI), 국무부 정보조사국(INR), 재무부 정보분석실(OIA)이 있다.[40]

이러한 정보기관들은 다양한 정보수집 수단을 통해 국경안보와 관련된 정보를 수집·분석·제공하고 있다. 정찰위성 감시를 통해 불법적 마약생산 및 운송시설, 국경 지하터널, 테러리스트 훈련캠프에 대한 정보를 제공한다. 전자감시를 통해 테러리스트가 미국 국경을 통과하거나 대량살상무기(WMD)를 수송하기 위한 통신 또는 미국에 있는 외국요원과의 접촉 관련 정보를 수집·제공한다. '인간정보(HUMINT: Human Intelligence)' 수단을 통해 미국 국경을 침범하려는 테러리스트나 불법행위자의 계획과 관련된 외국정부와의 접촉 등의 정보를 수집하고 제공한다. 또한 정보공동체는 테러리스트, 마약밀수업자, 외국요원, 인신매매단 등을 포함하는 불법 이민자들에 대한 정보를 수집·분석하고 있다. 정보공동체 소속으로 법집행과 정보기능을 동시에 가지고 있는 정보기관은 법무부 소속의 연방수사국(FBI)과 마약단속청(DEA)이다. 국경안보와 관련된 중요한 정보를 제공하는 기관은 국토안보부 소속 정보분석실(I&A)과 해안경비대(USCG)이다.[41]

국토안보부 정보체계는 정보분석실(I&A)을 중심으로 관세국경보호청(CBP),

---

[40]   Office of the Director of National Intelligence, "Members of the IC", https://www.dni.gov/index.php/what-we-do/members-of-the-ic. Office of the Director of National Intelligence, "U.S. National Intelligence: An Overview 2013," 2013, 참고.

[41]   Richard A. Best Jr., "Securing America's Borders: The Role of the Intelligence Community," *CRS Report for Congress*, December 7, 2010, pp. 2-4.

이민세관단속국(ICE), 교통보안청(TSA), 해양경비대(USCG), 비밀경호국(USSS) 등의 정보부서가 정보 수집·분석·배포 업무를 담당하고 있다. 이 중에서 특히 국경안보 관련 실무적 정보활동은 국토안보부 정보분석실(I&A), 관세국경보호청(CBP) 정보실(OI), 이민세관단속국(ICE) 산하 국토안보수사국(HSI) 정보실(OI), 해양경비대(USCG) CG-2가 담당하고 있다.[42]

첫째, 국토안보부 정보분석실(I&A)은 국토안보 정보활동의 주무부서로 정보 공동체 소속 기관들과 국경 관련정보의 분석·수집·공유를 위해 통합정보네트워크를 지원하고 있다. 국토안보부는 테러 예방·대응을 위해 연방·주·지방 정부 기관·들과 업무 협의·조정을 위한 정보공유 네트워크와 주 및 주요도시 지역에 '융합센터(Fusion Center)'를 운영하고 있다. 이를 통해 CIA, FBI 및 법무부 등과의 수평적 정보공유 및 각 주정부와 지자체들과의 수직적 정보공유가 가능하다. 정보공유 네트워크로는 국토안보부와 주정부 기관간 테러정보를 유통하는 '국토안보정보네트워크(HSIN: Homeland Security Information Network)'와 비밀수준의 테러정보 네트워크로 연방기관들 간에 비밀정보 공유가 가능한 '국토보안데이터네트워크 (HSDN: Homeland Secure Data Network)'가 있다.[43] 특히 I&A는 '통합국경정보프로그램 (IBIP: Integrated Border Intelligence Program)'을 운영하고, 산하에 '국토정보지원팀(HIST: Homeland Intelligence Support Team)'을 두고 국토안보부의 모든 국경안보 관련 정보 활동을 지원한다.[44]

둘째, 관세국경보호청(CBP) 정보실(OI)은 다양한 능력과 활동을 통합하여 정보현장 지원, 테러리스트와 지정학적·경제적 위협에 초점을 맞춘 전략적 분석,

---

42   Mark A. Randol, "The Department of Homeland Security Intelligence Enterprise: Operational Overview and Oversight Challenges for Congress," *CRS Report for Congress*, March 19, 2010, pp. 20-28; Best(2010), p. 4; Michael E. DeVine, "The U.S. Intelligence Community: Homeland Security Issues in the 116th Congress," *CRS Insight*, February 1, 2019, p. 1 참고.

43   Randol(2010), pp. 5, 8, 10-11; 전봉조, "정보공유 중심의 통합적 국경관리체계 구축방안 연구: 국경관리통합센터 및 국경정보네트워크 구축을 중심으로," 연세대학교 행정대학원, 석사학위논문, 2009, pp. 34, 54.

44   Randol(2010), p. 15.

일일 CBP 지도부 브리핑, 정보·감시·정찰 기능 등을 포함하는 다층적 접근방식을 통해 CBP의 임무를 지원하고 있다.[45]

셋째, 이민세관단속국(ICE) 산하 국토안보수사국(HSI) 정보실(OI)은 HSI의 수사를 지원하기 위해 범죄자와 그 네트워크에 대한 분석을 수행한다. 정보실은 범죄수사관이 초국가적 테러리스트 및 범죄 네트워크와 국가안보를 위협하거나 관세 및 이민법을 악용하려는 개인 또는 조직을 식별, 우선순위 지정, 와해 및 해체할 수 있도록 범죄분석을 제공한다.[46]

넷째, 해양경비대(USCG) CG-2는 해양경비대의 정보활동의 계획, 정책, 프로그래밍, 예산책정, 교육, 보안 및 정보 시스템 지원을 총괄하고 있다. CG-2는 방첩부, 암호그룹, 정보조정센터로 구성되어있다. 현장 정보활동을 위해 해상정보 융합센터, 구역정보처, 섹터정보처가 운영되고 있다.[47]

3절 캐나다의 국경안보 체계와 활동

1. 국경보안청(CBSA) 조직

2001년 9/11 테러를 계기로 캐나다 국경안보 업무는 국가안보와 공공안

---

45   U.S. Customs and Border Protection, "Operations Support Assistant Commissioners' Offices: Office of Intelligence," https://www.cbp.gov/about/leadership-organization/executive-assistant-commissioners-offices/operations-support-assistant-commissioners-offices.

46   U.S. Immigration and Customs Enforcement, "Who We Are, Homelnad Security Investigations: Office of Intelligence," https://www.ice.gov/about-ice/homeland-security-investigations/intelligence.

47   U.S. Coast Guard, "USCG Intelligence: Intelligence Enterprise," https://www.dco.uscg.mil/Our-Organization/Intelligence-CG-2/.

전을 강화하는 데 중점을 두게 되었다. 2003년 12월 캐나다 '국경보안청(CBSA: Canada Border Services Agency)'은 '공공안전부(Public Safety Canada)' 산하조직으로 신설된 연방기관으로 국경관리 집행, 이민업무 집행 및 세관업무를 담당하는 기관이다. 국경보안청(CBSA)은 기존 '관세청(Canada Customs)', '시민권·이민부(Citizenship and Immigration Canada)'의 이민법 집행기능과, '식품검역청(Canadian Food Inspection Agency)'을 통합하여 창설되었다.[48]

국경보안청의 권한은 국가안보와 공공안전에 중점을 두고 통합 국경서비스를 제공하는 책임이 있고, 법안에 입각한 여행자, 물품, 동식물의 자유로운 흐름을 촉진하는 것이다. 임무는 캐나다를 오가는 사람과 물품의 접근을 관리하여 캐나다의 안보와 번영을 보장하는 것이다. CBSA의 조직은 평가·수익관리, 최고혁신책임자, 상업·무역, 재무·기업경영, 인적자원, 정보·과학·기술, 정보·집행, 내부감사·프로그램 평가, 전략적 정책을 담당하는 9개 부서로 구성되어 있다. 인력으로는 약 14,000명의 직원이 활동하고 있으며, 그중 6,500여 명이 캐나다 1,200개 구역과 해외 39개 구역에 배치되어 임무를 수행하고 있다. 캐나다 전역에는 7개의 지역사무소(대서양 지역, 토론토 광역지역, 온타리오 북부지역, 태평양 지역, 프레리 지역, 퀘벡 지역, 남부 온타리오 지역)가 설치되어 있고, 117개 육상국경의 출입국과 통관을 관리하며, 13개 국제공항을 관리하고 있다.[49]

2. 국경보안청(CBSA) 임무

법과 규정 및 협업과 관련한 구체적인 임무는 첫째, 캐나다를 오고 가는 여행자, 물품, 동식물의 출입여부 관리를 통한 관련법 운영이다. 둘째, 캐나다에 위

---

48   유민이·이정우·최효원(2020), pp. 32, 34; Wikipedia, "Canada Border Services Agency," https://en.wikipedia.org/wiki/Canada_Border_Services_Agency.

49   Canada Border Services Agency, "Who We Are," https://www.cbsa-asfc.gc.ca/agency-agence/who-qui-eng.html; Canada Border Services Agency, "What We Do," https://www.cbsa-asfc.gc.ca/agency-agence/what-quoi-eng.html.

협 가능성이 있는 사람의 구류이다. 셋째, 테러, 조직범죄, 전쟁범죄, 반인륜적 범죄에 연루된 사람의 캐나다 입국불허 및 추방이다. 넷째, 불법물품 반입·반출 차단이다. 다섯째, 식품 안전, 식물·동물 건강 및 캐나다 자원기반 보호이다. 여섯째, 국제규정에 근거한 무역법과 무역협약 집행을 통한 캐나다 비즈니스 및 경제 이익의 증진이다. 일곱째, 덤핑과 보조금 지급 수입품의 유해영향으로부터 캐나다 산업을 보호하기 위한 무역조치의 집행이다. 여덟째, 공정하고 공평한 구제체계 운영이다. 아홉째, 다양한 국제포럼 및 국제기관에서 캐나다 국민의 관심을 증진하는 것이다. 열째, 수입품에 대한 관세 및 세금 징수이다.[50]

국경보안청(CBSA)의 '2016-17년 계획 및 우선순위 보고서'에 나타난 주요 책임사항은 ① 여행자 출입국 및 화물의 수출입 관련 법령 시행, ② 캐나다 입국 불허자 식별, 구금 및 추방, ③ 캐나다 국경에서 불법물품 차단, ④ 넷째, 식품안전, 식물·동물 건강, 캐나다 자원기반의 보호, ⑤ 캐나다 산업 보호를 위한 무역 법령 및 협약 운영, 무역조치 집행, ⑥ 공정하고 공평한 구제 메커니즘 운영, ⑦ 수출물품에 대한 관세 및 세금 징수이다.[51]

국경보안청의 '2021-22 부처계획' 보고서에는 위협식별을 위한 위험평가 와 캐나다를 드나드는 여행자·상업상품의 자유로운 흐름 관리를 위한 국경관리 와 국경집행 활동을 강조하고 있다. 이를 위한 주요계획으로 ① 고위험 사람·상품 및 운송수단 식별, 위협·위험 평가 프로그램 지원, ② 합법적 여행자의 효율적 처리방식, ③ 합법적 상업상품 및 운송의 효율적 처리방식, ④ 무역 파트너의 법률, 요구사항 및 조치 준수, ⑤ 사전승인을 받은 저위험 여행자 및 무역 파트너 처리 프로그램 등을 제시했다.[52]

50   Canada Border Services Agency, "About the CBSA: What We Do."
51   Canada Border Services Agency, "2016-17 Report on Plans and Priorities," 2016, p. 6.
52   Canada Border Services Agency, "Canada Border Services Agency 2021-22 Departmental Plan," 2021, pp. 7-12.

4절 호주의 국경안보 체계와 활동

1. 내무부 조직

2015년 7월 1일, 호주 정부는 상부조직인 '이민·국경보호부(DIBP: Department of Immigration and Border Protection)'에 내무부 법무국 관할 독립기관인 '관세국경보호청(ACBPS: Australian Customs and Border Protection Service)'을 흡수·통합하고, '호주국경군(ABF: Australian Border Force)'을 산하기관으로 신설하여 새로운 이민·국경보호부(DIBP)를 창설했다. 이민·국경보호부(DIBP)의 조직은 2016년 기준으로 장관을 중심으로 본부에 5개 차관(정책, 조직·법령, 정보능력, 비자·시민권서비스) 조직과 현장업무 부서인 국경군(ABF) 내 2개 그룹(운영, 지원)으로 구성되며, 14,200명이 호주 전역에서 활동하고 있었다.[53]

그러나 2017년 12월 20일, 내무부(Department of Home Affairs) 포트폴리오에 따라 내무부가 이민·국경보호부(DIBP)의 이민 및 세관 국경정책 기능을 흡수했다. 또한 내무부는 법무부의 국가안보, 비상관리 및 형사사법 기능, 시설·지역개발부의 교통보안실, 사회복지부의 다문화 정책, 총리·내각부의 대테러리즘 조정 및 사이버 보안정책 기능도 흡수했다. 호주국경군(ABF)은 내무부 포트폴리오 기관 중의 하나로 포함시키고, 독립적 기관으로 활동하는 체계를 구축했다.[54] 이에 따라 내무부는 사이버와 핵심기반시설 회복탄력성 및 보안, 이민, 국경 보안 및 관리, 법집행 및 대테러리즘, 비상사태 관리, 주권보호, 시민권 및 사회적 결속

---

53   Australian Government, Department of Home Affairs, "Who we are: Our history," https://www.homeaffairs.gov.au/about-us/who-we-are/our-history; Australian Government, Department of Immigration and Border Protection, "A History of the Department of Immigration: Managing Migration to Australia," 2017, p. 84; Australian Government, Department of Immigration and Border Protection, "Annual Report 2015-16," 2016, pp. 12, 18; 한국관세무역개발원(2017), p. 162.

54   Australian Government, Department of Home Affairs, "Who we are: Our history."

과 관련한 전략과 정책을 중앙에서 총괄적으로 조정하는 역할을 수행하게 되었다.[55]

2. 이민·국경보호 관련 임무

이민·국경보호 관련 임무는 호주의 국경을 보호하고 국경을 넘나드는 사람들과 물품의 이동을 관리하는 것이며, 이주 프로그램, 인도주의 프로그램, 호주 시민권, 무역거래와 관세, 연안 해상보안과 세금 징수관리를 담당하고 있고, 호주의 모든 주·지역 및 세계 52개 지역에 사무소가 있다.[56]

2015년 7월 이민·국경보호부(DIBP) 산하의 운영집행기관으로 신설된 호주 국경군(ABF)은 2017년 12월부터 내무부 포트폴리오 기관 중의 하나로 개편되어 독립적으로 활동하고 있다.[57] 호주국경군은 내무부와 협력하여 국경보호를 위해 최전선에서 국경법 집행, 해양보안, 구금, 세관 활동 전반에 걸친 업무를 담당하고 있다. ABF는 국내 및 국제적으로 호주의 항공, 해상 및 육상 영역을 보호하고 위협이 호주의 물리적 국경에 도달하기 전에 위협을 식별, 완화하고 대응한다. 또한 마약, 무기 및 위조 제품과 같은 불법제품으로부터 호주를 보호하면서 합법적인 거래를 촉진하는 역할을 한다. 이를 위한 조직으로 국가작전, 운영 전략·조정, 산업·국경체계, 세관 그룹이 활동하고 있다. 첫째, 국가작전그룹은 여행자, 상품, 화물, 해양보안 활동 및 역내 이민 구금활동을 포함하여 국경 주변의 모든 운영활동을 책임진다. 둘째, 운영전략·조정그룹은 전략 및 운영 계획, 인력관리, 민간해양, 기술·감시기능 지원을 제공한다. 산업·국경체계그룹은 산업과 국경의 현대화와 함께 기술 진보, 운영 변화 및 시스템 개혁을 담당한다. 세관그룹은

---

55   Australian Government, Department of Home Affairs, "2020-21 Annual Report," 2021, p. v.

56   Australian Government, Department of Immigration and Border Protection, "Annual Report 2015-16," 2016, p. 12.

57   Australian Border Force, "Who We Are," https://www.abf.gov.au/about-us/who-we-are.

▶ 표 13-1 한국의 국경관리 체계

구분	담당기관	관련업무
세관 (Customs)	관세청(본청, 세관)	• 수출입통관 · 물류촉진 • 국가재정수입 확보 • 대외경제질서 확립 • 국민건강 · 사회안전 보호
출입국 (Immigration)	법무부(출입국 · 외국인정책본부)	• 출입국관리
검역 (Quarantine)	보건복지부(질병관리청 국립검역소)	• 항공기 · 선박 · 열차 · 자동차 · 사람 · 화물 검역
	농림축산식품부(농림축산검역본부)	• 동물 · 축산물 · 식물 검역
	해양수산부(국립수산물품질 관리원)	• 수산생물 검역

출처: 전봉조, "정보공유 중심의 통합적 국경관리체계 구축방안 연구: 국경관리통합센터 및 국경정보네트워크 구축을 중심으로," 연세대학교 행정대학원, 석사학위논문, 2009, p. 14, 일부 내용 수정.

정책 및 규제제도를 관리하여 국경을 넘어 여행자와 상품의 이동을 촉진하여 경제와 안보를 지원한다.[58]

5절 한국의 국경관리 체계와 활동

한국의 국경관리 체계는 세관(Customs), 출입국심사(Immigration), 검역(Quarantine)의 3가지 CIQ 영역과 항공 및 선박 · 항만 보안담당 기관으로 구성되어 있다. 관세업무는 기획재정부 소속 관세청, 출입국관리는 법무부 출입국 · 외국인정책

---

58   Australian Government, Department of Home Affairs, "2020-21 Annual Report," 2021, pp. 19, 21.

본부, 검역업무는 보건복지부 질병관리청 국립검역소(선박·항공기·열차·자동차·화물·사람), 농림축산식품부 농림축산검역본부(동물·축산물·식물), 해양수산부 국립수산물품질관리원(수산생물)이 각각 담당하고 있다. 항공 및 선박·항만 보안업무는 국토교통부, 해양수산부, 인천국제공항공사, 한국공항공사, 국가정보원, 국방부 등이 담당하고 있다.[59]

1. 관세청

기획재정부 소속 관세청의 주요 임무는 ① 수출입물량과 여행자에 대한 통관관리, ② 수입물품에 대한 관세 및 내국세 부과로 재정수입 확보, ③ 밀수단속을 통한 국내산업 보호기능 수행, ④ 사회안전과 국민건강 보호를 위한 마약, 총기류 및 유해식품 불법반입 단속, ⑤ 환경보호를 위한 유해화학물질, 희귀동식물 불법반입 단속, ⑥ 공정한 경쟁을 위한 원산지 허위표시, 지식재산권 침해물품의 단속, ⑦ 불법외환거래 및 자금세탁방지를 위한 새로운 대외거래 종합단속 등이다. 관세청의 주요 조직은 기획조정관, 통관국, 심사국, 조사국, 국제관세협력국, 본부세관 5개를 포함한 50개 세관 등이 있다.[60]

관세청은 9/11 테러 이후 국경관리의 중요성을 인식하고, 특히 2012년 핵안보정상회의와 여수세계박람회 등 국제행사의 안전한 개최를 위해 국경관리 체계를 강화했다.[61] 2021년 '관세청 업무계획'에 따르면, 관세청은 안전한 관세국경관리를 위해 관세행정의 최우선 가치를 국민건강과 사회안전에 두고 마약, 감

---

59   전봉조(2009), p. 14; 신지원·한태희(2010), pp. 19-21; 질병관리청 국립검역소, "조직구성," https://nqs.kdca.go.kr/nqs/quaStation/nation.do?gubun=org; 농림축산검역본부, "기관소개: 비전과 미션," https://www.qia.go.kr/intro/visionAndMission/visionAndMission.jsp.

60   관세청, "설립목적 및 기능," https://www.customs.go.kr/kcs/cm/cntnts/cntntsView.do?mi=2944&cntntsId=891; 관세청, "조직도," https://www.customs.go.kr/kcs/cm/cntnts/cntntsView.do?mi=2954&cntntsId=917.

61   관세청, "2012년도 성과관리시행계획," 2012.3.30, p. 134.

염병, 방사능 등 위험물품의 국내반입을 철저하게 차단하는 데 주력하고 있다. 이를 위한 추진 정책은 다음과 같다. 첫째, 정확한 신고, 철저한 검사에 기반을 둔 우범화물 통제를 위해, ① 수출입 요건 회피 우려 1,800여 개 품목에 대한 정확한 통관 데이터 확보를 위해 신고방식을 개편하고 실시간 오류검증 시스템을 운영, ② 적하목록과 수입신고 데이터를 연계하여 우범화물 선별을 고도화하고 입항·수입 단계 화물검사 절차를 물품별 특성에 맞게 재정립, ③ 컨테이너 단위의 전량 개장검사와 불시검사를 확대하는 한편, 적정 검사량 관리체계를 도입하여 화물검사의 실효성을 제고한다.

둘째, 민생안전 침해 물품으로부터 국민 불안감 해소를 위해, ① 국민생활 밀접 품목에 대한 통관단계 필수 확인대상 지정을 확대하고 시기별 수요증가 품목에 대한 집중검사를 실시, ② 폐기물 등 안전 직결 물품은 소관부처와 정보 공유·협업검사를 확대하고 심각한 위해가 우려되는 경우 하역을 제한, ③ 총기류·폭발물의 반입 차단을 위해 선박·승무원 등 감시정보 통합 데이터베이스를 구축하여 우범 선박·항공기를 집중 점검한다.

셋째, 공급망 중심의 단절 없는 통관감시체계 구축을 위해, ① 물품 하역에서부터 보세운송, 창고 반출입에 이르기까지 이동 단계별 현장확인을 강화하여 불법·부정 유출 사각지대 해소, ② 개별 사업자 중심의 위험관리 체계를 물류 공급망 전체로 확대하고 실물·자금의 흐름까지 연계하여 불성실 공급망을 집중 점검한다.

넷째, 불법 마약류의 국내반입 사전 차단을 위해, ① 특송·국제우편 등 밀수경로 다변화에 대응하여 3차원 엑스레이·마약 탐지기 등 첨단장비를 확충하고 우범유형을 분석하여 상시 단속, ② 신종 마약의 불법 거래통로인 사회관계망·지하웹의 점검을 강화하고 거래자금·해외공급자까지 추적하는 마약 정보분석 전담팀을 운영, ③ 수사권 조정에 따른 마약 직접수사 확대에 대응하여 광역 수사체계를 구축하고 해외세관까지 참여하는 세계적 합동단속을 기획 추진한다.

다섯째, 개인물품의 통관관리를 안전중심으로 정비하기 위해, ① 여행자 휴대품 검사 체계를 과세에서 안전으로 전환하여 위험물품 적발 중심의 업무 절차 및 시스템 재설계, ② 국제우편물의 사전 통관데이터를 확보하고 선제적 위험분석을 강화하여 간이한 우편통관절차를 악용한 범법행위 방지, ③ 해외직구 구매대행업체 등록 및 특송업체 법규준수도 관리 강화로 전자상거래 물품의 신고정확도를 제고하고 불법 반입을 차단한다.[62]

2. 법무부 출입국·외국인정책본부

법무부 소속 출입국·외국인정책본부의 임무는 ① 출입국심사 및 남북왕래자 출입심사, 출입국규제, ② 외국인의 사증·체류관리 정책 및 체류허가, 사증면제협정, 사증발급 심사, ③ 외국인 동향조사 및 출입국사범 심사, 외국인 보호 및 강제퇴거, ④ 출입국·외국인정책행정 정보화, 출입국 외국인정책 통계 관리 및 분석, ⑤ 소관 법령 제·개정, 외국인정책위원회 운영, 외국인정책 기본계획 및 연도별 시행계획 수립 및 평가, ⑥ 귀화·국적상실 및 관련 정책·제도 개선, ⑦ 재한외국인의 사회적응 지원정책, ⑧ 난민정책 총괄, 난민인정심사, 재정착난민 수용 및 정착지원이다.[63]

출입국·외국인정책본부의 조직은 출입국기획과, 출입국심사과, 체류관리과, 이민조사과, 이민정보과, 외국인정보빅데이터과, 외국인정책과, 국적과, 이민통합과, 난민정책과, 난민심의과가 있다. 특히 출입국심사과는 내·외국인 출입국심사 및 남북왕래자의 출입심사에 관한 사항, 입출항선박 등의 검색 및 상륙허가에 관한 사항, 출입국규제에 관한 사항, 출입국관련 대테러 및 경호안전대책지원의 지원에 관한 사항, 해상밀입국 등 불법입국의 방지에 관한 사항, 국제행사의 안전관리 등 출입국관리의 지원에 관한 사항 등을 담당한다.[64]

62　관세청, "2021 관세청 업무계획," 2021.1, pp. 6, 16-17.

63　법무부 출입국·외국인정책본부, "비전과 임무: 임무," https://www.immigration.go.kr/immigration/2479/subview.do.

64　법무부, "조직과 기능: 본부," https://www.moj.go.kr/moj/265/subview.do#immigration.

출입국·외국인정책본부는 국경관리를 위해 다음과 같은 제도를 시행하고 있다. 첫째, 2010년 8월 서울출입국관리사무소에 이민특수조사대를 설치하여 국익위해 외국인 동향조사, 국제회의·행사 안전활동, 출입국관련 범죄 수사 등을 담당하고 있다. 또한 테러위험 외국인에 대한 정보분석 기능강화를 위해 인천공항출입국관리사무소에 정보분석과를 신설하였으며, 테러위험자와 시스템 DB 정보를 대조 확인하는 지문조회 및 안면조회를 위한 인력을 증원하여 대테러 예방활동을 강화하고 있다.[65] 둘째, 신분세탁을 통한 불법입국 기도자, 국제테러분자 등 국익 위해자의 입국을 차단하고, 범법외국인을 추적·조사할 수 있는 외국인 신원관리시스템 도입의 필요성이 제기되어 2012년 1월 1일부터 한국에 입국하는 17세 이상의 모든 외국인을 대상으로 지문 및 얼굴 정보를 확인하는 제도를 시행하고 있다.[66]

셋째, 밀입국 방지를 위해, 항만의 경우 관계기관 간 원활한 공조를 위해 선박 입항 전 사전 정보분석을 통해 요주의 선박에 대하여 관계기관과 정보를 공유하고, 우범선박에 대하여는 감시원 배치를 지시하는 등 밀입국 방지를 위한 정책을 시행하고 있다. 공항의 경우에는 출입국심사장에 경보시스템을 구축하는 등 보안시설을 강화하고, 인천공항에 보안관리를 전담하는 부서를 설치·운영하고 있으며 사전에 승객정보를 분석하여 불법입국 가능성이 높은 환승객을 별도 관리하는 체제를 마련·운영하고 있다.

넷째, 2005년 5월부터 대한민국으로 입항하는 항공기 도착 전 항공사로부터 승객명부를 제출받아 규제자 여부 확인을 통하여 우범승객의 입국을 차단하는 '사전승객정보분석(APIS) 제도'를 도입하여 운용해오고 있었으나, 2014년 3월 말레이시아 항공기 실종사고의 원인으로 도난·분실여권 소지자에 의한 테러 가능성이 제기됨에 따라 출발지 공항에서 우범승객의 항공기 탑승을 원천 차단할

---

65   법무부 출입국·외국인정책본부, 『2010 출입국·외국인정책 연감』 (서울: 법무부 출입국·외국인정책본부, 2011), p. 19.

66   법무부 출입국심사과, "새로운 입국심사 시스템 도입으로 안전한 국경관리 시대 열어," 보도자료, 2011.12.27.

수 있는 '탑승자 사전확인제도'를 도입했다. 탑승자 사전확인제도는 외국의 출발지 공항에서 탑승권 발권 전 항공사로부터 승객정보를 전송받아 입국규제자, 분실여권 소지자 등 여부를 검색하여 그 결과를 항공사에 통보함으로써 우범승객의 탑승을 원천 차단하는 제도이다.

다섯째, 2021년 9월부터 무사증입국 대상 국민이 입국하고자 할 때, 홈페이지에 개인 및 여행관련 정보를 사전에 입력하여 여행허가를 받는 '전자여행허가(K-ETA: Korea Electronic Travel Authorization) 제도'를 시행하고 있다. 한국에 외국인이 사증 없이 입국하고자 하는 경우, 항공기 및 선박에 탑승하기 최소 24시간 전에 신청하여야 하며 허가를 받은 경우에만 항공기 및 선박에 탑승이 가능하다.[67]

여섯째, 코로나19의 전 세계 확산에 따라 해외유입 방지를 위한 국경관리를 위해, 2020년 2월부터 탑승자사전확인시스템(I-PC)을 활용하여 코로나19 위험지역에서 출발해 국내입국을 시도하는 외국인의 탑승을 사전에 차단하고 있다.[68]

3. 항공 및 선박·항만 보안기관

국가중요시설로 분류되는 공항과 항만의 경비·보안 및 방호는 통합방위법 제21조에 따라, 소유자를 포함한 관리자가 책임을 진다. 항공보안 책임기관과 관련하여, '항공보안법'은 다음과 같이 규정하고 있다. "국토교통부장관은 항공보안 업무를 수행하기 위하여 국가항공보안계획을 수립·시행하여야 한다"(제10조). 공항시설 등의 보안과 관련하여, "공항운영자는 공항시설과 항행안전시설에 대하여 보안에 필요한 조치를 하여야 한다"(제11조). 승객의 안전 및 항공기의 보안과 관련하여, "항공운송사업자는 승객의 안전 및 항공기의 보안을 위하여 필요

---

67 법무부 출입국·외국인정책본부, "국경관리," https://www.immigration.go.kr/immigration/1514/subview.do.

68 법무부 출입국·외국인정책본부, 『2020년도 출입국·외국인정책 연감』 (서울: 법무부 출입국·외국인정책본부, 2021), p. 48.

한 조치를 하여야 한다"(제14조). 승객 등의 검색과 관련하여, "공항운영자는 항공기에 탑승하는 사람, 휴대물품 및 위탁수하물에 대한 보안검색을 하고, 항공운송사업자는 화물에 대한 보안검색을 하여야 한다, 공항운영자 및 항공운송사업자는 보안검색을 직접 하거나 경비업법 제4조제1항에 따른 경비업자 중 공항운영자 및 항공운송사업자의 추천을 받아 따라 국토교통부장관이 지정한 업체에 위탁할 수 있다"(제15조).[69]

  선박·항만보안 책임기관과 관련하여 '국제항해선박 및 항만시설의 보안에 관한 법률'은 다음과 같이 규정하고 있다. "해양수산부장관은 국제항해선박 및 항만시설의 보안에 관한 업무를 효율적으로 수행하기 위하여 10년마다 항만의 보안에 관한 종합계획을 수립·시행하여야 한다"(제5조). 총괄보안책임자와 관련하여, "국제항해선박소유자는 그가 소유하거나 관리·운영하는 전체 국제항해선박의 보안업무를 총괄적으로 수행하게 하기 위하여 소속 선원 외의 자 중에서 해양수산부령으로 정하는 전문지식 등 자격요건을 갖춘 자를 보안책임자로 지정하여야 한다"(제7조). 항만시설보안책임자와 관련하여, "항만시설소유자는 그가 소유하거나 관리·운영하는 항만시설의 보안업무를 효율적으로 수행하게 하기 위하여 해양수산부령으로 정하는 전문지식 등 자격요건을 갖춘 자를 보안책임자로 지정하여야 한다"(제23조).[70]

  통합방위법 제21조는 "국가중요시설의 평시 경비·보안활동에 대한 지도·감독은 관계 행정기관의 장과 국가정보원장이 수행한다"고 규정하고 있다.[71]

---

69   국가법령정보센터, "통합방위법," [시행 2021.3.23.] [법률 제17686호, 2020.12.22., 일부개정];
        국가법령정보센터, "항공보안법," [시행 2022.1.28.] [법률 제18354호, 2021.7.27., 일부개정].

70   국가법령정보센터, "국제항해선박 및 항만시설의 보안에 관한 법률(약칭: 국제선박항만보안법)," [시행
        2021.12.9.] [법률 제17615호, 2020.12.8., 일부개정].

71   "통합방위법," [시행 2021.3.23.] [법률 제17686호, 2020.12.22., 일부개정].

6절   미국·캐나다·호주의 통합국경안보 체계 평가와 한국에 대한 시사점

1. 미국·캐나다·호주 국경안보 체계 평가

　미국, 캐나다, 호주는 2001년 9/11 테러 이후 초국가적 범죄와 테러리즘과 같은 새로운 국경위협에 대응하기 위해 통합의 정도에는 차이가 있으나, 세관(Customs), 출입국관리(Immigration), 검역(Quarantine) 기관을 통합한 국경안보 체계를 구축했다.

　미국은 2003년에 국토안보와 관련된 22개 기관을 광범위하게 통합하여 국토안보부(DHS)를 창설하고, 산하에 관세국경보호청(CBP)을 신설했다. 이를 통해 가장 높은 수준의 국경업무 통합을 달성하고, 인력의 전문화와 국경 관련 정보의 고도화를 모색하여 효과적이고 통합적인 국경안보 체계를 운영하고 있다.[72]

　캐나다도 2003년에 CIQ 기관을 통합하여 공공안전부 산하에 국경보안청(CBSA)을 창설하고, 국경안보 업무를 단일조직화 함으로써 업무 중복을 감소시키고 CIQ 기준의 일관성을 확보하여 효과적인 국경안보 체계를 구축했다. 기존에는 분리된 CIQ 기관이 필요에 따라 이해당사자 및 협업기관과 접촉해야 했으나, 통합된 국경보안청 창설 이후 관련 당사자와의 협업이 향상되었다. 또한 본부와 지역과의 소통이 향상되었고 현장에서의 활동이 유기적으로 이루어짐에 따라 국경환경 변화와 위협에 대한 대처능력이 향상되었다.[73]

　호주에서도 2015년에 CIQ 활동영역을 재조정하고 국경안보 총괄기능을 강화하기 위해 이민·국경보호부(DIBP) 산하로 관세국경보호청(ACBPS)을 통합하고, 호주국경군(ABF)을 신설하여 초국가적 국경위협에 대처할 수 있는 통합국경관리 체계를 구축했다. 이를 통해 국경안보 관련 데이터베이스를 통합하여 정보 수

72　한국관세무역개발원(2017), p. 362.
73　한국관세무역개발원(2017), pp. 362-363.

▶ 표 13-2 미국 · 캐나다 · 호주의 CIQ 통합국경안보 체계 구축 현황

구분	기존	개편
미국	• 재무부 관세청 • 법무부 이민귀화국 • 법무부 국경순찰대 • 농림부 동식물검역소	• 국토안보부 관세국경보호청(CBP)
캐나다	• 관세청 • 시민권 · 이민부 • 식품검역청	• 국경보안청(CBSA)
호주	• 관세국경보호청	• 이민 · 국경보호부(DIBP), 호주국경군(ABF) → 내무부(Department of Home Affairs), 호주 국경군(ABF)

집 · 분석이 용이해졌고, 보고체계의 간소화로 긴급 사안에 대한 신속한 대응이 가능하게 되었다. 또한 일선 직원의 이민 · 관세 및 국경보호 업무가 유연하게 수행할 수 있게 되어 필요시에 직원의 재배치가 수월하게 되었다.[74] 그러나 2017년 12월 내무부 산하로 이민 · 국경보호부(DIBP) 업무를 흡수 · 통합했고, 호주국경군(ABF)도 내무부 산하의 독립적 활동기관으로 개편했다. 이에 따라 내무부는 비상관리, 대테러리즘, 교통보안, 국경안보 등을 총괄하는 통합기관의 역할을 수행하고 있다.[75]

2. 한국의 국경관리 체계 문제점과 발전방향

2001년 9/11 테러 이후에는 국경관리의 개념이 확장되어 '국경안보(border security)' 개념이 등장했고, 주요국은 출입국과 통관, 운송기관, 검역 등 국경관리 기관 들을 통합하였고, 특히 테러리즘 위협을 예방하기 위한 출입국 관리 · 통제

---

74   한국관세무역개발원(2017), p. 363.

75   Australian Government, Department of Home Affairs, "Who we are: Our history,"; 유민이 · 이정우 · 최효원(2020), p. 18.

를 엄격히 하면서 보안·대테러 활동을 강화하고 있다.

국경관리의 변화양상에 따라 세계관세기구(WCO)는 국경관리 논의 시 '통합 국경관리(IBM: Integrated Border Management)'라는 용어를 사용하였으나, 2009년 6월 총회부터는 '국경관리기관간 협조체제(CBM: Coordinated Border Management)'로 변경하여 사용하고 있다. 이는 WCO가 21세기 세관 추진전략 수립(2008.6)을 계기로 국경관리 정책 및 관련 프로그램 등을 통합하기보다는 조화시키는 개념이 적합하다고 판단하였기 때문이다. CBM은 합법적인 인원과 물자의 이동을 원활히 하면서 국경 안전과 개별 국내법령을 충족시켜야 하는 공통의 목표에 부합하도록 여행자, 물품, 국경운송수단을 관리하는 국경기관의 행정활동을 효율적으로 조직하여 관리·감독하는 일련의 체계이다. 이행을 위한 구체적 방안으로는 통합 위험관리, 싱글윈도 등 국제표준의 이용, 기관간 합동조치, IT 시스템 공동 이용 등을 들 수 있다. 효율적인 국경관리를 위한 CBM의 구축유형은 3가지가 있다. 첫째, 단일 국경관리기관 설립으로, 국내기관 간 CBM 시스템의 주요 운영모델로는 먼저 기존의 여행자, 출입국, 검역, 화물, 운송수단 등의 관리를 담당하던 개별 국경기관을 통합하여 새로운 단일 국경관리기관을 설립하여 운영하는 것이다. 대표적 국가로 미국, 캐나다, 영국, 호주 등이며 이들 국가는 보안 측면에 중점을 두고 있다. 둘째, 국경기관 간 공식 협력메커니즘 구축으로 뉴질랜드처럼 기존의 개별적 국경관리기관들을 유지하면서 기관 간의 공조를 강화하는 사례이다. 셋째, 국경기관 간 비공식적 협의메커니즘 활용으로, 한국의 경우처럼 기관 간 MOU 등 비공식적인 협의메커니즘을 기반으로 한 운영모델이다.[76]

이러한 국제 국경안보 위협의 변화추세와 미국·캐나다·호주의 국경안보 체계 분석을 기반으로 한국의 국경관리 체계 문제점, 시사점 및 발전방향을 제시하면 다음과 같다. 첫째, 한국 정부는 전통적인 국경관리의 개념에 기반을 둔 국경관리 대응체계와 활동을 머물러있는 상황이다. 한국 정부도 주요 선진국과 같

---

76   관세청 교역협력과, "국경관리기관간 협조체제 개선(Coordinated Border Management, CBM," 『Customs Overseas News』, Vol. 2009-12(September 2009), pp. 1, 3-4; 『파이낸셜 뉴스』, "[특별기고: 국경위험관리 주관기관 지정해야/서윤원 관세청 정보협력국장," 2009.11.30.

이 테러활동, 다양한 국제범죄활동, 대량살상무기 확산방지 등을 포함하는 초국
가적 위협 또는 초국경적 위협에 대응하는 활동을 포함하는 '국경안보(Homeland
Security)'의 개념을 도입하고, 이에 대한 대응체계와 전략을 개발해야할 것이다.

둘째, 업무기능별·부서별 분산된 국경관리 체계로 인한 문제점이다. 미국
의 경우 '세관·출입국·검역(CIQ: Customs, Immigration, Quarantine)' 업무가 국토안보
부 산하 관세국경보호청(CBP)으로 통합되었고, 이민 및 시민권 관련 업무는 국토
안보부 이민국(USCIS)이 담당하는 체계이다. 그러나 한국의 경우는 기획재정부
관세청, 법무부 출입국·외국인정책본부, 보건복지부 질병관리청 국립검역소(항
공기·선박·열차·자동차·사람·화물)와 농림축산부 농림축산검역본부(동물·축산물·식물)가 각
각 세관·출입국·검역 업무를 담당하는 법률의 집행과 관리가 분산된 체계이다.
공항·항만의 출입국관리소, 세관, 검역소 등이 소관 업무관점에서만 위험을 관
리하는 사람과 화물의 이동을 CIQ 기관이 별도로 관리하는 체제에서는 공항·항
만에서 발생하는 불법 출입국, 테러리스트 입국, 밀수입, 관세포탈, 마약·총기류
밀거래 등 다양하고 복합적인 위협유형에 통합적으로 대응하기 어렵다. 한국 관
세청은 '통합위험관리시스템(IRM-PASS)'을 구축하고 위험관리정보를 통합관리하
고 있으나 출입국 및 검역 영역과는 분리된 총괄조정기관(Command Center)이 부재
한 체계이다. 이러한 분산국경관리 체계의 문제점을 해결하기 위해서, 단기적으
로 CIQ 기관간 통합정책협의회의 운영 또는 기존의 조직은 별도로 운영하되 업
무위임 형식을 통한 현장조직(세관·출입국관리소·검역소)을 통합하는 방안이 있다.[77] 또
는 CIQ 업무의 유사성이 높은 분야부터 순차적으로 통합하는 방안을 고려해 볼
수 있다. 검역업무가 출입국업무보다는 세관업무와 유사하다는 특성을 고려하여
관세청이 수출입 통관과정에서 검역기관의 업무를 위임받아 우선적으로 수행하
고, 중장기적으로 관세청이 법무부 출입국·외국인정책본부의 출입국관리 업무
를 위임받아 CIQ 업무를 순차적으로 통합하여, 최종적으로 미국의 관세국경보
호청(CBP)이나 캐나다의 국경보안청(CBSA)과 같은 통합조직(가칭 국경관리처)의 설립

---

[77]   김창봉, "선진 국경관리체제 마련 방안 연구: CIQ 기관 통합을 중심으로," 『관세청 정책연구과제』,
2009.10.28, pp. 14-15, 43.

을 검토할 필요가 있다.[78]

셋째, 정보공유의 미흡과 분산된 국경관리 정보네트워크 문제이다. 국경에서 CIQ 기관 및 정보기관 간에 공항·항만을 출입하는 사람과 화물의 이동에 대한 효율적 관리와 통제를 위해서는 유관기관 간의 긴밀한 정보공유와 통합적 정보네트워크의 구축이 핵심적이다. 관세청과 법무부 출입국·외국인정책본부 간 정보공유의 진척은 다소 있었으나 여전히 정보공유가 제한적이며, 전국 공항·항만 현장에서 공항공사 또는 정보기관 주최의 국경관리기관간 회의가 정기·부정기적으로 개최되고 있으나 통합된 CIQ 및 정보기관간의 실시간 정보네트워크 구축은 부재한 상황이다.[79] 한국도 미국 국토안보부가 구축·운영하고 있는 '국토안보정보네트워크(HSIN)', '국토보안데이터네트워크(HSDN)' 및 '통합국경정보프로그램(IBIP)'을 벤치마킹하여 총괄적 국경안보 활동을 위한 통합 정보공유네트워크 구축을 검토해야 한다.

넷째, 국가정보원은 관세청, 법무부 출입국·외국인정책본부, 검찰, 해양경찰청 등과 협조하여 국경관리 업무를 지원하고 있고, 테러정보통합센터, 국제범죄정보센터, 산업기밀보호센터 등이 국경관리 유관기관과 협력하여 활동하고 있다. 현재 국경관리 정보활동의 총괄 조정기관이 부재한 상황에서, 단기적으로 국가정보원이 테러리스트, 국제범죄조직, 산업스파이 및 다양한 국경관리 위협 유형에 관련한 정보공유와 조정을 담당하는 역할을 강화할 필요가 있다.

다섯째, 항공 및 선박·항만 보안과 관련하여 법령에 따라 공항운영자·항공운송사업자 및 선박소유자·항만시설소유자가 기본적으로 보안검색과 보안업무를 수행하고 있다. 이에 따라 공항과 항만에서는 주로 민간경비 용역업체의 청원경찰 및 특수경비원을 활용하고 있는데, 특수경비원의 경우 저임금과 계약직 등 열악한 근무여건, 전문성 결여 및 지휘감독 체제의 이원화 등 문제점이 있다. 이는 미국의 교통보안청(TSA)과 해안경비대(USCG)가 항공보안 및 항만보안을 담당

78   한국관세무역개발원(2017), p. 364; 김창봉(2009), p. 364.
79   김창봉(2009), p. 15-16. 김창봉·천홍욱, "C.I.Q 기관 정보공유의 문제점 및 발전방향,"『관세학회지』, 제10권 제3호(2009), pp. 60-62 참고.

하는 체계와 대비된다. 한국은 민간경비업체 보안요원의 전문성 및 교육·훈련 강화를 모색해야하고, 나아가 항공·항만 또는 교통보안 관련 국가기관 설립과 항공·항만 보안담당 공무원 제도를 신설하는 방안도 검토할 필요가 있다.[80]

---

80 이대성·김종오, "공항만 보안검색의 실태분석과 개선방안에 대한 연구,"『사회과학연구』, 제15집 제2
    호(2009), pp. 47-48; 김형태, "항만시설 경비보안체제의 효율화 방안,"『월간 해양수산』, 통권 제
    282호(2008.3), pp. 23-24.

14장

핵테러리즘 위협과 핵안보 활동[*]

탈냉전 이후 핵물질의 불법거래가 증가하는 상황에서, 2001년 9/11 테러 이후 테러조직의 '대량실상무기(WMD. Weapons of Mass Destruction)'에 대한 집착과 핵물질 방호의 취약성 등으로 국제사회는 '핵테러리즘(Nuclear Terrorism)' 위협에 직면하였고, 핵·방사성 물질의 안전한 관리와 핵시설에 대한 방호가 중요한 현안으로 등장했다.

현재 핵기술이 일반화되고 핵무기 감축과 비확산에 대한 진전이 미흡한 상황에서 여전히 수천기의 핵무기가 남아있다. 전 세계에는 2021년 4월 기준으로 약 13,080개의 핵탄두가 있으며[1], 2020년 기준으로 약 1,330톤의 '고농축우라늄(HEU: Highly Enriched Uranium)'과 약 316톤의 민간 '플루토늄(Pu: Plutonium)'을 포함한 540톤의 플루토늄이 산재해 있다.[2]

국제사회는 테러조직이 핵무기와 핵·방사성 물질 획득, 탈취 및 사용을 통한 핵테러리즘 위협을 예방하고 이에 대처하기 위해 노력하고 있다. 2007년 6월 반기문 유엔 사무총장은 핵테러리즘은 현 시대에 가장 심각한 위협 중 하나라고 경고했고, 2009년 오바마 대통령도 프라하 연설에서 핵테러리즘은 글로벌 안보에 대한 가장 임박하고 극단적인 위협이라고 강조했다.[3]

핵테러리즘 위협이 증가되는 상황에서 2009년 4월 오바마 대통령은 국제사회의 핵안보 증진을 위한 협력을 강화하고 핵테러리즘의 위협에 대처하기 위해 '핵안보정상회의(Nuclear Security Summit)'의 개최를 제안했다. 이를 계기로 2010년 제1차 워싱턴 핵안보정상회의, 2012년 제2차 서울 핵안보정상회의, 2014년

---

*   필자의 논문, 윤태영. "핵테러리즘과 세계핵테러방지구상(GICNT): 위협, 대응 및 한국에 대한 함의," 『한국 경호경비학회지』, 제26호(2011); 윤태영, "국제 핵테러리즘의 전개양상과 한국의 안보과제," 『국가정보연구』, 제5권 1호(2012년 여름호); 윤태영, "핵테러리즘 위험에 대한 핵안보정상회의 성과, 한계 및 과제," 『융합보안논문지』, 제17권 제3호(2017) 내용 수정·보완.

1   Arms Control Association, "Nuclear Weapons: Who Has What at a Glance," Fact Sheets & Briefs, October 2021, https://www.armscontrol.org/factsheets/Nuclearweaponswhohaswhat.

2   International Panel on Fissile Materials, "Fissile material stocks," September 4, 2021, http://fissilematerials.org/.

3   전봉근, "한국의 세계적 국익과 핵안보: 4차 핵안보정상회의를 계기로," 『주요국제문제분석』, 2016-07, 국립외교원 외교안보연구소, 2016.3.23, pp. 6-7.

제3차 헤이그 핵안보정상회의, 2016년 제4차 워싱턴 핵안보정상회의가 개최되었다. 4차례의 회의에서 참가국 정상들 간에 핵테러 위협에 대한 인식을 공유하고, 핵테러리즘 위협에 대한 국내조치 및 국제협력 방안을 논의하였으며, 국가 및 국제기구간 공조방안을 강화하기로 하는 등 많은 성과를 거두었다. 그러나 제4차 회의를 마지막으로 핵안보정상회의가 종료되었기에, 국제사회는 핵안보 증진을 위한 국제협력을 유지하고 강화하기 위한 새로운 과제를 안고 있다.

미국은 본토에 대한 방사능 또는 핵 공격 위협에 대비하기 위해 국토안보부(DHS)를 중심으로 대량살상무기(WMD) 테러리즘에 대응하는 통합적 체계를 구축·운영하고 있다. 한국의 입장에서도 핵테러리즘에 대한 예방·대응과 원자력 시설의 안전은 매우 중요한 문제이다. 한편 핵보유국인 북한의 핵테러리즘 위협 및 핵 물질·기술의 유출 가능성은 국제사회와 한국에게 심각한 도전으로 등장했다. 한국 정부는 원자력안전위원회를 중심으로 방사능테러 방사선 사고 및 테러 대응체계를 구축·운영하고 있으나 개선이 필요한 상황이다.

1절 핵테러리즘의 정의와 유형

1. 핵테러리즘 정의

국제사회가 직면하고 있는 새로운 안보위협은 비대칭적 전술, 기술 및 능력을 배합한 초국가적 테러리스트 조직 및 적대세력의 '하이브리드 위협(hybrid threats)'이다. 국제사회는 알 카에다(Al-Qaeda)와 잠재적인 자생적 극단주의자를 포함한 폭력적 극단주의 조직의 테러리즘 위협에 직면하고 있고, 대량살상무기(WMD)와 관련된 기술의 확산은 전통적 대량살상무기 비확산과 반확산 노력을 위협하고 있다. 또한 호전적 국가 및 '비국가행위자(Non-State Actor)'의 사이버 공격

과 초국가적 범죄와 연관된 다양한 불법 활동의 증가 등 다차원적이고 동시다발적 위협이 전개되고 있다.[4]

국제사회는 핵테러리즘 및 방사능테러리즘 위협을 인식하고 이에 대한 대응책 마련에 고심하고 있다. 일반적으로 핵테러리즘은 "고의적으로 인명을 살상 또는 상해를 목적으로 핵무기나 방사능무기를 불법적으로 사용, 사용위협 또는 핵·방사성 물질을 포함하고 있는 시설을 공격하여 핵무기 제조에 필요한 핵물질을 탈취하거나, 고의적으로 방사능 누출사고를 일으키는 행위"로 포괄적으로 정의된다. 방사능테러리즘은 "방사성물질을 표적지역에 유포, 확산시킴으로써 사람의 방사선 피폭, 인체나 생물체 또는 다른 물체의 방사능 오염을 유발시키는 것이다."[5]

방사능테러리즘을 포괄하고 있는 핵테러리즘에 대한 다양한 정의 가운데, 국제적으로 통용되고 있는 정의는 2005년 4월 13일 국제연합(UN)에서 채택된 '핵테러행위의 억제를 위한 국제협약(International Convention on the Suppression of Acts of Nuclear Terrorism)'에서의 정의이다. 제2조에서는 핵테러리즘 행위를 "① 사망이나 중대한 상해를 야기하려는 의도, 또는 ② 재산이나 환경에 대한 중대한 피해를 야기하려는 의도"를 가지고 "방사성물질을 소유하거나, 장치를 제조 또는 소유하는 행위", "방사성 물질이나 장치를 사용하거나, 방사성물질을 누출하거나 누출 위험을 발생시키는 방식으로 원자력시설을 사용하거나 손상시키는 행위", 및 "위협을 신뢰할 만한 사정이 있는 경우에 위협에 의하여, 또는 무력의 사용에 의하여 불법적이고 고의적으로 방사성 물질, 장치 또는 원자력시설을 요구하는 행위"라고 정의하고 있다.[6]

핵테러리즘 위협에 대처하기 위한 활동에 대해 국제사회는 다양한 용어를 사용하고 있다. '국제원자력기구(IAEA: International Atomic Energy Agency)'의 '핵안보

---

4   U.S. Department of Homeland Security, "Quadrennial Homeland Security Review Report,", February 2010, p. 6.

5   김석철, "원자력 안전과 방호의 연계성에 대한 국제 동향," 『원자력산업』, 302호(2008년 4월호), p. 35; 이재기, "방사능테러의 특질과 위협 그리고 대책," 『대테러정책연구논총』, 제1호(2004), p. 244.

6   외교부, 조약정보: 다자조약, "핵테러행위의 억제를 위한 국제협약."

▶ 표 14-1 핵안보 관련 주요 용어와 개념 비교

	Security(안보·방호)	Safety(안전)	Safeguards(안전조치)
대상 (target)	• 비국가행위자에 의한 핵물질 또는 핵시설에 대한 의도적인 불법행위 • 악의를 가진 행위자에 의한 인위적 위협(threat) → Nuclear Terrorism	• 공인된 원자력 활동으로부터 방사능 누출을 야기하는 사고 • 원자력 활동에 필연적으로 수반되는 공학적 위험(risk) → Nuclear Accident	• 국가 차원의 핵물질 계량관리 및 군사적 전용 • 핵기술의 양면성에 의해 원자력 활동에 수반되는 잠재적 위험 → Nuclear Proliferation
목표 (Objectives)	• 핵물질 및 시설에 대한 탈취, 파괴, 무단접근, 불법이전 및 기타 악의적 • 행위의 예방, 탐지, 대응	• 원자력 활동의 정상 운영 조건 달성을 통한 원자력 사고 방지 및 사고 후 피해 완화	• 국내 핵물질의 효율적·효과적 계량관리 • 평화적 핵활동의 저해요소(군사적 전용)를 적시 탐지 및 방지

출처: 외교통상부 군축비확산과, "서울 핵안보정상회의 의의와 발전방향," 2012.3.9, p. 1.

계획 2010-2013'에서는 '핵안보(Nuclear Security)'를 "핵물질, 여타 방사성물질, 관련 시설에 대한 탈취, 사보타주(sabotage), 무단접근, 불법이전, 기타 악의적 행동의 예방·탐지·대응"이라고 정의하고 있다.[7] 2012년 서울 핵안보정상회의 준비기획단 자료에 따르면 '핵안보'란 "핵물질, 방사성물질 및 관련시설 또는 활동과 직·간접적으로 관련 있는 내·외적 위협을 사전에 방지하고, 위협이 발생한 경우에는 불법 행위에 대한 탐지·지연 및 대응 수단으로 이를 저지하며, 사고로 인한 피해를 최소화하기 위한 일체의 조치"라고 설명하고 있다. 또한 '원자력안전(Nuclear Safety)'은 "자연재해 또는 기술적 고장과 같이 비의도적 자연발생적 원인으로부터 발생한 사고를 방지하기 위한 조치이다." '핵비확산(Nuclear Nonproliferation)'은 "핵무기의 비확산에 관한 조약(NPT: Treaty on the Non-Proliferation of Nuclear Weapons)이 인정하고 있는 5개 핵보유국(미국, 러시아, 영국, 프랑스, 중국) 이외의 국가들이 핵무기를 개발하는 것을 방지하기 위한 조치와 평화적 핵 이용에 관한 권리를 보

7   IAEA, "Nuclear Security Plan 2010-2013," GOV/2009/54-GC(53)/18, 17 August 2009, p. 1; 전봉근, "2012 서울 핵안보정상회의: 한국의 핵안보 국익과 세계적 책임," 『주요국제문제분석』, 2012-05, 국립외교원 외교안보연구소, 2012.2.29, p. 7; 외교부, 『국제원자력기구(IAEA) 개황』 (서울: 외교부 2018), p. 46.

장"하는 것이다.[8]

2. 핵테러리즘 유형

테러리스트들이 핵테러리즘을 시도할 수 있는 경로는 ① 완전한 핵무기의
절취와 사용, ② 절취 또는 암시장에서 구입한 핵분열성 물질을 이용한 '급조형
핵장치(IND: Improvised Nuclear Device)'의 폭발, ③ 핵발전소와 같은 핵시설에 대한
공격이나 파괴공작을 통한 방사성물질 방출, ④ 방사성물질의 비합법적 습득을
통한 '방사성물질비산장치(RDD: Radiological Dispersal Device, 일명 Dirty Bomb)' 제작 및
폭발 등 4가지 방식으로 구분할 수 있다.[9]

첫째, 완전한 핵무기의 탈취는 핵무기에 대한 주요국가의 다층적 시설방호
체계를 감안할 때 발생 가능성은 매우 낮다. 또한 핵보유 국가가 의도적으로 테
러집단에 핵무기를 제공하는 일은 제공한 핵무기로 공격받은 국가나 국제사회의
보복 및 핵무기로 무장한 테러집단에 대한 통제 상실 가능성 등의 요인으로 인해
발생할 가능성은 매우 낮다. 그러나 불안정한 국가에서 군부와 과학자들이 이념
또는 재정적 이유로 핵무기와 핵 물질·기술을 테러집단에 제공할 가능성은 상존
하고 있다.[10]

---

8   핵안보 정상회의 준비기획단, "더 평화롭고 안전한 세계, 대한민국이 앞장섭니다: 20문 20답으로 알
     아보는 서울 핵안보정상회의," 2012, pp. 5, 28, 32; 전봉근(2012), p. 8.

9   Charles D. Ferguson, "Preventing Catastrophic Nuclear Terrorism," CSR No. 11(March
     2006), Council on Foreign Relations, pp. 3-4; Gavin Cameron, "Nuclear Terrorism:
     Weapons for Sale or Theft?" *Foreign Policy Agenda*, March 2005, pp. 17. 핵테러리즘 유형
     에 대한 추가적 내용은 Evan Braden Montgomery, "Understanding the Threat of Nuclear
     Terrorism," *Backgrounder*, Center for Strategic and Budgetary Assessments, April 2010,
     pp. 3-4 참고.

10   Matthew Bunn, Yuri Morozov, Rolf Mowatt-Larrsen, Simon Saradzhyan, William Tobey,
     Viktor I. Yesin, and Pavel S. Zolotarev, "The U.S.-Russia Joint Threat Assessment of
     Nuclear Terrorism," Belfer Center for Science and International Affairs, Harvard Kennedy
     School and Institute for U.S. and Canadian Studies, Russian academy of Sciences, June 6,

둘째, 불법적 핵무기 거래와 급조형핵장치(IND) 제조와 관련이 있는 사안으로 발생 가능성이 비교적 높다. 현재 테러리스트들이 핵무기나 핵물질을 구입할 수 있는 장소는 전 세계적으로 200곳 이상이다. 불법적 핵무기 거래측면에서 핵무기 보유량, 취약한 보안상태 및 정치적 취약성을 고려할 때 파키스탄과 러시아 등이 요주의 공급지이다.[11] 가장 기본적인 핵무기는 고농축우라늄(HEU)의 경우 25kg 정도가 필요하고, 플루토늄(Pu)의 경우 8kg을 가지면 만들 수 있는 것으로 알려져 있다. IND는 핵폭탄의 위력은 갖지 못하는 급조된 장치이지만 이미 공개적으로 확보 가능한 기술로 만들 수 있는 핵분열을 일으킬 수 있도록 고안된 폭발물로 대량 사상자 유발을 야기할 수 있다. 우라늄(U-235)을 사용하는 간단한 총기 유형의 무기에는 50-60kg 정도에 이르는 고농축우라늄이 필요하다. 따라서 테러리스트가 판매나 절취를 통해 국가가 생산한 분열성물질을 입수하는 것이 가장 큰 위협이라 할 수 있다.[12]

셋째, 핵연료 주기를 구성하는 농축, 보관, 폐연료 재처리 등의 시설과 원자로는 테러리스트 공격에 취약하며 인접지역에 심각한 방사능 오염을 야기할 수 있다. 발생 가능한 시나리오로는 비행기 또는 트럭을 이용한 자살폭탄 공격을 통해 핵시설을 폭파하여 핵물질을 분산시킬 수 있고, 시설설계에 대해 익숙한 조직이 냉각 및 봉쇄 조치 등 시설의 안전 시스템을 손상시켜 유출을 야기할 수도 있다.[13]

넷째, '더티밤(dirty bomb)'으로 불리는 '방사성물질비산장치(RDD)'를 이용한 테러는 핵물질이외에 세슘·코발트 등의 방사선원을 다이너마이트와 같은 재래식 폭탄에 혼합해서 폭발시키는 방식이다. RDD의 핵심 원료인 방사성물질은 연구소·병원 등에 널리 사용되고 있기에 접근이 어렵지 않고 폭탄으로 제조가 용이

2011, p. 16; Cameron(2005), pp. 17-18.

11   그레이엄 앨리슨(Graham Allison) 저, 김태우·박선섭 공역, 『핵테러리즘』 (서울: 한국해양전략연구소, 2007), p. 93.

12   Cameron(2005), p. 18; Graham Allison, "Nuclear Terrorism Fact Sheet," *Policy Memo*, Belfer Center for Science and International Affairs, Harvard Kennedy School, April 2010, p. 3. 핵안보 정상회의 준비기획단(2012), p. 9 참고.

13   Cameron(2005), p. 19.

하며, 무기급 물질에 비해 보호수준이 훨씬 낮기 때문에 현실적으로 발생 가능성이 높다. 따라서 RDD를 이용한 테러가 급조형핵장치(IND) 또는 핵무기를 사용하는 테러보다 위협의 심각성이 크다. 국제원자력기구(IAEA)의 불법거래 데이터베이스에 따르면, 등록된 핵물질 또는 방사성물질의 도난·분실신고 사례의 상당수가 방사성물질에 관한 것이다. 테러리스트의 방사성물질 사용은 1995년 체첸 분리주의자들이 자신들 능력을 입증하기 위해 세슘 박스를 모스크바의 한 공원에 두었던 사건이 있다.[14]

2절   핵테러리즘 위협 양상

재앙적인 피해를 초래하는 핵테러리즘 공격을 감행하기 위해 테러리스트들은 핵폭탄 또는 핵물질을 보유해야하는데, 이를 위해서는 절취·구입·제작하는 방식과 원자력시설 공격 등의 방식이 있다. 핵무기 조립의 과학적 지식과 기술적 정보는 다양한 경로로 획득이 가능하기에, 일부 테러집단이 핵·방사성 물질을 보유하고 있다면 조잡한 수준의 핵무기를 만들 수 있는 위험이 높아진다. 현재 국제사회에서 심각한 위협으로 제기되고 있는 핵테러리즘 위협의 양상은 다음과 같다.

1. 국제 테러조직의 핵물질 획득 노력

국제 테러조직은 다양한 암시장 공급자와 초국가적 범죄 네트워크를 통해

---

14   Cameron(2005), p. 19; 핵안보 정상회의 준비기획단(2012), p. 26.

핵·방사성 물질의 보유와 핵테러리즘 능력을 개발하고자 노력하고 있다. 핵테러리즘을 추구했던 테러조직은 '알 카에다(Al-Qaeda)', '이집트 이슬라믹 지하드(Egyptian Islamic Jihad)', 동남아시아의 '제마 이슬라미야(Jemaah Islamiya)', 체첸의 분리주의자, 이슬람 테러단체 '헤즈볼라(Hezbollah)', 일본의 '옴 진리교(Aum Shinrikyo)' 등이 있었다. 알 카에다의 지도자 오사마 빈 라덴이 1998년 공개적으로 WMD 획득은 이슬람의 의무라고 천명한 이래, 알 카에다는 핵무기뿐만 아니라 핵무기를 개발하기 위한 핵 물질과 기술을 보유하기 위해 노력했다.[15]

알 카에다는 이미 1990년대 초반 수단에서 고농축우라늄 구입을 시도했고 1990년대 중반 구 소련에서 핵거래를 시도했다는 보고가 있다. 2000년대 초반에는 아프가니스탄 사막에서 내폭형 핵무기 제조관련 초보적 폭발 실험을 수행하였고, 파키스탄 핵과학자 마흐무드(Sultan Bashiruddin Mahmood)가 창설한 UT-N(Ummah Tameer-e-Nau) 네트워크의 핵과학자가 빈 라덴과 알 자와히리를 만나서 초보적 핵폭탄 디자인에 대해 논의했다. 2003년에는 빈 라덴이 미국 시민에게 핵무기 사용을 허가하는 파트와(fatwa: 종교적 해석)를 사우디 급진 성직자로부터 받았다. 또한 사우디 성직자의 동료가 3개의 핵장치 구매를 협상하여 파키스탄 전문가가 진품을 확인하면 알 카에다 지도자가 승인하기로 했다. 2008년 3월 알 자와히리는 '면죄(Exoneration)'라는 책을 출간하여 2003년의 핵사용을 종교적으로 허락하는 '파트와(fatwa)'를 상세히 설명했다. 2009년 6월 아프가니스탄의 알 카에다 지도자는 파키스탄의 핵무기를 입수할 경우 미국을 공격할 때 사용할 것이라고 위협하기도 했다. 빈 라덴의 사망이후 알 카에다 조직에 일시적인 혼란과 카리스마를 가진 지도자의 부재로 핵 관련 요원의 인력충원과 많은 현금 확보에

---

15   Rolf Mowatt-Larssen, "Al Qaeda Weapons of Mass Destruction Threat: Hype or Reality?" Belfer Center for Science and International Affairs, Harvard Kennedy School, January 2010, p. 5; Lyudmila Zaitseva and Kevin Hand, "Nuclear Smuggling Chains," *America Behavioral Scientist*, Vol. 46, No. 6(February 2003), pp. 836-838; Matthew Bunn, "Securing the Bomb 2010: Securing All Nuclear Materials in Four Years," *Project on Managing the Atom*, Harvard University and Nuclear Threat Initiative, April 1, 2010, pp. 13-14. Allison(2007), pp. 32-61; 조동준, "핵확산의 추세 vs. 비확산의 방책," 『한국과 국제정치』, 제27권 제1호(2011년 봄), pp. 57-58 참고.

어려움이 있을 것으로 예상된다. 그러나 빈 라덴의 은둔기간 동안 알 카에다의 지역지부와 연계조직들이 권한을 확대하여 중앙 지도부의 명령에 반드시 종속되지 않는 구조가 형성되어 왔다. 또한 알 카에다의 '핵 지도자(Nuclear CEO)' 및 많은 핵관련 중요인사는 여전히 건재하고, 예멘을 거점으로 하는 '알 카에다 아라비아 반도지부(AQAP)' 및 북아프리카를 근거지로 하는 '알 카에다 마그렙지부(AQIM)'는 수년간 핵물질 및 핵무기 확보를 시도했다.[16]

2016년 3월 22일 이슬람국가(ISIS)가 기획한 벨기에 브뤼셀 국제공항과 지하철역 연쇄폭탄테러를 조사하는 과정에서 테러범들의 핵테러리즘 모의 의혹이 제기되었다.[17] 2016년 3월 22일 벨기에 브뤼셀의 국제공항과 지하철역에서 연쇄 폭탄테러를 일으켜 300명 이상 사상자를 낸 테러범들이 핵시설 공격을 고려했었던 것으로 보인다고 벨기에 일간지 DH가 보도했다. 공항과 지하철역에서 각각 자살폭탄 테러를 자행한 테러리스트들은 몇 달 전 벨기에 핵프로그램 연구개발 책임자의 집을 10시간 가량 동영상으로 촬영했다. 테러리스트들이 핵개발 책임자를 이용해 연구시설에 침입한 뒤 방사성물질이 들어 있는 폭탄인 '더티밤(Dirty Bomb)'을 만드는 데 쓸 핵물질을 탈취하려 한 것 같다고 보도되었다. 그러나 2015년 11월 프랑스 파리 테러 이후 경찰 감시가 강화되면서 접근이 더 쉬운 공

16 번, 매튜(Matthew Bunn), "핵테러 위협: 무엇이 새롭고, 무엇이 진실인가?" 하버드 케네디스쿨, 대한민국 서울, 2011년 11월 3-5일, pp. 16-17, 20; Matthew, Bunn, "The threat of Nuclear Terrorism: What's New? What's True?" Presentation, November 3, 2011(presented at Seoul), https://www.belfercenter.org/sites/default/files/files/publication/thethreatofnuclearterrorism.pdf; Rolf Mowatt-Larssen, "Al Qaeda's Religious Justification of Nuclear Terrorism," Working Paper, Belfer Center for Science and International Affairs, Harvard Kennedy School, November 12, 2010, pp. 4-5; Fissile Materials Working Group, "After bin Laden: Nuclear terrorism still a top threat," Bulletin of the Atomic Scientists, 13 May 2011.

17 『뉴시스』, "브뤼셀 테러 원래 목표는 핵시설이던 듯, 원전 파괴 또는 더티밤 제조 노려," 2016.3.25. 이슬람국가(ISIS)의 핵테러리즘 위협에 관해서는 Matthew Bunn, Martin B. Malin, Nickolas Roth, William H. Tobey, "Preventing Nuclear Terrorism: Continuous Improvement or Dangerous Decline?" Project on Managing the Atom, Belfer Center for Science and International Affairs, Harvard Kennedy School, March 2016, pp. 17-19, 29 참고.

항과 지하철로 목표를 바꿨을 것이라고 추정했다.[18]

2. 핵물질 불법거래

　핵물질과 방사성물질의 불법적 유통과 승인되지 않은 활동이 증가하고 있
다. 현실적으로 드넓은 국경선, 무수한 국경통과 경로, 방대한 양의 유통 및 국
제 암시장의 활성화로 인해 핵물질 및 방사성물질의 밀반입의 검색과 통제가 매
우 어려운 상황이다. 국제원자력기구(IAEA)의 '2020년 사건 및 불법거래 데이터
베이스(ITDB: IAEA Incident and Trafficking Database, 2020 Fact Sheet)'에 따르면, 1993년
부터 2019년까지 3,686건의 핵 또는 방사성 물질 관련 불법적 활동이 있었다.
2020년 ITDB는 불법적 활동을 3가지 유형을 구분하고 있다. 첫 번째 유형은 불
법적 유통과 악의적 사용과 관련이 있는 290건으로, 핵 또는 방사성 물질(고농축우
라늄, 플루토늄, 베릴륨 중성자원)을 획득하거나 제공하려는 의도를 보인 사기행위도 포함
되었다. 이 유형은 2000년대 중반 발생이 대폭 증가하다가 이후 등락을 반복하
고 있다. 두 번째 유형은 핵시설 장소 및 운송 중에 보안·통제 시스템의 취약성
으로 인해 발생한 도난·분실 사건으로 1,023건이 있었다. 이 유형은 1990년대
후반부터 꾸준히 증가하였고 2006년 최대로 상승했다가, 이후 감소추세였으나
2010년대 중반 증가한 이후 등락을 반복하고 있다. 대부분의 도난·분실 사건은
산업 또는 의료분야에서 사용되는 방사성물질과 관련이 있었다. 세 번째 유형인
승인되지 않은 핵 또는 방사성 물질과 관련된 불법적 활동은 2,373건이 발생했
다. 주로 방사성물질의 통제·보호 및 적합한 폐기방법의 결함으로 나타난 것으
로, 승인되지 않은 물질 폐기(고철 산업에 유입되는 방사성물질 등), 무단 배송(방사성물질로 오염
된 고철이 국경을 넘어 배송되는 경우 등), 통제되지 않은 방사성물질의 발견이었다. 이 유형
은 2003년부터 꾸준히 증가하다가 2007년부터 감소추세를 보인 이후, 2017년

다시 증가했다.[19]

핵물질 불법거래의 대표적인 사건은 다음과 같다. 2006년 그루지야(현 조지아) 트빌리시에서는 89%의 농축도를 보이는 고농축우라늄(HEU) 80g을 100만 달러에 팔려던 러시아인이 체포되었다. 2011년 6월 동유럽 몰도바에서는 핵무기 제조에 쓰이는 '우라늄-235'를 용기에 담아 1kg당 2,000만 달러에 불법거래 하려던 몰도바 국적 4명, 러시아 국적 1명 등 총 6명이 체포되었다. 이들은 러시아에서 우라늄을 가져왔으며, 알 카에다 관련 테러조직이 다수 활동하는 북아프리카 지역 국가에 팔아넘기려 시도했다. 2015년 2월 몰도바에서는 이슬람 극단주의자들에게 핵물질을 밀매하려던 남성 2명을 미국 연방수사국(FBI)과 몰도바 경찰이 체포했다. 당시 체포된 밀매범들은 이슬람국가(ISIS) 조직원으로 위장한 FBI 요원과 몰도바 경찰을 고객으로 여기고 핵물질 표본을 건넸다고 보도되었다.[20]

테러조직의 핵분열성 물질 절취와 급조형핵장치(IND) 및 방사성물질비산장치(RDD) 제조는 불법적 핵물질 거래와 유통과 관련이 있고 발생 가능성이 비교적 높다. 불법적 핵무기와 핵물질 공급지는 핵무기 보유량, 방호태세, 정치적 취약성을 감안할 때 러시아, 파키스탄, 북한 등이다.[21]

3. 핵물질 도난 및 핵시설 방호 취약성

2021년 10월 기준으로 핵무기 보유국은 미국, 러시아, 영국, 프랑스, 중국, 인도, 파키스탄, 이스라엘, 북한이다. 9개국이 보유한 핵탄두는 약 13,080개가 있는데, 이 중에서 90%는 미국과 러시아가 보유하고 있다. 인도, 이스라엘, 파

---

19   IAEA, "IAEA Incident and Trafficking Database(ITDB): Incidents of nuclear and other radioactive material out of regulatory control, 2020 Fact Sheet," 2020.6, https://www.iaea.org/sites/default/files/20/02/itdb-factsheet-2020.pdf, pp. 2-4.

20   『연합뉴스』, "HEU-플루토늄 도난·탈취·불법거래 33건 신고," 2011.11.18; 『연합뉴스』, "러 연계 핵물질 밀매범, IS에 핵물질 판매 시도," 2015.10.7.

21   Cameron(2005), p. 18; Allison(2007), p. 93.

키스탄은 '핵무기의 비확산에 관한 조약(NPT: Treaty on the Non-Proliferation of Nuclear Weapons)'에 가입하지 않았으며, 북한은 2003년 1월 NPT 탈퇴를 선언했다.[22] 완전한 핵무기를 절취하는 일은 매우 어려운 일이나, 핵무기 및 핵물질 안전에 대한 취약성을 보이고 있는 국가는 러시아, 파키스탄, 북한 등이다. 2011년 테러리즘 전문가들을 대상으로 실시한 Foreign Policy 저널 설문조사에서 테러리스트 수중으로 핵무기 또는 핵물질이 넘어갈 가능성이 높은 국가로 파키스탄(57%), 북한(25%), 러시아(13%), 이란(3%), 카자흐스탄(2%) 등이 지목되었다.[23]

　　미국 워싱턴에 소재한 세계적으로 권위 있는 '핵위협구상(NTI: Nuclear Threat Initiative)' 연구소는 2012년부터 전 세계 핵물질 또는 핵시설 보유국의 핵안보 실태를 평가한 'NTI 핵안보지수(NTI Nuclear Security Index)' 보고서를 격년제로 발표하고 있다. 2020년 7월에 발표된 'NTI 핵안보지수' 보고서에서는 핵물질 또는 핵시설을 보유하여 핵안보 위험이 있는 국가(175개국 및 타이완)들을 3개의 유형으로 구분하여, 각 유형별로 지표 점수와 순위를 제시했다.[24]

　　첫 번째 유형은 도난이나 핵무기 개발에 사용될 수 있는 고농축우라늄(HEU), 플루토늄(Pu), 무기용 핵물질(핵분열물질)을 1kg이상 보유한 22개의 고위험 국가들을 포함한다. 이들은 핵무기 또는 '급조형핵장치(IND: Improvised Nuclear Device)'를 이용해 핵테러리즘을 기획하는 테러집단의 주요표적이 될 수 있다. 22개 고위험 국가는 ① '핵무기의 비확산에 관한 조약(NPT)'에서의 핵보유국 5개국(미국, 러시아, 영국, 프랑스, 중국) ② NPT 밖의 핵무장국 4개국(파키스탄, 인도, 이스라엘, 북한), ③ 기타 핵분열물질 보유국 13개국(호주, 캐나다, 이란, 스위스, 독일, 네덜란드, 노르웨이, 벨기에, 이탈리아, 카자

22　　Arms Control Association, "Nuclear Weapons: Who Has What at a Glance," Fact Sheet & Briefs, October 2021.

23　　Bunn(2010), p. 25; Michael A. Levi, "Detering State Sponsorship of Nuclear Terrorism," *Council Special Report No. 39*, Council on Foreign Relations, September 2008, pp. 8-9; Foreign Policy, "The FP Survey: Terrorism," January/February 2011.

24　　Nuclear Threat Initiative, "NTI Nuclear Security Index(Theft/Sabotage/Radiological): Losing Focus in a Disordered World," July 2020, https://media.nti.org/documents/2020_NTI-Index_Report_Final.pdf, p. 8; 전봉근, "NTI 핵안보지수 보고서와 북한의 핵안보 위험," 「IFANS FOCUS」, IF 2020-13K, 국립외교원 외교안보연구소, Aug. 11, 2020, pp. 1-2.

흐스탄, 벨라루스, 일본, 남아프리카공화국)이다. 핵물질의 방호능력에 대한 전반적인 평가결과에 따르면, 하위등수 국가는 중국, 이스라엘, 러시아, 남아프리카공화국, 파키스탄, 인도, 이란, 북한 순으로, 북한은 22위로 최하위였다.[25]

두 번째 유형은 핵분열물질을 1kg미만 보유 또는 전혀 보유하지 않은 저위험 국가군인데, 153개국(한국 포함)과 타이완이 포함된다. 이들 국가의 경우 핵테러리즘을 시도하려는 그룹의 직접적인 표적이 될 가능성은 낮다. 그러나 각종 방사성물질을 보유하여, '방사성물질비산장치(RDD: Radiological Dispersal Device, 더티밤)'을 이용해 방사능테러리즘을 시도하려는 집단들의 표적이 될 수 있다. 글로벌 핵안보 노력에 대한 전반적인 평가결과에 따르면, 하위등수 국가는 짐바브웨, 예멘, 앙골라, 파푸아뉴기니, 에쿠아토리얼 기니, 에리트레아, 소말리아 순이었다.[26]

세 번째 유형은 원자력발전소 또는 연구용 원자로와 같은 대형 원자력 시설을 가진 46개국과 타이완이 해당된다. 이들 국가에는 첫 번째 범주에서 이탈리아와 벨라루스를 제외한 20개국과 한국 등이 포함되었다. 이 유형 국가들의 경우 원자력 시설에 대한 사보타주(sabotage) 위험성이 있어 이를 탐지·방지하기 위한 핵안보 조치가 필수적이다. 사보타주에 대한 원자력 시설 방호능력에 대한 전반적인 평가의 하위등수 국가는 인도, 요르단, 타이완, 페루, 브라질, 방글라데시, 알제리, 이집트, 이란, 북한 순으로, 북한은 최하위인 47위였다.[27]

한편 원자력 시설 또는 운송 중의 핵물질이 테러조직의 공격을 받아 인체 및 주변 환경에 방사선적 악영향을 미치는 사보타주는 심각한 방사능 오염을 초래할 수 있다. 대부분의 원자력 발전소는 보안병력, 격납고, 추가 안전시스템으로 보호되고 있으나 이러한 시스템이 미흡한 원전시설도 있다. 소수의 민간시설만이 항공기를 이용한 9/11 자살테러와 같은 공격에 방호될 수 있게 설계되어 있다. 만약 테러리스트가 성공적으로 다중안전시스템을 파괴하고 원자로 노심을 용융시키고, 격납용기를 붕괴시킨다면 방사성물질이 확산될 수 있다. 이와 연관

---

25   Nuclear Threat Initiative(2020), p. 14; 전봉근(2020), p. 2.
26   Nuclear Threat Initiative(2020), p. 22; 전봉근(2020), p. 2.
27   Nuclear Threat Initiative(2020), p. 24; 전봉근(2020), p. 2.

된 사례로는, 2007년 11월 남아프리카공화국에서는 무장괴한 4명이 1만 볼트의 전기철조망과 경보시스템을 뚫고 핵무기 25-30개를 만들 수 있는 양인 농축우라늄(HEU) 750㎏이 보관돼 있었던 '펠린다바 원자력연구센터'에 침입한 적이 있었다. 또한 2011년 3월 지진과 쓰나미로 인한 일본 후쿠시마 원전사태에서 볼수 있듯이 피해가 매우 심각하다. 이와 유사한 사고가 발전소 전원공급, 노심 및 사용후핵연료 저장조 냉각에 필수적인 핵심장비에 대한 테러공격을 통해서도 일어날 수 있다. 또한 테러리스트가 성공적으로 사용후핵연료 수조에 냉각수를 제거한다면 화재가 발생할 위험도 존재한다. 이 경우 잠재적으로 20만 명 이상이 방사성물질에 피폭된 1986년 구소련 체르노빌 원전사고 규모의 재앙이 발생할 수 있다.[28]

3절 북한의 핵안보 위협

1. 북한의 핵능력

북한은 전략적 공격능력을 보강하기 위해 핵, 탄도미사일, 화생무기를 지속적으로 개발하고 있다. 1980년대 영변 핵시설의 5MWe 원자로를 가동한 후 현재까지 폐연료봉 재처리를 통해 핵무기를 만들 수 있는 플루토늄 50여 ㎏을 보유하고 있는 것으로 추정되며, 우라늄 농축 프로그램을 통해 고농축 우라늄(HEU)도 상당량 보유하고 있는 것으로 평가된다. 또한 2006년 10월부터 2017년 9월까지 감행한 총 6차례의 핵실험을 고려 시 핵무기 소형화 능력도 상당한 수준에

28   번(Matthew Bunn)(2011), pp. 12, 31-32; 『연합뉴스』, "HEU-플루토늄 도난·탈취·불법거래 33 건 신고," 2011.11.18.

이른 것으로 평가된다.[29]

또한 2021년 8월 '핵분열물질 국제패널(International Panel on Fissile Materials)'은, 2020년 초반 기준으로 북한이 핵탄두를 최대 60개를 제조할 수 있는 핵분열물질을 보유한 것으로 추정했다. 2016년 기준으로 영변 5MWe 흑연감속로에서 나온 사용후핵연료를 재처리하여 플루토늄 40kg을 추출했고, 영변 및 미공개 농축시설을 통해 약 180-850kg의 고농축우라늄(HEU)을 확보한 것으로 추정했다. 한편, 로스알라모스 국립연구소의 소장을 역임했던 스탠퍼드 대학교 해커(Sigfried S. Hacker) 교수는 북한이 2017년 말까지 핵탄두 30개를 만들 수 있는 핵분열물질을 보유했었고, 매년 6개 분량의 핵물질을 추가로 생산할 수 있다고 평가했다.[30] 미국 국방정보국(DIA)은 북한이 2019년까지 핵탄두 65개를 만들 수 있는 무기용 핵물질을 확보하였고, 매년 최대 12개의 무기용 핵물질을 생산할 수 있다고 추정했다.[31]

미국의 랜드연구소(RAND Corporation)와 한국의 아산정책연구원은 2021년 4월 발표한 공동 보고서에서, 핵탄두 1개 생산에 20kg의 고농축우라늄이 필요하다는 전제하에 2017년 30-60개의 핵무기 보유 추산치에서 2020년까지 1-2개의 플루토늄 핵무기가 추가될 것이라고 가정할 경우, 북한의 핵무기는 연간 12개씩 증가하여 2027년까지 120개에 달하거나, 연간 18개씩 증가하여 2027년까지 180개로 증가할 것이라고 전망했다. 이러한 추정치로 보면 2020년까지 북한은 이미 67-116개의 핵무기를 보유했을 것이며, 2027년까지 151-242개의 핵무기를 보유하게 될 것이라고 전망했다.[32]

---

29   국방부, 『2020 국방백서』 (서울: 국방부, 2020), p. 28.

30   International Panel on Fissile Materials, "Countries: North Korea," August 31, 2021, http://fissilematerials.org/countries/north_korea.html; 전봉근(2020), p. 3.

31   Wikipedia, "North Korea and weapons of mass destruction," https://en.wikipedia.org/wiki/North_Korea_and_weapons_of_mass_destruction; 전봉근(2020), p. 3.

32   브루스 W. 베넷, 최강, 고명현, 브루스 E. 벡톨, 박지영, 브루스 클링너, 차두현, "북핵 위협, 어떻게 대응할 것인가," 연구보고서, RAND Corporation and The Asan Institute for Policy Studies, 2021년 4월, p. 35.

2. 북한의 핵테러리즘 위협

핵보유국인 북한의 한국에 대한 직접적인 핵테러리즘 공격 가능성과 핵관련 무기, 물질 및 기술이 테러집단에게 이전될 가능성에 대한 우려가 커지고 있다. 아울러 북한 불안정 사태시 핵 및 생화학무기 등 대량살상무기의 반군탈취 또는 해외 유출문제가 제기되고 있다. 첫째, 최악의 시나리오로 북한이 이미 보유하고 있는 핵물질로 제작한 급조형핵장치(IND), 방사성물질비산장치(RDD) 및 '핵배낭(SADM: Special Atomic Demolition Munition)'을 이용한 테러공격을 들 수 있다. 북한은 2015년 10월 노동당 창건 70주년 기념 열병식에서 방사능 표시를 한 배낭을 든 부대를 공개해 소형화한 전술 핵무기 부대를 운영하고 있음을 시사했다. 그러나 2016년 4월 자유아시아방송(RFA)은 북한 소식통을 인용해, 이 핵배낭의 정체가 미사일 유도장치, 전파교란장치, 살상 지뢰와 시한폭탄 기능이 합쳐진 '위성'이라는 이름의 다용도 조립식 폭발무기라고 전했다. 그러나 '위성'에 들어 있는 폭발물에 방사성물질이 포함된 것이라고 보도했다.[33] 2016년 8월 자유아시아방송(RFA)은 북한 소식통을 인용해, 북한이 각 군단 산하 특수부대들에 방사성물질을 살포하는 일명 '더티밤(Dirty Bomb)' 부대를 신설하고, '핵배낭' 부대에는 실제 폭탄은 지급되지 않고 모의폭탄으로 훈련을 하고 있다고 보도했다. 인민군 각 군단 산하에 '핵배낭' 부대가 조직된 것은 2016년 3월경이라며 기존의 각 군단 정찰소대들과 경보병 여단에서 우수한 인원들을 선발해 대대급의 핵배낭 부대를 신설했다고 전했다. '핵배낭'은 "실제 핵폭탄처럼 큰 폭발은 일으키지 않으나 방사성물질을 광범하게 살포해 적들에게 핵폭발과 같은 타격을 주는 특수무기라고 병사들에게 가르치고 있다"고 보도했다.[34]

둘째, 북한의 핵무기 및 핵물질이 테러조직에 이전되는 문제이다. 2010년 11월 유엔안보리 1718 위원회(대북제재위원회)의 전문가 패널보고서는 북한은 유엔

---

33   『RFA』, "북 열병식 핵배낭은 일반 다용도 무기," 2016.4.5; 『조선일보』, "北이 공개한 핵배낭 정체는?, 소형 전술핵 아닌 다용도 폭발 무기," 2016.4.6.
34   『RFA』, "북한군, 방사능 살포 부대 신설," 2016.8.23.

제재하에도 시리아, 이란, 미얀마 등에 핵무기 및 미사일 기술, 재래식 무기, 부품, 물자 등을 수출해 왔다고 밝혔다. 2011년 1월 패널 중간보고서에서는 북한이 핵무기 등 대량살상무기 관련 물질과 기술을 불법 거래하거나 비밀리에 획득할 때 북한의 외교공관들이 외교화물 등 다양한 수단을 활용하는 경우가 있다고 밝혔다. 아울러 북한은 핵 관련 물질과 부품 등의 거래를 위해 해외 범죄조직과 연계망을 구축했다고 지적되었다.[35] 서울 핵안보 심포지엄에서 하버드 대학교의 그레이엄 앨리슨 교수는 "알 카에다가 북한으로부터 사들인 핵폭탄을 이용해 미국 땅에서 핵 테러를 일으킬 수도 있다"면서 "그렇게 되면 미국은 같은 일의 재발을 막기 위해 북한을 공격할 수밖에 없을 것이고 이는 한국에도 엄청난 영향을 미칠 것"이라고 전망했다. 미국 에너지부 산하 핵안전보장국(NNSA)의 윌리엄 토비 전 부국장은 2012년 3월 13일 자유아시아방송(RFA)에서 북한은 원하는 경제적 대가만 받을 수 있다면 기꺼이 테러단체에 핵물질을 넘길 수 있으며, 리비아에서 발견된 농축 우라늄의 원료인 6불화 우라늄(UF6)의 출처가 북한이라는 것이 거의 확실하고, 시리아가 건설하려했던 원자로에 북한의 핵 관련 기술이 사용된 것이라고 밝혔다.[36] 따라서 북한 핵물질의 외부 유출을 막는 것뿐만 아니라 북한이 핵물질을 추가적으로 생산하지 못하도록 하는 것이 중요하며, 또한 현재 수준보다 더 향상된 핵능력을 보유하지 않도록 추가 핵실험을 막는 것이 국제사회의 과제이다.

셋째, 북한에 불안정사태가 발생할 경우, 핵무기, 생물무기, 화학무기 및 탄도탄 미사일 프로그램 제조시설의 위치를 파악하여 점거하고 이들을 확보하여 반군의 탈취와 테러집단이나 적대적 제3국으로의 유출을 막는 것이 최우선 과제가 될 것이다. 불안정 사태 시 탈취의 위협을 미연에 방지하기 위해 대규모 외

---

35   United Nations Security Council, "Report of the Panel of Experts established pursuant to resolution 1874 (2009)," 5 November 2010, pp. 3, 22; 「VOA」, "유엔 전문가 보고서, 북한 해외대사관 통해 핵 관련 물질 거래," 2011.4.18.

36   Graham Allison, "South Korea and the Nuclear Security Summit," Keynote Address, 2012 Seoul Nuclear Security Symposium, March 23, 2012, p. 7; 「RFA」, "북, 핵물질 유출·핵테러 가능성 주목," 2012.3.13.

부의 개입이 있기 전에 북한의 대량살상무기를 찾아 확보해야 한다. 또한 핵 제 반시설과 저장소에 대한 신빙성 있는 정보가 부재하기에 주요인물로부터 신속히 정보를 획득하는 업무가 필수적이다.[37] 한·미는 작전계획에 따라 이러한 상황에 대비하고 있으며, 특히 대량살상무기 제거는 미군이 주도하기로 합의했다. 이에 따라 2011년 '키 리졸브(Key Resolve)·독수리' 연습에 메릴랜드주에 위치한 미 제20지원사령부의 요원들이 참가하여 한국 특전사와 WMD 무력화·회수 훈련을 실시했다.[38] 2011년 8월 한·미연합군사령부는 '을지프리덤가디언(UFG: Ulchi Freedom Guardian)' 연습 당시, 양국군 '합동기동부대(JTF-E: Joint Task Force for Elimination of WMD)'가 북한 WMD가 은닉됐다고 가정한 특정지역으로 실제 병력과 장비를 이동시켜 탐지·폐기·파괴·해체하는 한편, WMD를 특정지역으로 이동시키는 방식으로 컴퓨터 시뮬레이션 가상연습을 실시했다.[39]

한편 2019년 12월 'WMD 제거 부대'로 불리는 주한미군 제23화학대대 소속 501중대는 한국 수도기계화사단과 함께 경기 북부 지역에서 연합군사훈련을 실시했다. 해당 부대는 유사시 북한에 침투해 핵 및 생화학무기 생산시설을 접수하고, 이를 회수하는 임무를 맡고 있다. 한·미군은 각각 정예 요원을 편성하여 북한의 생화학무기 제조 기지에 공동으로 침투해 시설을 접수한 뒤 무기를 회수·무력화하는 시나리오를 집중 훈련한 것으로 알려졌다. 이들은 7일간 북한의

---

37   Paul B. Stares and Joel S. Wit, "Preparing for Sudden Change in North Korea," Council Special Report, Council on Foreign Relations, No. 42(January 2009), pp. 22-23. See-Won Byun with Scott Snyder, "North Korea Contingency Planning and U.S.-ROK Cooperation," Center for U.S.-ROK Policy, The Asian Foundation, September 2009, p. 10; Gian Gentile, Yvonne K. Crane, Dan Madden, Timothy M. Bonds, Bruce W. Bennett, Michael J. Mazarr, Andrew Scobell, "Four Problems on the Korean Peninsula: North Korea's expanding nuclear capabilities drive a complex set of problems," RAND Corporation Arroyo Center, 2019, p. 15. 윤태영, "북한 급변사태 전개양상과 한·미의 대응방안", 『해양전략』, 제151호(2011.10), p. 54 참고.

38   Sung-Ki Jung, "U.S. To Remove N. Korean WMDs in Contingency," *Defense News*, 5 November 2009; 『조선일보』, "북 급변사태땐 한국군이 작전주도, 핵무기 제거는 미군이 맡기로 합의," 2009.11.2; 『조선일보』, "한·미 연합훈련 내용 극비 변경," 2011.2.15.

39   『연합뉴스』, "한미 UFG연습때 WMD제거 합동기동부대 편성," 2011.8.7; Daniel Pinkston, "U.S.-ROK Military Exercises," International Crisis Group, 7 March 2011.

지하시설과 유사한 곳에서 훈련을 했으며, 북한군과 교전 후 적의 핵심 요원을 생포하는 시나리오도 포함된 것으로 전해졌다.[40]

4절 핵테러리즘 위협에 대한 국제사회의 대응체제

1. 세계핵테러방지구상(GICNT)

2001년 9/11 테러 이후 국제사회는 'G-8 WMD 비확산 글로벌파트너십 (GP: Global Partnership Against the Spread of Weapons and Materials of Mass Destruction)' 등을 통하여 구 소련 등에 산재한 핵 시설·장비의 해체와 안전·방호조치 강화를 위해 노력해왔으나, 예방조치의 강화만으로는 핵물질의 불법거래 등에 완벽히 대응할 수 없었기에 새로운 대응체제가 필요했다. 이에 따라 2006년 7월 15일 G-8 정상회의시 미국과 러시아 양국은 핵물질 및 시설의 방호와 안전을 위해 핵물질 절취 및 유출 방지 및 핵시설 보안조치를 강구하기 위한 국제협력체제로 '세계핵테러방지구상(GICNT: Global Initiative to Combat Nuclear Terrorism)' 추진에 합의했다. 2006년 10월 모로코에서 제1차 GICNT 총회가 개최되었고, 11월 'GICNT 원칙선언문(SOP: Statement of Principles)'이 채택되었다. 원칙선언문은 참가국들에게 '핵테러행위의 억제를 위한 국제협약(International Convention on the Suppression of Acts of Nuclear Terrorism)', '핵물질의 방호에 관한 협약(Convention on the Physical Protection of Nuclear Material)'과 UN 안전보장이사회 결의 1373호(대테러) 및 1540호(WMD 비확산) 등 관련 국제법과 자국 국내법에 따라 행동할 것을 서약하도록 했다. 또한 원칙선언문에 담긴 핵테러리즘 방지를 위한 8개 내용은 ① 핵물질·시설 관리 및 보

---

40   『문화일보』, "[단독]美, WMD제거부대 참가 한미연합훈련 이례적 공개," 2020.2.3.

호 강화, ② 민간 핵시설 안전 강화, ③핵·방사성 물질 불법거래 방지를 위한 탐지능력 강화 및 연구, ④불법 핵·방사성 물질의 탐색, 압수 및 통제체제 확립, ⑤ 테러리스트에 대한 피난처 제공 및 재정지원 금지, ⑥핵테러리즘 처벌규정 도입, ⑦핵테러리즘 대응, 수사, 경감능력 향상, ⑧회원국간 정보 공유이다.[41]

현재 '세계핵테러방지구상(GICNT)'에는 총 89개 회원국과 국제원자력기구(IAEA), 유럽연합(EU), 국제형사경찰기구(INTERPOL), 유엔지역간범죄처벌조사기관(UNICRI), 유엔마약범죄사무소(UNODC), 유엔대테러리즘실(UNOCT) 등 6개 국제기구가 옵저버로 참여하고 있다. GICNT의 목적과 성격은 첫째, 각국 관할권 내에서 핵물질 및 시설의 보호를 위해 핵물질 절취 및 유출 방지, 민간 핵시설 보안조치, 핵·방사능 테러대응 역량강화 방안 등을 강구하는 것이다. 둘째, 이 구상은 조약에 의해 설립된 국제기구는 아니며, 핵물질 및 핵시설 방호를 위한 국제적 협력체제로서 법적 구속력은 없다. 회원국들은 핵테러리즘 방지를 위해 매년 회원국 총회 및 '이행평가그룹(IAG: Implementation & Assessment Group)' 검토회의와 연례회의를 개최하고, 세부 활동분야 실무그룹(Working Group)을 구성하여 연간 활동계획을 수립하고 회원국 총회에 제출할 권고사항을 작성하고 있다. GICNT의 실무그룹으로는 '핵탐지실무그룹(NDWG: Nuclear Detection Working Group)', '핵감식실무그룹(NFWG: Nuclear Forensic Working Group)', '대응·완화실무그룹(RMWG: Response & Mitigation Working Group)'이 있다. 4개의 실무그룹은 핵테러 대응 분야별 기본문서·가이드라인 작성, 훈련 시나리오 작성, 각국 제도 및 이행 관련 정보교환, 훈련 개최 등의 역할을 수행하고 있다.[42]

한국 정부도 2007년 5월 정식 회원국으로 GICNT에 가입한 이후, GICNT 활동에 적극적으로 참여하고 있다. 2009년 GICNT 워크숍 및 훈련계획그룹(EPG) 회의 및 2011년 6월 제7차 총회를 개최했다. 특히 제7차 총회는 82개 회

41 　외교부, 보도자료, "핵테러 방지 글로벌 구상 참여," 2007.5.23; 외교부, 보도자료, "세계핵테러방지구상(GICNT) 훈련계획그룹(EPG) 회의개최," 2009.4.15; 외교부, "[편람] 핵테러 방지 글로벌구상(GICNT) 관련 주요이슈," 2007.10.11. 윤태영(2011), pp. 39-40 참고.

42 　외교부, 보도자료, "세계핵테러방지구상(GICNT) 핵/방사능테러 대응 워크숍 개최," 2019.10.15; Global Initiative to Combat Nuclear Terrorism, "Overview," http://www.gicnt.org/.

원국 및 국제원자력기구(IAEA), 유럽연합(EU) 등에서 200여 명이 참석하여, 핵안보 관련 최적 관행 발굴 및 GICNT의 효율성 강화 방안 등에 대한 논의가 이루어져, 향후 2년간 중점활동 분야로 핵감식, 핵탐지 및 핵테러리즘 대응 및 감소를 선정했다. 2013년 5월에는 제2대 이행평가그룹(IAG) 조정국으로 활동하면서 2014년 7월 IAG 회의를 개최했다. 또한 2019년 10월에는 GICNT 워크숍을 서울에서 개최했다.[43]

2. 핵안보정상회의(Nuclear Security Summit)

'세계핵테러방지구상(GICNT)' 활동을 실효적으로 추진하기 위해 오바마 대통령은 2009년 4월 5일 체코 방문 특별연설 시 핵테러리즘 위협에 대한 '대량살상무기방지구상(PSI: Proliferation Security Initiative)'과 GICNT를 항구적인 국제적 기구로 발전시켜야 할 필요성을 강조하고, 향후 4년 내에 전 세계 각지에서 취약하게 관리되고 있는 핵물질의 안전확보를 위한 새로운 국제적인 구상과 2010년 핵안보정상회의 개최를 제안했다.[44]

1) 제1차 핵안보정상회의(2010.4)

2010년 4월 12-13일 워싱턴 D.C.에서 47개국 정상과 유엔, 국제원자력기구(IAEA), 유럽연합(EU) 등 3개 국제기구 대표가 참석하여 제1차 핵안보정상회의(NSS: Nuclear Security Summit)가 개최되었다. 제1차 회의에서는 핵테러리즘을 국제안보에 대한 가장 큰 위협의 하나로 지목하고, 핵테러리즘 방지 조치와 협력강화

---

43   외교부, 보도자료(2009.4.15); 외교부, 보도자료, "핵테러 방지를 위한 국제협력-세계핵테러방지 (GICNT) 총회 개최," 2011.6.30; 외교부, 보도자료(2019.10.15).

44   The White House, "Remarks by President Barack Obama In Prague As Delivered," April 5, 2009, https://obamawhitehouse.archives.gov/the-press-office/remarks-president-barack-obama-prague-delivered.

를 위한 정상들 간의 공약을 포함하는 워싱턴 코뮤니케(공동선언문)와 이를 수행하기 위한 작업계획이 채택되었다. 워싱턴 코뮤니케의 주요 실행조치는 ① 오바마 대통령이 제안한 4년 내 모든 취약한 핵물질 방호 방안의 이행을 위해 참여국의 핵무기·핵물질·핵시설에 대한 방호 강화, ② 고농축우라늄(HEU)과 분리된 플루토늄(Pu)에 대한 안전한 관리와 사용 최소화, ③ '핵물질의 방호에 관한 협약 개정(CPPNM Amendment/개정 핵물질방호협약: Amendment to the Convention on the Physical Protection of Nuclear Material)' 및 '핵테러행위의 억제를 위한 협약(International Convention on the Suppression of Acts of Nuclear Terrorism)'에 대한 지지와 비준 촉구, ④ 핵테러리즘 방지를 위한 양자 차원의 협력 강화, ⑤ 'G8 WMD 비확산 글로벌파트너십(GP: Global Partnership Against the Spread of Weapons and Materials of Mass Destruction)'과 세계 핵테러방지구상(GICNT) 등 다자 차원의 협력 강화, ⑥ IAEA와 UN 등 국제기구를 통한 협력 강화 등이었다.[45]

2) 제2차 핵안보정상회의(2012.3)

2012년 3월 26-27일 서울에서 53개국 정상과 4개 국제기구인 유엔, IAEA, EU, 인터폴(INTERPOL, 국제형사경찰기구) 수장들이 참석하여 제2차 핵안보정상회의(NSS)가 개최되었다. 제2차 회의에서는 핵테러리즘 방지와 평화롭고 안전한 세상을 위한 국제사회의 의지를 천명하는 서울 코뮤니케가 채택되었다. 핵테러리즘 및 방사능테러리즘 방지를 위한 포괄적이고 구체적인 실천 조치를 담은 서울 코뮤니케의 주요내용은 ① 2014년까지 '개정 핵물질방호협약(CPPNM Amendment)' 발효, ② 세계핵테러방지구상(GICNT) 가입 장려, ③ 2013년 말까지 고농축우라늄(HEU)과 플루토늄(Pu) 감축 계획 확정, ④ 핵물질 재고관리시스템과 추적 시스템 구축, ⑤ IAEA, 인터폴, 세계관세기구를 통한 정보교환, ⑥ 핵감식 능력

---

45   The White House, "Communiqué of the Washington Nuclear Security Summit," April 13, 2010, https://obamawhitehouse.archives.gov/the-press-office/communiqu-washington-nuclear-security-summit.

증진을 위한 국제협력 장려, ⑦ 핵안보 교육훈련센터 설립 등이다. 이번 정상회의에서는 제1차 워싱턴 정상회의에서부터 논의된 핵물질 및 원자력 시설에 대한 방호 및 불법거래 대응 문제뿐만 아니라 원자력 안전과 핵안보 상호관계, 방사성물질의 방호 등에 대해서도 새롭게 논의했다. 특히 개별국가 차원의 조치뿐만 아니라, 핵물질 밀수 방지, 민감한 정보 보호, 운송중 핵물질 보호 등 주요 핵안보 분야에서 여러 국가들이 함께 하는 자발적인 협력조치도 발표되었다.[46]

3) 제3차 핵안보정상회의(2014.3)

2014년 3월 24-25일 네덜란드 헤이그에서 53개국 정상과 4개 국제기구(UN, IAEA, EU, 인터폴) 수장들이 참석하여 제3차 핵안보정상회의(NSS)가 개최되었다. 제3차 회의에서는 핵과 방사능 테러로부터 자유로운 세상을 건설하는 것을 목표로 국제사회의 역량을 결집하기 위해 헤이그 코뮤니케를 채택했다. 헤이그 코뮤니케에는 핵군축, 핵비확산 및 원자력의 평화적 이용 등 핵심 과제와 분야별 실행조치들을 포함하고 있다. 주요 실행조치는 ① '개정 핵물질방호협약(CPPNM Amendment)' 및 '핵테러행위의 억제를 위한 협약' 비준 촉구, ② 위험 핵물질 최소화, ③ 국제원자력기구(IAEA) 활동 지원, ④ 산업계의 참여 증진, ⑤ 핵·방사성 물질 불법거래 차단 및 감식 능력 제고 등이다. 또한 코뮤니케에는 ① 고농축우라늄(HEU)과 재처리 플루토늄(Pu) 등 핵무기 개발에 전용될 수 있는 핵물질 보유량 최소화, ② 사이버 테러 대응책, ③ 핵물질 및 핵기술과 관련된 사이버 정보보안 강화 등도 포함되었다.[47]

2010년 제1차 워싱턴 회의부터 2014년 제3차 헤이그 핵안보정상회의까

---

46 외교부, 보도자료, 핵안보정상회의 준비기획단, "핵테러 없는 평화로운 세상을 위한 평화서밋 폐막," 2012.3.27;『조선일보』, "[서울 핵안보정상회의] 핵테러 막자, HEU(고농축 우라늄) 감축 계획 내년 말까지 제출," 2012.3.28. 외교부, "서울 코뮤니케: 2012 서울 핵안보정상회의," 2012.3.27 참고.

47 Council of the European Union, "The Hague Nuclear Security Summit Communiqué," 25 March 2014, https://www.consilium.europa.eu/media/23823/141885.pdf;『연합뉴스』, "핵안보정상회의 헤이그 코뮤니케 채택(종합)," 2014.3.26.

지 참여국과 국제사회가 달성한 성과는 다음과 같다. 첫째, 개정 핵물질방호협약의 비준국이 2010년 34개국에서 72개국으로 증가했다. 둘째, 1kg이상 고농축 우라늄(HEU) 보유국은 2010년 35개국에서 24개국으로 감소했다. 셋째, 2010년 이후 핵무기 500기에 해당되는 핵물질 5톤을 제거했다. 넷째, 핵안보교육훈련센터가 2010년 13개에서 27개로 증가했다. 다섯째, IAEA의 핵안보검증 서비스인 '국제물리적방호자문서비스(IPPAS: International Physical Protection Advisory Service)' 수검국이 1996-2010년간 50개국에서 2010-2013년간 63개국으로 증가했다. 여섯째, IAEA의 핵안보 조직이 2013년 과거 비공식적 성격의 조직에서 정규적 조직으로 승격되었고, 핵안보 예산이 대폭 증가했다.[48]

4) 제4차 핵안보정상회의(2016.3)

2016년 3월 31일-4월 1일 워싱턴 D.C.에서 러시아가 불참한 가운데 52개국 정상과 4개 국제기구(UN, IAEA, EU, 인터폴) 수장들이 참석하여 제4차 핵안보정상회의(NSS)가 마지막으로 개최되었다. 참가국들은 지난 3차례의 회의를 통한 핵안보 증진 노력의 성과를 평가하고, 향후 핵안보를 위한 강력하고 새로운 메커니즘을 구축하기 위한 워싱턴 코뮤니케 및 핵안보 관련 국제기구·협의체 활동 지원을 위한 5개 행동계획을 채택했다.

지난 3차례의 핵안보정상회의 성과를 바탕으로 향후 과제를 담은 워싱턴 코뮤니케의 주요 내용은 다음과 같다. 첫째, 핵·방사능 테러리즘의 위협이 지속적으로 진화하는 상황에서, 비국가행위자들의 악의적 목적으로 핵과 방사성 물질 획득을 저지하기 위해 국제사회의 추가적인 노력이 이루어져야 한다. 둘째, 핵과 방사능 테러리즘 대응을 위한 국내 핵안보 체제의 유효성 및 정보공유를 위한 국제협력을 강화하고, 포괄적이고 지속가능하며 강력한 국제 핵안보 체제를 구축한다. 셋째, 국제원자력기구(IAEA)의 주도적인 핵안보 활동을 강조하고, 국제

---

48 전봉근(2016), p. 14.

▶ 표 14-2 2016년 제4차 핵안보정상회의(NSS) 워싱턴 공동선언문 주요 내용

	주요 내용
서문	• 핵·방사능 테러 위협 인식 제고 및 지난 1-3차 핵안보정상회의 성과 고찰 • 핵물질방호협약, 2005년 개정 핵물질방호협약, 핵테러억제협약의 중요성 강조와 협약의 보편화와 이행 약속
1	• 핵무기 감축, 핵확산 방지, 원자력의 평화적 이용 의지 재확인 • 각국의 평화적인 목적의 원자력 개발 권리는 침해하지 않음을 재확인
2	• 핵 테러 위협 억제 및 핵안보 강화 약속
3	• 지속적인 안보 강화를 위해 핵안보에 우선순위 부여 • 민감한 정보 보호와 동시에 각국의 상황을 고려한 실질적인 조치 이행 필요성
4	• 각국의 법률과 절차에 따른 정보 공유 및 국제적인 협력을 통한 지속가능한 국제 핵안보 체제 구축
5	• 국제 핵안보 체제 강화, IAEA의 핵심적인 책임과 중추적인 역할 강조 및 IAEA의 핵안보 책임 지원 재확인 • 핵안보 국제회의 등과 같은 고위급 국제회의의 정기적인 소집 활동 지지
6	• 당국 및 정부 전문가와의 국제 네트워크 유지, 국가 참여 확대, 시민사회와 원자력 산업 파트너의 지속적인 동참 유도
7	• 각국이 속해 있는 국제기구와 구상 지지 - UN, IAEA, 인터폴, 세계핵테러방지구상(GICNT), 글로벌파트너십(GP) • 각국의 법률과 국제적 의무에 따른 행동계획의 자발적 이행 결의
결어	• 워싱턴 정상회의가 마지막 핵안보정상회의임을 확인 • 2010년, 2012년, 2014년 핵안보정상회의의 공동선언문과 2010년 작업 계획을 기초한 모멘텀의 지속 의지 표명

출처: 박지영, "핵안보정상회의: 글로벌 제로의 꿈과 남겨진 과제," 「Issue Brief」, 2016-08, 아산정책연구원, May 20, 2016, pp. 3-4.

협력의 추진력을 유지하며 핵안보 인식을 제고하기 위해 고위급 국제회의를 정기적으로 개최한다.[49]

---

49   The White House, "Nuclear Security Summit 2016, Communiqué," April 01, 2016, https://obamawhitehouse.archives.gov/the-press-office/2016/04/01/nuclear-security-summit-2016-communiqu%C3%A9; 「News1」, "[전문] 2016 핵안보정상회의 코뮤니케 국문번역본," 2016.4.2.

코뮤니케 부속서로 채택된 5개 행동계획은 유엔, IAEA, 인터폴 등 국제기구와 세계핵테러방지구상(GICNT), 'WMD 비확산 글로벌파트너십(GP)' 등 핵안보 관련 협의체의 활동을 포괄적이고 구체적으로 지원하는 각국의 공약을 담았다. 주요 내용은 다음과 같다. 첫째, 2016년 워싱턴 코뮤니케와 핵안보 관련 5개 국제기구·협의체의 역할·활동지지 및 정상회의 종료 후 항구적인 국제 핵안보 체제 구축 예정이라고 밝혔다. 둘째, 유엔은 비국가행위자의 대량살상무기획득을 방지하기 위한 '유엔 안전보장이사회 결의 1540호' 및 '핵테러행위의 억제를 위한 협약'의 이행을 강화한다. 셋째, IAEA는 핵안보 관련 전문성을 바탕으로 ① 고위급 정치적 추진력 확보, ② '개정 핵물질방호협약(CPPNM Amendment)' 발효, ③ 분야별 핵안보 지침 개발, ④ 각국 역량 강화 지원과 국제협력 증진, ⑤ 핵안보 문화 증진 등 향후 국제 핵안보 강화를 위한 중심적 역할을 수행한다. 넷째, 인터폴은 핵테러 수사와 관련한 국제공조를 확대하는 역할을 수행한다. 다섯째, 협의체인 세계핵테러방지구상(GICNT)은 핵테러 예방·탐지·대응과 관련한 각국의 역량을 강화하고, 'WMD 비확산 글로벌파트너십(GP)'은 핵안보 증진을 위한 국가 간 지원 및 각 기구·협의체의 역할과 중점분야를 지원하기 위한 조치를 취해야 한다.[50]

5) 핵안보정상회의 성과와 한계

2010년부터 2016년까지 4차례의 핵안보정상회의(NSS)를 통해 국제사회는 핵 및 방사능 테러리즘의 심각한 위협에 대한 인식을 제고하였고, 국제 핵안보 체제, 핵·방사성 물질 방호, 핵안보 문화 등 핵안보 주요 분야에서 실질적인 성과를 거두었다.

핵안보정상회의를 통해 달성한 구체적인 성과는 다음과 같다. 첫째, 40개

---

[50] 『연합뉴스』, "마지막 핵안보정상회의 워싱턴 코뮤니케, 항구적 핵안보," 2016.4.2. 박지영, "핵안보정상회의: 글로벌 제로의 꿈과 남겨진 과제,"『Issue Brief』, 2016-08, 아산정책연구원, May 20, 2016, p. 4 참고.

가 넘는 국가들이 핵안보교육훈련센터를 구축하고 역량 강화에 참여해 왔고, 30개국 이상이 핵안보 관련 국내법, 규정 또는 조직을 정비했다. 둘째, 20개국 이상의 국가에서 양자 간 또는 IAEA의 국제물리적방호자문서비스(IPPAS)를 통해 동료평가 임무를 개최했거나 초청했다. 셋째, 중국, 인도, 요르단 3개국이 2014년 '핵안보 이행 강화에 관한 공동성명(INFCIRC 869)'에 참여하여 총 38개국이 핵안보 조치의 이행을 강화했다. 넷째, 18개국이 방사성물질과 관련한 안전성을 높이기 위한 조치를 취했고, 17개국이 핵물질 폐기·처분 또는 고농축우라늄(HEU) 최소화에 참여했다. 다섯째, 16개국이 핵안보 조약을 비준했거나 이를 이행하기 위한 특별조치를 취했고, 15개 국가가 물리적 방호책을 개선하거나 보안 또는 탐지장비를 구비했다. 여섯째, 12개국이 핵안보 협력을 지원하는 새로운 국제 또는 지역 조직에 가입 또는 참여했고, 12개국이 핵안보 분야에서 양자 간 또는 국제적 협력을 모색하기 위한 재정지원을 표명했다. 일곱째, 10개국이 '유엔 안전보장이사회 결의안 1540(UNSCR 1540)'을 지원하거나 이행하기 위한 조치를 취했다.[51]

▶ 표 14-3 제1차-제4차 핵안보정상회의 공동선언문 분야별 비교

분야	제1차 워싱턴 회의(2010)	제2차 서울 회의(2012)	제3차 헤이그 회의(2014)	제4차 워싱턴 회의(2016)

국 제 핵 안 보 체 제	• 현행 국제규범 이행 및 확대 노력
	• IAEA의 역할
	  - IAEA의 핵심적 역할 재확인
	• 유엔의 역할
	  - 유엔의 기여 인정
	• 다자협력체제
	  - GICNT 및 GP 기여 인정
		• 개정 핵물질방호협약 2014년까지 발효 목표
		• IAEA의 역할
		  - IAEA 필수적 책임 및 중심적 역할 재확인
		• 유엔의 역할
		  - 안보리 결의 1540호 지지
		• 다자협력체제
		  - GICNT, GP 기여 인정
			• 강화되고 포괄적인 국제 핵안보 체제의 필요성 인식
			• IAEA의 역할
			  - IAEA의 책임 및 역할 재확인
			• EU의 역할
			  - 결의 1540호와 후속 결의 요구사항 이행 촉구
			• 다자협력체제
			  - 지역 이니셔티브 기여 인정
				• 글로벌 핵안보 체제 강화
				• IAEA의역할
				  - IAEA의 핵안보 책임 지원 재확인
				• 고위급 국제회의 정기적인 소집 활동 지지
				• 각국이 속해 있는 국제기구와 구상 지지
				  - UN, IAEA, 인터폴, GICNT, GP의 행동계획(Action Plan)

51   William Tobey, "Descending From the Summit: The Path Toward Nuclear Security 2010-2016 and Beyond," *Policy Analysis Brief*, The Stanley Foundation, September 2016, p. 8.

핵 · 방사능물질	• 핵물질 방호, 통합 보관, 계량 관리 증진 • HEU 연구로 전환 및 HEU 이용 최소화 장려 • 핵물질 안보 조치가 방사성물질 안보에도 의미가 있음을 인정	• 핵물질 방호, 통합 보관, 계량 관리 중요성 재강조 • HEU 최소화에 대한 자발적 계획을 2013년 말까지 공약 장려 • 방사선원 방호를 위한 다양한 조치 장려	• HEU와 분리된 Pu 방호, 통합 보관, 계량 관리의 중요성 인식 • HEU의 최소화 및 비고농축우라늄 기술 사용 장려 • 사용 후 핵연료, 고준위 방사능 폐기물 관리를 위한 적절한 방호계획 수립 장려	
핵안보문화	• 인적자원 개발, 교육 훈련 분야에서 협력 중요	• 핵안보교육훈련센터 설립 환영 및 장려	• 핵안보 문화 개발 필요성 강조 및 모범 관행 공유의 유익성 인정 　– IAEA 핵안보지침 위원회, IAEA 안전기준 위원회 활동 인정	
기타	• 원자력 산업계 　– 산업계의 지속적인 역할 인정 및 산업계와 협력	• 핵안보와 핵안전 　– 국가 대응능력 유지 필요성 강조 • 정보·사이버 보안 　– 정보보안 증진 및 원자력 시설의 사이버 보안 조치 장려	• 원자력 산업계 　– 운영자와 국가기관 간의 활발한 대화 지지	• 국제협력 　– 당국 및 정부 전문가와의 국제 네트워크 유지 　– 국가 참여 확대 　– 시민사회와 원자력 산업 파트너의 지속적인 동참 유도

출처: 박지영, "핵안보정상회의: 글로벌 제로의 꿈과 남겨진 과제," 『Issue Brief』. 2016–08, 아산정책연구원, May 20, 2016, p. 7. 4차례의 핵안보정상회의 개요 및 주요내용은 Arms Control Association, "Nuclear Security Summit at a Glance: Fact Sheets & Briefs," June 2018, https://www.armscontrol.org/factsheets/NuclearSecuritySummit 참고.

　국제사회는 4차례의 핵안보정상회의(NSS)를 통해 핵안보 증진과 핵테러리즘 저지를 위해 많은 성과를 거두었음에도 불구하고, 향후 해결해야 할 한계와 문제점이 많이 남아 있다.

　첫째, 전 세계의 핵시설이 다양한 테러위협으로부터 보호되지 못하고, 여전히 심각한 보안 취약성을 가지고 있다. 특히 내부자에 대한 포괄적이고 다층적인 방어수단이 미흡한 상황이다. 일부 핵안보 시스템은 엄격한 취약성 평가 및 테스트를 정기적으로 이행하지 않고 있다. 또한 많은 원자력 조직의 문화는 여전히

보안 강화에 중점을 두지 못하고 있다.[52]

둘째, 국제사회는 핵물질 보호를 위한 전략적 목표달성을 위해 실질적이고 효과적인 글로벌 핵안보 체제의 구축을 완성하지 못했다. 예를 들면 국제 공통의 기준, 메커니즘, 법적 기반을 마련하지 못했다. 또한 핵안보정상회의에서 전체 핵물질의 83%를 차지하는 군수용 핵물질이 의제에서 제외되어 논의되지 않았다. 지난 5년간 참여국의 핵안보 증진 이행약속 검증을 위한 동료평가는 무기화 가능한 핵물질을 보유한 24개국 중 16개국이 이행하였으나 7개국은 이를 수용하지 않아 한계를 드러냈다.[53]

셋째, 핵안보정상회의를 주도한 오바마 대통령이 핵심목표로 추구했던 핵무기 폐기는 진전을 이루지 못했다. 전 세계 핵무기의 95%를 보유한 미국과 러시아의 핵무기 감축 노력은 2010년 4월 서명한 '신 전략무기감축협정(New Strategic Arms Reduction Treaty)' 이후 사실상 중단된 상황이다. 러시아는 미국과의 갈등으로 4차 워싱턴 핵안보정상회의에도 불참했다.[54]

5절   미국 국토안보부의 핵테러리즘 대응체계와 전략

핵테러리즘은 글로벌 안보에 대한 가장 임박하고 극단적인 위협으로 인식되고 있다. 미국은 다수의 사람에게 피해를 입히기 위한 핵·방사능·화학·생물학 또는 기타장치를 의미하는 대량살상무기(WMD)를 사용하려는 테러리스트와

---

[52]   Matthew Bunn, Nickolas Roth, William H. Tobey, "Revitalizing Nuclear Security in an Era of Uncertainty," *Report*, Project on Managing the Atom, Belfer Center for Science and International Affairs, Harvard Kennedy School, January 2019, p. 5.

[53]   Nuclear Threat Initiative, "NTI Nuclear Security Index: Theft, Sabotage," January 2016, p. 12; 박지영(2016), pp. 7-8.

[54]   『한겨레』, "막 내린 핵안보정상회의, 성과와 한계," 2016.4.3. Tobey(2016), p. 9 참고.

호전적 국가의 위협에 직면해 있고, 미국 영토에 대한 방사능 또는 핵 공격은 심각한 결과를 초래할 것이라고 우려하고 있다. 국토안보부(DHS)의 핵 탐지 및 포렌식 임무는 테러리스트 및 잠재적 국가후원자의 공격을 방지하기 위한 미국 정부의 광범위한 접근방식의 핵심적 요소이다. 국토안보부는 규제·통제를 벗어난 핵·방사성 물질을 탐지, 분석 및 보고하기 위한 체계인 '글로벌핵탐지아키텍처(GNDA: Global Nuclear Detection Architecture)'를 개발하고 정부의 부처 간 노력을 조정한다.[55]

국토안보부의 '대량살상무기대응실(CWMD: Countering Weapons of Mass Destruction Office)'은 테러리스트 및 위협행위자가 WMD를 사용하여 미국을 공격하는 것을 방지하기 위해 노력하고 있다.[56] 대량살상무기대응실CWMD)은 화생방·핵(CBRN: Chemical, Biological, Radiological, Nuclear) 및 보건안보 위협으로부터 미국을 보호하기 위해, 전략적 목표로 ① 현재 및 새로운 WMD 위협 예측·식별 및 평가, ② 본토에 대한 CBRN 위협 탐지·차단 강화, ③ 국토안보부 WMD 대응과 보건안보 계획 및 실행의 조정·통합을 제시하고 있다.[57]

2018년 12월 트럼프 행정부 당시 백악관은 '대량살상무기 테러리즘대응 국가전략(NSCWMDT: National Strategy for Countering Weapons of Mass Destruction Terrorism)' 보고서를 발표했다. WMD 테러리즘에 대응하기 위한 국가전략(NSCWMDT)은 WMD 접근가능 테러리스트 그룹에 대한 지속적인 압박, 전 세계 위험물질에 대한 보안 강화, 해외 파트너 간의 부담 공유에 대한 필요성을 강조하면서 비국가 WMD 위협에 대응하기 위한 미국 정부의 접근방식을 제시했다. NSCWMDT 보고서는 극단주의 단체와 개인이 WMD를 사용하여 공격을 수행할 확률을 크

---

55 U.S. Department of Homeland Security, "Nuclear Security," https://www.dhs.gov/nuclear-security; U.S. Department of Homeland Security, "Weapons of Mass Destruction," https://www.dhs.gov/topic/weapons-mass-destruction.

56 U.S. Department of Homeland Security, "Countering Weapons of Mass Destruction Office," https://www.dhs.gov/countering-weapons-mass-destruction-office.

57 U.S. Department of Homeland Security, "Countering Weapons of Mass Destruction Office,".

게 줄이기 위해 다음과 같은 전략적 목표를 제시했다. 첫째, WMD 획득에 필요한 작용제, 진구체 및 물질을 테러리스트 및 악의적인 비국가행위자의 손이 닿지 않는 곳에 배치하고, WMD 및 관련 물질의 국제적 수량을 감소시킨다. 둘째, 국가와 개인이 WMD 테러리스트가 되려는 사람들에게 지원을 제공하려는 것을 억제한다. 셋째, 테러리스트의 WMD 네트워크를 탐지하고 격퇴하기 위한 효과적인 체계를 구축한다. 넷째, WMD 테러리즘에 대한 미국의 방어태세를 강화하고, WMD 위협에 대처하기 위한 주·지방·부족·자치령의 준비를 강화한다. 다섯째, WMD 테러리즘을 개발·획득 또는 사용을 가능하게 할 수 있는 기술동향을 식별하고 대응한다.[58]

NSCWMDT 보고서는 이러한 전략적 목표를 달성하기 위해 개별 테러리스트에 대한 작전에서 미국 및 파트너 방위력 강화 및 국제안보 활동을 실행하는 기관의 대테러리즘 및 WMD 대응활동의 필요성을 강조했다. 이러한 활동은 미국 해안에서 멀리 떨어진 활동과 미국 본토를 보다 직접적으로 보호하는 조치를 포함하고 있으며, ① 테러리스트가 위험한 물질, 작용제 및 장비에 대한 접근 거부, ② 테러리스트의 WMD 음모 탐지 및 격퇴, ③ 테러리스트의 WMD 기술능력 저하, ④ WMD 테러리즘에 대한 지원 억제, ⑤ WMD 테러리즘에 대한 대응활동의 세계화, ⑥ WMD 테러리즘에 대한 미국의 국방력 강화, ⑦ WMD 테러리즘에 대한 주·지방·부족 및 자치령의 대비 강화, ⑧ 기술적 기습의 예방 등 8가지 활동을 제시했다.[59]

---

58   The White House, "National Strategy for Countering Weapons of Mass Destruction Terrorism," December 2018, p. 1.

59   "National Strategy for Countering Weapons of Mass Destruction Terrorism," December 2018, pp. 1-2.

6절 한국의 원자력안전 조직과 방사능테러 대응체계

한국에 대한 핵테러리즘의 가능성과 위협 측면에서 보면, 국제 테러조직이나 북한의 한국 핵시설에 대한 공격이나 파괴공작에 의한 방사성물질 방출 문제가 우려된다. 한국은 2022년 2월 기준으로 원자력발전소 24기 중 21기를 운전 중이며, 2020년 기준으로 약 9,200개의 기관에서 산업, 의료, 연구, 교육 등의 분야에서 방사성물질을 다양한 목적으로 사용하고 있다. 국내에서 규제대상 밀봉방사선원은 2020년 기준으로 약 25,000개에 달하며, 이 중에서 주요 보안관리 대상이 되는 IAEA 1등급 또는 2등급 선원을 사용하는 기관은 158개 기관이다. 국내적으로도 사제폭탄 및 사제총기 위협, 무인기 출현, 차량 강습 등 원전 위협으로 이어질 수 있는 사건들이 수시로 발생했다.[60] 외교통상부의 2012년 2월 일반국민 및 전문가 대상 설문조사에 따르면, 일반국민의 35.6%가 한국에서 핵·방사능 테러나 원자력 시설에 대한 공격 등이 일어날 가능성이 높다고 답했다. 발생 가능한 핵테러 유형으로는 '북한의 공격 테러'(15%), '핵·원자력 시설 등에 대한 파괴나 오작동 유도'(9.6%), '핵폭탄'(7.5%), '방사능 살포 테러'(4.7%) 등이었다. 한편 전문가들은 '핵·방사능 테러나 원자력 시설에 대한 공격' 등이 일어날 가능성이 높다고 밝혔으며, 그 유형으로 '핵·원자력 시설 등에 대한 파괴나 오작동 유도'(74%)가 가장 많았다.[61]

한국의 원자력안전을 담당하는 조직으로는, 2011년 10월 이전까지 교육과학기술부가 원자력 시설 및 사업의 인·허가 등을 포함한 원자력안전규제업무를 담당했고, 지식경제부가 원자력사업의 추진을 관장했다. 그러나 2011년 3월 일본 후쿠시마 원전사고를 계기로 독립적인 원자력안전위원회 구성이 본격화되어,

---

60 한국수력원자력, "열린원전운영정보: 실시간 운영 현황," https://npp.khnp.co.kr/index.khnp; 원자력안전위원회, "원자력안전연감 2020," 2021.3, pp. 106-107.

61 『연합뉴스』. "국민 35% "한국서 핵테러 발생가능," 2012.2.10. https://www.yna.co.kr/view/AKR20120210065300043.

2011년 10월 26일에 대통령직속의 합의제 행정기관인 원자력안전위원회가 원자력안전(safety), 핵안보(security), 핵비확산(non-proliferation)을 포괄하는 독립적인 원자력 안전관리 대표기관으로 출범했다. 2013년 3월 국무총리 소속으로 변경된 원자력안전위원회의 조직은 사무처장, 기획조정관, 안전정책국, 방사선방재국, 감사조사담당관으로 구성되어 원자력안전규제 업무를 담당하고 있다. 산하기관으로는 한국원자력안전기술원, 한국원자력통제기술원, 한국원자력안전재단을 두고 있다. 한국원자력안전기술원은 원자력시설 안전 심·검사 등 원자력안전법 제111조 제1항에 따라 위탁받은 업무, 한국원자력통제기술원은 핵물질 규제, 수출입 통제 등 원자력안전법 제7조에 따른 업무, 한국원자력안전재단은 원자력·방사선 안전기반 조성 등 원자력안전법 제7조의2에 따른 업무를 수행하고 있다.[62]

방사선 사고 및 테러 대응체계는 '원자력안전법', '원자력시설 등의 방호 및 방사능 방재 대책법(방사능방재법)', '국민보호와 공공안전을 위한 테러방지법(테러방지법)' 등에 근거하여 국가 차원의 방사선사고나 방사능테러가 발생하였을 때 대응할 수 있는 조직체계를 운영하고 있다. 국내에서 방사능테러가 발생 또는 발생할 우려가 현저한 경우, 테러사건의 구분에 따라 4개 부처(군사시설-국방부, 항공-국토교통부, 해양-해양경찰청, 국내일반-경찰청)가 테러사건대책본부를 설치·운영하여 테러사건 대응활동을 주관한다. 원자력안전위원회는 테러사건대책본부를 지원하기 위하여 방사능테러대응 지원본부를 설치·운영한다. 또한 방사선사고 및 테러대응 민관 협력체계를 구축하고 있다. '방사선사고지원단(U-REST: Ubiquitous Regional Emergency Support Team)'은 지역 민간 방사선 전문가들로 구성된 자원봉사단체로 15개 권역, 70여 명의 단원이 활동하고 있다. 전문기관이 즉시 출동이 어려운 원격지에서 방사선 사고·테러가 발생했을 때 해당권역 단원들이 신속히 출동하여 사고현장에서 지역 유관기관(소방, 경찰 등)의 초동대응 활동을 자문·지원하도록 하고 있다.[63]

---

62   "원자력안전연감 2020," 2021.3, p. 23; 원자력안전위원회, "위원회 소개: 조직도," https://www.nssc.go.kr/ko/cms/FR_CON/index.do?MENU_ID=110.

63   원자력안전위원회, "방사선 사고 및 테러 대응 체계," https://nsic.nssc.go.kr/nsic.do?nsicKey=20010701.

▪ 그림 14-1 국가 방사능테러 대응체계

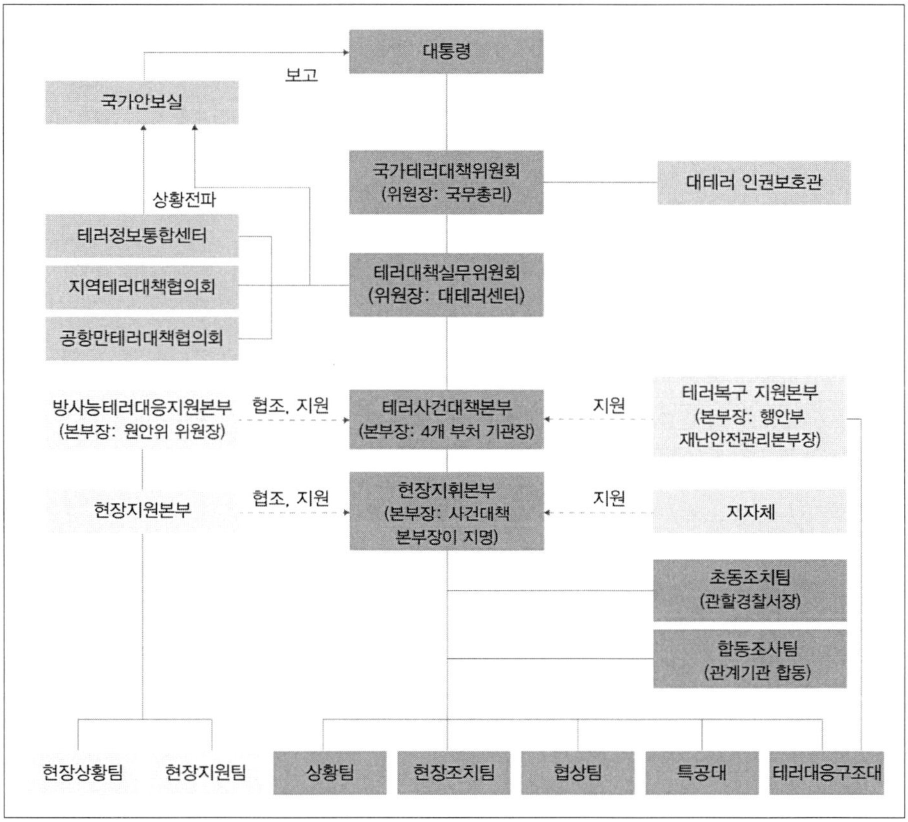

출처: 원자력안전위원회, "방사선 사고 및 테러 대응 체계," https://nsic.nssc.go.kr/nsic.do?nsicKey=20010701.

7절 핵안보 활동 평가와 향후 과제

핵테러리즘 및 포괄적인 핵안보 위협에 효과적으로 대응하기 위해서 현재 핵안보 레짐의 효율성을 강화하는 것으로는 불충분하며 보다 근본적이고 전략적인 변화가 필요하다. 핵안보의 목표는 핵·방사성 물질 통제 상실을 사전에 예방하는 일이다. 특히 핵테러리즘과 관련해서는 공격을 미연에 저지하는 것이 궁극적인 목표이다.

4차례의 핵안보정상회의(NSS)는 테러리스트들의 핵무기 또는 핵분열성물질을 획득 노력을 저지하기 위해 중대한 진전을 이루었다. 그러나 2016년 제4차 회의를 마지막으로 종료된 핵안보정상회의는 핵안보 레짐 강화 및 이행사항의 성과관리 측면에서 여전히 해결하지 못한 한계와 문제점을 남겼다. 현재 국제 핵안보 레짐은 현재와 미래의 핵테러리즘 위협에 충분히 대응할 수 없다. 현재 핵안보 국제레짐은 구속성 수준이 상이한 다양한 협정과 구상으로 복잡하게 얽혀 있고, 국가별 수준 차이도 매우 크다. 따라서 테러조직의 핵테러리즘 역량 획득 노력, 핵물질의 불법적 거래, 핵보유국의 핵물질 방호, 방사능테러리즘과 원자력 시설 방호 문제 등 위협환경에 대응할 수 있는 통합적인 접근법과 다양한 시나리오에 대응할 수 있는 구체적 대응책이 수립되어야 한다. 핵안보 거버넌스를 강화하기 위해 개별국가들과 핵안보정상회의(NSS), 세계핵테러방지구상(GICNT), UN, IAEA, 인터폴 등과의 긴밀한 국제협력이 중요하다. 이를 해결하기 위해 국제사회는 다음과 같은 과제와 발전방향을 모색해야 할 것이다.

첫째, 2016년 제4차 핵안보정상회의 이후 테러리스트 위협과 핵시설에 대한 사이버 공격과 같은 새로운 위협이 등장하였지만, 국제사회는 기존의 핵안보 강화를 위한 공약과 실질적 조치를 이행 및 점검하고, 핵안보정상회의를 대체하기 위한 노력이 미흡한 상황이다.[64] 핵 강국인 미국과 러시아는 핵안보를 증진하기 위해 양자 간 협력과 다자 간 핵안보 레짐 강화를 위한 공동의 노력을 재개해야 한다. 또한 주요국 정상들은 자국의 핵물질 방호와 핵시설 보안을 위한 중요성을 인식하고 각국의 공약 이행을 위해 노력해야한다. 특히 미국과 러시아의 핵테러리즘 예방을 위한 지도력 강화와 핵물질 감축 노력의 지속과 함께, 국제사회는 핵물질 감축과 고위험 방사선원 사용 최소화 및 방호를 강화해야 할 것이다.[65]

둘째, 제4차 핵안보정상회의에서 채택된 5개 행동계획에 따라 유엔, IAEA,

---

64   Nuclear Threat Initiative(2020), pp. 6, 36; Bunn et. al.(2019), p. 45.
65   박지영(2016), pp. 8-9.

인터폴, 세계핵테러방지구상(GICNT), 'WMD 비확산 글로벌파트너십(GP)' 등은 광범위하고 지속적인 핵안보 증진을 위해 임무를 수행해야 한다. 핵안보정상회의 참여국들은 핵안보 증진을 위한 정치적·실무적 추진력을 이어가기 위해 국내법 및 국제적 의무를 이행해야 할 것이다.

셋째, 핵안보정상회의 참가국들은 효과적인 국제 핵안보 체제 구축을 위해 민간용 핵물질 보안뿐만 아니라 핵안보정상회의에서 다루지 못했던 군수용 핵물질의 관리와 방호에 대한 논의를 시작해야 한다. 아울러 핵안보의 국제법적 기반이 되는 '개정 핵물질방호협약(CPPNM Amendment)'과 '핵테러행위의 억제를 위한 협약'의 이행을 강화하고, 핵시설에 대한 사이버 공격 대비 및 핵물질의 도난·불법거래·사보타주 저지를 위해 노력해야한다.[66]

넷째, 테러리즘 위협이 증가되고 대량살상무기가 확산되는 국제 안보환경 하에서, 핵테러리즘 위협은 재앙적인 피해를 야기할 수 있는 가장 심각한 위협으로 국제사회가 대처해야 할 최우선 안보현안이다. 4차례의 핵안보정상회의의 프로세스가 2016년 3월 종료됨에 따라, IAEA를 중심으로 국제 핵안보 협력체제 구축 노력을 이어가기 위해 'IAEA 핵안보 국제회의(ICONS: International Conference on Nuclear Security)'가 2016년 12월 첫 회의를 개최하면서부터 정례화되었다. IAEA는 4년 단위의 핵안보계획(Nuclear Security Plan)을 수립·시행함으로써 각국의 핵안보 강화를 지원하고 있으며, IAEA는 자발적 기여금으로 운영되는 핵안보기금(Nuclear Security Fund)을 이용하여 핵안보 분야의 역량 강화를 지원하고, 공동연구를 진행하고 있다. IAEA 핵안보 국제회의는 4년마다 개최되는 행사로 '각료급 세션(ministerial segment)'과 '과학기술 세션' 및 '부대행사'로 구성되며, 각국 장관 또는 고위급 인사가 참여하는 각료급 세션에서 국가별 기조발언을 통해 각국의 핵안보 체제 강화 노력과 기여 등을 공유하고, 과학기술 세션에서는 핵안보와 관련된 주요 이슈별 패널 토론, 주제발표 등을 진행한다. 향후 항구적 핵안보 체제 유지 및 강화를 위해서는 IAEA의 중심적 역할뿐 아니라 국제사회의 지속적 지원

---

66   Nuclear Threat Initiative(2016), p. 12; Nuclear Threat Initiative(2020), p. 52.

및 노력이 필요하다.[67]

한편 한국 정부는 핵테러리즘 위협과 핵안보에 대한 중요성을 인식하고 국제적으로는 2012년 제2차 핵안보정상회의를 개최했고 세계핵테러방지구상(GICNT) 및 테러리즘 관련 국제협약에 가입하여 대테러 협력과 공조에 적극적으로 참여하고 있다. 그러나 국내적으로는 여전히 취약점이 있기에 다음과 같은 대책이 필요하다. 첫째, 한국 정부는 '원자력안전법', '원자력시설 등의 방호 및 방사능 방재 대책법', '국민보호와 공공안전을 위한 테러방지법' 등에 근거하여 방사선 사고 및 테러 대응체계를 구축하여 운영하고 있다. 그러나 방사능테러가 발생 시 테러사건의 구분에 따라 국방부, 국토교통부, 해양경찰청, 경찰청이 테러사건대책본부를 설치·운영하고, 원자력안전위원회는 테러사건대책본부를 지원하기 위하여 방사능테러대응 지원본부를 설치·운영하는 분산적 이원화 체계를 운영하고 있기에 통합적 대응에 한계가 있다. 둘째, 방사능 테러대응의 주무기관인 원자력안전위원회는 국가 환경방사능 감시체계 유지, 핵물질 및 원자력시설의 물리적 방호체계 수립, 방사성물질 및 원자력시설에 대한 통제·경계 등의 업무에 치중하고 있어, 국제 테러조직과 북한의 핵테러리즘 위협에 대응하기에 미흡하다. 따라서 핵테러리즘 예방·대응을 위해서 국가정보원의 테러정보통합센터 및 국제범죄정보센터와 핵·방사성 물질의 불법적 유통 및 국제 테러리즘 관련 정보공유 체계를 강화해야 할 것이다. 셋째, 국가중요시설로 분류되는 원자력 발전소에 대한 경비업무는 대부분 특수경비원과 청원경찰이 담당하고 있어 효과적인 방호에 취약한 것으로 지적되고 있다.

핵테러리즘의 예방 및 대응을 위해서는 원자력안전 관련 기관뿐만 아니라 국가정보원, 군, 경찰, 국경관리 관련 기관들의 유기적인 협력과 통합적 대응이 필수적이다. 국내의 핵·방사능 테러리즘 대응체계를 개선·강화하기 위해서는 미국 국토안보부(DHS)의 통합적 '화생방·핵(CBRN)' 물질의 불법적 취득·사용 예방체계와 대응활동을 검토하여 한국적 현실에 맞게 대응체계를 개선할 필요가 있다.

---

67   외교부, 『군축·비확산 편람 2021』 (서울: 외교부, 2021), pp. 213, 215.

참고문헌

❏ 국문 학술자료

감사원. "김선일 사건 감사 진행상황," 2004.7.

감사원. 보도자료, "재이라크 교민 보호실태," 2004.9.

강경태. "9.11 미국테러에 대한 미국민의 반응과 부시대통령 지지도,"『국제정치연구』, 4집 2호 (2001).

강석율. "미 바이든 행정부 국가안보전략지침서 분석과 평가,"『동북아안보정세분석』, 한국국 방연구원, 2021년 3월 12일.

경찰청. 해외치안정보, "영, 대테러법(Counter-Terrorism Act) 개정," 2009.2.27.

경찰청. 테러예방교실, "테러의 유형," http://cta.police.go.kr:8080/know/know/type/index.jsp.

관세청. "2012년도 성과관리시행계획," 2012.3.30.

관세청. "2021 관세청 업무계획," 2021.1.

관세청 교역협력과. "국경관리기관간 협조체제 개선(Coordinated Border Management, CBM,"『Customs Overseas News』, Vol. 2009-12(September 2009).

관세청. "설립목적 및 기능," https://www.customs.go.kr/kcs/cm/cntnts/cntntsView.do?mi=2944&cntntsId=891.

관세청. "조직도," https://www.customs.go.kr/kcs/cm/cntnts/cntntsView.do?mi=2954&cntntsId=917.

구세주. "항공기 내 불법행위 현황 및 개선과제," NARS 현안분석, 제109호, 2019.12.31.

국가법령정보센터. "국가안전보장회의 운영 등에 관한 규정," 전문개정 1998.6.8. (대통령령 제 15808호).

국가법령정보센터. "국가안전보장회의 운영 등에 관한 규정," [대통령령 제17944호, 2003.3.22. 일부개정].

국가법령정보센터. "국가안전보장회의 운영 등에 관한 규정," [대통령령 제19309호, 2006.1.27. 일부개정].

국가법령정보센터. "국가안전보장회의 운영 등에 관한 규정," [대통령령 제20071호, 2007.5.25. 일부개정].

국가법령정보센터. "국가안전보장회의법," [법률 제8874호, 2008.2.29. 일부개정].

국가법령정보센터. "국가안전보장회의법," [시행 2013.3.23.] [법률 제11690호, 2013.3.23., 타법개정].

국가법령정보센터. "국가안보정책 조정회의 운영에 관한 규정," [시행 2013.3.27.] [대통령훈령 제304호, 2013.3.27., 일부개정].

국가법령정보센터. "외교안보정책 조정회의 운영규정," [대통령훈령 제245호, 2009.4.3. 제정].

국가법령정보센터. "공중 등 협박목적 및 대량살상무기확산을 위한 자금조달행위의 금지에 관한 법률(약칭: 테러자금금지법)," [시행 2021.3.25.] [법률 제17113호, 2020.3.24., 타법개정].

국가법령정보센터. "국가대테러활동지침," [시행 2013.5.21.] [대통령훈령 제309호, 2013.5.21., 일부개정].

국가법령정보센터. "국민보호와 공공안전을 위한 테러방지법(약칭: 테러방지법)," [시행 2021.7.20.] [법률 제18321호, 2021.7.20., 일부개정].

국가법령정보센터. "국민보호와 공공안전을 위한 테러방지법 시행령," [시행 2021.1.5.] [대통령령 제31380호, 2021.1.5., 타법개정].

국가법령정보센터. "통합방위법," [시행 2021.3.23.] [법률 제17686호, 2020.12.22., 일부개정].

국가법령정보센터. "보안업무규정," [시행 2021.1.1.] [대통령령 제31354호, 2020.12.31., 일부개정].

국가법령정보센터. "보안업무규정 시행규칙," [시행 2020.3.17.] [대통령훈령 제420호, 2020.3.17., 일부개정.]

국가법령정보센터. "항공보안법," [시행 2022.1.28.] [법률 제18354호, 2021.7.27., 일부개정].

국가법령정보센터. "국제항해선박 및 항만시설의 보안에 관한 법률(약칭: 국제선박항만보안법)," [시행 2021.12.9.] [법률 제17615호, 2020.12.8., 일부개정].

국가안전보장회의. 비상기획위원회, 『비상대비 20년사』(서울: 국가안전보장회의, 비상기획위원회, 1990).

국가안전보장회의(NSC). 최종수정본, "김선일씨 피살사건 관련 설명자료," 2004.6.24.

국가안전보장회의 사무처. "업무보고," 2008.1.7.

국가안전보장회의 사무처. "업무현황보고," 제248회 임시회, 『국회국방위원회 업무보고』, 2004.7.

국가안전보장회의 사무처. "국정조사 요구자료," 김선일씨 피랍·납치사건 관련, 2004.7.

국가안전보장회의 사무처. "국가위기관리기본지침," 2004.9.8.

국가안전보장회의 사무처. "유형별 위기관리 표준매뉴얼," 2004.9.8.

국가안전보장회의 사무처. "이라크내 테러집단에 의한 한국인 피살사건관련 보고," 2004.7.23.

국가정보원. "뉴테러리즘의 특징과 외국의 대테러 강화동향," 2001.11.

국가정보원. "9.11 5주년: 미국의 대테러전 공과와 시사점,"『주간 국제이슈 분석』, 2006-37, 제
        59호, 2006.9.14.

국가정보원. "국제범죄란?" https://www.nis.go.kr:4016/AF/1_8.do.

국가정보원. 국제테러정보, 국제테러단체, "알 카에다(AQ)," https://www.nis.go.kr:4016/
        AF/1_6_2_2_2/view.do?seq=485&currentPage=1.

국가정보원. 국제테러정보, 국제테러단체, "이슬람 국가(ISIS)," https://www.nis.go.kr:4016/
        AF/1_6_2_2_2/view.do?seq=516&currentPage=1.

국가정보원. 국제테러정보, 국제테러단체, "탈레반(Taliban)," https://www.nis.go.kr:4016/
        AF/1_6_2_2_2/view.do?seq=469&currentPage=1.

국가정보원. 국제테러정보, 국제테러단체, "보코하람(Boko Haram)," https://www.nis.
        go.kr:4016/AF/1_6_2_2_2/view.do?seq=517&currentPage=1.

국가정보원. 국제테러정보, 국제테러단체, "알 샤바브(Al-Shabaab)," https://www.nis.
        go.kr:4016/AF/1_6_2_2_2/view.do?seq=487&currentPage=1. 국가정보원. 국제테러정
        보, "우리국민 주요 피해사례," https://www.nis.go.kr:4016/AF/1_6_2_3/list.do.

국가정보원. 국제테러정보, "영국 맨체스터 경기장 미가수 공연 후 자폭테러로 22명 사망."

국가정보원. 국제테러정보, "영국 런던 도심 차량돌진 및 흉기난동 등 복합테러로 7명 사망."

국가정보원. 대테러용어, "뉴테러리즘(New-Terrorism)," https://www.nis.go.kr:4016/
        AF/1_6_4/list.do.

국가정보원. 대테러용어, "자생테러," https://www.nis.go.kr:4016/AF/1_6_4/list.do.

국가정보원. 대테러용어, "스톡홀름 증후군," https://www.nis.go.kr:4016/AF/1_6_4/list.do.

국가정보원. 대테러용어, "리마 증후군," https://www.nis.go.kr:4016/AF/1_6_4/list.do.

국가정보원. 대테러용어, "지하드(Jihad)," https://www.nis.go.kr:4016/AF/1_6_4/list.do.

국가정보원. 대테러용어, "외로운 늑대," https://www.nis.go.kr:4016/AF/1_6_4/list.do.

국가정보원. 대테러용어, "자살폭탄테러," https://www.nis.go.kr:4016/AF/1_6_4/list.do.

국가정보원. 대테러용어, "하왈라," https://www.nis.go.kr:4016/AF/1_6_4/list.do.

국가정보원. 센터소개, "테러정보통합센터," https://www.nis.go.kr:4016/ID/1_7_4.do.

국가정보원 외.『2020 국가정보보호백서』(서울: 국가정보원, 2020).

국가정보원 테러정보통합센터. "테러범 식별요령," 2004.5.1.

국가정보원 테러정보통합센터. "최근 테러의 대상·수법·수단 분석," 2005.9.

국가정보원 테러정보통합센터. "무차별 총격테러 발생시 행동요령," 2019.8.

국가정보원 테러정보통합센터. "정부합동 해외진출 기업 안전지원단 운영," 2007.5.30.

국가정보원 테러정보통합센터.『2007년 테러정세』, (서울: 국가정보원 테러정보통합센터, 2008).

국가정보원 테러정보통합센터. "2006 아프간 평화축제: 추진 경과 및 정부의 대응조치," 2006.8.

국방부 군사편찬연구소.『국방편년사(1998-2002)』(서울: 국방부군사편찬연구소, 2004).

국방부.『대량살상무기에 대한 이해』(서울: 국방부, 2007).

국방부. "고 김선일씨 사건 관련 상황경과 및 주요조치," 2004.7.21.

국방부.『2020 국방백서』(서울: 국방부, 2020).

국회국방위원회 수석전문위원실.『국회국방위원회편람』, 2004.5.

국회. 이라크내 테러집단에 의한 한국인 피살사건 관련 진상조사 특별위원회, "이라크내 테러집단에 의한 한국인 피살사건 관련 진상조사를 위한 국정조사 결과보고서," 2004.8,

국회사무처. 제248회 국회, "이라크내 테러집단에 의한 한국인 피살사건 관련 진상조사 특별위원회 회의록," 제4호, 2004.7.21.

국회사무처. 제248회 국회, "이라크내 테러집단에 의한 한국인 피살사건 관련 진상조사 특별위원회 회의록," 제6호, 2004.7.23.

국회사무처. 제248회 국회, "이라크내 테러집단에 의한 한국인 피살사건 관련 진상조사 특별위원회 회의록," 제7호, 2004.7.28.

국회사무처. 제248회 국회, "이라크내 테러집단에 의한 한국인 피살사건 관련 진상조사 특별위원회 회의록," 제8호, 2004.7.30.

국회사무처. 제268회 국회, "통일외교통상(국방위원회와 연석회의) 위원회회의록 제7호 부록," 2007.7.25.

금융위원회 금융정보분석원. "공중협박자금조달금지제도,"https://www.kofiu.go.kr/kor/policy/ptfps01.do.

길정일. "미국 국가안보회의(NSC) 운영사례 연구,"『국가전략』, 제6권 2호(2000).

김민수. "통일을 대비한 국경관리에 관한 소고,"『법조』, Vol. 534(2001).

김상겸·이대성. "북한의 뉴테러리즘과 대응책,"『통일정책연구』, 제18권 2호(2009).

김석철. "원자력 안전과 방호의 연계성에 대한 국제 동향,"『원자력산업』, 302호(2008년 4월호).

김선빈·김용기·민승규·고현철. "영국에서 배우는 위기관리,"『CEO Information』, 제530호, 삼성경제연구소, 2005.12.7.

김성한. "미국의 신안보전략과 북미관계 전망,"『주요국제문제분석』, 2002-36, 국립외교원 외교안보연구소, 2002.11.16.

김열수·김경규. "미래 비전통적 안보위협과 지상군의 역할,"『전략연구』, 제22집 제3호(2015).

김열수. "미국의 국가안보전략보고서와 한국안보,"『u-안보리뷰』, Vol 3(2006.4.15).

김영호. "각국 대테러 관련법의 제정동향 및 추세,"『대테러정책연구논총』, 제6호(2009).

김우상·조성권.『세계화와 인간안보』(서울: 집문당, 2005).

김재명. "21세기 국제정치 화두 테러리즘,"『신동아』, 2004년 5월호.

김창봉. "선진 국경관리체제 마련 방안 연구: CIQ 기관 통합을 중심으로,"『관세청 정책연구과제』, 2009.10.28.

김창봉·천홍욱. "C.I.Q 기관 정보공유의 문제점 및 발전방향,"『관세학회지』, 제10권 제3호(2009).

김태준.『테러리즘: 이론과 실제』(서울: 봉명, 2006).

김태준. "초국가적 위협에 대한 한국의 대응방안: 소말리아 해적위협을 중심으로,"『국방연구』, 제51호 제1호(2009).

김영욱.『위기관리의 이해: 공중관계와 위기관리 커뮤니케이션』(서울: 책과길, 2002).

김현욱. "2015 미국 국가안보전략(National Security Strategy) 보고서 분석,"『주요국제문제분석』, 2015-04, 국립외교원 외교안보연구소, 2015.3.4.

김현진. "경찰의 대테러 대응방안에 관한 연구: 인질협상의 기법을 중심으로," 석사학위논문, 원광대학교 행정대학원, 2002.

김형태. "항만시설 경비보안체제의 효율화 방안,"『월간 해양수산』, 통권 제282호(2008.3).

김홍석. "사이버 테러와 국가안보,"『저스티스』, 제121호(2010).

나이, 조지프 지음. 양준희·이종삼 옮김,『국제분쟁의 이해: 이론과 역사』, 개정판 (서울: 한울, 2009).

농림축산검역본부. "기관소개: 비전과 미션," https://www.qia.go.kr/intro/visionAndMission/visionAndMission.jsp.

대테러센터. "주간 테러동향," 2018.11.16.

대테러센터. "주간 테러동향," 2020.5.15.

대테러센터. "주간 테러동향," 2018.11.16,

대테러센터. "주간 테러동향," 2020.7.24,

대테러센터. "주간테러동향," 2020.7.17.

대테러센터. "2018 상반기 지역별 테러동향 분석 결과," 2018.10.16.

대테러센터. 기관소개, "테러방지법,"
        http://www.nctc.go.kr/nctc/Introduction/background.do.

대테러센터. 기관소개, "센터소개, 조직과 임무,"
        http://www.nctc.go.kr/nctc/Introduction/organizationMission.do.

대테러센터. 기관소개, "테러방지법,"
        http://www.nctc.go.kr/nctc/Introduction/mainContent.do.

대테러센터. 대테러활동, "주요기관활동(외교부: 국외테러분야),"
        http://www.nctc.go.kr/nctc/activity/mofa.do.

대테러센터. 알림/홍보, "테러경보,"
        http://www.nctc.go.kr/nctc/information/alertStep.do.

대테러센터. 대테러활동, "대테러체계,"
        http://www.nctc.go.kr/nctc/activity/system.do.

대통령기록관. 청와대 뉴스, "청 국가위기상황센터 신설," 2008.7.22.

대통령기록관. 청와대 뉴스, "이대통령, 전군주요지휘관회의 주재," 2010.5.4.

대통령기록관. 청와대 브리핑룸, "김성환 외교안보수석 브리핑," 2010.5.9.

대통령자문 정책기획위원회. 『새로운 도전, 국가위기관리: 국가안보와 국민안위를 보장하는 참
        여정부의 위기관리』, 참여정부 정책보고서 3-21, 2008.

대통령 홍보비서실. 보도자료, "새로운 국가위기 경보시스템 구축, 국가위기관리 기본틀 완성,"
        2004.9.8.

대통령실 홍보수석실. 보도자료, "NSC, 270여개 위기대응 실무매뉴얼 수립... 국가위기관리 문
        서체계 완성," 2005.11.29.

대한민국정부. "국정조사결과 시정 및 처리 요구사항에 대한 처리결과보고서(감사원 소관),"
        2004.10.

대한민국 해군. "대한민국 해군 청해부대 전격작전 아덴만 여명작전 완수," 『해군지』, 2011년

3·4월호.

도중진·이진국·이천현·손동권. "테러자금조달의 억제를 위한 법제도 설계방안에 관한 연구,"
　　금융정보분석원 용역과제, 2006.11.30.

동아시아연구원 외교안보정책결정체계연구팀. "바람직한 한국형 외교안보정책 컨트롤타워,"
　　2013 EAI Special Report, 2013.1.

마상윤. "빈라덴 사망이후 미국의 대테러정책," 『정세와 정책』, 세종연구소, 2011년 6월호.

마틴, 거스(Gus Martin) 지음. 김계동·김석우·이상현·장노순·전봉근 옮김, 『테러리즘: 개념과
　　쟁점』(서울: 명인문화사, 2008).

머든, 사이먼. "세계문제와 문화," 존 베일리스·스티브 스미스·퍼트리샤 오언스 편저, 하영선
　　외 옮김, 『세계정치론』, 제5판 (서울: 을유문화사, 2012).

문광건·이준호. "대테러리즘 정책 방향에 관한 소고," 『주간국방논단』, 제904호(02-33),
　　2002.8.29.

민왕영. "현대전에서의 특수작전의 성공요인에 관한 연구: 미군 사례분석을 통한 한국군에 대
　　한 적용," 석사학위논문, 국민대학교 정치대학원, 2015.

박재하·정길호. "국가안전보장회의의 활성화 방안연구: 기능 및 기구 정립을 중심으로," 『국방
　　논집』, 제7호(1988.12).

박지영. "핵안보정상회의: 글로벌 제로의 꿈과 남겨진 과제," 『Issue Brief』, 2016-08, 아산정책
　　연구원, May 20, 2016.

박창권. "아프간 전쟁(항구적 자유작전)의 교훈 및 시사점," 『합참』, 제19호(2002.7.1.).

배영수 편. 『서양사 강의』(서울: 한울 아카데미, 2000).

배영자. "사이버안보 국제규범에 관한 연구." 『21세기정치학회보』, 제27집 1호(2017).

번, 매튜(Matthew Bunn). "핵테러 위협: 무엇이 새롭고, 무엇이 진실인가?" 하버드 케네디스쿨,
　　대한민국 서울, 2011년 11월 3-5일.

법무부. 『독일형법』, 2008.5.

법무부. "조직과 기능: 본부," https://www.moj.go.kr/moj/265/subview.do#immigration.

법무부 출입국·외국인정책본부. "비전과 임무: 임무,"
　　https://www.immigration.go.kr/immigration/2479/subview.do.

법무부 출입국·외국인정책본부. 『2010 출입국·외국인정책 연감』(서울: 법무부 출입국·외국인
　　정책본부, 2011).

법무부 출입국·외국인정책본부. "국경관리,"

https://www.immigration.go.kr/immigration/1514/subview.do.

법무부 출입국·외국인정책본부. 『2020년도 출입국·외국인정책 연감』 (서울: 법무부 출입국·외국인정책본부, 2021).

법무부 출입국심사과. "새로운 입국심사 시스템 도입으로 안전한 국경관리 시대 열어," 보도자료, 2011.12.27.

베넷, 브루스 W., 최강, 고명현, 브루스 E. 벡톨, 박지영, 브루스 클링너, 차두현. "북핵 위협, 어떻게 대응할 것인가," 연구보고서, RAND Corporation and The Asan Institute for Policy Studies, 2021년 4월.

베일리스, 존·스티브 스미스 편저. 하영선 외 옮김, 『세계정치론』, 제4판 (서울: 을유문화사, 2009).

세계법제정보센터. "국토안보법 요약본," 2011.11.17.

송대성. "2006년 미국의 국가안보전략(NSS) 핵심 내용과 의미," 『정세와 정책』, 세종연구소, 2006년 4월호.

송태은. "하이브리드 위협에 대한 최근 유럽의 대응," 『주요국제문제분석』, 2020-31, 국립외교원 외교안보연구소, 2020.8.26.

신성호. "21세기 정보혁명과 네트워크 테러리즘: 척도 없는 네트워크 테러의 한계에 대한 비판적 고찰," 『국제정치논총』, 제46집 3호(2006).

신의기. "각국의 테러대응책과 우리나라의 테러방지법," 『대테러정책연구논총』, 제4호(2007.2).

신지원·한태희. "국경관리의 이해: 촉진과 통제의 균형," 『Working Paper』, No. 2010-09, IOM 이민정책연구원.

아퀼라, 존·데이비드 론펠트 엮음. 한세희 옮김, 『네트워크 전쟁: 테러·범죄·사회적 갈등의 미래』 (서울: 한울 아카데미, 2005).

앨리슨, 그레이엄(Graham Allison) 저. 김태우·박선섭 공역, 『핵테러리즘』 (서울: 한국해양전략연구소, 2007),

양욱. 『그림자 전사, 세계의 특수부대: 그들의 성공과 실패의 역사』 (서울: 플래닛미디어, 2009).

오일석. "바이든 행정부의 잠정국가안보전략지침에 나타난 신안보 위협 인식과 대응방안," 『이슈브리프』, 253호, 국가안보전략연구원, 2021.3.22.

오한길. "국내 테러통계 기반 테러유형의 분류체계 구축 방안," 국립재난안전연구원, 2019.12.

외교부. "서울 코뮤니케: 2012 서울 핵안보정상회의," 2012.3.27.

외교부. "[편람] 핵테러 방지 글로벌구상(GICNT) 관련 주요이슈," 2007.10.11.

외교부. "영국 개황," 2021.6.

외교부. "재외국민보호 위기대응 실무매뉴얼 정비에 관한 정책연구용역 제안요청서," 2020.10.

외교부. 『국제원자력기구(IAEA) 개황』 (서울: 외교부 2018).

외교부. 『군축·비확산 편람 2021』 (서울: 외교부, 2021).

외교부. 글로벌안보협력, "테러리즘의 발생원인," 2008.3.13.

외교부. 글로벌안보협력, "테러수단의 변화," 2008.4.24.

외교부. "글로벌 안보협력 개요: 테러리즘 대응,"
    http://www.mofa.go.kr/www/wpge/m_3991/contents.do.

외교부. 글로벌안보협력, "탈레반(Taliban)," 2007.10.1.

외교부. 글로벌안보협력, "테러자금 차단의 개념," 2008.5.22.

외교부. 글로벌안보협력, "국제사회와 UN의 대테러 협력," 2008.5.8.

외교부. "미국-탈레반간 아프가니스탄의 평화를 위한 약정 서명에 대한 외교부 대변인 성명,"
    2020.03.02.

외교부. 보도자료, "국제민간항행 관련 불법행위 억제 협약 채택: 2010년 베이징 협약 및 추가
    의정서 개요," 2010.9.12.

외교부. 보도자료, "핵테러억제협약 서명: 핵테러억제협약 참고자료," 2005.9.16.

외교부. 보도자료, "유엔 대테러사무국(CTED) Michael Smith 국장 방한," 2009.3.23.

외교부. 보도자료, "핵테러 방지 글로벌 구상 참여," 2007.5.23.

외교부. 보도자료, "세계핵테러방지구상(GICNT) 훈련계획그룹(EPG) 회의개최," 2009.4.15.

외교부. 보도자료, "세계핵테러방지구상(GICNT) 핵/방사능테러 대응 워크숍 개최,"
    2019.10.15.

외교부. 보도자료(2009.4.15); 외교부, 보도자료, "핵테러 방지를 위한 국제협력-세계핵테러방
    지(GICNT) 총회 개최," 2011.6.30.

외교부. 보도자료, 핵안보정상회의 준비기획단, "핵테러 없는 평화로운 세상을 위한 평화서밋
    폐막," 2012.3.27.

외교부. 조약정보: 다자조약, "테러자금조달의 억제를 위한 국제협약."

외교부. 조약정보: 다자조약, "항공기내에서 행한 범죄 및 기타 행위에 관한 협약."

외교부. 조약정보: 다자조약, "항공기의 불법납치 억제를 위한 협약."

외교부. 조약정보: 다자조약, "민간항공의 안전에 대한 불법적 행위의 억제를 위한 협약."

외교부. 조약정보: 다자조약, "국제민간공항에 사용되는 공항에서의 불법적 폭력행위의 억제를 위한 의정서."

외교부. 조약정보: 다자조약, "외교관 등 국제적 보호인물에 대한 범죄의 예방 및 처벌에 관한 협약."

외교부. 조약정보: 다자조약, "인질억류방지에 관한 국제협약."

외교부. 조약정보: 다자조약, "핵물질의 방호에 관한 협약(핵물질 및 원자력시설의 물리적 방호에 관한 협약으로 명칭 변경(2016)."

외교부. 조약정보: 다자조약, "핵물질의 방호에 관한 협약 개정(핵물질 및 원자력시설의 물리적 방호에 관한 협약 개정)."

외교부. 조약정보: 다자조약, "항해의 안전에 대한 불법행위의 억제를 위한 협약."

외교부. 조약정보: 다자조약, "대륙붕상에 소재한 고정플랫폼의 안전에 대한 불법행위의 억제를 위한 의정서."

외교부. 조약정보: 다자조약, "가소성 폭약의 탐지를 위한 식별조치에 관한 협약."

외교부. 조약정보: 다자조약, "폭탄테러행위의 억제를 위한 국제협약."

외교부. 조약정보: 다자조약, "핵테러행위의 억제를 위한 국제협약."

외교통상부. "이라크내 테러집단에 의한 한국인 피살사건관련 보고," 2004.7.23.

외교통상부. "우리 국민 아프간 피랍 사건 관련, 국제 여론 동향," 2007.8.17.

외교통상부. "아프가니스탄 피랍사건과 관련, 사건발생 후 현재까지 석방 노력 일지," 2007년도 국정감사 위원 요구자료, 2007.10.17.

외교통상부 군축비확산과. "서울 핵안보정상회의 의의와 발전방향," 2012.3.9,

우드워드, 밥 지음. 김창영 옮김,『부시는 전쟁중』(서울: 따뜻한 손, 2003).

원자력안전위원회. "원자력안전연감 2020," 2021.3.

원자력안전위원회. "위원회 소개: 조직도,"
        https://www.nssc.go.kr/ko/cms/FR_CON/index.do?MENU_ID=110.

원자력안전위원회. "방사선 사고 및 테러 대응 체계,"
        https://nsic.nssc.go.kr/nsic.do?nsicKey=20010701.

위키백과. "9·11 테러."

위키백과. "2017년 웨스트민스터 테러."

위키백과. "2017년 맨체스터 아레나 폭탄 테러."

위키백과. "2017년 6월 런던 테러."

유민이·이정우·최효원. "국경관리체계의 유형과 패러다임의 변화: 해외사례를 중심으로," 이
　　민정책연구원 정책보고서 시리즈, No. 2020-03, 2020년 11월.

윤민우. 『테러리즘의 이해와 국가안보』(서울: 진영사, 2011).

윤민우. 『폭력의 시대 국가안보의 실존적 변화와 테러리즘: 테러리즘과 국가안보, 그리고 안보
　　정책』(서울: 박영사, 2017).

윤민우. "소셜 네트워크 접근을 통한 테러네트워크 이해와 분석 및 전략적 접근방안: 탈레반,
　　알카에다 등의 이슬람 극단주의 테러를 중심으로," 『형사정책연구』, 제22권 제1호
　　(2011).

윤민우. "새로운 안보환경을 둘러싼 사이버 테러의 위협과 대응방안: 쟁점들과 전략적 접근틀
　　에 대한 논의," 『시큐리티연구』, 제40호(2014).

윤태영. "한국의 국외 대테러 위기관리 체계와 정책: 김선일 피살사건을 중심으로," 『세계지역
　　연구논총』, 25집 3호(2007).

윤태영. "9·11 테러 이후 미국의 대테러리즘: 조직, 정책 및 한국에 대한 함의," 『세계지역연구
　　논총』, 제26집 3호(2008).

윤태영. "이라크 종전선언," 『이슈투데이』, No. 435(2010.9.22).

윤태영. "미국과 한국의 국가안전보장회의(NSC) 체제 조직과 운영: 위기관리 시각에서 분석,"
　　『평화학연구』, 제11권 제3호(2010).

윤태영. "영국의 대테러리즘 위기관리 체계와 전략: 실제, 문제점 및 정책적 함의," 『한국위기
　　관리논집』, 제6권 제1호(2010 봄).

윤태영. "핵테러리즘과 세계핵테러방지구상(GICNT): 위협, 대응 및 한국에 대한 함의," 『한국
　　경호경비학회지』, 제26호(2011).

윤태영. "북한 급변사태 전개양상과 한·미의 대응방안", 『해양전략』, 제151호(2011.10).

윤태영. "국제 핵테러리즘의 전개양상과 한국의 안보과제," 『국가정보연구』, 제5권 1호(2012년
　　여름호).

윤태영. "미국 국토안보부의 대테러리즘 활동: 임무, 조직 운영체계 및 전략," 『한국치안행정논
　　집』, 제9권 제3호(2012년 11월호).

윤태영. "국경안보체계와 국가정보의 역할," 『국가정보연구』, 제6권 1호(2013년 여름호).

윤태영. "미국의 대테러리즘 전략기획체계와 전략지침 평가: 대테러리즘 관련 국가전략보고서
　　를 중심으로," 『국제지역연구』, 제17권 제2호(2013년 여름호).

윤태영. "초국가적 위협 및 테러리즘 증가와 통합국경안보체계 구축: 미국, 캐나다, 호주를 중

심으로," 『융합보안논문지』, 제17권 제4호(2017).

윤태영. "핵테러리즘 위험에 대한 핵안보정상회의 성과, 한계 및 과제," 『융합보안논문지』, 제
17권 제3호(2017).

윤태영. "미국의 아프가니스탄 전쟁 목표와 전략의 변화양상: 대테러전과 대반란전 논쟁을 중
심으로," 『국가안보와 전략』 제17권 1호(2017년 봄).

윤태영, "한국의 국외인질테러 대응 체계와 활동 평가: 아프가니스탄 피랍사건을 중심으로,"
『한국공안행정학회보』, 제27권 제3호(2018).

윤태영, "인질구출 작전의 성공요인 분석: 이스라엘과 한국 사례연구," 『한국치안행정논집』,
제15권 제2호(2018).

윤태영. "미국·영국·독일 국가정보체계 개혁 양상과 한국 국가정보원 개혁에 대한 시사점,"
『융합보안논문지』, 제18권 제2호(2018).

윤태영. 『테러리즘과 대테러리즘』 (창원: 경남대학교출판부, 2014).

윤태영. 『위기관리 리더십: 국가안전보장회의(NSC) 운영국가 사례연구』 (인천: 진영사, 2019).

윤해성·윤민우 외. 『사이버 테러의 동향과 대응 방안에 관한 연구』 (서울: 한국형사정책연구
원, 2012).

윤해성. 『대테러 활동에 관한 수사시스템 정비방안』, 연구총서 11-04 (서울: 한국형사정책연구
원, 2011).

이대성·김종오. "공항만 보안검색의 실태분석과 개선방안에 대한 연구," 『사회과학연구』, 제15
집 제2호(2009).

이대우. "런던테러의 의미," 『세종논평』, No. 20, 2005.7.11.

이도선·윤경희. "대테러 초동조치 시스템에 대한 비교 연구: 7.7 런던 지하철 테러사건 사례를
중심으로," 『한국테러학회보』 제4권 제1호(2011).

이만종. "2018년 테러 전망," 『정세와 정책』, 세종연구소, 2018년 1월호.

이상득 의원실. "NSC 국정감사 질의자료," 2004.10.22.

이상현. "미국의 신 국가안보전략과 한반도 안보," 『정세와 정책』, 세종연구소, 2002년 10월호.

이상현. "오바마 행정부의 국가안보전략," 『정세와 정책』, 세종연구소, 2010년 7월호.

이상현. "트럼프 행정부 국가안보전략(NSS) 보고서와 한반도 정세," 『정세와 정책』, 세종연구
소, 2018년 2월호.

이상현. "경제위기 이후 국제 군사안보질서 변화: 미국의 대응과 안보적 함의," EAI 국가안보패
널 보고서: 경제위기 이후 세계질서, 2011년 2월.

이서항. "NSC 개편과 안보정책 결정과정의 변화,"『정세와 정책』, 세종연구소, 1998.7.

이승렬·박규백. "미국의 대아프간 전쟁 교훈: 클라우제비츠의 삼위일체론 적용 측면을 중심으로,"『해양연구논총』, 제30집(2003년 6월).

이우승. "국가위기 대응 결정과정 연구: 아덴만 여명 작전을 중심으로," 석사학위논문, 서강대학교 공공정책대학원, 2016.7.

이윤제·이진국·조상제. "테러자금조달 방지 체제의 선진화·국제화 방안 연구," 금융정보분석원 연구용역 최종보고서, 2009.12.31.

이응영. "미국 국토안보체제의 핵심요소를 수용한 국가위기관리 및 비상대비체제 재편 방향,"『비상대비연구논총』, 제34집(2007).

이재기. "방사능테러의 특질과 위협 그리고 대책,"『대테러정책연구논총』, 제1호(2004).

이재운. "기내난동승객의 효과적인 법적대응방안을 위한 몬트리올의정서(2014)의 역할,"『항공진흥』, 제62호(2014).

이종화. "뉴테러리즘에 의한 인질사건의 협상기법에 관한 연구,"『한국경찰연구』, 제10권 제2호(2011).

이진규 외. "위기관리조직의 구조적·행태론적 특성 연구," 국민안전처 연구용역보고서, 2008.

이춘근. "테러리스트와 자유의 투사," 자유기업원, Digest, 2001.10.12, 01-26, No. 157.

이태윤.『현대 테러리즘과 국제정치』(파주: 한국학술정보, 2010).

이호수·설진배. "테러리즘 대응을 위한 국제조약에 관한 연구,"『평화학연구』, 제16권 1호(2015).

이호수·설진배. "영국의 테러리즘 대응 입법동향과 특징 분석,"『국가정보연구』, 제9권 2호(2016).

이호용. "효율적인 국가 대테러조직의 위상과 기능,"『대테러정책연구논총』, 제6호(2009).

이희수·이원삼 외.『이슬람: 9·11 테러와 이슬람 세계 이해하기』, 개정판 (서울 청아출판사, 2001).

인남식. "ISIS 3년, 현황과 전망: 테러 확산의 불안한 전조(前兆),"『주요국제문제분석』, 2017-24, 국립외교원 외교안보연구소, 2017.6.23.

인남식. "최근 시나이반도 자폭테러사건과 이슬람 테러리즘 동향,"『주요국제문제분석』, 2014-05, 국립외교원 외교안보연구소, 2014.3.5.

인남식. "최근 이슬람 테러리즘 동향과 미국의 대테러 정책 전망,"『주요국제문제분석』, No. 2011-27, 국립외교원 외교안보연구소, 2011.10.6.

인남식. "이라크 이슬람 국가(IS, Islamic State) 등장의 함의와 전망," 『주요국제문제분석』, 2014-30, 국립외교원 외교안보연구소, 2014.9.15.

인남식. "ISIL 선전전(宣傳戰, Propaganda War)의 내용과 함의," 『주요국제문제분석』, 2016-16, 국립외교원 외교안보연구소, 2016.5.20.

인남식. "탈레반 집권 후 아프가니스탄 내외 역학관계," 『주요국제문제분석』, 2021-20, 국립외교원 외교안보연구소, 2021.9.10.

장노순. "사이버안보에서 갈등구조와 신뢰구축," 『정치 · 정보연구』, 제17권 2호(2014).

장노순 · 한인택. "사이버안보의 쟁점과 연구 경향," 『국제정치논총』, 제53집 3호(2013).

장준오 · 도중진 · 이정우. 『변화하는 동북아 시대의 체계적인 국경관리시스템 구축에 관현 연구』, 경제 · 인문사회연구회 협동연구총서 05-01-10 (서울: 통일연구원, 2005).

전경만 · 정춘일. "신안보정책 결정체계 정립방안 연구," 연구보고, 한국국방연구원, 1994.12.

전략물자관리원. 『2010 연례보고서』 (서울: 전략물자관리원, 2010).

전봉근. "이명박 정부 외교안보 조정체계의 특징과 의미," 『정세와 정책』, 세종연구소, 2008년 5월호.

전봉근. "국가안보 총괄조정체제 변천과 국가안보실 구상," 『주요국제문제분석』 2013-03, 국립외교원 외교안보연구소, 2013.2.7.

전봉근. "한국의 세계적 국익과 핵안보: 4차 핵안보정상회의를 계기로," 『주요국제문제분석』, 2016-07, 국립외교원 외교안보연구소, 2016.3.23.

전봉근. "2012 서울 핵안보정상회의: 한국의 핵안보 국익과 세계적 책임," 『주요국제문제분석』, 2012-05, 국립외교원 외교안보연구소, 2012.2.29.

전봉근. "NTI 핵안보지수 보고서와 북한의 핵안보 위험," 『IFANS FOCUS』, IF 2020-13K, 국립외교원 외교안보연구소, Aug. 11, 2020.

전봉조. "정보공유 중심의 통합적 국경관리체계 구축방안 연구: 국경관리통합센터 및 국경정보네트워크 구축을 중심으로," 석사학위논문, 연세대학교 행정대학원, 2009.

조성권. "초국가적 위협: 테러, 마약, 범죄조직의 상호연계와 새로운 대응시각," 『세계지역연구논총』, 제28집, 1호(2010).

전웅. "9/11 이후 미국의 정보공동체 개혁," 『국방연구』, 제51권 제2호(2008년 8월).

전웅. "9 · 11 테러, 이라크 전쟁과 정보실패," 『국가전략』 제11권 4호(2005년).

정완. "각국의 테러대응 법제," 『형사정책연구소식』, 제83호(2004).

정우일. "지역사회 대테러활동에 관한 연구", 『한국경호경비학회지』 19집(2009).

정준현·지성우. "국가안전보장을 위한 미국의 반사이버테러법제에 관한 연구: 애국자법과 국토안보법을 중심으로,"『미국헌법연구』, 제20권 제2호(2009).

정찬권.『21세기 포괄안보시대의 국가위기관리론』, 제2판 (서울: 대왕사, 2012).

정춘일·유영철·서남열. "국가 위기관리체계 정비 방안 연구," 연구보고서, 한국국방연구원, 1998.7.

제성호. "영국의 테러방지법과 테러대응기구,"『저스티스』, 제114호(2009).

제성호. "독일의 테러방지법과 테러대응기구,"『법학논문집』, 제41집 제1호(2017).

조동준. "핵확산의 추세 vs. 비확산의 방책,"『한국과 국제정치』, 제27권 제1호(2011년 봄).

조성권. "국제정치와 테러리즘," 미네르바정치연구회 편,『국제질서의 패러독스』(고양: 인간사랑, 2005).

조영갑.『현대전쟁과 테러』(서울: 선학사, 2009).

조원재. "미래전 양상에 따른 특수작전부대 발전방향," 석사학위논문, 경희대학교 공공대학원, 2016.

조현빈. "인질테러와 테러대응기관의 대응기법," 충북대학교 국가위기관리연구소 학술세미나, 2007.11.

정책브리핑. Weekly 공감, "아프간 악몽 끝났다: 정부탈레반 협상타결 전원석방", 2007.9.4

주 오이시디 대표부. "OECD, 하이브리드 위협(hybrid threats)과 핵심 기반시설 회복력(resilience) 강화 방안 논의," 2019.2.8.

주수기. "인질테러 해결을 위한 인질협상,"『분쟁해결연구』, 2권 2호(2004).

주한 미국 대사관. 대사관 및 영사관, "미국정부기관: 국토안보부(DHS), 관세 및 국경보호청 (Customs and Border Protection),"

https://kr.usembassy.gov/ko/embassy-consulate-ko/seoul-ko/sections-offices-ko/.

주한 미국 대사관. 대사관 및 영사관, "미국정부기관: 국토안보수사국(Homeland Security Investigations),"

https://kr.usembassy.gov/ko/embassy-consulate-ko/seoul-ko/sections-offices-ko/

질병관리청 국립검역소. "조직구성,"

https://nqs.kdca.go.kr/nqs/quaStation/nation.do?gubun=org.

케글리, Jr, 찰스 W. 지음. 오영달·조한승·황기식 옮김,『세계정치론: 경향과 변환』(서울: 한티미디어, 2010).

키라스, 제임스 D. "테러리즘과 지구화," 존 베일리스·스티브 스미스 편저, 하영선 외 옮김,『세계정치론』, 제3판 (서울: 을유문화사, 2006).

키라스, 제임스 D. "테러리즘과 지구화," 존 베일리스·스티브 스미스·퍼트리샤 오언스 편저, 하영선 외 옮김, 『세계정치론』, 제5판 (서울: 을유문화사, 2012).

채재병. "안보환경의 변화와 사이버안보," 『정치·정보연구』, 제16권 2호(2013).

청와대 국정자료. "청와대, 수석급 국가위기관리실장 신설," 2010.12.21.

청와대 브리핑. "회의운영 지원 및 위기관리 업무 수행," 2006.1.24.

청와대 브리핑. "NSC 위기관리센터 본격 가동," 제81호, 2003.6.25.

청와대 새소식. "국가위기 예방-경보-총체적 대응 틀 구축," 2004.9.8.

청와대 정책브리핑. "국가안전보장회의 관련 주철기 외교안보수석 브리핑," 2013.12.20.

최병권. "국가중요시설 대테러 업무수행에 관한 발전방안," 『한국테러학회보』, 제2집 1호 (2009).

최운도. "9.11 테러사건의 원인분석과 미국의 세계전략 전망," 한국국제정치학회 2001년도 연례학술대회 발표논문, 2001년 12월 14-15일.

최원기. "미국의 신 글로벌 공급망 안보 전략 검토," 『주요국제문제분석』, 2012-13, 국립외교원 외교안보연구소, 2012.6.11.

최진태. 『대테러학원론』 (서울: 대영문화사, 2011).

최진태. "해외진출 한국 기업의 대테러 경호경비 전략에 관한 연구," 『한국경호경비학회지』, 제13호(2007).

최진혁. "Mass Gathering의 위험성 대응을 위한 Haddon Matrix 개념 모델의 적용," 『경찰학연구』, 제10집 2호(2010).

페인, 리처드(Richard J. Payne) 지음. 조한승·고영일 옮김, 『글로벌 이슈: 정치·경제·문화』,제4판 (서울: 시스마프레스, 2013).

필라, 폴(Paul R. Pillar). 김열수 역, 『테러와 미국의 외교정책』 (서울: 국방대학교 안보문제연구소, 2001).

하상복. "9·11 폭력과 위기관리의 정치: 머레이 에델만의 정치 이론 연구," 『사회 이론』, (2003 가을/겨울).

한국관세무역개발원. "외국 관세행정의 정부조직 및 직무범위에 관한 연구", 2017년 관세청 연구용역과제, 2017.

한국국방안보포럼. "최근 외국군 사례를 통한 한국군 특수임무 수행의 발전방향 연구," 국방부 과제 최종보고서, 2016.8.

한국국방연구원. "이라크 분쟁," KIDA 세계분쟁정보, 2021년 10월.

한국국방연구원. 『NSS 2017: KIDA의 분석과 NSS 요약』 (서울: 한국국방연구원, 2018).

한국공법학회·송석윤. "인권보호 강화를 위한 테러방지법 개정방향 연구용역 보고서," 2018.

한국수력원자력. "열린원전운영정보: 실시간 운영 현황,"
    https://npp.khnp.co.kr/index.khnp.

한국위기관리재단. 『2007년 아프가니스탄 피랍사건 종합보고서』 (서울: 한국위기관리재단,
    2013).

한상암·조호대. "문제해결지향형 인질테러 협상의 이론모형," 『한국콘텐츠학회 종합학술대회
    논문집』, 7(1)(2009).

한희원. "국가안보와 대테러정책: 미국 국가대테러센터(NCTC)에 대한 심층 연구," 『대테러정
    책연구논총』, 제8호(2011).

한희원. "사이버 안보에 대한 국가정보기구의 책무와 방향성에 대한 고찰," 『한국경호경비학회
    지』, 제39호(2014).

합동참모본부. "청해부대, 삼호 주얼리호 구출 작전(아덴만여명작전) 성공," 보도자료,
    2011.1.21.

항공위키. "항공안전 국제협약."

해양수산부. "민관군 합동으로 해적진압 훈련 실시," 보도자료. 2013.8.26.

핵안보정상회의 준비기획단. "20문 20답으로 알아보는 서울 핵안보정상회의," 2012.

홍순남. "알카에다와 메가 테러리즘환경 분석: 알카에다 조직의 메가 테러리즘 전략과 사례분
    석," 『대테러정책연구논총』, 제4호(2007.2).

홍순남. "3.11 마드리드 테러와 7.8 런던테러의 비교분석," 『대테러연구논총』 제3호(2006.2).

IMO Korea. "IMO 국제해사협약: 기타협약," 2020.3.5.

U.S. Embassy & Consulate in the Republic of Korea. "미국, 북한을 테러지원국으로 지정,"
    2017.11.20.

Wiencek, David. "최근 국제 인질납치 테러위협 및 대응 방향," 『대테러정책연구논총』, 제5호,
    2008.

❏ 영문 학술자료

Ahmed, Samina and David Cortright. "South Asia at the Nuclear Crossroads: U.S. Policy Options Toward South Asian Nuclear Proliferation: The Role of Sanctions and Incentives," *A Joint Publication of the Managing the Atomic Project at Harvard University, The Fourth Freedom Forum, and the Joan B. Kroc Institute for International Peace Studies at the University of Notre Dame*, March 2001.

Arkin Gump. "Biden Administration: Cabinet and Staff," 2021,https://www.akingump.com/a/web/wkdSnZXdawTidmrGBQs16M/biden-administration-cabinet-and-staff.pdf.

Allison, Graham. "Nuclear Terrorism Fact Sheet," *Policy Memo*, Belfer Center for Science and International Affairs, Harvard Kennedy School, April 2010.

Allison, Graham. "South Korea and the Nuclear Security Summit," Keynote Address, 2012 Seoul Nuclear Security Symposium, March 23, 2012.

Anderson, David, QC. "Attacks in London and Manchester March-June 2017," December 2017.

Andreas, Peter. "Redrawing the Line: Borders and Security in the Twenty-First Century," *International Security*, Vol. 28, No. 2(Fall 2003).

Andreas, Peter. "Introduction: The Wall After the Wall," in Peter Andreas and Timothy Snyder, eds., *The Wall Around the West: State Borders and Immigration Controls in North America and Europe* (Lanham, MD: Rowman and Littlefield, 2000).

Arms Control Association. "Nuclear Weapons: Who Has What at a Glance," Fact Sheets & Briefs, October 2021,

https://www.armscontrol.org/factsheets/Nuclearweaponswhohaswhat.

Arquilla, John and David Ronfeldt. eds., *Networks and Netwars: The Future of Terror, Crime, and Militancy* (Santa Monica, CA: RAND Corporation, 2001),https://www.rand.org/content/dam/rand/pubs/monograph_reports/MR1382/RAND_MR1382.pdf.

Atran, Scott. "Mishandling Suicide Terrorism," *The Washington Quarterly*, Vol 27, No. 3(Summer 2004).

Australian Border Force. "Who We Are,"

https://www.abf.gov.au/about-us/who-we-are.

Australian Government. Department of Home Affairs, "2020-21 Annual Report," 2021.

Australian Government. Department of Home Affairs, "Who we are: Our history,"
    https://www.homeaffairs.gov.au/about-us/who-we-are/our-history.

Australian Government. Department of Immigration and Border Protection, "A History of the
    Department of Immigration: Managing Migration to Australia," 2017.

Australian Government. Department of Immigration and Border Protection, "Annual Report
    2015–16," 2016.

Bar–Zohar, Michael and Nissim Mishal. Translated from the Hebrew by Michael Bar–Zohar and
    Nathan K. Burstein, *No Mission is Impossible: The Death-Defying Missions of the Israeli*
    Special Forces (New York: HarperCollins Publishers, 2015).

Barton, Bryan, Norbert Kouwenhoven, Leigh Coen, Joni Bettge, James W. Cortada and Marc Le
    Noir. "Expanded borders, integrated controls: Achieving national prosperity and protec-
    tion through integrated border management," IBM Global Business Services, 2005.

Berrebi, Claude. "Evidence About The Link Between Education, Poverty and Terrorism Among
    Palestinians," *Working Papers*, Princeton University, Industrial Relations Section, 1 Sep-
    tember 2003.

Best, Jr., Richard A. "The National Security Council: An Organizational Assessment," *CRS*
    Report for Congress, June 8, 2009.

Best, Jr., Richard A. "The National Counterterrorism Center(NCTC): Responsibilities and Po-
    tential Congressional Concerns," *CRS Report for Congress*, December 19, 2011.

Best, Jr., Richard A. "Securing America's Borders: The Role of the Intelligence Community,"
    CRS Report for Congress, December 7, 2010.

Bligha, Michelle C., Jeffrey C. Kohlesb, James R. Meindl. "Charisma under crisis: Presidential
    leadership, rhetoric, and media responses before and after the September 11th terrorist
    attacks," *The Leadership Quarterly*, Vol. 15(2004).

Boin, Arjen and Mark Rhinard. "Managing Tranboundary Crises: What Role for the European
    Union," *International Studies Review*, Vol. 10(2008).

Boin, Arjen, Martin Lodge, and Marte Luesink. "Learning fro the COVID–19 crisis: an initial
    analysis of national responses," *Policy Design and Practice*, Vol. 3, No. 3(2020).

Borum, Randy. *Psychology of Terrorism* (Tampa: University of South Florida, 2004).

Boys, James. "Intelligence Design: UK National Security in a Changing World," *A Target Paper*,

The Bow Group, July 2012.

Brake, Jeffrey D. "Terrorism and the Military's Role in Domestic Crisis Management: Background and Issues for Congress," *CRS Report for Congress*, updated January 27, 2003.

Brown, Cody M. "The National Security Council: A Legal History of the President's Most Powerful Advisers," *Project on National Security Reform*, 2008.

Bunn, Matthew, Yuri Morozov, Rolf Mowatt-Larrsen, Simon Saradzhyan, William Tobey, Viktor I. Yesin, and Pavel S. Zolotarev. "The U.S.-Russia Joint Threat Assessment of Nuclear Terrorism," *Report for Belfer Center for Science and International Affairs*, Harvard Kennedy School, Institute for U.S. and Canadian Studies, June 6, 2011.

Bunn, Matthew. "Securing the Bomb 2010: Securing All Nuclear Materials in Four Years," *Project on Managing the Atom*, Harvard University and Nuclear Threat Initiative, April 2010.

Bunn, Matthew. "The Threat of Nuclear Terrorism: What's New? What's True?." Presentation, November 3, 2011(presented at Seoul),

https://www.belfercenter.org/sites/default/files/files/publication/thethreatofnuclearterrorism.pdf.

Bunn, Matthew, Martin B. Malin, Nickolas Roth, William H. Tobey. "Preventing Nuclear Terrorism: Continuous Improvement or Dangerous Decline?" Project on Managing the Atom, Belfer Center for Science and International Affairs, Harvard Kennedy School, March 2016.

Bunn, Matthew, Nickolas Roth, William H. Tobey, "Revitalizing Nuclear Security in an Era of Uncertainty," *Report*, Project on Managing the Atom, Belfer Center for Science and International Affairs, Harvard Kennedy School, January 2019.

Burton, Brian. "The Counterterrorism Paradox," *Armed Forces Journal*, June 2008.

Byun, See-Won with Scott Snyder. "North Korea Contingency Planning and U.S.-ROK Cooperation," Center for U.S.-ROK Policy, The Asian Foundation, September 2009.

Cabinet Office. "National Intelligence Machinery," November 2010.

Cabinet Office. "The National Security Strategy of the United Kingdom: Security in an Interdependent World," March 2008.

Cabinet Office. "The National Security Strategy for the United Kingdom: Update 2009, Security for the Next Generation," June, 2009.

Cabinet. "Threat Levels: The System to Assess the Threat from International Terrorism," July 2006.

Cameron, Gavin. "Nuclear Terrorism: Weapons for Sale or Theft?" *Foreign Policy Agenda*, March 2005.

Canada Border Services Agency. "2016-17 Report on Plans and Priorities," 2016.

Canada Border Services Agency. "Canada Border Services Agency 2021-22 Departmental Plan," 2021.

Canada Border Services Agency. "Who We Are,"
https://www.cbsa-asfc.gc.ca/agency-agence/who-qui-eng.html.

Canada Border Services Agency. "What We Do,"
https://www.cbsa-asfc.gc.ca/agency-agence/what-quoi-eng.html.

Carnegie Commission on Preventing Deadly Conflict. *Preventing Deadly Conflict: Final Report* (Washington, D.C.: Carnegie Commission on Preventing Deadly Conflict, 1997).

CIA. "DCI Counterterrorist Center,"
http://www.intellnet.org/documents/1000/040/1040.html.

CIA. "About CIA: History of the CIA,"
https://www.cia.gov/about-cia/history-of-the-cia.

CIA. "Clandestine Service,"
https://www.cia.gov/offices-of-cia/clandestine-service/index.html.

CIA. News & Information, "Unclassified Version of March 6, 2015 Message to the Workforce from CIA Director John Brennan: Our Agency's Blueprint for the Future," March 6, 2015.

Centre for the Protection of National Intrastructure(CPNI). "Advice," https://www.cpni.gov.uk/advice.

Clinton Presidential Library and Museum. "National Security Council," February 11, 2000,
http://clinton3.nara.gov/WH/EOP/NSC/html/nschome.html.

Combat Terrorism Center at West Point. "Letter from UBL to 'Atiyatullah Al-Libi 4," Reference Number: SOCOM-2012-0000019, https://ctc.usma.edu/harmony-program/letter-from-ubl-to-atiyatullah-al-libi-4-original-language-2/.

Combs, Cindy C. *Terrorism in the Twenty-First Century*, Eighth Edition (New York: Routledge,

2018).

Congressional Research Service. "U.S. Military Withdrawal and Taliban Takeover in Afghanistan: Frequently Asked Questions," *CRS Report*, Updated September 17, 2021.

Congressional Research Service. "The USA PATRIOT Act: A Legal Analysis," Summary, April 15, 2002.

Congressional Research Service. "U.S. Intelligence Community (IC): Appointment Dates and Appointment Legal Provisions for Selected IC Leadership," *CRS In Focus*, updated September 20, 2021.

Congressional Research Service. "National Counterterrorism Center(NCTC)," *In Focus*, July 11, 2018.

Cortright, David. "Incentives and Cooperation in International Affairs," in David Cortright, ed., *The Price of Peace: Incentives and International Conflict Prevention* (Lanham: Rowman & Littlefield Publishers, Inc, 1997).

COT Institute for Safety. Security and Crisis Management. "Defining Terrorism," *WP 3, Deliverable 4, Transnational Terrorism, Security & the Rule of Law*, October 1, 2008.

Council of the European Union. "The Hague Nuclear Security Summit Communiqué," 25 March 2014,
https://www.consilium.europa.eu/media/23823/141885.pdf.

Counter Terrorism Policing. "Our Network,"
https://www.counterterrorism.police.uk/our-network/.

Counter Terrorism Policing. "First Elements of New Counter Terrorism Operations Centre in London Unveiled,"
https://www.counterterrorism.police.uk/first-elements-of-new-counter-terrorism-operations-centre-in-london-unveiled/.

Crenshaw, Martha. "The Causes of Terrorism, Past and Present," in Charles W. Kegley, Jr., ed., *The New Global Terrorism: Characteristics, Causes, Controls* (Upper Saddle River: Perason Educations, Inc, 2003).

Crenshaw, Martha. "The War on Terrorism: Is the US Winning?" *Area: International Terrorism - ARI 105/2006*, 2/10/2006, Real Instituto Elcano, http://www.realinstitutoelcano.org/analisis/1051/1051_Crenshaw_US_War_Terrorism.pdf.

Cronin, Audrey Kurth. "Behind the Curve: Globalization and International Terrorism," *International Security*, Vol. 27, No. 3(Winter 2002/03).

David, Saul. *Operation Thunderbolt: Fight 139 and the Raid on Entebbe Airport, the Most Audacious Hostage Rescue Mission in History* (New York: Little, Brown and Company, 2015).

Denning, Dorothy E. "A View of Cyberterrorism Five Years later," in K Himma, ed., *Internet Security: Hacking, Counterhacking, and Society* (Boston: Jones and Bartlett Publishers, 2006), https://core.ac.uk/download/pdf/36729634.pdf.

Devanny, Joe and Josh Harris. "The National Security Council: National Security at the Centre of Government," Institute for Government, 4 November 2014.

Development Services Group, Inc. "Annex of Statistical Information: Country Reports on Terrorism 2019," June 10, 2020.

Development Services Group, Inc. "Annex of Statistical Information: Country Reports on Terrorism 2020," October 29, 2021.

DeVine, Michael E. "The U.S. Intelligence Community: Homeland Security Issues in the 116th Congress," *CRS Insight*, February 1, 2019.

de Fabrique, Nathalie, Stephen J. Romano, Gregory M. Vecchi, and Vincent B. Van Hasselt. "Understanding Stockholm Syndrome," *FBI Law Enforcement Bulletin*, Vol. 76, No. 7(July 2007).

Faure, Guy Olivier. "Negotiating with Terrorists: The Hostage Case," *International Negotiation*, Vol. 8(2003).

FBI. "About the Terrorist Screening Center," https://www.fbi.gov/about/leadership-and-structure/national-security-branch/tsc.

FBI. "National Security Branch," http://www.fbi.gov/hq/nsb/nsb.htm.

FBI. "Joint Terrorism Task Force," https://www.fbi.gov/investigate/terrorism/joint-terrorism-task-forces.

FBI. "Overseas Offices," https://www.fbi.gov/contact-us/legal-attache-offices.

Federal Emergency Management Agency. "Federal Response Plan, Notice of Change," February 7, 1997.

Ferguson, Charles D. "Preventing Catastrophic Nuclear Terrorism," CSR No. 11 (March 2006), Council on Foreign Relations.

Fissile Materials Working Group. "After bin Laden: Nuclear terrorism still a top threat," *Bulletin of the Atomic Scientists*, 13 May 2011.

Flora, Ed. "OP Art to the Rescue: Fundamentals for a Hostage Crisis," Unclassified Paper, Naval War College, 18 May 1998.

European Societal Security Research Group. "What is a transboundary crisis?" http://www.societalsecurity.eu/wp/slides/what-is-a-transboundary-crisis-2/.

Foreign Policy. "The FP Survey: Terrorism," January/February 2011.

Gazit, Shlomo. "Risk, Glory, and the Rescue Operation," *International Security*, Vol. 6, No. 1(1981).

GCHQ. "Mission: Overview," https://www.gchq.gov.uk/section/mission/overview.

Gentile, Gian, Yvonne K. Crane, Dan Madden, Timothy M. Bonds, Bruce W. Bennett, Michael J. Mazarr, Andrew Scobell. "Four Problems on the Korean Peninsula: North Korea's expanding nuclear capabilities drive a complex set of problems," RAND Corporation Arroyo Center, 2019.

Global Initiative to Combat Nuclear Terrorism. "Overview," http://www.gicnt.org/.

Global Terrorism Database. "Defining Terrorism," https://www.start.umd.edu/gtd/.

GOV.UK. "Announcement: New National Security Council Established," 12 May 2010, https://www.gov.uk/government/news/new-national-security-council-established.

GOV.UK. "National Security Adviser," https://www.gov.uk/government/people/stephen-lovegrove#biography.

GOV.UK. "About us: National Security Secretariat," https://www.gov.uk/government/organisations/national-security/about.

Gov.UK. "Terrorism and national emergencies," https://www.gov.uk/terrorism-national-emergency/counterterrorism.

GOV.UK. "National Counter Terrorism Security Office: About us," https://www.gov.uk/government/organisations/national-counter-terrorism-security-office/about.

GOV.UK. Max Hill QC, "The Westminster Bridge Terrorist Attack 22nd March 2017: Operation Classific, A Report on the Use of Terrorism Legislation," March 2018.

Gregg II, Gary L. "Crisis Leadership: The Symbolic Transformation of the Bush Presidency,"

Perspectives on Political Science, Vol. 32, No. 3, 2010.

Genovese, Michael A. "The Transformation of the Bush Presidency: 9/11 and Beyond," Paper prepared for the conference "The Presidency, Congress, and the War on Terrorism: Scholarly Perspectives," Department of Political Science, University of Florida, 7 February 2003.

Haass, Richard N. "Sanctioning Madness," *Foreign Affairs*, Vol. 76, No. 6, (November/December 1997).

Haddal, Chad C. "People Crossing Borders: An Analysis of U.S. Border Protection Policies," *CRS Report for Congress*, May 13, 2010.

Haddal, Chad C. "Border Security: Key Agencies and Their Missions," *CRS Report for Congress*, January 26, 2010.

Hansén, Dan. "Crisis and Perspectives on Policy Change: Swedish Counter-terrorism Policymaking," Swedish National Defence College. Crismart, Publication No. 34(January 2007).

't Hart, Pauk, Karen Tindall, Christer Brown. "Crisis Leadership of the Bush Presidency: Advisory Capacity and Presidential Performance in the Acute Stages of the 9/11 and Katrina Crises," *Presidential Studies Quarterly*, Vol 39, No. 3(September 2009).

Hewitt, Steve. *The British War on Terror: Terrorism and Counter-terrorism on the Home Front Since 9/11* (London: Continuum, 2008).

HM Government. "The United Kingdom's Strategy for Countering International Terrorism," March 2009.

HM Government. "Countering International Terrorism: The United Kingdom's Strategy," July 2006.

HM Government. "A Strong Britain in an Age of Uncertainty: The National Security Strategy," October 2010.

HM Government. "Securing Britain in an Age of Uncertainty: The Strategic Defence and Security Review," October 2010, "Fact Sheet 21: Coordinating Our National Security Approach,".

HM Government. "CONTEST: The United Kingdom's Strategy for Countering Terrorism," July 2011.

HM Government. "National Security Strategy and Strategic Defence and Security Review 2015: A Secure and Prosperous United Kingdom," November 2015.

HM Government. "CONTEST: The United Kingdom's Strategy for Countering Terrorism," June 2018.

HM Government. "The United Kingdom's Strategy for Countering Terrorism," June 2018,

HM Government. "Global Britain in a Competitive Age: The Integrated Review of Security, Defence, Development and Foreign Policy," March 2021.

Hoffman, Bruce. *Inside Terrorism*, Third Edition (New York: Columbia University Press, 2017).

Hoffman, Bruce, "Terrorism Trends and Prospects," in Ian O. Lesser, Bruce Hoffman, John Arquilla, David Ronfeldt, Michele Zanini, Foreword by Brian Michael Jenkins. *Countering the New Terrorism* (Santa Monica: RAND, 1999).

Home Office. "Report of the Official Account of the Bombings in London on 7th July 2005," 11th May 2006.

Homeland Defense Journal. "The London Bombing," Special Report, July 29 2005.

Homeland Security Council. "National Strategy for Homeland Security," October 2007.

Homeland Security Institute. "Underlying Reasons for Success and Failure of Terrorist Attacks: Selected Case Studies," 4 June 2007.

House of Commons. Home Affairs Committee, "Project CONTEST: The Government's Counter Terrorism Strategy," Ninth Report of Session 2008–09, 29 June 2009.

House of Commons and House of Lords. Joint Committee on the National Security Strategy, "The UK's National Security Machinery," First Report of Session 2021–22, 13 September 2021.

House of Lords and House of Commons. Joint Commission on the National Security Strategy, "First review of the National Security Strategy 2010," First Report of Session 2010–12, 27 February 2012.

Howard, Russell D. and James J. F. Forest. eds., *Weapons of Mass Destruction and Terrorism* (New York: MaGraw-Hill, 2008).

IAEA. "Nuclear Security Plan 2010–2013," GOV/2009/54-GC(53)/18, 17 August 2009.

IAEA. "IAEA Incident and Trafficking Database(ITDB): Incidents of nuclear and other radioactive material out of regulatory control, 2020 Fact Sheet," 2020.6, https://www.iaea.org/sites/default/files/20/02/itdb-factsheet-2020.pdf.

IAEA. "Convention on the Physical Protection of Nuclear Material (CPPNM) and its Amendment,"

https://www.iaea.org/publications/documents/conventions/convention-physical-protection-nuclear-material-and-its-amendment.

Intelligence and Security Committee of Parliament. "Diversity and Inclusion in the UK Intelligence Community," 18 July 2018.

Intelligence and Security Committee of Parliament. "Annual Report 2018-2019", 21 July 2020.

Intelligence and Security Committee. "Report into the London Terrorist Attacks on 7 July 2005," Presented to Parliament by the Prime Minister by Command of Her Majesty, May 2006.

Intelligence and Security Committee. "Could 7/7 Have Been Prevented? Review of the Intelligence on the London Terrorist Attacks on 7 July 2005," Presented to Parliament by the Prime Minister by Command of Her Majesty, May 2009.

International Panel on Fissile Materials. "Fissile material stocks," September 4, 2021, http://fissilematerials.org/.

International Panel on Fissile Materials. "Countries: North Korea," August 31, 2021, https://fissilematerials.org/countries/north_korea.html.

International Telecommunication Union. "Overview of cybersecurity,"Recommendation ITU-T, X.1205. April 2008.

Israel Ministry of Foreign Affairs. "1967-1993: Major Terror Attacks," https://www.mfa.gov.il/mfa/aboutisrael/maps/pages/1967-1993-%20major%20terror%20attacks.aspx.

Jacobson, Sid and Ernie Colón. *The 9/11 Report: A Graphic Adaptation Paperback* (Hill and Wang, 2006).

Jones, Seth G., Catrina Doxsee, and Nicholas Harrington. "The Tactics and Targets of Domestic Terrorists," *CSIS Briefs*, July 2020.

Jung, Sung-Ki. "U.S. To Remove N. Korean WMDs in Contingency," *Defense News*, 5 November 2009.

Karakasis, Vasileios P. "Assessing the crisis communication efficiency of the British officials in

7.7.2005," Assignment, MSc in Public Administration, Universiteit Leiden,
https://www.academia.edu/3011491/Assessing_the_crisis_communication_efficiency_
of_the_British_officials_in_7.7.2005.

Katzman, Kenneth. "Afghanistan: Post-Taliban Governance, Security, and U.S. Policy," *CRS Report*, Congressional Research Service, November 8, 2016.

Kegley, Jr., Charles W. ed., *The New Global Terrorism: Characteristics, Causes, Controls* (Upper Saddle River: Perason Educations, Inc, 2003).

Kilberg, Joshua. "A Basic Model Explaining Terrorist Group Organizational Structure," *Studies in Conflict & Terrorism*, Vol. 35, No. 11(2012).

Kim, Yungwook. "Negotiating with terrorists: The iterated game of the Taliban Korean hostage case," *Public Relations Review*, Vol. 34, Issue 3(2008).

Laqueur, Walter. *The New Terrorism: Fanaticism and the Arms of Mass Destruction* (New York: Oxford University Press, 1999).

Laqueur, Walter. "Postmodern Terrorism," *Foreign Affairs*, Vol. 75, No. 5 (September/October 1996).

Lahoud, Nelly, Stuart Caudill, Liam Collins, Gabriel Koehler-Derrick, Don Rassler, Muhammad al-`Ubaydi. "Letters from Abbottabad: Bin Ladin Sidelined?" Harmony Program, Combat Terrorism Center at West Point, 3 May 2012, https://ctc.usma.edu/wp-content/uploads/2012/05/CTC_LtrsFromAbottabad_WEB_v2.pdf.

Legislation.gov.uk. "Terrorism Act 2000,"
http://www.legislation.gov.uk/ukpga/2000/11/contents.

Legislation.gov.uk. "Anti-Terrorism, Crime and Security Act 2001,"
http://www.legislation.gov.uk/ukpga/2001/24/contents.

Legislation.gov.uk. "Civil Contingencies Act 2004,"
http://www.legislation.gov.uk/ukpga/2004/36/contents.

Legislation.gov.uk. "Prevention of Terrorism Act 2005,"
https://www.legislation.gov.uk/ukpga/2005/2/pdfs/ukpga_20050002_en.pdf.

Legislation.gov.uk. "Counter-Terrorism Act 2008,"
https://www.legislation.gov.uk/ukpga/2008/28/contents.

Legislation.gov.uk. "Terrorism Prevention and Investigation Measures Act 2011," https://www.legislation.gov.uk/ukpga/2011/23/contents/enacted.

Legislation.gov.uk. "Security Service Act 1989,"
https://www.legislation.gov.uk/ukpga/1989/5/section/1.

Lesser, Ian O., Bruce Hoffman, John Arquilla, David Ronfeldt, Michele Zanini, Foreword by Brian Michael Jenkins. *Countering the New Terrorism* (Santa Monica: RAND, 1999).

Leonard, Herman B. "Dutch", Christine M. Cole, Arnold M. Howitt, Philip B. Heymann. "Why Was Boston Strong?: Lessons from the Boston Marathon Bombing," Harvard Kennedy School, Program on Crisis Leadership, April 2014.

Levi, Michael A. "Detering State Sponsorship of Nuclear Terrorism," *Council Special Report No. 39*, Council on Foreign Relations, September 2008.

Löckinger, George. *Terrorismus, Terrorismusabwehr, Terrorismusbekampfung* (Vienna: Ministry of Defence, 2005).

London Assembly. "Report of the 7 July Review Committee: Report," June 2006.

Lunn, Jon, Louisa Brooke-Holland, Claire Mills. "The UK National Security Council," House of Commons Library, *Briefing Paper*, Number 7456, 11 January 2016.

Marsden, Chris. "Unanswered questions in London bombing," World Socialist Web Site, 11 July 2005, http://www.wsws.org/en/articles/2005/07/lond-j11.html.

McRaven, William H. *SPEC OPS: Case Studies in Special Operations Warfare: Theory and Practice* (Novato: Presidio Press, 1996).

Marsden, Sarah V. and Alex P. Schmid. "Typologies of Terrorism and Political Violence," in Alex P. Schmid, ed., *The Routledge Hanbook of Terrorism Research* (Abingdon, Oxon: Routledge, 2011).

Masse, Todd. "The 9/11 Commission and a National Counterterrorism Center: Issues and Options for Congress," *CRS Report for Congress*, Updated October 22, 2004.

Masse, Todd M. "The National Counterterrorism Center: Implementation Challenges and Issues for Congress," *CRS Report for Congress*, Updated March 24, 2005.

Metropolitan Police. "Senior management team: Metropolitan Police Service, Executive structure, June 2020,"
https://www.met.police.uk/SysSiteAssets/media/downloads/force-content/met/about-us/executive-structure.pdf.

Mickolus, Edward F. "An Events Data Base for Analysis of Transnational Terrorism," in Richards J. Heuer, Jr., ed., *Quantitative Approaches to Political Intelligence: The CIA Experience* (Boulder, Colorado: Westview Press, 1978).

Montgomery, Evan Braden. "Understanding the Threat of Nuclear Terrorism," *Backgrounder*, Center for Strategic and Budgetary Assessments, April 2010.

Mowatt-Larssen, Rolf. "Al Qaeda Weapons of Mass Destruction Threat: Hype or Reality?" Belfer Center for Science and International Affairs, January 2010.

Mowatt-Larssen, Rolf. "Al Qaeda's Religious Justification of Nuclear Terrorism," *Working Paper*, Belfer Center for Science and International Affairs, Harvard Kennedy School, November 12, 2010.

Nacos, Brigitte L. *Terrorism and Counterterrorism: Understanding Threats and Responses in the Post-9/11 World* (New York: Pearson Education, Inc, 2006).

Nacos, Brigitte L. *Terrorism and Counterterrorism*, Sixth Edition (New York: Routledge, 2019).

National Commission on Terrorist Attacks Upon the United States. "The 9/11 Commission Report," *Final Report of the National Commission on Terrorist Attacks Upon the United States*, "Executive Summary," July 22, 2004.

National Cyber Security Centre. "About the NCSC," https://www.ncsc.gov.uk/section/about-ncsc/what-we-do.

National Police Chief's Council. "Counter Terrorism Policing," https://www.npcc.police.uk/NationalPolicing/CounterTerrorism/CounterTerrorismPolicing.aspx.

National September 11 Memorial & Museum. "9/11 FAQs," https://www.911memorial.org/911-faqs.

Nelson, Rick Ozzie and Adam Isles. "The First DHS Bottom-up Review," *CSIS Basic Info, Commentary*, August 31, 2010, http://csis.org/publication/first-dhs-bottom-review-1.

Nelson, Rick Ozzie, Heather A. Conley, Teresita C. Schaffer, Ben Bodurian, Jamie Kraut, T.J. Cipoletti, Uttara Dukkipati, Robin J. Walker. "Border Security in a Time of Transformation: Two International Case Studies-Poland and India," *A Report of the CSIS Homeland Security & Counterterrorism Program, Europe Program, and South Asia Program*, July 2010.

Nuclear Threat Initiative. "NTI Nuclear Security Index: Theft, Sabotage," January 2016,

Nuclear Threat Initiative. "NTI Nuclear Security Index(Theft/Sabotage/Radiological): Losing Focus in a Disordered World," July 2020,

    https://media.nti.org/documents/2020_NTI-Index_Report_Final.pdf,

Nye, Joseph. "Nuclear Lessons for Cyber Security." *Strategic Studies Quarterly*. Vol. 5, No. 4(2011).

Office of the Chairman of the Joint Chiefs of Staff. "Department of Defense Dictionary of Military and Associated Terms," As of August 2021.

Office of Homeland Security. "National Strategy for Homeland Security," July 2002.

Office of the Director of National Intelligence. "History",

    https://www.dni.gov/index.php/who-we-are/history.

Office of the Director of National Intelligence. "Organization,"

    https://www.dni.gov/index.php/who-we-are/organizations.

Office of the Director of National Intelligence. "Members of the IC,"

    https://www.dni.gov/index.php/what-we-do/members-of-the-ic.

Office of the Director of National Intelligence. "U.S. National Intelligence: An Overview 2013."

Office of the Director of National Intelligence. "Standing Watch 24/7: NCTC Operation Center," 19 April 2021.

Office of the Director of National Intelligence. National Counterterrorism Center, "History,"

    https://www.dni.gov/index.php/nctc-who-we-are/history.

Office of the Director of National Intelligence. National Counterterrorism Center, "Who We Are,"

    https://www.dni.gov/index.php/nctc-who-we-are/mission-vision.

Office of the Director of National Intelligence. National Counterterrorism Center, "Organization,"

    https://www.dni.gov/index.php/nctc-who-we-are/organization.

Office of the Director of National Intelligence. National Counterterrorism Center, "Organizational Structure," June 2021.

    https://www.dni.gov/files/NCTC/documents/RelatedContent_documents/NCTC_ Principal_Org_Chart_Basic.pdf.

Office of the Director of National Intelligence. National Counterterrorism Center, "The NCTC Video Transcript."

Office of the Director of National Intelligence. National Counterterrorism Center, "NCTC and Information Sharing: Five Years Since 9/11: A Progress Report," September 2006.

Office of the Director of National Intelligence. National Counterterrorism Center, "History," https://www.dni.gov/index.php/who-we-are/history.

Office of the Director of National Intelligence. National Counterterrorism Center, "Inside NCTC," 2021.

Perez, Carlos M. "Anatomy of a hostage rescue: what makes hostage rescue operations successful?" Master's Thesis, Naval Postgraduate School, 2004.

Perl, Raphael F. "International Terrorism: Threat, Policy and Response," *CRS Report for Congress*, Updated January 3, 2007.

Perl, Raphael F. "National Strategy for Combating Terrorism: Background and Issues for Congress," *CRS Report for Congress*, November 1, 2007.

Pillar, Paul R. "The Dimensions of Terrorism and Counterterrorism," in Russel D. Howard and Reid L. Sawyer, eds., *Terrorism and Counterterrorism: Understanding the New Security Environment* (Guilford: The McGrow-Hill Companies: 2004).

Pinkston, Daniel. "U.S.-ROK Military Exercises," International Crisis Group, 7 March 2011.

Prime Minister's Office. "Libya crisis: National Security Adviser's view of central coordination and lessons learned," 29 April 2013.

Purpura, Philip P. *Terrorism and Homeland Security: An Introduction with Applications* (Burlington: Elsevier, Inc.: 2007).

Randol, Mark A. "The Department of Homeland Security Intelligence Enterprise: Operational Overview and Oversight Challenges for Congress," *CRS Report for Congress*. March 19, 2010.

Rapoport, David C. "The Four Waves of Modern Terrorism," in Audrey Kurth Cronin and James M. Ludes, eds., *Attacking Terrorism: Elements of a Grand Strategy* (Washington, D.C.: Georgetown University, 2004).

Rapoport, David C. "The Four Waves of Rebel Terror and September 11," in Charles W. Kegley, Jr., ed., *The New Global Terrorism: Characteristics, Causes, Controls* (Upper Saddle River: Perason Educations, Inc, 2003).

Rasmussen, Maria. "Some Thoughts on the London Bombs," *Strategic Insights*. Vol IV, Issue

9(September 2005).

Reese, Shawn. "National Special Security Events," *CRS Report for Congress*, March 24, 2009.

Reese, Shawn. "Defining Homeland Security: Analysis and Congressional Considerations," *CRS Report for Congress*, January 8, 2013.

Reinwald, Brian R. "Assessing the National Counterterrorism Center's Effectiveness in the Global War on Terror," *USAWC Strategy Research Project*, 30 March 2007.

Rosenthal, Uriel. "September 11: Public Administration and the Study of Crises and Crisis Management," *Administration & Society*, Vol. 35, No. 2(May 2003),

Rosenthal, Uriel, Michael T. Charles, and Paul 'T Hart. *Coping with Crises: The Management of Disasters, Riots and Terrorism* (Springfield: Charles C Thomas Publisher, 1989).

Rosenthal, Uriel, R. Arjen Boin, and Louise K. Comfort. *Managing Crises: Threats Dilemmas, Opportunities* (Springfield: Charles C. Thomas Publisher, LTD, 2001).

Runzi, Clay O. "Transforming the National Security Council: Interagency Authority, Organization, Doctrine," U.S. Army War College, *USAWC Strategy Research Project*, 30 March 2007.

Sathe, Chaitanya Arun. "A Case Study on Crisis Management with a Specific Reference to Operation Thunderbolt Executed by Israeli Defense Forces," *SAMVAD: SIBM Pune Research Journal*, Vol X(December 2015).

Schilling, William R. ed., *Nontraditional Warfare: Twenty-First Century Threats and Responses* (Washington, D.C.: Brassey's Inc, 2002).

Schmid, Alex P. and Albert J. Yongman. et al., *Political Terrorism: A New Guide to Actors, Authors, Concepts, Data Bases, Theories and Literature* (New Brunswick, Transaction Books, 1988).

Secret Intelligence Service/MI6. "About Us," https://www.sis.gov.uk/about-us.html.

Security Service/MI5. "What we do," https://www.mi5.gov.uk/what-we-do.

Security Service/MI5. "How We Work: Partnerships," https://www.mi5.gov.uk/partnerships.

Security Service/MI5. "Who We Are: People and Organisation," https://www.mi5.gov.uk/people-and-organisation.

Security Service/MI5. "Who We Are: Joint Terrorism Analysis Centre," https://www.mi5.gov.uk/joint-terrorism-analysis-centre.

Security Service/MI5. "Counter Terrorism Operations Centre unveiled,"
https://www.mi5.gov.uk/news/counter-terrorism-operations-centre-unveiled.

Stares, Paul B. and Joel S. Wit. "Preparing for Sudden Change in North Korea," Council Special Report, Council on Foreign Relations, No. 42(January 2009).

SRATRT(National Consortium for the Study of Terrorism and Responses to Terrorism). "Global Terrorism Overview: Terrorism in 2019," Background Report, July 2020.

Stern, Jessica. *The Ultimate Terrorists* (Cambridge: Harvard University Press, 1999).

Suleman, Arsalan M. "Strategic Planning for Combating Terrorism: A Critical Examination," *Cardozo Public Law, Policy and Ethics Journal*, Vol. 5, No. 3(2007).

The Association of the United States Army's Institute of Land Warfare. "Reforming the National Security Council for the 21st Century: Integrating Homeland Security and Transnational Threats," *Defense Report*, DR 09-4, July 2009.

The D Group. "D Insights: Rebalancing the UK national security machinery to think, plan and act strategically," Edition No: 02, March 2021.

The National Archives. "Cabinet and its committees,"
http://www.nationalarchives.gov.uk/help-with-your-research/research-guides/cabinet-and-committees/.

The National Archives. "Terrorism Act 2006,"
http://www.legislation.gov.uk/ukpga/2006/11/contents.

The White House. "National Strategy for Combating Terrorism," February 2003.

The White House. "National Strategy for Combating Terrorism," September 2006.

The White House. "Statement by the President on the End of the Combat Mission in Afghanistan," December 28, 2014, https://obamawhitehouse.archives.gov/the-press-office/2014/12/28/statement-president-end-combat-mission-afghanistan.

The White House. "National Cyber Strategy of the United States of America," September 2018.

The White House. "Statement by the President on the End of the Combat Mission in Afghanistan," December 28, 2014,
https://obamawhitehouse.archives.gov/the-press-office/2014/12/28/statement-president-end-combat-mission-afghanistan.

The White House. "National Security Council," https://www.whitehouse.gov/nsc/.

The White House. "Memorandum on Renewing the National Security Council System," February 04, 2021.

The White House. "Executive Order 13228 of October 8, 2001," http://www.fas.org/irp/offdocs/eo/eo-13228.htm.

The White House. "Fact Sheet on New Counter-Terrorism and CyberSpace Positions," October 9, 2001.

The White House. "Homeland Security Presidential Directive-1," October 29, 2001.

The White House. "The National Security Strategy of the United States of America," September 2002.

The White House. "Fact Sheet: Strengthening Intelligence to Better Protect America," January 28, 2003.

The White House. "The National Security Strategy of the United States of America," March 2006.

The White House. "Statement by the President on the White House Organization for Homeland Security and Counterterrorism," May 26, 2009.

The White House. "National Security Strategy of the United States," May 2010.

The White House. "National Security Strategy," February 2015.

The White House. "National Security Strategy of the United States of America," December 2017.

The White House. "Interim National Security Strategic Guidance," March 2021.

The White House. "National Strategy for Combating Terrorism," February 2003.

The White House. "National Strategy for Combating Terrorism," September 2006.

The White House. "National Strategy for Counterterrorism," June 2011.

The White House. "National Strategy for Counterterrorism of the United States of America," October 2018.

The White House. "President Donald J. Trump Is Protecting the United States from Terrorism," October 4, 2018.

The White House. "National Strategy for Countering Weapons of Mass Destruction Terrorism," December 2018.

The White House, "Presidential Address to the Nation," October 7, 2001, https://georgewbush-whitehouse.archives.gov/news/releases/2001/10/20011007-8.html.

The White House. "Homeland Security Presidential Directive 7," December 17, 2003,
http://www.fas.org/irp/offdocs/nspd/hspd-7.html.

The White House. "Executive Order: Border Security and Immigration Enforcement Improve-
ments," January 25, 2017, https://www.whitehouse.gov/presidential-actions/execu-
tive-order-border-security-immigration-enforcement-improvements/.

The White House. "Remarks by President Barack Obama In Prague As Delivered," April
5, 2009, https://obamawhitehouse.archives.gov/the-press-office/remarks-presi-
dent-barack-obama-prague-delivered.

The White House. "Communiqué of the Washington Nuclear Security Summit," April 13, 2010,
https://obamawhitehouse.archives.gov/the-press-office/communiqu-washington-nu-
clear-security-summit.

The White House. "Nuclear Security Summit 2016, Communiqué," April 01, 2016,
https://obamawhitehouse.archives.gov/the-press-office/2016/04/01/nuclear-securi-
ty-summit-2016-communiqu%C3%A9.

The White House. Executive Order 13354, "National Counterterrorism Center," 27 August 2004.

Tobey, William. "Descending From the Summit: The Path Toward Nuclear Security 2010-2016
and Beyond," *Policy Analysis Brief*, The Stanley Foundation, September 2016.

Tristm, Pierre. "The 1970 Palestinian Hijackers of Three Jets to Jordan,"
http://middleeast.about.com/od/terrorism/a/dawson-field-hijackings.htm.

Triton World. "Operation Thunderball-The Entebee Raid from W3,"
http://bloggie-360.blogspot.com/2013/09/entebbe-hostage-rescue-from-w3.htm-
l?view=magazine#!/2013/09/entebbe-hostage-rescue-from-w3.html.

Tritz, Trina Wolosek. "Crisis Management strategy utilized by the United States Department of
Defense following the terrorist attack on America: A case study," https://www.uwlax.
edu/urc/jur-online/PDF/2002/T_Wolosektritz.pdf.

Tussing, Bert. "New Requirements for a New Challenge: The Military's Role in Border Securi-
ty," *Homeland Security Affairs*, Vol. IV, No. 3(October 2008).

UK Parliament. Committees, "Supplementary written evidence submitted by Sir Stephen Lo-
vegrove, National Security Adviser," NSM0036, 12 July 2021.

UK Parliament. Committees, "Written evidence submitted by the Cabinet Office," NSM0019, 24 February 2021.

UK Parliament. Committees, "Supplementary written evidence submitted by the National Security Adviser," NSA0002, 25 November 2021.

United Nations Security Council. "The United Nations Security Council Counter-Terrorism Committee," https://www.un.org/sc/ctc/.

United Nations. Office of Counter-Terrorism, "About us," https://www.un.org/counterterrorism/about.

United Nations Security Council. "Report of the Panel of Experts established pursuant to resolution 1874 (2009)," 5 November 2010.

United States Code. "Title 22—Foreign Relations and Intercourse," 2018.

United States Drug Enforcement Administration. "Foreign Offices," https://www.dea.gov/foreign-offices.

United States General Accounting Office. "Combating Terrorism: Federal Agencies' Efforts to Implement National Policy and Strategy," *Report to Congressional Requesters*, GAO/NSIAD-97-254, September 1997.

United States Special Operations Command. "About Us: The Command," https://www.socom.mil/about.

U.S. Coast Guard. "About Home: Organizational Overview," https://www.uscg.mil/About/.

U.S. Coast Guard. "Missions," https://www.uscg.mil/About/Missions/.

U.S. Coast Guard. "History: Missions," https://www.history.uscg.mil/home/Missions/.

U.S. Coast Guard. "USCG Intelligence: Intelligence Enterprise," https://www.dco.uscg.mil/Our-Organization/Intelligence-CG-2/.

U.S. Customs and Border Protection. "Vision and Strategy 2020: U.S. Customs and Border Protection Strategic Plan," March 2015.

U.S. Customs and Border Protection. "Strategy 2020-2025," April 2019.

U.S. Customs and Border Protection. "Strategy 2021-2016," December 2020.

U.S. Customs and Border Protection. "Snapshot: A Summary of CBP facts and Figures," March 2021, https://www.cbp.gov/sites/default/files/assets/documents/2021-Apr/cbp-snapshot-mar-2021.pdf.

U.S. Customs and Border Protection. "Container Security Initiative,"
        https://www.cbp.gov/border-security/ports-entry/cargo-security/csi/csi-brief.

U.S. Customs and Border Protection. "Operations Support Assistant Commissioners' Offices:
        Office of Intelligence,"
        https://www.cbp.gov/about/leadership-organization/executive-assistant-commission-
        ers-offices/operations-support-assistant-commissioners-offices.

U.S. Department of Defense. "Quadrennial Defense Review Report," September 30, 2001.

U.S. Department of Defense. "CONPLAN: United States Government Interagency Domestic
        Terrorism Concept of Operations Plan," January 2001.

U.S. Department of Defense. "Assistant Secretary of Defense for Special Operations/Low-Inten-
        sity Conflict,"
        https://policy.defense.gov/OUSDP-Offices/ASD-for-Special-Operations-Low-Intensi-
        ty-Conflict/.

U.S. Department of Homeland Security. "Strategic Framework for Countering Terrorism and
        Targeted Violence," September 2019.

U.S. Department of Homeland Security. "Mission: Counter Terrorism and Homeland Security
        Threats,"
        https://www.dhs.gov/counter-terrorism-and-homeland-security-threats.

U.S. Department of Homeland Security. "Quadrennial Homeland Security Review Report: A
        Strategic Framework for a Secure Homeland," February 2010.

U.S. Department of Homeland Security. "The 2014 Quadrennial Homeland Security Review
        Report," June 2014.

U.S. Department of Homeland Security. "2014 QHSR Fact Sheets: The 2014 Quadrennial
        Homeland Security Review Overview," June 2014.

U.S. Department of Homeland Security. "Homeland Threats Assessment," October 2020.

U.S. Department of Homeland Security. "Bottom-Up Review Report," July 2010.

U.S. Department of Homeland Security. "Creation of the Department of Homeland Security,"
        https://www.dhs.gov/creation-department-homeland-security.

U.S. Department of Homeland Security. "Mission," https://www.dhs.gov/mission.

U.S. Department of Homeland Security. "Department Organization Chart," April 2, 2021, https://www.dhs.gov/sites/default/files/publications/21_0402_dhs-organization-al-chart.pdf.

U.S. Department of Homeland Security. "Operational and Support Components," https://www.dhs.gov/operational-and-support-components.

U.S. Department of Homeland Security. "Department of Homeland Security Strategic Plan: Fiscal Years 2012-2016," February 2012.

U.S. Department of Homeland Security. "Fiscal Years 2014-2018 Strategic Plan," December 2014.

U.S. Department of Homeland Security. "The DHS Strategic Plan: Fiscal Years 2020-2024," July 2019.

U.S. Department of Homeland Security. "Strategic Framework for Countering Terrorism and Targeted Violence: Public Action Plan," September 2020.

U.S. Department of Homeland Security. "Countering Violent Extremism Task Force: Task Force," https://www.dhs.gov/cve/task-force.

U.S. Department of Homeland Security. "Countering Violent Extremism Task Force," https://www.dhs.gov/news/2016/01/08/countering-violent-extremism-task-force.

U.S. Department of Homeland Security. Critical Infrastructure Sectors, 2012, http://www.dhs.gov/critical-infrastructure.

U.S. Department of Homeland Security. "NIPP 2013: Partnering for Critical Infrastructure Security and Resilience," 2013.

U.S. Department of Homeland Security. "Nuclear Security," https://www.dhs.gov/nuclear-security.

U.S. Department of Homeland Security. "Weapons of Mass Destruction," https://www.dhs.gov/topic/weapons-mass-destruction.

U.S. Department of Homeland Security. "Countering Weapons of Mass Destruction Office," https://www.dhs.gov/countering-weapons-mass-destruction-office.

U.S. Department of Homeland Security. "Countering Weapons of Mass Destruction Office."

U.S. Department of Justice. "The Department of Justice's Terrorism Task Forces," June 2005.

U.S. Department of State. Bureau of Diplomatic Security, "History of the Bureau of Diplomatic Security of the United States Department of State," October 2011.

U.S. Department of State. "Foreign Terrorist Organizations,"
 https://www.state.gov/foreign-terrorist-organizations/.

U.S. Department of State. "Country Reports on Terrorism 2012," May 2013.

U.S. Department of State. "Country Reports on Terrorism 2019," June 24, 2020.

U.S. Department of State. "Country Reports on Terrorism 2020," December 2021.

U.S. Department of State. Rewards for Justice, "Act of terror: TWA Flight 847 Hijacking,"
 https://rewardsforjustice.net/english/twa_847_lebanon.html.

U.S. Department of State. Rewards for Justice, "Amir Muhammad Sa'id Abdal-Rahman
 al-Mawla," https://rewardsforjustice.net/english/amir_al_malwa.html.

U.S. Department of State. Rewards for Justice, "Abubakar Shekau,"
 https://rewardsforjustice.net/english/abubakar_shekau.html.

U.S. Department of State. Rewards for Justice, "Wanted for Terrorism,"
 https://rewardsforjustice.net/english/most-wanted/all-regions.html.

U.S. Department of State. "Bureau of Counterterrorism,"
 https://www.state.gov/bureaus-offices/under-secretary-for-civilian-security-democra-cy-and-human-rights/bureau-of-counterterrorism/.

U.S. Department of State. "About Us - Bureau of Intelligence and Research,"
 https://www.state.gov/about-us-bureau-of-intelligence-and-research/.

U.S. Embassy & Consulate in the Republic of Korea. Information Resource Center, "President
 Bush Addresses the Nation on September 11th, September 11, 2001,".

U.S. Immigration and Customs Enforcement. "About Us: Who We Are," https://www.ice.gov/
 about-ice.

U.S. Immigration and Customs Enforcement. "Who We Are, Homelnad Security Investigations:
 Office of Intelligence,"
 https://www.ice.gov/about-ice/homeland-security-investigations/intelligence.

U.S. Joint Chiefs of Staff. "Counterterrorism," Joint Publication 3-26, 24 October 2014.

U.S. Joint Chiefs of Staff. Joint Publication 3-50, "Personnel Recovery," 02 October 2015.

U.S. Joint Chiefs of Staff. "Special Operations," Joint Publication 3-05, 16 July 2014.

U.S. Senate Select Committee on Intelligence. "National Security Act of 1947,"
 https://www.intelligence.senate.gov/sites/default/files/laws/nsact1947.pdf.

U.S. Senate Select Committee on Intelligence. "Additional Prehearing Questions for Mr Matthew Olsen upon his nomination to be the Director of the National Counterterrorism Center," July 26, 2011.

U.S. Transportation Security Administration. "About: History, Transportation Security Timeline," https://www.tsa.gov/timeline.

U.S. Transportation Security Administration. Media Room, "Factsheets: TSA at a Glance," https://www.tsa.gov/sites/default/files/resources/tsaatglance_factsheet.pdf.

U.S. Transportation Security Administration. "Mission," https://www.tsa.gov/about/tsa-mission.

U.S. Transportation Security Administration. "TSA Strategy," https://www.tsa.gov/about/strategy.

U.S. Treasury. Financial Crimes Enforcement Network, "USA PATRIOT Act," https://www.fincen.gov/resources/statutes-regulations/usa-patriot-act.

U.S. 107th Congress. 1st Session, H.R. 3162, In the Senate of the United States, An Act, "Uniting and Strengthening America by Providing Appropriate Tools Required to Intercept and Obstruct Terrorism (USA PATRIOT ACT) Act of 2001," October 24.

U.S. 108th Congress. "Intelligence Reform and Terrorism Prevention Act of 2004," December 17, 2004.

Vasilenko, V. I. "The Concept and Typology of Terrorism," *Statutes and Decisions: The Laws of the USSR and Its Successor States*, Vol. 40, No. 5(September-October 2004).

Victoroff, Jeff. "The Mind of the Terrorist: A review and Critique of Psychological Approaches," *Journal of Conflict Resolution*, Vol. 49, No. 1(February 2005).

Walters, William. "Border/Control," *European Journal of Social Theory*, Vol. 9, No. 2(2006).

White, Jonathan R. *Terrorism and Homeland Security*, Sixth Edition (Belmont: Wadsworth Cengage Learning, 2009).

White, Jonathan R. *Terrorism and Homeland Security*, Seventh Edition (Belmont: Wadsworth Cengage Learning, 2012).

Whittaker, David J. ed., *The Terrorism Reader*, Third Edition (Oxford: Routledge, 2007).

Whittaker, Alan G., Frederick C. Smith, and Elizabeth McKune. "The National Security Policy Process: The National Security Council and Interagency System," *Research Report*,

Industrial College of the Armed Forces, National Defense University, Annual Update, August 15, 2011.

Wikipedia. "Dawson's Field hijackings,"
https://en.wikipedia.org/wiki/Dawson%27s_Field_hijackings.

Wikpedia. "Munich massacre," https://en.wikipedia.org/wiki/Munich_massacre.

Wikipedia. "Operation Entebbe," https://en.wikipedia.org/wiki/Operation_Entebbe.

Wikipedia. "United States National Security Council,"
https://en.wikipedia.org/wiki/United_States_National_Security_Council.

Wikipedia. "Counterterrorism Mission Center,"
https://en.wikipedia.org/wiki/Counterterrorism_Center.

Wikipedia. "Joint Special Operations Command,"
https://en.wikipedia.org/wiki/Joint_Special_Operations_Command.

Wikipedia. "September 11 attacks,"
https://en.wikipedia.org/wiki/September_11_attacks.

Wikipedia. "Boston Marathon Bombing,"
https://en.wikipedia.org/wiki/Boston_Marathon_bombing.

Wikiperdia. "Government Communications Headquarters,"
https://en.wikipedia.org/wiki/Government_Communications_Headquarters.

Wikipedia. "Office for Security and Counter-Terrorism,"
https://en.wikipedia.org/wiki/Office_for_Security_and_Counter-Terrorism.

Wikepedia. "Specialist Operations,"
https://en.wikipedia.org/wiki/Specialist_Operations.

Wikipedia. "Counter Terrorism Command,"
https://en.wikipedia.org/wiki/Counter_Terrorism_Command.

Wikipedia. "2017 Westminster attack,"
https://en.wikipedia.org/wiki/2017_Westminster_attack.

Wikipedia. "Manchester Arena bombing,"
https://en.wikipedia.org/wiki/Manchester_Arena_bombing.

Wikipedia, "2017 London Bridge attack,"
https://en.wikipedia.org/wiki/2017_London_Bridge_attack.

Wikipedia. "2007 South Korean hostage crisis in Afghanistan,"
    https://en.wikipedia.org/wiki/2007_South_Korean_hostage_crisis_in_Afghanistan.

Wikipedia. "Canada Border Services Agency,"
    https://en.wikipedia.org/wiki/Canada_Border_Services_Agency.

Wikipedia. "North Korea and weapons of mass destruction,"
    https://en.wikipedia.org/wiki/North_Korea_and_weapons_of_mass_destruction.

Wikipedia. "Convention on the Physical Protection of Nuclear Material,"
    https://en.wikipedia.org/wiki/Convention_on_the_Physical_Protection_of_Nuclear_
    Material.

Wikipedia, "Islamic State," https://en.wikipedia.org/wiki/Islamic_State.

Wilkinson, Paul. *Terrorism and Liberal States* (New York: New York University Press, 1986).

Williams, Louis, Maj. (Res.). "Entebbe Diary," Israel Defense Forces, 16 February 2004.

Woodward, Bob. *Bush at War* (New York: Simon & Schuster, 2002).

Worley, D. Robert. "The National Security Council: Recommendations for the New President,"
    IBM Center for The Business of Government, 2008.

Zaitseva, Lyudmila and Kevin Hand. "Nuclear Smuggling Chains," *America Behavioral Scientist*,
    Vol. 46, No. 6(February 2003).

❏ 국문 언론자료

『경향신문』. "해외 피랍인질 구출 사례, 미 앨라배마호 선장 구출 대표적," 2011.1.21.

『경향신문』. "합참 문답 해적선 모선 합세 첩보 있어 작전 개시," 2011.1.21.

『국민일보』. "청와대, 임기 5개월 남기고 안보실 직제개편…공급망 대응," 2021.12.7.

『국방일보』. "평화의 축전 최대의 비극 연출: 뮌헨올림픽 테러사건," 2007.6.19.

『국방일보』. "긴박했던 4시간 58분, 피랍 선원 전원 구출," 2015.1.19.

『국방일보』. "정부·군·우방국 삼위일체, 선원 무사히 구출," 2013.1.5.

『국방일보』. "주요 국방정책 용어〈8〉 위협③", 2002.10.12.

『국방일보』. "틈 없는 임무분담·전우애 퍼펙트 신화 쓰다," 2013.1.20.

『국방일보』. "세계의 특수작전으로 본 아덴만 여명작전의 위상," 2013.1.5.

『국방일보』. "정부·군·우방국 삼위일체, 선원 무사히 구출," 2013.1.5.

『국방일보』. "죽음을 각오하니, 성공할 수밖에 없었다," 2015.1.21.

『국방홍보원』. "아직도 파노라마처럼 생생, 해군 위상 세계에 떨쳐," 2015.1.20.

『뉴데일리』. "이슬람 테러 조직, 케냐 미군기지 공격, 미국인 3명 사망, 2명 부상," 2020.1.6.

『뉴스메이커』. "[심층해부] 국정원 개혁 나몰라 패밀리," 681호, 2006.6.26.

『뉴시스』. "브뤼셀 테러 원래 목표는 핵시설이던 듯, 원전 파괴 또는 더티밤 제조 노려,"
　　　2016.3.25.

『동아일보』. "[책갈피 속의 오늘], 1968년 이스라엘 항공기 첫 공중납치," 2009.9.24.

『동아일보』. "트럼프 IS 수괴 알 바그다디, 미군 공격에 사망," 2019.10.28.

『동아일보』. "[책갈피 속의 오늘] 伊아킬레라우로호 납치사건 종료," 2006.10.9.

『동아일보』. "협상불가 상대와 협상 어떻게 하나," 2007.8.7.

『동아일보』. "[책갈피 속의 오늘] 1977년 獨적군파 비행기 납치," 2004.10.12.

『동아일보』. "[책갈피 속의 오늘] 1996년 페루 게릴라 일본대사관 점거," 2009.9.26.

『동아일보』. "런던, 테러에 당했다, 출근길 지하철등서 연쇄 폭발," 2005.7.8.

『동아일보』. "런던테러 배후용의자 1명 체포, 테러범 4명 시신 발견," 2005.7.13.

『동아일보』. "숨가쁜 청와대, 숨죽인 외교부," 2007.7.27.

『문화일보』. "[단독]美, WMD제거부대 참가 한미연합훈련 이례적 공개," 2020.2.3.

『미래한국』. "미, 테러와의 전쟁에서 패배하나," 2010.7.5.

박성진. "아덴만 여명작전 시간대별 상황," 2011.1.23, https://mustory.khan.kr/262.

『서울신문』. "34년 전 TWA 847편 하이재킹, 미국인 처형한 레바논 남성 그리스서 체포,"
　　　2019.9.22.

『아시아경제』. "대표적인 대테러 인질구출 사례는," 2013.1.22.

『연합뉴스』. "〈역사속 오늘〉 핏빛으로 얼룩진 뮌헨올림픽," 2015.9.5.

『연합뉴스』. "9.11 이후 테러와의 전쟁 일지," 2011.5.2.

『연합뉴스』. "미 시리아서 IS 점령지 소멸 선언, 전선에서 교전은 지속(종합2보)," 2019.3.23.

『연합뉴스』. "IS 수괴 알바그다디 사망 이후는, 점조직식 연명할 듯(종합)," 2019.10.28.

『연합뉴스』. "트럼프 "시리아·이라크서 모든 IS 점령지 해방," 2019.3.24.

『연합뉴스』. "IS, 이라크·시리아 정정불안 틈타 재건 착수," 2019.12.26.

『연합뉴스』. "IS, 아프간 새 거점 삼아 아시아 세력확장 속도낸다," 2019.12.27.

『연합뉴스』. "트럼프 IS 격퇴 자화자찬하는데 아프리카서 부활 움직임," 2020.10.19.

『연합뉴스』. "국가 참칭한 테러조직 IS 주요일지," 2019.10.27.

『연합뉴스』. "아프간, 미국 철군 일정에 엇갈린 반응(종합)," 2014.5.30.

『연합뉴스』. "카불 공항 테러 피해 눈덩이…사망 170명·부상 1천300명(종합)," 2021.08.28.

『연합뉴스』. "북 테러지원국되면 어떤 제재받나," 2009.6.8.

『연합뉴스』. "아프간, 미국 철군 일정에 엇갈린 반응(종합)," 2014.5.30.

『연합뉴스』. "미국 최장기 아프간전쟁 13년만에 공식 종료(종합)," 2014.12.29.

『연합뉴스』. "아프간, 미국 철군 일정에 엇갈린 반응(종합)," 2014.5.30.

『연합뉴스』. "4시간 58분 긴박했던 아덴만 여명작전," 2011.1.21.

『연합뉴스』. "미 27일 새 국가안보전략 보고서 공개," 2010.5.27.

『연합뉴스』. "트럼프 정부가 발표한 대테러전략의 타깃은 이란," 2018.10.5.

『연합뉴스』. "전 미 재난청장: 9·11 때 누구도 책임전가 안 했다," 2014.10.7.

『연합뉴스』. "위험국 무단입국 처벌 신여권법시행령 발효," 2007.7.24.

『연합뉴스』. "탈레반, 한국 협상노력 불만족 살해위협 재개," 2007.8.5.

『연합뉴스』. "아프간 피랍사건 주요일지," 2007.8.29.

『연합뉴스』. "군, 피랍 한국인 구출 전담부대 운영 검토," 2008.2.17.

『연합뉴스』. "HEU-플루토늄 도난·탈취·불법거래 33건 신고," 2011.11.18.

『연합뉴스』. "러 연계 핵물질 밀매범, IS에 핵물질 판매 시도," 2015.10.7.

『연합뉴스』. "한미 UFG연습때 WMD제거 합동기동부대 편성," 2011.8.7.

『연합뉴스』. "핵안보정상회의 헤이그 코뮈니케 채택(종합)," 2014.3.26.

『연합뉴스』. "마지막 핵안보정상회의 워싱턴 코뮈니케, 항구적 핵안보," 2016.4.2.

『연합뉴스』. "국민 35% "한국서 핵테러 발생가능," 2012.2.10.

『연합뉴스』. 그래픽, "청와대 NSC상임위 설치 후 기구도," 2013.12.20.

『연합뉴스』. 그래픽, "대통령비서실·국가안보실 조직 개편안," 2018.7.26.

『연합뉴스』. 그래픽, "이슬람국가(IS), 우리나라 테러위협 일지," 2016.6.19.

『연합뉴스』. "연합백과: 이슬람국가(IS),".

『연합뉴스』. "미군 시리아서 대테러작전…바이든 IS 수괴 알쿠라이시 제거(종합2보)." 2022.2.4.

우원식. "열린우리당 우원식 의원의 김선일 사건 감사 칼날 비판,"『신동아』, 2004년 11월호.

이준규. "국회 국정감사 통해 본 김선일 사건 미스터리,"『신동아』, 2004년 9월호.

『조선일보』. "IS 조직도 공개 2년 동안 전 세계12개국 본부·지부 확대, 주요 테러발생국과 겹쳐," 2016.7.3.

『조선일보』. "보코하람(나이지리아 테러단체)도 IS에 붙었다," 2015.3.9.

『조선일보』. "케냐 수도 쇼핑몰서 이틀째 인질극, 이스라엘 특수부대 급파," 2013.9.23.

『조선일보』. "케냐 나이로비 쇼핑몰 테러 진압 종료, 72명 사망," 2013.9.25.

『조선일보』. "테러로 악명 떨치는 IS, 자금은 어디서 조달할까?" 2015.11.23.

『조선일보』. "못·쇠구슬 채운 6L짜리 홈메이드 크레모아," 2013.4.18.

『조선일보』. [태평로칼럼] 정보기관이 한눈 팔면," 2001.11.20.

『조선일보』. "빈 라덴 목에 걸린 현상금 266억원, 누가 차지할까?," 2011.5.2.

『조선일보』. "[아덴만 여명작전 퍼펙트 비결은] 수차례 기습 시늉, 진 빼놓고 허 찔렀다," 2011.1.24.

『조선일보』. "[오늘의 세상] 빈 라덴, 사망 1년전 한국내 美시설물 테러 검토," 2012.5.5.

『조선일보』. "한국군 철수 안하면 인질 죽이겠다," 2007.7.21.

『조선일보』. "탈레반 협상시한 24시간 추가연장," 2007.7.23.

『조선일보』. "협상 새 국면: 탈레반 한국이 문제 풀게 24시간 더 준다," 2007.7. 24.

『조선일보』. "여성 인질 18명 우선석방 교섭중," 2007.7.25.

『조선일보』. "남자 인질 1명 피살, 8명은 미기지 도착," 2007.7.26.

『조선일보』. "탈레반 세력간 의견 달라 인질협상 시한 무기 연장," 2007.7.28.

『조선일보』. "인질·수감자 3차례 맞교환 원한다," 2007.7.30.

『조선일보』. "탈레반 포로 맞교환 요구 관철 노려," 2007.7.31.

『조선일보』. "물밑 협상 한계, 군사작전 반대 입장 바뀔 수도," 2007.8.1.

『조선일보』. "아프가니스탄 여행금지국으로," 2007.8.2.

『조선일보』. "정부, 탈레반과 직접 협상 나선 듯," 2007.8.2.

『조선일보』. "탈레반 한국과 카불서 협상 용의," 2007.8.4.

『조선일보』. "부시-카르자이 탈레반은 냉혹한 살인자, 끝까지 응징," 2007.8.7.

『조선일보』. "2명 석방 약속은 받았지만, 기나긴 협상의 예고편," 2007.8.13.

『조선일보』. "남은 19명은... 탈레반 공은 한국 정부로 넘어가," 2007.8.14.

『조선일보』. "아프가니스탄 한국인 피랍사건 주요 일지," 2007.8.29.

『조선일보』. "한국군 철수 스스로 꺼내 협상카드로 못써," 2007.8.31.

『조선일보』. "탈레반에 수백억원 몸값 제공설, 해외 한국인 테러범 표적될 우려," 2007.9.3;

『조선일보』. "核시설 노렸던 브뤼셀 테러범들," 2016.3.26.

『조선일보』. "北이 공개한 핵배낭 정체는?, 소형 전술핵 아닌 다용도 폭발 무기," 2016.4.6.

『조선일보』. "북 급변사태땐 한국군이 작전주도, 핵무기 제거는 미군이 맡기로 합의,"

2009.11.2.

『조선일보』. "한·미 연합훈련 내용 극비 변경," 2011.2.15.

『조선일보』. "[서울 핵안보정상회의] 핵테러 막자, HEU(고농축 우라늄) 감축 계획 내년말까지
　　　　제출," 2012.3.28.

『조선일보』. 포커스 키워드, "테러지원국".

조갑제. "알카에다의 한국판 9·11 테러계획 전모," 『월간조선』, 2009년 5월호,
　　　　http://monthly.chosun.com/client/news/viw.asp?ctcd=&nNewsNumb=200905100009.

조성관. "테러현장에 늘 그가 있었다," 『주간조선』, 2013.7.8.

『주간동아』. "[커버스토리 '21세기 전쟁' 테러 vs 반테러] 공격 받은 미국!! 테러가 인류를 노린
　　　　다," 303호, 2004.12.22.

『주간동아』. "테러는 미디어를 먹고 큰다," 303호, 2004.12.22.

『주간동아』. 커버스토리, "여보세요~ 한국에 외교 있습니까," 2004.7.7.

『주간조선』. 커버스토리, "외교안보 공황," 2004.7.8.

『중앙일보』. "수니시아파 종교 살육전... 1400년전 거꾸로 돌아간 중동, 2013.7.3.

『중앙일보』. "아덴만 여명 세 차례 기만전술 1976년 엔테베 작전 빼닮았다," 2011.1.24.

『중앙일보』. "[뉴스 클립] Special Knowledge 〈376〉 9·11 테러 직후 부시 대통령 담화문,"
　　　　2011.10.31.

『중앙일보』. "IS, 테러 위협 60개국 새로 공개, 한국도 포함," 2015.11.26.

『중앙일보』. "정의용 빼고 다바뀐 청안보실, 김현종·최종건 주목하라," 2019.3.20.

『중앙일보』. "한국인 인질 18명 살해하겠다," 2007.7.21.

『중앙일보』. "인질 석방 협상 희망이 보인다," 2007.7.25.

『중앙일보』. "인질 구출 아닌 통상작전," 2007.8.2.

최진태. "자살테러의 메커니즘," 『신동아』, 2005년 6월호.

『파이낸셜 뉴스』. "[특별기고: 국경위험관리 주관기관 지정해야/서윤원 관세청 정보협력국장,"
　　　　2009.11.30.

『한겨레』. "이라크 시아-수니파 분쟁 배경," 2006.2.23.

『한겨레』. "IS 새 지도자 확인, 50대 이라크 출신 율법학자," 2020.1.21.

『한겨레』. "여명작전 엠바고 4박5일간의 뒷얘기," 2011.1.31.

『한겨레』. "막 내린 핵안보정상회의, 성과와 한계," 2016.4.3.

『한겨레』. "7·7 런던테러, 착착 가동된 테러대응시스템," 2005.7.8.

『한국경제』. "소말리아 호텔서 폭탄테러 발생, 외신 26명 사망·56명 부상," 2019.7.13.;

『한국경제』. "빈 라덴 현상금 2700만$ 허공에 뜨나," 2011.5.3.

『한국경제』. "보스턴테러 용의자 추격전 시간대별 상황 재구성," 2013.4.20.

『한국일보』. "테러범, 고학력·중산층 많아," 2005.7.14.

허만섭. "MB의 관계장관회의 선호가 천안함 초기대응 실패 원인," 『신동아』 2010년 6월호, 통
　　　권609호, http://shindonga.donga.com/docs/magazine/shin/2010/06/01/201006010500
　　　007/201006010500007_1.html.

『헤럴드경제』. "케냐 대학 총기 난사한 무장세력, 알샤바브 어떤곳?" 2015.4.3.

『BBC News 코리아』. "아프가니스탄: 카불공항 폭탄테러 일으킨 Isis-K는 누구?" 2021.8.27,
　　　https://www.bbc.com/korean/international-58314022.

『BBC News 코리아』. "아프간 이슬람 사원에서 폭탄 테러...IS 배후 자처," 2021.10.9,
　　　https://www.bbc.com/korean/international-58839926.

『JNC TV』. "57회, 재난 발생 시 재외국민보호 매뉴얼 관련 외교부 답변," 2019.1.20,
　　　https://jnctv.org/2019/01/20/mofa-disaster-manual/.

『MBC』. 20년전 오늘뉴스, "페루주재 일본 대사관저 인질사건 발생 126일 만에 구출,"
　　　1997.4.23.

『News1』. "[전문] 2016 핵안보정상회의 코뮤니케 국문번역본," 2016.4.2.

『RAF』. "최악의 영국 항공기 테러음모 용의자들 오는 16일을 거사일로 정해," 2006.8.11.

『RFA』. "북 열병식 핵배낭은 일반 다용도 무기," 2016.4.5.

『RFA』. "북한군, 방사능 살포 부대 신설," 2016.8.23.

『RFA』. "북, 핵물질 유출·핵테러 가능성 주목," 2012.3.13.

『SBS뉴스』. "9.11 테러, 허둥대다 늑장대응," 2004.6.18.

『VOA』. "[뉴스 따라잡기] 아프간 무장조직 탈레반," 2021.8.20.,
　　　https://www.voakorea.com/a/world_behind-news_who-taliban/6061099.html.

『VOA』. "영국, 런던발 미국행 항공기 공중폭파 계획 사전적발," 2006.8.10.

『VOA』. "영국 경찰, 런던 중심부에서 폭탄 발견," 2007.6.29.

『VOA』. "피터 클락 런던-글라스고우 테러 연계된 듯," 2007.7.1.

『VOA』. "영국 경찰, 테러기도 용의자 2명 추가 체포," 2007.7.2.

『VOA』. "유엔 전문가 보고서, 북한 해외대사관 통해 핵 관련 물질 거래," 2011.4.18.

『VOA』. "바이든 IS 수괴 제거 발표," 2022.2.4.

❑ 영문 언론자료

BBC News. "7 July London bombings: What happened that day?" 3 July 2015,
https://www.bbc.com/news/uk-33253598.

BBC News. "Westminster attack: What happened," 7 April 2017,
https://www.bbc.com/news/uk-39355108.

BBC News. "Manchester attack: 22 dead and 59 hurt in suicide bombing," 23 May 2017,
https://www.bbc.com/news/uk-england-manchester-40010124.

BBC News. "London Bridge attack: What happened," 3 May 2019,
https://www.bbc.com/news/uk-england-london-40147164.

BBC News. "What is Islamic State?" 2 Decemebr 2015,
https://www.bbc.com/news/world-middle-east-29052144.

Berg, Raffi. "Recollections of Entebbe, 30 years on," *BBC News*, 3 July 2006,
http://news.bbc.co.uk/1/hi/world/middle_east/5101412.stm,

Fresco, Adam and Philippe Naughton. "Muslim convert admits failed suicide bomb attack in
Exeter," *The Times*, October 15, 2008.

Hosenball, Mark. "CIA to make sweeping changes, focus more on cyber ops: agency chief,"
Reuters, March 7, 2015, https://www.reuters.com/article/us-usa-cia-idUSKB-
N0M223920150306.

Irshaid, Faisal. "Isis, Isil, IS or Daesh? One group, many names," *BBC News*, 2 December 2015,
https://www.bbc.com/news/world-middle-east-27994277.

Mason, Chris. "London 2012: What exactly is a Cobra meeting?" *BBC News*, 23 July 2012,
http://www.bbc.com/news/uk-politics-18958032.

Shuster, David. "9/11 Mystery: What was Flight 93's target?" *NBC News*, Sept. 11, 2006,
https://www.nbcnews.com/id/wbna14778963#.WUjVDcsUk_w.

Veale, Jennifer. "Korean Hostages Freed—at a Cost," *Time*, August 29, 2007,
http://content.time.com/time/world/article/0,8599,1657261,00.html.

찾아보기

저자 소개

윤태영

현재 경남대학교 경호보안학과 교수로 재직 중이다. 한국외국어대학교 정치외교학과를 졸업하고, 영국 뉴캐슬대학교에서 정치학 석사와 맨체스터 메트로폴리탄대학교에서 정치학 박사학위를 받았다. 연세대학교 동서문제연구원 연구교수, 대통령직인수위원회 외교통일안보분과위원회 자문위원, 국회 외교통상통일위원회 자문위원, 대통령실 국가위기관리실 정책자문위원, 미국 캘리포니아주립 샌디에고대학교(UCSD) School of Global Policy and Strategy에서 Visiting Scholar 등을 역임했다.

주요 저서로는 『동북아 안보와 위기관리』(대한민국학술원 우수학술도서), 『위기관리 리더십: 국가안전보장회의(NSC) 운영국가 사례연구』 등이 있다. 주요 연구분야는 테러리즘, 위기관리, 국가정보 등이다.

테러리즘 강의:
테러리즘, 대테러리즘, 국토안보

초판발행   2022년 3월 30일

지은이   윤태영
펴낸이   안종만·안상준

편 집   이면희
기획/마케팅   정성혁
표지디자인   BEN STORY
제 작   고철민·조영환

펴낸곳   (주) **박영시**
              서울특별시 금천구 가산디지털2로 53 210호(가산동, 한라시그마밸리)
              등록 1959.3.11. 제300-1959-1호(倫)

전 화   02)733-6771
f a x   02)736-4818
e-mail   pys@pybook.co.kr
homepage   www.pybook.co.kr
ISBN   979-11-303-1194-4   93350

copyright©윤태영, 2022, Printed in Korea

정 가   29,000원